古代〜近代へ

はじめに

この本は世界史が好きでないみなさんのために書きました。

みなさんは、本当は歴史が大好きなはずです。視聴率があんなに高い大河ドラマや、人気のオンラインゲームの多くは歴史が題材です。ですが、歴史ってテストになったり、年代を覚えさせられたりするととたんに味気なくなりますよね。歴史を美味しくいただくためにも、歴史を「ものがたり」としてまずは入っていくことをすすめます。

この本の語り手の先生たちは、説明している時代付近を生きていた人たちで、ふとしたことで現代の日本にタイムスリップしてしまった、という設定になっています(マンガの『信長のシェフ』と逆の立場ですね)。先生たちに共通しているのは歴史に関心のある教養人で、かなりオタクな人も偏屈な人もいますし、職業もさまざまです。タイムスリップしてしまった彼らは現代の世界で生活していかなくてはならないため、現在の日本の事情にも多少は通じています(最後のケネス先生だけは現在の人で、日本に留学中です)。

生徒の瑠奈(るな)さんは、理系の教科や日本史は比較的得意だけれども、世界史が苦手な現代の普通の女子高生です。苦手な教科なのでひねくれた態度を見せることもありますが、根は素直な女の子です。わからないところはズケズケ質問してきますよ。

それぞれの講座の後に、「復習ポイント」と「アクティヴィティ」が入ります。

「復習ポイント」はいわゆる「まとめ」のことです。歴史はとどのつまり人類の記憶ですから、面倒でも「復習ポイント」をやっておくと、その時代の順番や特徴が整理されて、覚えやすくなります。

「アクティヴィティ」とは、「課題、宿題」のことです。ただの宿題とは違い、あなたが主体となって歴史にぶつかっていくことが求められます。あなたは歴史の中の問題にどう向き合うのでしょうか。この問いかけが現代の諸問題に対応する姿勢を育て、さまざまな論述問題に対応できる力を持つことができます。

そして、実際に出題された東大をはじめとする大学入試問題を入れておきました。瑠奈さんと一緒に講座に参加して、まとめと課題をやった人は、あら不思議、世界史が苦手な人でも入試問題が解けてしまいます。この本は本来、大学入試のための参考書なのですから。

「復習ポイント」と「アクティヴィティ」、「入試問題」の解答例は、それぞれのテーマの最後にまとめておきました。ここで注意してもらいたいことは、「アクティヴィティ」の解答は、あくまで一例にすぎないということです。歴史の中にはたくさんの解答がありますし、解答例と違う答えでも間違いにはなりません。珍解答でも大歓迎です。

それぞれの講座の最後にはコラムが入っています。

このコラムは歴史のおもしろ話をまとめたもので、ほとんどの内容は授業の後の休み時間と思ってください。かなり盛ったコラムもありますが、いずれも歴史的にはホントの話です。

元々コラムは授業のために作ったのですが、生徒に好評だったため、他の先生から、「これ、本になるといいね」と励まされました。そこでコラムの原稿を、いくつかの出版社に持ち込んだところ、学研の編集者である細川順子さんが大変に興味を示してくださり、細川さんの力で出版の運びとなったものです。執筆にも細川さんの助言と指導が大きな励みとなりました。大変な努力を払ってくださった細川さんがいなければ、この本は存在しなかったでしょう。何よりもまず、この本の産みの親である細川さんに深い感謝を捧げます。

そしてイラストは八重樫王明さんに担当していただきました。歴史もののイラストは本当にやっかいなのですが、八重樫さんには綿密な時代考証をしていただき、立派なイラストができあがりました。もしも考証的に間違いがあれば、その責任はすべて河原にあります。

この本が世界史を好きになる、はじめの一歩となれば何よりです。

河原孝哲

第1章 古代オリエント世界
いわゆるヨーロッパから見た「東」の古代

第2章 古代ギリシア・ローマ
他人を受け入れる社会は発展する

第3章 東南アジア・インド
実は隠れた世界の主役

第4章 古代中国〜元
中国史は「王朝」と「制度」が大切

第5章 イスラーム世界の成立と発展

けっこう日本史と似ています

第6章 近世の中国

遊牧民族など他民族との関わりが大切

第7章 ヨーロッパの成立
凶暴な野蛮人が文明人になる物語

第8章 近世ヨーロッパの登場
強引に世界が一体化させられた瞬間

ガイウス先生

私の名前はガイウス＝クラウディウス＝パウルスだ。長ったらしいからガイウスで結構。4世紀のローマに住んでいた。昔からのローマ市民で、土地の管理をしつつ、好きな歴史を勉強していた。好きな食べ物？　アンチョビだ。

張文（ジャンウェン）先生

私は張文（ジャンウェン）。進士に及第し、13世紀の南宋の都、臨安で役人として勤めているが、はっきり言って政治よりも、歴史が好きですね。食べ物？　東坡肉（トンポーロウ）は大詩人、蘇東坡が考案した料理で、すごく美味しい。

ドクター＝アブドゥール

私はドクター＝アブドゥール。地中海に面したチュニス出身の学者です。専門は歴史だけれども、哲学にも興味があります よ。え、好きなもの？　故郷の名物オリーヴですね。美味しいですよ！

周敦（ジャオドゥイ）先生

私は清王朝末期の周敦（ジャオドゥイ）と言う。科挙の郷試に受かって下っ端役人をしていた。しかし、私は性格が狷介、自ら恃むところ頗る厚く、賤吏に甘んずるのを潔しとしなかったら、なんと日本にタイムスリップしていたのだ！　好きなものはアイスクリームだな。あれは故郷にはなかったぞ。

ハンス＝シュッツ先生

わしはプロテスタントの牧師で、ドイツのザクセン地方のケムニッツの町の出身じゃよ。ギムナジウムで歴史も教えておった。日本は食い物の美味しい国じゃが、シュトーレンというケーキをぜひクリスマスに食べてごらん。あれはわしの故郷のケーキなんじゃ。

月野瑠奈（つきのるな）

高校２年生になったばかりの瑠奈だよ。日本史とか三国志は好きで、中学時代、日本史は割と得意だったんだけど、世界史はちんぷんかんぷん。平成生まれだけど、おじいちゃん子のせいか、たまに「語彙が昭和っぽい」って言われる。昭和って、生まれてないんだけど……。ゲームとかアニメは好きで、昔のものも結構詳しいよ。

本書の使い方

本書は、1テーマ8ページ構成になっています。
本文を読んだあと、復習問題や少し考える問題、入試問題などが用意されていますので、実力試しにチャレンジしてみましょう。

語り手の先生

各時代、各地域に最適の先生が、入れ代わりで歴史の解説をしています。

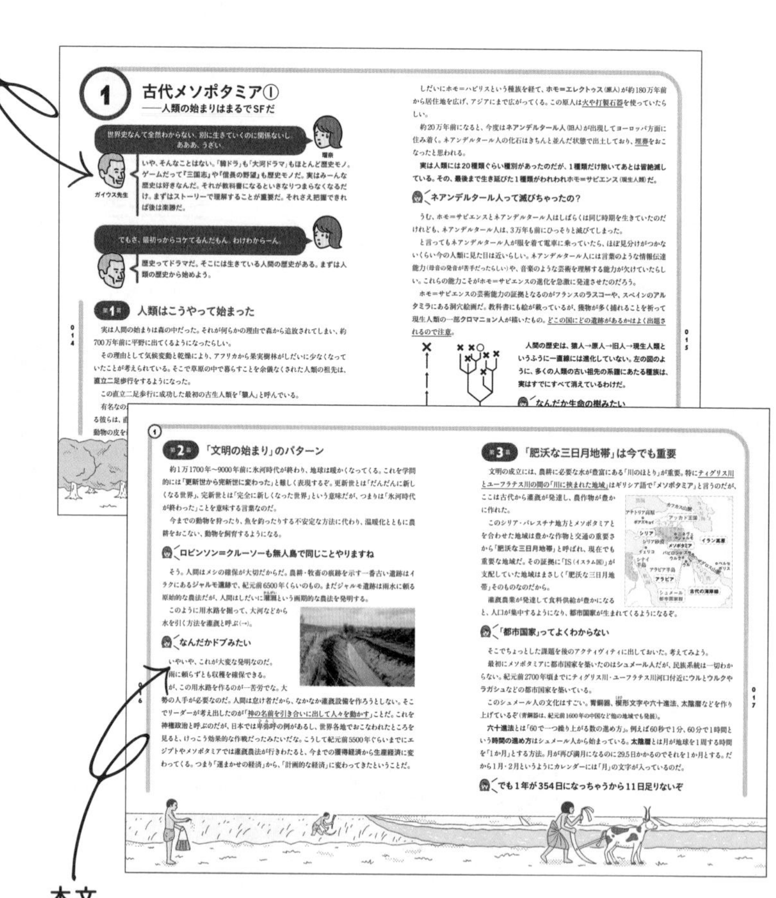

1 古代メソポタミア①
――人類の始まりはまるでSFだ

いや、そんなことはない。「韓ドラ」も「大河ドラマ」もほとんど歴史モノ。ゲームだって『三国志』や『信長の野望』も歴史モノだ。実はみーんな歴史は好きなんだ。それが教科書になるといきなりつまらなくなるだけ。まずはストーリーで理解することが重要だ。それさえ把握できれば後は楽勝だ。

歴史ってドラマだ。そこには生きている人間の歴史がある。まずは人類の歴史から始めよう。

第1話 人類はこうやって始まった

実は人間の始まりは森の中だった。それが何らかの理由で森から追放されてしまい、約700万年前に平野に出てくるようになったらしい。

その理由として気候変動と乾燥により、アフリカから果実樹林がしだいに少なくなっていたことが考えられている。そこで草原の中で暮らすことを余儀なくされた人類の祖先は、直立二足歩行をするようになった。

この直立二足歩行に成功した最初の古生人類を「猿人」と呼んでいる。

有名なの……る彼らは、直……動物の皮を……

014

しだいにホモ＝ハビリスという種族を経て、ホモ＝エレクトゥス(原人)が約180万年前から居住地を広げ、アジアにまで広がってくる。この原人は火や打製石器を使っていたらしい。

約20万年前になると、今度はネアンデルタール人(旧人)が出現してヨーロッパ方面に住み着く。ネアンデルタール人の化石はきちんと並んだ状態で出土しており、埋葬をおこなったと思われる。

実は人類には20種類ぐらい種別があったのだが、1種類だけ除いてあとは皆絶滅している。その、最後まで生き延びた1種類がわれわれホモ＝サピエンス(現生人類)だ。

ネアンデルタール人って滅びちゃったの？

うむ、ホモ＝サピエンスとネアンデルタール人はしばらくは同じ時期を生きていたのだけれども、ネアンデルタール人は、3万年も前にひっそりと滅びてしまった。

と言ってもネアンデルタール人が服を着て電車に乗っていたら、ほぼ見分けがつかないくらい今の人類に見た目は近いらしい。ネアンデルタール人には言葉のような情報伝達能力(母音の発音が苦手だったらしい)や、音楽のような芸術を理解する能力が欠けていたらしい。これらの能力こそがホモ＝サピエンスの進化を急激に発達させたのだろう。

ホモ＝サピエンスの芸術能力の証拠となるのがフランスのラスコーや、スペインのアルタミラにある洞穴絵画だ。教科書にも絵が載っているが、獲物が多く捕れることを祈って現生人類の一部クロマニョン人が描いたもの。どこの国にどの遺跡があるかはよく出題されるので注意。

人間の歴史は、猿人→原人→旧人→現生人類というふうに一直線には進化していない。左の図のように、多くの人類の古い祖先の系譜にあたる種族は、実はすでにすべて消えているわけだ。

なんだか生命の樹みたい

015

1

第2話 「文明の始まり」のパターン

約1万1700年～9000年前に氷河時代が終わり、地球は暖かくなってくる。これを学問的には「更新世から完新世に変わった」と難しく表現するぞ。更新世とは「だんだんに新しくなる世界」、完新世とは「完全に新しくなった世界」という意味だが、つまりは「氷河時代が終わった」ことを意味する言葉なのだ。

今までの動物を狩ったり、魚を釣ったりする不安定な方法に代わり、温暖化とともに農耕をおこない、動物を飼育するようになる。

ロビンソン＝クルーソーも無人島で同じことやりますね

そう。人間はメシの確保が大切だからだ。農耕・牧畜の痕跡を示す一番古い遺跡はイラクにあるジャルモ遺跡で、紀元前6500年くらいのもの。まだジャルモ遺跡は雨水に頼る原始的な農法だが、人間はしだいに灌漑という画期的な農法を発明する。

このように用水路を掘って、大河などから水を引く方法を灌漑と呼ぶ(→)。

なんだかドブみたい

いやいや、これが大変な発明なのだ。雨に頼らずとも収穫を確保できる。が、この用水路を作るのが一苦労でな。大勢の人手が必要なのだ。人間は怠け者だから、なかなか灌漑設備を作ろうとしない。そこでリーダーが考え出したのが「神の名前を引き合いに出して人々を動かす」ことだ。これを神権政治と呼ぶのだが、日本では卑弥呼の例があるし、世界各地でおこなわれたところを見ると、けっこう効果的な作戦だったみたいだな。こうして紀元前5500年ぐらいまでにエジプトやメソポタミアでは灌漑農法が行きわたると、今までの獲得経済から生産経済に変わってくる。つまり「運まかせの経済」から、「計画的な経済」に変わってきたということだ。

016

第3話 「肥沃な三日月地帯」は今でも重要

文明の成立には、農耕に必要な水が豊富にある「川のほとり」が重要。特にティグリス川とユーフラテス川の間の「川に挟まれた地域」はギリシア語で「メソポタミア」と言うのだが、ここは古代から灌漑が発達し、農作物が豊かに作れた。

このシリア・パレスチナ地方とメソポタミアとを合わせた地域は豊かな作物と交通の重要さから「肥沃な三日月地帯」と呼ばれ、現在でも重要な地域だ。その証拠に「IS(イスラム国)」が支配していた地域はまさしく「肥沃な三日月地帯」そのものなのだから。

灌漑農業が発達して食料供給が豊かになると、人口が集中するようになり、都市国家が生まれてくるようになるぞ。

「都市国家」ってよくわからない

そこでちょっとした課題を後のアクティヴィティに出しておいた。考えてみよう。

最初にメソポタミアに都市国家を築いたのはシュメール人だが、民族系統は一切わからない。紀元前2700年頃までにティグリス川・ユーフラテス川河口付近にウルとウルクやラガシュなどの都市国家を築いている。

このシュメール人の文化はすごい。**青銅器**、**楔形文字**や**六十進法**、**太陰暦**などを作り上げているぞ(青銅器は、紀元前1600年の中国など他の地域でも発展)。

六十進法とは「60で一つ繰り上がる数の進め方」。例えば60秒で1分、60分で1時間という**時間の進め方**はシュメール人から始まっている。**太陰暦**とは月が地球を1周する時間を「1か月」とする方法。月が再び満月になるのに29.5日かかるのでそれを1か月とする。だから1月・2月というようにカレンダーには「月」の文字が入っているのだ。

でも1年が354日になっちゃうから11日足りないぞ

017

本文

歴史の流れが頭に入りやすいように、人物中心の解説をしています。生徒である瑠奈さんとの掛け合いも楽しめます。

※本書の文章やイラストは、史実に基づきつつ、より世界史を楽しんでいただくために多少の誇張をしていることもあります。あらかじめご了承ください。

復習ポイント

そのテーマでポイントとなる事項を復習問題として提示しています。

年表

起きた出来事などを、年別、年代別にまとめています。

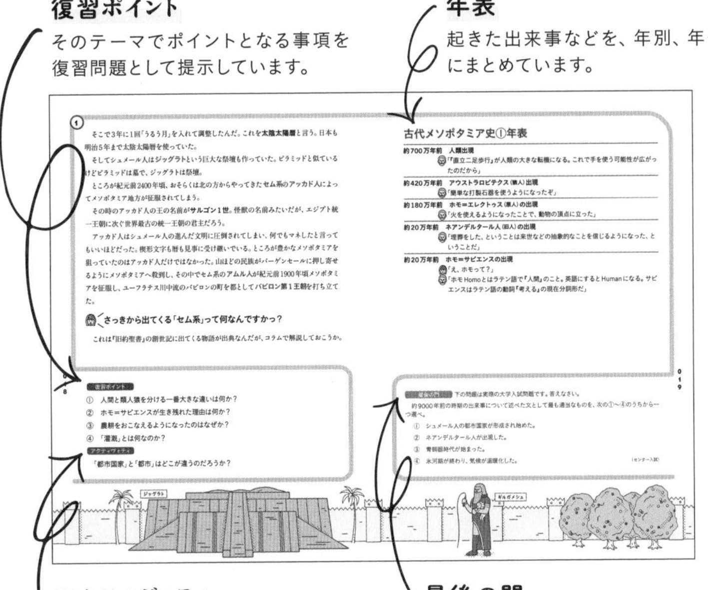

①

そこで3年に1回「うるう月」を入れて調整したんだ。これを**太陰太陽暦**と言う。日本も明治5年まで太陰太陽暦を使っていた。

そしてシュメール人は**ジッグラト**という巨大な祭壇も作っていた。ピラミッドと似ているけどピラミッドは墓で、ジッグラトは祭壇。

ところが紀元前2400年頃、おそらくは北の方からやってきた**セム系のアッカド人**によってメソポタミア地方が征服されてしまう。

その時のアッカド人の王の名前が**サルゴン1世**。怪獣の名前みたいだが、エジプト統一王朝に次ぐ世界最古の統一王朝の君主だろう。

アッカド人はシュメール人の進んだ文明に圧倒されてしまい、何でもマネしたと言ってもいいほどだった。楔形文字も暦も見事に受け継いでいる。ところが豊かなメソポタミアを狙っていたのはアッカド人だけではなかった。山ほどの民族がバーゲンセールに押し寄せるようにメソポタミアへ殺到し、その中でセム系の**アムル人**が紀元前1900年頃メソポタミアを征服し、ユーフラテス川中流のバビロンの町を都として**バビロン第1王朝**を打ち立てた。

さっきから出てくる「セム系」って何なんですかっ?

これは『旧約聖書』の創世記に出てくる物語が出典なんだが、コラムで解説しておこうか。

018

復習ポイント

① 人間と類人猿を分ける一番大きな違いは何か?
② ホモ=サピエンスが生き残れた理由は何か?
③ 農耕をおこなえるようになったのはなぜか?
④ 「灌漑」とは何なのか?

アクティヴィティ

「都市国家」と「都市」はどこが違うのだろうか?

古代メソポタミア史①年表

約700万年前　人類出現
「『直立二足歩行』が人類の大きな転機になる。これで手を使う可能性が広がったのだから」

約420万年前　アウストラロピテクス(猿人)出現
「簡単な打製石器を使うようになったぞ」

約180万年前　ホモ=エレクトゥス(原人)の出現
「火を使えるようになったことで、動物の頂点に立った」

約20万年前　ネアンデルタール人(旧人)の出現
「埋葬をした、ということは来世などの抽象的なことを信じるようになった、ということだ」

約20万年前　ホモ=サピエンスの出現
「え、ホモって?」
「ホモHomoとはラテン語で『人間』のこと。英語にするとHumanになる。サピエンスはラテン語の動詞『考える』の現在分詞形だ」

019

最後の門　下の問題は実際の大学入試問題です。答えなさい。

約9000年前の時期の出来事について述べた文として最も適当なものを、次の①~④のうちから一つ選べ。

① シュメール人の都市国家が形成され始めた。
② ネアンデルタール人が出現した。
③ 青銅器時代が始まった。
④ 氷河期が終わり、気候が温暖化した。

アクティヴィティ

「復習ポイント」よりさらに踏み込んだ、深く考える力を養う問題を提示しています。思考力養成のために、ぜひチャレンジしてみてください。

最後の門

最後に、入試問題にチャレンジしてみましょう。

コラム

そのテーマに出てきた人物や出来事などをピックアップし、掘り下げて説明している読み物です。

解答と解説

「復習ポイント」や「最後の門」の答えと解説、「アクティヴィティ」の答えの例などを掲載しています。

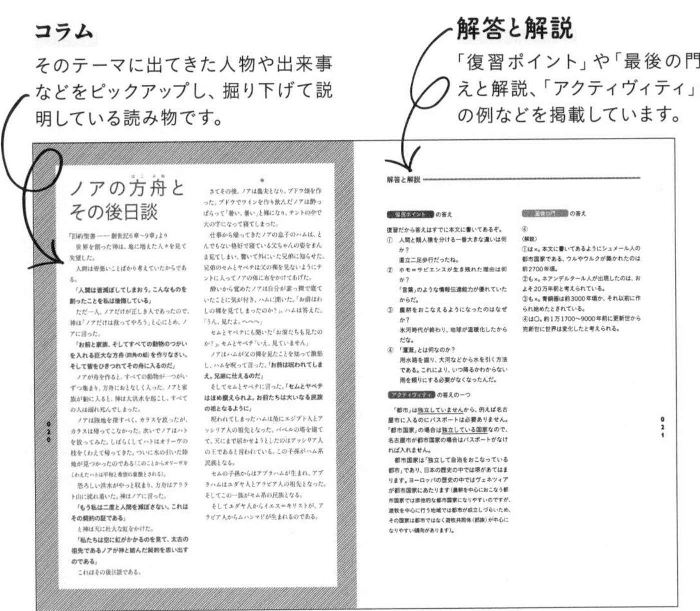

ノアの方舟とその後日談

『旧約聖書 —— 創世記6章~9章』より

世界を創った神は、地に増えた人々を見て失望した。

人間は皆悪いことばかり考えていたからである。

「人間は皆滅ぼしてしまおう。こんなものを創ったことを私は後悔している」

ただ一人、ノアだけが正しき人であったので、神は「ノアだけは救ってやろう」と心にとめ、ノアに言った。

「お前と家族、そしてすべての動物のつがいを入れる巨大な方舟(四角の船)を作りなさい。そして皆をひきつれてその舟に入るのだ」

ノアが舟を作ると、すべての動物が一つがいずつ集まり、方舟におとなしく入った。ノアと家族が船に入ると、神は大洪水を起こし、すべての人は溺れ死んでしまった。

ノアは陸地を探すべく、カラスを放ったが、カラスは帰ってこなかった。次いでノアはハトを放ってみた。しばらくしてハトはオリーヴの枝をくわえて帰ってきた。ついに水の引いた陸地が見つかったのである(このことからオリーヴをくわえたハトは平和と希望の象徴とされる)。

恐ろしい洪水がやっと収まり、方舟はアララト山に流れ着いた。神はノアに言った。

「もう私は二度と人間を滅ぼさない。これはその契約の証である」

と神は天に壮大な虹をかけた。

「私たちは空に虹がかかるのを見て、太古の祖先であるノアが神と結んだ契約を思い出すのである」

これはその後日談である。

*

さてその後、ノアは農夫となり、ブドウ畑を作った。ブドウでワインを作り飲んだノアは酔っぱらって「暑い、暑い」と裸になり、テントの中で大の字になって寝てしまった。

仕事から帰ってきたノアの息子のハムは、とんでもない格好で寝ている父ちゃんの姿をまんま見てしまい、驚いて外にいた兄弟に知らせた。兄弟のセムとヤペテは父の裸を見ないようにテントに入ってノアの体に布をかけてあげた。

酔いから覚めたノアは自分が素っ裸で寝ていたことに気が付き、ハムに聞いた。「お前はわしの裸を見てしまったのか?」。ハムは答えた。「うん、見たよ。へへへ」

セムとヤペテにも聞いた「お前たちも見たのか?」。セムとヤペテ「いえ、見ていません」

ノアはハムが父の裸を見たことを知って激怒し、ハムを呪って言った。**「お前は呪われてしまえ。兄弟に仕えるのだ」**

そしてセムとヤペテに言った。**「セムとヤペテはほめ讃えられよ。お前たちは大いなる民族の祖となるように」**

呪われてしまったハムは後にエジプト人とアッシリア人の祖先となった。バベルの塔を建てて、天にまで届かせようとしたのはアッシリア人の王であると言われている。この子孫がハム系民族となる。

セムの子孫からはアブラハムが生まれ、アブラハムはユダヤ人とアラビア人の祖先となった。そしてこの一族がセム系の民族となる。

そしてユダヤ人からイエス=キリストが、アラビア人からムハンマドが生まれるのである。

020

解答と解説

復習ポイント　の答え

復習だから答えはすでに本文に書いてあるぞ。

① 人間と類人猿を分ける一番大きな違いは何か?
直立二足歩行だったね。
② ホモ=サピエンスが生き残れた理由は何か?
「言葉」のような情報伝達能力が優れていたからだ。
③ 農耕をおこなえるようになったのはなぜか?
氷河時代が終わり、地球が温暖化したからだな。
④ 「灌漑」とは何なのか?
用水路を掘り、大河などから水を引く方法である。これにより、いつ降るかわからない雨を頼りにする必要がなくなったんだ。

アクティヴィティ　の答えの一つ

「都市」は独立していませんから、例えば名古屋市に入るのにパスポートは必要ありません。「都市国家」の場合は独立している国家なので、名古屋市が都市国家の場合はパスポートがなければ入れません。

都市国家は「独立して自治をおこなっている都市」であり、日本の歴史の中では県があてはまります。ヨーロッパの歴史の中ではヴェネツィアが都市国家にあたります(農耕を中心におこなう都市国家では排他的な都市国家になりやすいのですが、遊牧を中心に行う地域では都市が成立しづらいため、その国家は都市ではなく遊牧共同体(部族)が中心になりやすい傾向があります)。

最後の門　の答え

④

(解説)

①は×。本文に書いてあるようにシュメール人の都市国家である、ウルやウルクが築かれたのは前2700年頃。
②も×。ネアンデルタール人が出現したのは、およそ20万年前と考えられている。
③も×。青銅器は前3000年頃か、それ以前に作られ始めたとされている。
④は○。約1万1700~9000年前に更新世から完新世に世界は変化したと考えられる。

021

第1章

古代オリエント世界

いわゆるヨーロッパから見た「東」の古代

古代メソポタミア①
——人類の始まりはまるでSFだ

瑠奈

世界史なんて全然わからない。別に生きていくのに関係ないし。
あああ、うざい。

ガイウス先生

いや、そんなことはない。「韓ドラ」も「大河ドラマ」もほとんど歴史モノ。ゲームだって『三国志』や『信長の野望』も歴史モノだ。実はみーんな歴史は好きなんだ。それが教科書になるといきなりつまらなくなるだけ。まずはストーリーで理解することが重要だ。それさえ把握できれば後は楽勝だ。

でもさ、最初っからコケてるんだもん。わけわからーん。

歴史ってドラマだ。そこには生きている人間の歴史がある。まずは人類の歴史から始めよう。

第1幕　人類はこうやって始まった

実は人間の始まりは森の中だった。それが何らかの理由で森から追放されてしまい、約700万年前に平野に出てくるようになったらしい。

その理由として気候変動と乾燥により、アフリカから果実樹林がしだいに少なくなっていたことが考えられている。そこで草原の中で暮らすことを余儀なくされた人類の祖先は、**直立二足歩行**をするようになった。

この直立二足歩行に成功した最初の古生人類を「**猿人**」と呼んでいる。

有名なのが**アウストラロピテクス**（意味は「南の猿」）。約420万年前に出現したとされている彼らは、直立した類人猿のような外見で、礫(れき)石器と呼ばれる簡単な打製石器を用いて動物の皮を剥いだりしたらしい。

しだいにホモ＝ハビリスという種族を経て、**ホモ＝エレクトゥス**（原人）が約180万年前から居住地を広げ、アジアにまで広がってくる。この原人は火や打製石器を使っていたらしい。

約20万年前になると、今度は**ネアンデルタール人**（旧人）が出現してヨーロッパ方面に住み着く。ネアンデルタール人の化石はきちんと並んだ状態で出土しており、埋葬をおこなったと思われる。

実は人類には20種類ぐらい種別があったのだが、1種類だけ除いてあとは皆絶滅している。その、最後まで生き延びた1種類がわれわれホモ＝サピエンス（現生人類）だ。

ネアンデルタール人って滅びちゃったの？

うむ、ホモ＝サピエンスとネアンデルタール人はしばらくは同じ時期を生きていたのだけれども、ネアンデルタール人は、3万年も前にひっそりと滅びてしまった。

と言ってもネアンデルタール人が服を着て電車に乗っていたら、ほぼ見分けがつかないくらい今の人類に見た目は近いらしい。ネアンデルタール人には言葉のような情報伝達能力（母音の発音が苦手だったらしい）や、音楽のような芸術を理解する能力が欠けていたらしい。これらの能力こそがホモ＝サピエンスの進化を急激に発達させたのだろう。

ホモ＝サピエンスの芸術能力の証拠となるのがフランスの**ラスコー**や、スペインの**アルタミラ**にある洞穴絵画だ。教科書にも絵が載っているが、獲物が多く捕れることを祈って現生人類の一部**クロマニョン人**が描いたもの。どこの国にどの遺跡があるかはよく出題されるので注意。

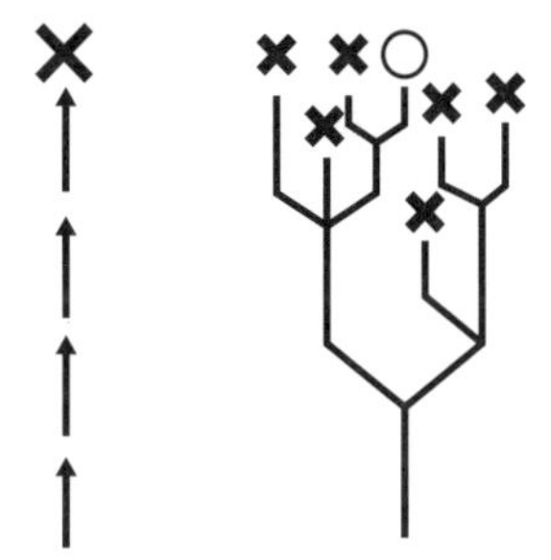

人間の歴史は、猿人→原人→旧人→現生人類というふうに一直線には進化していない。左の図のように、多くの人類の古い祖先の系譜にあたる種族は、実はすでにすべて消えているわけだ。

なんだか生命の樹みたい

第2幕 「文明の始まり」のパターン

約1万1700年〜9000年前に氷河時代が終わり、地球は暖かくなってくる。これを学問的には「**更新世から完新世に変わった**」と難しく表現するぞ。更新世とは「だんだんに新しくなる世界」、完新世とは「完全に新しくなった世界」という意味だが、つまりは「氷河時代が終わった」ことを意味する言葉なのだ。

今までの動物を狩ったり、魚を釣ったりする不安定な方法に代わり、温暖化とともに農耕をおこない、動物を飼育するようになる。

ロビンソン＝クルーソーも無人島で同じことやりますね

そう。人間はメシの確保が大切だからだ。農耕・牧畜の痕跡を示す一番古い遺跡はイラクにある**ジャルモ遺跡**で、紀元前6500年くらいのもの。まだジャルモ遺跡は雨水に頼る原始的な農法だが、人間はしだいに**灌漑**(かんがい)という画期的な農法を発明する。

このように用水路を掘って、大河などから水を引く方法を灌漑と呼ぶ(→)。

なんだかドブみたい

いやいや、これが大変な発明なのだ。

雨に頼らずとも収穫を確保できる。

が、この用水路を作るのが一苦労でな。大勢の人手が必要なのだ。人間は怠け者だから、なかなか灌漑設備を作ろうとしない。そこでリーダーが考え出したのが「神の名前を引き合いに出して人々を動かす」ことだ。これを**神権政治**と呼ぶのだが、日本では卑弥呼(ひみこ)の例があるし、世界各地でおこなわれたところを見ると、けっこう効果的な作戦だったみたいだな。こうして紀元前5500年ぐらいまでにエジプトやメソポタミアでは灌漑農法が行きわたると、今までの**獲得経済**から**生産経済**に変わってくる。つまり「運まかせの経済」から、「計画的な経済」に変わってきたということだ。

「肥沃な三日月地帯」は今でも重要

文明の成立には、農耕に必要な水が豊富にある「川のほとり」が重要。特にティグリス川とユーフラテス川の間の「川に挟まれた地域」はギリシア語で「**メソポタミア**」と言うのだが、ここは古代から灌漑が発達し、農作物が豊かに作れた。

このシリア・パレスチナ地方とメソポタミアとを合わせた地域は豊かな作物と交通の重要さから「**肥沃な三日月地帯**」と呼ばれ、現在でも重要な地域だ。その証拠に「IS（イスラム国）」が支配していた地域はまさしく「肥沃な三日月地帯」そのものなのだから。

黒海
カフカス山脈
カスピ海
アナトリア高原
ボアズキョイ
アッカド王国
ユーフラテス川
ティグリス川
シリア
ニネヴェ
ジャルモ
イラン高原
シリア砂漠
メソポタミア
イェリコ
バビロン
スサ
ウルク
ウル
ナイル川
シナイ半島
ザグロス山脈
ペルセポリス
ペルシア湾
アラビア半島
紅海
アラビア
シュメール都市国家群
古代の海岸線

灌漑農業が発達して食料供給が豊かになると、人口が集中するようになり、**都市国家**が生まれてくるようになるぞ。

「都市国家」ってよくわからない

そこでちょっとした課題を後のアクティヴィティに出しておいた。考えてみよう。

最初にメソポタミアに都市国家を築いたのは**シュメール人**だが、民族系統は一切わからない。紀元前2700年頃までにティグリス川・ユーフラテス川河口付近に**ウル**と**ウルク**や**ラガシュ**などの都市国家を築いている。

このシュメール人の文化はすごい。**青銅器**、**楔形文字**や**六十進法**、**太陰暦**などを作り上げているぞ（青銅器は、紀元前1600年の中国など他の地域でも発展）。

六十進法とは「60で一つ繰り上がる数の進め方」。例えば60秒で1分、60分で1時間という**時間の進め方**はシュメール人から始まっている。**太陰暦**とは月が地球を1周する時間を「1か月」とする方法。月が再び満月になるのに29.5日かかるのでそれを1か月とする。だから1月・2月というようにカレンダーには「月」の文字が入っているのだ。

でも1年が354日になっちゃうから11日足りないぞ

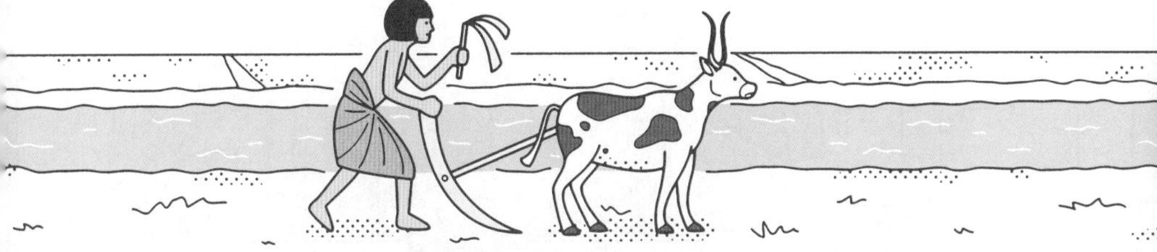

1

そこで3年に1回「うるう月」を入れて調整したんだ。これを**太陰太陽暦**と言う。日本も明治5年まで太陰太陽暦を使っていた。

そしてシュメール人は**ジッグラト**という巨大な祭壇も作っていた。ピラミッドと似ているけどピラミッドは墓で、ジッグラトは祭壇。

ところが紀元前2400年頃、おそらくは北の方からやってきた**セム系**の**アッカド人**によってメソポタミア地方が征服されてしまう。

その時のアッカド人の王の名前が**サルゴン1世**。怪獣の名前みたいだが、エジプト統一王朝に次ぐ世界最古の統一王朝の君主だろう。

アッカド人はシュメール人の進んだ文明に圧倒されてしまい、何でもマネしたと言ってもいいほどだった。楔形文字も暦も見事に受け継いでいる。ところが豊かなメソポタミアを狙っていたのはアッカド人だけではなかった。山ほどの民族がバーゲンセールに押し寄せるようにメソポタミアへ殺到し、その中でセム系の**アムル人**が紀元前1900年頃メソポタミアを征服し、ユーフラテス川中流のバビロンの町を都として**バビロン第1王朝**を打ち立てた。

さっきから出てくる「セム系」って何なんですかっ？

これは『旧約聖書』の創世記に出てくる物語が出典なんだが、コラムで解説しておこうか。

復習ポイント

① 人間と類人猿を分ける一番大きな違いは何か？

② ホモ＝サピエンスが生き残れた理由は何か？

③ 農耕をおこなえるようになったのはなぜか？

④ 「灌漑」とは何なのか？

アクティヴィティ

「都市国家」と「都市」はどこが違うのだろうか？

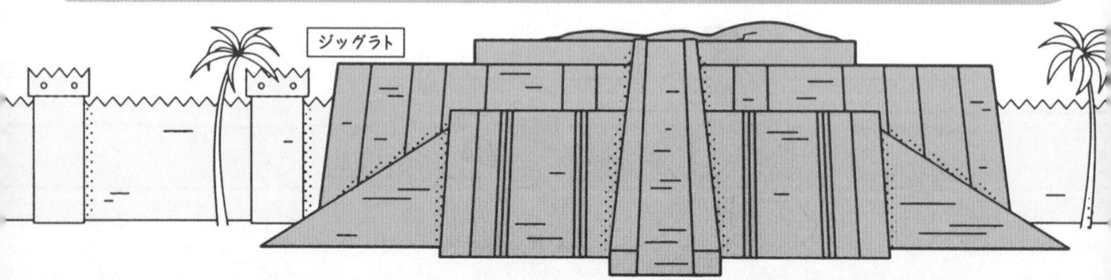

古代メソポタミア史①年表

約700万年前　人類出現

「『直立二足歩行』が人類の大きな転機になる。これで手を使う可能性が広がったのだから」

約420万年前　アウストラロピテクス（猿人）出現

「簡単な打製石器を使うようになったぞ」

約180万年前　ホモ＝エレクトゥス（原人）の出現

「火を使えるようになったことで、動物の頂点に立った」

約20万年前　ネアンデルタール人（旧人）の出現

「埋葬をした、ということは来世などの抽象的なことを信じるようになった、ということだ」

約20万年前　ホモ＝サピエンスの出現

「え、ホモって？」

「ホモ Homoとはラテン語で『人間』のこと。英語にするとHumanになる。サピエンスはラテン語の動詞『考える』の現在分詞形だ」

最後の門　下の問題は実際の大学入試問題です。答えなさい。

約9000年前の時期の出来事について述べた文として最も適当なものを、次の①〜④のうちから一つ選べ。

① シュメール人の都市国家が形成され始めた。

② ネアンデルタール人が出現した。

③ 青銅器時代が始まった。

④ 氷河期が終わり、気候が温暖化した。

（センター入試）

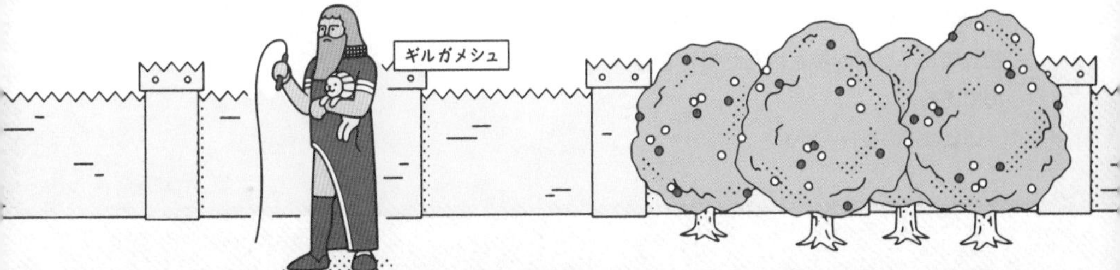

ノアの方舟とその後日談

『旧約聖書 —— 創世記6章〜9章』より

世界を創った神は、地に増えた人々を見て失望した。

人間は皆悪いことばかり考えていたからである。

「人間は皆滅ぼしてしまおう。こんなものを創ったことを私は後悔している」

ただ一人、ノアだけが正しき人であったので、神は「ノアだけは救ってやろう」と心にとめ、ノアに言った。

「お前と家族、そしてすべての動物のつがいを入れる巨大な方舟（四角の船）を作りなさい。そして皆をひきつれてその舟に入るのだ」

ノアが舟を作ると、すべての動物が一つがいずつ集まり、方舟におとなしく入った。ノアと家族が船に入ると、神は大洪水を起こし、すべての人は溺れ死んでしまった。

ノアは陸地を探すべく、カラスを放ったが、カラスは帰ってこなかった。次いでノアはハトを放ってみた。しばらくしてハトはオリーヴの枝をくわえて帰ってきた。ついに水の引いた陸地が見つかったのである（このことからオリーヴをくわえたハトは平和と希望の象徴とされる）。

恐ろしい洪水がやっと収まり、方舟はアララト山に流れ着いた。神はノアに言った。

「もう私は二度と人間を滅ぼさない。これはその契約の証である」

と神は天に壮大な虹をかけた。

「私たちは空に虹がかかるのを見て、太古の祖先であるノアが神と結んだ契約を思い出すのである」

これはその後日談である。

＊

さてその後、ノアは農夫となり、ブドウ畑を作った。ブドウでワインを作り飲んだノアは酔っぱらって「暑い、暑い」と裸になり、テントの中で大の字になって寝てしまった。

仕事から帰ってきたノアの息子のハムは、とんでもない格好で寝ている父ちゃんの姿をまんま見てしまい、驚いて外にいた兄弟に知らせた。兄弟のセムとヤペテは父の裸を見ないようにテントに入ってノアの体に布をかけてあげた。

酔いから覚めたノアは自分が素っ裸で寝ていたことに気が付き、ハムに聞いた。「お前はわしの裸を見てしまったのか？」。ハムは答えた。「うん、見たよ。へへへ」

セムとヤペテにも聞いた「お前たちも見たのか？」。セムとヤペテ「いえ、見ていません」

ノアはハムが父の裸を見たことを知って激怒し、ハムを呪って言った。**「お前は呪われてしまえ。兄弟に仕えるのだ」**

そしてセムとヤペテに言った。**「セムとヤペテはほめ讃えられよ。お前たちは大いなる民族の祖となるように」**

呪われてしまったハムは後にエジプト人とアッシリア人の祖先となった。バベルの塔を建てて、天にまで届かせようとしたのはアッシリア人の王であると言われている。この子孫がハム系民族となる。

セムの子孫からはアブラハムが生まれ、アブラハムはユダヤ人とアラビア人の祖先となった。そしてこの一族がセム系の民族となる。

そしてユダヤ人からイエス＝キリストが、アラビア人からムハンマドが生まれるのである。

解答と解説

復習ポイント の答え

復習だから答えはすでに本文に書いてあるぞ。

① 人間と類人猿を分ける一番大きな違いは何か？
直立二足歩行だったね。

② ホモ＝サピエンスが生き残れた理由は何か？
「言葉」のような情報伝達能力が優れていたからだ。

③ 農耕をおこなえるようになったのはなぜか？
氷河時代が終わり、地球が温暖化したからだな。

④ 「灌漑」とは何なのか？
用水路を掘り、大河などから水を引く方法である。これにより、いつ降るかわからない雨を頼りにする必要がなくなったんだ。

アクティヴィティ の答えの一つ

「都市」は独立していませんから、例えば名古屋市に入るのにパスポートは必要ありません。「都市国家」の場合は独立している国家なので、名古屋市が都市国家の場合はパスポートがなければ入れません。

都市国家は「独立して自治をおこなっている都市」であり、日本の歴史の中では堺があてはまります。ヨーロッパの歴史の中ではヴェネツィアが都市国家にあたります（農耕を中心におこなう都市国家では排他的な都市国家になりやすいのですが、遊牧を中心に行う地域では都市が成立しづらいため、その国家は都市ではなく遊牧共同体（部族）が中心になりやすい傾向があります）。

最後の門 の答え

④

（解説）

①は×。本文に書いてあるようにシュメール人の都市国家である、ウルやウルクが築かれたのは前2700年頃。

②も×。ネアンデルタール人が出現したのは、およそ20万年前と考えられている。

③も×。青銅器は前3000年頃か、それ以前に作られ始めたとされている。

④は○。約1万1700〜9000年前に更新世から完新世に世界は変化したと考えられる。

古代メソポタミア②
――他人と生きるにはルールが必要

あのさ、バビロン第１王朝って、何それ？　もうわかんなーい。

それは、バビロンの町を都にした最初の王朝という意味。だいたい紀元前1900年ぐらいから紀元前1600年頃にあった王朝だな。「古バビロニア王国」と呼ばれているのだが、考古学的に調べたところ、バビロンを都にした王朝が10以上もあることがわかったので、今では「バビロン第１王朝」と呼ぶこともある。

なんでバビロンばかり都にしたの？

ユーフラテス川の中流にあり、交通の便がよく、交易に適しているからだな。古代を代表する巨大な都市国家として聖書にも言及されている。と、言っても多民族が群れ集まる魔窟都市とみなされて「退廃」とか「堕落」の象徴として取り扱われているのだが……

第1幕　ハンムラビ法典

バビロン第１王朝を築いた**アムル人**は、紀元前1700年代の６代目**ハンムラビ王**の時に全メソポタミアをついに統一し、運河を作り灌漑をおこなって広大な領土と多くの民族を支配するようになった。

ところが問題がある。氏族や部族を超えた多くの人々を支配するには、系統だった法律が必要だったのだ。今までの共同体の範囲では通用した、いわゆる「掟」ではよそ者を支配しきれない。「ムラ社会」から「都市社会」に変わっていくには、誰もが納得し受け入れられるような筋の通った法律を作り、示すことが求められた。

そこでハンムラビ王が作成させたのが有名な**ハンムラビ法典**だ。断片ではなく、ほぼ全

文が残っているものとしては世界で最も古い法典の一つと言われていたが、現在ではその説は覆されている。現物はパリのルーヴル美術館にある(→)。当時、先進的な言語だったアッカド語を用いて楔形文字で書かれている。

この法典が有名なのは、法律自体の方向性と特徴がはっきりしているからだ。それは**復讐**(ふくしゅう)**法**と**身分差別**である。そもそも社会というものは弱者が被害を一方的に被ってしまうことが多く、その状態が放置されていてはとても健全な社会とは言えない。そこで弱い立場にある人の権利が認められるように配慮したのがこの法典である。たとえ家族が殺されても泣き寝入りしないよう、王が「正義」を保証したわけだ。

でも「復讐」というのはいくらなんでもやりすぎではー？

では、皆が納得するような他のルールといったら何がある？**「目には目を、歯には歯を」**はたしかに極端ではあるが、無学の異民族にも納得できるシンプル極まりないルールだ。

身分差別については、古代は「奴隷がいて当たり前」の世界。見て見ぬふりしてほったらかしにするよりは、一般人と奴隷の間に区別を設けてそれぞれに一定のルールを定める必要があった。さもなければ奴隷そのものを平気で虐待したり、傷つけたり、殺したりすることが横行してしまうからだ。奴隷を傷つけたり、殺したりしたらハンムラビ法典では銀で賠償しなければならないので意外に高くついてしまう。ちなみに当時のメソポタミアの奴隷のお値段は、平均月収の15倍もしたので、ハイブリッドの新車よりも高い。同じ奴隷社会であった古代ローマよりもはるかに高かった。

こうして「法律」ができたということは、アカの他人どうしである多くの他民族が群がって住む都市社会に新しいルールができたことを意味する。このルールこそ文明社会の根本であり、それを実証していくのが後の古代ローマとなる。

第2幕 ヒッタイトの襲来

さて一方、紀元前1600年頃にメソポタミア方面に大異変が起こる。

北から**ヒッタイト**人がメソポタミアに攻撃をかけてきたのだ。いや、またこれが強くてね。詳しくは篠原千絵のマンガ『天は赤い河のほとり』(小学館)を見るとよい。日本の少女がなんと古代ヒッタイトにタイムスリップしてしまう話だ。

このヒッタイトの強みは**戦車**と**鉄製武器**を持っていたこと。戦車と言ってもタンクのことではない。馬に引かせて走る小型馬車のこと。当時は直接に馬に乗る習慣はなかった。大昔は鞍がなかったので直接馬に乗ることが難しかったのだ。だから昔の戦いと言ったら直接足で走って戦う方法が主だった。実際に馬に触った人はわかるけれど馬は大きい。突っ込んで来られたらたまったもんじゃない。

そして鉄を武器にしたのも大きい。管理に手間がかかるが、包丁でも鉄が一番切れ味がよいのだから、戦争でも鉄は都合がよく無敵だった。このヒッタイト人がメソポタミアに押し寄せてバビロン第1王朝を滅ぼしてしまったのだが、彼らはメソポタミアには居座らず小アジアに住み続けていた。

「**小アジア**」という言葉が出てきたので、説明しておこう。つまり現在のトルコ共和国の大部分を占める半島(アナトリア半島→)のことを示す言葉だ。

メソポタミアの方が食べ物が多くて住みやすいのでは？

たぶんヒッタイト人がメソポタミアに住み着かなかったのは、小アジアには鉄資源が豊富にあったからだと思われる。そのためにガラ空きとなったメソポタミア方面は北部がミタンニ王国、南部はカッシート人に占領されてしまった。

ちなみにミタンニもカッシートも昔は「インド＝ヨーロッパ語族」とされていたが、現在では否定されている。

第3幕 インド＝ヨーロッパ語族って何？

インドからヨーロッパにまたがる広大な地域で話されている語族をひとまとめに「**インド＝ヨーロッパ語族**」という。例えば英語、フランス語、ドイツ語やペルシア語、インドのヒンドゥー語には言葉に共通点が多いので、言語学者が「**これらの言葉を話す人々は先祖が一つなのではないか**」という仮説を立てた。その先祖がいた場所には諸説あるが、黒海とカスピ海にはさまれたカフカス（コーカサス）山脈付近と考えられる。そこで故郷と推測されるコーカサス山脈の名前から「コーカソイド」（白色人種）という言葉が生まれた。彼らは紀元前2000年頃から故郷を去って、各地に民族大移動を始めている（→）。

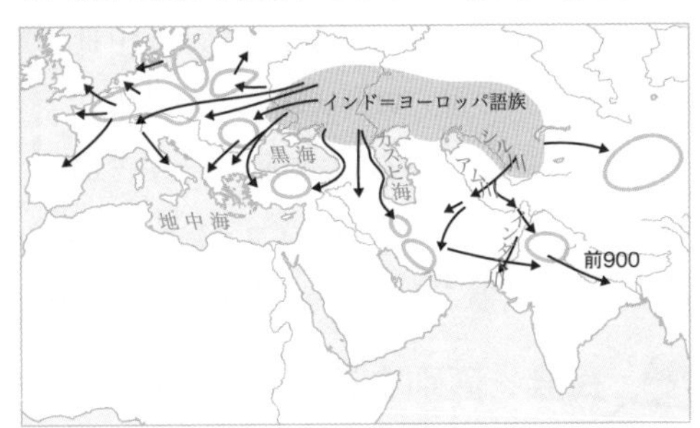

なんで移動したんだろ

たぶん推測だが、気候変動による食料不足が原因なのではなかろうか。

メソポタミア地域ではテーマ1に出てきたセム系のアムル人が活躍していたが、この地に乱入してきたヒッタイト人もインド＝ヨーロッパ語族だ。

このヒッタイト人は小アジアの**ハットゥシャ（現ボアズキョイ）**という都を中心にして強い勢力を誇った。

第4幕 楔形文字について

楔形文字（くさび）というのは古代メソポタミアのシュメール人の時代から使われていた文字で、楔の形に似ているところからつけられた名前だ。

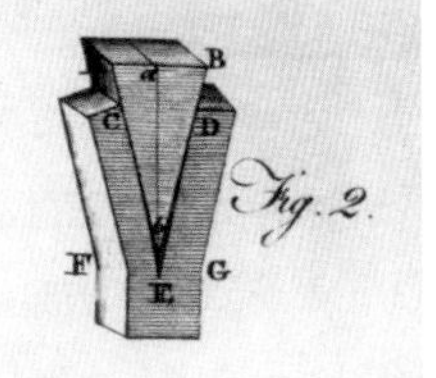

楔というのは、木などを割ったりする時などに使用する道具。ドアを固定する時に使うドア＝ストッパーは、楔の形である（→）。

シュメール人が発明した楔形文字はエジプトの神聖文字（ヒエログリフ）と並び、世界最

古の文字であり、古代メソポタミアのハンムラビ法典や、後にコラムで扱う人類最古の物語『ギルガメシュ叙事詩』の記録に用いられた。当時は紙がなかったため、粘土板に葦のペンなどを使って彫り込み、保存する場合にはその粘土板を火で焼いたのである。

解読のきっかけとなったのは、西部イランにあった**ベヒストゥーン碑文**であった(→)。

アケメネス朝ペルシアの王ダレイオス1世の業績を刻み込んだこの碑文にはペルシア語と並び、楔形文字の記載があった。19世紀のイギリスの軍人**ローリンソン**は、この二つの文章が同文であろうと推定し、まず古代ペルシア文字の解読をおこなってから、苦心の末に楔形文字の解読に成功した。この解読の成功により、ついに重い古代の扉が開かれたのである。

民族を区別するものって何だろう？　やっぱり見かけかな？

区別の基準は言葉だ。外見にはよくだまされるが、言葉遣いや方言で、その人物の本当の出身や生まれ育ちがわかってしまう。だから民族の区別にはセム語系やインド=ヨーロッパ語系など、言葉の種類を重視している。簡単な見分け方としては、ヘブライ語やアラビア語などのセム語系の言語では、文字を右から左に書くのが特徴。

復習ポイント

① 古代メソポタミアが生んだ文化は何だったかな？

② ハンムラビ王はなぜ法典を作ったのだろうか？

③ ハンムラビ法典の特徴とは何だった？

④ ヒッタイト人はなぜ強かったのかな？

古代メソポタミア年表

紀元前5500年頃　メソポタミアでは灌漑農法が広まる

「食べ物がたくさんとれてうれしいけど、用水路作るのがメンドー」
→リーダーが王となり、神権政治をおこなう

紀元前2700年頃　シュメール人が都市国家を作る

「……都市国家って何だっけ？」
→ふりだし（前回のテーマ）へ戻る

紀元前2000年頃　インド＝ヨーロッパ語族の移動開始

「あなたの出身は？」「先祖は山から来たみたいです」

紀元前1900年頃　バビロン第1王朝が始まる

「バビロンは大都市だったらしい」

紀元前1700年頃　ハンムラビ王による全メソポタミア統一

「ハンムラビ法典の特徴は……、えーと、えーと！」

紀元前1600年頃　ヒッタイト人がバビロン第1王朝を滅ぼす

「鉄と馬を制す者が世界支配者となるっ」

最後の門　下の問題は実際の大学入試問題です。答えなさい。

問1　シュメール人が発明した記数法はどれか。

①　十進法　　②　十二進法　　③　二十進法　　④　六十進法

問2　シュメール人によって作られたのではない都市を選びなさい。

①　ウル　　②　ウルク　　③　カデシュ　　④　ラガシュ

問3　アッカド人の王でシュメール人の都市国家を征服した人物を選びなさい。

①　サルゴン1世　　②　ウルカギナ　　③　エサルハドン　　④　ラメス1世

問4　バビロン第1王朝を作った民族の名を選びなさい。

①　フルリ人　　②　アラム人　　③　エラム人　　④　アムル人

（国士舘大）

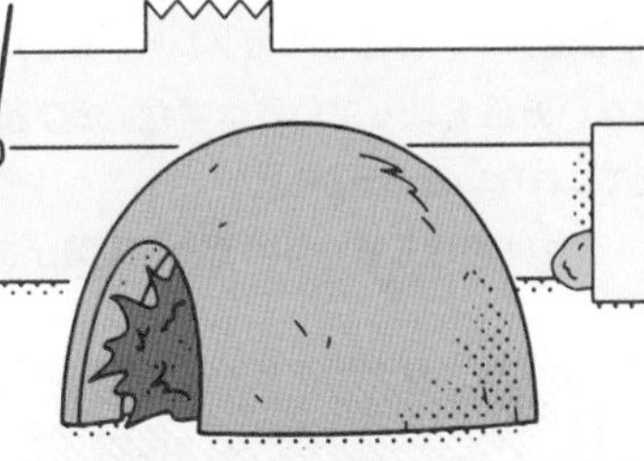

『ギルガメシュ叙事詩』

――世界最古の物語

古代メソポタミアの都市国家ウルの王であった**ギルガメシュ**は、半人半獣の友人エンキドゥと痛快な冒険を繰り広げていた。このギルガメシュの若々しい姿に惚れ込んだのが女神のイシュタルである。しかしギルガメシュはイシュタルの誘惑をそっけなく退けた。ギルガメシュの態度に怒った女神は叫んだ。

「若いうちに思い上がっているがいい！　どうせお前は人間だ！　神のような不滅の命を持っているわけではないのだぞ！」

面白おかしく暮らしていたギルガメシュに悲劇が起こった。親友のエンキドゥが病気に倒れ、死んでしまったのである。親友の死にショックを受けたギルガメシュは命のはかなさを知った。そこで永遠の命を手に入れるためにギルガメシュは王宮を捨て、旅に出た。

あらゆる苦難にみまわれたがギルガメシュはひるまなかった。

彼はついに不死の方法を知っている老人の存在を知った。その老人の名は**シトナピシュティウム**。海の真ん中の孤島に住んでいるという。ギルガメシュは海をわたり、はるばるその老人を訪ねていった。

＊

ギルガメシュの前にあらわれた老人シトナピシュティウムは驚くほどの高齢だった。もう何千年生きているのだろうか！

「ご老人！　私はギルガメシュ。あなたは死なない方法を知っているはずだ。ぜひ私に教えてくれないだろうか！」

「それは無理じゃ……。昔々、人間があまりにも悪いことをしていたため、これを見て怒った神が、大洪水を起こしてすべての人間を滅ぼしてしまったのじゃ。だが、わしだけが正しきおこないを守っていたので、神がわしを救ってくださったのじゃよ（前回の「ノアの方舟」を参照）。そしてその時に神はわしに永遠の命を与えてくださった。だからわしはお前さんに永遠の命を与えることはできないのだ」

この話を聞いてギルガメシュは落胆した。同情した老人は

「お若いの、ここに死ぬまで年をとらずに、青春を楽しむことができる花がある。これをお前さんにあげよう」と花をくれた。

老人に別れを告げたギルガメシュはウルの近くまで来た時、旅の疲れで昼寝をしてしまった。そこへやってきたヘビがなんと花を食べてしまったのである。起きてこのことに気が付いたギルガメシュは嘆き悲しんだ。

ヘビが死ぬまでしわがよらず、若々しいのは、この時ヘビが青春の花を食べたからだと言われている。

＊

1853年、イギリスの考古学者ラッサムが、アッシュルバニパル王（テーマ5参照）が作ったニネヴェの大図書館を発掘した時、多くの粘土板を発見した。この粘土板に楔形文字で書かれていたのが『ギルガメシュ叙事詩』である。大英博物館のジョージ＝スミスが解読に成功した、この世界最古の物語は、「人間が不死を求め、失敗する話」であり、マンガ『鬼滅の刃』と似ていることに驚かされる。

解答と解説

復習ポイント の答え

① 楔形文字・ジッグラト・太陰太陽暦・六十進法。
② 都市生活での多民族との共存を可能にするため。
③ 復讐法と身分差別。
④ 戦車と鉄製武器を用いたため。

最後の門 の答え

問1 ④　問2 ③　問3 ①
問4 ④

（解説）

知らない単語が出てきて、緊張してしまうが大丈夫。正解を知っていればOK。全部の用語を知っている必要はない、が、一応説明は付けておきます。

問1 ①「十進法」、②「十二進法」とも、古代バビロニア起源と言われている。また「二十進法」はフランス語の数の数え方に影響している。はっきりしているのは「六十進法」＝シュメール起源。

問2 ③のカデシュは、地中海に近い都市国家で、カナーン人が建てたと言われている。後にヒッタイトとエジプト間の戦場になったことで有名となる。

問3 ②ウルカギナは古代シュメール人の王の名前。
③エサルハドンはアッシリア王で、アッシュルバニパル王の父。
④ラメス1世はツタンカーメンより後の時代のエジプト王。

問4 ①フルリ人はミタンニ王国を建国した民族と言われている。
②アラム人はシリアを中心に陸上貿易で活躍した民族。
③エラム人は古代イランの海岸部で栄えた民族。

古代エジプト
――覚えるファラオは一人だけだが文化が大事

古代エジプトって言ったら、ピラミッドとミイラかな。

たしかに古代エジプトは人気がある。展覧会でも人が押しかけてくるし関心も高い。だったら、古代エジプトについて政治や文化などいろいろな事項を知っておいた方が話はもっと面白くなるぞ。

ねえねえ、ミイラってどうやって作るの？

歴史家ヘロドトスが『歴史』という作品の第２巻に詳しく書いているのだが……。こんなことは知らなくても人生は生きていける。

第1幕　古代エジプト文明の始まり

エジプトの**ナイル川**は素晴らしい川で、毎年洪水で水があふれ出るのだが、この洪水がケムトと呼ばれる肥沃な黒い土を上流から運んで来てくれる。水が引いた後に小麦をまけば豊かな収穫が期待できる。なにしろ収穫のための苦労をすることなく川自体が畑を豊かにしてくれるのだ。そのためにギリシアの歴史家**ヘロドトス**は『歴史』という本の中で「**エジプトはナイルのたまもの**」という有名なコメントを残している。人間は欲が深いから、「灌漑（かんがい）して用水路を作れば、もっと農地が増えて、麦の収穫もアップできる」と考えた。ところがナイル川はアマゾン川と長さでは競争できるほどの大河なので、灌漑工事は大変だ。そこで大勢の人間を指揮できるようなリーダーシップを持った人物が尊重されるようになり、後に**ファラオ**（「大きな家」という意味）と呼ばれ、エジプトの王になっていった。

さて、エジプトは大昔はナイル川**下流**の下エジプトと**上流・中流**の上エジプトの二つに分かれていたが、上エジプトのファラオが紀元前3000年頃に上流と下流の全域を統一す

ることに成功した。ファラオが古代エジプトを治めていた時代は実は30も王朝があって、「第～王朝」と時代区分するのが正しいのだけれども、面倒くさいから大雑把に**「古王国時代」「中王国時代」「新王国時代」**と呼んで区別する。そのうち紀元前2700年頃から紀元前2200年頃までを古王国時代と呼ぶ。それぞれの時代で都も変わるので覚えておこう。古王国の都はナイル川下流の**メンフィス**、中王国と新王国の都がナイル川中流域の**テーベ**である。

最初からわからなかったけど、「紀元前」って何ですか……？

イエス＝キリストが生まれた年を紀元1年として数えるキリスト教の暦のルール。したがって現在はキリストが生まれてから20××年経っているわけだ。そしてキリストが生まれる前の年を「紀元前1年」と呼ぶ。ちなみに「0年」という年は存在しないから気をつけること。

ということは、エジプトの古王国時代はキリストが生まれる2700年も前に始まっていたことになる。こんな古い古王国時代にすでに**ピラミッド**が建てられていた。これらのピラミッドはナイル川の河口に近い、古王国時代の都の**メンフィス**のそばのギザに建てられている。有名なものは一番大きいクフ王のピラミッドだ。ヘロドトスは『歴史』の中で「クフ王はエジプト人を世にも悲惨な状況に陥れ、20年をついやして自分のためのピラミッドを建てた」と書いている。だが農閑期の農民のアルバイトであった可能性もある。

第2幕 新王国時代のエジプト

エジプトはナイル川の恵みを受けつつも、メソポタミアとつながる道はシナイ半島やパレスチナを通るルートがあっただけだから、外界からは地理的に守りやすかった。ただし、生活基盤が不安定な遊牧民たちは食料が豊富なエジプトに「難民」として避難してくることも多かったようだ。その中にはテーマ4に出てくるヘブライ人もいた。紀元前1700年頃、シリアから入ってきた遊牧民**ヒクソス**（「異国人の支配者」という意味）は力ずくでエジプトに乱入し、エジプトの**中王国時代**を断絶させてしまった。このヒクソスの侵入をシリアやパレスチナからやってきた遊牧民の移動の一つとしてとらえてもよいのかもしれない。

3

紀元前1550年頃、ヒクソスを追い出したエジプトでは**新王国時代**ができる。この新王国はけっこう好戦的で、ヒクソスから学んだ馬と戦車を使って、ナイル川上流に勢力を及ぼし、またシリア・パレスチナ地方に領土を広げるようになった。この勢いのある時代を代表するファラオがトトメス3世であるが、重要なのは紀元前1300年代の中頃にエジプトで宗教改革をおこなった**アメンホテプ4世**(イクナートン)であろう。彼はそれまでの多神教崇拝を退け、太陽神アトンのみを中心神として崇拝した王であり、**世界初の一神教**を創始した王と言える。この頃エジプトに多く住んでいたヘブライ人たちはこの一神教を受け継ぎ、後のユダヤ教に発展させた。このアメンホテプ4世(イクナートン)こそ古代エジプト史の中でぜひ覚えるべき名であろう。

アメンホテプ4世は、「アトンに有用な者」という意味の「イクナートン」に名前を変え、メンフィスとテーベの中間地点にある**テル=エル=アマルナ**を都とするようになった。神官などの旧勢力の強いテーベを避けて、新宗教を広めようと思ったのであろう。このテル=エル=アマルナで栄えたのがまったく新しい**アマルナ美術**である。今までのエジプトの美術はパターン化しており、必ず顔は横に向け、体は前を向き、手は前に出す「ちょっとタンマ」のポーズだった。それがアマルナ美術ではリアルになってきた。

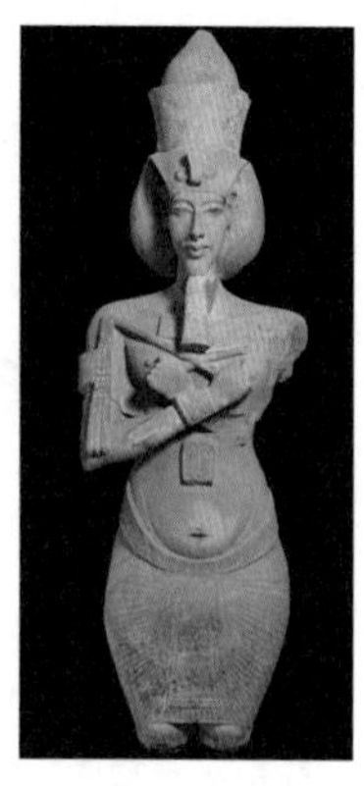

右の写真はアマルナ美術が表現したイクナートン(→)だけれども、顔がファラオとして理想化されておらず、頬骨も高い。腰が大きいところなどファラオとしての威厳よりは、実際のイクナートンの姿がしのばれる。しかしイクナートンが死んでしまうと一神教はすたれてしまい、元の多神教に戻ってしまった。そしてイクナートンの跡を継いだのが娘婿のトゥトアンクアメンである。彼は少年のうちに王位につき、20歳にならぬうちに亡くなったが、おそらくエジプト史の中で最も有名なファラオであろう。彼の名を英語風に発音すると「**ツタンカーメン**」となる。なにしろ盗掘されずに発掘されたファラオの墓は彼の墓だけなのだから。

このツタンカーメンから約50年後に**ラメス**(ラメセス)**2世**が出てくる。

このファラオは戦好きで北方のシリアにまで攻め込んで、ヒッタイトと**カデシュの戦い**をおこなった。この戦いは鉄器を持つヒッタイトが優位だったようだ。**ラメス**(ラメセス)**2**

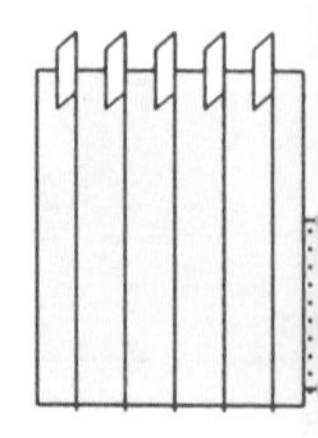

世は悔しまぎれに「**精錬した鉄をくれっ**」とヒッタイトに要求しているが、ヒッタイト側は「それはウチでは作れません。悪しからず」と適当にあしらっている。

第3幕 「海の民」とエジプトの衰退

ところが紀元前1200年頃、インド＝ヨーロッパ語族が北方から侵入を始め、西アジアを大混乱に陥れた。古代ギリシアのミケーネ文明が突然滅びたのは彼らのせいだと言われている。そして同じ頃、海の彼方から不気味な影があらわれてきた。「**海の民**」である。

彼らはヒッタイトを滅ぼし、エジプトに襲いかかって新王国を衰退させた。パニックに陥ったエジプトはシリアやパレスチナから撤退し、そのおかげでアラム人、フェニキア人、そしてヘブライ人が活躍できるようになったのだ。この「海の民」の正体はわからない。ミケーネ文明の崩壊とともに、難民になってしまった人々が海賊になった可能性はあるだろう。この後エジプトは衰退し、紀元前600年代には一時、新興国のアッシリアの属国になってしまう。

第4幕 エジプト文明の特徴

エジプト文明の特徴は宗教性が強いことで、彼らは来世の存在を真剣に信じていた。宗教は多神教であり、特に優位を占めていたのが**太陽神ラー**である。後にテーベの守護神アモン信仰と結び付いてアモン＝ラー信仰が盛んになったのだが、これで得をするテーベの神官たちをうっとうしく思ったイクナートンがまったく新しい一神教のアトン信仰を始めたことは知ってのとおり。来世を信じたエジプト人は、死後に霊が戻って来れるように**ミイラ**を作り肉体をできるだけ保存しようとしたおかげで、エジプトの歴代ファラオの健康状態がよーくわかる。

古代エジプト人は、あの世の裁判で「天国行き」を死者の国の神オシリスに認めてもらえるように、あの手この手を使っている。有名な**『死者の書』**は「裁判官に質問されたら、ウソでもいいからこう答えなさい」と悪徳弁護士が教えるような答弁が書いてある面白い巻物だ。

『死者の書』が残っているのは**パピルス**という草の繊維に書かれていたおかげ。パピル

ス草という植物の茎を剥がして、削いで、柔らかくして、重ねて叩いて、なめすという面倒くさい作業をおこなうので高価だったが、来世のためだったらカネは惜しまなかった。このパピルスが3000年以上も保つのだからすごい。

そして**太陽暦**もエジプト文明の精華。実は地球が太陽を365.2422日かけて回ることに気が付いたのはエジプト人だ。そこで1年をとりあえず365日とし、4年に1度閏月を入れたカレンダーを太陽暦とした。

最後に**神聖文字**(**ヒエログリフ**)。これは基本的に石に刻み込む文字だな。だから破壊されない限り永遠に残る。一方でパピルスに書くための文字としては民用文字(デモティック)があり、これらの文字が書ける人は書記としてとっても尊敬された。ヒエログリフを最初に解読するきっかけとなったのは**ロゼッタ=ストーン**で、ヒエログリフとデモティックと古代ギリシア語がなんと一緒に彫り込んであった石であった。19世紀にフランス人の**シャンポリオン**が解読に成功している。

復習ポイント

① 「エジプトはナイルのたまもの」の意味は何なのだろう？

② なぜファラオは強い力を必要としたのだろうか？

③ 世界で初めて、アメンホテプ4世がやったことは何？

アクティヴィティ

古代エジプト人の残したもののうち、あなたは何をすごいと思う？（理由も書いてくれるとうれしい）

古代エジプト年表

紀元前3000年頃　上下エジプトの統一

「川の上流は海から遠い方、下流は海に近い方」

→ファラオによる神権政治

紀元前2500年頃　ギザのピラミッドの建設

「ピラミッドってファラオの墓のこと」

紀元前1700年頃　ヒクソスの侵入

「あなたの出身は？」「北のシリア方面ですね」

紀元前1550年頃　新王国時代が始まる

「エジプトの外に積極的に進出を始めた時代だね」

紀元前1300年代中頃　アメンホテプ4世（イクナートン）による宗教改革

「世界初の一神教」

紀元前1286年頃　カデシュの戦い

「エジプト対ヒッタイトの天下分け目の戦い」

紀元前1200年代終わり　「海の民」の侵入

「海の民の実態はよくわかっていないみたい」

紀元前600年代の一時期　アッシリアの属国になる

最後の門　下の問題は実際の大学入試問題です。答えなさい。

問1　エジプトで中王国時代から政治の中心地となった都市の名を書きなさい。（新潟大）

問2　エジプトの中王国が弱体化した時、エジプトに侵入したアジア系遊牧民は何か。（獨協大）

問3　古代エジプトの神聖文字（ヒエログリフ）が解読されるきっかけとなった遺物と、この文字の解読に成功した人物の名をあげなさい。（新潟大）

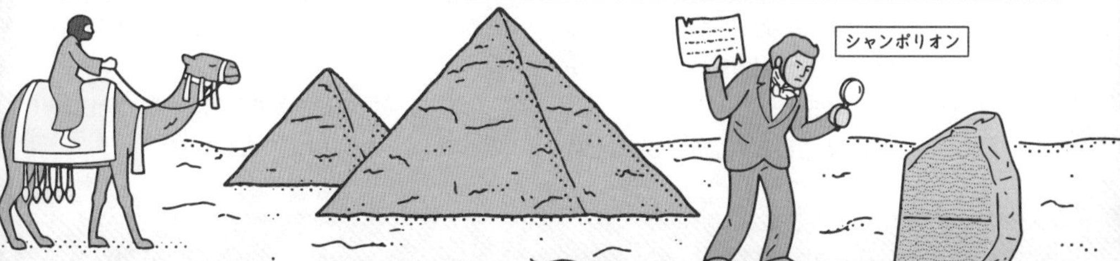

ツタンカーメンの墓
——現代に出現した神秘

1922年、イギリスの発掘好きの貴族カーナーボン卿は考古学者のカーター博士とともに、エジプトの王家の谷を発掘していた。二人の顔は疲労にやつれており、エジプト人の人夫たちもなげやりになっていった。と言うのも目ぼしい発掘の成果があがらなかったからである。

元々エジプト人は霊魂の不滅を強く信じていたから、古王国の時代には壮大なピラミッドを作り、素晴らしい財宝の副葬品とともに王のミイラを安置していた。ピラミッドの中は壮大な迷路になっており、侵入者を生かして帰さぬための恐ろしいワナもしかけられていた。

しかし人間の欲望の深さの前には一切のワナも迷路も無力であった。この財宝を狙って、古代から墓泥棒が跡を絶たなかったのである。そこで中王国以降は王の墓を「王家の谷」と呼ばれるテーベ近くの谷にひそかに埋葬するようになった。

だが、どんなにひそやかに隠しても無駄だった。この王家の谷も墓泥棒によって荒らされてしまい、無傷の墓は一つとして残されていないようだった。

＊

エジプト政府から許可されていた発掘の期限も迫ってきていた。カーター博士が新たに目を付けたのは、今まで人夫小屋のトイレがあった所である。古代には労働者の住宅があったと考えられていた場所で、考古学上の価値がたいしてないと思われていた。そこを掘ってみようというのだからカーター博士も相当ヤケクソになっていたのだろう。

掘っている人夫たちの間から悲鳴のような叫びが起こった。割って入ったカーター博士が見たものは、隠された階段の跡だった。さっそく掘り進めてみると、階段の先には大きな扉があらわれた。

「封印が破られていない……！　未発掘の墓だッ！」

それからの発掘は慎重を極めた。ここから先はまだ人間が見たことのない神秘の世界なのである。発掘には細心の注意が払われ、出土物の記録と保管がおこなわれた。そしてついに墓の玄室（棺のある部屋）にたどり着いたカーター博士とカーナーボン卿は古代のファラオの眠る棺を慎重に開け始めた。何重にも覆われた棺に書かれている**ヒエログリフ**（神聖文字）にはそこに眠るファラオの名が書かれていた。

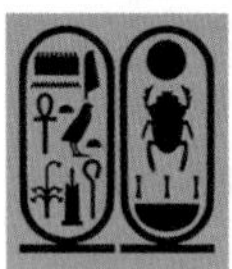

「ツタンカーメンの墓だ！」

最後の棺を開けた時、二人はツタンカーメンのミイラの上に赤い花のようなものを一瞬見た。しかし、空気が入った時にその花は消え去ってしまった。

「ツタンカーメンが埋葬される時、まだ少女だった彼の妻が最後の別れに置いた花が、3000年の時を超えて残っていたのだ……！」

＊

（おまけ：ツタンカーメンの呪い）

ツタンカーメンの墓の発掘にたずさわった人々は次々と不自然な死をとげた。まずカーナーボン卿が発掘後、蚊に刺され敗血症で死んだ。そして現場に立ち会った多くの学者や技師たちが火事や急病で突然の死をとげているのだ。

しかし、発掘の責任者であるカーター博士は呪われることなく、64歳で亡くなった。

解答と解説

復習ポイント の答え

① ナイル川のゆるやかな洪水が上流から養分のある土をもたらし、エジプトに豊かな収穫をもたらしたこと。そしてその豊かさの上にエジプト文明が築かれたことをあらわしている。

② ナイル川流域の灌漑をおこなうために強い権力が必要だったため。

③ 一つの神だけを信仰する一神教を創始したこと。

アクティヴィティ の答えの一つ

(例)

「太陽暦です。太陽暦は現在私たちが使っているカレンダーの元となっているものです。農業をおこなう上で正確な暦が必要だったと思うのですが、望遠鏡もない時代に正確な時間を知ることができたなんて不思議です」

最後の門 の答え

問1　テーベ　　問2　ヒクソス

問3　(遺物)ロゼッタ=ストーン

(人物)シャンポリオン

(解説)

古代エジプト史は王国の都の名前と、文化史(パピルスやピラミッドなど)が出題の中心になってくる。

人名で一番よく出てくるのはアメンホテプ4世(イクナートン)だ(ツタンカーメンは有名すぎる)。不安ならば、トトメス3世やラメス(ラメセス)2世も覚えておけば安全でよいだろう。

4 地中海東岸の諸民族

――フェニキア人の子孫が今も活躍

地中海トウガンって何だかわがんねー。

地中海の一番東端。ということは、普通の地図で見て地中海の右側だ。しかし西アジア全体で言うと、一番西側になる。現在で言うと、シリアやパレスチナ地方だ。

あ、なんか今、騒ぎが起こっている地域なんじゃない？

実は昔から大変な所だった。というのも地中海東岸はメソポタミアとエジプトをつなぐ重要な交通路だったからね。貿易路でもあったから多くの民族がこの地をめぐって取り合いをしたものだ。

回り道じゃん。突っ切って行けばいいじゃない？

メソポタミア〜エジプト間の直線ルートは死の砂漠だよ。回り道でも安全な方がいいに決まっているのさ。

第1幕 パレスチナをめぐって諸民族がバトルロワイヤル

① パレスチナと「ラピュタ」の関係

　というわけで、地中海の東のはずれの地方は大昔からメソポタミア〜エジプトのルートがあったため、シリアやパレスチナは多くの民族が奪い合う地域となった。駅前やバス停が近いマンションほど人気が高いのと同じだ。ここら辺には大昔からカナーン人と呼ばれる人々が住んでいたらしいが、いわゆる多民族連合と見てよいのかもしれない。

紀元前1300年頃、南北の超大国がこの便利な土地をめぐって激突を始めた。北のヒッタイトと南のエジプト新王国である。シリアでのカデシュの戦いが代表だが、一応は引き分けに終わっている。

紀元前1200年代に入ると「海の民」がパレスチナに侵入するようになり、ヒッタイトもエジプトも大打撃をくらってしまったため、パレスチナが空白地帯になった。この時期にパレスチナに乗り込んできたのが「海の民」の一派ではないかと思われるペリシテ人。ちなみに彼らの代表として『旧約聖書』に出てくるのが、大巨人ゴリアテだ。

むっ、どっかで聞いたような名前だ

宮崎駿監督の『天空の城ラピュタ』に出てくる巨大な空中戦艦の名前に使われている。このゴリアテも、後にヘブライ人の王となる少年ダヴィデに倒されてしまうのだが。この「ペリシテ」という名前から「パレスチナ」という地名が生まれたそうだ。

紀元前1200年代以降に地中海東岸で活躍をし始める民族の代表はアラム人、フェニキア人、そしてヘブライ人の3民族である。

② はるか東の果てまで広がるアラム文字

まず**アラム人**だが、シリア地方の**ダマスクス**の町を本拠地とした民族で、ラクダなどを使った陸上中継貿易を得意としていた。お得意さんはメソポタミア方面の諸民族である。だいたい商業民族の言葉というものは商業圏の共通語になっていくものだが、アラム人の言葉も広い地域に広がり、イエス＝キリストもアラム語を話し、説教もアラム語でしていたという。特にアラム人の文字はお得意さんの多い東方世界に広まっていきヘブライ文字やアラビア文字、そしてはるか東の彼方のモンゴル文字や満洲(まんしゅう)文字の母体にまでなっている。

③ フェニキア人は商売のために「文字」を作った

次に**フェニキア人**。彼らはアラム人と同じ貿易の民だが、得意にしたのは船を使った海上中継貿易だった。都は**シドン**と**ティルス**という港町で、日本で言えば横浜と神戸にあたるだろう。船は彼らの得意技で、貿易の荷はレバノン杉、貴金属、そして奴隷だった。

え、奴隷？　どうやって手に入れたの？

ヘロドトスが『歴史』の1ページ目に書いているのだけれど、寄港地で船に積んである

貴重品に惹かれて「キャー、私コレ好きー」と上がり込んで来た女子たちが品物に夢中になっているスキに、船をこっそり港から出して、奴隷として売り飛ばしていたらしい。

商人であるフェニキア人たちにとって、領収書を書いたり、帳簿をつけるためには文字が必要だったので、セム語の表音文字をカナーン人から習ったフェニキア人たちは**フェニキア文字**を作り上げた。このフェニキア文字からアルファベットが生まれたのだ。アラム文字が東方世界に伝わったのに対し、フェニキア文字は西方世界に広まっていく。

海上貿易では港がないと水や食糧を補給できないので、フェニキア人たちは地中海沿岸に多くの植民都市を作っている。特に後にローマと死闘を繰り広げる**カルタゴ**が有名だが、バルセロナやジブラルタルもフェニキア人が築いたとされている。そしてフェニキア人の子孫は現在でも商売で大活躍している。その代表は日産の元会長であるカルロス＝ゴーンであろう。レバノン系フランス人であるゴーン元会長の遠い先祖はフェニキア人であったのだ。

第2幕　ヘブライ人の生き残るための苦闘

①　世界史で唯一の民族大脱走

派手に商売をやっているアラム人やフェニキア人にくらべて、**ヘブライ人**は目立たない地味な存在だった。『旧約聖書』によるとヘブライ人の祖先アブラハムはメソポタミアのウルからパレスチナ地方に流れて来た人物らしい。アブラハムの子孫のヤコブは、天使とケンカして勝ったという言い伝えがあり、そこから「イスラエル」(世に打ち勝つ)という言葉が生まれたという。このヘブライ人が食糧難のためにエジプトに移住し、時が経つにつれてヘブライ人はエジプト人の奴隷にされてしまった。このヘブライ人たちを奴隷から解放し、再びパレスチナの地へ連れ帰ったのが**モーセ**という預言者だった。詳しい話はコラムに書いておくが、なにしろ民族まるごとエジプトから大脱走というのは他に例がないため、この大事件は「**出エジプト**」と呼ばれている。

出エジプトはたぶん紀元前1200年代かと思われるが、パレスチナへ戻ったヘブライ人は居場所を求めて、あちらこちらでどつき合いをやっていたようだ。ヘブライ人たちは紀元前1000年頃に自分の王国をパレスチナに作ることが可能になったが、特に厳しかったの

は「海の民」の一派だったらしいペリシテ人との戦いであった。

② ダヴィデとソロモンの栄華も夢の跡

ヘブライ人の作った王国の最初の王であるサウルが戦死した後に王となった**ダヴィデ**は、あの巨人ゴリアテと決闘して倒したことでも有名だ。イェルサレムに都を置いたのは彼。

右はゴリアテの首を足元におくダヴィデの像(→)。

彼は優れた詩人でもあり、旧約聖書に含まれている「詩篇」の多くはダヴィデの作とされている。

ダヴィデの子である**ソロモン**は賢者として知られており、王国の都イェルサレムに壮大な神殿を建設している。この親子2代の王は、知勇ともに秀でた王であったことは間違いないのだが、やはり建国の無理がたたったのだろう。ソロモン王の死後、国の方針をめぐってヘブライ人の国は南北に分裂してしまった。どんな国でも分裂すると弱くなる。紀元前722年に**北のイスラエル王国**は後で説明するアッシリアという国に、そして紀元前586年に**南のユダ王国**は新バビロニアの王**ネブカドネザル2世**によって滅ぼされてしまった。

③ バビロン「捕囚」であって、「補修」や「補習」ではない

ユダ王国の住民は新バビロニアの都であるバビロンの町に拉致されてしまい、この町で奴隷として働かされることになった。これを**「バビロン捕囚」**と呼び、**約50年間**この状態が続くことになる。この奴隷になった人々はユダ王国の出身だったので、「バビロン捕囚」以降彼らのことを**「ユダヤ人」**と呼ぶようになった。

エジプトの奴隷から解放されたら、また奴隷に転落かー

苦しみにあえぐ、この境遇から救われるのに必要だったのは「自分へのプライド」だったのだろう。ユダヤ人は自分たちの宗教に強い誇りと**選民思想**を持つようになる。「ユダヤ人こそ神**ヤハウェ**が選んだ民である。いつの日か神はモーセのような**救世主(メシア)**を送り、必ず私たちを救ってくれるだろう」という考え方である。この思想が**ユダヤ教**という一神教の根本となる。ユダヤ人たちは苦役に追い立てられながらも、自分たちの歴史と神の預言を本にまとめていった。これが**『旧約聖書』**である。そしてユダヤ教こそが後のキリスト教

やイスラーム教の基礎を作った。そして『旧約聖書』はキリスト教・イスラーム教の経典ともなるのである。

救いの日は突然やってきた。紀元前539年にアケメネス朝ペルシアの建国者である**キュロス2世**が、新バビロニアを滅ぼしてバビロンの町に入城した時、町の片隅でうずくまっている奴隷たちを見た。それがユダヤ人であった。この姿を哀れに思ったキュロス2世はユダヤ人を解放したのである。ユダヤ人はやっとパレスチナに帰ることができるようになったが、そこにあったのは荒れ果てた故郷だった。

ふーん、結局、ユダヤ人に救世主って来たんですかね？

ユダヤ教では救世主をメシアと呼ぶが、これは「油を注がれたもの」という意味だ。油は傷を癒す効果があったことから神聖なものとされ、油を塗って聖なるものとする習慣がある。だから洗礼の時には神父が赤ちゃんの額に油を塗るのだ。**そして救世主は来た。その名をイエスと呼ぶ。**

ちなみにヘブライ語では「メシア」と呼ばれた「救世主」は、ギリシア語で「キリスト」と呼ぶ。

復習ポイント

① アラム人の残した遺産とは何だろう？

② ではフェニキア人の残した遺産は何だろう？

③ ヘブライ人たちが苦しい境遇に耐えるために必要だったものは何だろう？

アクティヴィティ

なぜパレスチナでは古代から現代まで争いが絶えないのだろうか？

地中海東岸諸民族年表

紀元前1500年頃　ヘブライ人がパレスチナに定住

「あなたの出身は？」「先祖はメソポタミアから来ました」

紀元前1200年代　アラム人、フェニキア人の活動とヘブライ人の「出エジプト」

「外国への出稼ぎ組が多かったようだ」

紀元前1000年頃　ヘブライ人の王国建設（ダヴィデ・ソロモンの時代）**→ソロモンの死後に南北分裂**

「イェルサレムの町はダヴィデがつくったもの」

紀元前722年　北のイスラエル王国がアッシリアによって滅ぼされる

紀元前586年　南のユダ王国が新バビロニアによって滅ぼされる→「バビロン捕囚」の始まり

「エジプトの奴隷から解放されたと思ったら、また奴隷……」

紀元前539年　アケメネス朝ペルシアのキュロス２世が新バビロニアを滅ぼし、翌年ユダヤ人を奴隷から解放

「だからユダヤ人は今でもキュロス２世を尊敬している」

最後の門　下の問題は実際の大学入試問題です。答えなさい。

問1　現在のパレスチナに建国されたヘブライ人の王国は、イェルサレムに都を置いた国王の時代に全盛期を迎えた。その国王の名前を答えなさい。（学習院大）

問2　バビロン捕囚をおこなった新バビロニアの王は誰か。

①　キュロス２世　②　ネブカドネザル２世

③　カンビュセス２世　④　ダレイオス３世

（関西学院大）

モーセと出エジプト

現在のユダヤ人は3月の終わりに「**過ぎ越しの祭**」をおこなう。

ユダヤ人はこの日に親戚や近所の人と集まり、食卓で苦いよもぎの葉とパン種を入れないパン（発酵していない、ぺったんこのパン）を食べる。この時、一番幼い子どもが「**なぜ、この日に苦いよもぎを食べるの？**」と聞く。すると一番年をとった老人が次の物語をする。

＊

紀元前1200年、多くのユダヤ人（当時は**ヘブライ人**と呼ばれていた）が食糧難からエジプトに移住していた。ところがエジプトのファラオはヘブライ人を奴隷にしてしまい、こき使った。ヘブライ人の多くは苦難の中で命を失い、ヘブライ人そのものが滅亡の危機にさらされていた。だが神はヘブライ人の苦しみの声を聞いていた。

そして一人の預言者をファラオのもとに送った。その預言者こそ**モーセ**だったのである。モーセはファラオのもとに行き、言った。

「**ファラオよ、今すぐにヘブライ人たちを解放しなさい！**」

ファラオはモーセの願いをつっぱねた。すると神は死神をエジプトに解き放った。その晩、エジプト中で悲鳴が上がった。すべてのエジプト人の家庭で最初に生まれた子どもが死んでしまったのだ。しかしヘブライ人の家では死ぬ子は一人もいなかった。それはモーセの指示でヘブライ人は子羊の血を家の入口に塗っていたからだった。子羊の血を見た**死神はヘブライ人の家を「過ぎ越した」のである。**

王子を失ってしまった王は、ついにヘブライ人の解放を認めた。

自由を手に入れたヘブライ人たちはモーセに率いられ、苦難の地エジプトから脱出して、パレスチナへ帰って行った。

ヘブライ人たちがエジプトの出口である紅海にさしかかった時、長大な列の後ろから悲鳴が湧き起こった。なんとエジプトの大軍がヘブライ人を追いかけて来ていたのだ。その先頭に復讐を叫ぶ、怒り狂ったラムセス2世の姿があった。人々は口々に叫んだ。

「**こんなことならエジプトにいて、奴隷だった方がよかったッ！**」

その時、モーセは人々の前に立ちはだかると、重々しく言った。

「**ヘブライ人よ！　神は常に私たちとともにある。もうわれわれは二度とエジプト人を見ることはないだろう。さあ、神の力を見よ！**」

モーセが手を挙げると、なんと紅海が割れ、ヘブライ人の前に道を作ったのである。ヘブライ人が海の道をわたり終わった頃、海の道にエジプト軍が入って来たが、その時、海は再び元に戻り、エジプト軍は皆海に飲み込まれてしまった。

＊

老人は言った。「**わしらユダヤ人が過ぎ越しの祭りの時に、苦いよもぎを食べるのは、祖先がエジプトの土地で味わった苦難を忘れないためなのだ。**お前が大人になったら子どもたちに教えなさい」

解答と解説

復習ポイント の答え

① アラム文字→ヘブライ文字・アラビア文字・ソグド文字・ウイグル文字・モンゴル文字・ヒンドゥー文字・満洲文字はアラム文字起源。
アラム語→交易によってオリエント世界の共通語であった。

② フェニキア文字→アルファベットの起源となる。
地中海諸都市を建設→カルタゴ・バルセロナ・ジブラルタルなどはフェニキア起源。

③ プライドや自尊心、信仰心。そのためにユダヤ教を理論的に作り上げた。

アクティヴィティ の答えの一つ

エジプトとメソポタミアをつなぐ交通の要所として、交易の利を求めた諸民族がこの地を争ったため。

最後の門 の答え

問1　ダヴィデ　　問2　②

（解説）

問1　ソロモンと書いてしまいそうだが、「イェルサレムに都を置いた国王」という表現に注意。

問2　①キュロス2世はユダヤ人をバビロン捕囚から解放したアケメネス朝ペルシアの王（テーマ5参照）。

③カンビュセス2世はキュロス2世の子で、エジプトを征服した。

④ダレイオス3世はアケメネス朝ペルシアの最後の王で、アレクサンドロス大王と戦い、敗れて逃走中に敗死する（テーマ10参照）。

アッシリアとアケメネス朝
——本当の強さって何だろう

なんかさー、カタカナって覚えにくくない？

慣れの問題も大きいだろう。外国の人名や地名が覚えづらいのは、どこの国の人も同じ。外国人から見ると日本の人名はとっても難しい。

どーやって覚えればいいんですか？

その名前を発声しながら、ボールペンで何回も書いて覚えるのが効果的だ。インクの残量がわかるボールペンがいいだろう。減り方がわかるから、自分の学習量がわかって自信がつく。この勉強法は英語や日本史のような記憶が中心となる科目で有効だ。

第1幕 アッシリアのド根性の台頭とあっけない自滅

① アッシリアの忍苦の時代と拡大

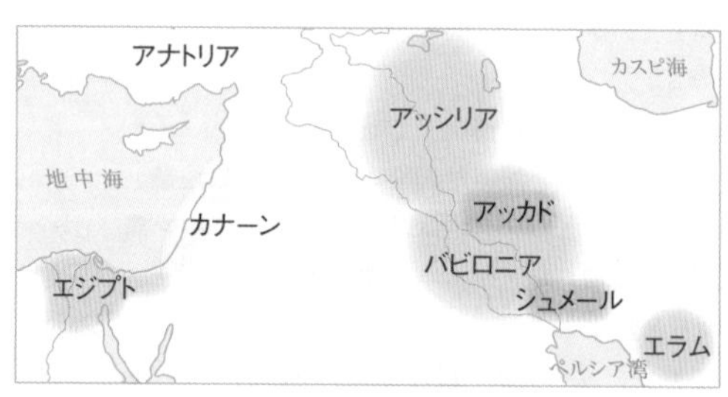

ティグリス川上流に昔から住み着いていた**アッシリア**という国は周囲を強国に囲まれていてけっこう苦労した国だ。紀元前1700年代には隣国のバビロン第1王朝にハンムラビ王が君臨していたし、紀元前1400年代には結局ミタンニ王国に服従し、カッシートにもずいぶんいびられている。

この間にアッシリアは、アナトリア半島に住んでいた強大なヒッタイトに頭を下げながら、**鉄器や戦車を使う戦法**などを学んでいる。これが後に役に立った。

紀元前1200年頃になると「海の民」の侵入があり、アッシリアにとって目の上のタンコブだったヒッタイトが滅んでくれたのが飛躍への一歩となる。ヒッタイトに膝を屈して学んだ鉄器や戦車を使って紀元前11世紀にメソポタミアに乱入したアッシリアは、メソポタミアをついに支配下に置いた。そして紀元前9世紀になるとアッシリアは地中海東岸地方に進出し、フェニキアを制圧して、アラム人とイスラエル人の連合軍を撃破し、紀元前8世紀にはついにイスラエル王国を滅ぼしてしまう。イスラエルの人々は殺されるか拉致されてしまい、ガラ空きになったパレスチナ北部にはバビロンの人々を移住させている。このバビロン人たちは後に「サマリア人」と呼ばれてユダヤ人から差別を受けるハメになった。

②　アッシリアの拡大と乱暴、そして自滅

紀元前7世紀前半にエジプトをも征服したアッシリアは、ついに全オリエントを統一してしまった。全オリエントを統一した初めての国はアッシリアである。

この絶頂期のアッシリア王が**アッシュルバニパル王**で、都の**ニネヴェ**に**大図書館**を建造し、楔形（くさびがた）文字を書いた粘土板を大量に保管していた。この王様のライオン狩りの浮き彫りがあるのだが、戦車ではなく馬に直接乗っていることがわかる（→）。アッシリアの強さは実はこの騎馬戦にあったのだ。しかし、まだ鞍（くら）やあぶみがなかったのでさぞ乗りづらかっただろう。

注目したいのは、アッシュルバニパル王の腰に2本のペンが挟まっていること。文武両道の王だったのだ。

しかしアッシリアはアッシュルバニパル王の死後に急速に衰退し、統一後100年も経たないうちに滅亡してしまった。滅亡の原因は武力を背景に強引に税を取り立て、民族ごと強制移動をさせたり、従わない民は皆殺しにしたりしたからだ。その殺し方が残酷なもので、当時の記録に残っているが、人間の○○○○を見せしめに×××××したり……、その○○○○をさらに……。

伏せ字にしないで教えてよー！

まあ、人生には知らなくてもよいこともあるからな。言わぬが花だ。

第2幕　4王国分立時代――質素が武力を鍛える

①　己に満足してしまった者の末路

アッシリアがあっけなく滅んでしまった後、西アジアを支配したのは4つの国だった。その中で一番豊かだったのはカルデアとも呼ばれる**新バビロニア**。この国の都は、名前からも推測できるがバビロンだ。「肥沃な三日月地帯」を支配していたために食物に困らず、国も肥沃だった。前回に述べた、ヘブライ人のユダ王国を滅ぼして、住民を奴隷にしてしまった**バビロン捕囚**をおこなったのも新バビロニアの**ネブカドネザル２世**。だから『旧約聖書』ではこの新バビロニアの王のことをめちゃくちゃ悪く書いてある。

一番西の小アジアにあったのが**リディア**で、この国は貨幣(コイン)を世界で初めて作ったことで有名だ。ということは、商業的にももうかっており、その富ゆえに、リディアの最後の王となったクロイソス王は「世界一の幸せ者」と自認していた。後にギリシア人の政治家ソロンがリディアを訪れた時、クロイソス王は自分の財宝を見せびらかしながら「**世界で一番幸せな人物は誰かね？**(**オレ、オレ！**)」と尋ねた。その時ソロンは名もない庶民の名を挙げたので、不機嫌になったクロイソス王は「私ではないのかね？」と問いかけるとソロンは「**神はねたみ深く、よきものをすべて奪ってしまいます。人間は生きているうちには幸福か不幸かは判断できません**」と答えたという。

②　西アジアの三河武士が天下を取る

逆に一番東側の、辺鄙(へんぴ)な山岳地帯におこったのが**メディア**という国。

この国は不便で食べ物も少なかったからこそ逆にぜいたくを知らず、武力を磨くことができた。このメディアの一番南から出てきた**ペルシア**という国の住民は、成人するまで子どもに「乗馬、弓、そして正直」の三つしか教えなかったという。三河(みかわ)で質素な生活をしていた松平家が、後に家康の代になって徳川幕府を作ったように、この山奥から出てきたペルシアが西アジアに大帝国を建設することになる。

第3幕 アケメネス朝——システムと寛大さが長生きの秘訣

①「明智光秀」を出さないアケメネス朝システム

このペルシアから出てきてメディアを滅ぼした王朝が**アケメネス朝ペルシア**で、創始者は**キュロス2世**。この名君はすべてアッシリアと逆のことをやって成功した。アッシリアの残酷と強制に対し、「**寛容**」をもって政治をおこなったのだ。新バビロニアを滅ぼした時はユダヤ人を解放し、リディアを滅ぼした時には、引きずり出されたクロイソス王を許した。この「敵を殺さず」の方針が領土拡大に貢献している。

2代目の**カンビュセス2世**の時代にエジプトを征服し、紀元前525年に4王国は滅んで、オリエントは再び統一された。ただしこの王様は暴君だったようで、自殺や事故死以外に暗殺されたという説がある。

アケメネス朝の3代目**ダレイオス1世**は遠征を重ね、西はエーゲ海、東はインダス川にいたる大帝国を築いた。日本がいくつも入るような大帝国を維持するのは至難の業ではあるが、ダレイオス1世は**中央集権制度**をもってシステムを築き、がっちりと帝国を固めている。

中央集権制度って何？　よくわからないー

「**すべての権力を国王や皇帝が握るようにした制度**」のことだ。古代や中世における意味はこれでよいと思う。まず、帝国を約20に分け、それぞれの地域に**知事**（**サトラップ**）を派遣して、徴税や治安維持にあたらせた。サトラップは王が任命するもので、王命に従わなかったり、仕事のできが悪ければ王はサトラップを交代することができた。こうすれば帝国のすみずみまで王の命令が行きわたることになる。

注意すべきはサトラップが「明智光秀」（実力を持った裏切り者）になってしまうことなので、ダレイオス1世は「**王の目**」「**王の耳**」という監察官を派遣し、サトラップの動向を見張らせ、スパイさせている。**駅伝制**もアッシリアから学んだもので、地方で反乱が起こった場合、リレーで手紙が王にまですぐに届くようにしたのだ。その駅伝用に「**王の道**」も整備した。有名なのは行政上の首都である**スサ**と、反乱がよく起きる小アジアの**サルデス**をつなぐ道で、

5

約2500 kmもある。これを7日間で駆け抜けたのだから、まさしく古代の新幹線だ。

ダレイオス1世はスサの他に**ペルセポリス**に巨大な宮殿を造り、支配下にある諸民族はここに貢(みつ)ぎ物を捧げにやって来た。この宮殿は後にアレクサンドロス大王によって破壊されてしまったが、残っている廃墟だけでも壮大なスケールだ(→)。

② 「寛容」こそ本当の強さ

そしてアケメネス朝に支配されていた諸民族に対してダレイオス1世は**寛容な政治**をおこなっている。すなわち税と貢ぎ物を納めれば、**自治を許し、民族の習慣を認めたのである。**公用語もアラム語、アッシリア語そしてペルシア語など多言語が用いられ、記録用に楔形文字を基としたペルシア文字も作られている。

またテーマ6でも出てくるゾロアスター教もアケメネス朝の時代に広まっている。この他者を受け入れる「寛容さ」が、アケメネス朝の200年にわたる支配を実現させたのだ。

復習ポイント

① 「21世紀」とは何年から何年だろう?

② アッシリアが強大化した理由は何だろう?

③ 豊かな新バビロニアやリディアはなぜ滅びたのだろうか?

アクティヴィティ

強大なアッシリアが短期間で滅びてしまったのに対し、アケメネス朝ペルシアは長期間にわたってなぜ存続することができたのだろうか?

(ヒント:織田や豊臣政権が短期間に潰れてしまったのに対し、徳川幕府はなぜ長期間にわたって存続できたのだろうか?)

アッシリアとアケメネス朝年表

紀元前600年代前半　アッシリアが全オリエントを初めて統一

「今までが苦しかったからうっぷんを晴らすぞ」

紀元前600年代末　アッシリアが滅び、4王国分立時代となる

「いわゆるメソポタミア戦国時代」

紀元前500年代半ば　キュロス2世がアケメネス朝を建国

「キュロス2世ってアケメネス朝の徳川家康？」

紀元前525年　アケメネス朝が全オリエントを統一

「その時の王様はカンビュセス2世だ」

紀元前500年代後半〜紀元前400年代初め

ダレイオス1世がアケメネス朝第3代として支配

「特徴は①大領土建設、②中央集権、③寛容な諸民族支配」

最後の門　下の問題は実際の大学入試問題です。答えなさい。

問1　下の文には明白な誤りが一つ含まれている。誤っている語句を指摘し正しくなおしなさい。

（学習院大）

『前8世紀頃から急速に勢力を拡大し、前7世紀前半にオリエント諸地域を統一したアッシリアは、首都エクバタナに大図書館を建設したアッシュルバニパル王の治世の後に滅亡した』

問2　前550年に、それまで服属していたメディアを滅ぼしてアケメネス朝ペルシアを創始した人物の名を、次の①〜④の中から一人選びなさい。

①　キュロス2世　　②　アルダシール1世

③　ネブカドネザル2世　　④　アルサケス

（国士舘大）

「**問2**には知らない人名も出てくるが、この物語を読んだ君ならできるだろう」

ヨナの物語
『旧約聖書』より

紀元前700年代〜紀元前600年代の初めの頃にオリエントを荒らし回っていたのは荒々しい恐怖の支配者アッシリアだった。町々を征服し、従わない者たちを面白半分にむごたらしい方法で処刑していた民族である。預言者ヨナの故郷イスラエル王国もアッシリアの暴虐によって無残に滅びた国だった。ヨナはアッシリアを激しく恨んだ。

＊

神がヨナに告げた。**「アッシリアの都ニネヴェに行って人々に説け。『お前たちが滅びる日が近付いている。悔い改めなさい』と」**

ヨナは嫌がった。**「ヤハウェはわれわれヘブライ人だけの神である。われわれだけが正しいっ！　異民族なんか皆滅びてしまえばいいんだ！」**

ヨナは神の命令にそむき、船に乗って地の果てまで逃げようとした。するとすさまじい嵐が吹き荒れ始め、船が沈没しそうになった。船員たちは叫び始めた。「誰か乗客の中にバチ当たりのヤツがいるんだ！」くじを引いてみるとヨナが当たったので「こいつだな！　とっとと消えちまえ」とヨナは荒れる海に放り投げられてしまった。

すると巨大な魚が姿をあらわし、ヨナは魚に食べられてしまった。魚の胃の中でヨナは三日三晩苦しみ通し、神に救いを求め祈ったので、祈りを聞いた神は魚に命じてヨナを吐き捨てさせた。

＊

助かったヨナは、しかたなくアッシリアのニネヴェの町に行き、人々に向かって叫んだ。

「アッシリアの人々よ、悔い改めよ！　さもないと40日後にこの町は滅びるであろう！」

ヨナの声を聞いたアッシリアの人々は驚いた。このことがアッシリア王の耳に入ると、王自ら玉座を降りてボロをまとい、灰の中に座って人々に命令した。**「みな断食して、神に御心を変えていただけるように許しを請いなさい。今までの悪行をすぐにやめるのだ！」**

ヨナの予想に反して、あれほど凶暴だったアッシリアの人々が皆素直にひざまずき、神に泣きながら許しを求めて祈ったのだ。

すると神は、アッシリアに下そうとした災いと滅びをお止めになった。**神はアッシリアの人々の祈りを振り返られたのである。**

収まらないのはヨナだった。憎いアッシリアに期待していた災いが起こらないのだ。そこでヨナはニネヴェの東に掘っ立て小屋を作るとふてくされて寝ていた。ニネヴェの町は熱風と日差しで暑かった。ヨナがまいっていると、地面からトウゴマの木が生えて日陰を作ってくれた。「ああ涼しい」とヨナは喜んでいたが、その木は次の日の夜明けに虫に食われて枯れてしまった。太陽が出てヨナの頭を焼くと、あまりの暑さにヨナは枯れたトウゴマの木を惜しんだ。

すると神が言った。**「お前はトウゴマの木を失って惜しんでいる。私もこの悔い改めるアッシリアの人々を惜しまずにいられようか」**

＊

『旧約聖書』「ヨナ記」はピノキオが魚に飲まれる話の元ネタになっています。この話に示されているのは、ユダヤ教の神が救いの対象をユダヤ人だけに限定せず、ユダヤ人以外の異邦人、それも暴虐極まりないアッシリア人までも救いの範囲の中に入れていることです。

解答と解説

復習ポイント の答え

① 「21世紀」は「2001年から2100年」まで。

（答え方の例）

② 鉄製の武器や戦車、そして騎馬などの戦争に必要な技術を習得したことがアッシリアの強さになったため。

③ 「肥沃な三日月地帯」を背景にした土地の豊かさや、商業の繁栄に重きを置いたため、武力を重んじるペルシアによって滅ぼされてしまった。

アクティヴィティ の答えの一つ

アッシリアは他の民族を強制的な手段を用いて残虐に支配したのに対し、アケメネス朝ペルシアは中央集権システムを整えると同時に諸民族の自治を認めたため、長期間にわたって存続することができた（徳川幕府も、一定の制限の元ではあったが、各藩に自治を認めたことが長期安定のもととなった）。

最後の門 の答え

問1 ×エクバタナ→○ニネヴェ　　問2 ①

（解説）

問1 エクバタナは4王国分立時代のメディアの都とされた都市。

アッシリアの都がニネヴェであることさえ覚えておけば意外に楽勝である。

問2 ②アルダシール1世はササン朝ペルシア初代の王。

④アルサケスはパルティア初代の王。

　オリエント史は王朝の創立者や都の名前にとまどいやすい。

　主な王朝だけは覚えておこう。

6 パルティアとササン朝
――遊牧と農耕の差がはっきり出た

ん、「オリエント」って言葉なんだけど、何これ。

「日の昇る所」という意味。元々はラテン語でorior「昇る」という動詞から生まれた言葉で、古代ローマ人から見て東の地域をそう呼んだのだ。元々はラテン語のデポネント動詞の現在分詞形が変化して……

わけのわからんことはいいです。

……小アジアからメソポタミア、エジプトなんかはみんなオリエントという名称で古代ローマ人は区別した。当時のローマ人の知っている範囲はインダス川くらいまでだったから、そこまでがオリエントと呼ばれたのだが、理屈から言うと日本も当然オリエントに入ってくる。

第1幕 ギリシア人大王の侵入とアケメネス朝の最期

ギリシアにつまずくダレイオス1世、倒される3世

後で古代ギリシアのところでもやるけれども、ギリシア人はけっこうプライドが高い。小アジアにいたギリシア人は、アケメネス朝に対してよく反乱を起こした。普段は諸民族に自治を認めていたダレイオス1世もさすがに堪忍袋の緒が切れた。大軍をもってギリシアを攻め立てたのだが、ギリシアに勝つことができなかった。これを**ペルシア戦争**とギリシア人たちは威張りながら言っている。

このペルシア戦争のつまずきとお家騒動によって、さすがのアケメネス朝も勢いが下り坂になる。そこに攻め込んできたのが**アレクサンドロス大王**とかいうギリシア人のマケドニア王だ。「あんな若造」と小バカにしたのがまずかった。その若造こそ不世出の英雄で、アケメネス朝を滅ぼしてしまったのだ。ちなみに滅亡した時のアケメネス朝の王は**ダレイ**

オス３世と言う。名前が似ているのでダレイオス１世と間違えないように。この話は後のギリシアで詳しくするつもりだ。

インダス川にいたる全オリエントを手に入れたアレクサンドロス大王だったが若死にしたため、彼に従っていたギリシア人の将軍たちが勝手に大王の帝国を山分けしてしまった。こうしてオリエントをギリシア人が支配することになり、この時にギリシア文化もオリエントに流れ込んできて、ギリシア風文化に染まってしまう人も多く出てきた。

第2幕 パルティアはギリシア好きのローマ嫌い

① ペルシャかペルシアか？　そんな心配はイラン

西アジアのほとんどを支配していたギリシア人の王朝を滅ぼして、紀元前248年頃に新たにイラン方面を支配したのが**パルティア**という**遊牧イラン人**の国。アレクサンドロス大王の征服の約80年後にあたる。

わからん言葉がけっこうある。ペルシアとイランって別の国？

同じ国のこと。**外国人が日本のことをJapanと呼ぶように、イランのことを外国人はペルシアと呼ぶ。元々は南の海に面した地域を「ペルシア」と呼んだことから生まれた国名である**。さて、パルティアの創立者が**アルサケス**という人物だったので、アルサケス朝とも呼ぶ。後に中国の漢王朝がパルティアとお付き合いした時、パルティアのことを**安息**（あんそく）と呼んだのはアルサケスの名前からだ。パルティアはカスピ海の東南の山奥出身で、都はヘカトンピュロスだったが、メソポタミアを支配した後は**ミトラダテス１世**が交通の便がよいティグリス川沿いの**クテシフォン**に都を移している。

② パルティア人は振り向きざまに投げキス、じゃなくて騎射

山奥の遊牧民出身のパルティア人たちは馬術に長けており、特に馬の上から矢を射る

腕前は世界トップクラスだった。わざと逃げ走り、突然に振り向いて相手を射抜く技を「パルティアン＝ショット」と言うのだが、そのさまは法隆寺にあるイラン伝来の「獅子狩文錦」にも描かれている。この騎馬戦術にはかのローマ人も大苦戦している。

他民族との交易で生活しているせいか、遊牧民は他の民族の文化に非常にフレンドリーだ。そのせいか、パルティアはアレクサンドロス大王のもたらしたギリシア文化を大変に好み、ローマ人を打ち破った王の発行したコインには王の肖像に添えて「私はギリシアを愛する」とギリシア語で刻印してある。これは天皇の肖像が彫ってある日本のコインに英語で「I love America」と書いてあるようなものだ。

ローマの侵略には打ち勝ったパルティアも最後には内部の反乱で滅亡してしまう。これはどんな強いプロレスラーも病気には勝てないのと同じ。次にイランを支配したのは農耕イラン人が建てたササン朝だ。

第3幕　同じイラン人でも「遊牧」と「農耕」では大違い

①　「ヨソ者はオラの土地に入るな！」のササン朝

ササン朝ペルシアはパルティアと違い、ペルシア湾沿いの農耕地帯の出身で、アケメネス朝と出身が同じ地方だったために**アケメネス朝とササン朝だけが「ペルシア」をくっつけて呼ばれている。**

建国者は**アルダシール1世**で、内紛で弱体化していたパルティアを滅ぼしてクテシフォンを都とし、紀元後224年にササン朝を建国した。

ササン朝は農耕イラン人が建てた王朝であるためか、他民族に対しては保守的で、あまりフレンドリーではない。それは同じ農耕民族である日本人にも共通するところがあるかもしれない。農耕民族がよそ者を警戒するのは、侵入者に土地を奪われることを恐れているからだろう。

したがってササン朝はギリシア文化をやたら取り入れたりはせずに、まず自国の文化伝統を大切にした。自国で生まれた宗教**ゾロアスター教**（拝火教）を国教とし、尊重したことはササン朝のコインを見てもわかる（→）。ゾロアスター教の善神アフラ＝マズダを象徴する火を拝んでいるシーンはパルティアのコ

インとはかなり異なるところだ。

② ローマ皇帝を土下座させる！ のササン朝

ササン朝の王様で有名なのは3世紀の**シャープール1世**と、6世紀の**ホスロー1世**だ。

シャープール1世はイラン方面に侵入してきたローマ皇帝**ウァレリアヌス**を破って捕虜とし、土下座させたことでも有名(→)。この瞬間をシャープール1世は崖に刻ませたので、永遠に残る名シーンになってしまった。

5世紀後半になると北から遊牧民の**エフタル**がイランに侵入して脅威となったので、ホスロー1世は突厥(とっけつ)というトルコ系遊牧民と手を結び、エフタルを挟み撃ちにして滅ぼすことに成功した。

やれやれこれで一安心、と思っていたら本当の敵は背後にいた。

アラビア半島から侵入してきたイスラーム教徒に642年の**ニハーヴァンドの戦い**で敗れてしまったササン朝は651年に滅びることになる。

第4幕 イラン文化の広まり——日本に完全体があるっ！

美的センスが高いイラン人、そして二元論

イラン人の作る美術・工芸品の質は大変に高い。それは「ペルシア絨毯(じゅうたん)」が世界中で高値で取引されていることでもわかる。

例えば右のガラス器だが、これこそ正倉院の誇る歴代天皇の宝物である重要文化財**白瑠璃碗(はくるりのわん)**である(→)。

普通のガラスやんけ

いや！ これはシルク＝ロードを通じてはるか日本にまで渡ってきた、ササン朝で作られたカット＝ガラス器の傑作だ。ガラスは変質しやすく砂の中に埋もれていると次ページのように石化してしまう。

イランに残っているガラス器のほとんどが石化しているのに対し、完璧な状態で残っているササン朝のカット＝ガラス器は日本だけにしか残されていない。これも歴代天皇がこ

6

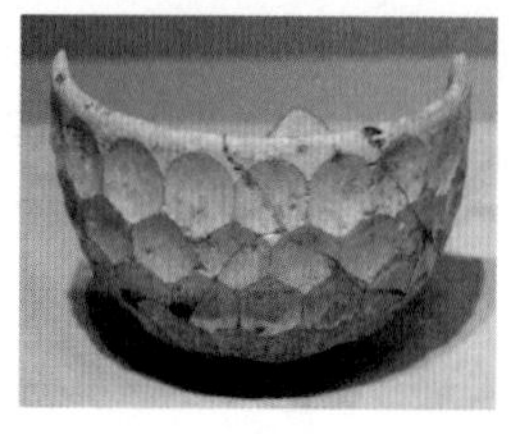

の器を大切に、大切にしていたからだ。同じように「**獅子狩文錦**」もサザン朝美術の影響を受けた法隆寺の宝物で、ササン朝織物の代表作だ。また正倉院の**漆胡瓶**もササン朝様式の水差しで見事な作品である。

また宗教では**ゾロアスター教**と**マニ教**の存在が重要。ゾロアスター教の詳細はコラムを参照してもらいたい(**『新世紀エヴァンゲリオン』が好きな人には参考になるかも**)。ゾロアスターもマニも教祖様の名前。二つとも二元論の宗教である。二元論とは「対立する二つのもので世界を説明しようとする」考えのことだ。例を挙げると「『善と悪』、『光と影』、『男と女』の対立こそ世界だ」と考えたのだ。このうちゾロアスター教は世界を**善神アフラ＝マズダ**と**悪神アーリマン**の決着のつかない永遠の争いと考えたのだが、ササン朝の時代に生まれたマニ教は、自分たちを善と位置付け、世界は自分たち善の勝利で終わると考えた。また、このような考え方の宗教はけっこう若者に流行るもので、後にキリスト教の教父となるアウグスティヌスも若い時にマニ教に染まった一人だ。ゾロアスター教を国教とするササン朝では、危険な思想だ、ということで異端として弾圧されたが、マニ教は中国から北アフリカにまで広がったのだ。

復習ポイント

① なぜ「パルティア朝ペルシア」と呼ばないのだろう？

② パルティアとササン朝の外国文化に対する態度の違いは何？

アクティヴィティ

イラン文化の特徴である「二元論」は現代にも大きな影響を与えている。それは何だろう？　身近な例で考えてみよう。

パルティアとササン朝年表

紀元前330年　アケメネス朝ペルシアがアレクサンドロス大王によって滅ぼされる

「その時にペルセポリスは破壊されてしまった」

紀元前248年頃　イランに遊牧イラン人がパルティアを建国

「パルティアはけっこう強くて、ローマ人も苦戦」

紀元後224年　ササン朝がパルティアを滅ぼす

「その時のササン朝の王様はアルダシール１世だ」

紀元後260年　シャープール１世がローマ皇帝ウァレリアヌスを捕虜にする

「ローマ皇帝で捕虜になってしまったのはこの人くらい」

紀元後６世紀　ホスロー１世と突厥が遊牧民エフタルを滅ぼす

「逃げ足の速い遊牧民には挟み撃ち戦法が有効」

紀元後642年　イスラーム教徒とのニハーヴァンドの戦いに敗北し、651年にササン朝滅亡

「サザンオールスターズも時の流れにはかなわない」

最後の門　下の問題は実際の大学入試問題です。答えなさい。

問１　パルティアの中国史料での呼び名を漢字で書きなさい。

問２　260年にシャープール１世の捕虜となったローマ皇帝の名を書きなさい。

問３　「ササン朝とローマの戦いは、ササン朝が642年に［　1　］の戦いでイスラーム勢力に事実上倒されるまで続いた。」

空欄にあてはまる地名を書きなさい。　（早稲田大・改）

「今回の話が理解できれば早稲田大の問題が解けるぞよ」

『ツァラトゥストラはこう語った』

「ツァラトゥストラは30歳の時、彼の故郷と湖を捨てて、山に入った。そこで自らの知恵と孤独を楽しんで、10年の間、飽きることはなかった。

しかし、ついに彼の心は変わった。ある朝、彼は朝焼けの中に起き、太陽の前に進み出て、次のように彼は太陽に語りかけた。

『偉大なる天体であるあなたよ、あなたをほめ讃える者がいなかったならば、あなたは果たして幸せと言えるだろうか！

私は毎朝あなたを待ち、あなたから満ちあふれるものを受け取り、それゆえにあなたを祝福した。

見よ！　あまりにも蜜をためすぎた蜂のように、私は自分の知恵をもてあましている。私は差しのべられる手を必要としている。

私は贈り、分かち合いたい。下の世界の賢い人々に自らの愚かさを、そして貧者にまた再び自らの豊かさの喜びを知らせてあげたい。

偉大なる天体よ、あなたが海の向こうに沈んで、そしてまた、下の世界に光をもたらしているように、私もまた、あなたと同じく没落しなければならない。』」

（ニーチェ『ツァラトゥストラはこう語った』序より）

＊

19世紀、スイスのバーゼル大学の古典学教授であった**ニーチェ**は、あまりにも頻繁に起こる頭痛で療養するため大学を辞めざるを得なかった。そしてスイスの孤独な山小屋で病気と闘いつつ、最も神秘的な哲学書である**『ツァラトゥストラはこう語った』**を書き上げた。

実はこの「ツァラトゥストラ」は古代ペルシアの宗教者**ゾロアスター**のドイツ語読みの名前なのである。

＊

さて、元々のゾロアスター教だが、教祖ゾロアスターは紀元前7世紀に東イランで活躍したことぐらいしかわからない。

伝説によると、ゾロアスターは笑いながら生まれてきたという。

ゾロアスター教はこの世界を善神**アフラ＝マズダ**と悪神**アーリマン**の戦いの場と考えている。元々、善神アフラ＝マズダは**太陽を象徴する神**であり、アフラ＝マズダの化身として火を拝んだために、ゾロアスター教は**「拝火教」**と呼ばれるようになった。

実はこのゾロアスター教は他の宗教に大きな影響を及ぼしている。

例えばキリスト教によく出てくる**「天使」**であるが、これは、元々ゾロアスター教から由来しているという説がある。

また**「悪魔」**の存在を最初に説いたのはゾロアスター教であったらしい。そしてこの「天使」と「悪魔」のイメージは善神アフラ＝マズダと悪神アーリマンから生まれ、後のキリスト教に受け継がれていく。

キリストが馬小屋で生まれた時、はるか東方からやってきてキリストを礼拝した3人の博士たちであるが、この博士たちは**「マギ」**と聖書では呼ばれている。この「マギ」は、実はゾロアスター教の聖職者を意味するらしい。この**「マギ」Magi**という言葉から英語の**「メイジ」Mage（＝魔法使い）**という言葉や**「マジック」Magic（＝魔法）**という言葉が生まれている。

解答と解説

復習ポイント の答え

① パルティアは南方の「ペルシア」地方の出身ではなかったから。
（北の方のカスピ海の東南の遊牧民出身）

② 遊牧民であるパルティアは積極的に外来文化、特にギリシア文化を受け入れて、愛好していたが、農耕民族出身のササン朝は自国のイランの文化・伝統を大切にし、イラン古来のゾロアスター教を国教としている。

アクティヴィティ の答えの一つ

二元論はすべてのものを善か悪かにより分けてしまうため、中間のグレーが存在しない。このような善玉と悪玉のくっきりした世界は『ドラゴンクエスト®』のようなゲームや、『水戸黄門』のような時代劇、そして「韓流ドラマ」の背景となっている。もしも『水戸黄門』の悪代官が娘に「お母さんを大切にな」とか言ったりしたらば実にドラマがシラける。つまり二元論はとてもわかりやすい考えなので、多くの人に影響を与えてしまうのである。

最後の門 の答え

問1　安息　　問2　ウァレリアヌス
問3　ニハーヴァンド

（解説）

パルティアとササン朝はワールドワイドに知られていたので、東は中国と日本、西はローマ帝国との関係が出題されやすいので注意。

東の日本、中国とのつながりは文化史関係（焼き物の唐三彩や正倉院宝物など）に集中してくることに気をつけよう。

第2章

古代ギリシア・ローマ

他人を受け入れる社会は発展する

エーゲ文明とポリス成立
——ギリシア文明の夜明けは近いぜよ

アンチョビって知っているかな？

ピザに乗っかっている変なやつ？　酒飲みの父さんは好きだな。

あれは地中海のイワシの塩辛なのだ。地中海は海の幸も豊富で、うまい食べ物が多い。ギリシアやエーゲ海の島々では大きな大河が少なく耕地も少なかったので、海で捕れる魚から作ったアンチョビや傾斜地でとれるブドウから作ったワインやオリーヴなどを、すぐ南のエジプトへ持って行って麦などと交換する海上交易が盛んだったのだ。

第1幕　クレタ文明とミケーネ文明——性格がまったく違う！

①　タコ飯食べていた陽気なクレタ人の末路

地中海のうち、ギリシアと小アジアに挟まれた海を**エーゲ海**と呼ぶ。

白い家と青いきれいな海の景色が有名だ。このエーゲ海にあるクレタ島で紀元前2000年頃に**青銅器**を使った文明が始まった。これを**クレタ文明**と呼ぶ。20世紀初めにクレタ文明を発掘したのはイギリスの**エヴァンズ**で、クレタ文明の中心地、**クノッソス**の宮殿には城壁がなく、まったくの無防備の丸腰だった。しかもクノッソス宮殿の壁画ときたら、こんな感じだ（→）（実は壁画はエヴァンズによる極端な修復が入っているのだが……）。古代クレタの人々は開放的で、明るい性格を持っていたようだ。

出土した陶器には面白いことにタコの絵が描かれている。実はヨーロッパ人は日本人とは違ってタコを食べないのだが、エーゲ海周辺の人たちはタコを喜んで食べる。たぶん当時の人も同じだったのだろう。

どんな風にして食べるの？

現代のギリシア人はタコをマリネにして、名物のオリーヴ油をぶっかけて食べている。日本人には胸焼けしそうな食べ方だな。

そのクレタ文明も紀元前1400年代に入ると滅びてしまう。理由については諸説があり、実のところははっきりしない。おそらく紀元前1500年頃にクレタ島の北100 kmほどで起こった史上最大の火山爆発によって大被害を受けて衰退した後、ギリシア本土からやって来たアカイア人によって滅ぼされたのだろう。楽園のように見えるエーゲ海もその当時は火山と地震による地獄さながらの風景だったに違いない。なにしろ、その時の火山こそテラ島（サントリーニ島）で、現在残っている島はその時の火山爆発によって吹っ飛ばされてしまった島のかけらにすぎないのだ。

② いかめしいミケーネ文明の末路

エーゲ海の島々から離れたギリシア本土にはギリシア人の一派である**アカイア人**が紀元前2000年頃から（紀元前3000年説もあり！）住み着いていたが、彼らはもっと北からやって来た人々らしい。おそらくは紀元前2000年頃に始まるインド＝ヨーロッパ語系民族の大移動で南下して来たのかもしれない。

彼らアカイア人がギリシア本土に作った都市、**ミケーネやティリンス**、ピュロスの発掘の結果、**ミケーネ文明**の存在が明らかになった。ドイツの**シュリーマン**が発掘したミケーネの遺跡はこういった感じ（→）。巨石で作った城壁は頑丈で、いかめしい。中央の獅子門のアーチの上にある獅子を彫った巨石は、その大きさに驚かされる。なにせクレーンなんかなかった時代なのに、どうやって積み上げたのかは謎だ。この遺跡からはミケーネ文明が山岳

を拠点とした防御中心の好戦的な性格を持っていたことがわかる。

ただし、このミケーネ文明で使われていた**線文字B**が、この文明の秘密を解く大きなカギとなった。クレタ文明を発掘したエヴァンズがクノッソスで発見した3種類の文字（①絵文字、②線文字A、③線文字B）はさすがに誰にも読めなかった。幼い時から語学の才能を発揮していたイギリスの建築家**ヴェントリス**が「**もしかして、この文字は古典ギリシア語の祖先かも！**」と思いつき、ギリシア語を用いて1952年に線文字Bの解読についに成功したのだ。残念ながらヴェントリスは34歳の若さで自動車事故のため死んでしまったのだが、彼の成しとげた「線文字Bの解読」という業績は不滅である。この解読によってミケーネ文明、そしてエーゲ文明の暗闇が明らかになったのだ。

線文字Bの解読により、ミケーネ文明では**貢納王政**という制度がおこなわれていたことが明らかになった。これは王がきちんとした役人組織を持っていて、農民から貢（みつ）ぎ物を取り立てた制度のことである。メソポタミアなどでは神権政治の名のもとで神官が貢ぎ物をパクっていたようにも思われるが、神権政治にもみられた貢納王政では王自体がけっこう強い権力を持っていて、役人を用いて税を取り立てていたことを示している。

しかしあれほどがっちりした城壁を築いていたミケーネも紀元前1200年頃、突然に滅びてしまう。**滅亡の原因は実はよくわからない**。①**鉄器を持ったドーリア人というギリシア人の一派が南下してきてミケーネを破壊した説**や、パレスチナでも取り上げた②「**海の民」に滅ぼされた説**、そして③**都ミケーネを破壊されたアカイア人たちが実は海賊になって「海の民」となってしまった説**など、諸説紛々なのだ。

第2幕 「暗黒時代」からの夜明け――ポリスの成立

① 「トロイ」か「トロヤ」か「トロイア」か？

次は小アジアの北にあった**トロイア**の文明を紹介しよう。その昔、**ホメロス**という古代ギリシアの大詩人の**『イリアス』**という叙事詩の中で、ミケーネ人たちに攻められたトロイアの町が10年もの攻防の末に滅亡してしまう物語が詠われている。

トロイとトロヤとトロイア、いったいどれが正しいの？

「トロイア」、「トロヤ」はギリシア語表記、英語表記が「トロイ」だ。**答えは「どれでも正解」**。このトロイアの文明もエーゲ文明の一部を成しており、トロイアの滅亡はエーゲ海世界の中での大事件であったので、詩としても詠われたわけだ。昔は神話だと思われていたことが、シュリーマンによるトロイア発掘（コラム参照）により歴史的事実であることがわかった。しかし、実際にいつ「トロイア戦争」が起こったのかはよくはわかっていない。おそらくは紀元前1300年〜紀元前1200年ぐらいかとは思われる。この「トロイア戦争」の後の紀元前1200年頃にミケーネ文明が滅びるという事件が起こってしまうのだが、先ほども言ったように、なぜ滅びたのかはよくわからないのだ……。

② 「暗黒時代」の夜が明けるとポリスが待っていた！

ミケーネ文明が滅びてからの約400年をギリシアの歴史では**暗黒時代**と呼ぶ。その理由はこの400年間の記録や史料がほとんどないからだ。歴史家などの中には「野蛮なドーリア人が力ずくでギリシアを支配していたからだ」と、まるでマンガの『北斗の拳』のような想像をしている人もいるが、それはあくまでも推測にしかすぎない。むしろ次のギリシアの新しい時代の誕生を準備するための時期だったと思う。

都市と言ったら宮殿中心の城下町しかなかったムラ社会のギリシア人たちが、紀元前800年頃になるといつの間にか、そこかしこに集まって都市国家を築いていた。この集まって住むことを**「集住」**（ギリシア語では「**シノイキスモス**」）と言い、その結果生まれたギリシアの都市国家のことを「**ポリス**」と呼ぶ。この集住の時に、ポリスの周辺の土地を「くじ」によって市民たちに振り分けた。この私有地のことを**クレーロス**（「くじ」という意味）と呼ぶのだが、中小農民は、このクレーロスに住んでいたようだ。

ところで「ポリス」って何？　警察のこと？

いや、ポリスとは「**ギリシアの都市国家**」のこと。ギリシアの都市国家にはアクロポリスと呼ばれる丘の上に神殿が建てられ、守り神を祀（まつ）っていた。日本風に言えば「鎮守の森」を丘の上に築いていたようなもの。ここまでは、他のオリエントの都市国家と同じなのだが、ギリシアのポリスには**アゴラ**と呼ぶ広場が作られており、市民たちがここに集まって集会を開いたり、市場として物の売り買いができるようになっていたのだ。他のオリエントの都市国家にはこんな広場はなかった。理由？　そりゃヘタに広場なんか作ってしまうと民衆

が広場に集まって、政治に不平や文句を言う拠点になってしまうからだ。独裁政治をやりたい支配層にとっては、民衆が騒ぎを起こす拠点となる広場がない方がよいので、オリエントの専制支配の都市国家ではアゴラ（広場）なんか作らなかった。この広場こそが世界で初めての「民主政」（デモクラシー）を生むことになる。

ポリスができたことにより、ギリシア人の生活は安定するようになった。こうして暗黒時代が終わると人口増加と土地不足のためギリシア人は地中海に進出し、各地に植民市を作って移住するようになった。

すでに地中海交易で活躍していたフェニキア人と争うようになったギリシア人は中継地点として地中海に植民市を作ったが、ギリシア人が作った植民市の代表は**ネアポリス**（後のナポリ）、**マッサリア**（後のマルセイユ）、**ビザンティオン**（後のコンスタンティノープル：現在のイスタンブル）だ。現在でも商業港として栄えている所が多い。

復習ポイント

① 「クレタ文明」と「ミケーネ文明」の発掘者と中心地の名前をそれぞれ整理してみよう。

② 「クレタ文明」と「ミケーネ文明」の性格の違いは何だろう？

アクティヴィティ

「ポリス」にあった市民が集まることができるアゴラ（広場）があなたの町にある意味は？

古代ギリシア①年表

紀元前2000年頃～紀元前1400年頃　クレタ文明が栄える

「開けっぴろげな交易中心の海洋文明みたい」

紀元前1600年頃～紀元前1200年頃　ミケーネ文明が栄える

「どんなに分厚い城壁も滅亡から逃れることはできなかった」

紀元前1200年頃～紀元前800年頃　「暗黒時代」

「史料が乏しくて、よくわからない時代だ」

紀元前800年頃　「ポリス」の成立

「暗黒の夜が明けてみると、ギリシア独自の都市国家が生まれてくるようになった」

最後の門　下の問題は実際の大学入試問題です。答えなさい。

古代オリエント地域の諸文明の影響を受けて、古代ギリシアやその周辺地域でも文明が誕生した。ドイツ人のシュリーマンは［　A　］の作とされる叙事詩『イリアス』と『オデュッセイア』に謳われた戦争が単なる創作ではなく、実際にあったものであると信じ、1870（1871）～1873年にかけ実施された発掘によって、小アジアの北西部に位置する古代の［　B　］遺跡を発見した。そして1876年には、叙事詩に謳われた戦争でギリシア連合軍の総大将であったアガメムノンの居城とされたペロポネソス半島の［　C　］遺跡を発掘し、黄金のマスクをはじめ数多くの黄金製品を発掘している。

さらに1900年にイギリスの考古学者［　D　］が、ギリシア南部のクレタ島の［　E　］遺跡を発掘した。こうした一連の遺跡調査によって、「エーゲ文明」の実態が次第に明らかになっていった。

問　［　A　］～［　E　］にあてはまる適語を書きなさい。　（早稲田大・改）

「今回の話とコラムが理解できれば、引き続き早稲田大の問題が解けるぞよ」

古代への情熱
〈付・外国語の勉強法〉

ハインリヒ＝シュリーマンは1822年に北ドイツの小さな村に生まれた。彼の父は貧しい牧師であったが歴史に興味があり、幼いシュリーマン少年に伝説や神話の話をしてくれた。シュリーマンの8歳の誕生日に父は『子どものための世界歴史』という絵本をプレゼントしてくれた。その絵本の中に古代の**トロイア**がギリシア軍の攻撃に打ち負け、ついに炎に包まれる絵が描かれてあった。それを見たシュリーマンは「**きっと僕がこのトロイアの町を掘り起こしてみせる！」と秘密の決心をした。**

＊

シュリーマンの家は貧しかったため、中学校を終えた彼は働き始めなくてはならなかった。船員になったシュリーマンは嵐でオランダのアムステルダムに流されてしまい、当地で生きるためにオランダ語を習得する必要に迫られた。この時、彼は驚くべき短時間でオランダ語をものにしてしまったのである。彼は続いて英語を3か月で、そしてフランス語を6か月で完全に習得してしまった。

シュリーマンは語学の勉強方法について次のように語っている。

「語学の習得には次の方法が効果的だ。まず外国語を大きな声で口に出して読むこと。そして有名な文章をそのまま暗記してしまうこと。常に興味のあることについて作文をすること。そしてその作文を外国人に直してもらうこと。そして直してもらった作文も暗記することだ」

＊

シュリーマンはこの調子でロシア語をわずか6か月でマスターし、そのロシア語の知識を生かしての商取引でついに**巨万の富**を築き上げることに成功した。ちなみにシュリーマンが一生の間に習得した言語はなんと13か国語である。

46歳になった時、彼は商売から引退し、長年の念願であったトロイアの発掘に取りかかった。第1の問題はトロイアの町がどこにあったか、である。小アジアにあったことは確かだ。しかし多くの学者がトロイアだと主張していた場所を訪れたシュリーマンは首をひねった。

「ホメロスは『イリアス』の中で、ギリシア軍の兵隊が軍艦を寄せた浜辺とトロイアの町の間を1日に何度も往復していた、と書いている。この場所は海から遠すぎる。もっと海に近い場所だったに違いない」

ホメロスの『イリアス』を読みながら現地をさまようシュリーマンの目に飛び込んできたのがヒッサリックの丘だった。

「これだっ！　この丘はホメロスの記述と一致する！　ここに違いない！」

1871年シュリーマンはホメロスの記述を信じつつ、発掘を開始した。

1年の悪戦苦闘の末に、ついに彼は**トロイアの遺跡の発掘に成功した。**最初に黄金の首飾りが発掘された時、彼は一緒に発掘現場で働いていた妻の首にそれをかけ、古代のトロイア文明をしのんだという。

＊

休むことなくシュリーマンはミケーネとティリンスの発掘にあたり、大変な成功を収めることができた。続いてシュリーマンはクレタ文明を発掘することを試みたが、運命はそれを許さなかった。

1890年、シュリーマンはクレタ発掘を果たさぬまま死に、その跡を継いだイギリス人エヴァンズがクレタ文明の発掘に成功するのである。

解答と解説

復習ポイント の答え

①

	発掘者	中心地
クレタ文明	エヴァンズ（イギリス）	クノッソス（クレタ島）
ミケーネ文明	シュリーマン（ドイツ）	ミケーネ・ティリンスなど（ギリシア本土）

② クレタ文明…開放的で平和的な海上交易文明。
ミケーネ文明…閉鎖的で好戦的な組織が整った（貢納王政にも反映されている）文明。

アクティヴィティ の答えの一つ

広場があれば、あなたの町は「市民の積極的な政治や商業活動を認め、推進している町」であることがわかります。広場がなければ、あなたの町は「市民の活動を抑圧し、特定の支配者や支配階層が町を一方的に仕切っている町」である可能性が高くなります。

最後の門 の答え

A ホメロス　B トロイア
C ミケーネ　D エヴァンズ
E クノッソス

（解説）

古代ギリシア以前のエーゲ文明が問題になる時は、①遺跡の名前と②発掘した人物がよく出題されます。

線文字Bの解読者ヴェントリスにも気をつけること。

8 古代ギリシア①
——アテネとスパルタの差が強烈

ギリシアのポリス（都市国家）なんかちっこいのに、
なんで世界史では扱いが大きいのかなー？

ギリシアで初めて民主政治が生まれたからだ。民主制のことをデモクラシー（democracy）というのだが、元々は「民衆の力」を意味するギリシア語が語源だ（demos「民衆の」＋ kratos「力」）。
この力をもってあの超大国アケメネス朝ペルシアと戦ったのだから、たしかにギリシア人のご先祖様は偉かった。でも……

はっきり言って、今のギリシアは……？

ああー！　それを言っちゃあダメだ。

第1幕 いとやんごとなきギリシア人の連帯意識 ——そちたちの言葉は聞き苦しいのお

「ギリシア人」と一括りに言うが、その方言によって「関西人」とか「東北人」と分けるように、いくつかのグループに分かれていた。

ギリシア本土の中心であるペロポネソス半島には**ドーリア人**がドンと居座っており、端っこの海沿いには**イオニア人**が張り付き、そしてエーゲ海を挟んだ対岸の小アジアには**アイオリス人**が住んでいた。いやあ、ともかく暗黒時代が終わったらこうなっていたのだ。

端っこに追いやられていた印象を受けるイオニア人だが、海沿いなのが功を奏し、海上貿易で活躍するようになっていた。このイオニア人たちが中心となって作った町が**アテネ**である。それに対しドーリア人が作った町の代表が**スパルタ**だ。

ギリシア人は地域意識が強く、一緒になって一つの大きな地域国家を作ることはしなかった。それぞれポリスごとに分かれてケンカばっかりしていたが、いざとなると団結力は高く、「ギリシア人」としてのプライドを強く持っていた。彼らを団結させていた原点は「方言はあれども、同じギリシア語を話す兄弟である」という意識だったろう。言語だけでなく、宗教も分かち合い、同じ系列の多神教を信じていた。これらのギリシアの神々は後に**オリンポス12神**として整理されることになる。ちなみに当時のスポーツや芸術は神に捧げるものであり、4年に1回開かれる**オリンピア**の祭典は神聖な行事であるがゆえに、ポリス同士が戦争をしていようが中止して、必ずオリンピアに参加したのだ。このオリンピアの人気種目であった当時の徒競走のシーンがこれだっ！(→)。

ゲゲゲ、素っ裸で○○○○が丸出しじゃん！

当時の衣服はシーツを体に巻き付けていたようなものだから、普段の格好で走ったら好タイムは出ない。素っ裸の方が反則できないしね。これも兄弟意識の強いギリシアだからできたようなもの。当時のオリンピアの期間中(5日間だったらしい)は午前は体育競技をおこない、午後は詩や神話の朗読で優劣を競っていたから、体育祭と文化祭を一緒にやっていたようなものだった。

というわけで、ギリシア人は他を相容れぬ仲間意識が強く、自分たちをギリシア神話に出てくる英雄の名前にちなみ**ヘレネス**と呼び(現在でも！)、他民族を**バルバロイ**(聞き苦しい言葉を話す者たち)と呼んで差別したのだ。

第2幕 スパルタ教育は「死ぬか生きるか」

武に生き、覇者となるのに一片の情けも無用！！

ギリシアのポリスで有名なのはやはりアテネとスパルタ。最初に**スパルタ**を見ておこう。スパルタはドーリア人が作った都市国家だが、①市民、②周辺民(**ペリオイコイ**)、③農業奴隷(**ヘイロータイ**)という三つの身分に分かれていた。ペリオイコイは土地は持っていたも

の半自由民として差別される存在だった。またヘイロータイは元々は先住民だったアカイア人だったらしいのだが、ドーリア人に征服されて奴隷にされてしまった人々だ。市民の数に対してヘイロータイの数は10倍もいたので、奴隷が反乱を起こしたら大変だ。そこで奴隷が市民に対して反乱を起こしても大丈夫なように、市民に徹底的な管理と尚武の慣習を植え付けることにした。これを伝説上のスパルタの指導者の名前をとって**リュクルゴスの制**と呼ぶ。**この制度についてはコラムを見てもらいたい。**

第3幕 「戦争に参加する者が政治に参加できる」その1

① ゼニの力こそ正義！ いい時代になったものだ

一般に古代ギリシアは貴族の力が強かった。というのも貴族は土地を多く持ち裕福であったため、当時は高価であった鉄製の武器や鎧(よろい)を着けて戦争におもむくことができたからだ。平民は貧しいので武器や鎧が買えず、当然、戦争にも参加できなかった。そこで貴族たちは「**戦争に参加する者が政治に参加できる**」という鉄則を作った。

しかしイオニア人が作ったアテネの町は海に近かったために海上貿易が盛んで、そのために平民でも商売に成功した金持ちの「成金」が出るようになった。すると平民でも武器や鎧を買って戦争に参加できるようになる。と言っても、馬に乗ることは貴族の特権なので平民たちは鎧やヤリを装備した**重装歩兵部隊**として、歩いて戦争に参加したのだ。この重装歩兵部隊が強かった。彼らは「兄弟」だからお互いに引っ付き合って密集しながらヤリを持って突撃したので、巨大なハリネズミのように強力だった。彼らのおかげで連戦連勝。と、なると平民たちも「**オレたちも政治に参加させろ！**」と要求してくる。貴族たちはしぶい顔をして拒否した。美味しいケーキ（権力）を分けてやりたくないのは人情だからだ。すると貴族と平民が同じ町で対立し始めた。このままでは外敵に攻められたら滅びてしまうので紀元前600年代後半に**ドラコン**（ドラゴンではない）という貴族がアテネで最初の成文法を作って調停した。成文法があれば貴族も好き勝手な政治ができないだろう、という配

慮であり、その内容は厳格なものだったが、肝心の平民の参政権は認められていなかった。

そこで**ソロン**という賢者が「調停者」として紀元前594年に**ソロンの改革**をおこなった。簡単に説明すると①**財産を持っている市民**には参政権を認める、②**財産を持っていない市民**には借金のために奴隷階級に落ちること（債務奴隷）を禁止する、という内容だ。財産を持っているか、持っていないかで市民を区別したので、これを**財産政治**と呼ぶ。

なに、借金が払えないと奴隷にされてたんですかっ？

当時は市民でも借金が払えないと奴隷にされたのだ。現在だって『ナニワ金融道』（講談社）や『闇金ウシジマ君』（小学館）を見ると、残念ながらそういう世界は一部残っているのかもしれないが、この債務奴隷を禁止するために負債を帳消しにしたんだ。

このソロンの改革は大変に不評だった。貴族はせっかく手に入れた奴隷を解放しなければならないし、貧乏な平民は望んでいた参政権が手に入らなかったからだ。そこでソロンは恨みを避けるため外国に亡命するハメになった。リディアでソロンがクロイソス王と幸福について問答したのはこの亡命していた時だと伝えられている。

② 「ティラノサウルス」と「走れメロス」で僭主を覚える

不満だらけの貧乏平民につけ込んだのが**ペイシストラトス**という流れ者の男。不平民衆を味方に付け、ついにアテネを乗っ取って「僭主（せんしゅ）」になった。僭主とは「**ギリシアのポリスで非合法に政権を握った独裁者**」のこと。tyrannosというのだが、恐竜のティラノサウルスの語源となった。具体的なイメージで言うと、太宰治の『走れメロス』に出てくるシラクサ（ギリシアの植民市）の暴君ディオニスだな。もっともペイシストラトス自身は優れた人物で、貧乏平民の保護に力を尽くし、文化活動にも熱心だったので、僭主とはいえ彼の時代にはアテネは大いに栄えたという。ただし跡を継いだ息子のヒッピアスがろくでなしの暴君だったのでアテネ市民はこの息子を追放している。

③ 「クラスでやったらダメですよ」の陶片（とうへん）追放

さすがに独裁制度はまずいことに気が付いたアテネ市民は紀元前508年の**クレイステネス**の改革に従うことにした。クレイステネスは今までアテネが血縁関係を中心に貴族が権力を握っていたことを反省して、今までの部族制をリセットし、新しく「地域」を単位とした部族制を作ったのだ。親戚関係よりは自治会を優先させたわけだな。この新しい部族

8

制は10のデーモス（日本語で言うと「区」）に分かれ、それぞれのデーモスに行政や軍事を担当させた。日本の「渋谷区」とか「文京区」のような単位を考えるとわかりやすいと思う。

そしてクレイステネスは、もう二度と僭主が出現しないように、**陶片追放**（**オストラキスモス**）という制度を設けた。これは市民が陶器のかけらに僭主になりそうな人物の名を書き、6千票集めた人物の中から、最も多くの票を集めた人物が国外追放になるというシステムだ。期間は10年間だが財産は没収されなかった。当時は紙がなかったから、一番ありふれていた陶器のかけらに名前を書いた。

今、これをクラスでやったらいじめにならない？

そのとおりだ。しかしアテネに僭主が出現することは二度となかった。

クレイステネスのおかげでアテネでは僭主の出現が防がれ、民主政の基盤が作られるようになったわけだ。

しかしアテネにさらなる困難が押し寄せてきた。アケメネス朝ペルシアとの大戦争である。もともと小アジアの大部分はアケメネス朝が支配している地域だったが、プライドの高いギリシア系住民が**イオニア地方**の**ミレトス**の町を中心にアケメネス朝に反乱を起こしたのだ。反乱は鎮圧されてしまい、陰で反乱を支援していたのがアテネであることがバレてしまった。ダレイオス1世は激怒した。必ず、かの邪智暴虐の民を除かなければならない。こうして**ペルシア戦争**が始まった。

復習ポイント

① ギリシア人を結び付けていたものは何だったろうか。

② 「スパルタ」と「アテネ」の根本的な違いとは何だろうか。

アクティヴィティ

「アテネ」と「スパルタ」。市民に生まれるならば、この二つの町のどちらを選ぶ？　理由もちゃんと考えよう。

古代ギリシア②年表

紀元前600年代後半　アテネでドラコンの立法が成立

①法を成文化　②平民の参政権は認めなかった

「この頃アッシリアが滅びている」

紀元前594年　ソロンの改革が行われる

いわゆる①財産政治　②平民の債務奴隷の禁止

「バビロン捕囚の８年前」

紀元前561年～　ペイシストラトスの僭主政治

「この頃にキュロス２世がアケメネス朝を建国」

紀元前508年　クレイステネスの改革がおこなわれる

①陶片追放による僭主出現防止　②部族制を血縁から地縁中心に編成

「すでにダレイオス１世が王になっていた」

最後の門　下の問題は大学入試問題を元にしたものです。答えなさい。

① 紀元前８世紀に入り、ギリシア世界にポリスと呼ばれる都市国家が生まれた。(中略) ポリスはそれぞれ独立した国家であり、ギリシア人として統一国家をつくることはなかった。

前８世紀以降、スパルタでは、市民がペリオイコイと［ a ］を支配していた。［ a ］はスパルタ市民の土地で農業労働を強制され、貢納の義務を負った。その数は市民よりはるか多数にのぼった。スパルタ市民は反乱を防ぐため軍事に専念した。また市民の結束をはかるため貧富の差の拡大を防ぎ、市民間の平等化をはかった。

問1　［ a ］にあてはまる語句を書きなさい。

問2　文中の下線部について、しかし彼らは同一民族としての意識を持っていた。その背景と内容に関連して適切でないものを次のＡ～Ｄより一つ選べ。

Ａ．オリンポス12神を中心とする共通の神話の世界があった。

Ｂ．王や神官たちが神権政治をおこなっていた。

Ｃ．自分たちをヘレネスと呼び、他民族をバルバロイと呼んだ。

Ｄ．オリンピアの祭典を４年に１度開いていた。　(神戸学院大・改)

② アテネの政治に関する次の二つの文について、正誤を判断し、aとbの両方が正しければアを、aが正しくbが誤っていればイを、aが誤っておりbが正しければウを、aとb両方誤っていればエを選びなさい。

a　ソロンは財産額ではなく、血統によって市民の参政権を決めた。

b　クレイステネスは僭主の出現を防ぐために陶片追放の制度を定めた。　(南山大)

リュクルゴスのスパルタ教育

リュクルゴスが実在の人物であるかどうかは古代の歴史家プルタルコスも疑問としている。しかしこの人が決めたとされる制度がスパルタの歴史を築いたことは間違いない。なにしろ徹底した鎖国と平等、そして軍国主義の制度なのだ。

＊

スパルタは山の中の不便な所にある（現在でも交通がどうも不便らしい）。したがって商業は発達せず、むしろ農業が産業の中心だった。そのため市民間での経済格差は元々大きくはなかった。

リュクルゴスは外国から「ぜいたく品」が入ってくるのを防ぐために**「貨幣の流通の禁止」**を定め、農業の自給自足による生活形態を定めた。

「カネがあるから不平等が起こるのだ。カネなんてなくてもわしらはやっていけるっ！　鎖国だ！　欲しがりません、勝つまでは」

また、リュクルゴスはまず市民たちの一体感を強くするために**「市民全員の共同食事」**も徹底させた。つまり「3食が給食」なのである。

＊

リュクルゴスは次に子どもの頃からの**「共同生活訓練」**を定めた。

子どもは生まれた後にアゴラに集められ、健康かどうかを町の長老によって検査され、**障がいを持っている子どもは「お国のためにならない」として郊外の穴に放り込まれて殺されてしまった。**

健康な子どもは7歳になると親から引き離されて、軍隊的な共同生活を強制された。最初に叩き込まれたのは忍耐で、頭は坊主にされ、冬でも裸で生活し、布団なしで寝ていたらしい。目上の人の命令は絶対で逆らうことは許されない。おしゃべりは軽蔑され、寡黙が好まれた。

盗みは敏捷（びんしょう）さを鍛えるため奨励されていた。ある少年がすり切れた服の中に盗んだ狐を隠した。その狐が少年の腹を噛んで腹を引き裂き始めたのだが痛みを堪えているうちに少年は死んでしまったと言う。

卒業試験は、なんとヘイロータイを殺すことであり、殺しの味を知った者だけが一人前の大人として認められるのである。

共同生活ができない者たちは死ぬしかなく、体育会系の筋骨たくましいシュワちゃんだけが生き延びることができた。

女子にも軍隊的な訓練と共同生活が課せられていたのだ。円盤投げや陸上競技で鍛えられていたが、理由は「たくましい男の子を産むため」だったらしい。

＊

この結果、どんな大人ができたのかは映画『「300（スリー＝ハンドレッド）』を見ればわかる。ある人がスパルタ人に聞いた。「スパルタの城壁は大したことがないね」。すると答えは**「人は城、人は石垣、人は堀」**だった（え、武田信玄の言葉じゃないかって？　いや、本当にプルタルコスの『英雄伝』の「リュクルゴス伝」にそう書いてあるんだって）。

＊

しかしエリートしか育てないし、認めない政策は報いを受けることになる。玉砕をよしとするスパルタは極端な人口減を招き、後のペロポネソス戦争では勝利しながらも、覇権を失い衰退してしまったのだ。

解答と解説

復習ポイント の答え

① 言語、オリンポス12神を中心とする宗教、オリンピアの祭典、デルフォイのアポロン神の神託、などの文化をともにし、同一民族としての意識を強く持ったこと。
② スパルタが農業を中心とした鎖国的な軍事ポリスだったのに対し、アテネは貿易を中心とした開放的な商業ポリスだった。

アクティヴィティ の答えの一つ

スパルタが厳しい訓練や禁欲を通じて貫こうとしたのは「市民の平等」であり、その点では徹底していた。スパルタを選んだあなたは、平等と共同体意識を大切にする人物である。

アテネはスパルタの制度が持っている非人間性を否定し、商業が持っている開放性と交流を重んじている。アテネを選んだあなたは、開放的な人柄で他との交流を通じて成長することを願っている人である。

最後の門 の答え

① 問1 ヘイロータイ　問2 B
② ウ

(解説)

問2はBの「王や神官たちが神権政治をおこなっていた」が適切ではない。いかにも東のオリエント世界の政治のイメージである(実際にはポリスにも王はいたし、神官もいた。神様にお伺いもたてたが、神の名前を語って王や神官が独裁政治をおこなうことはポリスにはなかった。民主政治が基本だったからである)。

問2については正しい文をまず探し、残った文を答えにするのも方法になる。古代ギリシアならではの特徴をしっかり覚えておくとこのテの問題は解きやすい(例：デモクラシー、オリンポス12神、アクロポリスとアゴラなど)。

②はaが間違っている。ソロンがおこなったのは「財産政治」であり、血統による政治ではなかった。

間違っている文は、「明白な誤ち」が文の中に出てくるので、アタリをつけやすい。

古代ギリシア②
——「戦争」と「民主政の完成」が大きなポイント

ギリシアが作った民主主義って、本当に立派な制度なのかな？

深い質問だ。実は民主主義には多くの欠点がある。特に「その場の雰囲気や流れで安直な決定をしてしまう」ことはまずい。特に景気のいい、勇ましい意見には動かされやすい。こうした扇動（せんどう）（あおり）によって失敗したケースは歴史に数多くある。だが欠点はたしかに存在するにしても、われわれは民主主義以上の制度をまだ持っていないのだ。

第1幕 「戦争に参加する者が政治に参加できる」その2

① マラソンは戦争から生まれたスポーツ

ダレイオス1世は大艦隊を率いてギリシアを攻めようとしたのだが、マヌケなことに嵐に遭って艦隊が沈没してしまった。こうして1回戦はギリシア側の不戦勝。悔しいダレイオス1世は今度はできるだけ陸沿いに攻めてきた。ペルシア軍を案内してきたのはなんと僭主（せんしゅ）ペイシストラトスの追放された息子のヒッピアスだった。**「王様ぁ、ギリシアを征服したらあっしにアテネをくださいよ。復讐したいヤツらがいるんですわー。うへへ」**。これはアテネとしては負けるわけにはいかない。

紀元前490年にアテネ近郊の**マラトン**の野原で2倍以上のペルシア軍と激突したアテネ軍は奇策によって勝利を得た。アテネの将軍ミルティアデスが「敵が多ければ、もう破れかぶれに突っ込むしかない」と考えて、重装歩兵部隊が一斉に駆け出して突撃したことが功を奏したのだ。勝利の知らせをアテネの人々に一刻も早く知らせるべく、一人の兵士がマラトンの野からアテネまでの

42.195 kmを走り通し、アテネにたどり着くと勝利の報を叫びつつ息絶えたと言う。ここから「マラソン」(Marathonの英語読み)競技が始まった……という話だ。

何、その話ホント?

ウソもある。42.195 kmという距離は第4回ロンドンオリンピック大会の時に現地の都合に合わせてむりやり決めたものなのだ。

無念をとなえながら引き返したダレイオス1世だが、彼に待っていたのは死だった。跡を継いだ息子の**クセルクセス1世**が「今度こそ」と叫びながら再び大軍を率いてギリシアに押し寄せた。その数はヘロドトスによるとなんと200万! いくらなんでも信じがたい数字だ。

② フンドシ一丁で参政権をゲット!

テルモピレーの戦いでスパルタの300人の戦士たちを血祭りにあげる(映画『300〈スリーハンドレッド〉』参照)と、勢いに乗るペルシア軍は不気味にアテネに対して南下を始めた。**クセルクセス1世は命じる。**

「アテネを兵糧攻めだっ! 今こそペルシア海軍をもって海を封鎖だ!」

ギリシア側では**テミストクレス**を指導者に選んでおり、彼の意見に従って**三段櫂船**を大量に建造し、海戦に備えていた(コラム参照)。問題は誰が船を漕ぐかだ。奴隷を使うことは危なかった。天下分け目の一戦に投入すると奴隷は裏切る危険があるからだ。

すると無産市民たちが一斉に手を挙げて叫んだ。「俺たちが漕ぐぞ! 漕がせてくれいっ!」。三段櫂船の漕ぎ手ならば鎧で武装する必要がなく、フンドシ一丁で戦争に参加できるからだ(ちなみに「櫂」とはオールのこと)。テミストクレスはアテネをいったん放棄し、サラミスにギリシアの軍艦を集めた。この時、アテネの三段櫂船は150隻もあり、他のポリスを圧倒していた。**サラミスの海戦**が始まると、無産市民たちは腕も折れよ、腰も砕けよと命がけで漕ぎまくり、ついにペルシア海軍を打ち破った。

サラミスを臨む岬の上からこの戦いを見ていたペルシアのクセルクセス1世は、自分の大海軍が打ち破られてしまうシーンを見て、驚きのあまり3度も飛び上がったと言うが、まあ、これは噂だな。

このサラミスの海戦の功績により、ペリクレスがアテネの指導者となった時に、無産市

民たちもアテネの政治に堂々と参加できるようになったのだ。

第2幕 ギリシア民主政はけっこう、うっとうしい！

すべての官職はくじで選びます。一部だけ除いて

ペリクレスがアテネの将軍となった時に完全な民主政が出現した。

つまり、すべての成年男子市民が政治に参加できるようになったのだ。民会が最高議決機関となり、成年男子は貧富を問わず、必ず民会に出席しなければならなかった。奴隷が墨を含ませた縄を持って町の周囲を取り囲み、市民をアゴラに追い立てていくのだが、墨が服に付くと「怠け者」の証拠になってしまうので、市民は大急ぎで民会に参加したと言われている。重要事項は市民が民会で決定する**直接民主政**であり、将軍など一部の職を除くほとんどの官職は市民が抽選で選ばれた。

なんで将軍は抽選じゃないの？

将軍は戦場で兵隊を指揮しなければならないからだ。もしもバカボンのパパが将軍に選ばれたら、「それでいいのだ〜！」で押し通して軍隊が全滅してしまうだろう。だから能力の有無が問われる将軍職は選挙で選ばれたし、実質的な政治の権力は将軍が握っていた。

ただし現代の民主主義と違い、女性・奴隷・在留外国人は民会に参加できなかった。それは彼らが「戦いに参加しない」からだ。

在留外国人って、アテネに帰化できなかったの？

できなかった。アテネでは「両親ともアテネ人であることが市民の条件」だったからだ。これは他のポリスでもほぼ同じだったから、後のペロポネソス戦争の時に多くのポリスが兵士不足で悩むことになる。この「他を入れない」精神が古代ギリシアの民主政の一番の問題点だろう。

第3幕 ペロポネソス戦争——元はアテネのエゴイズムから始まる

「守ってやっているんじゃ。カネをどう使おうがわしの勝手や」

ペルシア戦争でクセルクセス1世を打ち破ったアテネは「**またペルシアが来るさかいに、軍艦を用意せなあかん。そのための資金を出しなはれ。カネはアテネが責任をもってデロス島に保管したる**」と言って軍事同盟の**デロス同盟**を作り、リーダーとなった。しかたない、と他のポリスは上納金を出したが、このカネをアテネのペリクレスはパルテノン神殿建築のために使ってしまったのだ。使い込みに怒ったギリシア諸ポリスは、アテネに対抗できる唯一のポリスであった**ペロポネソス同盟**の盟主スパルタをニューリーダーに仕立てた。このデロス同盟とペロポネソス同盟の間についに戦争が起こってしまう。これを**ペロポネソス戦争**(紀元前431年～紀元前404年)と呼ぶ。年代に注意してもらいたいのだが、なんと27年間もかかった戦争だった。

最初は優秀な将軍ペリクレスが率いるアテネの楽勝だと思われたのだが、肝心のペリクレスが伝染病で死んでしまった。優れたリーダーを失った後、アテネでは景気のいい主戦論をぶち上げる**デマゴーゴス**と呼ばれる扇動政治家(民衆を無責任にあおり立てる政治家)によって市民が簡単に動かされるようになってしまう。これを**衆愚政治**と呼ぶのだが、現代の世界でもこの現象はよく見られるな。

この時、アテネの市民をそそのかしたのは、哲学者ソクラテスの弟子であるアルキビアデスという美青年だった。アテネ市民はこの美青年の見た目にだまされたあげく、「やったれ、やったれ」と勢いで戦争を決めてしまったのだ。後にソクラテスが裁判にかけられ、死刑になってしまうのは、いたらぬ弟子の責任をとらされたからだ、という説もある。

のせられて賛同した市民も悪いのにねぇ

結局、アテネの作戦は失敗し、戦争は長期化したあげく、アテネは最終的に敗北してしまった。ところが勝ったスパルタも少数精鋭のエリート主義がたたり、長年の戦争で人手が足りなくなってしまった。疲労困憊したあげく**テーベ**(ギリシアのポリスの名前:エジプトの都の名前ではない)にレウクトラの戦いで敗北してしまうことになる。

9

この同士討ち戦争によってギリシアは荒廃し、ギリシア人の精神まで変わってしまった。一言で言えば「市民が戦争に参加したがらなくなってしまった」のだ。

ペルシア戦争の時には「わけのわからん言葉をしゃべるバルバロイをやっつけてやる」という同胞意識に燃えて積極的に戦争に参加していた市民たちも、長期間の内輪の争いにはげんなりしてしまい「カネで雇われた兵隊」である**傭兵**(ようへい)を使う体たらくになってしまった。

だいたい傭兵は命がけで国を守るような心意気は持っていない。命あっての物種だから、少しでも不利になると、とっとと逃げてしまうものなのだ。

とどのつまり、ペロポネソス戦争の末期にはこんな会話も当たり前になってしまった。

「パパ、ボク戦争なんか参加したくないよぉ」

「おお、そうかそうか、ではお前の代わりにカネで兵隊を雇ってあげるから安心しなさい。お前は戦争に行かなくてもいいんだよ」

こんな情けないご時世になると、「戦争に参加する者だけが政治に参加する」という民主政治の原則が崩れてしまう。当然、市民意識も薄れてしまい、自分のポリスを守ろうとする気概もなくなってしまう。

自分で自分を守ることをしなくなったギリシアの諸ポリスは、ポリス同士の共食いもあって、当然のことだが弱体化してしまった。そして後に北方のマケドニアという国によって征服される運命になってしまう。

復習ポイント

① ペルシア戦争でギリシア側が勝てた理由は何だろうか。

② アテネの「完全民主政」の長所と短所は何だろうか。

アクティヴィティ

アテネはせっかく民主政を完成させたのに、ペロポネソス戦争でなぜ敗北してしまったのだろうか。あなたはどう考えますか？

古代ギリシア年表

紀元前490年　マラトンの戦い　アテネ重装歩兵がペルシアに勝利

「この時のペルシアの王はダレイオス１世ですよ」

紀元前480年　サラミスの海戦

アテネを中心とするギリシア連合軍の勝利

→三段櫂船を漕いだ無産市民の政治参加につながる

「この時のペルシアの王はクセルクセス１世」

紀元前443年～　ペリクレス時代

ペリクレスがアテネの将軍となり、完全民主政が完成。

「貧富の差に関係なくすべての成年男子市民が参加」

紀元前431年～　ペロポネソス戦争の開始

「アテネ対スパルタの同士討ち戦争でギリシア衰退」

紀元前404年　ペロポネソス戦争の終了→アテネの敗北

最後の門　下の問題は大学入試問題です。答えなさい。

問1　古代ギリシア世界は統一国家を持つことはなかった。その統治形態はさまざまであったが、最も典型的な形で民主政が確立したのは（　①　）である。このポリスはダレイオス１世のもとでオリエントを統一したペルシアの再攻に備えて、（　②　）同盟を率いて勢力を拡大した。別の同盟の盟主となった（　③　）はこれに脅威を感じ、両者の対立は（　④　）戦争に発展した。

（　①　）～（　④　）にあてはまる適語を書きなさい。（東洋大）

問2　「ペルシア戦争」について述べた下記のア～エのうち誤っているものを一つ選びなさい。

ア　マラトンの戦いではギリシア側が勝利した。

イ　サラミスの海戦ではギリシア側が勝利した。

ウ　マラトンの戦いでは、ミルティアデスがギリシア側を指揮した。

エ　サラミスの海戦ではペイシストラトスがギリシア側を指揮した。

（早稲田大）

「この門をくぐりし者はローマへの道に進むべし！」

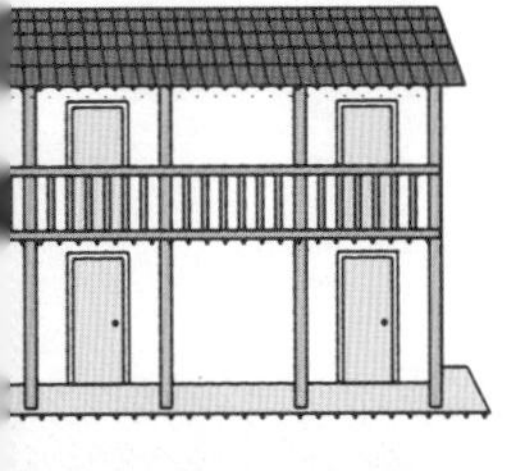

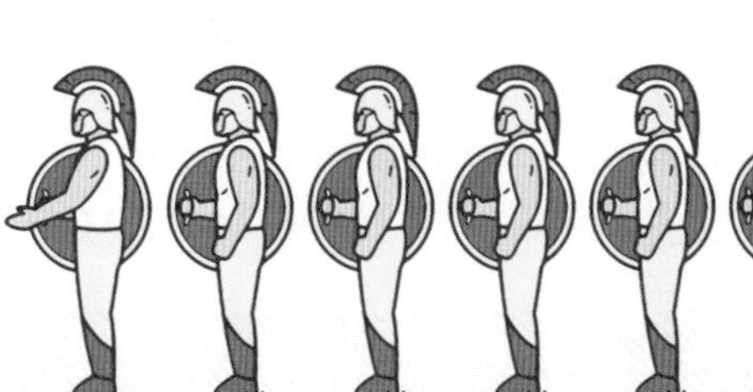

アテネ
将軍列伝

古代ギリシアのアポロン神はスポーツと芸術の神であり、全世界の未来を占える力を持っている。デルフォイにあるアポロン神殿には占ってもらおうと多くの信者がつめかけていた。ペルシアとの戦争におびえるアテネもさっそく使者をデルフォイに送り、どうすればよいかをアポロン神に聞いた。答えは「木の柵が汝を守るだろう」である。

このトンチンカンな答えを聞いたアテネ市民は首をひねった。

「世界最強のペルシア軍を木の柵なんかで防げるのだろうか？」

すると将軍テミストクレスが言った。

「アポロン神が言っている木の柵とは『船』のことを指しているのだ！　今のうちに三段櫂船をたくさん作っておこう！」

＊

ギリシア連合艦隊はアテネ三段櫂船がほとんどを占めていた。この差が戦後のアテネの覇権につながった。

サラミス海峡には決まった時間に外海から強い風が吹いてくる。

この風のことを現代では「シロッコ」と呼ぶのだが、この海峡にペルシア海軍をおびき寄せたテミストクレスは風を待った。

そしてあの風が吹いてきた。ペルシア海軍が風に流され横腹をさらけ出したところをギリシア海軍が気合のオール漕ぎで一斉に突撃した。

こうして見事にペルシア海軍を打ち破ったテミストクレスだが、決して評判がよい人物ではなかった。いわゆる策士タイプだったために、政界を泳ぐズル賢さや権力欲を強調され、陶片追放の投票にかけられてしまったのである。結果としてテミストクレスはアテネを追放されることになり、かつての敵であったペルシアに亡命した。

＊

ペリクレスは民主政を完成させたことで有名になったが、彼は自分の像を作らせる時に、兜をかぶった胸像しか作らせなかったという。どうも彼の頭は長すぎて不格好だったらしく「ネギ頭」と呼ばれていた。そのために彫像だけでも頭を兜で隠した、と言われている。

＊

人柄は高潔で清廉であったが、「ご立派なもんだ。きっと平民の評判をとって僭主になりたがっているのだろう」と言われるのを恐れ、人気取りのための宴会にはわざと出席しなかった。市民の評判は高く、1年ごとに選出される将軍職に死ぬまで15年間も連続で選ばれている。

ペリクレスは官職についている人には日当を支払い、平民も政治に参加できるように配慮した。そのためペリクレスの時代にすべての成年男子市民が政治に参加できる民主政がついに完成した。

と、いいことばかりのペリクレスだが大きな欠点があった。彼は視野の狭いゴリゴリの「アテネ第一主義者」であったのだ。

他のポリスが供出したデロス同盟の基金をアテネのパルテノン神殿建設に流用してしまったことはまずかった。また「アテネ市民になれる者は両親がアテネ出身者だけ」と規定したため、アテネは人口減に苦しみ、ペロポネソス戦争後は歴史の舞台から没落してしまった。

外国人でも市民になれるような広い世界観を持つ町が次の歴史の主人公となるだろう。その町こそローマであった。

解答と解説

復習ポイント の答え

① ポリス同士の団結があったこと、市民階級の団結力が強かったこと、そして海軍力に優れていたことが考えられる。また遠征してきた敵のペルシアが補給に苦しんだのに対し、ギリシア側は防御戦で有利な立場にあったことも考慮できる。「ギリシア・ポリスの民主主義と自由を守る意識が、オリエントの専制を破った」という考え方は当時のギリシア人も主張していた。

② 長所：成人男子市民が政治に共同して参加できること。
　　政治に男性市民の意思を反映できること。
　短所：人気のある政治家が主張する、市民に都合のよい意見ばかりが多数の市民の支持を得るようになり、その結果少数派の意見が無視されやすくなってしまうこと。
　　女性、奴隷、在留外国人には参政権が認められないため、政治にすべての市民の意思を反映できないこと。

アクティヴィティ の答えの一つ

「ペリクレスがアテネのことばかりを優先して他のポリスの反感を買ってしまったため」

↓

「そのペリクレスが病死し、アテネが優れたリーダーを失ったため」

↓

「扇動政治家が率いる無責任な衆愚政治が生まれてしまったため」

↓

「戦争が長期間にわたったため」

↓

「市民が自分の義務を果たすことを嫌がり、傭兵の使用が流行(はや)ったため」

上の意見はすべて単体でも正解です。が、それぞれの意見を時代順に並べると結論が見えてきます。つまり「民主政により権利を手に入れた市民が、ペロポネソス戦争の『歳を経し糸の乱れの苦しさに』よって共同体の意識を失い、義務を果たすことを嫌がるようになったため」となります。

最後の門 の答え

問1　① アテネ　② デロス
　　③ スパルタ　④ ペロポネソス
問2　エ
　　(ペイシストラトスではなくテミストクレス)

(解説)

古代ギリシアは民主政治の生みの親であるため、欧米の大学では知っていて当然の知識として扱われています。

気をつけるのは有名なポリスの名前(アテネ・スパルタ・テーベなど)と同盟、そして特にアテネを率いたリーダーの名前です。

ソロン・ペイシストラトス・テミストクレス・ペリクレスの名前とやったことはしっかり頭に入れておこう。

アレクサンドロス大王とヘレニズム
——ママ大好き男が世界を変えた

マンガは好きだな。授業中に読んでて、取り上げられた……。

おやおや……。だいたい少女マンガの特徴であるパッチリお目目に八頭身っていうスタイルは明らかにギリシア彫刻のイメージからきているね。ギリシア美術の影響は、はるか昔にインドを経て遠いアジアにまで届いていたのだからすごい。

ギリシアはカッコいいからアジアまで影響したんでしょ。きっと。

いや、ある一人の男がもたらしたのだ。その男がいなければ、ギリシアが世界にかくも大きい影響を与えたかどうかわからない。

第1幕 マケドニアの台頭 ——ギリシアの諸ポリスを制覇

フィリッポス２世の大活躍はセガレのための地ならし？

ギリシアが戦国時代の大混乱を迎えている頃、ギリシアの北にあった**マケドニア**という国が力を蓄えていた。と、言ってもマケドニアの内部事情は大変だったらしい。特にアレクサンドロス大王の父、**フィリッポス２世**の治世は、日本史で言えば織田信長の親父の織田信秀みたいに、基礎固めのための波乱続きだったようだ。

フィリッポス２世は婚姻政策や豪族制圧で力を伸ばし、軍備を整えることに成功した。これが息子の代に効果をあげるようになる。その頃、南のギリシア・ポリスは排外的・利己的な雰囲気に流され、互いに分裂と闘争を繰り広げていたから、喜んだフィリッポス２世はこれにつけ込んでギリシア・ポリスに圧力をかけ始めた。アテネの弁論家である**デモス**

テネスが急いで反フィリッポス連合を結成したものの、紀元前338年に**カイロネイアの戦い**でアテネとテーベ連合軍は敗北し、勝利したフィリッポス2世は**コリントス同盟**(またの名を「ヘラス同盟」)を結成し、スパルタを除く全ギリシアのポリスが加盟させられ、その盟主にマケドニアがつくことになった。

なんで「同盟」なんか作ったの? 力で支配すりゃいいじゃん。あと、スパルタだけなんで加盟しないの?

プライドの高いギリシア人を支配するには、ギリシア人が大好きな「同盟」を作ってそのリーダーになった方が簡単だ。しかし一番プライドが高く、強力なスパルタには加盟をあえて強制しなかったのだ。

さて、父のフィリッポス2世は息子のアレクサンドロスのために世界最高の家庭教師を付けてやった。大哲学者アリストテレスだ。カネに動かされて来たアリストテレスだったが、このやんちゃ坊主には手を焼いたろう。ただしアレクサンドロスは学問が好きだったようで、大人になってからの東方遠征でも哲学や自然科学の本は手放さなかった。そして自我に目覚め始めたアレクサンドロスは、母を疎んじる父に反感を持ったようで、一時は母と一緒に田舎に引きこもったことがある。

第2幕 アレクサンドロス大王の東方遠征——東の地平を求めて

東方遠征はカネがないのにやった。こりゃバクチやんけ

さて父王フィリッポス2世が暗殺されてしまい、20歳の**アレクサンドロス**がマケドニアの王位を継ぐことになった。この事態を喜んだギリシアの諸ポリスはアレクサンドロス大王が戦死したと誤解して反乱を起こしたが、鎮圧されてしまった。この若造こそ実は世界史屈指の英雄だったのだ。

紀元前334年にアレクサンドロス大王はアケメネス朝ペルシアを征服する**東方遠征**を企画したが、カネがない。商人から借りてなんとか軍費を手当てしたものの、10日分しかなかったようだ。緒戦のグラニコス川の戦いで勝利したアレクサンドロス大王に対し、驚いたペルシア王ダレイオス3世が自ら出陣して戦ったのが**イッソスの戦い**(紀元前333年)

だが、ここでもアレクサンドロス大王は勝利を収めた。イッソスの戦いを描いた有名なこの絵(→)は古代ローマのポンペイの遺跡から出土したモザイク画だ。右側の馬車に乗って敗走するのがダレイオス3世、そして左側で愛馬ブーケファラスに乗って追撃する青年がアレクサンドロス大王だ。

この後、アレクサンドロス大王は進路を南に変え、フェニキア人の都ティルスを7か月もかけて攻め滅ぼした。補給路を絶たれるのを恐れたのだ。ペルシアに支配されていたエジプトはアレクサンドロス大王を解放者として歓迎した。背後を確保したアレクサンドロス大王はいよいよペルシアと最後の戦いをおこなった。**アルベラの戦い**(紀元前331年)である。この戦いに勝ったアレクサンドロス大王はスサとペルセポリスを手に入れた。逃げるダレイオス3世は途中で部下に殺されてしまい、ダレイオス3世を追っていたアレクサンドロス大王はこれを口実に東方遠征を継続させた。

酒癖の悪いアレクサンドロス大王は酔った勢いで、ペルセポリスの大宮殿を焼いてしまう。夜空を焦がして燃え上がる炎を見た兵士たちは、「やっと故郷に帰れる」と安堵したろう。しかしアレクサンドロス大王はこれで満足する男ではなかった。

第3幕 アレクサンドロス大王の挫折と早すぎた死

① 「ママ、アルベラの戦いでアケメネス朝ペルシアに勝ったの。ボク偉いでしょ♡」

イラン高原を東へ進むアレクサンドロス大王と彼の軍勢は多くの部族を破った。多くの王たちが自分の娘を献上品としたがアレクサンドロス大王は彼女たちを丁重に扱うものの見ようともしない。彼の最大の娯楽はなんと夜、テントの中で「ママ」に手紙を書くことであった。寒さと飢餓と戦いながら、冬のヒンドゥークシュ山脈を越えたアレクサンドロス大王の軍勢はついにインダス川上流にたどり着いた。この当時多くの小国に分裂していたインドではこの事態に驚いて、連合軍を作りアレクサンドロス大王を迎え撃った。インダス川での戦いでは、インド連合軍は象の軍団を先頭に立てて戦った。しかしアレクサンドロス大王の指揮のもと、マケドニア軍はインド軍を簡単に打ち破り、インドの王たちは皆捕

虜にされてアレクサンドロス大王の足元にひざまずいた。

この瞬間、アレクサンドロス大王の手にインドが転がり込んできた！？　かに見えた。

喜んだアレクサンドロス大王はインダス川を越えてインドに「進撃のギリシア人」をしようとした。しかしなんと、兵隊たちが動かなかった。

実は兵たちは皆ホームシックにかかっていたのである。これ以上ギリシアから遠く離れる事に耐えられなかった兵はついにストライキを起こし、怒ったアレクサンドロス大王は3日間兵を説得したが兵たちは動かず、ついにアレクサンドロス大王は東進をあきらめた。

②　不世出の英雄を打ち倒したのは、たった1匹の蚊

帰りのアレクサンドロス大王はヤケのやんぱちで馬上で酒をガブ飲みし、地元部族との戦いでは自暴自棄な戦いぶりで大ケガをしている。

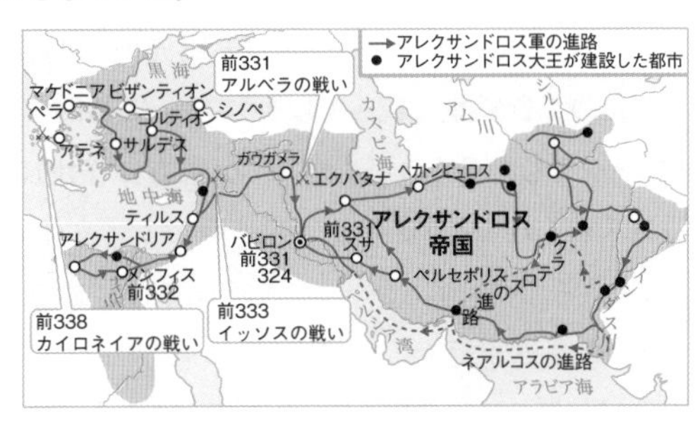

スサに帰着したアレクサンドロス大王は、**ペルシアとギリシアの文化の融合政策**をおこない、両民族の婚姻を奨励した。自らもダレイオス3世の娘と結婚式を挙げている。この政策によってギリシア文化がアジアに広まるきっかけを作ったのだ。バビロンの町でアレクサンドロス大王は将軍たちと次の冒険について相談し、アラビア半島を船で周航することを計画していた。その時、1匹の蚊が彼に止まり血を吸った。

数日後、アレクサンドロス大王は熱を出し倒れた。**マラリア**だった。高熱にうなされながらアレクサンドロス大王は将軍たちに世界征服の夢と計画をうわごとのように語っていたが、ついにアレクサンドロス大王が立ち上がることはなかった。わずか32年の生涯だった。

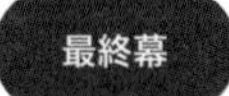

帝国の分裂とヘレニズム

後継者をめぐってバトルロワイヤル

アレクサンドロス大王には子どもがいたが、やっぱり後継者をめぐって争いが起こった。

10

アレクサンドロス大王の死後、アレクサンドロス大王の遺言（コラム参照）を勝手に解釈した実力のある将軍たちが後継者を名乗り、**ディアドコイ**（後継者）戦争を起こす中、アレクサンドロス大王の血族は根絶やしにされてしまった。そして将軍たちは勝手に山分けをし、セレウコスという将軍がオリエントの広大な土地に**セレウコス朝シリア**を作り、プトレマイオスという将軍がエジプトに**プトレマイオス朝エジプト**を建国した。そしてアンティゴノスという将軍が本国を支配して**アンティゴノス朝マケドニア**を作ったのだ。

学校の資料集を見てるとカッサンドロス朝マケドニアって書いてあるぞ

カッサンドロス朝マケドニアはたった4年間（前301〜前297）しか存在しなかった王朝なんだけれども、その時期がちょうど紀元前3世紀（前300〜前201年）の始まりにかかる時期だったので資料集に載ってしまうのだ。実質的な支配力から考えればアンティゴノス朝がベター。そして多くのギリシア人が東方に移住したため、ギリシア文化は西アジアで広く受け入れられるようになった。このギリシア文化の広まりを「**ヘレニズム**」（ギリシア風）と呼ぶ。もちろんヘレネス（ギリシア人）からきた言葉で、名付け親は19世紀のドイツの**ドロイゼン**という歴史家だ。ギリシア文化が東方に広がるきっかけを作ったのは、やっぱりあのママ大好き男のアレクサンドロス大王なのだよ。

復習ポイント

① 父王フィリッポス2世の業績を整理してみよう。

② アレクサンドロス大王の戦いを年代順に整理してみよう。

アクティヴィティ

アレクサンドロス大王は、織田信長の子孫が後継者にならなかったように、彼の子孫に王朝を残すことはなかった。しかし彼らが歴史に残した遺産は巨大だった。その遺産とは何だったのでしょう。

アレクサンドロス大王関係史年表

紀元前338年　カイロネイアの戦い→フィリッポス2世率いるマケドニア軍がアテネ・テーベ連合軍を破る

「この戦いは意外に試験によく出ます！」

紀元前337年　コリントス同盟成立
スパルタを除くギリシア・ポリスが参加させられマケドニアが盟主となる

「スパルタは武力が強かったので加盟を強要しなかった」

紀元前336年～　フィリッポス2世暗殺→アレクサンドロス即位

「どうも個人的な恨みで家臣に暗殺されたらしい」

紀元前334年～　アレクサンドロス大王の東方遠征の開始

「借金しながらの遠征開始とは、かなりの無鉄砲」

紀元前333年　イッソスの戦い→ダレイオス3世を直接破る

「戦場は小アジアの根元にある。場所を覚えておくこと」

紀元前331年　アルベラの戦い→アケメネス朝ペルシア滅亡

「アレクサンドロス大王の戦いは混乱しやすいので注意」

紀元前323年　アレクサンドロス大王の死→ディアドコイ戦争開始

「有力な子孫がいなかったために自分の王朝が作れなかったのは日本の織豊政権と同じ」

最後の門　下の問題は大学入試問題です。答えなさい。

問1　a　前338年にマケドニアがアテネとテーベの連合軍を破った戦いを選びなさい。

①　アルベラの戦い　　②　エデッサの戦い

③　イッソスの戦い　　④　カイロネイアの戦い　（南山大）

b　この時のマケドニアの王の名を書きなさい。　（学習院大）

問2　アレクサンドロス大王の後継者の呼称は何か。

a　オストラキスモス　　b　ディアドコイ

c　デマゴーゴス　　d　ドミナトゥス　（関西学院大）

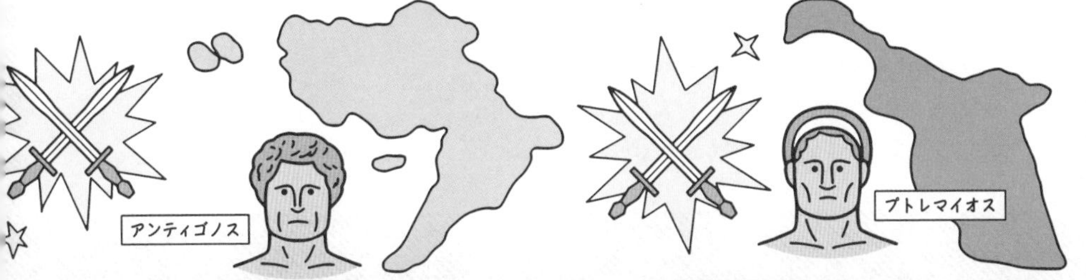

アレクサンドロス大王名言集

アレクサンドロス大王は、けっこうふてぶてしい言葉をここぞというところで決めている。『北斗の拳』(集英社)や『ジョジョの奇妙な冒険』(集英社)の元祖ですな。出典の多くはプルタルコスの『対比列伝』(『英雄伝』)。

*

アレクサンドロス大王がホームレスで知られていた哲学者のディオゲネスにわざわざ会いに行った時、ディオゲネスは樽に寄りかかって日向ぼっこをしていた。アレクサンドロス大王はこの貧相な哲学者に言った。

「私はアレクサンドロスだ。高名な哲学者よ、何か望みはあるか」

ディオゲネスは言った。

「王よ、一つあります。日が当たるようにそこをどいてくれませんか」

哲学者の無欲に感心したアレクサンドロス大王はこう言ったという。

「私がアレクサンドロスでなかったら、ディオゲネスになりたいものだ……」

*

アレクサンドロス大王が、大帝国アケメネス朝ペルシアに攻め込むため4万の軍隊を率いてダーダネルス海峡をわたった時、対岸に近付いた船のへさきで、若き王はヤリを取ると叫んだ。

「このヤリの刺さった大地はすべて我がものとなろう！」

アレクサンドロス大王の投げたヤリが小アジアの砂浜に突き刺さった時、全軍が歓声を上げた。しかし、このヤリの刺さった大地がはるかインドまで続いているとは誰も思わなかった。

*

イッソスの戦いに勝利したアレクサンドロス大王に対し、ダレイオス3世は広大な領土と賠償金を贈ることを条件に、講和を求めた。老将パルメニオンは「ここまでやれば十分、もう帰りましょう」と言うと、

「私がパルメニオンだったらそうするだろう、だが私はアレクサンドロスなのだ！」と答え、ペルシアへの攻撃を続行した。

*

彼は東に向けて軍を進ませ、ダレイオス3世が率いるペルシア軍とアルベラでぶつかった。この戦いではペルシア軍は味方の倍以上の軍勢だった。普通では勝てるわけがない。

老将パルメニオンはアレクサンドロス大王に夜中に敵の寝込みを襲うように進言した。これを聞いたアレクサンドロス大王は答えた。

「アレクサンドロスは泥棒のように夜に勝利を盗むマネはしない」

*

夢破れて西方へ帰る途中、アフガニスタンの砂漠ではアレクサンドロス大王も兵たちも水不足に苦しんだ。王のためにと差し出された一椀の水をアレクサンドロス大王は、はねのけた。

「この椀では兵士全員の渇きを癒すのには足りない。私は皆とともに乾きに苦しむ方を選ぶ」

*

スサの都で病気に倒れたアレクサンドロス大王に、誰に帝国を譲るべきかと、家臣たちが尋ねると、高熱にうなされるようにアレクサンドロス大王は言った(これが彼の最後の言葉となる)。

「最も強き者に……！」

解答と解説

復習ポイント の答え

① ギリシア・ポリスの混乱に乗じてカイロネイアの戦いでアテネ・テーベの連合軍に勝利し、コリントス同盟でギリシア諸ポリス（スパルタは除く）の盟主となる。

↓

分裂していたギリシア世界を統一し、息子アレクサンドロス大王の東方遠征への基礎を作る。

② 紀元前334年 —— 東方遠征開始

小アジアでペルシア軍を破り、小アジアを征服。

紀元前333年 —— イッソスの戦い

ダレイオス3世を破り、ユーフラテス川以西を確保。

↓

地中海東岸を征服し、エジプトまでも支配下に入れる。

紀元前331年 —— アルベラの戦い

ペルシア軍を破り、アケメネス朝を滅ぼす。

（紀元前326年 —— インダス川での戦いでインド連合軍を撃破）

アクティヴィティ の答えの一つ

アレクサンドロス大王も信長も統一事業に邁進し、未知の文化を受け入れ、自国の文化と融合することをためらわなかった。
アレクサンドロス大王や信長の究極の望みは、自分の視野を超える未知の彼方とつながることであり、そのことがヘレニズム文化や南蛮文化という形となってあらわれている。

最後の門 の答え

問1 a ④
　　b フィリッポス2世（アレクサンドロス大王と書く誤答多し）
問2 b（「ドミナトゥス」はローマ帝政後期の「専制君主政」のこと）

（解説）

アレクサンドロス大王に関しては、やはり戦いの名前が多く出てくる。アレクサンドロス大王の前後に起こった戦いや戦争も出てくる（カイロネイアの戦いやディアドコイ戦争など）。

また、文化史関連でもよく取り上げられるので注意が必要（先生がアリストテレスであったことや、ヘレニズムとの関わりなど）。

岩明均のマンガ『ヒストリエ』（講談社）を読んでおくと、雰囲気がつかめる。

ギリシア文化
——意外に身の回りにある古代ギリシア

と、言われてもあたしゃギリシア文化なんか知らんしー。

君は数学の時間にπ(パイ)とかθ(シータ)とか使っているね。数学の記号に使う文字の多くはギリシア文字だ。その理由は、数学の生みの親が古代ギリシアだからだよ。ギリシア文化は数学だけでなく、他の多くの分野でヨーロッパ文化の根源になっているのだ。

第1幕 ギリシア文化の特徴

ギリシアの神々はスケベでオッチョコチョイ?

ギリシア人は「**明るく合理的で人間中心的な文化を生み出した**」と教科書には書いてある。「**合理的**」とは「**物事を科学的に考えること**」だ。ギリシア人は「自然現象には『規則』や『法則』があり、それを科学的に証明することができる」と考えたのだ。

もう一つの「**人間中心的**」とは「**人間を世界の中で重要な存在として考えること」を意味する**。それまでの古代世界では「神こそ世界の中心であり、人間は死ぬべき空しい存在にすぎない」と考えていた。ところが古代ギリシア人は「人間はたしかに死ぬべき存在であるが、それゆえに尊く美しい」という考え方をしていた。この「人間肯定」の姿勢が「人間の精神が宿る肉体は美しい」という考え方につながり、古代ギリシア美術でヌードが表現されるきっかけとなっている。古代ギリシアや古代ローマでは裸は恥ずべきものではなく、「他人に示すことができる鍛え上げられた肉体こそむしろ誇らしい」と考えたのだ。

そして「人間中心的」+「合理的」という古代ギリシア人の姿勢は「理想を求めながら、人間をリアルに描く」という方向性を作り出した。古代ギリシアの彫刻を見れば、古代ギリシア人が人間をいかに理想的に、そして生々しくリアルに描いているかがよくわかる。

そして、ギリシア人は神を人間に近付けて表現した。ギリシア神話における神々は、人間と同じように「愛し、憎み、悲しむ」存在だ。このことはギリシア神話の中の**オリンポス**

12神の性格に示されている(神々の性格については最後の「コラム」を参照してもらいたい)。

さて、暗黒時代が明けてきた紀元前8世紀に盲目の詩人**ホメロス**が出てくる。この人はギリシアとトロイアの戦いを描く**『イリアス』**と、ギリシア側の武将オデュッセウスが10年がかりの冒険の末に故郷に帰り着く旅を描いた**『オデュッセイア』**という二つの叙事詩を作り上げた。

はあ……、叙事詩って……何ですか?

叙事詩とは「戦争や冒険を描く詩」のことを指す(例えばテーマ2のコラムの『ギルガメシュ叙事詩』)。それに対し**叙情詩**は「自然や恋を描く詩」のことだ。どうも日本人は叙情詩の方が好きらしく、百人一首なんかはみーんな叙情詩なのだ。しかし古代ギリシア人は叙事詩が大好きで、特にホメロスは彼の叙事詩の中で「神々しい英雄たち」と「人間くさい神々」の活躍を見事に描いている。ホメロスと同時代の詩人**ヘシオドス**は神々の系譜を記した**『神統記』**と、労働の貴さを讃えた**『労働と日々』**を書いた。ホメロスとくらべるとヘシオドスは作風が穏やかであり倫理観が強い、つまりは説教くさいのだ。『労働と日々』は怠けている不出来な弟への説教集なのだから。

第2幕 広場で「自然の根源」を考えることが始まる

「ヒマ」(ギリシア語schole)から「学校」(school)という言葉が生まれる

自然哲学が始まったのは、イオニア地方の中心的なポリスである**ミレトス**からと言われている。

前にもどこかで聞いたような……

アケメネス朝に反乱を起こして、ペルシア戦争の発端を作ってしまった町だった。ここは東西文化の融合する場所で、文化が衝突する場所というのは、争いも多くなるが文化の発達も著しい。この町のアゴラ(広場)では情報交換も多くおこなわ

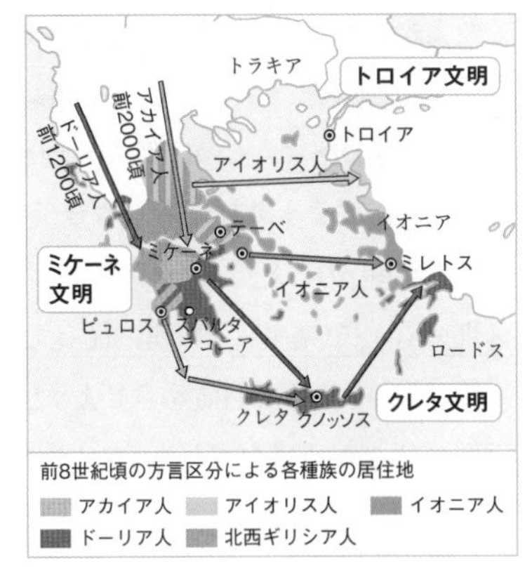

れたため学問も盛んになったのだ。アゴラでの話題は……。

スケベな話なんでしょ、どうせ

いやいや、「万物の根源とは何か」という大まじめな話だった。古代ギリシア人のヒマとは「時間的な余裕」であり、「自己を磨く」時間だったのだ。**タレス**という学者はいつも夜空を観察しながら歩いていたので、よくドブに落ちていたが、そのタレスは万物の根源は「**水**」であると主張した。また**ヘラクレイトス**という学者は「**万物は流転する**」(すべてのものはとどまることはない)と考え、その象徴が「火」であると説いた。また数学者の**ピタゴラス**は万物の根源を「**数**」と主張していた。理由？　調和のとれた秩序は単純な数の比例関係によって表現できるからだ。また**デモクリトス**は世界はものからできており、その根源を「**原子**」(ギリシア語で「アトモス」)と考えた。それから**西洋医学の祖**と言われる**ヒッポクラテス**も挙げておこう。彼らのアゴラにおける議論から、後の**自然哲学**(万物の根源を考える学問)の基礎が作られていく。

第3幕　世界にはばたくギリシア文化

①　哲学は先生から生徒へバトンタッチされ、地平線の彼方まで

アテネのアゴラでも多くの学問が教えられていた。特に流行(はや)ったのは人を議論で打ち負かす弁論術で、**ソフィスト**と呼ばれる教師たちがアゴラに集まる青年たちからカネを取って教えたものだった。**プロタゴラス**というソフィストは「**万物の尺度は人間**」という言葉で有名だ。意味？　「真理というものは人間が自分の都合で作り上げることができる」ということだ。「学問というものは他人を理屈でへこますためにある」と考えるソフィストたちに反論したのがアテネの哲学者**ソクラテス**だった。ちなみに、**哲学とは「世界や人間の真理を考える学問」のことだ**。ソクラテスは「真理は人間の都合で勝手に変えられるものではない。真理の存在を見出し、真理に従ってこそよい生き方ができるのだ」と主張し、対話によって多くの人を真理に目覚めさせようとした。しかし、ソクラテスはソフィストたちに訴えられ、死刑の判決が下されてしまう。ソクラテスは牢獄の中で毒杯をあおり、死ぬ瞬間まで弟子たちに「霊魂の不滅」を説いたという。ソクラテスは著書を残さなかったので、弟子の**プラ**

トンがソクラテスの思想を題材とする本を書いた。『**ソクラテスの弁明**』や、『**国家**』という本の中でプラトンは「**イデア**」**論**（「現実の世界では見出せない完全さや本質は、心の中でこそ見出すことができる」という考え）を打ち出して、後世の思想に大きな影響を与えている。プラトンの弟子であった**アリストテレス**は、先生の考え方とは反対に現実の世界を学問の対象にし、実際のモノを研究することによって本質に迫れると考えた。アリストテレスは『**ニコマコス倫理学**』などの作品を残したが、彼の思想は後の「科学を考える心」を育てる源泉となり、世界に大きな影響を与えた。

このアリストテレスの教え子こそアレクサンドロス大王である。暗い牢獄で死を迎えたソクラテスの思想が弟子を通じて大王にまで受け継がれ、ギリシア哲学が全オリエントに広まるようになったのだ。

②　ギリシア悲劇の内容紹介はこれが限度……あ、読んじゃいかん！

ギリシア悲劇は人間の存在をリアルに描いており、設定がすさまじい。**アイスキュロス**の『**アガメムノン**』は、トロイア戦争のギリシア軍総大将のミケーネ王アガメムノンが、戦争後に妻とその愛人によって殺されてしまう話だし、**エウリピデス**の『**エレクトラ**』は、アガメムノンの娘であるエレクトラが父の復讐のため母とその愛人を殺す話だ。**ソフォクレス**の『**オイディプス王**』は、自分の実の父を殺し、母を妻にしてしまったオイディプス王が神罰を受け、自分の両目をえぐり取るグロい話だ。

ギリシア喜劇では**アリストファネス**の作品が名高いが、例えば『**女の平和**』は戦争に夢中になっている男たちに愛想を尽かした女たちがストライキを起こして、男たちに戦争を止めさせる、という話だ……。

③　歴史ではこの二人が重要。建築は簡単なコツを教えよう

歴史では**ヘロドトス**と**トゥキディデス**の二人を知っておきたい。ヘロドトスはペルシア戦争を物語的に語った歴史家だが、どうも話が脱線しがちで、エジプトのミイラの作り方まで横道にそれてしまう。それに対しトゥキディデスはペロポネソス戦争を批判的・教訓的に語った歴史家であり、伝説に頼らず史料を集めて書いた。注意しておくべきことは、二人の著書名がともに『**歴史**』(Historiai)であることだ。

次に**美術**だ。ギリシア彫刻は人間の肉体に**理想**を求める美しさと生き生きとした**リアル**な表現が特徴となる。代表的な彫刻家はパルテノン神殿建設の総監督を務めた**フェイデ**

11

ィ**アス**だ。と、言っても最高と讃えられた彼の作品はほとんど残っていない。パルテノン神殿に祀(まつ)った彼の「アテナ女神像」は戦乱と破壊のため現存していないのだ。

最後に**建築様式**。ギリシア建築の様式の区別は柱を見ればわかるので簡単だ。一番左が**ドーリア式**で、堅苦しく力強いのが特徴だ。アテネにあるパルテノン神殿がドーリア式の代表的な建築だ。そして真ん中のモーツァルトのカツラ風のクルクルの柱が**イオニア式**。一番右の花が乱れ咲いているような派手な柱が**コリント式**だ。もちろん、それぞれの様式名はギリシアの地方名から由来している。柱を見ればギリシア古代建築の様式が一発でわかる。

復習ポイント

① ギリシア文化の特徴を整理してみよう。例えばオリエントの文化とどのようなところが違うのだろうか？

② ギリシア文化で「叙事詩」「自然哲学」「哲学」「演劇」「歴史」を代表する作品を一つずつ挙げ、その作者を書いてみよう。

アクティヴィティ

ギリシア神話は日本や世界の文化に多くの影響を残している。その具体例をネットなどで探してみよう。(例：「『風の谷のナウシカ』」「レスリングのグレコ=ローマンスタイル」「(天体)アンドロメダ星雲・ジュピター(木星)」)

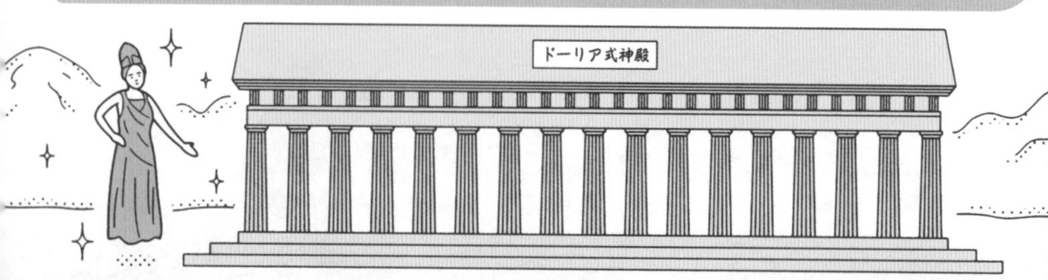

ギリシア文化一覧表（作品名・主要テーマは色字で表示）

（叙事詩）	**ホメロス…『イリアス』『オデュッセイア』** **ヘシオドス…『神統記』『労働と日々』**
（哲学）	**プロタゴラス…ソフィストの親玉** **ソクラテス…客観的真理の存在を説く。著作は残していない** **プラトン…ソクラテスの弟子。『ソクラテスの弁明』『国家』** **アリストテレス…プラトンの弟子。『ニコマコス倫理学』** 「そしてアリストテレスの教え子がアレクサンドロス大王」
（歴史）	**ヘロドトス…ペルシア戦争を物語的に描く** **トゥキディデス…ペロポネソス戦争を批判的・教訓的に描く**

最後の門 下の問題は大学入試問題を出典にした問題です。答えなさい。

問1 神々の系譜を歌ったヘシオドスの作品はどれか。

① 『イリアス』　② 『オデュッセイア』

③ 『神統記』　④ 『労働と日々』　（学習院大）

問2 イオニア自然哲学において、万物の根源を水と考えた人物として最も適切なものを、次の中から一つ選べ。

① ソクラテス　② タレス　③ ピタゴラス　④ プラトン　（東洋大）

問3

a ペロポネソス戦争について記した歴史家を選びなさい。

あ ヘロドトス　い ピタゴラス

う トゥキディデス　え ヒッポクラテス

b 作品と作者の組み合わせとして正しいものを選びなさい。

あ 『メディア』…エウリピデス

い 『オイディプス』…ピンダロス

う 『オデュッセイア』…ヘシオドス

え 『アガメムノン』…アリストファネス　（南山大）

ホメロス『イリアス』物語
——序曲だけ

紀元前8世紀の盲目の詩人ホメロスが詠ったとされる二大叙事詩『イリアス』と『オデュッセイア』は世界的に知られている傑作である。

アレクサンドロス大王は、アケメネス朝を滅ぼした時に、宝石で飾られた世界で最も美しい小箱を捧げられた。「最も価値のあるものを納めるべき」この箱の中に、大王は『イリアス』の本を入れている。

＊

（以下はイリアス「大序」。当時は知ってて当然の話なのでホメロスは書いてない）

神々の結婚式の日に、争いの女神であるエリスだけは招かれなかった。怒ったエリスは結婚式場に黄金のリンゴを放り込んだ。そのリンゴには「**このリンゴは最も美しい女神に捧げます**」と書いてあった。

すると「**このリンゴは私のもの！**」と3人の女神が名乗り出た。

一人はゼウスの妻のヘラで「権力の女神」である。二人目はアテナで「知恵の女神」である。そして三人目が「美の女神」であるアフロディテ（英語では「ヴィーナス」）であった。神々の長であるゼウスは誰を選んでも恨まれることがわかっていたので、「**に、人間に選んでもらうのがよかろう。あの羊飼いにまかせるぞ！**」と言って逃げた。

＊

3人の女神はパリスという名前の羊飼いの前に突然あらわれて言った。「**おい、人間！　われらの中で誰が一番美しいか選べ！**」。腰を抜かして驚いているパリス青年に、3人はさっそくワイロ合戦をおっぱじめた。

ヘラがパリスの耳元でささやいた。「**私を選べばお前を『世界の支配者』にしてやろう**」。するとアテナが「**私を選べばお前を『世界で最も頭のいい人間』にしてやるぞ**」とささやいた。最後にアフロディテが「**私を選べば『世界で一番キレイな人』をあなたに、あ・げ・る……！♡**」とささやいた。若いのに彼女がいなくて悶々としていたパリス君は考えなしにアフロディテに金のリンゴを手渡した（うわわわ！）。

怒り狂った二人の女神は雷を落としながら「**お、おのれ！　この落とし前は必ずつけてやる！**」と叫んで去っていった。アフロディテは言った。「**うふ♡、約束は守るわ。さあ来なさい**」。気が付くとスパルタ王の宮殿の窓の前にいた。窓からのぞくと、**信じられない美女がいたっ！**

「**あれが世界で一番の美女よ。あなたも男でしょ、さらってきなさい！**」

え？　えっ！　と驚きながら、部屋に乱入したパリスは力ずくで女をさらってしまった。その女性こそスパルタ王の妃ヘレナだったのだ。

＊

実はパリスは元々トロイアの王子様だったのだが、わけあって羊飼いをしていたのだ。トロイアの町にヘレナを伴って帰ってきたパリスを人々は「**こんなベッピンさんが嫁なら大歓迎じゃ**」と受け入れた。

宮殿に帰ってきたスパルタ王は妻が拉致されたことに気が付き、犯人がパリスであることを知ると、大激怒してトロイアに攻め込むことを決意した。このヘレナという超絶美人を奪い返すために、ギリシアの諸ポリスの男どもはわれもわれもと駆け付け、10万を超す大軍となった。

ギリシア連合軍を率いる総大将はミケーネ王**アガメムノン**である。**こうして一人の美女のため、トロイア戦争が始まってしまったのである。**

解答と解説

復習ポイント の答え

① オリエント文化一般が「専制的・神中心的」である一方、ギリシア文化は「合理的・人間中心的」として考えられることが多い。決定的な違いは、オリエント文化一般が「**神殿を中心とした神権政治**」から生まれてきたのに対し、ギリシア文化が「**アゴラ(広場)を中心とした市民による民主政**」から生まれてきたこと。政治が文化の基礎になっている。

② ギリシア文化一覧表などで確認してほしい。ポイントは「人名→作品名」ではなく、「**作品名→人名**」の順番で覚えること。実際の試験問題には作品名から人名を答えさせる問題が多い。

アクティヴィティ の答えの一つ

例だけで見てみよう。他にも探せばたくさん出てくるぞ。

「ナウシカ」→出典はホメロス『イリアス』に出てくるパイアケス人の王女ナウシカの名前から。ナウシカは浜辺で遭難して気を失っている英雄オデュッセウスの姿を見て一目惚れし、彼を救う。
この王女の名前を宮崎駿監督が作品の主人公の名前に用いた。

「グレコ=ローマンスタイル」→「グレコ」とは「ギリシア」のこと。言いかえれば「古代ギリシア=古代ローマ風」レスリングのこと。
レスリングは古代オリンピアの競技種目を起源とする。現代のレスリングのグレコ=ローマンスタイルは腰から下を攻防に使えない。

「アンドロメダ」→ギリシア神話に出てくるエチオピア王女アンドロメダの名前。ケフェウス王と妃カシオペアの娘。怪獣がエチオピアに襲ってきた時、彼女がイケニエとして岩にしばり付けられたが、ペガサスに乗って通りかかったギリシアの英雄ペルセウスによって救われる(**下線の名前はすべて星座・天体の名前になっている**)。

「ジュピター」→ギリシア神話の主神「ゼウス」を意味する。ローマ人は自らの神話に取り入れて、ゼウスを「ユピテル」と呼び、英語発音で「ジュピター」となった。一般には木星のことを意味するが、モーツァルトの交響曲第41番の呼び名となり、ホルストの組曲「惑星」の第4曲「木星」から平原綾香のヒット曲『Jupiter』になった。

最後の門 の答え

問1　③　　問2　②
問3　a　う　b　あ
(解説)

ギリシア文化はエリートの象徴となる知識なので、大学の入試問題にも平気で出てきます。文化史も大切に覚えておきましょう。

問3bのピンダロスは古代ギリシアの詩人。しかし、知らなくても今までの知識で解けます。

「まあ、私に言わせればギリシア文化も知らん者はバルバロイと言われてもしかたがないな」

12 ヘレニズム文化とローマ共和政 ——豪華2本立てでっせ！

ギリシアの彫像だけど、「ミロのヴィーナス」出てきてませんね？

あれはヘレニズム時代の作品だからね。ポリスが中心となっていた時代ではなく、アレクサンドロス大王が東方遠征をおこなった後に作られた彫像なのだよ。そのヘレニズム文化の話もしておこう。

第1幕 ヘレニズム文化の特徴 ——理系でダイナミックで個人的

①「動きが激しい」「理系中心」文化

アレクサンドロス大王以降のヘレニズム時代になると、ギリシア彫刻は激しい動きを見せるようになる。

有名な**「ミロのヴィーナス」**(→)はヘレニズム時代の作品なのだが、この作品には見えない「動き」がある。

どこが？　と思うかもしれないが、ラセン状の動きがヴィーナスの足元から肩にかけて渦巻くように上昇してきているのだ。「ミロのヴィーナス」の腕が無くなっているからこそ、この動きが完璧なものになっている。ヘレニズム時代の彫像**「ラオコーン」**だが、ヘビに巻かれて死を迎える神官ラオコーンと二人の息子の姿がうねるように描かれている。ダイナミックな動きを示すのがヘレニズム時代の彫刻の特徴だ。

学問となると、ヘレニズム時代はエジプトの地中海岸にある**アレクサンドリア**の町に王立研究所(**ムセイオン**)が作られて学問の中心地となっている。この「ムセイオン」というギリシア語をラテン語表記にするとmuseumとなるのだが、英語で読むと？

ミュージアム。あ、博物館のことか！

そう、「**博物館**」の語源だ。このムセイオンで学び、教えた人たちから知の巨人たちが出てきた。例えば**エウクレイデス**という学者は平面幾何学を大成した人だ。この人の名を英語風に読むと「ユークリッド」となる。彼が作り出した「**ユークリッド幾何学**」は古代以来、現代にいたるまで数学の基本となっている。あと**エラトステネス**は地球を球体と考えて、地球の周囲の長さを約4万5000 kmと計算した人だ。

また、アレクサンドリアで活躍した**アリスタルコス**は「太陽の周りを地球が回っている」という太陽中心説を説いていることでも有名。そしてシチリア島出身の**アルキメデス**は「浮力の原理」を見出したことで有名な数学者・物理学者だ。**ムセイオンという研究施設を持ったアレクサンドリアはヘレニズム文化の中心都市**だったことは重要。

②　哲学は「引きこもり」のオタク系か？

ヘレニズム期に入ると、オリエント世界でも**コイネー**というギリシア語が共通語として広く使われるようになった。『新約聖書』もコイネーで書かれている。東方にギリシア人の視野が広がると「**狭いポリスなんかよりも、広い世界を基準にして価値を考えようではないか**」という思想が広まってきた。この思想を**世界市民主義**（**コスモポリタニズム**）と呼んだのだ。まずはこのヘレニズム期の哲学の特徴から覚えよう。まず**エピクロス**が創始者である**エピクロス派**。これは「精神的快楽」を幸福の源泉とした学派。なんで「肉体的快楽」ではないのか、と言うと「肉体的な快楽」は持続が短いからだ。どんなご馳走を食べても5時間後にはもうお腹が空いていたりする。そこでエピクロスは長続きする「精神的快楽」（例えば学問研究など）を重視したのだ。**ゼノン**が始めた**ストア派**もぜひ覚えたい。これは「理性欲」を幸福の源泉とした学派だ。エピクロス派とストア派に共通していることは、**個人の幸福に重きを置いている**こと。「世界市民主義」とは聞こえがいいが、「ポリスのために生き、ポリスのために死ぬ」という共同体重視の精神はヘレニズム期にはなくなってしまう。そして哲学も個人の幸福を追い求める「引きこもり」の「自己チュー」傾向になった。

なんでヘレニズムでは個人主義になってしまうんですか？

そのきっかけは「**ポリス社会の崩壊**」にあると思う。例えば、今まで「村」のしきたりにし

ばられ、アツい共同体の中で生きていた若い衆が、初めて都会に住んだとしよう。今までの素朴な文化が一転してケバいネオンだらけの世界になってしまう。しかもアパートでは孤立してしまい、お隣さんとのアツい交流なんかない。すると、どうしても「個人中心」で、都会っぽい「動的」な文化になってしまうのだ。

第2幕 ローマの始まり ——他民族でも王にする太っ腹

「共和国」の意味ってわかりますか？

次はローマを語ろう。**ウェルギリウス**の叙事詩『**アエネイス**』によると、トロイア陥落の時にイタリアに逃れて来た英雄アエネイスがローマの祖先だという。その子孫にあたる双子の兄弟**ロムルス**とレムス(→)が紀元前8世紀に新たな王国を建てた場所がローマだった。詳しくはコラムを見てほしい。なにせ、新参者が建てた町なので、役に立つ外国人は市民としてすぐに受け入れた。ローマの北方に住んでいた**エトルリア人**までも、なんと自分たちの王にしてしまったのだから。ところがロムルスから王が7代続いた後、王の専制がひどかったため、ついにローマは紀元前509年頃にエトルリア人の王を追い出してしまったのだ。その後、ローマは思い切ったことに王政を止めてしまい、**共和政**にしてしまった。共和政とは王を認めない政治形態であり、「共和国」とは王がいない国を意味する。

メス狼に育てられるロムルスとレムス

そのう……、共和政と民主政の違いが、うーん全然わからない……

民主政とは「みんなでおこなう政治」のこと。共和政は「王様に代わる代表者をみんなで選び、その人におこなってもらう政治」のことだ。民主政は一見よさそうだけれども簡単に衆愚政治に陥ってしまうのが難点だ。つまり「みんなのやることになんとなく従う」流れになりやすい。共和政はみんなで立派なリーダーを選び、選んだらその人の指示に従う。ただしリーダーには任期があることが条件だ。

ローマは政治のシステムを作るのが実に上手だったので、共和政を実施できたわけだ。この共和政の基盤を見ていくとローマの歴史がわかりやすくなる。まず、王様に代わって

政治をおこなう人だが、**コンスル**(日本語では**執政官**)が政治を担当していた。コンスルは最高官職で、戦時でも平時でも強い権力を持っていたが、二人選ばれることになっており、しかも任期はたった1年だった。なぜならコンスルが独裁者になってもらっては困るから、わざと二人にして、任期も1年だけにした。ただし戦争などの国家の非常事態では最高責任者が二人ではテキパキと指示が与えられないことはわかっていたので、ローマ人は非常事態では**ディクタトル**(日本語では**独裁官**)を一人選び、ローマの国家体制を変える以外の全権力を与えた。トップが一人だけの方が、危機管理がうまくできるからだ。ただし任期は半年だけ。これは外国が攻めて来ても、ゴジラが上陸して来ても、半年もあれば国家の非常事態は回避できるとローマ人は考えたからだ。

このような官職につける人材を毎年毎年、輩出できたのは**元老院**という組織があったからだ。元老院は最高の立法機関で、メンバーは**パトリキ**(貴族)と呼ばれる人々である。パトリキ(patricii)とはラテン語で「父たち」という意味で、ロムルスと一緒にローマにやって来た古参の家系の人々だ。最初は流れ者でも何代も経ると立派な家になっちゃうのだな。元老院とはラテン語ではsenatusと呼ぶけれども、短縮したsenateは英語で「上院議会」を意味する。元々元老院はパトリキが占めており、元老院議員である貴族からコンスルが毎年選ばれていたのだが、しだいにそうもいかなくなってきてしまった。

第3幕 ローマの成長 ——「革鎧(よろい)」を着る平民の活躍

「元老院」VS「平民会」の戦いはついにストライキへ発展

なぜならば王政の時代にローマは勢力を拡大し、外国からの流入者が多くなってしまったからだ。元老院は太っ腹なもので、新たにローマに入って来た裕福な連中を元老院に受け入れている。それにひきかえ貧しい平民(プレブス plebs)は政治的に立つ瀬がないものだから、後述の「聖山事件」で護民官を創設後に**平民会**という議会を作って、しきりに参政権を求めていた。「戦争に参加する者だけが政治に参加できる」という原理はわかっているので、貧しい平民たちは重装歩兵部隊を作ってしっかり戦争に参加している。

貧しかったら武器や鎧が買えないのでは?

⑫

ローマ市民は安い革鎧（「ドラクエ®」でも安い！）を着て出陣したのだ。破壊力では鉄の鎧のギリシアに劣るが、鎧が軽くて機動力に優れたローマの歩兵は戦場で大活躍していた。

だが外敵との闘争は平民たちを農地や仕事場から引き離すため、平民たちの経済状況が悪化する結果になる。中には借金が返せなくて奴隷に没落してしまう平民も出てしまった。元老院は貴族が中心で、平民の不平不満なんか馬耳東風だったから平民の怒りが爆発してしまった。平民は「聖山」という丘に立てこもってストライキをしたので、ついに元老院は屈服し、紀元前5世紀初めに**「護民官」**の設置を認めた。護民官という官職は平民会が選出し、任期は1年、人数は初めは二人だったが、後の時代に定員が増えていく。護民官は元老院やコンスルの決定に拒否権を持ち、強大な力があった。しかし護民官の設置だけでは不満だった平民たちの働きかけで、12枚の銅板に刻まれた**十二表法**が広場に示された。これは今まで口で伝えられた「掟（おきて）」を、文章で示す「法」に変えたもので、貴族の都合で勝手に法が執行されないようにしたのである。ちなみに広場はギリシア語では「アゴラ」と呼ばれていたが、ラテン語では「フォルムforum」、英語では「フォーラム」と呼んでいる。**ギリシアやローマなどの都市国家では、広場で政治を決めたり示したりするのが特徴だ。**

復習ポイント

① ギリシア文化とヘレニズム文化の作者とその作品の一覧を見ながらしっかり理解しよう。特にギリシア文化とヘレニズム文化の文化人の名前をゴッチャにしないこと。

② ローマの政治制度を表などにして、まとめてみよう。

アクティヴィティ

日本は共和国なのだろうか？　そうでないとしたら、なぜ日本は共和国ではないのだろう？　共和国でない国はどのような国なのだろうか。

ヘレニズム文化一覧表

(自然科学)	**エウクレイデス…** (数学) **ユークリッド幾何学を大成** **エラトステネス…** (天文・数学) **地球を球体と考え、周囲の長さを計算** **アリスタルコス…** (天文) **地球の公転と自転・太陽中心説を説く** **アルキメデス…** (数学・物理) **シチリア島出身・浮力の原理** 「科学者の多くがアレクサンドリアのムセイオンで勉強した」
(哲学)	**ゼノン…ストア派を創始・禁欲による幸福追求を主張** **エピクロス…エピクロス派を創始・精神的快楽による幸福追求を主張** 「どちらにせよ共同体よりも、個人中心の哲学になっている」
(彫刻)	**「ミロのヴィーナス」「ラオコーン」「サモトラケのニケ」** 「ニケは勝利の女神。英語にするとNIKE (ナイキ)」

ローマ史Ⅰ年表

紀元前8世紀　ローマ建国	「この頃ギリシアでもポリス成立」
紀元前494年頃　護民官設置	「ギリシアではペルシア戦争の最中または前夜」
紀元前450年頃　十二表法制定	「アテネではペリクレス時代」

最後の門 下の問題は大学入試問題を出典にした問題です。答えなさい。

問1　ヘレニズム時代の文化に関する記述として誤っているものを選びなさい。すべて正しい場合はオを選びなさい。

ア　世界市民主義の風潮があらわれた。　イ　アレクサンドリアにムセイオンが設立された。

ウ　プトレマイオスが天動説を唱えた。　エ　ゼノンによってストア派が創始された。 (南山大・改)

問2　ヘレニズム時代の文化に関する記述として誤りを含むものはどれか。

a　アリスタルコスは地球の周囲の長さを計測した。

b　コイネーと呼ばれるギリシア語が共通語として普及した。

c　アレクサンドリアにムセイオンという研究施設が作られた。

d　エウクレイデスは『幾何学原本』を著し、平面幾何学を大成した。 (関西学院大・改)

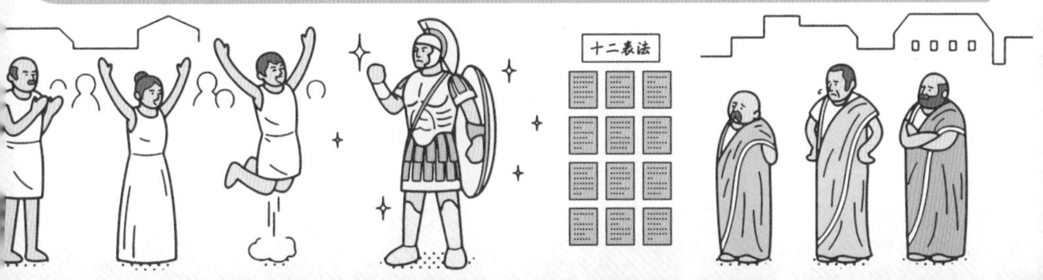

ローマ
——不良が作った「世界の首都」

「お前のような不良はもうこの村にはいらん！　とっとと出て行け！」
「出てってやらぁ！　こんなシケた村には用はねえ。くそっくらえ！」

若者はふてぶてしく親に口答えすると、家から走り出た。これは今の日本の話ではない。紀元前8世紀、イタリア半島のラテン人の村でのお話である。彼ら不良少年たちはロムルスとレムスという双子の兄弟を自分たちのヘッドにして、新しい永住の土地を求めて旅に出た。

＊

伝説ではこのロムルスとレムスは「王家に生まれたが、わけあって赤ん坊のうちに親に捨てられてしまい、メス狼に拾われて育てられた」と言われている。さてこの若者の群れはイタリア中をさまよい、自分たちが住める土地を探したが、そんないい土地はなかなか見つからない。豊かな農業地帯を持つ北イタリアはすでに強力な**エトルリア人**に押さえられてしまっている。また貿易で栄えている南イタリアの港は**ギリシア人**が支配していた。そこで彼らラテン人の若者の群れは、しかたなく中部イタリアに流れるティベル川のほとりの七つの丘に囲まれたじめじめした湿地帯に腰を落ち着けることにした。

彼ら若者たちは、自分たちが作り上げる町が、後に**ローマ**と呼ばれ、**「世界の首都」**(Caputo Mundi)と言われるとは夢にも思わなかった。

＊

あばら屋を作って引っ越して来た若者たちが直面したのは**嫁さん不足**である。なにしろ、いるのはむさ苦しい男ばっかり。女がいないのにはみんな参ってしまった。幸いなことに近くには**サビニ人**の町があり、そこにはピチピチした娘がたくさんいる。そこで不良たちは「オレの嫁」を手に入れるための悪だくみを考えた。

＊

ある日、ラテン人の若者たちがサビニ人の町にやって来て言った。

「明日はオレたちの町の祭りがあります。酒を用意しますから、ぜひとも皆さんで遊びに来てください。うへへへ、娘さんたちもご一緒に」

酒好きのサビニ人たちは家族ぐるみで喜んでやって来た。そして酒を酌み交わし、お祭りに夢中になっているスキにラテン人は娘たちを奪い、酔っぱらったサビニ人の男たちを力ずくで町の外へ追い出した。

サビニ人の男たちはだまされたことに気が付いて、激しく怒った。彼らは武装するとラテン人の町に押し寄せてきた。そして、今まさにサビニ人とラテン人が戦おうとするその瞬間！

サビニ人の娘たちが、男たちの間に割って入って叫んだ。

「ち、父が勝てば夫を失い、夫が勝てば父を失うなんて私たちは嫌ですっ！」

娘たちの叫び声を聞いた両軍は沈黙し、その場で和解した。こうして嫁さんをめでたく手に入れたラテン人たちは、文化が優れていたエトルリア人を王に選んで、町作りや灌漑(かんがい)の技術を教えてもらった。そしてこの町はロムルスの名前から「ローマ」と名付けられた。

元々よそ者の若者が作ったローマはサビニ人との通婚に見られるように、よそ者を受け入れる都市となった。そして「他を受け入れる町」ローマは世界一の町へと成長を始めるのである。

解答と解説

復習ポイント の答え

① 一覧表を参考に自分で表を作り、トイレの壁に貼ること。1日に何回も必ず見るから意識して覚えることができる。
ヘレニズム文化の自然科学４人衆はしっかり覚えた方がいい。
ギリシア人の名前が似たりよったりで、こんがらがってしまうからだ。一番よいのは名前をダジャレや記号にしてしまうことだろう。エウクレイデスは「ユークリッド」から想起しやすいのだが、アリスタルコスなどは、「太陽中心だと言い張るアリスちゃん」とかエラトステネスなどは「地球の周囲を測るとはエラい」という風に覚えれば役に立つ。実際に「最後の門」の問２でははこれらの人物の名前が出てきている。

② ローマの組織や官職を次のような表にすると覚えやすい。
（例）　**色字**は官職

元老院
構成者
パトリキ（貴族）
ノビレス（新貴族）
※次テーマ参照
↓助言
コンスル（執政官）
最高官職
二人　任期１年
↓指名
（国家の非常時のみ）
ディクタトル（独裁官）
一人　任期半年

平民会
構成者
プレブス（貧しい平民）
↓選出
護民官
元老院とコンスルの命令を拒否できる

アクティヴィティ の答えの一つ

日本は共和国ではない。それは天皇がいるからだ。したがって日本のことを「日本共和国」とは呼ばない。共和国でない国は①**現代でも君主制が採用されているケース**、例えばイギリスやオランダ、スペインなど。ただしこれらの国々の王には実権がないし、日本の天皇も同じである。②**連邦国家であるケース**。複数の国や州が連合してできている国である。例えば旧ソ連やアメリカ合衆国、そしてスイスなどである。

最後の門 の答え

問１　ウ
（プトレマイオスは紀元後２世紀のローマ時代の天文学者で、ヘレニズム時代ではない）

問２　a
（アリスタルコスは太陽中心説。地球の周囲の長さを計算したのはエラトステネスである。このテの問題が入試問題には多いので、誰が何をやったのか、しっかり覚えておこう）

ローマ・イタリア半島征服とポエニ戦争
——ローマは1日じゃできん

ローマって最初はパッとしないけど、急成長するね。

ローマ初期はみんなが掘っ立て小屋に住み、市民は全員顔見知りの「村(ソン)」だった。だからこそ共和政を作り上げることができたのだろう。しかし、ローマの成功は、「よそ者や新参者、下っ端を積極的に取り入れ、活用する」ことで、新しい血が常に補給されていたことが大きいのだ。

第1幕　法律による平民の政治参加実現

法律の名前を覚えるのがこりゃ難しい

ローマでは長いこと元老院を基盤とした貴族が政治を独占していたのだが、平民が重装歩兵として戦場に参加し、参政権を要求し始めると、貴族だけが政治を独占できなくなる。そして「十二表法」で平民の権利が文章で認められるようにした。しかし平民は「もっとはっきりとオレたちの権利を認めろっ」と要求したので、紀元前367年に**リキニウス・セクスティウス法**が定められた。この法律は重要。押さえておきたいのは、①今まで貴族だけが独占していた最高官職であるコンスル二人のうち、一人は必ず平民(プレブス)から選出することを決めた、②市民が所有できる土地を500ユゲラ(125 ha。東京ドーム約27個分!)に制限した、の2点だ。①は平民の権利を強化したもので、②は大土地所有を制限して、ローマ市民の間で貧富の差が開かないように配慮したものだ。

こうして二人のコンスルのうち一人が平民から選ばれるようになると、平民代表のコンスルは貴族に匹敵できるような教養や資産の持ち主が選ばれるようになる。コンスルを務めた平民代表は元老院に迎えられたので、この元老院に席を占めるようになった裕福な平民階級とその子孫を**新貴族**(**ノビレス**nobiles:英語の〔ノーブル:「高貴な」〕の語源の一つ)と呼ぶようになった。**新参者であっても有力なエリートを身内に取り入れてしまうことがローマの元老院の強みだ**。ギリシアのアテネのように「両親がアテネ人でなければ市民権は与え

ん」なんて小さなことは言わない。

そして紀元前287年になると**ホルテンシウス法**が定められる。これは「平民会で決議されたことは、元老院の承認がなくても国法とされる」という革新的な内容だ。これで**法的には、平民が貴族と同等の権力を持ったことになる。**

法律がカタカナばかりで覚えられない

これは法律の制定者の名前から取られた名称だ。リキニウス・セクスティウス法などは二人の名前を並べたので、長くなってしまった。

ヒントを一つ言っておくとローマ人の男性の名前は「ウス」で終わる場合が多いということだ。ちなみに女性は「ア」で終わる場合が多い。「マリア」とか「ユリア」みたいなケースだな。

ギリシアが「オス！」でローマが「ウッス！」じゃ、応援団だ

何はともあれ、ローマの平民の権利が強力化できたのは、当時のローマがイタリア半島の諸都市と戦争の最中で、重装歩兵の中核となる平民たちの機嫌をとる必要があったからだろう。

第2幕 ローマの分割統治 ——相手を支配するよりも共同経営者にする

実は現代でもマネして使われている方法

ローマは平民の権利上昇とともに、イタリア半島内の諸都市を次々と征服していった。最後にはギリシア人が住む南部イタリアに進出して、紀元前272年にイタリア半島南部にあったギリシア人ポリスの**タレントゥム**をついに征服している。ローマは自分が支配した都市の待遇を変えて、巧みに支配した。このやり方を**分割統治**と呼ぶ。

例えばローマはイタリア半島の中で友好的な都市国家を**同盟市**として扱ったのだが、これは現代だと「同盟国」と言いかえることができるだろう。「同盟市」の義務はローマの戦時に兵力を出して救援することであり、ローマに対して税金を払う必要はなかった。ただし救援にかかる費用は「同盟市」持ちである、と言うことはアメリカをローマ、日本を同盟市に置き換えるとピンときやすい。同盟市はローマ市民権は持たなかったが、自分の町の市

民権は持っていたので問題はない。**植民市**とは、軍事上必要な場所にローマ人が基地を作ったもので、植民市の市民はローマ人と同じ権利を持っている。現代に置き換えれば、アメリカにとってのグアムやプエルトリコと同じだろう。そして最後に「自治市」というのがあった。ローマと戦って負けてしまったイタリア半島の諸都市が「自治市」となったのだが、自治権はちゃんと認められていたので、ローマの奴隷となったわけではない。その上、「自治市」の市民にはローマ市民権まで与えられていたが、ローマの国政に参加する権利だけは与えられなかった。自治市を現代風にたとえると……、これはイギリスに支配されていた頃の香港が「自治市」かな？　このようにローマが支配した都市国家は3種類に区別されているが、それぞれの都市が勝手に同盟を結ぶのは厳禁で、あくまでも同盟を結ぶ相手はローマのみだった(→)。相手が束になって向かって来たら怖いからな。**このように相手を「分割」して、互いに手を結べないように治めるのがローマの外交のコツで、現在もマネしている国は多いのだ。**

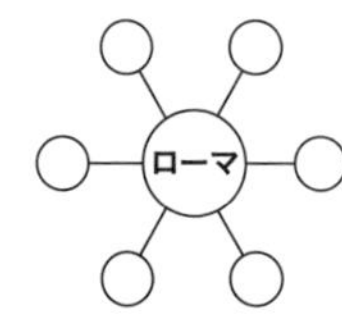

第3幕 ポエニ戦争——勝った方が富を手に入れ、負けた方は滅びる

①　第1回ポエニ戦争——シチリア島が重要なポイント

いよいよ地中海沿岸まで勢力を広げたローマは、新たな敵と出会うことになる。それは**カルタゴ**だ。海上貿易で活躍したフェニキア人が作った植民市だが、海上貿易で活躍し、西地中海一帯を支配下に置くほど巨大になった都市国家だ。海に進出してきたローマと、海の支配者であるカルタゴが雌雄を決するのは当然の流れだろう。西地中海の覇権をめぐってのローマとカルタゴの戦いを**ポエニ戦争**という。

なんで「ポエニ」戦争なんですかー？

フェニキアのことをphoeniciaと書くのだが、ラテン語風に読むと「**ポエニ** poeni」となる

からだ。紀元前264年に始まり、紀元前146年にやっと終了する大戦争だった。まず第1回のポエニ戦争だが、海には不慣れなローマ軍が意外に大活躍し、カルタゴを破ることができた。その結果、ローマは西地中海の要衝**シチリア島**をカルタゴから奪い、初めての**属州**にしたのだ。属州とは「**イタリア半島以外のローマの征服地**」を意味し、自治は認められなかった。要衝地であるシチリア島をローマに奪われたことは、カルタゴにとっては痛かった。

② 第2・3回ポエニ戦争――進撃の巨人ハンニバルとカルタゴ滅亡

そこに出てきたのがカルタゴの将軍**ハンニバル**だ。カルタゴ軍人の名家に生まれたハンニバルは第2回ポエニ戦争でローマと戦った名将である。彼とその戦略についてはコラムを見てもらいたい。彼を主人公にしたマンガ『アド・アストラ』(集英社)もおすすめだ。

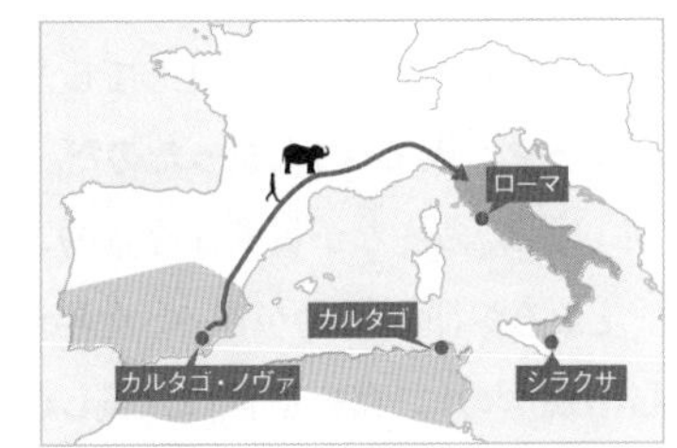

ハンニバルのすごいところは、敵が警戒しているであろう地中海の直線ルートを選ばなかったことだ。ハンニバルはわざと遠回りのイベリア半島〜南フランス〜北イタリアと敵が油断している遠回りルートを通って攻め込んだのだ。

ローマの歴史家リウィウスによると、冬のアルプス山脈を象を連れて越えた時は大苦難の連続だったという。道なき道をひらき、巨石が立ちふさがっている場所には酢をかけてもろくして、タガネで叩いて壊して進んだらしい。なにしろダイナマイトなんかない時代だったから。

こうしてアルプス山脈を越えたハンニバル軍は北イタリアに侵入した。仰天したローマ軍は、大急ぎでハンニバルを迎え撃つが、**カンネーの戦い**で大敗北をくらい、ローマは滅亡の危機にまで追い詰められる。

この進撃の巨人ハンニバルに立ち向かったのがローマの若き将軍**スキピオ**だった。スキピオの作戦により、ハンニバルは**ザマの戦い**で生まれて初めて敗北する。こうして第2回ポエニ戦争でかろうじて勝ちを拾ったローマは、もうカルタゴを許しはしなかった。

「**カルタゴ滅ぶべし**」とローマは叫びながら、後の第3回ポエニ戦争でついにカルタゴを滅ぼしてしまった。今までは戦った敵とも共存し、同盟を結んできたローマだったが、カ

ルタゴばかりは別だった。よほど恐ろしかったのだろう。カルタゴの町は完全に破壊し、男は皆殺し、女子どもは奴隷にして、地上からカルタゴを消滅させてしまったのだ。歴史家ポリビオスが伝えるには、壮大なカルタゴの町が炎に包まれる情景を見たローマの将軍は、思わずこう言ったらしい。

「ローマもいつの日か、このようになるのだろうか……」

エピローグ　ポエニ戦争がもたらしたもの

→それは「格差社会」

カルタゴが持っていた広大な植民地と市場(マーケット)をローマが奪い取ったことにより、今までの社会が大きく変化してしまった。**ポエニ戦争による利益で得た「カネとぜいたく」にローマが染まってしまったのだ。**それまでのローマは素朴かつ健全で、ローマ共和政初期の頃は、みんなが質素な農業的ムラ社会を営み満足していた。

ところが征服活動が進み、世界が広まるにつれて、富を得るようになった**ローマでは同じ市民なのに「富める者」と「貧しき者」の差が極端に開いてしまった。**このことがローマの次の危機につながる。

復習ポイント

① リキニウス・セクスティウス法とホルテンシウス法がローマの平民に与えた利益を整理してみよう。

② ローマの分割統治のやり方を整理してみよう。その際、「同盟」という言葉を必ず使うこと。

アクティヴィティ

王政の欠点と、共和政の利点とは何なのだろうか。考えてみましょう。

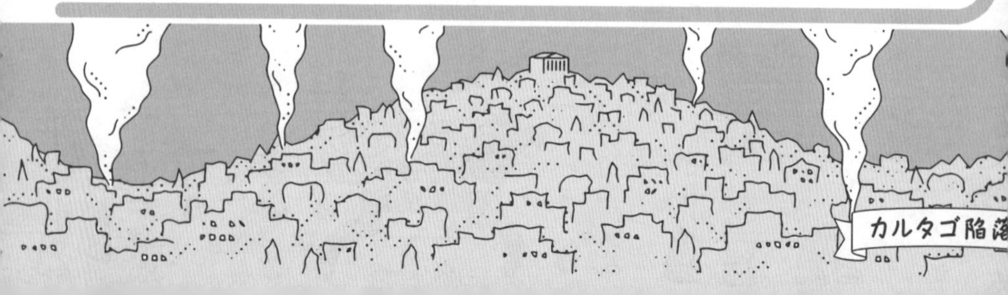

ローマ史②年表

紀元前367年　リキニウス・セクスティウス法
二人のコンスルのうち一人は平民から選ぶことを定めた
「大土地所有を制限したことも重要だ」

紀元前287年　ホルテンシウス法
平民会の決議は元老院の承認がなくても国法となることを定めた
「ローマの階級闘争は一応、平民が貴族と同等の権利を持って終わる」

紀元前272年　タレントゥム占領→ローマがイタリア半島を統一

紀元前264年　第1回ポエニ戦争開始　ローマVSカルタゴ

紀元前218年　第2回ポエニ戦争開始　ハンニバルVSスキピオ

紀元前146年　ポエニ戦争終了→カルタゴ滅亡
「こうしてローマが西地中海を手に入れた」

最後の門　下の問題は大学入試問題を出典にした問題です。答えなさい。

問1　共和政期のローマに関する記述として、誤りを含むものはどれか。

ア　第1回ポエニ戦争はシチリア島をめぐって争われた。

イ　2名の執政官（コンスル）の任期は1年だった。

ウ　パトリキとプレブスの身分闘争の結果、十二表法が定められた。

エ　リキニウス・セクスティウス法により、平民会の決議が国法となった。　（関西学院大・改）

問2　ローマ共和政に関する記述として下線部の誤っているものを選びなさい。

ア　平民を守る護民官の職が設けられた。

イ　平民だけからなる平民会が設けられた。

ウ　リキニウス・セクスティウス法により、執政官2名に平民のみが就任することが定められた。

エ　ホルテンシウス法により、平民会の決議が元老院の承認なしに国法となることが定められた。

問3　ポエニ戦争に関する記述として誤っているものを選びなさい。

ア　ポエニ戦争は3回にわたって行われた。

イ　ローマのスキピオが活躍した。

ウ　カルタゴのハンニバルはイタリアに侵入し、ローマを危機に陥れた。

エ　ローマ軍はザマの戦いでカルタゴ軍に敗北した。　（問2・問3とも南山大）

戦う
ハンニバル！

ローマ人のことわざ

「ハンニバルが戸口に来ているぞ」（＝「絶体絶命の危機」という意味）

第1回ポエニ戦争ではカルタゴは敗北し、シチリアをローマに奪われてしまった。この敗戦の後、カルタゴにローマを脅かす恐るべき戦略家があらわれた。その男こそカルタゴの将軍ハンニバルである。

＊

ハンニバルはローマを破るために、敵の裏をかく方法をとった。つまりローマが完全に油断し切っているイタリア半島の北から攻め込むことを計画したのである。

ハンニバルは4万の軍団を率いてイベリア半島のカルタゴ・ノヴァを出発点としてフランスに入り、さらに北上して南フランスを横切り、冬のアルプス山脈に突入した。これが史上有名な**ハンニバルのアルプス越え**である。

先頭に立つのは象の軍団であった。吹雪におびえる象と馬たちを励ましながら、ハンニバルは想像を絶する苦難の末に、ついにアルプスを越えることに成功し、北イタリアの平野に乱入した。このニュースを聞いたローマ市民は死ぬほど驚いた。まさかこんな裏口から入ってくるとは！　ローマ軍はさっそくハンニバル率いるカルタゴ軍を迎え撃ったが、**緒戦でローマ人は自分たちが恐るべき男を相手にしていることを思い知らされた**。なんと軍団を率いた執政官（コンスル）のフラミニウスが戦死してしまったのである。

勝ち誇ったハンニバルは不気味に南下を始めた。ローマは軍団を集め、ハンニバルと決戦をおこなうべくカンネーの平野に集まった。

＊

カンネーの戦いはハンニバルの名を不滅にした記念碑的な戦争となった。押し寄せるローマ軍をハンニバル率いる騎兵団がふくろ包みにし、打ち破ったのである。この時のローマ軍の死者は古代の記録を信じれば、なんと7万人！　執政官エミリウスパウルスと80人の元老院議員たちは皆殺しにされた。

ローマ市民は、ついに破滅を覚悟し、皆自殺用の短刀を持ち歩くようになった。しかしハンニバルはローマに攻めて来ずに南イタリアに移動して行ったのである。それは食料を手に入れるためだった。

ローマ攻略を進言したハンニバルの部下は、絶望して言った。

「ハンニバル、あなたは勝利は知っていても、勝利を利用することは知らない！」

＊

時間を稼げたローマは反撃にうって出た。若きスキピオを司令官に選んだのである。スキピオは元老院に言った。

「私はカルタゴ本国を攻めることを提案したい。カルタゴ政府は無能だから、この事態に驚いてハンニバルをカルタゴに呼び戻すだろう。ハンニバルをイタリアから追い払う方法はこれしかない」

スキピオは元老院の反対を押し切り、海軍を率いて、カルタゴ本国を攻め立てた。予想どおりカルタゴは慌ててハンニバルを呼び戻した。そしてカルタゴの地でスキピオとハンニバルの両雄はついに対戦をした。これが**ザマの戦い**である。このザマの戦いでハンニバルは生涯でたった一度だけの負けを経験した。しかしこの敗北は決定的であった。ハンニバルはカルタゴを追放され、最後には自殺してしまった。

名将を失ったカルタゴはついに第3回ポエニ戦争で滅亡してしまう。

解答と解説

復習ポイント の答え

① **リキニウス・セクスティウス法**によって、最高官職（つまり現在の大統領）のコンスル二人のうち一人を必ず平民出身から選出することが定められた。また、**ホルテンシウス法**により、平民会の決議が元老院の承認なしに国法となることが定められた。
つまり平民の承認なしには政治をおこなうことができなくなってきたのだ。このことは平民のモチベーション（やる気）を高め、ローマがイタリア半島を征服する原動力となった。

② ローマの「**分割統治**」は、自分の征服した都市を「同盟市」「植民市」「自治市」と分けて、待遇に区別を設ける支配方法である。
また征服した都市同士が互いに同盟を結ぶのを禁止していることにも注意。自分の敵同士が隠れてヒソヒソ話をしているのは反乱の危険信号だからである。

アクティヴィティ の答えの一つ

王政の欠点は、王の暴政を止めることができない点にある。
ただし、王がただのお飾りや象徴の場合はこの欠点を食い止めることができる。共和政の場合、最高官職（例えば大統領）の任期が決まっているので、悪政をおこなった場合は再選されないというストップ制御をかけることができる。

（例）　戦争は王政の場合は簡単に実行されてしまう。民衆が反対できないからだ。しかし共和政の場合は民意がなければ戦争は簡単には実行できない。
（哲学者カントが『永久平和のために』で述べている意見による）

最後の門 の答え

問1　エ
（リキニウス・セクスティウス法ではなく、ホルテンシウス法によって定められている）

問2　ウ
（二人のうち一人が平民出身であることを定めた。貴族は財力や勢力、そして教養があるため、政治をおこなうためには必要な存在だった）

問3　エ
（ザマの戦いでローマ軍はカルタゴ軍を破っている）

（解説）

ローマ初期でよく出てくる問題は、やっぱり「法律」である。

名前は長ったらしいが、どの法律がどんな内容なのかを整理して覚えておこう。定期試験から入試問題まで幅広く出題されるので、覚えておいて損はない。

次は「ローマ拡張」の問題が出やすい。法律制定後、力を得たローマ市民がタレントゥムを落とし、ポエニ戦争に勝ち抜くまでの過程は征服地や戦争の名前も含めて覚えておこう。

ローマ・内乱の1世紀から三頭政治
――大混乱の階級闘争の巻

ポエニ戦争でなぜローマが勝てたのかねえ……？

「国のシステムが優れていた」の一言ではなかろうか。マキァヴェリが言っているように「一個人の力量に頼っている国家の命は短い」のだから、ハンニバルがいかに優れた英雄であろうと、基本がしっかりしていない国は長生きできない。そして、国の基本とは「一人がみんなのために、みんなが一人のために」という精神なのだ。
ところがポエニ戦争の後に、ローマのその基本が崩れてくる。

第1幕 ポエニ戦争後のローマの混乱 ――「大貧民」の発生

押し寄せるホームレスたちが要求する「飯と娯楽」

ローマがカルタゴの土地と市場を奪うと、このチャンスに乗じて機転の利く平民が徴税請負人として活躍し、財産を貯め込んだ。この徴税請負人とは、「国家の代わりに属州から税金を取り立てる下請け業者」のことで手数料を稼ぐことができる。徴税請負などで財産を増やした平民たちのことを**騎士**（ラテン語で「**エクイテス**」）と呼ぶ。

騎士というと、馬に乗って戦ったのかな？

いや、「馬を乗り回せるくらいの金持ち」ととった方がいい。騎士たちはあえて元老院には入らず、政治家になるよりも「**経済人**」として商売に専念してゼニもうけを優先した人々なのだ。当時、イタリア半島や属州にあった国有地は借地料を出せば永代に借りることができた。そこで騎士階級はカネに飽かせて広大な土地を借り上げ、ポエニ戦争で手に入れた奴隷をこき使って大土地農業をおこなった。これを**ラティフンディア**（奴隷を使った大土地経営）と呼ぶ。奴隷には給料を払う必要がないものだから、ラティフンディアで作る穀

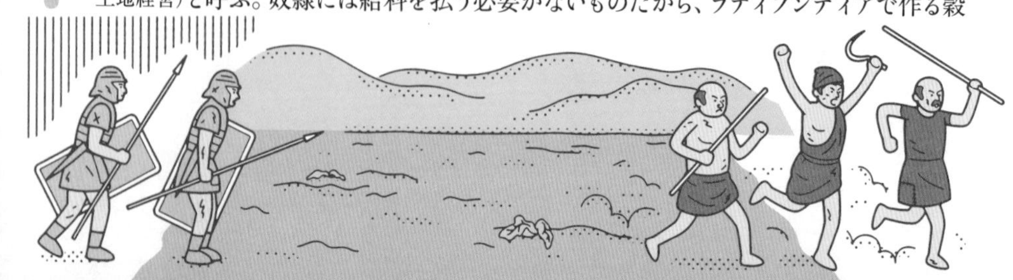

物や作物の値段が中小農民が作る作物より安くなるのは当然だ。

さて、ポエニ戦争で活躍した重装歩兵部隊を担っていたのは、中小農民だ。彼らはれっきとしたローマ市民で「戦争に参加するのは市民の証」だったから勇敢に戦ってきたのだ。ところが長年の戦争からやっと帰ってきた農民たちが見たものは、荒れ果てた自分の畑だった。男手がないと畑の維持は難しいからな。しかも属州のラティフンディアで作られた安い穀物がイタリア半島にどっと流れ込んできたからたまったものではない。自分の作物が売れなくなってしまった中小農民たちは故郷の畑を捨てて、仕事を得られるチャンスの多いローマに流れ込んだ。だが、農民だった彼らが都会で簡単に職を見つけられるわけもない。こうして中小農民の多くがホームレス化してしまった。ホームレスではあるが、彼らは難民ではなく、れっきとしたローマ市民だから選挙権を持っている。それをよいことにホームレス市民たちは政府に福祉を要求してきた。それが**パンと見世物**だ。

コンスルや護民官はパンを配給制にしたり、無料で見世物を見せてやったが、こういった甘やかしは市民をダメにするばかりだ。

こうしてポエニ戦争後のローマの平民階級は、騎士などの「金持ち階級」と、没落農民の「貧民階級」の二つに分裂してしまった。

第2幕 グラックス兄弟の改革——理想主義の敗北

「兄ちゃんの恨み晴らさでおくべきか！」

中小農民の没落を放っておくと、中小農民が担っているローマ軍団の戦闘力は激減してしまう。そこで、中小農民を立て直してやる必要に迫られた。そこで護民官の**グラックス兄弟**が思い切った改革を始める。この兄弟はハンニバルに勝ったスキピオの子孫にあたり、ローマでも有名な名家の出身だった。彼らが貧民の側に立って改革をおこなったのは、やはり教養のあるお坊ちゃんとして、理想主義に燃えていたからだろう。**一番よいことは金持ちから余分な土地を取り上げ、貧民にその土地をタダで与えてやり、没落してしまった中小農民に再びやる気を出させることだ。**

そこでグラックス兄が平民会に提出した法案は①リキニウス・セクスティウス法（また出てきた）で承認されたはずの土地所有の制限500ユゲラを正式に復活させる、②そして余

った土地は希望する中小農民に再分配する、という内容だった。法案は承認されたが、土地を奪われる金持ちの元老院議員の貴族や騎士は収まらない。結果を言うと元老院議員たちのリンチによってグラックス兄は殺されてしまったのだ。

グラックス弟は「兄ちゃんのカタキ」とばかりに自分も護民官となり、貧民のための諸法案を次々と可決させたが、怒った元老院の暴力によって紀元前121年についに自殺に追い込まれた。そもそも護民官は平民を守るための役職なので、護民官に暴力を振るうのはもってのほか。そのシステムを金持ちの元老院階級や騎士階級が私利私欲に駆られて真っ先に破ってしまったのだ。国家システムの崩壊は当然社会混乱につながり、**グラックス兄が殺された紀元前132年から、ローマは長い長ーい「内乱の1世紀」に突入することになる。**

第3幕 「内乱の1世紀」のゴタゴタ――危うしローマ！

① 「巨人マリウスVS大怪獣スラ」でローマはめっちゃくちゃ

金持ちと貧乏人の市民がローマで対立するようになると、貧乏平民のリーダーになったのが**マリウス**だ。本人はド平民の出身で、軍隊での武功でのし上がってきた人物である。このマリウスがコンスルとなり、おこなったのが「**ローマ市民の徴兵制をやめて、兵隊をカネで雇う**」という兵制改革だった。それまでローマ市民は手弁当を腰にぶら下げ、自分で革鎧(よろい)やら武器を買って戦争に参加していたのだ。しかし、中小農民が没落した現状ではボランティアを期待しては兵が集まらなくなっていた。そこでマリウスは「**給料や装備、食料はこっちで出してやるから、貧しい市民は兵隊に志願しなさい**」と宣言し、貧民を兵に雇って外国や異民族との諸戦争に勝利を収めたのだ。

ローマの兵隊不足はなんとか解消されたものの、問題は残った。**兵隊が国家のためにではなく、自分を雇ってくれている将軍のために戦うようになったのだ。**もし将軍に野心があれば兵隊たちを率いて武力で国家を乗っ取ってしまうだろう（実際に次テーマに出てくるカエサルがそれをやった）。

この兵制改革のおかげで兵隊に雇われ、貧乏から救われた貧乏平民たちは、**平民派**を形成し、マリウスがそのリーダーになった。

そこへ**スラ**の登場だ。マリウスの副官だったスラは貴族出身で優秀な将軍だったが、ついでに「野心」のパラメーターもマックスの男だ。スラはマリウスにたてつき、兵を雇うとマリウスと対立し始める。元老院などの貴族階級は、平民派に対抗して形成した**閥族派**のリーダーとなったスラを応援した。

平民と貴族を代表するこの二人のケンカに先んじて、イタリアの同盟市が互いに結束し「オレたちにもローマ市民権をよこせ」と要求して、紀元前91年にローマに対し一斉に戦争を起こした。これを**同盟市戦争**という。同盟市戦争はなんとかローマが勝ったが、ローマは負けた同盟市に対しローマ市民権をあっさり与えている。同盟市を「ローマの盾」にして、他国の侵略などに備えてローマの味方にしておこうと考えたわけだ。同盟市にローマ市民権を与えた結果、今までの都市国家ローマはイタリア全体を傘下に収める領土国家となった。

さて、マリウスとスラの対決は、冷酷で決断力に富むスラの勝利に終わる。スラはマリウス派を平然と抹殺し、元老院を中心とする保守的な政治体制を作った。が、この古くさい体制では危機的状況にうまく対応ができるわけがない。つまり、お偉いさんたちが「あー、どうしようかのう」とウロウロするだけの体制になってしまったわけだ。スラの死後、ローマは危機に対応できる新しい体制を作る必要に迫られた。

②　スパルタクスの乱――残酷なローマ人に怒る奴隷たち

「内乱の1世紀」のクライマックスとなるのが奴隷反乱である**スパルタクスの乱**だ。古代社会では奴隷がいて当然だったし、市民とは別扱いで奴隷には人権なんかありはしなかった。殴ろうが拷問しようが自由だったし、観客である市民による助命がない限り、剣闘士(剣奴)と呼ばれる奴隷にどちらかが死ぬまで殺し合いを見世物にした。現代でもプロレスやボクシングをはじめとする格闘技は大人気だが、ローマでは「教育によいから」と幼い子どもをわざわざ連れて行って、むごたらしい殺し合いを見物させたほど人気があったのだ。

この残酷な境遇に怒ったスパルタクスという剣闘士が脱走し、紀元前73年に反乱を起こした。すると脱走奴隷が次々と集まってなんと奴隷は12万人にまで膨れ上がった。スパルタクスの目指したのはローマの奴隷制を打ち倒すような大それたことではなく、自分たちの故郷に帰ることだった。奴隷軍の軍規は厳しく、自分たちに残虐な振る舞いをしたローマ人に対してもむやみに暴力を振るうようなことはしなかったという。しかし彼らの願い

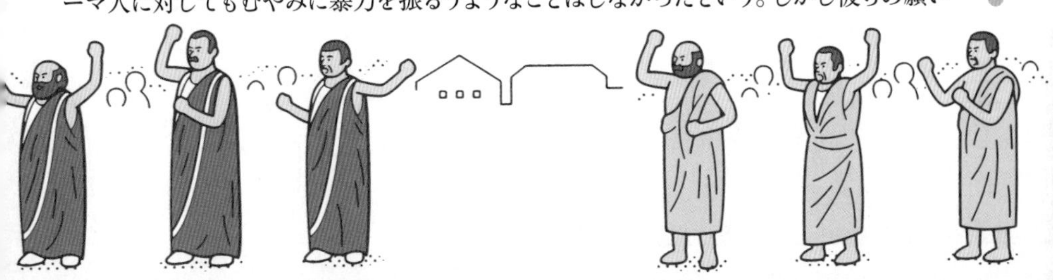

は叶えられることはなく、イタリア半島南部に追い詰められた奴隷軍は包囲され、後の三頭政治の一角を占めるクラッススによって壊滅された。スパルタクスの乱は失敗したものの、「自由」と「平等」を求めるスパルタクスのアツい思いは後の時代まで伝えられていく。

エピローグ　三頭政治の開始
——混乱よりも独裁の方がマシ

奴隷までも反乱を起こす事態に、ローマは愕然とした。もう市民の間で争っている時ではないのだ。一番に求められたのは「平和と安定」であって、そのために人々が欲したのは「**強力なリーダー**」だった。

そこで紀元前60年に貴族・元老院を代表する**ポンペイウス**と、騎士階級を代表する**クラッスス**、そして平民階級を代表する**カエサル**の３人が**三頭政治**を立ち上げて、ローマを指導していくことになった。名目は共和政のままだが、実質は独裁政治へとローマはしだいに傾いていくことになる。

復習ポイント

① 古代ローマで貧富の差が開いてしまった理由を「農業経営」をキーワードにして整理してみよう。

② 共和政ローマにおける階級を図にして整理してみよう。

アクティヴィティ

「奴隷制」は世界の中でいつまで続いたのでしょうか。あなたはどう考えますか？

ローマ史③年表

紀元前2世紀前半　ラティフンディア(大土地農業制)の広まり

「近代のプランテーションも大土地農業だが、大きな違いは古代では労働力として戦争捕虜(ほりょ)を『奴隷』として使っていたこと」

紀元前133年　グラックス兄弟の改革開始　グラックス兄の死＝「内乱の1世紀」が始まる

「改革は失敗し、ローマは混乱状態に突入」

紀元前91年　同盟市戦争開始

「戦争の目的が敵のローマの市民権獲得だったとは……」

↓

この頃から平民派のマリウスと閥族派のスラが争い始める

紀元前73年　スパルタクスの乱が始まる

「鎮圧するのに3年もかかった最大の奴隷反乱」

紀元前60年　第1回三頭政治開始

カエサル(平民派)―クラッスス(騎士階級)―ポンペイウス(閥族派)

「3人で政治をやるから独裁じゃないよ、とは言っているが……」

最後の門　下の問題は大学入試問題を出典にした問題です。答えなさい。

古代ローマは、元老院が実権を握る共和政の国家として発展していったが、市民の経済格差が拡大すると、前2世紀後半から元老院体制を守るａ閥族派と貧困層に支持された平民派との争いが激化した。その結果、前1世紀にはｂ大きな内乱がたびたび生じた。だがその混乱は、有力者によるｃ二度にわたる「三頭政治」により克服され、帝政時代が始まる。

問1　下線ａに関連して、閥族派の政治家を一人選びなさい。

ア.スラ　　イ.マリウス　　ウ.ブルートゥス　　エ.タキトゥス

問2　下線ｂにあてはまるものはどれか。一つ選びなさい。

ア.ワット＝タイラーの乱　　イ.プガチョフの農民反乱

ウ.イオニア植民市の乱　　エ.スパルタクスの乱

問3　下線ｃに関連して、第一回三頭政治に入らなかった人物を一人選びなさい。

ア.クラッスス　　イ.リキニウス　　ウ.ポンペイウス　　エ.カエサル

(早稲田大・改)

ローマ市民権のありがたさ

古代ローマでは磔刑(たっけい)(はりつけ)はローマに逆らう政治犯や、主人に反逆した奴隷をさらしものにするための処刑方法であった。スタンリー＝キューブリック監督の映画『スパルタカス』のラストで、十字架にかけられたスパルタクスのもとに妻が駆け付けてくるシーンがある。彼女は二人の子である赤ちゃんを高く抱き上げて、この子が奴隷から解放され、ついに自由の身になったことを夫に告げる。スパルタクスは苦しい息のもとうれしそうに微笑み、息を引き取るのだ。

＊

古代における自由と権利の象徴こそ**ローマ市民権**であった。

これ欲しさに同盟市がそろって戦争をおこなうほど、ローマ市民権には価値があったのだ。

まずローマ市民は**人間としての自由**が与えられた。つまり好きな所に住み、好きな職業につき、好きな所に移動できる自由である。いわゆる基本的人権における自由権である。逆に奴隷は好きな所に住めず、主人に命令された仕事をやらされ、移動は原則的に認められなかった。

そしてローマ市民には**人間としての権利**も与えられた。(貧富の差にもよるが)教育を受けられ、生きていくための糧も保障され(「パンと見世物」が代表例)、暴力からは守られ、市民として裁判を受けることができた。裁判の内容が不服な場合は上訴することもできたのである。いわば基本的人権の社会権をローマ市民は持っていた。これが奴隷やただの属州民なら、飯の保障はなく、ローマ人によって鞭(むち)打ちや拷問を受けても文句を言うことさえ許されなかった。

そしてローマ市民はコンスルをはじめとする政治家を選ぶ**選挙権**も持っていた。したがってコンスルたちは彼らローマ市民の機嫌をとるために、パンも見世物も惜しみなくタダで与えたのである。

＊

ただし、権利があれば義務も生じる。ローマ市民はいざ戦争となれば**兵役の義務**があった。昔のローマにおいては、兵役はいわば市民として認められるためのイニシエーション(通過儀礼)のようなものだったから、やって当たり前。兵役に行かないのはよほどの貧民(**プロレタリ**：ラテン語の「子ども」prolesからきた言葉で「子どもしか財産がない貧民」という意味)であることを証明してしまうため、手弁当で兵役に行くことは、ローマ市民にとってはむしろ名誉であった。

しかしポエニ戦争後に市民間の貧富の差が広まると、兵役に行けない貧しい市民がドンドン増えてしまった。この事態を解決しようとしたのがグラックス兄弟の改革である。最終的にはマリウスの兵制改革によりローマ市民の兵役の義務は免除された。こうなると義務を果たさなくても権利がもらえるので、「ローマ市民権」は皆が争っても欲しがる「特権」になってしまった。外国人でも「ローマに貢献した」とコンスルや総督に認められれば、ほうびに市民権が与えられたのだ。

＊

キリスト教の創始者のイエスはローマ市民権を持っていなかったために、鞭打ちを受けた後磔(はりつけ)にされた。しかし、その使徒であるパウロが拷問されることもなく、磔にもされなかったのは、パウロがローマ市民権を持っていたからである。ローマ市民であるパウロは高い教育を受け、ギリシア語もラテン語も自由に扱うことができた。それゆえローマ帝国を自由に旅して、「異邦人の使徒」としてキリスト教を多くの人々に広く伝えることができたのだ。

解答と解説

復習ポイント の答え

① ポエニ戦争でローマが手に入れた属州で大土地を所有し、奴隷を使ってラティフンディアと呼ばれる農業経営をおこなった人々は成功し、「騎士」と呼ばれる身分に成り上がった。逆に参戦していたため自分の持っている畑の農業経営ができなかった中小農民たちは、属州から流れ込んでくる安い穀物に対抗できず、土地を手放して「無産市民」(プロレターリ)に没落した。

②

元老院階級(カネも名誉もある) ➡ 「**閥族派**」を形成
構成:①**貴族(パトリキ)** ②**新貴族(ノビレス)** …コンスルを務めた祖先を持つ一族
第1回三頭政治の代表者…**ポンペイウス**

↕

騎士階級(カネはあるが名誉はない)
構成:ポエニ戦争後に裕福になった**成金** (元老院に議席はない)
第1回三頭政治の代表者…**クラッスス**

↕

平民階級(カネも名誉もないが数は多い) ➡ 「**平民派**」を形成
構成:**無産市民(プロレターリ)など**
第1回三頭政治の代表者…**カエサル**

アクティヴィティ の答えの一つ

奴隷制が廃止されたのは、アメリカのリンカン大統領による1863年の「奴隷解放宣言」とされている。ただし、奴隷の定義を「**主人に支配され、財産を持てず、職業や移動の自由を許されない人々**」と考えるならば、現代でも「奴隷」相当と言える人々はたくさんいる(移民の多くは実は奴隷状態にされているとも言える)。一方、現代も「奴隷制は存続しているか」とは「奴隷を生産労働の主な担い手とする社会制度」が現存しているかを問うことである。

最後の門 の答え

問1 ア　　問2 エ　　問3 イ

(解説)

早稲田大の入試問題でも、基礎を押さえていれば解ける、という一例。

平民派と閥族派のリーダーを知っていれば問1は簡単。

問2の問題は知らない反乱名が出てくるのでギョっとするが、落ち着いて見てみれば大丈夫。ウのイオニア植民市の反乱に迷わされるが、これはギリシアの反乱。

問3は第1回の三頭政治のメンバーを覚えていれば大丈夫。このトリオは定期試験でも出やすいのでしっかり覚えておこう。

ローマ・カエサルから帝政ローマ
——「ローマの平和」を実現へ！

こんな内輪もめやら内乱が起こっていてはローマもダメですね。

普通はダメだったろう。①社会矛盾を解決できない、②危機に際してトップが対応できない、そんな国は潰れるに決まっている。しかしローマの場合は危機に対応できるシステムに作り変えることができたので、より成長することができたわけだ。
そのシステムを新たに作ったのがユリウス＝カエサルだった。

第1幕 三頭政治の崩壊とカエサル独裁 ——「来た、見た、勝った」

①　椅子は３本足だから安定しているが、２本足だと倒れるだけ

「内乱の１世紀」を経験したローマは「**混乱が続く無能な共和政よりは独裁でもかまわない、力のあるリーダーに支配してもらった方がまだマシ**」と思うようになった。そこで成立したのが第１回三頭政治。一応、独裁ではないけど独裁に限りなく近い政治体制だ。

そこで３人のうち**カエサル**について述べよう。平民派の代表だが実は名門貴族の出身だ。結婚相手が平民派のリーダーの娘だったことから、平民派として頭角をあらわした。三頭政治を組むと、カエサルは**ガリア**（現在のフランス）に遠征し、８年間をかけてガリア全土を征服した。その様子についてはカエサル自らが書いた古今の名文**『ガリア戦記』**を読んでもらいたい。カエサルは戦いに勝利した後、ガリアの有力者たちにローマ市民権を与えて、まんまと自分の支持者にしている。

ポンペイウスも戦争で大活躍をした人物で、東地中海を荒らしまくった海賊たちを平定してのけた業績を持っている。

カエサルやポンペイウスの武功を見て、うらやましがったのは騎士階級のリーダーの**クラッスス**だ。スパルタクスの乱を抑えた人物だが戦う相手が奴隷では評価は高くない。そ

こでクラッススは東の大国パルティアを攻めることを考えたのだが、甘かった。かの振り向きざまの「パルティアン=ショット」(テーマ6を参照)によってローマ軍は敗北し、最後にクラッススはあっけなく戦死してしまう。クラッスス亡き後、カエサルとポンペイウスはついに激突する(この戦いの様子はこれまたカエサルが『**内乱記**』という本に書いている)。結果は決断力に優れたカエサルが勝利を収め、ついに武力でローマを制圧する。逃げたポンペイウスは結局エジプトで暗殺されてしまった。ポンペイウスを追ってエジプトに来たカエサルはここで太陽暦とクレオパトラを知る。

② 「帝国」とは本当は何なのか?

ローマに凱旋したカエサルは終身独裁官になり、エジプトの太陽暦をローマに取り入れた。これを**ユリウス暦**という。

そしてカエサルは見栄えがよくても効率がよくない共和政はさっさと捨てて、**帝政**を作り、ローマを**帝国**とすることを考えたのだ。

映画の『スター・ウォーズ』を見ていると、帝国ってなんか悪いイメージがあるなあ……

帝国とは「**多くの地域や民族を、一つの権力が治めていくシステム**」のことだ。それぞれの地域がバラバラのままでは法律も警察も役場も機能できないし、物の流れも行き詰まる。広大な地域と多くの民族を支配するのであれば、皇帝のもとで一つの帝国にする方が実は効率がよい。

優れたトップ(ローマでは皇帝)が行政権を握っていれば危機にすばやく対応できるし、責任の所在もはっきりする。アメリカの大統領制と似ているね。**ローマ帝政が単なる独裁制と異なるのは、ローマには元老院というチェック機能があることと、そして皇帝は世襲(せしゅう)(血のつながりで受け継ぐこと)とは限らなかったことだ。**

そして、帝国の辺境に住む人々にも平等と政治参加の意識を持たせることが「帝政」のモットーだ。辺境に住んでいる人たちでも「自分は帝国の一員である」という誇りがあれば帝国は崩れない。その意識を持たせることに成功したのは「**ローマ市民権**」の存在が大きい。

しかしカエサルはこれからという時に、独裁を嫌がる**ブルートゥス**ら共和派によって暗殺されてしまったのだ。カエサル暗殺にいたる経過はコラムを読んでくれたまえ。

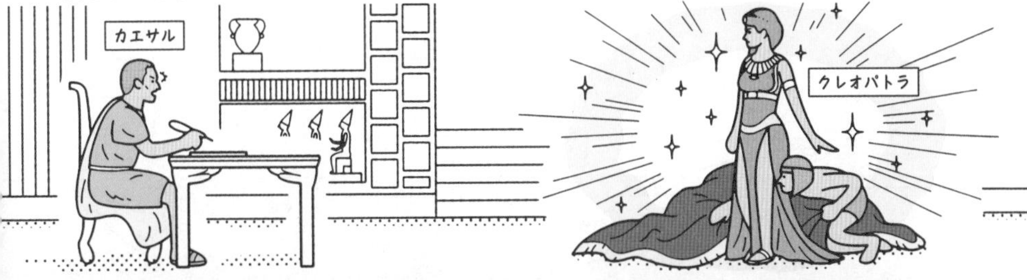

第2幕 第2回三頭政治とオクタウィアヌスの勝利

クレオパトラの死がヘレニズムの終わり

ブルートゥスらのカエサル暗殺はローマ市民の大反発を招き、結局共和派は追い詰められて滅亡してしまうハメになる。力ずくの暗殺はテロにすぎないからだ。こうしてカエサル亡き後のローマは**第2回三頭政治**によって支えられていくことになった。

え、また三頭政治ですか。頭の中が混乱するっ！

第2回三頭政治は**アントニウス、オクタウィアヌス、レピドゥス**の3人によって行われた政治体制だ。**第1回とはリーダーの名前が違う**。カエサルの一番弟子であるアントニウスは、自分がカエサルの後継者になれると信じていた。ところがカエサルの遺言状にはオクタウィアヌスという無名の青年を後継者に指名してあったのだ。ローマ市民たちは「え、誰？」とパニック状態。カエサルとは遠縁の親戚だったオクタウィアヌスは当時まだ18歳で、風邪ばかりひいている青年だった。アントニウスだってバカじゃないから、自分が図に乗って一人で独裁をやったらカエサルと同じように殺されてしまうことはわかっていた。そこでアントニウスは遺言状を尊重し、「若造」のオクタウィアヌスと当時の有力者であったレピドゥスを誘い、**第2回三頭政治**を作ったのだ。三頭政治はもう先例があるから、ローマ市民も慣れている。レピドゥスは人当たりのよい、穏やかな人物で、権力闘争を好まず数年後に引退してしまったため、3本足の1本を失った残りのアントニウスとオクタウィアヌスが対立するようになった。

アントニウスは東方に根拠地を置き、**プトレマイオス朝エジプト**の女王のクレオパトラと仲良くなった。まあ言い方が悪ければ恋人になっちゃったのだが、そこは大人同士の関係だからもちろん下心があった。アントニウスにすれば「穀物生産が豊かなエジプトを地盤にすればわが軍は安泰だ」。クレオパトラにすれば「ローマ軍にエジプトを守ってもらえれば安心」というわけだ。

アントニウスの東方重視に不安を持った元老院をまんまと味方にしたオクタウィアヌスは、ついにアントニウスとの対決を決意。紀元前31年に**アクティウムの海戦**をおこなった。

この戦いで敗北したアントニウスは自殺し、絶望したクレオパトラも毒ヘビに胸を噛ませて死んだ。そしてクレオパトラの心臓が止まった瞬間、アレクサンドロス大王の東征から始まったヘレニズム時代が終わり、ローマの時代が到来する。

第3幕 元首政の開始から五賢帝時代へ——新しい時代の始まり

能あるタカは爪を隠して、カエサルの二の舞を避ける

アントニウスを破りローマに帰還したオクタウィアヌスはもう若造ではない。実質的なローマの支配者だ。紀元前27年に元老院が彼に**アウグストゥス**（尊厳者）という立派な尊称を贈ったので、これからは彼のことをアウグストゥスと呼ぶことにする。元々オクタウィアヌスとはラテン語で「八郎」くらいの意味でカッコよくないからな。そしてアウグストゥスは**インペラトル**としてローマ全軍の指揮権を握った（→）。インペラトルimperatorは元々は「軍隊の総司令官」を指す言葉で、後に「皇帝」の意味となる。実際、英語のエンペラーemperor（＝皇帝）はこの言葉が語源だ。**軍隊を指揮する総司令官が事実上の権力者となることは、日本の「征夷大将軍」を見てもわかる。**

ただしアウグストゥス自身は自分のことを皇帝と言ったことはない。むしろ自分のことを**プリンケプス**（市民の中の第一人者：**「元首」**と呼ぶ）と呼ばせている。元首というとアメリカ大統領が代表的で、強い権力を持っているが独裁者ではない。「**私は君たちと同じ市民である。君たちの先頭を歩いているのにすぎない**」という意味を込めているのだ。

ふーん、それってフリだけで、実は立派な独裁者じゃないの？

そのとおり。たしかに実権はアウグストゥスが握っていたが、独裁者として振る舞いはしなかった。カエサルみたいに暗殺されたら嫌だからね。アウグストゥスは共和政の体制を壊すことはしなかったし、自ら立候補して何度もコンスルや護民官になっている。このような「共和政を尊重した独裁政治」を**元首政（プリンキパトゥス）**と呼ぶ。この体制は以後約300年続き、ローマが多くの国々や民族を効率的に支配するためのシステムとなった。そし

15

て「元首」と言っても実際は皇帝なので、**アウグストゥス以降のローマの政治体制**を歴史では**帝政**と呼ぶ。そしてアウグストゥスによって「内乱の1世紀」は終わり、新たに「**ローマの平和**」(**パクス=ロマーナ**)が始まる。

えっ、パクス=ロマーナって何?

ラテン語だとPax Romanāと書く。正確には「ローマによる平和」という意味だな。ちなみにRomanāとはラテン語の名詞の奪格形で、「〜による」という意味が付く。要するにアウグストゥスの力によって地中海の戦乱は終わり、長い平和が保障された、ということなのだ。

アウグストゥスには男の子がいなかったので、これぞ、と思う人物を養子にして跡を継がせるやり方をとった。このような方法で帝国を治めれば無能な皇帝はあらわれないはずだ。しかし第5代目の元首(=皇帝)となった**ネロ帝**はキリスト教徒を弾圧・迫害したことで有名であり、兵士の反乱をくらって自殺に追い込まれている。ネロ帝以降、しばらく政治の混乱は続いた。こんな時は元老院が皇帝を決めることになっていたので、元老院は紀元後96年に**ネルウァ**という66歳の老人を皇帝に選んだ。寿命が2年しか残されていなかったネルウァ帝だが自分の後継者として養子に選んだのは軍の実力者である**トラヤヌス**であった。トラヤヌスはスペイン生まれで、初めての属州出身の皇帝となる。このトラヤヌス帝が優れた手腕を持つ人物で、このネルウァ帝とトラヤヌス帝によって五賢帝時代の基礎が築かれるのだ。

復習ポイント

① カエサルがおこなった業績を振り返ってみよう。

② 「元首政」は単なる「独裁政」とどこが違うのだろうか。

アクティヴィティ

「帝国」とはどんな国なのでしょうか。良い点と悪い点を考えてみましょう。

ローマ史④年表

紀元前46年　カエサルが独裁を始める

「ユリウス＝カエサルを英語読みにするとジュリアス＝シーザー」

紀元前44年　カエサル暗殺

「世界三大裏切り者はブルートゥスとユダと明智光秀だな」

紀元前43年　第2回三頭政治開始
オクタウィアヌス―アントニウス―レピドゥス

「脇役のレピドゥスは試験で名前だけよく出てくるから注意」

紀元前31年　アクティウムの海戦でオクタウィアヌスがアントニウスとクレオパトラ連合軍を破る

「古代西洋の戦いで出題率No1はサラミスの海戦とアクティウムの海戦」

紀元前27年　オクタウィアヌスが「アウグストゥス」の称号を得る
＝帝政の始まり

「カタカナばかりだが要するに『八郎』が『征夷大将軍』の称号をもらったようなもの」

紀元後96年　「五賢帝時代」の始まり

「三頭政治に五賢帝と、ローマ史には数字がよく出てくる」

最後の門　下の問題は大学入試問題を出典にした問題です。答えなさい。

ローマは、イタリア半島の小さな都市国家から、その国の歴史を始めたが、次第に領土を拡大して、前1世紀後半にはついに地中海周辺地域のほとんどを領有する大国家となった。この過程で、ローマ国家は都市国家の体制から大きく変化した。前3世紀から前1世紀にかけて生じたローマ国家の軍隊と政治体制の最も重要な変化を、300字以内で説明せよ。
解答にあたっては、下記の2つの語句を適切な箇所で必ず用い、用いた箇所に下線を施せ。また、句読点も字数に含めよ。

私兵　　元老院

（京都大）

ユリウス＝カエサル名言集

ユリウス＝カエサル（英語風の発音では**ジュリアス＝シーザー**）は、ローマの名門ながらも貧乏な貴族の家に生まれた。カエサルは平民派の有力者の娘を妻に迎えていたのだが、平民派のマリウスを打ち破った閥族（ばつぞく）派のスラはカエサルに妻と離婚するよう命令した。この命令をカエサルは拒否したのである。

「カエサル家の人間は理由なくして簡単に離婚などしないものだ」

スラは激怒し、カエサルを処刑しようとしたが、周りが嘆願したため、やむなく追放するにとどめた。この時のスラの言葉が残っている。

「あの若造はマリウスを10人集めたのよりも恐ろしいのだぞ！」

＊

この時、スラの命令に屈しなかったことが評判となり、カエサルはスラの死後、平民派の代表としてローマの**三頭政治**に加わった。そしてカエサルはローマの政治を同僚の**ポンペイウス**と**クラッスス**にまかせ、自らは**ガリア**（**現在のフランス**）におもむき、8年もの苦しい戦いの末についにガリアを平定したのだ。

カエサルはガリアを平定した後、突然ローマに呼び出された。実は三頭政治の同僚であるポンペイウスがカエサルの活躍に嫉妬し、元老院と組んでカエサルをおびき出し、殺すことをたくらんだのである。

カエサルはこのたくらみに気が付いた。カエサルは軍団を率いてイタリア北部を流れる**ルビコン川**の手前までやって来た。ローマの法では将軍がローマに入場する時には軍団をルビコン川にとどめて、単身ローマに入らなくてはならない。今、一人でローマに入ったらポンペイウスによって殺されてしまう。と言って、軍団を率いてローマに入れば国法を破ることになる。

ルビコン川の前で悩み苦しむカエサル、そしてついに決断し、軍団に呼びかけた。

「この川をお前たちとともに越えれば人間世界の破滅、しかしともに越えなければわが身の破滅だ。さあ、進もう、神々の待つところへ、われわれを侮辱した敵の待つところへ。賽（さい）（**サイコロ**）**は投げられたのだ**（Alea jacta est）」

＊

ローマになだれ込んだカエサルの軍団に恐れをなしたポンペイウスは逃走し、後にエジプトで暗殺されてしまった。

この後、カエサルは小アジアへおもむき、反乱を鎮圧したが、その時の元老院にあてたカエサルの戦勝報告文はあまりに有名である。

「来た、見た、勝った」（Veni,vidi,vici）

ついに終身独裁官となり、権力を振るうカエサルに反発を感じる人々がでてきた。このままではカエサルは皇帝となり、今までのローマの共和政を破壊するだろう。そこで**ブルートゥス**を中心とする共和派のメンバーはカエサルを殺すための計略をめぐらしたのである。

運命の日、3月15日がやってきた。

カエサルが元老院への階段を登り始めた時、暗殺者たちは一斉にカエサルに襲いかかった。カエサルの体に短刀が突き立てられ、全身が血まみれになった。その時ブルートゥスの姿を見かけたカエサルは助けを求めた。カエサルは若きブルートゥスをわが子のように可愛がってきたからである。ところがそのブルートゥスは、カエサルの胸に深々とナイフを突き立てた。よろけたカエサルは抵抗を止め、言った。

「ブルートゥス、お前もか！」（Et tu,Brute!）

こうしてカエサルは息を引き取った。紀元前44年、56歳だった。

解答と解説

復習ポイント の答え

① カエサルの業績。
その1、**ガリアの征服とローマ化**(アルプス北方へとローマ文化を広げたのはカエサルの業績)。
その2、**「太陽暦」をローマに導入**(暦を変えることができるのは支配者の特権であった)。
その3、**ローマを共和政から帝政へ**と舵を切る(実際に実現したのはアウグストゥスの時)。

② 独裁政は、独裁者が議会を無視して政治をおこなうが、元首政は共和政や議会を尊重する(三権分立のもとにある元首政は基盤が強い。現代の元首政の代表例はアメリカ合衆国の大統領制かもしれない)。

アクティヴィティ の答えの一つ

王国は一つの民族を一つの血縁(家系)が支配する形態をとることが多い。**帝国**は多くの民族を一人の支配者が支配する形態であり、その支配者は血縁とは限らない(中国の皇帝でも政治がよくなければ、他の人間によって取って代わられてしまう)。

帝国の長所としては、広い領域の支配により多文化の交流がおこなわれやすく、国や市民が広い視野を持つことができることが挙げられる。逆に欠点としては、政策が他民族の反発を受けやすく、優れたリーダーを持たない限り反乱や反抗が起こりやすい。
(例えば、クラスでもいろいろな個性の生徒がいれば、それぞれの能力を発揮しやすいが、それだけ対立や反発が起きやすい)

最後の門 の答え

ローマは中小農民による重装歩兵が中心となり、元老院が指導する共和政が行われていた。だが前3世紀から始まるポエニ戦争で勝利したローマでは、大土地経営を意味するラティフンディアが拡大したことにより重装歩兵の中核であった中小農民が没落した。ローマ軍の弱体化を避けるため中小農民を立て直す改革がグラックス兄弟によって行われたが失敗した。その後、前2世紀に兵制改革がマリウスによって行われた結果、傭兵となった無産市民は権力者の私兵となり、「内乱の1世紀」での平民派と閥族派との争いや、三頭政治の争いに用いられた。最後に内乱を終結させたアウグストゥスはローマ軍の指揮権を握り、共和政を尊重する元首政を開始した。(299字)

(ポイント)

① **一つの文はあまり長くしない**ように気をつける。

② **時代や人物、制度などに言及する時は「正確さ」に注意する。**

③ 前3世紀(→ポエニ戦争開始)、前2世紀(→マリウスの兵制改革)など、**その時代に何が起こったのかを説明すること。**

④ テーマは「軍隊」と「政治体制」の変化なので、言及する流れは
「共和政の構造」→(**「中小農民の没落」**→**「グラックス兄弟の改革」「マリウスの兵制改革」**)
→**「アウグストゥスによる元首政の開始」**
と共和政と元首政の間に兵制の変化をサンドするように工夫する。

五賢帝から専制君主政へ
——ローマの黄昏の輝き

独裁って私は好きじゃないな。なんかヒトラーみたい。

帝国の場合は違う民族や違う言葉が入り乱れているから、合議制ではいつまで経っても解決はしない。皆から権威をもって見られている人物が取り仕切らないとまとまらないのが実情だ。そこで、もしもの仮定だが、ヒトラーは古代ローマの皇帝が務まったと思うかい？

カンだけれども、無理っぽいと思う。

他の民族や文化を受け入れ、スペイン人やアフリカ人までも皇帝になれたローマ帝国と、他の民族を排斥するヒトラーには決定的な相違がある。ヒトラーにはローマ皇帝はとうてい務まらない。

第1幕 五賢帝時代 ——つまり『テルマエ・ロマエ』のローマ

①　トラヤヌス帝「トラちゃん」とハドリアヌス帝「羽鳥さん」

ネルウァ帝から始まる五賢帝時代とは、賢い5人の皇帝が治めたローマ帝国の黄金時代を指す。時代は1〜2世紀。**ネルウァ帝以降の4人はすべて実子ではなく、養子の関係だ。**2代目のトラヤヌス帝はスペイン出身の軍人だったが、優れた力量を持ち、ローマ帝国最大の版図を実現した皇帝である。すなわち**ダキア**をも支配したのだ。

ダキアなんて言われてもわからないよ！

これは申し訳ない。現代の言い方では「**ルーマニア**」だ。昔は「ローマニア」と言っていたのがなまったのだな。アウグストゥスの時代からライン川とドナウ川がローマの国境線と

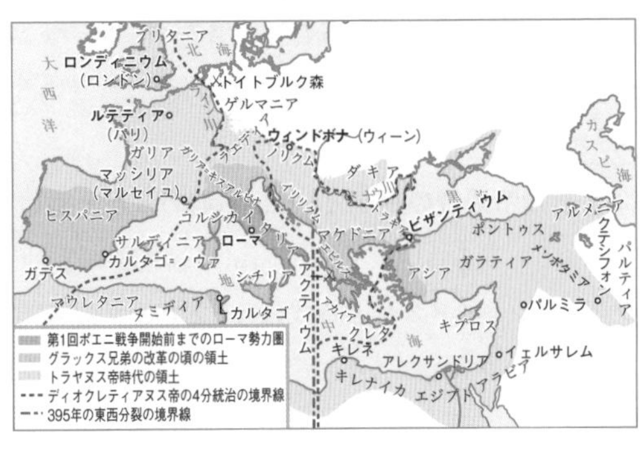

なっていたのだが、トラヤヌス帝はドナウ川のさらに北方のダキアまでも支配下に入れたのだ。

で、そのトラちゃんの次は誰なの？

むむ、同じスペイン出身の**ハドリアヌス帝**だ。トラヤヌス帝が「**攻め**」の皇帝なのに対し、この皇帝は「**守り**」の皇帝だな。領域のこれ以上の拡大はメンテナンスから見ても無理と判断し、拡張よりも帝国の維持と管理に全力を尽くした人物だ。「ローマの平和」の全盛期を作った人としてけっこう有名な皇帝で、映画にもなったマンガ『テルマエ・ロマエ』(KADOKAWA)にも準主役として出てくるぞ。ハドリアヌス帝が作ったもので有名なものは「**パンテオン**」(当ページ左下のイラストと右下の写真参照)。ローマにある古代の神殿で、鉄骨を使っていない石造建築だ。内壁に空いているデコボコは、ローマ帝国が世界各地を支配した際にそれぞれの地域の神々の像を収めるために作ったらしい。「**神々よ、わがローマを守ってください**」という祈りを込めたのだろう。もう一つはイギリスにある「**ハドリアヌスの長城**」だ。これはブリタニア(=イギリス)をローマが征服した時に北方の異民族が入り込まないように作ったものだ。中国の「万里の長城」ほどではないが、異民族を防ぐのに効果があった。さて、老いたハドリアヌス帝が養子に選んだのは**アントニヌス=ピウス帝**という、地味で素朴な信用できる紳士だった。またハドリアヌス帝はご苦労なことに2代後の皇帝まで指名している。**マルクス=アウレリウス=アントニヌス帝**だ。本当はマルクスの方を皇帝にしたかったらしいが、指名した当時、マルクスはまだ15歳なので無理だった……。

カタカナばかりで全然覚えられない！　もう嫌ッ！

これらの皇帝たちはワールドワイドに有名な人たちなので、ここはふんばって覚えても

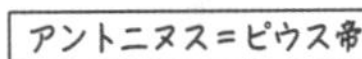

らいたい。第2回三頭政治に出てきたアントニウスと、二人の皇帝の名前のアントニヌスが間違えやすいので区別することが大切だ。まあ、五賢帝の二人はアントニヌスと覚えた方がいい。

② 五賢帝最後の長ったらしい名前の人が一番重要だ

アントニヌス＝ピウス帝の時代は比較的平穏な時代だったが、次のマルクス＝アウレリウス＝アントニヌス帝の時代になるとローマ帝国に異民族の侵入や天災など、さまざまな困難が降りかかってくる。ハドリアヌス帝が見込んでいただけあって、マルクスは優秀な能力を駆使(くし)して全力でローマ帝国を守ることができた。また彼は優れた哲学者としても知られており、禁欲を旨とするストア派の**哲人皇帝**であったことでも有名。マルクス＝アウレリウス＝アントニヌス帝の著作**『自省録』**は緊張感にあふれた見事な哲学書である。この本もほとんどは異民族との戦いの中、戦場のテントの中で書いたと言われている。

第2幕 軍人皇帝時代から専制君主政へ変わるローマ

① 「親は名君なのに、子が格闘技バカ」の結果がこれ

五賢帝最後の名君マルクス＝アウレリウス＝アントニヌス帝は養子をとらず、実子のコンモドゥスを後継者にした。後世でも「なんであんなバカ息子を」と言われるほどコンモドゥス帝は評判が悪い。映画『グラディエーター』では、コンモドゥスが帝位欲しさに実の親の皇帝を絞め殺したと描かれているほどだ。これは確かな話なのだがコンモドゥス帝は格闘技が好きで、皇帝であるのにもかかわらず剣闘士相手の格闘試合に大喜びで出場していた。最後には陰謀によって剣闘士に絞め殺されてしまう。皇帝が殺されてしまった後は、帝位をめぐってバトル＝ロワイヤルになってしまい、帝国は「**3世紀の危機**」の時代を迎える。

いったんはセプティミウス＝セウェルスという軍人が皇帝となるが、初めてのアフリカ属州出身の皇帝だ。この人物の息子が**カラカラ帝**。212年に帝国全土の自由民にローマ市民権を与えたことで有名だ。しかし与えた目的は実は資金稼ぎだった。ローマ市民は死んだ時に相続税を国に払う義務があったのでカラカラ帝はそれに目を付けたのだ。しかし**このローマ市民権の拡大によって人種や言語による区別がなくなり、ローマ帝国は世界帝**

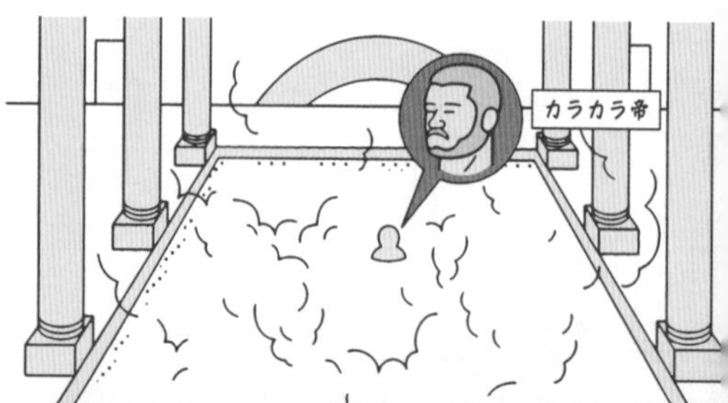

国になった。

② 力こそ正義！ いい時代になったものだ

さて、カラカラ帝の後、セウェルスの一族が権力闘争で根絶やしにされると、各地の軍団の親玉が力ずくで皇帝になる**軍人皇帝時代**が始まった。26人の軍人たちが入れ代わり立ち代わり帝位につくが、すぐに他の軍団によって引きずり下ろされて殺される、の繰り返しだった。こんな争いの時代が約50年も続いてしまう。この軍人皇帝時代で有名な皇帝と言ったら**ウァレリアヌス帝**だろう。ペルシアに出陣して、ササン朝の王シャープール1世によって捕虜にされてしまった皇帝だ。

さて、軍人皇帝時代から社会に大きな変化があらわれた。今までの奴隷を使ったラティフンディアに代わって、**コロヌス**（小作人）を使った大所領経営である**コロナトゥス**という制度が主流になったのだ。

またカタカナの名前で、全然わけわかりません。世界史嫌い！

説明しよう。まずローマ帝国は五賢帝のハドリアヌス帝時代に、「攻め」から「守り」の体制になったが、そのために征服地からの奴隷の供給が少なくなってしまった。おまけに軍隊を維持するための重税が都市民にかけられるようになると、脱税対策のため金持ちは都市を去り、地方で大所領を経営するようになった。今や貴重品となった奴隷よりも、重税のため都市から逃げ出した下層市民を大所領で使った方が安くつく。そこで下層市民を小作人にして「**お前たちにわしの土地を貸してやる。その代わりにわしに地代を払うんだぞ**」というシステムにしたのだ。この小作人のことを「コロヌス」（ラテン語で「耕す人」）というが、この小作人が後の時代に「**農奴**」と呼ばれるようになる。

奴隷と農奴の違いって何？

奴隷は**結婚できず、財産も持てず、移動もできない**。しかし農奴は「**結婚でき、財産も持てるが、移動だけはできない**」存在である。え、なんでかって？　移動を認めれば逃亡してしまうからだ。こうして軍人皇帝時代の中で、後の中世の農業形態の基礎が作られてくるのだ。

16

第3幕 ディオクレティアヌス帝による「専制君主政」の開始

ディオクレティアヌス帝の帝国再建策は「分身の術」

軍人皇帝時代の混乱を収拾したのが**ディオクレティアヌス帝**だ。いかつい人物で一兵卒から叩き上げで出世し、最後には軍の推戴で皇帝になった。他の軍人皇帝たちが自滅したのは権謀渦巻くローマを根拠地にしたためだ、と考えたディオクレティアヌス帝は首都を小アジアの**ニコメディア**に移し、広大な帝国を治めるために**四帝分治制**をおこなった。帝国を東西に分け、それぞれ正帝と副帝を置き、4人の皇帝がローマ帝国を異民族の侵入から守ったわけだ。なにしろ飛行機もパソコンもない時代なので、帝国をガードするためには複数の司令官が必要だと考えたのだ。そして皇帝定年制も取り入れた。20年務めた皇帝は退職する制度なのだが、これが後に新たな混乱の種になってしまう。そして皇帝の権力を強めたディオクレティアヌス帝は、「元首」の称号を捨てて、はっきりと「君主」を名乗るようになった。これを**ドミナトゥス（専制君主政）**と呼ぶ。ラテン語の「ご主人様」（ドミヌス）が語源だが、「オレ様はお前たちのご主人様だ。土下座しろ！」という態度になったのだ。もうアウグストゥスから約300年も経っているので「第一の市民」なんて猫かぶっている必要もないしな。しかし彼が君主としておこなった**キリスト教徒の大迫害**は見事に失敗に終わった。すでに増えていたキリスト教徒をもはや制御できなくなっていたのだ。

復習ポイント

① 五賢帝の名前と彼らの業績を振り返ってみよう。

② 「コロナトゥス」の特徴をまとめてみよう。

アクティヴィティ

あなたがローマ市民だとしたら、ローマ皇帝であっても「元首」と「専制君主」ではどんな印象の違いが出てくるでしょうか。

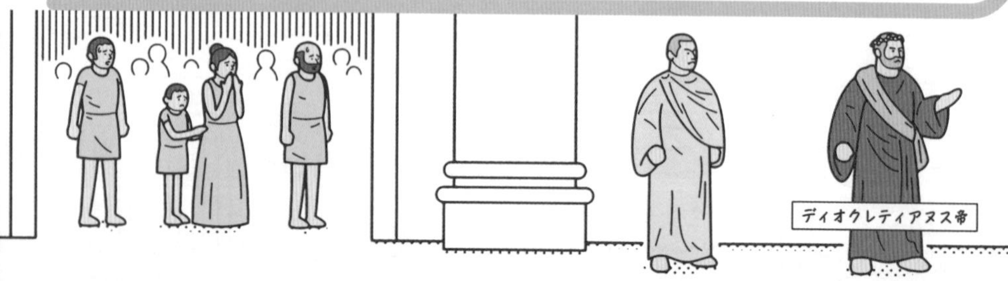

ローマ史⑤年表

96～180年　五賢帝時代

（ネルウァ帝→**トラヤヌス帝**→**ハドリアヌス帝**→アントニヌス＝ピウス帝

→**マルクス＝アウレリウス＝アントニヌス帝**）

「色文字の人名はぜひ覚えること。最後の人の名前が長いので大変」

212年　カラカラ帝が帝国の全自由人にローマ市民権を与える

「『全自由人』だから奴隷には与えられなかったことに注意」

235～284年　軍人皇帝時代

「血で血を洗う『仁義なき戦い』の時代」

284年　ディオクレティアヌス帝が軍人皇帝時代を終結

「この皇帝は**専制君主政**と**四帝分治制**でも有名」

最後の門　下の問題は大学入試問題を出典にした問題です。答えなさい。

問1　五賢帝に関する記述として、誤りを含むものはどれか。

a. ネルウァはトラヤヌスを養子に迎えて後継者とした。

b. トラヤヌスは新たにダキアを帝国領とした。

c. ハドリアヌスはブリタニアに長城を築かせた。

d. アントニヌス＝ピウスは「哲人皇帝」として名高い。　（関西学院大）

問2　下の文を読み、問いに答えなさい。

帝政期に入るとローマ帝国には空前の繁栄が到来したが、3世紀に入るとローマ帝国は政治・経済などの面で行き詰まりを見せた。その後、3世紀末には［　　　］帝が帝国を4つに分割し、軍事力の増強をはかって帝国の危機は一時回避された。

1. 下線部に関連する記述として、誤りを含むものを一つ選びなさい。

ア. 短期間に多数の皇帝が交代する軍人皇帝時代になり、政治が乱れた。

イ. 東方の国境では、ササン朝ペルシアの侵入に悩まされた。

ウ. ネロ帝によるキリスト教徒迫害が、この時代の危機の一要因であった。

エ. この時代、奴隷制の農業が行き詰まり、小作人による大所領経営が広まった。

2. 空欄に入る皇帝の名を一つ選びなさい。

ア. トラヤヌス　　イ. ユリアヌス　　ウ. ハドリアヌス　　エ. ディオクレティアヌス　（早稲田大）

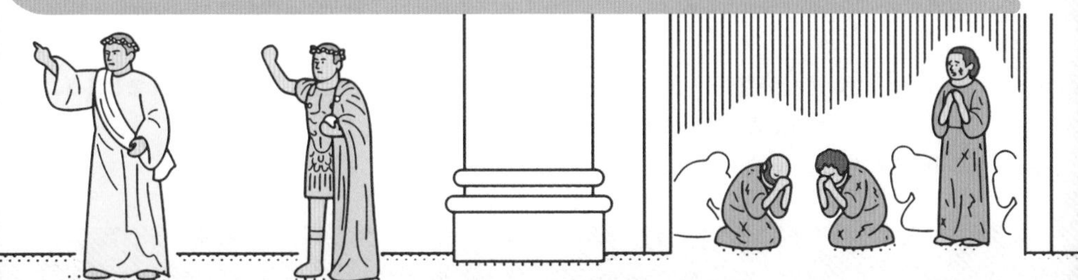

悪の皇帝
―ネロ帝悪行三昧

普通のオッサンまで知っている悪の皇帝の代表といったらネロ帝だろう。

だいたい母ちゃんのアグリッピーナがワルだった。色気たっぷりの女ゆえにドスケベなクラウディウス帝（アウグストゥスから数えて4代目皇帝）の后におさまったが、連れ子のネロを早く皇帝にしたかったので、夫のクラウディウス帝に毒キノコを食べさせた。もがき苦しむクラウディウス帝を最初はせせら笑って見ていたが、キノコを吐き出そうとするのを見て慌てたアグリッピーナは奴隷に命じて口を押さえさせた。クラウディウス帝が悶死した後、ネロは**「キノコのおかげで皇帝になれた」**と平気でキノコの霊験を讃えていたという。

＊

最初のうちネロ帝は賢帝だった。家庭教師の哲学者セネカの補助を受け善政をおこなった。が、しだいにママがうっとうしくなってくる。権力欲丸出しで、何でも口を出したがるママに対し、ついにネロ帝の目に殺意が宿った。ネロ帝が差し向けた殺し屋がナイフを持って迫った時、アグリッピーナは憤然と自分の腹を指差して、刺客に言い放った。

「ここを刺せっ。ここからネロは生まれてきたのだから！」

母の死体を見たネロ帝のコメントが、これまた鬼畜の外道である。

「母ちゃんって、こんなきれいな女だったんだなあ……♡」

＊

うっとうしい存在がもう一人いた。セネカである。ネロ帝の乱れ始めた生活に苦言を呈するこの先生に対し、ついにネロ帝は自殺を命令した。セネカは手首の血管を切って死んだ。セネカの妻も夫の後を追って自殺しようとしたが、「女まで殺した」と非難されることを恐れたネロ帝の命令により、妻の傷には包帯が巻かれた。偉大な哲学者の死によりすべての桎梏（しっこく）から免れた**ネロ帝はありとあらゆる悪に耽った**（内容は言えない……）。

ネロ帝の悪行で有名なものはキリスト教徒の虐殺である。ネロ帝は以前から**「自分の記念建築を建てるスペースがローマの中心にはないなあ。いっそローマが燃えてくれればいいのに」**と不気味な発言をしていたのだが、ついにローマに大規模な火事が起こった。ネロ帝は張り切って消火を指示しつつ、犯人をキリスト教徒と決めつけて多くのキリスト教徒を見せしめに殺した（殺し方は省略）。そしてキリスト教徒の親玉とされたペテロとパウロが捕らえられた。パウロはローマ市民として首を切られ、ペテロは競技場で逆さ磔（はりつけ）にされ、その死体は競技場の横の共同墓地に投げ捨てられた。そのペテロの墓の上に建てられたのが現在のサン＝ピエトロ（聖ペテロ）大聖堂である。

＊

しかしおごれるネロ帝にも最後の時がきた。スペイン総督が反乱を起こし、ローマに殺到して来たのだ。元老院まで反乱に賛成してしまったので万事休すだった。捕まったら死ぬまで鞭（むち）打ちの刑だ。ネロ帝はローマ郊外の友人の別荘に潜んだが、どうしても自殺できない。毒薬を飲む勇気もなく、川に身投げする勇気もなかった。オロオロしているうちに敵の馬蹄（ばてい）の音が聞こえてきた。もうグズグズできない。奴隷に助けられながら首の頸（けい）動脈を切る時にネロ帝が言った最後の言葉はこれだった。

「ああ、なんと惜しい芸術家が死んでしまうことか……！」

解答と解説

復習ポイント の答え

① （1人目）ネルウァ帝…トラヤヌス帝を後継者にしたことが業績。
（2人目）トラヤヌス帝…ダキアを支配してローマ帝国最大版図を実現。
（3人目）ハドリアヌス帝…ブリタニアに長城を築き、帝国防備に配慮。
（4人目）アントニヌス＝ピウス帝…バランスのとれた政治をおこなったために、彼の時代には大規模な戦争が起きていない。
（5人目）マルクス＝アウレリウス＝アントニヌス帝…異民族の侵入や天災に賢く対応。「哲人皇帝」として『自省録』を著す。

② 3世紀から始まる、**奴隷を使わずに小作人を使う大所領経営制度。**
土地の所有者が「地代」を耕す人から取るようになった経営制度である。
ラティフンディアでは奴隷をこき使ったが、奴隷は元々やる気がないので働かないし、奴隷の数が不足すると高くつくようになる。そこで奴隷でない没落市民や解放奴隷を、小作人として利用し土地を耕させるようにした。小作人は移動は制限されたが、結婚や財産所有の自由は認められたので、頑張って土地を耕したのである。

アクティヴィティ の答えの一つ

「元首」プリンケプスprincepsは英語のprincipal「先頭の、代表の」の語源であり、「市民の先頭に立つ代表」という意味を持つ。したがって「元首」は独裁者でなく、ローマ市民にとっては「われらのリーダー」「委員長」という意識を持てる言葉であった。

しかし「専制君主」ドミヌスdominusは「ご主人様」という、奴隷が主人に向かって呼びかける言葉が元であった。そのためローマ市民は皇帝に対し「なんだか皇帝の奴隷になったような」意識を持ったと思われる。しかしディオクレティアヌス帝の即位の時には、アウグストゥスの時代からもう約300年も経っており、「皇帝」も既成概念（当たり前の考え）になっていた。

逆に言えば、かつての誇り高い「ローマ市民」が、時代を経て「皇帝の奴隷」にまで落ちぶれてしまったことの象徴と言えるかもしれない。

最後の門 の答え

問1 d
（「哲人皇帝」は「アントニヌス＝ピウス」ではなく「マルクス＝アウレリウス＝アントニヌス」が正しい。この問題は五賢帝の名前をうろ覚えしている受験者を標的にしている）

問2
1. ウ
（ネロ帝は紀元後1世紀の皇帝〔在位54～68年〕であり、3世紀の軍人皇帝時代の皇帝ではない）
2. エ
（「四帝分治」をおこなったのはディオクレティアヌス帝）

（解説）
ローマ皇帝は意外に試験に出てくるので、名前と業績を覚えておこう。五賢帝は有名なわりに、名前がややこしいので、出題者が狙い撃ちしてくる。しっかりと覚えておこう。

キリスト教とローマ帝国
——「十字架」は屈辱から救いの印に

ローマが帝国になっても、混乱してばっかりみたい。

そりゃ支配領域があまりにも大きいからだ。地中海の周辺を治める「地中海帝国」であったローマは、当然、外部からの侵入や影響を受ける。その中で最も深刻な影響をもたらしたものがキリスト教だった。

序曲 「このしるしによってお前は勝つ」

312年、コンスタンティヌス帝は眠れない夜を過ごしていた。明日は運命を決める大決戦が待っている。勝った方が皇帝、負ければ死だ。

7年前にディオクレティアヌス帝は自ら決めた皇帝定年制に従って、皇帝を引退した。引退後はキャベツ作りに精を出していたらしい。

しかし他の皇帝たちで引退する者はいなかった。権力を目指して取っ組み合いの大ゲンカを続け、最後に生き残ったのがコンスタンティヌス帝ともう一人の対立皇帝だった。そしてその最後の戦いが迫っていた。

ふとウトウトした時にコンスタンティヌス帝は見た。天に輝く十字架があらわれ、「**このしるしによってお前は勝つ**」(In hoc signo vinces)という文字が空中に浮かび上がったのである。飛び起きたコンスタンティヌス帝は将軍たちを集め、すぐに全軍の旗に十字架を描くように命令した。最後の戦いは記念碑的な大勝利に終わった。対立皇帝は乱軍の中で死んだ。ローマに凱旋するコンスタンティヌス帝の心にはあの言葉がいつまでも消えなかった。「……このしるしによってお前は勝つ！」

第1幕　イエスの生涯と使徒の布教——イエスからキリストへ

①　イエスの教える「愛」の意味とは？

紀元後1世紀のパレスチナ地方はローマの支配下に置かれており、ユダヤ属州と呼ばれていた。この地にはローマ人の総督がおり行政権を握っていた。このような隷属的な政治状態に多くのユダヤ人がムカついており、モーセのようなメシア（救世主）がユダヤ人を率いて独立させてくれることを願っていた。「テロに訴えてもローマを倒すべきだ」と訴える過激派も多く、ローマ総督はこの地を治めるのに苦労した。

そんな面倒な所だったら捨てちゃってもいいんじゃない？

いや、なにしろパレスチナ地方は大昔からメソポタミアとエジプトをつなぐ重要地点だったから放棄するわけにはいかない。

この宗教的な地域で幅を利かせていたのはユダヤ教の一派**パリサイ派**だった。簡単に言えば「石頭軍団」で、ともかく「律法を守れ」と強固に主張していた。例えば安息日の問題だ。モーセの十戒にも書いてあるのだが、1週間に1日の「安息日」（ユダヤ教では金曜日の夜から土曜の夜まで）は働いてはならない。食事は前の日に作っておく。

休みならディズニーランドに行くなあ、私なら

ダメ、絶対！　この安息日は休む日であって、遊ぶ日ではない。歩く歩数まで決められており、病院にも行けない。そんな宗教的に硬直し、ローマに隷属した末期症状のパレスチナに**イエス**があらわれた。

イエスは「安息日は人のために定められたのであり、人が安息日のためにあるのではない」とパリサイ派を批判し、人々に神の絶対愛と隣人愛を説いた。**絶対愛**とは「神の愛がすべての人に平等であること」を意味し、**隣人愛**は「神を愛するのなら、あなたの隣人を愛すること」を意味した。人々はイエスを見て「この人こそわれわれをローマから救ってくれる救世主」であると思い込んでしまった。イエスは人々をローマから救うためではなく、罪から救うために来たのだが、イエスの弟子たちの中にもカン違いしている者がけっこういた。

パリサイ派を中心とするユダヤ人はイエスを「ローマに対する反逆者」としてローマ総督に訴え、イエスはついに十字架にかけられてしまう(磔刑)。テーマ14のコラムでも言及したが、磔刑は反逆者を見世物にするためのローマの殺し方であり、**イエスは政治犯として処刑されたのだ。**

② 使徒の出現と「人類救済計画」

ところがイエスの処刑の数日後、イエスの弟子たちが人々に訴え始めた。「**イエスは復活された！　この目で見たのだっ！**」。弟子たちの目はウソをついている目ではなかった。そしてイエスの弟子たちは「使徒」と呼ばれ、布教を開始したのだ。「イエスの復活」を信じる人たちのことをキリスト教徒と呼ぶ。この使徒の中で一番活躍したのがローマ市民権を持っていたパウロだった。元々パウロはキリスト教徒を弾圧していた人物だったが、劇的な回心をとげて信者となり、ローマ帝国のいたる所でキリスト教を伝えた人物だった。パウロは「**イエスこそは『過ぎ越しの祭』の子羊(テーマ4のコラム参照)のように自らを犠牲にして世界の人々を罪から救った、本当の救世主(ギリシア語でクリストス)である**」と考え、イエスをキリスト(救い主)と呼んだ使徒である。この時からイエスは「イエス＝キリスト」と呼ばれる。

第2幕 キリスト教化するローマ帝国

① いじめにあっても絶対に土下座はしない

使徒たちの活躍でキリスト教はローマ帝国に広まり始めた。最初、人々はこの新宗教に無関心ではあったが、キリスト教が社会的に無視できない勢力になってくると、しだいに迫害するようになった。タキトゥスのような知識人でも「邪教」と呼んでいる。それは一神教のキリスト教徒は決して皇帝の像を礼拝しなかったからだ。ネロ帝の迫害(64年)から、ディオクレティアヌス帝の大迫害(303年)にいたるまでローマ皇帝はこの「邪教」を抹殺しようとしたが、失敗に終わっている。

キリスト教信者たちは**カタコンベ**と呼ばれる地下墓地を礼拝所とし、ローマ司教を中心として固い団結心を誇っていた。このローマ司教のことを後の人々は**教皇**と呼ぶようになる。そして乱れ、混乱していた3世紀になると、ローマ帝国でまともなモラルを持っている

人々はキリスト教徒ばかりになってしまっていた。そこで皇帝も「いっそキリスト教を公認して、味方にした方がよいのではないか」と考えるようになった。その人が**コンスタンティヌス帝**だった。

コンスタンティヌス帝は皇帝になると、313年に**ミラノ勅令**を発布し、キリスト教を**公認**した。これでキリスト教徒は見つかっても火炙り(ひあぶ)りにされることはなくなったので、彼らはコンスタンティヌス帝を応援する支持基盤となった。しかしローマは今までの宗教勢力の力が意外に強く、皇帝が自由に政治ができなかったので、思い切ったことにコンスタンティヌス帝は首都をビザンティウムに移したのだ。この町はボスフォラス海峡に面しており、難攻不落の要塞としても知られていた。そして、この遷都以来、**コンスタンティノープル**(「コンスタンティヌスの町」という意味)と呼ばれるようになった。現在のイスタンブルである。

② 事件は「会議」で起きるものだ

重大な問題があった。**それはキリスト教の教義がバラバラであったことだ**。なにしろ今まで非合法の地下活動だったから意見統一の会議なんて開けなかった。そこでコンスタンティヌス帝自らが司会者として325年に**ニケーア公会議**を開いたのだ(ちなみに**公会議**とはキリスト教の重要な教義を決定するために開かれる教会の会議であり、だいたい100年に1度しか開かれていない)。キリスト教の根本教義を決めてしまおう、ということだったが難関にぶち当たってしまった。

それはキリストと神の関係についてだった。「**神である父と、子であるキリストは同一である。したがってキリストは神と同じ力を持つ**」と説く**アタナシウス派**と、「**いや、父と子は重ならず、バラバラである。キリストは神のような力を持たない『人』である**」という**アリウス派**の意見が対立してしまったのだ。

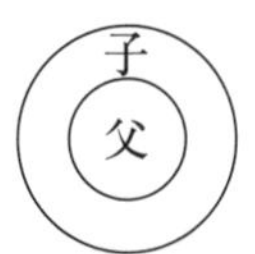

①アタナシウス派

②アリウス派

キリスト教の「聖霊」っていったい何ですか?

「神と人間をつなぐ力」だと思う。神とキリストに加え、聖霊が人間に働きかけているために、人間は神やキリストと常につながることができる。聖霊の働きがなければ人間は「教会」という組織を作っても神やキリストとつながることができない。キリスト教において「教会」が大切なのは聖霊の力があるからだ。

17

このニケーア公会議ではついにアタナシウス派の考えが正統として認められ、**アリウス派は異端**（誤った考え）**として帝国を追放されてしまい、ゲルマン人に布教するようになる。**アタナシウス派が主張した「**父と子と聖霊は同じである**」という考えを**三位一体説**と呼ぶ。

三位一体とは「**三つのものは違う形や役割をもってあらわれるけれども、元は一つである**」と定義できるかもしれない。例えば「光源」と「光」と「熱」は別々の形であらわれているけれども元は一つのものだ。そうなるとアリウス派のように別々に分別してしまうことは正しくないことになる。ところが、**ネストリウス**が出てきて、「**父と子と聖霊は完全に同一ではない。一部が重なり合っているだけだ**」と主張した。と、なるとキリストは一部は神だが、一部はただの人となってしまう。このネストリウスの説とアタナシウス派の教義の決着をつけるために開かれたのが431年の**エフェソス公会議**だ。この会議ではネストリウスの説が異端とされて帝国を追放されてしまい、**ネストリウス派はササン朝から中国の唐王朝へと布教することになる。**正統とされたアタナシウス派が後の**カトリック教会**になった。

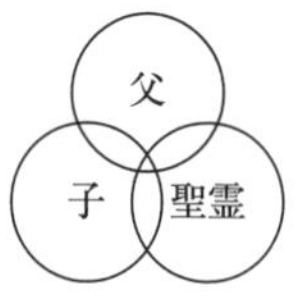

③ネストリウス派

で、コンスタンティヌス帝ってキリスト教徒になったんですか？

いや、なっていない……と思う。エウセビオスというキリスト教徒の歴史家によると「臨終の際に洗礼を受けた」とされているのだがね……。

復習ポイント

① イエスの主張した「愛」とはどんな愛だろうか。

② ニケーア公会議とエフェソス公会議は、それぞれが何をめぐって開かれたのか整理しよう。

アクティヴィティ

イエスはなぜ「キリスト」と呼ばれるのでしょうか。

ローマ＝キリスト教史年表

紀元後1年　イエスの誕生（とされているが実際には紀元前4年？）

「キリストの誕生日の12月25日は古代ローマでは太陽の誕生日」

紀元後30年頃（?）　イエスの処刑

「当時のローマ皇帝は2代目のティベリウス帝」

64年　ネロ帝によるキリスト教徒迫害

→連続する迫害。五賢帝も迫害しているがゆるやかだった

303年　ディオクレティアヌス帝による最後の大迫害→失敗

「妻と娘までもキリスト教徒になっていたらしい。こりゃ勝てん」

313年　コンスタンティヌス帝によるミラノ勅令でキリスト教が公認される

「このしるしによってお前は……勝ったね……！」

325年　ニケーア公会議…アタナシウス派が正統として認められ、アリウス派が異端とされる

（→これによりアリウス派、ゲルマン人に布教をおこなう）

431年　エフェソス公会議…ネストリウスの説が異端とされる

（→追放されたネストリウス派はイラン～中国に布教）

最後の門　下の問題は大学入試問題を出典にした問題です。答えなさい。

問1　下の文を読み、（　　）内の語句から最も適切だと思われるものを選びなさい。

a（①マルコ　②マタイ　③ペテロ　④パウロ）は、もともとパリサイ派に属し、熱心なユダヤ教徒としてキリスト教徒を迫害していたが、のちに回心し、神の愛は異邦人にもおよぶとしてパレスチナ以外の領域にもキリスト教を広めた。（中略）皇帝を神としてあがめることをしないキリスト教徒は反社会的集団とみなされ、迫害を受けた。しかしb（①コンスタンティヌス帝　②ユスティニアヌス帝　③カラカラ帝　④ハドリアヌス帝）によりキリスト教は公認された。

（学習院大・改）

問2　キリスト教が公認された313年の事件を下から選びなさい。

①　アントニヌス勅令　②　エフェソス公会議　③　ニケーア公会議　④　ミラノ勅令

（学習院大・改）

イエスの教えと言葉
——よきサマリア人のたとえ

(「ルカによる福音書」10章25節〜37節)

律法学者がイエスに聞いた。「律法に『隣人をあなた自身のように愛せよ』と書いてありますが、私の隣人とは誰ですか」。イエスは言った。

「あるユダヤ人が旅の途中に強盗に襲われた。彼らはすべてのものを奪い、その人を半殺しにしたまま行ってしまった。

そこへ同胞の司祭が通りがかったが、その人を見ると無視して道の向こう側を通って行った。またユダヤ教の神殿の管理人も通りがかったが、同じように道の向こう側を通って行った。

そこへ来たサマリア人(当時、ユダヤ人から差別されていた人々)がその人を見て哀れに思い、近寄って傷口を洗ってあげ、包帯を巻いてやった。そして自分のロバにその人を乗せると、宿屋に連れて行き、介抱した。そして次の日に宿屋の主人にカネを渡し、『この人を介抱してあげてください。カネが足りなかったら帰りにまた払いますから』と言った。

さて、あなたはこの3人のうち、誰が強盗に襲われた人に対して、隣人として振る舞ったと思うか」

律法の専門家は言った。**「あわれみを施した人です」**。イエスは言った。**「では、あなたも行って、同じようにしなさい」**

＊

姦淫(かんいん)の女(「ヨハネによる福音書」8章1節〜12節)

イエスが民衆に教えていた時、律法学者とパリサイ派の人々が不倫の現場で取り押さえられた女を連れて来て言った。

「モーセはこんな女は石を投げて殺すようにと、私たちに命じています。あなたはどう考えますか?」。こう言ったのはイエスを試して、訴え出る口実を得るためだった。イエスは地面に何かを書いていたが、彼らがあまりにもしつこく問い続けるので、身を起こして言った。

「あなた方の中で罪を犯したことのない人が、まずこの女に石を投げなさい」。これを聞くと人々は年長者から始まって、一人一人と去っていった。

皆が去った後、イエスは女に聞いた。**「あなたを処罰する人はいないのか」**。女は言った。**「主よ、誰もおりません」**。イエスは言った。**「私もあなたを処罰すべきだとはみなさない。行きなさい。そして、これからは罪を犯さないように」**

＊

犯罪人の回心(「ルカによる福音書」23章39節〜43節)

十字架にかけられたイエスを、同じように十字架にかけられた犯罪者がののしった。

「お前はメシアなんだろ。だったら自分とオレたちを救ってみろ」。すると同じように十字架にかけられているもう一人の犯罪者がたしなめた。

「オレたちは自分のやったことの報いを受けているのだから罰は当然だ。だが、この人は何もしていない」

そしてその犯罪者がイエスに言った。**「イエス様。あなたがお力を持つ時に、どうか私のことを思い出してください」**

イエスは言った。**「あなたは今日、私とともに楽園にいるだろう」**

解答と解説

復習ポイント の答え

① **イエスが重んじたのは、差別のない平等な愛である。**

　イエスは神のもとではすべての人が平等に愛されており、それゆえ差別されている人、仲間はずれにされている人たちも愛さなくてはならないことを強調する。この愛こそ世界史を変えた「愛」である。

② **それぞれの公会議は、「神」と「キリスト」と「聖霊」の関係について話し合ったのである。**

　この三つが同じでなく、デコボコの関係にあるとしたら、「イエスはモーセやムハンマドと同じ人間の預言者」ということになる。するとイエスが何のために十字架にかけられたのか、意味がわからなくなってしまう。イエスは「神の子として全人類の罪をあがなうために、十字架にかけられた」のであって、そのため、父である神と、子であるキリストと、聖霊の関係は重要な問題となったのだ（ただし、ニケーア公会議の時点では、「聖霊」については話し合われていない）。

アクティヴィティ の答えの一つ

　イエスがキリスト（救い主）と呼ばれるのは、「**神の子であるイエスが自分自身を犠牲にすることによって、すべての人間を罪から救おうとした**」からだと考えられ、かつ信じられている。

　イエスは最初、周囲からユダヤ独立の政治的リーダーと見られていた。そのためイエスは最後に謀反人（むほんにん）として十字架にかけられてしまった。しかし「イエスの復活」を実際に見た弟子たちは、イエスの十字架には深い意味があることを感じた。

　イエスが十字架で死に、よみがえったのは、「人間は深い罪（死）から救われ、よみがえることができる（復活）」という喜ばしい知らせを人間に伝えるためだったのだ。『新約聖書』の「イエスの生涯と教え」を伝える書を「福音書」と呼ぶのは、それが人間にとって「喜ばしい知らせ」（福音）となるからである。

最後の門 の答え

問1　a　④　　b　①

（aのヒントは二つ。一つ目は「迫害者から回心して使徒となった」、二つ目は「パレスチナ以外の領域にキリスト教を広めた」で、これにあてはまるのはパウロである）

問2　④

（①のアントニヌス勅令とは、カラカラ帝が212年に帝国の全自由人にローマ市民権を与えた命令を指す）

18 ローマ帝国の滅亡とローマ文化
――「さらばだ！　永遠の都よ」

ローマもやっと終わりだね。やれやれだぜ。

ローマがいつ終わるかは論議のあるところだ。「西ローマ帝国が滅びた時」とか「いいや、イスラーム教徒が地中海を支配した時」とか諸説ある。ここでは西ローマ帝国が滅びるところまでをまず見てみよう。

第1幕 背教者ユリアヌス帝、そしてキリスト教の国教化

コンスタンティヌス帝がキリスト教を公認した後のローマ帝国だが、早い話がけっこう混乱状態だった。なかには、**古代からの異教を復活させようとしたユリアヌス帝**みたいな人も出てきたのだ。

キリスト教を否定したんですか！

「**背教者**」（キリストの教えに背く者）と言われたユリアヌス帝の治世はたった2年。最後はササン朝に攻め込んで戦死してしまったのだ。

後に優秀な将軍であった**テオドシウス**が皇帝となる。彼は敬虔なキリスト教徒であり、392年にキリスト教を国教としたのだ。

キリスト教を何？　たしかコンスタンティヌス帝がもうしたよね

コンスタンティヌス帝は「**キリスト教を宗教の一つとして認めた**」のであって、テオドシウス帝は「**キリスト教以外の宗教を禁止した**」のだ。この差は大きい。ギリシア神話の神々はこの時に、息の根を止められてしまい、今は天体にしか名前は残っていない。しかもテオドシウス帝は395年に自分の二人の息子のためにローマ帝国を東西に分割してしまっ

たのだ。東西に分かれたローマ帝国はもう二度と一つには戻らなかった。

第2幕 末期症状とご臨終、そして死因 ——476年にお亡くなり

テオドシウス帝以降、東西ローマ帝国は再び混乱に陥ってしまう。4世紀末〜5世紀にかけて西ローマ帝国の末期症状が次のようにあらわれる。

① **「中央権力の不在と無政府状態」**つまり国家システムの瓦解と無法状態で、その多くは皇帝の無能と身内争いが原因だ。日本も室町幕府の末期はこんな状態だったらしいな。

② **「市民のモラル低下」**〈戦争に参加する者が政治に参加する〉という原則がなくなると、ギリシアもローマも堕落が待っている。戦いは外国人部隊にまかせ切りでは、彼らに天下を奪われてもしょうがない。

③ **「硬直する社会」**巨大な軍事費を捻出するためにコンスタンティヌス帝は都市民に重税をかけた。払わなければ死刑なので、金持ちも貧乏人も都市から逃げ出してしまい、都市はシャッター通り商店街だらけとなった。そこで皇帝は「移動は認めん」「親の職業を子どもは継ぐ」ことを強要した。その結果、専制君主政のもとで「ローマ市民」の自由の権利は失われてしまい、動きの少ない「中世」の時代となる。

④ **「地方の勝手な独立」**都市が多機能不全に陥ると、地方で大所領を経営しているご領主様が私兵を雇って、勝手に地方を支配するようになった。彼らは後の中世の時代には「封建領主」と呼ばれるようになる。言い換えれば日本史で言うところの「戦国大名」かな。

そして、いよいよ西ローマ帝国のご臨終だ。476年、傭兵隊長のゲルマン人**オドアケル**が西ローマ帝国を滅ぼした。

ゲルマン人が、暴力でローマを火の海にしたんだ！

傭兵に給料を支払えなくなった皇帝をオドアケルがローマから追放してしまったのが現実。たったこれだけであって、「自分は卑しいゲルマン人だから皇帝にはなれません」というわけでオドアケルは皇帝にもならなかった。一応、皇帝がいなくなってしまったので、これで西ローマ帝国は滅亡したわけだ。

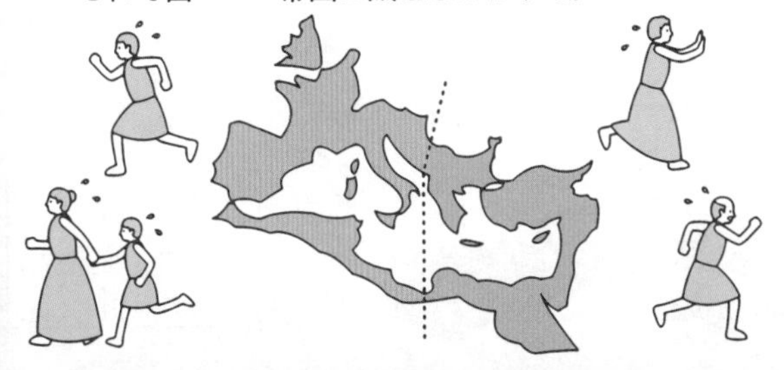

オドアケルのことから、西ローマ帝国の「死因」を「**ゲルマン人のせい**」とする考え方が強いのだが、ゲルマン人は3世紀頃から平和のうちに帝国に移住して、下級官吏や傭兵、コロヌスになっていた。いわゆる**難民**として住み着いていたのだ。たしかに375年から始まるゲルマン人の大移動では混乱をもたらしたが、突然に100万もの人々が入ってくれば大混乱は起こって当然だろう。西ローマ帝国の本当の死因は、その末期症状から見て「老衰」であり、古代から中世への時代の変わり目の一つの区切りだったと言えるかもしれない。

第3幕 ローマ文化 ——日常生活に残っているその「遺産」

① 車やアニメや映画にも出てくるラテン語

帝国としてのローマは滅びたが、ローマの遺産は長く残った。

哲学でも芸術でも学問でもローマが生み出したものは実は少ないが、ローマ以前の文化をまとめ上げて世界に広めたのはローマの功績だ。

ローマ帝国の言語であった**ラテン語**は今でも頻繁に使われている。「コロナ=花冠」という意味だな。例えば車の名前(「プリウス=～に先駆けて」「カローラ=小さな花冠」「インテグラ=完全な」)や自動車会社名(「アウディ=聞け!」「ボルボ=私は回る」)などラテン語がよく出てくる。**アニメやマンガ、映画**にもラテン語がよく使われている(呪文など……)。『天空の城ラピュタ』の悪役ムスカはラテン語で「ハエ」という意味。映画の『マトリックス』とは「子宮」という意味だ。ラテン語は現在では**動植物の学名**に用いられており、恐竜の名前もラテン語起源が多い。トリケラトプスは「三つの角を持った顔」というラテン語だ。そして**カトリック教会のミサ**で用いられる言葉も以前はラテン語が使われていた。だからモーツァルトやベートーヴェンのミサ曲は全部ラテン語だ。ラテン語という母さんは死んでしまったかもしれないが、その子どもたち(フランス語・イタリア語・スペイン語など)は世界的な大言語に育っているのだ。

② 建築も法律もローマ時代のものが現在まで残っているっ!

土木・建築をはじめとする実用的な文化でもローマは優れた力を発揮している。**アッピア街道**は紀元前4世紀にアッピウスという監察官によって建設が開始されたが、今でもこの道を車が普通に走っているのには驚く。また剣闘士の試合がおこなわれた**コロッセウム**(円形闘技場)や南フランスを走る**ガール水道橋**、世界の神々を祀(まつ)った**パンテオン**(万神殿)、

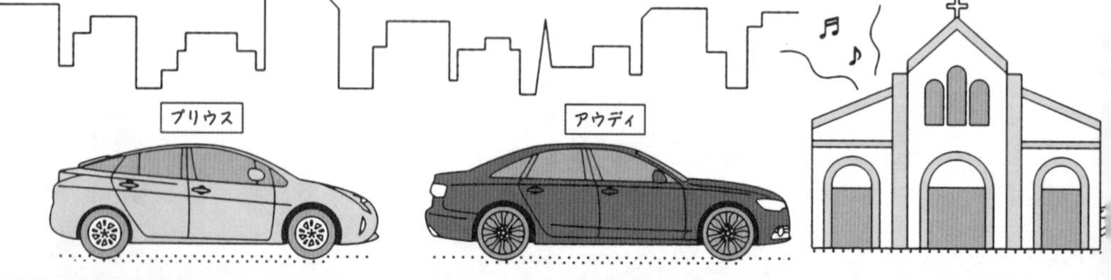

そしてローマにある**コンスタンティヌス帝の凱旋門**は、後にナポレオンがマネして同じような凱旋門をパリに作ったほど有名な建築だ。そしてローマと言えば**法律**だ。十二表法から始まるローマ法はローマの支配領域が広まるにつれて、帝国に住むすべての人民に適用される万民法になる。つまりすべての人々に適応できる普遍的な法律が必要になったわけだ。そして集まった法律は6世紀に、東ローマ帝国の**ユスティニアヌス大帝**の命令で**トリボリアヌス**らの法学者らによって**『ローマ法大全』**に編集された。ローマ法は中世以降、西ヨーロッパで研究され、それぞれの国々の法律の基盤となった。

ところでそのローマ法って私に何の関係があるんですか？

実は大あり。現在の日本の民法だって元をたどればローマ法だ。明治時代にボアソナードなどの努力で日本にもヨーロッパの法律が導入され、そのためローマ法が日本でも使われるようになったのだ。

③　ローマ文化は、ずぅ〜っとヨーロッパのお手本

文化で活躍した人はワールドワイドに有名な人たちだ。

カエサルと同時期に活躍したのが**雄弁家**の**キケロ**。この人の文章は難しいけれど、後々までヨーロッパ文化人のお手本になっている。あとネロの家庭教師だった**セネカ**は**ストア派の哲学者**として有名だ。

アウグストゥスの時代では**詩人**の**ウェルギリウス**と**歴史家**の**リウィウス**がラテン文学の黄金時代を築いている。ウェルギリウスはローマ建国の叙事詩**『アエネイス』**を書き、リウィウスは**『ローマ建国史』**を著述している。この二人はルネサンスの時代に人気があった人たちだ。例えば詩人のダンテは『神曲』の中でウェルギリウスをあの世への案内人として登場させているし、歴史家で文章家のマキァヴェリはリウィウスの『ローマ建国史』を手本にした『政略論』という作品を書いている。

五賢帝時代になると、歴史家の**タキトゥス**が出てきてゲルマン人の歴史、習慣や文化を扱った**『ゲルマニア』**やアウグストゥスからネロ帝までの歴史を扱った『年代記』を書いている。タキトゥスは共和政支持者で、『ゲルマニア』でゲルマン人が民主的な政治をおこなっていることを指摘し、帝政をチクッと批判しているのだ。

そして自然科学の分野では1世紀に**プリニウス**が出てきて**『博物誌』**を書いている。こ

18

の本は『昆虫記』のファーブルが愛読していた。

今まではラテン語で書かれた本を挙げたが、次は**ギリシア語**の本だ。

ギリシア語なら、古代ギリシアじゃないんですか？

ローマはバイリンガル社会で、教養人だったらギリシア語を話すのは普通だったので、ギリシア語の本が大いに書かれ、読まれた。

歴史家だったらローマ史について『歴史』を書いた**ポリビオス**と、**『対比列伝』**（**『英雄伝』**）を書いた**プルタルコス**が有名。地理だったら**ストラボン**が**『地理誌』**を書き、当時知られていたインドからヨーロッパにいたる地理を書き残している。それから、五賢帝最後の**マルクス=アウレリウス=アントニヌス帝**はストア派の哲学者としても知られているが、彼はギリシア人ではないのに**『自省録』**をなんとギリシア語で書いている。

自然科学の分野なら、「**天動説**」（宇宙の中心は地球である）の**プトレマイオス**がよく知られている。プトレマイオスの宇宙観は16世紀にコペルニクスが地動説をとなえる前までは世界で広く信じられていた。

最後にキリスト教関係。重要なのは**アウグスティヌス**だろう。元々は遊び人だったが**教父**（キリスト教の教義の基礎を作った人）となり、**『告白録』**や**『神の国』**をラテン語で書いている。「ヤンキー」から「信仰の父」となっていく彼の歩みは、古代から中世への移行をあらわしている。

復習ポイント

ローマ文化で「詩」「文学」「歴史・地理」「自然科学」「キリスト教」を代表する作品を一つずつ挙げ、その作者を書いてみよう。

アクティヴィティ

ローマ帝国の滅亡の原因を「医学」にたとえて、「内部的要因」「外部的要因」に分けてカルテを作ってみましょう。

ローマ史⑥年表

392年	テオドシウス帝がキリスト教を国教化 「これ以降、信じていいのはキリスト教だけとなった」
395年	テオドシウス帝がローマ帝国を東西に分割
476年	西ローマ帝国の滅亡 「でも東ローマ帝国はまだまだ長生きするよっ！」

ローマ文化一覧表（作品名・主要テーマは色字で表示）

（詩・文学）	ウェルギリウス…『アエネイス』ローマ建国叙事詩	
	ホラティウス…『叙情詩集』など。一言名言が得意	
	オウィディウス…『転身譜』	「美少年が花になってしまう話など」
（哲学）	キケロ…『国家論』など。	「キケロでは『老年について』が一番好き」
	セネカ…『幸福論』など。	「ネロの先生になったのが過ちの元」
（歴史・地理）	ポリビオス…『歴史』「政体循環史観」（＝政治形態はめぐるもの）	
	リウィウス…『ローマ建国史』	「現在残っているのは1/4程度……」
	タキトゥス…『ゲルマニア』	「古代ゲルマン人についての史料です」
	ストラボン…『地理誌』	「バカボンではなくストラボン」
（自然科学）	プリニウス…『博物誌』	「この人についてコラムに書きました」
	プトレマイオス…天動説	「コペルニクスまではこの考え方が普通」
（キリスト教関係）	アウグスティヌス…『告白録』『神の国』※教父	
	エウセビオス…『教会史』※教父	「恐怖ではなく教父！」

最後の門 下の問題は大学入試問題を出典にした問題です。答えなさい。

問1 392年にキリスト教以外の他のすべての異教の信仰を禁じたローマ皇帝はだれか。

① テオドシウス帝　② マルクス＝アウレリウス＝アントニヌス帝

③ マリウス帝　④ アントニウス帝

（学習院大）

問2 ローマの詩人で『アエネイス』を著したのはだれか。

a.ホラティウス　b.ウェルギリウス　c.タキトゥス　d.リウィウス

（関西学院大）

ポンペイ最後の日
――プリニウスの活躍と死

南イタリアのリゾート地、ポンペイはこの日の朝、空は青く澄みわたり、道行く人たちはいつもどおりの挨拶をしていた。「いやー！　今日も暑いですねェ」。**紀元後79年8月24日、その日こそポンペイ最後の日となったのである。**

＊

ポンペイの近くのミセヌスという土地に『博物誌』を書いた大学者**プリニウス**の別荘があった。24日12時頃、**ヴェスヴィオス火山**に異様な噴煙が見える、という報告が入った。この爆発の瞬間を見て興奮した博物学者プリニウスは、近くで火山の爆発を観察すべく船に乗り込んだ。ところがヴェスヴィオス火山に近付いてみると、**そこは地獄の光景だった。**大量の灰が降り積もり、噴火で黒く焼けただれた軽石や、砕けた小石が降ってきた。地震が不気味に続き、そのため海岸が盛り上がってしまったため、船は海岸に容易に近付けなかった。

そこへ恐ろしい灼熱の溶岩が流れて来た。逃げ惑う人々の悲鳴が一斉に響きわたった。これを見たプリニウスは科学研究を中断し、むりやりに船を接岸して被災民の救助をおこなうことにした。そして逃げる人々を船に乗せ、自らは上陸して救助活動に全力を尽くしたのだ。

＊

夜が来た。それは最も長く、恐ろしい夜だった。

暗闇の中、山から下ってくる溶岩の真っ赤な炎と不気味な閃光がまたたき、聞こえるのは地震の地なりの音と雷鳴と人々の悲鳴だった。

おびえる人々をプリニウスは力強く励ましていたが、地震によって家が割れ、火山灰が降り積もる中、何とも言えぬ硫黄の臭いが不気味にただよい始めると、人々のパニックは頂点に達した。

「ああ！　この世の終わりだ！　ついに、この世の終わりがきたのだ！」

プリニウスは科学的に理性をもって火山現象を説明しつつ、人々の不安を取り除いていたが、**本当に最後の時がやってきた。**

いよいよ大きな地震が起こり始め、家は土台から根こそぎ倒れ始めた。外へ出るとラグビーボールほどの岩が降っている。人々は恐怖のあまり家の中にとどまろうとしたが、プリニウスは土石流や溶岩流の起こることを考え、理性をもって外に逃げることを主張した。プリニウスの言葉を信じた人々は枕をヘルメット代わりに頭に結び付けて、外へ逃げ始めたのである。

この時、プリニウスを信じて逃れた人々の多くはこの地獄から脱出することができた。しかし、喘息を患っていたプリニウスは火山ガスによって息がつまり、とうとう途中で倒れ、亡くなってしまった。

「やっと太陽が戻った時、プリニウスの体は、かすり傷もなく、生前のままの服装を身に着けていました。その様子も、死んでいるよりも眠っているように見えました」（その場にいた甥の手紙より）

＊

朝になったというのに、夜のように辺りは暗黒のままだった。その中をプリニウスが予言していたように、恐ろしい土石流がついにポンペイの町を襲ったのである。家の中にとどまった人は皆、火山の土石流に埋められ息絶えた。**そして昨日までのリゾートタウンは不気味な轟音（ごうおん）の中、ついに死の町となったのである。**

解答と解説

復習ポイント の答え

ギリシア文化と同じようにローマ文化一覧表で確認してほしい。この問題のポイントはやはり「人名→作品名」ではなく、「**作品名→人名**」の順番で覚えること。

＊ただしギリシア文化ほど「作品名」が重要でないケースが多いので、一覧表に色文字で書いている作品名だけに限定してもよい。

アクティヴィティ の答えの一つ

ローマ帝国の死亡記録(死亡者名・「西ローマ帝国」時期：476年)

(外部的要因)

異民族の帝国内への侵入。

かつてはハンニバルという恐ろしい侵入者ですら克服したローマ帝国だが、内部的要因に別記するように、加齢によって抵抗力が失われ死亡するにいたった。ただし異民族のゲルマン人はローマ帝国の遺産の共同相続人に指定されている(もう一人は東ローマ帝国)。また葬儀の執行は、本人の希望によりキリスト教の形式によるものとする。

(内部的要因)

モラル(市民意識)の喪失による「困難に対する抵抗力」の減少。

かつては頑健な肉体を誇り、質素な生活を愛したローマだった。しかしぜいたくな生活を知り、体内で貧富の差が拡大すると生活の改善を試みるようになる(グラックス兄弟の改革など)。帝政の開始により、なんとか健康を取り戻したローマだったが、美食により、あまりに太りすぎた体(帝国の拡大)は維持が困難となった。キリスト教の服用により体質改善を必死におこなうも、筋肉も硬直状態になり(社会身分の硬直)、最後はデイ・ケアサービス(東西分割以降)を受ける身になった。

わがままな性格で義務(兵役)を果たさず、自分の世話を奴隷やコロヌス、ゲルマン人たちにまかせっぱなしだったため、最後には怒ったゲルマン人によって放置され、死亡にいたる。死因は「老衰」。

最後の門 の答え

問1　①

(前にも言ったけれども「ローマ皇帝の業績」は試験にとっても出やすいので整理しておくと便利！)

問2　b

(作品の中身までは覚えなくてもよい。中身は大学へ行ってから勉強してくれい。え？　今、読んでみたい、だって？　理系ならプリニウスの『博物誌』、文系ならタキトゥスの『ゲルマニア』だな。『ゲルマニア』は意外に読みやすく、面白い〔でもラテン語の原文は超ムズ。推薦入試の面接の時、史学科やドイツ文学科などではタキトゥスの名前は威力を発揮する〕)

東南アジア・インド

実は隠れた世界の主役

第3章

19 インド古代社会と宗教
――宗教はインドではとても大切

ローマの次はっと……おっとインドですか！　カレーの国だね。

インドは哲学や宗教や数学においては優れた業績を残しているけれども、歴史についてはあまり関心がなかったようで、詳しい記録が残っていないのだ。したがって、ここで出てくる年代も「〜頃」と、あいまいな表現になっているのは……やむを得ないことだろう。

前奏曲　インドの地理 ――難攻不落だが一つだけ弱点あり

まず、歴史の前に地理をやろう！　特にインドは川が大切だ！　西を流れる**インダス川**と東を流れる**ガンジス川**の二つはぜひとも覚えておくべきだ。

そんなに重要？

とっても重要。特にインドの語源は「川」を意味する「シンドゥ」という言葉だからな。川こそ文明の源であり、命なんだ。そしてインドは巨大な半島であり、その北にはいくつもの大山脈がフタをするようにインドを守っている。ただし一つだけ弱点があった。それが**カイバル峠**（↓）。

日光の「いろは坂」どころじゃないです！

しかし、この曲がりくねった道しかないのだ。他は4000〜5000 m級の山がそびえているからな。このカイバル峠こそ「インドへの門」であり、この道を通って異民族も英雄たちも皆インドに侵入して来たのだ。

第1幕　古代インダス文明
——なんで滅びたか未だわからない

モエンジョ＝ダーロは今の日本より下水道が完備!?

インダス川沿いには紀元前2600年頃に青銅器文明のインダス文明がおこった。だいたい「文明」という言葉は英語ではcivilization（シヴィライゼーション）と言うのだが、そのうちcivilはラテン語のcivitas（キビタス）からきた言葉で、「都市」という意味なのだ。文明は都市から生まれたものだから、「文字」や「法律」など都市が生み出したものこそ文明の産物なのである。村では「口承」や「掟」で済んでしまうからな。

インダス文明のうち、インダス川上流の**パンジャーブ地方**にある**ハラッパー**と下流の**シンド地方**にある**モエンジョ＝ダーロ**が代表的な遺跡だ。右の写真はモエンジョ＝ダーロの沐浴施設の遺跡なのだが(→)、手前に共同の沐浴場が整備されていることがわかる。モエンジョ＝ダーロにはそれぞれの家に排水口があり、汚水を集める仕組みができていた。今で言う下水道が完全に整っていたのだ。聞けば、日本の都市でも下水道が完全に整備されている町は多くないそうだな。

まだ浄化槽の住宅も残っているでしょうが……

しかしインダス文明については、これ以上はわかっていないことが多い。それはインダス文明の**インダス文字**（ハンコのようなものに刻まれた文字）が未解読だからだ。そのためにインダス文明を作った民族もよくわからない。発掘された青銅像から**ドラヴィダ**系民族である可能性は高いだろう。しかし、このインダス文明も紀元前1800年頃までに衰退してしまった。滅びた理由はよくわかっていない。気候変動や天災の要素が大きく関わっている可能性は大きい。

第2幕 アーリヤ人の侵入 ——現在のインドの社会制度の出発

① ありゃりゃ？ 「アーリヤ人」って何だ!?

紀元前1500年頃になると、北方から**アーリヤ人**があのカイバル峠を越えてインドに侵入してくる。言語から推測するとアーリヤ人は**インド＝ヨーロッパ語族**の一部だ。この語族についてはテーマ2でも言及したのだが、紀元前2000年から、故郷のカフカス山脈を捨てて各地に民族大移動している。今までの例ではメソポタミアに攻め込んだヒッタイトが、そしてギリシアに攻め込んだアカイア人がインド＝ヨーロッパ語族だ。

インドに入ったアーリヤ人は、インダス川上流方面のパンジャーブ地方に住み着き、ドラヴィダ系先住民を支配した。しかしインダス川流域は食料が十分ではなかったので、彼らはもっと食料が豊富にあるガンジス川方面へ紀元前1000年頃に移動している。

この移動の間にアーリヤ人たちは雷などを崇拝する自らの宗教をインドに植え付けた。古代のアーリヤ人の宗教は神への賛歌(＝『ヴェーダ』)の形で残っている。多くの『ヴェーダ』の中でも特に知られている賛歌集である**『リグ＝ヴェーダ』**は紀元前1000年以前にできていた。これらの神を讃える歌は、口承で現在まで正確に伝えられているという。

同時にアーリヤ人がドラヴィダ系先住民に押し付けたのは**ヴァルナ制**と呼ばれる身分差別制度だ。日本では部活動で「ここの学校は先輩と後輩の関係がまるでカースト制度だ」、という言い方をすることがあるが、そんな甘いものではない。もっとも「カースト」という言葉は15世紀の終わりに海路で初めてインドに来たヴァスコ＝ダ＝ガマなどのポルトガル人がインドの身分制度に驚いて、勝手に付けたポルトガル語の「カスタ」(血統)という言葉がなまったものだ。**実際には血統ではなく、肌の色や生まれで差別している。**

② 好きな人と結婚なんかできない「カースト制度」

インドに侵入したアーリヤ人は、先住民のドラヴィダ人を身分制度で押さえ付けようとしたが、その基準となったのが「肌の色」だ。北方出身のアーリヤ人は自分たちに有利なように「肌が白い方が高貴で、黒い方が卑しい」という区分けをしたのだ。この肌の色による区別をインドでは**ヴァルナ**と呼ぶ。このヴァルナとは「色」を指す言葉だ。ヴァルナで区分される身分は大きく四つに分けることができる。

一番上の階級は**バラモン**と呼ばれる**司祭**階級で、このバラモンを中心とする、炎や雷などの自然神を崇拝する古代インドの宗教を**バラモン教**と呼ぶ。2番目が**クシャトリヤ**と呼ばれる**戦士**階級だ。3番目が**ヴァイシャ**と呼ばれる商人や職人、農民階級で、一番下が**シュードラ**と呼ばれる隷属民階級だ。この上位の三つの階級は肌が白いアーリヤ人が独占していたが、下位の階級に押しやられていたのが先住民のドラヴィダ人だった。

この四つのヴァルナ区分がインドの社会の大きな枠組みとなる。

その中でできた細かな職業集団を**ジャーティ（カースト）**と言い、それぞれのジャーティ（カースト）（ツボ作りとか庭師のジャーティ〔カースト〕など）は**集団として他のジャーティと身分の上下が細かく決められており、日常の付き合い（食事や婚姻）が厳しく制限されている**。しかも、インド人の職業は世襲（せしゅう）制なので、ジャーティ（カースト）は自分で勝手に変えることはできないのだ。**結婚も同じジャーティ（カースト）の人とする**。もしも違うジャーティ（カースト）の人と恋に落ちて結婚してしまったら、その人はシュードラより低い最下層の**不可触民（アンタッチャブル）**に落とされてしまうのだ。不可触民とは「触ることもできないほど汚れた民」という意味で、現代のインドでも社会的差別を受けている人々だ。この生まれや職業による細かな区別をインドでは**カースト（ジャーティ）制度**と呼ぶ。社会階級の大きな枠組みを決めているのがヴァルナ制、そして生まれや職業によって階級を細分化しているのがカースト制度と言える。

第3幕 仏教とジャイナ教の成立——身分差別への反対の声

インドで「マスク軍団」を見たらそれはジャイナ教徒

紀元前1500年から紀元前600年頃まではインドは小さな部族社会であった。神々への賛歌『ヴェーダ』が作られていたこの時代を**ヴェーダ時代**と言う。しかし紀元前600年頃から都市国家が生まれるようになり、食料が豊富なガンジス川沿いに**コーサラ国**や**マガダ国**のような強力な国々があらわれると、バラモン教への疑問が起こってきた。なぜならば、これらの国々の中心となったのはクシャトリヤのような武力を持った戦士階級や、ヴァイシャのような経済力を持った商人だったからだ。生まれに頼ってのうのうとカーストの頂点に立っていたバラモンへの疑問から、**カースト制度そのものへの批判が高まってきた**時に

その批判に応える形であらわれたのが、**ガウタマ＝シッダールタ**（尊称はブッダ）が創立した**仏教**（内容についてはコラム参照）と、**ヴァルダマーナ**（尊称はマハーヴィーラ「偉大なる勝利」）が作った**ジャイナ教**であった。ジャイナ教では**苦行**と**不殺生**（動物は虫と言えど殺してはならない）が特に重視される。インドでマスクをしている人を見かけたら、それはジャイナ教徒であろう。彼らは不殺生の教えを守り、虫が口の中に入り込まないように、あえてマスクをかけているのだ。仏教もジャイナ教もヴァルナ制を否定したのが特徴だ。仏教がクシャトリヤ階級の、そしてジャイナ教がヴァイシャ階級の支持を受けるようになると、危機感を抱いたバラモン階級は自ら改革運動をおこなった。今までは祭儀の形式ばかり重視していたバラモン教が、形ではなく内面を見つめる**ウパニシャッド**（奥義書）**哲学**を打ち出すようになった。ただし、ウパニシャッド哲学の内容が難しい。「宇宙をあらわす『梵』と人間の根本である『我』が一つになることで悟りを開ける」ことを説いている……らしい。

復習ポイント

① インドの川と山脈を図に描き、インドの地形を感じ取ろう。

② インドのヴァルナ（肌の色）で作られた社会構成を整理しよう。

アクティヴィティ

バラモン教・仏教・ジャイナ教のそれぞれの特徴と大きな違いは何だろうか。

古代インド史年表

紀元前2600年～紀元前1800年頃　インダス文明が栄える

代表的な都市…モエンジョ＝ダーロとハラッパー

「インダス川上流の方が『原っぱ』（ハラッパー）です」

紀元前1500年頃　アーリヤ人のインド侵入

「先住民が迫害されたケースは、スペイン人によるインディオや和人によるアイヌ民族もある」

紀元前1000年頃　アーリヤ人がインダス川からガンジス川へ移動

「ガンジス川流域の方が稲の栽培に適していたからね」

紀元前1500年～紀元前600年頃　ヴェーダ時代

バラモン教の教典（＝『ヴェーダ』）が作られていた時代

「ヴァルナを基に、いわゆる『カースト制度』の原型となる社会構成が形成されていった時代だ」

紀元前600年～紀元前500年頃　ガンジス川流域に有力な都市国家が成立

「コーサラ国やマガダ国などが代表。都市の有力者は戦士（武士）と商人であった」

紀元前600年～紀元前500年頃（?）　仏教とジャイナ教の出現

仏教もジャイナ教も身分制度であるヴァルナ制を否定した

「仏教が戦士（武士）階級の、ジャイナ教が商人階級の心の支えとなっていったのだ」

最後の門　下の問題は大学入試問題を出典にした問題です。答えなさい。

問1　古代インドで、祭式に通じた宗教者の身分を何と呼んだか。

①　クシャトリヤ　　②　シュードラ　　③　バラモン　　④　ヴァイシャ

（東京経済大）

問2　下の文を読み、（　A　）～（　C　）にあてはまる語句を入れよ。

古代インドの（　A　）地方にあるハラッパーやシンド地方のモエンジョ＝ダーロなどはきわめて高度な都市文明が栄えていたことが明らかになっている。（中略）紀元前1500年頃から、インド＝ヨーロッパ語族の一派である（　B　）人がカイバル峠から侵入し、先住の民族を征服、融合しながらインド文明の主流を形成していった。（中略）紀元前1000年頃から、（　B　）人は（　C　）川流域へ移動し始め、多くの都市国家を建設していった。

（法政大・改）

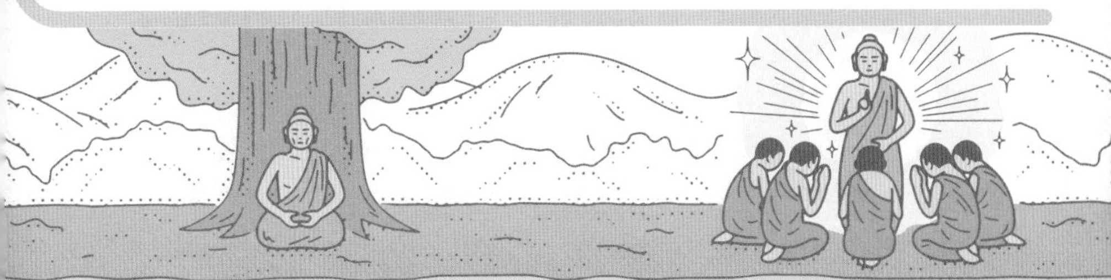

ブッダの教え
——手塚治虫『ブッダ』を読むべし

仏教の創始者、ガウタマ＝シッダールタは紀元前6世紀頃、北インドのシャカ族の王子として生まれた。生まれはめちゃくちゃよいのだが、占い師がこの子は出家しようとすると言ったので、城の外に出さないようにするために三つも宮殿を作ってあげたほどだ。

＊

人間は病気で寝ている時は暗いことを考える。シッダールタも自分の死ぬことばかり考える陰気な少年になっていた。父王はなんとかこの子を元気づけてあげたいと思い、「引きこもっていてはいかん。たまには外出しなさい」と外へ送り出した。その際に父王は「醜いものはシッダールタに見せるな」と、こっそりと民に命令を出していたのだ。

シッダールタは輿に乗って東門より宮殿の外へ出てみた。すると美女に美青年ばかりが花をまいて歓迎してくれる。微笑みかけたシッダールタだったが、隅に隠れている人たちを見逃さなかった。輿から降りてその人々に近付き、覆いを取ってみるとそれは**老人**であった。シッダールタは「**ああ、いつか自分も年老いてしまうのだ**」と一発で暗い気持ちになってしまった。また、ある時西門へ向かうと、そこにいたのは**病人**ばかりで、皮膚病や伝染病患者も横たわっていた。目をそむけたシッダールタは南門へ向かったが、そこは**死者**の埋められている墓場であった。世界と人生の無残な姿を見せつけられて彼は絶望した。さらに別の時、シッダールタは、北門を出ると清らかな**修行者**の姿を見た。その時シッダールタは空しい王位を捨て、悟りを得るために修行者になることを決心したのだ（「**四門出遊**」**の教え**）。

出家したシッダールタは6年目に悟りを開いた。傷心のシッダールタが杖にすがりながらふと川を見ると、船に乗った楽士が弟子に琴を教えていた。「**弦というものはな、ゆるめると音が鳴らず、張りすぎると切れてしまうのだ**」。これを聞いた瞬間、シッダールタは極端な快楽と極端な苦行の無意味さを悟ったのである（「**中道**」**の教え**）。

心を落ち着けたシッダールタは菩提樹の木の下に安らかに座り、7日間座禅をし、ついに世界の真理を見出したのだ。この時、彼は無力な人間シッダールタから**ブッダ**（**目覚めた人**）になった。

＊

ブッダの見出した真理とは何だろう。ブッダは教えた。「**すべての苦しみには原因がある。そして、その苦しみは消すことができる**」

苦しみは身分に関係なく襲ってくる。どんな高貴な人でも、卑賤な人と同じように、苦しみに打ちのめされているのだ。苦しみにおいて人間は平等であるゆえに、ブッダはヴァルナ制を強く批判したのである。

その苦しみは病気にたとえられる。病気を治すには原因を突き止め、その原因を取り除くしかない。**その苦しみを生み出す原因とは「欲」に他ならない**。欲は炎であり、炎が水によって消せるように、苦しみを生み出す欲も消すことができるとブッダは説いた（**四諦**）。そしてブッダは、肥満を運動によって解消するように、「八つの正しいおこない」（**八正道**）を実行することによって欲を消すことができると教えている。

解答と解説

復習ポイント の答え

①

ちなみに私が描いたインドの地形図はこんな感じ（↑）。

地図はこまごま描かずに、大雑把でも特徴をつかんでいればOK。

できれば逆三角形のインドの真ん中にデカン高原をつけたかった……。

② バラモン（司祭階級）
↓
クシャトリヤ（戦士・武士階級）
↓
ヴァイシャ（商人・職人・農民階級）

（以上）肌の色が白い 征服民族のアーリヤ人が独占

↓
シュードラ（隷属民階級）

（以上）肌の色が黒い 征服されたドラヴィダ人が担う

アクティヴィティ の答えの一つ

① バラモン教…炎や雷などを崇拝する自然宗教を源にしている。祭祀（さいし）儀式を重んじ、身分階級や日常生活の細部を規定した。社会秩序を重視するため形式を重んじていたが、仏教やジャイナ教が勢力を強めてくると、内面的なウパニシャッド哲学を展開するようになる。

② 仏教…ブッダの教えを基に成立した。ブッダは極端な快楽と極端な苦行を否定し（中道）、苦しみの根源は「欲望」であり、正しいおこない（「八正道」と言う）を実行することによって欲望を退けることができると考えた。ヴァルナ制を否定し、人間の平等を強調する。クシャトリヤ階級が支持した宗教。

③ ジャイナ教…ヴァルダマーナの教えを基に成立した。苦行と不殺生を強調する。ヴァルナ制を否定し、人間の平等を強調する。ヴァイシャ階級が支持した宗教。

最後の門 の答え

問1 ③

問2 (A) パンジャーブ　(B) アーリヤ
(C) ガンジス

（インダス川の上流〔海から遠い方〕をパンジャーブ地方、下流〔海から近い方〕をシンド地方と呼ぶ。「シンドゥ」は「川」を意味する言葉）

インド古代王朝
——共通の特徴は「仏教を保護した」こと

インドの哲学は難しくてわかんないなあ。

仏教やウパニシャッド哲学の詳しい内容については「倫理」の時間に説明されると思う。世界史では、仏教やジャイナ教が「従来の身分差別に反対する宗教」であったことをまず覚えておこう。

序曲 アレクサンドロス大王を見た男

その若い流れ者は木の陰から見ていた。

アレクサンドロス大王という西から来た若き王が、インダス川を越えてヒュダスペス河畔の戦いでインド連合軍を打ち破った瞬間を。愛馬ブーケファラスにまたがり、栗色の髪の毛を風になびかせながら指揮している大王の姿は輝いていた。象を押し立てたインド連合軍はまたたく間に撃破され、インド西部はアレクサンドロス大王の手に落ちた。遠くから大王を見る流れ者のまなざしは、英雄を見つめる少年のように憧れに満ちていた。

流れ者は、数日後にアレクサンドロス大王に会うことができた。

「大王よ。お望みなら東インドに私が案内してさしあげましょう！」

アレクサンドロス大王は感謝しつつも断った。兵士のストライキでそれどころではなかったのだ。大王は最後に流れ者を呼び止め、名を聞いた。

流れ者は言った、「私は……チャンドラグプタと申します」。

第1幕 マウリヤ朝の成立とアショーカ王

「3人チャンドラグプタ」の一人目が登場

アレクサンドロス大王がインド西部に乱入した時、インドは分裂状態で、ガンジス川流域にマガダ国のナンダ朝が目立つ程度。日本の戦国時代もそうだが、**国を作る者に必要**

なのは血筋ではなく実力だ。ナンダ朝も創立者はシュードラ出身とも言われている。

幸いにもアレクサンドロス大王は去ってくれたが、ようやく外敵に危機感を抱いたインドでは統一の機運が盛り上がってきた。そこへあらわれたのが**チャンドラグプタ**で、序曲にもあるように出身もわからない流れ者だ。しかし実力は本物で、紀元前4世紀の終わりにインド史上最大の大帝国を築いてしまう。これを**マウリヤ朝**という(→)。都はガンジス川沿いの**パータリプトラ**で、現在ではパトナという大都市だ。ちなみに「チャンドラグプタ」という名前は古代インド史に3人出てくるが、このチャンドラグプタが一人目だ。そしてチャンドラグプタの孫にあたる3代目の王が**アショーカ**である。若い頃は残酷な男で、好んで各地で戦争をおこない、マウリヤ朝の最大版図を実現している。ところがカリンガ王国との戦いで何万人もの戦死者が出た時、アショーカは戦車に乗って戦場を見分に行き、ひどい目にあった。夏のインドの暑さ、そして死体の山。その臭いにアショーカ王は思わず……。ま、これ以上は言わないでおこう。自分の悪行に気が付いたアショーカ王は暴力による支配でなく、**ダルマ(法)**による支配をおこなうことを決意し、各地にお触れを出した。それは石柱碑や磨崖碑(まがいひ)など石に刻み込んだため、現在でも残っている。仏教に救いを求めたアショーカ王は**仏典(ぶってん)の結集(けつじゅう)**をおこなったことでも知られている。

そのブッテンナントカがわかりませんね

ブッダの本当の教えを正確に記録しようとしたのだよ。なにしろブッダの時代に録音機なんかあるわけないので、弟子たちはブッダの教えたことをその場で全部記憶したのだ。ところがブッダの教えが口承で伝えられていくうちに、内容があやふやになってきた。簡単な伝言ゲームですらすぐ間違えてしまうのだから当然だろう。そこでアショーカ王は高僧を集めて、ブッダの本当の教えを編集させ、記録に残したのだ。これが後の「**お経**」となる。

第2幕 クシャーナ朝の成立とカニシカ王

① アニメ『風の谷のナウシカ』の女性司令官クシャナはこの王朝名が元

アショーカ王の死後、衰退したマウリヤ朝に代わってインド北部を支配したのが**クシャーナ朝**だ。

クシャーナって『ナウシカ』で巨神兵に「薙ぎ払え」と命令した人？

私にはよくわからないのだが、宮崎駿という監督さんはどうも世界史から名前を借りてくるのが好きなようだな。クシャーン人はもともとは北方の大月氏という遊牧民に仕えていたが、独立して北西インドに進出した。このクシャーナ朝は東西交易路の中心にあり、ローマとも陸路で交易していたことが知られている。2世紀頃に出た**カニシカ王**は**仏教を保護し、仏典の結集もおこなっている**。インダス川上流の**プルシャプラ**（現在のペシャワール）を都としたのもカニシカ王だ。この王朝で覚えておきたいことは、まず**大乗仏教**が成立したことだ。それまでの仏教では個人の修行が重視されたのだが、魚屋のおじさんや八百屋のおばさんが修行をするには限界がある。そこでクシャーナ朝の時代に**菩薩信仰**が広まったのだ。菩薩とは「仏にまであと一歩の修行者」で、人々みんなを救おうとする存在だ。この菩薩にすがって、スクールバスに乗るようにみんなを救ってもらおうとしたのだ。そこで大乗（大きな乗り物）仏教と呼び、今までの仏教を「小乗（小さい乗り物）仏教」とさげすんだのだ。ちなみに小乗仏教は本当は**上座部仏教**と呼ぶのが正しい。大乗仏教を理論的に完成した人が**竜樹**（ナーガールジュナ）という人だ。

② ガンダーラ美術はギリシア美術と関係深し

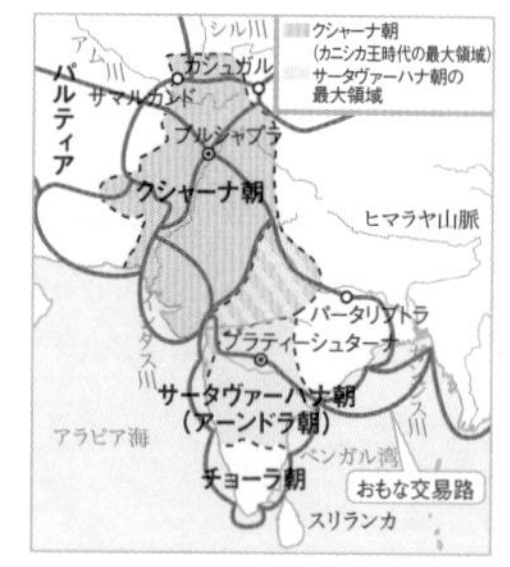

あとクシャーナ朝で有名なのは**ガンダーラ美術**の成立だ。プルシャプラ付近のガンダーラ地方はアレクサンドロス大王の東征以降、多くのギリシア人が住み着き、バクトリアという国まで作っていた。このギリシア人の多くが仏教に改宗していたことは確かだ。ところがDNAというものは恐ろしいもので、彼らギリシア人はブッダの像が作りたくてたまらない。

それまでの仏教ではブッダをリアルに彫ることは「畏れ多

い」とされてタブーだったのだけれども、ギリシア人たちがついにやってしまったのだ。そう、**世界最初の仏像**を作ってしまった。これがまあ彫りの深いギリシア顔のブッダなのだ(→)。このヘレニズムの影響を受けた美術を**ガンダーラ美術**と呼ぶ。後に仏像は貿易路で東に伝えられていくにつれ、だんだん「平たい顔」になってしまうのだがね。一方クシャーナ朝の頃のインド南部には**サータヴァーハナ朝**という王朝が栄えていた。この王朝は海路でのローマ帝国との貿易風を使った交易でも知られている。その様子を1世紀頃のギリシア人が『**エリュトゥラー海案内記**』という本に書いたので、インドの状況が私にもわかるわけだ。ちなみにエリュトゥラー海とは、「紅海」のことを指す。

第3幕 グプタ朝の成立とチャンドラグプタ1世・2世

① ヒンドゥー教の成立と定着

4世紀に入ると北インドに**グプタ朝**がおこるが、このグプタ朝の創立者が**チャンドラグプタ1世**、そして最盛期を作ったのが**チャンドラグプタ2世**なので話がややこしくなる。マウリヤ朝の創立者をあわせて、私は彼らを「**3人チャンドラグプタ**」と呼んでいる。再び**パータリプトラ**を都としたグプタ朝は、仏教を保護したことでも知られているが、グプタ朝の時代には大きな出来事が起こった。

まずは仏教に代わり**ヒンドゥー教**が社会に定着するようになった。ヒンドゥー教はバラモン教を民衆にわかりやすく変換した多神教だ。ヒンドゥーの神々はコラムで紹介しよう。ヒンドゥー教の法典となったのが『**マヌ法典**』で、信者の生活の規範となっている。

② 文化の黄金時代 —— 広く東南アジアから日本まで影響を与える

もう一つのグプタ朝の特徴は文化の興隆だ。まずはバラモンが用いていた古代インド語である**サンスクリット語**が公用語となり、文学に用いられた。グプタ朝の時代に、ヒンドゥー教の聖典である叙事詩『**マハーバーラタ**』と『**ラーマーヤナ**』が完成し、また「インドのシェークスピア」と呼ばれる宮廷詩人の**カーリダーサ**が『**シャクンタラー**』を書いている。これはシャクンタラー姫と王の恋物語を描いた戯曲だ。

また、文学以外にも数学では**ゼロの概念**が考えられたのもこの時代だし、美術ではガ

ンダーラ美術とは違う、独自の優美な**グプタ様式**が生まれている。インド北部に近い**アジャンター石窟寺院**の壁画がその代表だが、遠い日本の法隆寺金堂の壁画にも影響を与えている。

しかし、文化が栄えたグプタ朝も後に中央アジアの遊牧民**エフタル**の攻撃を受け、東西交易路も打撃を受け、衰退してしまう。

終曲 ヴァルダナ朝と仏教の衰退——三蔵法師がラストに間に合う

グプタ朝の後、7世紀に**ハルシャ王**がおこした**ヴァルダナ朝**が成立するが、ハルシャ王1代限りの王朝と言えるヴァルダナ朝は仏教を保護した最後の古代王朝だった。都は**カナウジ**。ハルシャ王の時に中国の唐王朝から**玄奘**(げんじょう)という仏僧が陸路でヴァルダナ朝を訪れ、インド最高の仏教大学にあたる**ナーランダー僧院**で学んだ後、お経を中国へ持ち帰った。この玄奘こそ『西遊記』(さいゆうき)に出てくる**三蔵法師**その人だ。**義浄**(ぎじょう)という仏僧も海路インドを訪れるのだが、この時にはすでにハルシャ王は亡くなっており、ヴァルダナ朝が倒れた後のインドは混乱状態だった。その中で義浄もナーランダー僧院で学んだ後に、なんとか船にお経を積み、中国に持ち帰ることができた。

この後、インドでは急激に仏教が衰えてしまうので、**玄奘や義浄は仏教を最後に救い、中国に持ち帰った大恩人と言えるわけだ**。

復習ポイント

インドの諸王朝の流れ図を重要な王と都も添えて書いてみよう。

アクティヴィティ

最初に「大乗仏教」、そして次に「ヒンドゥー教」がインドで広まった理由をあなたはどう考えますか？

古代インド王朝年表（四角は王朝名）

紀元前317年頃　チャンドラグプタが マウリヤ朝 を建国

都…パータリプトラ（現在はパトナ）

「過去のインド王朝の中では一番大きい」

紀元前268年頃　アショーカ王の支配始まる→仏教を保護

「仏教布教のため自分の息子を南のスリランカに遣わした。おかげでスリランカは現在も仏教国」

紀元後1世紀　クシャーナ朝 が建国される

2世紀半ば…カニシカ王の支配→仏教を保護

都をプルシャプラ（現在はペシャワール）に定める

「この頃ローマはアントニヌス＝ピウス帝とマルクス＝アウレリウス＝アントニヌス帝の時代」

紀元後320年頃　チャンドラグプタ1世が グプタ朝 を建国

都…パータリプトラ（現在はパトナ）

チャンドラグプタ2世の時に最盛期

7世紀前半　ハルシャ王が ヴァルダナ朝 を始める→仏教を保護

都…カナウジ

中国から玄奘がインドを訪れ、お経を中国に持ち帰る

「**玄奘**は有名なインド旅行記『**大唐西域記**（だいとうさいいきき）』を書いている」

最後の門 下の問題は大学入試問題を出典にした問題です。答えなさい。

下の文章の（　1　）～（　7　）にあてはまる適語を書きなさい。

4世紀前半に成立したグプタ朝は、4世紀後半～5世紀初頭の（　1　）の時代に最盛期を迎え、北インド全域を支配した。しかしその後、東西交易の停滞、地方勢力の自立化、中央アジアの遊牧民（　2　）の侵入によって衰退し、6世紀半ばに滅亡した。7世紀前半には（　3　）がヴァルダナ朝をおこして北インドの大半を支配したが、その後は強力な統一政権のない状況が長く続いた。

グプタ朝時代には仏教やジャイナ教が盛んになった。またバラモンも重んじられ、バラモンの言葉である（　4　）が公用語化され、さらに（　5　）やヴィシュヌなどの神々を信仰するヒンドゥー教が社会に定着した。この時代の美術は（　6　）地方でヘレニズムの影響を受けて発達した様式と異なる、インド的な要素を強調するグプタ様式の成立を見た。やがて仏教とジャイナ教は衰退したが、ナーランダー僧院は、7世紀には唐の僧である玄奘と（　7　）が訪れるなど、仏教教学の中心として12世紀まで栄えた。

（同志社大・改）

菩薩とヒンドゥー教の神々

「菩薩」は世界史に出てくると難しく聞こえるのだが、けっこうメジャーな存在だ。ヒンドゥー教の神々も親しみやすい。それぞれとってもたくさんいらっしゃるけれども、有名どころだけ紹介しよう。

(菩薩編)

① **観音菩薩**

大変に人気のある菩薩で、多くのお寺で拝まれている。と言うのもこの菩薩は大変に慈悲深く、多くの人々を救おうとしているので、わがままなお願いも聞いてくれるのだ。「彼氏が欲しい」「お金が欲しい」という世俗の欲にまみれたお願いも広い心で聞いてくれる。人々を救うために特に馬力が必要な場合には「千手観音」や「馬頭観音」のように「ヘンシーン！」するのも観音菩薩の特徴だ。

② **地蔵菩薩**

地獄で顔が利くのがこの菩薩。地獄の鬼たちも地蔵の言うことには逆らえない。親に先立って亡くなった子どもたちは、地獄に堕ちて永遠に賽の河原で石を積んでいるのだが、鬼はそれを崩してしまう。子どもが大好きな地蔵菩薩は、地獄へ降りると鬼たちを止め、泣いている子どもを胸に抱くと、「シュワッチ！」と天国へ連れて行ってくれるのだ。

道端にある地蔵菩薩の像は赤いよだれかけをかけ、足元には子どもが大好きなお菓子を供えてある。「幼くして死んだわが子を、どうか救ってください……」という親の願いが込められているのだ。

(ヒンドゥー教の神々編)

① **ブラフマン(梵天)**

宇宙を創ったとされる**万物の創造主**。偉いはずなのだが、偉すぎて信者にはピンとこないのが難点。彼をメインとする信仰は発達しなかった。仏教では梵天という名前で取り入れられている。

② **ヴィシュヌ**

世界を維持する神。妻の名前はラクシュミーという幸運を司る女神で、仏教では**吉祥天**と呼ぶ。ヴィシュヌは10回変身して人間を助けると言う。過去9回、巨大な魚や亀に変身して人間を救った。叙事詩『ラーマーヤナ』の主人公ラーマにも変身して、妻を救うために悪魔と戦った。このラーマの妻の名前がシータで、『天空の城ラピュタ』の女の子の名前になった。9回目にブッダに変身した後、**10回目の変身はまだしていない**。未来の人類が核戦争などの脅威にさらされた時、人間を救うために馬に乗って地平線の彼方から駆け付けてくる、と人々は信じている。

③ **シヴァ**

世界を再創造するための**破壊の神**。シヴァの息子は象の頭をしたガネーシャで、商売の神である。普段はヒマラヤ山脈で静かに座禅をしている。シヴァの髪の毛の頭頂部から流れ出る水がガンジス川の源になると信じられているため、ガンジス川は聖なる川とされ、沐浴する人が跡を絶たない。

あなたがヒマラヤ山脈で三叉の鉾をそばに置き、虎の皮の腰巻を巻いて黙想している青い肌の人物を見かけたら**絶対に話しかけてはいけない**。彼が目を開けた瞬間に世界が破滅するっ！

解答と解説

復習ポイント の答え

重要な北インドの古代王朝は四つだけ。

南インド王朝は**サータヴァーハナ朝**がよく問われる。

前4世紀　**マウリヤ朝**…アレクサンドロス大王東征のすぐ後に成立
（創立者：チャンドラグプタ
最盛期：アショーカ王
都：パータリプトラ）
↓
1世紀　**クシャーナ朝**…北方からしだいにインドに進出してきた王朝なので創立者は問われない
（最盛期：カニシカ王　都：プルシャプラ）
↓
4世紀　**グプタ朝**…文化がよく出題される王朝
（創立者：チャンドラグプタ1世
最盛期：チャンドラグプタ2世
都：パータリプトラ）
↓
7世紀　**ヴァルダナ朝**…玄奘など坊さんがよく言及される
（創立者：ハルシャ王　都：カナウジ）

アクティヴィティ の答えの一つ

宗教が広く民衆に普及するには「**わかりやすさ**」と、「**情けない自分でも簡単にできる**」（鎌倉仏教で言う「易行」）の二つが重要。

仏教で「大乗仏教」が広まったのは、「**自分で苦しい修行を積まなくても、仏や菩薩にすべて頼れば救われることができる**」という、後に「他力本願」と呼ばれる要素が広く受け入れられたからと考えられる。

そして7世紀以降、しだいに仏教が衰え、ヒンドゥー教が栄えたのは、**ヒンドゥー教の神々がわかりやすく、接しやすい存在になったことが大きい。**理解が難しい仏教の内面性よりも、親しみやすいヒンドゥーの神々を愛する運動（「**バクティ運動**」と呼びます）が盛んになると、ヒンドゥー教が多くの人に支持されるようになる。

最後の門 の答え

(1)　チャンドラグプタ2世　(2)　エフタル
(3)　ハルシャ王
(4)　サンスクリット語　(5)　シヴァ
(6)　ガンダーラ　(7)　義浄

（解説）

古代インド史で出題されやすいのは、王朝（創立者と都）と文化。特に仏教とヒンドゥー教の特徴はしっかりとつかんでおこう。

テーマ21でも取り上げるけれど、インドにお経を取りに行った「3人坊さん」の名前も覚えておこう。試験には出やすい。

古代東南アジア
——文明が衝突する重要ポイント

東南アジアはよくわからないし、興味もないなあ。

東南アジアは、昔から海上交通が盛んで、海沿いにインドと中国の文明の影響を強く受けてきた大変に重要な地域なのだ。こういう「文明の衝突」がある地域の特徴は、やはり料理が美味しいこと。ハーブや香辛料に恵まれている東南アジア料理の代表は、タイのトムヤムクンやインドネシアのナシゴレン、そしてベトナムのフォーだ。

第1組曲　大いなる川と海峡の物語

ファンファーレ —— 東南アジアの地理を覚えよう！

まずは地理から覚えよう。料理でもレシピを知るには食材を知る必要があるからな。

東南アジアには、現在どのような国があるかを知っておかないと迷子になるぞ。まず現在の国名を覚えるべし。

次に、海峡と川を覚える必要がある。代表的な海峡は知っておこう。まずは**マラッカ海峡**。国境を高い山脈や死の砂漠でさえぎられている中国とインドにとって、大変便利で重要な海峡だ。ただしこの海峡には大きな欠点がある。それは海峡の水深が浅いことだ。Google Earthで調べてみると浅い所で水深がわずか7ｍ！　タンカーのような大きな船が荷物を満載してマラッカ海峡を通る時には座礁の危険性が大いにある。インドシナ半島では、まず川の名前を覚えよう。半島には大きな三つの川がある(→)。これらの川は重要だ。

と、言われても東南アジアの地理ってわからないもん。地図なんか、描けないし！

地図は実は簡単だよ。メコン川とチャオプラヤ川の間にマルを書いて、これを90度左に回すと、まるでカメレオンが口を開けて舌を伸ばしているような絵になる。この舌にあたるのが**マレー半島**だ。

① 古代カンボジア&チャンパー —— ローマとタッチ！

東南アジアで古くから海上交通が盛んであったことは、古代中国の歴史書『漢書』などにも記録されている。特に現在のベトナムのメコン川の下流にある**オケオ**という港町で発掘調査をしたところ、なんと**ローマ帝国の五賢帝時代のコイン**が出土したのだ。ということは、インドとの交易を通じて遠くローマとつながりがあったということだ。このオケオを中心に中国やインドと交易していたのが**扶南**(ふなん)という港市(こうし)国家で、1世紀末に建国されたと思われる東南アジア最古の国家だ。ということは、東南アジアの国々の中で最も古い国家が誕生したのは、現在のカンボジアを中心とした地域ということになる。扶南は7世紀まで存続していたが、メコン川を使った交易や海上交易で栄えた国である。

「扶南」は漢字なんですか？　「フナン」って書けばいいのに

中国の歴史書に書いてあるから漢字なのさ。中国人は歴史が好きなので、歴史書の記述はけっこう信頼できるのだ。

もう一つ覚えたいのが、ベトナム中南部にできた**チャンパー**という港市国家だ。中国とインドを結ぶ中継貿易を主とした港市国家として2世紀頃から栄えた国だ。漢字ではこの国を「**林邑**(りんゆう)」(2〜7世紀)、「**環王**(かんおう)」(8〜9世紀)、「**占城**(せんじょう)」(9世紀以降)と呼んでいる。扶南やチャンパーは交易を通じてインド文化、特にグプタ朝の文化の影響を受けている。

② インドネシア —— 古代は仏教が盛ん。代表は義浄とボロブドゥール

時代が下って7世紀になると(日本史だと「大化改新」の頃)、マレー半島のマレー人たちがスマトラ島に**シュリーヴィジャヤ**という王国を築いた。この王国のことは中国にも記録があって、「**室利仏逝**(しつりぶっせい)」という漢字で出てくる。マラッカ海峡がよく交易に利用されるようになっ

たので、マラッカ海峡に面したシュリーヴィジャヤ王国も経済的に発展したのだ。この国に来た中国の仏僧**義浄**は、旅行記の『**南海寄帰内法伝**』でシュリーヴィジャヤ王国の様子を書いているが「**大乗仏教が盛んで、1000人もの僧侶がいる**」と記録している。つまり、「モノ」だけではなく「宗教」も船で運ばれ、東南アジアの地に根付いたわけだ。ただし、11世紀になると**南インド**の**チョーラ朝**の遠征を受け、さすがのシュリーヴィジャヤ王国も衰退してしまった。スマトラ島の隣にある**ジャワ島の中部**では8世紀頃から**シャイレンドラ朝**がおこり、大乗仏教の影響を受けて**ボロブドゥール**という壮大な仏教建築を作った。一番下の四角形の段は、煩悩に満ちた下界を示し、2層目は煩悩を克服した状況をあらわし、上の円形の部分は仏が治める解脱の境地を示すという。

第2組曲　豊かな大地と壮厳な信仰の物語

①　古代の北ベトナム —— 中国との切っても切れない縁

カメレオンの頭にあたる**インドシナ半島**の一番東側にあるベトナムの北部では、中国の影響を受けて紀元前4世紀に鉄器や青銅器を用いた**ドンソン文化**が栄えていた。特に精巧な「**銅鼓**」(→)を見ると文化レベルが一級だったことがわかる。

ベトナム北部は紀元前3世紀以降には中国南部の**南越**という国の勢力下に入ったが、紀元前2世紀に中国の前漢王朝によって南越は滅ぼされ、**南海9郡**の一つである**交趾郡**という名前で北ベトナムは前漢に支配された。ベトナムの独立の動きは盛んで、紀元後40年には**徴姉妹**がリーダーとなって反乱を起こすが中国によって弾圧され、徴姉妹も殺されてしまう。シュリーヴィジャヤ王国が栄えた7世紀以降、中国の唐王朝は**ハノイ**に**安南都護府**という役所を置いてベトナムを治めさせていた。唐王朝が滅びた後の11世紀初めに北部ベトナムはやっとこさ独立を果たし、**大越**(ダイベト)**国**を名乗ることができた。独立した時の王が李一族だった関係で、最初のベトナムの王朝を**李朝**と呼ぶ。後に13世紀に**陳朝**が成立するが、この陳朝が北から侵入して来たモンゴル軍をやっつけたので、けっこう重要な王朝となったのだ。

たしかチャンパーがベトナムにあったはず。あれどうなったの？

チャンパーは貿易国として栄えており、多くの傭兵も雇えたので、なかなか征服できなかった。そのせいかチャンパーは17世紀まで存続するから、なんと寿命が1500歳もあったわけだ。

② 古代のビルマ（ミャンマー）とタイ —— 二つの川の物語

現在**チャオプラヤ川流域**にある国がタイなのだが、このタイ人たちはかなり遅い13世紀にあらわれてくる。それまで7世紀から11世紀にかけてチャオプラヤ川の下流域を支配していたのは**モン人**と呼ばれる人々だ。彼らは交易を通じてインドの文化を取り入れたが、モン人が信仰したのは**上座部仏教**（**小乗仏教**）だった。これが大乗仏教を信じていたスマトラ島のシュリーヴィジャヤ王国と異なる点だな。このモン人が作った国を**ドヴァーラヴァティー王国**と呼ぶ。13世紀に入るとタイ人が中国から南下して**スコータイ朝**を作り、しだいにモン人を追い払って、チャオプラヤ川下流に領域を広げるのだが、ずいぶん後の話になるので今はおいておこう。

もう一方、8世紀頃の**エーヤワディー**（**イラワディ**）**川流域**にはビルマ系**ピュー人**が住んでおり、盛んに交易をおこなっていたらしい。ということはモン人やスリランカとの交易を通じて**上座部仏教**が広まったのだ。そしてピュー人の後に、11世紀から13世紀にかけてエーヤワディー（イラワディ）川流域にビルマ人が初めての統一王朝をおこすが、これを**パガン朝**と呼ぶ。パガン朝もピュー人の後を受け、上座部仏教を信仰し、その仏教寺院は現在も見事な姿で残っている。

③ カンボジア —— バイヨンの永遠の微笑

さて、最初に扱った扶南に戻ってみよう。6世紀に「真臘（しんろう）」という国がメコン川中流域にあらわれ、7世紀に扶南を滅ぼしてしまう。真臘は中国の本で紹介されているので漢字表記なのだが、現在では「カンボジア」という国名で紹介されている。この国名が、現在の国家名の元となっているので注意が必要だ。**真臘**（**カンボジア**）を作った民族は、メコン川流域に居住していた**クメール人**とされている。現在のカンボジア人のご先祖様だ。今まで海岸地域の港市が中心だったが、真臘は内陸のアンコール地方を農業地帯として開発し、豊かな内陸部の穀物生産と海岸部の交易の両方で栄えたのだ。

21

この真臘の全盛期となったのが**アンコール朝**で、15世紀まで続く。このアンコール朝の代表的な**寺院**遺跡が**アンコール=ワット**だ。最初にこの寺院を作った12世紀の**スールヤヴァルマン2世**はヒンドゥー教徒だったので、アンコール=ワットはヒンドゥー教寺院として建築された。後に**王宮**がアンコール=ワットの北方に建てられたが、これを**アンコール=トム**と呼ぶ。アンコール=トムを完成させた12世紀の王**ジャヤヴァルマン7世**は上座部仏教の熱心な信者で、アンコール=トムの中央にバイヨン(→)と呼ばれる仏教寺院を建築した。しかし気高く美しかった王はハンセン病にかかってしまい、バイヨンが完成した時にはすでに体が病魔に侵され、目も見えなくなっていた。そして王は美しいバイヨンの塔を見ることができないまま、王宮で息を引き取っていったのだ。

復習ポイント

東南アジアの諸王朝の流れ図を地域別に分けて書いてみよう。

アクティヴィティ

東南アジアの料理を食べてみよう。日本料理とどこが違う?

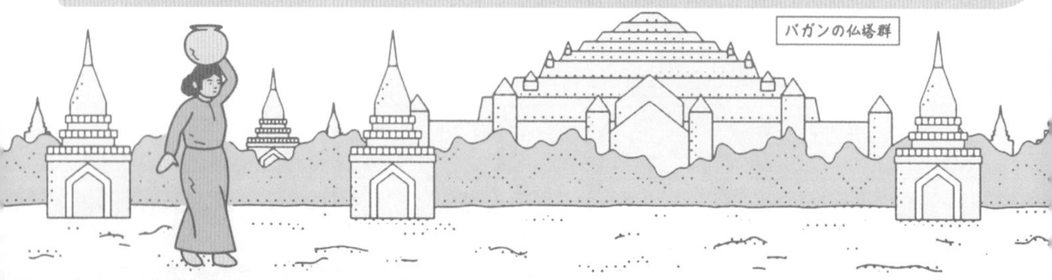

古代東南アジア史年表（四角は国名・王朝名）

ドンソン文化（紀元前4世紀：ベトナム北部）
鉄製農具と精巧な青銅器を特徴とする。中国文明の影響を受ける

（カンボジア）	1世紀末　扶南 が建国。海上交易で栄える 6世紀　真臘（カンボジア）が内陸部農業と海上交易で栄える アンコール朝（9～15世紀）が最盛期に アンコール＝ワット（寺院）とアンコール＝トム（王宮）の建造
（インドネシア）	7～14世紀　シュリーヴィジャヤ王国（スマトラ島） 8～9世紀　シャイレンドラ朝（ジャワ島）がボロブドゥール建造
（タイ）	7世紀　ドヴァーラヴァティー王国 建国←モン人が建国 13世紀　スコータイ朝 建国←タイ人が建国
（ビルマ）	8世紀　ピュー人がエーヤワディー（イラワディ）川流域に国家建設 11世紀　パガン朝 がビルマ人によって建てられる
（ベトナム）	11世紀　中国から独立して 大越（ダイベト）国 を建国 ＝李朝（11～13世紀） 13世紀　陳朝 が建国→南下して来たモンゴル軍を撃退

「ベトナムだけ王朝名が漢字なのは、中国の影響が強かったことのあらわれ」

最後の門　下の問題は大学入試問題を出典にした問題です。答えなさい。

問1　ベトナム北部には銅鼓に代表される独自の青銅器文化が栄えていた。この青銅器文化の名称を答えよ。（成城大）

問2　アンコール朝に関する記述として、正しいものはどれか。

a.　南北に分裂していた扶南を統一した。
b.　アンコール＝ワットはヒンドゥー教寺院として造営された。
c.　スールヤヴァルマン2世は上座部仏教を信仰していた。
d.　王朝末期にはイスラーム化していた。（関西学院大）

問3　11世紀に成立し、後に上座部仏教を受容したビルマ人の王朝を選びなさい。

ア. チャンパー　　イ. ドヴァーラヴァティー王国　　ウ. クディリ朝　　エ. パガン朝　（南山大）

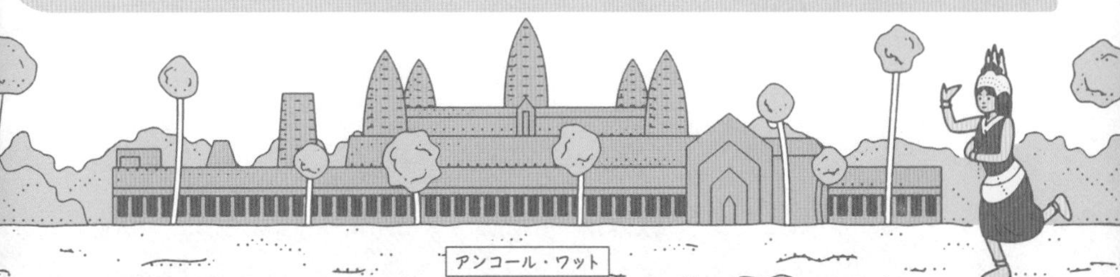

「3人坊さん」求法(ぐほう)伝

「中国からインドを訪問した仏僧」は実によく試験に出ている。

仏法を求め、命がけでインドに向かった3人の坊さんの、すさまじい苦闘と勝利の物語を紹介しよう。

■**法顕(ほっけん)**(4〜5世紀)

法顕は中国の東晋(とうしん)の仏僧。中国に戒律のお経が不足していることを嘆き、24人の仲間と組んでインドに行くことになった。その時法顕はすでに60歳(!)。いいじいさんなのに足腰は達者で、後に玄奘(げんじょう)も苦労した厳しい陸路を越えることができた。インドでは老体に鞭(むち)打って仏典の勉強をし、お経を必死に集めるが、集めすぎてしまい、帰路は船にお経を積んで海路中国へ帰った。だがこの帰路ですさまじい大嵐に遭ってしまう。「いらない荷物は捨てろ」と船長に命令されたが、法顕はオタクの常で「**グッズを捨てるくらいなら死んだ方がマシ!**」と叫び続け、やっとの思いで中国に帰還できた。中国に帰り着いたのは法顕ただ一人だけで、他の仲間は死ぬか、インドに居残ってしまった。帰還した時、法顕は74歳になっていた。法顕が書いた旅行記『**仏国記**』は当時の中央アジアやインドを描いた重要な記録である。

■**玄奘**(別名「三蔵法師」7世紀)

玄奘は唐時代のお坊さんであったが、中国に大乗仏教のよいお経が不足していることを嘆き、自分で取りに行くことに決めた。筋肉質の肉体を誇る体育会系の玄奘は、タクラマカン砂漠やパミール高原などを「SASUKE」(TBSテレビ)の難コースを平気でクリアして行くように乗り越えて、ついに栄光のゴール、ヴァルダナ朝のインドに到達した。「インドの東大」ことナーランダー僧院で古典インド語や仏法を学んだ玄奘は、な、なんと! お経を担いで歩いて中国に逆戻りしたのである。中国に帰り着いた時、唐の皇帝太宗(たいそう)をはじめ民衆が大歓迎し、彼を「三蔵法師」とほめ讃えた。**玄奘は難攻不落の中国〜インドコースを往路復路とも陸路で克服したのである**。玄奘が書いた旅行記『**大唐(だいとう)西域記(さいいきき)**』は当時の中央アジアやインドを知る重要な史料である(『西遊記(さいゆうき)』では孫悟空の強さを強調するため三蔵法師はナヨナヨした性格に変えられ、テレビドラマではついに女性が三蔵法師を演じるようになってしまった)。

■**義浄(ぎじょう)**(7〜8世紀)

義浄は法顕や玄奘に憧れていた仏僧で、「よっしゃ、オレも」とインドへ向かった。しかし玄奘から30年経った義浄の時代には、インドの北部にイスラーム教徒が進出するようになっていたので、仏僧がうろつくには危険であった。そのため義浄はインドへの行きも帰りも海路をとった。当時の船は日本の遣唐使でわかるように大変もろく、危険な旅であった。義浄は当時の最短コース、マラッカ海峡を通ってインドに入り、ナーランダー僧院で学んだ後、お経を船に積んで戻って来た。……はずなんだが、帰路に寄った**スマトラ島**(**当時はシュリーヴィジャヤ王国**)が気に入ってしまい、都のパレンバンに10年間も居続けて旅行記『**南海寄帰内法伝(なんかいききないほうでん)**』を書き上げた。後に重い腰を上げて中国に帰る義浄だが、寄り道が長期間にわたった理由はよくわからない。もしかしたら南国のフルーツが気に入ったのかも……。

解答と解説

復習ポイント の答え

下のような流れ図を書いてみると効果的です。

それぞれの国や地域の間に時間的な差（タイムラグ）が大きく存在することが実感できます。ここでは例としてタイ・カンボジア・インドネシアを書いてみましたが、タイの左にビルマ、インドネシアの右にベトナムを付けて完成させましょう。

年代	タイ	カンボジア	インドネシア
1世紀		**扶南**が建国 港：オケオ ↓	
6世紀		**真臘**（**カンボジア**）が栄える ↓	
7世紀	**ドヴァーラヴァティー王国**建国 （モン人） ↓	↓	**シュリーヴィジャヤ王国**建国 （スマトラ島） （14世紀まで） ↓
8世紀	↓	↓	**シャイレンドラ朝**建国 （ジャワ島：ボロブドゥール建造）
9世紀	↓	**アンコール朝**成立 （15世紀まで）	
11世紀	↓		
12世紀	↓	アンコール＝ワット、アンコール＝トム建造	
13世紀	**スコータイ朝**建国		

アクティヴィティ の答えの一つ

香りが全然違います。東南アジアの料理にはハーブやスパイスが多く入っていて、さわやかな刺激が感じられます。そこには東南アジアの川と農業の豊かさが反映されています。ハーブ（香草）のパクチー（コリアンダー）やコブミカンの葉（バイマックルー）、レモングラスなどの香りは日本料理では味わえないものです。その代わり山椒やわさびなどの山地でとれる香辛料を日本料理ではよく使います。

最後の門 の答え

問1　ドンソン文化

問2　b

（a：「扶南」が誤りで、「真臘（カンボジア）」が正しい。c：スールヤヴァルマン2世はヒンドゥー教徒。d：アンコール朝ではヒンドゥー教が信仰されていた）

問3　エ

（チャンパーはベトナム中南部、ドヴァーラヴァティー王国はタイ、クディリ朝は10～13世紀のジャワ島に成立した王朝）

（解説）

東南アジアもまた、王朝と文化が中心に出題されやすい。

東南アジアの王朝はカタカナや難しい漢字だらけなので覚えづらい。そこで、左の王朝一覧表を自分でまとめて書いてみよう。その表をトイレに貼り付ければ、嫌でも覚えられる。

古代中国～元

中国史は「王朝」と「制度」が大切

古代中国文明
——二つの川が豊かな文明を生み出す

え、あなたは誰？　今までの先生はっ？

張文先生

今までの先生は「中国のことはわからんから、君にまかせる」と言って帰って行ったよ。東南アジアについては私が彼に教えてあげたのだけれどもね。私は宋時代の人間なのだが、中華料理店に入ってびっくりしたな。麻婆豆腐とか冷やし中華は私の時代にはなかったから。

前奏曲　二つの川の物語——大黄河と大長江

中国では二つの川をまず覚えることが大切。まずは北の黄河から。この川は途中でボコッと北に「几」の字状に突き出ているので見分けやすい。

上流の砂漠地帯の砂が運ばれた黄土地帯を通るので、川の水は黄色をしており、本当に「黄河」そのものだ。また、この土が養分が豊富で黄河流域は農業に適している。ただし雨が多くないので、畑作が中心だ。

南にある川が長江で、中流や下流には雨が多く降るので稲作が中心となる。中国はその広い国土の中に畑作と稲作の文化を作ってきた。

豊かな恵みをもたらす二つの川だが、問題はよく洪水を起こすことだ。堤防を作って治水をおこない、灌漑をおこなって田畑を広げることができた者が中国では王となったのだ。**あとは中国の省の名前と位置も大切だ**。以後言及した省だけでも地図帳で確認してほしい。

第1幕 黄河文明——上流から下流へと文化は広まった

① 仰韶文化——中国語では〈ヤンシャオ〉文化

20世紀の初めにスウェーデンのアンダーソンという地質・考古学者が中国**河南省**の仰韶村を発掘したところ、ものすごいものが出てきた。色彩が付けられた陶器（**彩文土器**・**彩陶**）だったのだ。時代を調べてみると**紀元前5000年紀**の陶器であることがわかった。そこで出土した村の名前を取って、この陶器に代表される文化を**仰韶文化**と呼ぶ。仰韶文化は黄河の中流域に成立した文化だ。

うわ、難しい漢字！　もっと簡単な名前の村の方がよかった

まあ、地名なのでこれはしかたないよ。では、彩文土器（彩陶）の代表的な作品を見せてあげよう。右の写真（→）は彩文土器（彩陶）の作品なのだが、子どもの顔（？）や魚の絵が描いてある。色が付けられているのもわかるかな？　なにしろ日本では埴輪が作られていた紀元後の古墳時代よりもはるか昔に、高い火力で焼き上げる陶器がすでにできていたのだから大したものだ。ただし、まだ「ろくろ」は使われてはいないね。

仰韶文化の特徴は、竪穴式住居に住み、キビやアワを耕作していたこと。

え、キビって知らない？　小鳥のエサだよ。キビもアワも冷害や乾燥に強く、短期間に収穫できるので古代には東アジア一帯で作られていた。あと豚や鶏や犬を食用に飼っていたことが挙げられるだろう。

え、犬って食べちゃうのぉ！

昔はね。チャウチャウ犬という可愛い犬がいるが、あれは食用犬だったのだ。今ではペットとしての価値が高くて、食べられませんよ。

② 竜山文化——中国語では〈ロンシャン〉文化

紀元前3000年紀には黄河の下流で新しい陶器が作られるようになった。黒陶と呼ばれ

るのがこの陶器の代表。教科書によく写真があるよ。実はこの陶器は「ろくろ」を使って作られており、薄くて丈夫。つまり彩文土器（彩陶）よりも進化している陶器なのだ。**山東省**の竜山鎮という所で発見されたので**竜山文化**と呼ぶ。竜山文化の人々は牛や馬を飼い、キビやアワに加えて麦を作るようになった。麦の方が育てるのに手間はかかるが、味はうまい。当時の中国では麦でパンは作らず、おかゆのようにして食べていたようだな。農耕技術が進歩して食料が豊富に作られるようになると、人口も増え、**邑**と呼ばれる都市国家もできるようになった。

黄河流域に生まれた仰韶文化と竜山文化のだいたいの位置関係は右の図のようになる。黄河の上流から下流へと文化の中心が移動してくるのがわかるだろう。

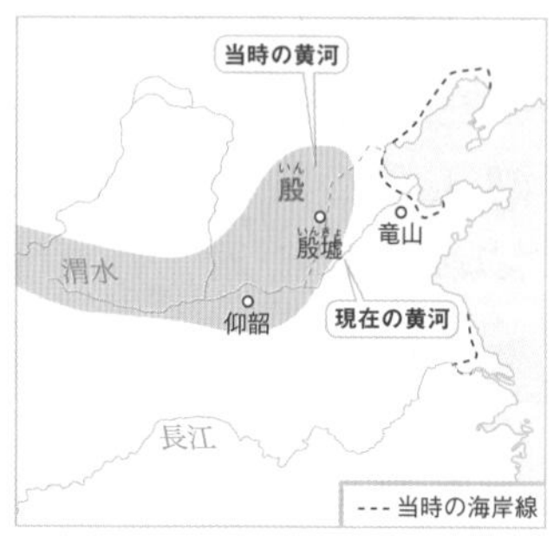

第2幕 長江文明 ——長江では下流から上流へと文化は広まる

① 河姆渡遺跡・良渚遺跡の発見

黄河文明ばかり注目されていたのだが、長江のほとりにも大きな文明があったことがわかってきた。まず長江の河口近くの**浙江省**に**河姆渡遺跡**が発見され、**紀元前5000年頃に稲が作られていたことがわかった**。世界最初の稲作と言われている。土器や漆器も発見されており、長江付近に高い文化があったことが証明されたのだ。

そして河姆渡遺跡より少し西北の長江下流地域に**良渚遺跡**があるのだが、これは紀元前3000年頃からの稲作を中心とした文化の遺跡だ。特徴は**玉器**が多く発見されていること。玉器というのはヒスイなどの宝石で作られた器物や飾りを意味する。たぶん祭祀に使われたのだろうが、何らかの宗教的な祭祀を通じて、支配者と支配される者の身分階層がはっきりしてきたことのあらわれだろう。

② 三星堆遺跡 —— 長江文明の全容が見えてくるか？

四川省と言うと、長江の上流にあたる中国の内陸だ。『三国志』の蜀があった地域としても知られている。この四川省で**三星堆遺跡**が見つかったのだが、**紀元前1600年以降の**

青銅器文化である。誰もが圧倒されるのはその青銅器の巨大さと奇怪さだ。右の写真(→)は神をあらわしたと思われる巨大な青銅器の仮面だ。

三星堆遺跡など長江文明については学者からいろいろな説が出されているが、これから大きな発見があるかもしれないね。

第3幕 中国古代王朝の成立 ——都市国家から生まれてきた

① 夏王朝って本当にあったのかいな?

紀元前2世紀〜紀元前1世紀の中国の大歴史家、**司馬遷**が書いた歴史書『**史記**』によると、古代中国の歴史は堯・舜・禹という伝説的な帝王から始まったとされ、その後に**夏**、そして**殷**という二つの王朝が出てきたとされている。このうちの治水に功績があった**禹**が始めたのが**夏王朝**なのだが、日本の教科書では伝説とされてきたようだ。ただし近年の研究では、**河南省**の洛陽の近くにある**二里頭遺跡**から紀元前2000年頃の青銅器や王宮跡が見つかったことから、二里頭遺跡こそが夏王朝を示す遺跡である、という意見が定説となっている。ただしこの説に慎重な姿勢を示す学者や、異説を立てる学者もいるので確実とは言えない。これで文字史料が出てくれば決定打なのだがね。え?　私の考え?　二里頭遺跡が夏王朝かどうかは置いておいて、夏王朝は確かに存在したと思うよ。なにしろ司馬遷はウソをつくような人ではない。

② 本当に実在した殷王朝の特徴

1899年、一人の学者が北京で持病のマラリア用の漢方薬を買い求めた。見てみると、「竜骨」という触れ込みの骨に変な字が書いてあった。「これは古代の文字では!」と直感したその学者は竜骨を広く買い集めて研究してみると、北京の南の**河南省**の農民が掘り出したものだと突き止めた。その文字の出土した場所こそ**殷墟**と呼ばれる殷王朝の王の墓や宮殿の遺跡だった。**殷王朝は紀元前16世紀頃から黄河中〜下流域で栄えた王朝である**。ちなみにその古代の文字は、**甲骨文字**と呼ばれ、戦争や農業などを占った記録のために亀の甲羅や獣の骨に刻まれた文字で、現在の漢字の原型となっている。例えば「魚」とい

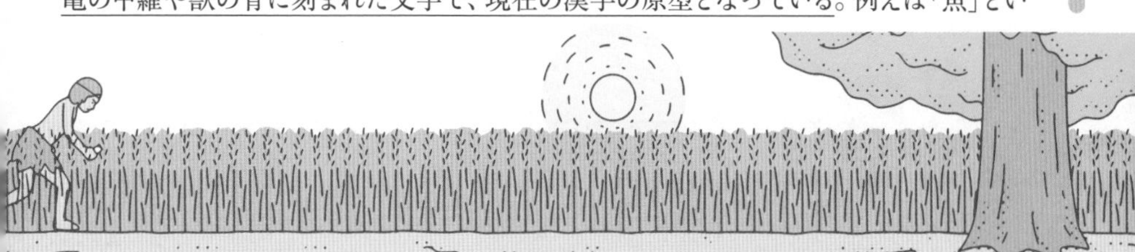

う文字のご先祖様は、一番左の字になる（→）。甲骨文字はエジプトのヒエログリフと同じ、象形文字（物の形をあらわした文字）であることがわかる。

亀の甲羅を火で焼いたり、炙ったりしてその割れ方で吉兆か凶かを占った。甲骨文字はその結果を刻んだものである。この甲骨文字の記録により、殷王朝が実在したことが証明されたのだ。そして殷墟の王の副葬品として巨大な**青銅器**が出土したのだが、これらの見事な青銅器は、現在の技術をもってしても復元が難しいと言われているほどの名品である。おそらく神事や祭祀に用いたものであろう。

神事や祭祀が重要であったことや、占いが重んじられていたことから、殷王朝では**神権政治**がおこなわれていたと考えられる。神権政治はテーマ1に出てきたはずだが、「神の名を使っておこなう政治」を意味する。王は神の名を用いていたから強大な力を持てたのだ。

今の時代に首相が国会で、「では税を上げるかどうかを神様に聞いてみましょう」って、亀の甲羅を炙ったりしたら笑える～

紀元前16世紀頃に始まった殷王朝は、元々は大邑「**商**」と自ら名乗っていた。後の時代に「殷」という名前で呼ばれたのだ。しかし殷も紀元前11世紀頃についに滅ぼされてしまい、代わって西の渭水盆地に**周**という王朝が成立する。この殷王朝が滅びた時のとんでもないエピソードはコラムで紹介しよう。

復習ポイント

中国の古代文明の位置を手描きで地図にしてみよう（白地図OK）。

アクティヴィティ

「文字」と「神権政治」の関係を考えてみよう。文字は何のために使われたのだろうか。

（ヒント・楔形文字と「ハンムラビ法典」。殷王朝の甲骨文字など）

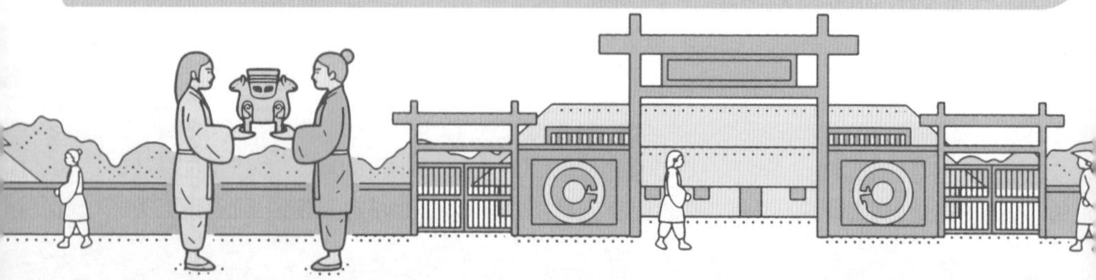

古代中国文明・王朝年表（四角は国名・王朝名）

（黄河流域）

仰韶文化（ぎょうしょう／ヤンシャオ）（紀元前5000年紀～紀元前3000年紀：黄河中流域）

…彩文土器（彩陶）が特徴。キビ・アワを作り、豚・鶏・犬を飼う

「キビやアワは、栄養価の豊富な雑穀として見直されている」

竜山文化（りゅうざんぶんか／ロンシャン）（紀元前3000年紀～紀元前2000年頃：黄河中流～下流域）

…黒陶が特徴。麦も作り、牛・馬を飼う

（長江流域）

河姆渡遺跡（かぼと）（紀元前5000年頃～紀元前4000年頃：長江下流域）

…稲作をおこなっていたことが確認される

良渚文化（りょうしょ）（紀元前3000年頃～紀元前1600年頃：長江下流域）

…玉器が特徴。身分階層が区分される

三星堆文化（さんせいたい）（紀元前1600年頃～：長江上流）

現在の四川省におこった文化。巨大な青銅器の仮面などが特徴

「時間的には三星堆文化は殷王朝とかぶってくる」

夏王朝（紀元前2000年頃～紀元前1500年頃）

「洛陽の近くの二里頭遺跡が夏王朝の都の跡とされている」

殷王朝（紀元前16世紀頃～紀元前11世紀頃）（都の跡：殷墟）

最後の門 下の問題は大学入試問題を出典にした問題です。答えなさい。

前漢の司馬遷は『史記』の中で、伝説的な王朝である夏が（ a ）によって建国されたとしている。ただし現在までのところ夏の存在は確定していない。一方で考古学的には、黄河と長江という二つの大河の流域に農耕を中心とする文明が生まれたことがわかっている。黄河流域では（ b ）省の仰韶で発見された前5000年から前3000年頃の文化が（ c ）と呼ばれる土器を特徴としており、その後（ d ）省の竜山で発見された文化に受け継がれていった。このほか長江流域にも稲作文化の成立が確認され、仰韶文化と同じ頃の遺跡が浙江省で見つかっている。このほか内陸部の四川省には（ e ）文化という独特の文化も存在した。現在確認できる最古の王朝は殷であるが、これは20世紀以降の殷墟の発掘により、漢字の起源となる甲骨文字を含んだ亀甲や獣骨が大量に発見されたことによって明らかになった。

問1 （ a ）～（ e ）にあてはまる語句を記入しなさい。

問2 下線部について、この遺跡の名前を答えなさい。

（同志社大・改）

酒池肉林

紀元前16世紀頃に始まった殷王朝は、元々は**大邑（だいゆう）「商（しょう）」**と自ら名乗っていた都市国家だった。殷という字は「多くて盛んである」という意味で、後の時代に名付けられた名称なのだ。この都市には多くの人々が集まり、交易をおこなっていたのだろう。

この殷王朝の最後にとんでもない王があらわれた。**紂王（ちゅうおう）**である。

＊

中国最大の歴史家である司馬遷が書いた『史記』という歴史書によると、紂王は「性格が強くてふてぶてしい。しかも悪賢くて自分の悪事を平気で正当化していた」らしい。

この王が夢中になっていた女性がいた。その名を**妲己（だっき）**という。ものすごい美女で、その正体は妖狐（ようこ）であると言われた。

妲己を喜ばせるために紂王は、庭園の池をすべて酒で満たし、庭の木に干し肉のかたまりを無数に吊るすという、すさまじい享楽の大宴会を毎日開いた。これを「**酒池肉林（しゅちにくりん）**」と言い、「**極端に派手でぜいたくなさま**」を意味する言葉になる。

酒と干し肉の異様な臭いが庭一面にただよう中、紂王は残酷趣味の妲己を満足させるため、食事の時に目の前に銅の棒の橋を作らせて火で鉄棒を焼き、灼熱の銅の棒の上を囚人にわたらせた。紂王と妲己は囚人が悲鳴を上げ、鉄棒から火中に落ちて焼け死ぬのを見て楽しんだという。この世にも残酷な刑罰を「**焙烙（ほうらく）の刑**」と言う。

あまりの紂王の悪行にたまりかねた比干（ひかん）という叔父が、紂王をいさめようとしたところ、怒った紂王は比干をその場で殺してしまった。その上「**聖人づらしたヤツの心臓には七つの穴があると聞くが、どれ、オレ様が確かめてやろう**」と言い放って、なんと叔父の体を切り裂いたのだ。

＊

しかし、さすがの紂王も年貢を納める時がやってくる。

西方の新たな勢力の「周」が紂王に反乱を起こしたのである。悪政に怒った人々の支持を得た周はついに紂王を追い詰めた。

城に追い詰められた紂王はもはや逃げられないことを悟ると、城にあった伝国の宝物をすべて自らの体にしばり付け、城に火をつけると、絶叫しながら自ら炎の中に飛び込んでいったのだ。

殷王朝が滅びた後、自らを「商」と名乗っていた殷の遺民たちは生きるために持っていた品物を売り歩いて生活したという。

この故事から「**商人**」という言葉が生まれた。

妲己ちゃんがどうなったかは誰も知らない。一説によると九尾の妖狐として日本にわたり、玉藻（たまも）御前という絶世の美女に化けて鳥羽上皇を色気で悩殺し、日本の政治を大いに狂わせたという。

＊

以上の話は、伝説として語られているものであるが、これに限らず、中国には絶世の美女によって王朝が滅びてしまった話が多い。

例えば春秋時代の呉（ご）王を惑わし、ついに呉の国を滅ぼしてしまった伝説の美女、西施（せいし）や、世界三大美女の一人と呼ばれ、安史（あんし）の乱を引き起こし唐王朝が滅びるきっかけを作った楊（よう）貴妃（きひ）などは中国史上最も有名な美女である。このような、**城が傾いてしまうぐらいの美女**を、「**傾城（けいせい）**」と呼ぶ。

解答と解説

復習ポイント の答え

下のような地図を描いて、中国古代文明の位置を確認してみてください。地図はアバウトの省略形でOKですが、黄河と長江の位置と形を描けることが基本です。

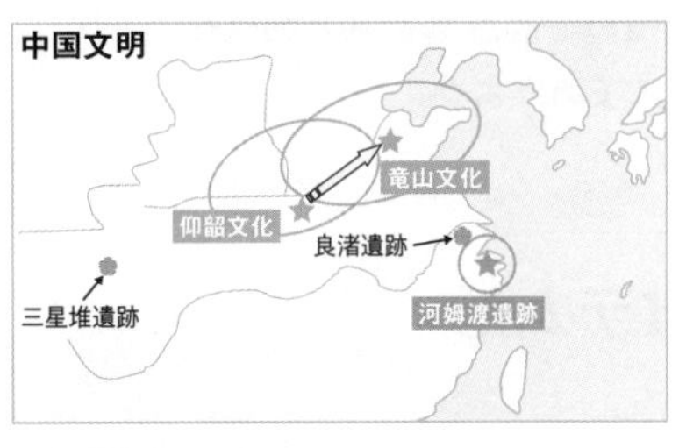

アクティヴィティ の答えの一つ

文字は記録のために作られたが、古代では主に神話や占いの記録を残すためのものであった。つまり文字は、神から与えられた情報を書きとどめ、また神にお伺いを立てるものであった。そして「神」と人を仲介する文字は政治と結び付くようになる。都市国家の政治支配者は文字をもって神の意思を伺い、自分の権力が神の力に由来することを文字で多くの民に示した。ハンムラビ法典が刻まれた石柱の一番上には、太陽神から法典を与えられるハンムラビ王の姿が刻まれ、この法典が神に由来していることを示している。甲骨文字もほとんどが神への占いの記録である。今までの閉鎖的なムラ社会と違い、多くの種類の人々が集まる都市国家を統治するには、神々と結び付いた王の威厳と、それを伝える文字の力が必要だったのだ。

(また祭祀に使われた、神や怪物を表現した巨大な青銅器も王の権威を象徴するものだった)

最後の門 の答え

問1 (a) 禹 (b) 河南
(c) 彩文土器(彩陶) (d) 山東
(e) 三星堆

(同志社大は中国の省の名前を聞いてきたので、注意が必要!)

問2 河姆渡遺跡

(長江文明は最近、注目されているので、これもチェックだ!)

(解説)

中国の「省」は日本の県と同じく地域の単位だが、県よりはるかに規模は大きい。入試問題でも聞いてくるので、中国史に強くなりたければ有名な省は覚えておこう。

古代中国、特に黄河文明の遺跡は河南省に集中しているし、長江文明の遺跡は浙江省に多いので、この二つの省は位置を含めて覚えておこう。

23 周から春秋戦国へ
——日本人の想像を超える中国の封建制度

中国の歴史ってなんだかオドロオドロしいですねぇ。

殷の紂王の物語を知ってしまうと、そう思ってしまうのも無理はないね。でも、中国は早い時期から極めて高度な社会と制度を作り出した地域なのだ。そのことも今日教えてあげよう。

第1幕 周王朝と封建制度 ——土地がマストアイテムだ

「周は渭水盆地から出てきた」って言うけど、そのイスイって何？

中国の重要な川の名前だよ。黄河で北にボコッと「几」の字状に突き出ている所の横にはみ出している支川だ。「盲腸」のようなこの川はとても重要な役割を果たしているので、ともかく「胃」に「サンズイ」を付ける川として覚えてもらいたい。この川は巨大な盆地の中を流れており、その盆地は峨峨たる山に囲まれて、他国の侵入を容易に許さない。しかも、盆地の中の土質や気候もよく、麦の生産によく適している。というわけで、古代の王朝はこの川の周辺に都を置いたものだ。周の都の**鎬京**も、秦の咸陽や唐の長安も皆渭水周辺にあった都なのだ。

周王朝がおこなった**制度**をまず覚えておこう。それは「**封建制度**」。意味は「**土地のやりとりで主従関係を決める制度**」だ。

え、カネのやりとりじゃあないんですか？

「**土地**」のやりとりだよ。なぜなら、この当時はカネが流通していなかったからだ。カネ以外に価値のあるものと言ったら何かな？　カネのようにいつまでも価値を持ち、カネと違って簡単に泥棒されないモノはやはり「土地」なのだ。カネのない世界は基本的に自給自足だから、土地があれば食っていくのに困らない。**「土地」こそは古代の最重要アイテムだね**。ちなみに「封」とは「領地を与える」という意味で、元々封土とは「領地として与えた土地」という意味。しかし土地はタダであげるわけではない。**封建制度とは、簡単に言えば「土地をあげる方がご主人様」になり、「土地をもらう方が家来になる」制度だ**。封建制度は「土地」が重要となる社会システムなので、人々（農民）は土地にしばり付けられてしまい、動かない硬直した社会となってしまう。

周では、王が親族や功臣（手柄のあった家来）や地方の首長に封土を与えて諸侯とし、戦争の時には王に味方する義務を負わせている。

あ、それ日本では「いざ、鎌倉」って言うんですよ

ほう、日本でも封建制度があったようだな。中国では王や諸侯は**卿**（けい）**・大夫**（たいふ）**・士**（し）という世襲の家臣にも封土を与え、自分との関係を強めていたのだ。この世襲家臣の名称は日本にもあると聞いたが……。

「武士」とか「ベイダー卿（きょう）」とか使ってますね。世襲って何？

ベイダー卿？　ふうむ、不思議な使い方だな。ところで世襲の意味だが「親から子へと一族で受け継がれていくこと」を指す言葉だ。歴史ではよく使われる言葉なので気をつけた方がよい。

中国の封建制度の特徴は世襲や血族を重視する点だ。王や諸侯は自分と血のつながっている人間を家臣にしたがった。その理由は血のつながっている「氏族」だったら裏切らないと考えられたからだ。他人は平気で裏切る可能性があるからな。こうして中国社会は血縁を重視するようになり、血縁のつながりには秩序や順位がつけられるようになった。出身地が同じで、姓が同じ集団は祖先がつながっていると考えられるので、このような集団を「**宗族**（そうぞく）」と呼ぶ。この人数はとても多く、現代では数万人にも及ぶと言われている。その「宗族」内で守るべき規範を「**宗法**（そうほう）」と呼び、宗族の人間はこれを守らなくてはならない。

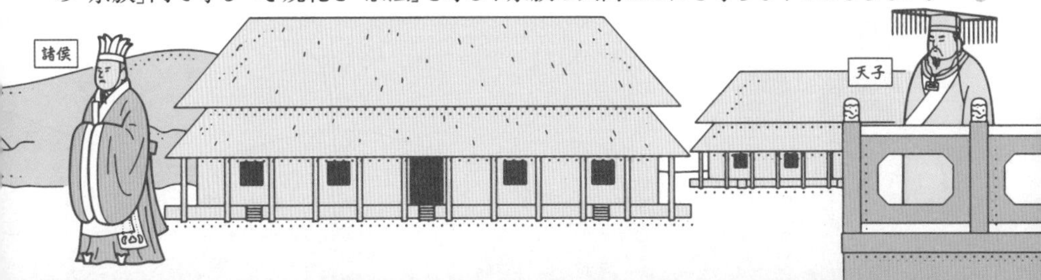

まず宗族内でのそれぞれのメンバーの地位は宗法で決められており、年上の方が年下よりも偉く、本家は分家より偉い。長男が跡を継ぐのが鉄則で、また、宗族の中での通婚はできないのだ。いとこ婚なんてダメです。

第2幕 春秋時代の到来と封建制度の崩壊 ——王の面目丸潰れ

①　周の滅亡の理由、これが情けない……

さて、周王朝だが紀元前770年に北方の犬戎という遊牧民にあっけなく滅ぼされてしまった。その滅亡の理由がこれまた情けない。

幽王という王がいたが、褒姒という美女に惚れてしまった。この褒姒ちゃんはきれいなのだが、ムスっとして笑わない。どんな芸人のネタにも笑わない。ヤケになった幽王は遊牧民の来襲を知らせるための烽火（のろし）を上げさせたところ、兵が必死になって集まってきた。中には昼寝の最中だったのかフンドシ一丁で駆け付けてきた者もおり、その慌てようを見た褒姒が思わず笑ってしまった。その笑顔に夢中になった幽王が毎日、烽火を上げさせて兵を呼んだらしい。バカらしくなった兵たちはしだいに烽火が上がっても集合しなくなってしまった。ところがある日、本当に犬戎が来襲して来たのだ。幽王は必死で烽火を上げさせたのにもかかわらず兵は来ず、輝く鎬京の都も炎の中で陥落してしまい、幽王も殺されてしまった。

こりゃイソップの狼少年の話ですね

かろうじて生き延びた周王室の一族が東へ逃げて、洛邑（現在の洛陽）に都を作った。それまでの西の鎬京に都があった時代の周王朝を**西周**と呼び、東の洛邑に都を遷してからの周王朝を**東周**と呼ぶようになったのだ。王が殺されて、東の小さな町に都が遷って東周になってから周王朝は権威を失ってしまい、王に代わって有力な諸侯が国を指導していく**春秋時代**へと変わっていく。ちなみに春秋というのは、後の孔子が関わったとされるこの時代を扱った歴史書『春秋』の名前から付けられているのだ。

②　春秋時代へ！——「どこの馬の骨」でも有能なら取り立てます

春秋時代に入ると、周王に代わって「**覇者**」と呼ばれる有力諸侯が地域を取り仕切るよ

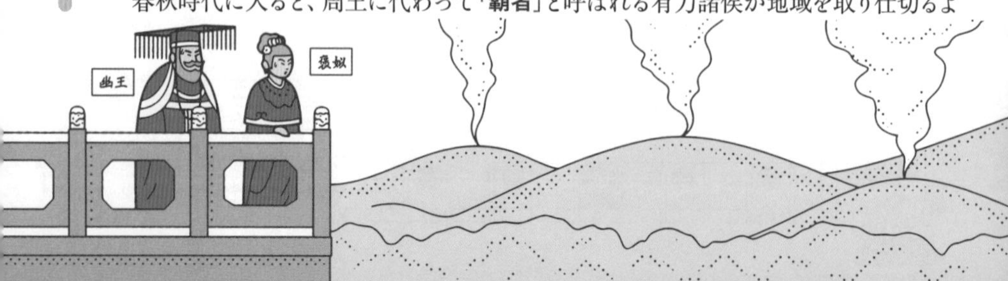

うになった。覇者の代表が**「春秋の五覇」**と呼ばれる５人の有力諸侯たちで、特に**斉**の桓公や**晋**の文公が有名だ。彼らは仁義を重んじた人として有名だ。これらの覇者は周辺諸侯と同盟を結び、同盟のリーダーとして勢力を伸ばしたのだ。同盟を結ぶ時、覇者は「異民族から周王朝を守るために同盟を結ぼう」というスローガンを掲げていた。これを**「尊王攘夷」**と呼ぶ。尊王とは「王を尊び」、攘夷とは「夷（異民族の蔑称）を打ち払う」という意味になる。え、日本でもこれをスローガンにしていた時期があったのか。やはり中国の歴史は重要だね。

というわけで、**春秋時代は①周王室を尊ぶことをモットーとし、②有力諸侯が乱世の中で実力を持った時代であった。**

このような乱世になると、「血縁」よりも「実力」を重視する時代になる。どんなに血筋がご立派であっても無能な人物であっては使い物にならない。むしろどこの馬の骨かわからない人物であっても、有能な人間を取り立てるようになったのだ。すると、**血縁を重視する封建制度は力を失い、今までの動かない硬直した農業中心の社会は、もっと流動的な商業・交易を重んじる動く社会に変わってきた。**そして、社会全体が戦国時代に大きな変化を体験する。

第３幕 戦国時代の大変革
――鉄製農具と青銅貨幣が大ポイント！

紀元前403年に、晋という強国が家臣によって三つの国に分割されてしまった。すなわち**「韓」「魏」「趙」の出現**である。歴史では、この時から「春秋時代」に代わって**「戦国時代」**が始まったとされている。なにしろ目下の家臣が主君に逆らって独立してしまったのだから大事件だ。このように強い家臣が弱い君主に打ち勝ってしまうことを**「下剋上」**と呼ぶ。え、日本史にも戦国時代があったって？　そりゃ中国史からのパクリだよ。元々は中国の戦国時代の外交策を書いた『戦国策』という本の名前から付けた名前だ。「春秋時代」は一応は周王室を尊重したのに、**「戦国時代」は①周王室を平気で無視し、②諸侯が勝手に「王」を名乗る時代にな**

23

ってしまったのだ。いわゆる**実力中心**の時代となったわけだ。こうして戦国時代には「**戦国の七雄**」という強大な七つの国が生まれてしまい、周はこんなに小さくされたあげく、じきに潰れてしまうはめになる(前ページ地図を参照)。

春秋中期〜戦国時代に社会に大きな変化が起こってくる。まず「**鉄製農具**の出現」だ。今まで農民は石器を棒にくくりつけて土を掘っていたが、これではまともに農作業ができない。すぐに石が割れてしまうしな。そこにあらわれた鉄製農具だとサクサク土が掘れる。しかも牛に犂(すき)を引かせる**牛耕農法**(→)が出てくると、**農業生産は飛躍的に高まった**。ちなみに犂というのは土を掘り返す農具のことだぞ。農業生産が高まると農産物が余ってしまうので、腐らせてしまうのもナンだし、市場へ持って行って売るようになる。最初は物々交換だったが不便だ。そこで貝貨が使われたようだが、貝と言っても種類がたくさんあるので価値の上下の目安が付けづらい。そこで**青銅貨幣**が流通するようになる。鉄だと硬いし丈夫だが、すぐに錆(さ)びてしまうので、錆びず、しかも価値のある青銅を貨幣にした。青銅貨幣には種類があり、刀の形をしたものを「**刀銭**(とうせん)」、農具の形をしたものを「**布銭**(ふせん)」と呼ぶ。**この青銅貨幣の出現で商業活動が活発になり、身分が低くても、実力さえあれば百万長者になれる時代が到来したのだ**。

復習ポイント

「戦国の七雄」の国の位置を地図で描いて確認しよう(白地図OK)。

アクティヴィティ

① 周時代と「春秋・戦国時代」は何が違うのだろうか。

② では、「春秋時代」と「戦国時代」は何が違うのだろうか。

古代中国王朝年表（四角は王朝名）

周王朝（西周）（紀元前11世紀頃〜紀元前770年）

都：鎬京（渭水流域）

封建制度（血縁を中心とするところが特色）

「君に10億円の土地をあげるから子々孫々まで私の家来になりなさい」

「あ、オレなりまーす！　あざーす♡」「戦争には参加するんだぞ！」「……」

西周の滅亡（紀元前770年←犬戎の攻撃による）

→都を東方の洛邑へ遷す（**東周**の開始）

「またもや女がらみで滅亡するって、『あんたバカ〜ッ！？』」

↓

春秋時代の開始

春秋時代（紀元前770年〜紀元前403年）

周王の権威の失墜→「春秋の五覇」の活躍

「まだ、なんとか周王を立てようとしていた時代だね」

戦国時代（紀元前403年〜紀元前221年）

「下剋上」の時代

…社会変化：「鉄製農具」と「青銅貨幣」の普及

→「血縁重視」よりも「実力本位」の時代へ

「え、コネが効かない時代になっちゃったの！　ひゃー、勉強しなくっちゃ」

最後の門 下の問題は大学入試問題を出典にした問題です。答えなさい。

紀元前11世紀に（　1　）を滅ぼして成立した（　2　）は一族や功臣に領地を与えて世襲の諸侯とし、各地を統治させる（　3　）をおこなったと考えられている。（中略）前8世紀、（　2　）が東の（　4　）に遷都し、春秋時代が始まった。王の権威はしだいに弱まり、諸侯は列国との間に同盟を結び、その盟主となることで主導権を握ろうとした。このような有力諸侯を（　5　）と呼ぶ。続く戦国時代の中国では鉄製農具や（　6　）が普及し、農業生産性が大いに高まった。同時に商業も活発化し、刀の形をした刀銭や農具の形をした（　7　）などといった青銅貨幣が作られた。

問（1）〜（7）にあてはまる語句を記入しなさい。

（駒澤大・改）

春秋・戦国でレアアイテムゲットだぜ！

春秋・戦国時代の特徴は「実力主義」の一言に尽きます。

西周の時代までは血縁が何よりも重視されましたが、戦乱の春秋・戦国時代になると、他国に勝ち抜くために**「無能な親戚」よりも「有能な他人」を重視するようになってきました**。そのために有能な人材をゲットするための、あの手この手が駆使されたのです。

＊

「隗より始めよ」

燕の昭王が郭隗に力なく言った。

「燕の混乱に乗じて斉が攻めてきて燕は敗れた。斉に復讐したいが、小国だからできない。どうしたら優れた人材を集められるだろうか」

すると郭隗が言った。

「昔、ある主人が名馬を得ようとして、家来に千金を持たせて、買いに行かせました。するとこの家来は五百金で死んだ馬の骨を買ってきたのです。主人が怒って問いただすと、家来は『死んだ馬ですら、こんな高い値段で買ったのですから、生きている馬ならもっと高い値段で買うと人々は思うでしょう。名馬ならば今にたくさん集まります』と言いました。果たして馬を売ろうと多くの人が主人のもとにつめかけ、またたく間に主人は名馬を山ほど手に入れたという話があります。今、王は有能な人材を欲しがっておられます。ならば、この隗から始めなさい。あの愚かな郭隗ですら優遇されている、という噂が立てば、多くの賢人が争ってやって来るでしょう」

さっそく王は郭隗のために宮殿を作り、郭隗を先生としてあがめたところ、果たして多くの賢人が燕の国に集まったと言う。

＊

「鶏鳴狗盗」

斉の国の王子の**孟嘗君**は有能な人材を愛し、一芸さえあれば誰でも食客としてうやまった。

中には「犬のように鼻が利くので、暗闇でもこそ泥ができます」とか「ニワトリの鳴き声では誰にも負けません」と言う、えたいの知れない怪しい人物まで受け入れ、食客としてもてなしていた。

この孟嘗君が秦の国に人質に出され、秦王に殺されそうになった。

この時、危機を助けたのは「狗盗」を行うこそ泥であった。この男が秦王の愛人が欲しがっていた白狐のコートを秦の宮殿から盗み出し、彼女に与えたため、この愛人の口添えで孟嘗君は牢獄から出ることができたのである。

命の危険を感じた孟嘗君はいち早く、秦の国を脱出しようとした。斉の国に帰ろうとして、国境の函谷関の関所にたどり着いたが、夜になってしまったため関所は閉まっていた。

追手の恐ろしい叫び声が遠くから近付いてくる。

絶望する孟嘗君の前に、**「鶏鳴」を行う鳴きマネ男が進み出てニワトリの鳴き声を叫んだ**。これを本物のニワトリの鳴き声と間違えた役人たちが「朝がきた」と思い込み関所を開けたため、孟嘗君は九死に一生を得ることができたという。**ちなみに孟嘗君はならず者や武闘家も大いに集めて優遇したため、斉（現在の山東省）は武道や武術の本場になり、中国拳法の中心地となった。**

解答と解説

復習ポイント の答え

p.199にある中国の地図をヘタでもよいので、何回か描いてみてください。地図問題は最近の試験に出やすいので(特に共通テスト)注意が必要です。七雄(**燕・斉・趙・魏・韓・秦・楚〔北から南の順〕**)の位置を覚えておくとおトクです。

七雄の強国の順位ですが、遊牧民と国境を接している北の国は「長城」を作らなければならず気候も厳しいため、あまり強くありません。ただし遊牧民から「戦車を使わずに馬に直接乗る」方法や「ズボンをはいて馬に乗る」方法を習った**秦**は強国でした。遊牧民と国境を接しない**斉**は地理的な条件がよく、商業が栄えたため七雄の中では強国でした。中央にある韓は国の周囲を強国に囲まれ、苦しい状態であったため弱い国でしたが、外交の術に長じ優秀な外交家を出しています。南の**楚**は面積も大きく、兵も強かったため強い国でしたが、長江周辺は開拓が進んでいなかったため、米の収穫高は現在ほど大きくなく、北の強国に勝るとは言えませんでした(七雄のランキングをつけると、張文先生の意見では1位:秦、2位:斉、3位:楚、同率4位:趙・魏、6位:燕、7位:韓だそうです)。

アクティヴィティ の答えの一つ

① 西周の時代は「封建制度」を中心とし、土地に価値を置き、農民などは土地にしばり付けられていた。そのため社会全体が自給自足の、動きの少ない時代であった。それに対し東周王朝を経て春秋・戦国時代に入ると、商業が活発化して交易が盛んになり、モノや人が動く時代に変わってくる。社会全体の動きや流れに注目です。

② 「春秋時代」と「戦国時代」を区別するのは、人々の考え方の変化です。春秋時代は上辺だけでも周王朝を尊重し、諸侯たちも「遊牧民から周王朝を守る」ことを合言葉にしており、周王朝をさしおいて自分が王を名乗る諸侯はいませんでした。ところが戦国時代になると周王朝を無視し、平気で「王」を自称する諸侯があらわれるようになります。戦国時代は「**血縁よりも実力**」の時代であり、下剋上を通じて能力のある者が力を持って上にのし上がる時代になったのです。日本史で言えば、室町時代の由緒正しき守護大名が戦国時代になると(いくつかの例外を除き)滅ぼされてしまい、織田氏のような戦国大名が氏素性以上の個性でのし上がってくる時代になるのです。

最後の門 の答え

(1) 殷　(2) 周(西周)　(3) 封建制(度)
(4) 洛邑　(5) 覇者　(6) 牛耕農法
(7) 布銭

(解説)

基本的な知識とともに、細かい区別も必要である。わからなかったら本文をもう1回読み直してみよう。

諸子百家

——世界史で避けて通れない「文化史」はルネサンスとこれ！

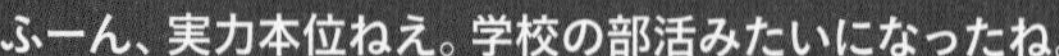

「実力があれば認められる」と言うのはうれしいもの。苦しい練習でも頑張って付いて来られるのは、希望があるからだよ。春秋・戦国時代に学問が栄えたのは「頑張ったら評価される」時代になったからだ。

前奏曲　なぜ「諸子百家」が出現したか？　理由はちゃんとある

「諸子百家」とは、春秋・戦国時代に出現した「多くの学問グループ」のこと。学問が盛んになったのは、一言で言えば「就職活動に有利」だからだ。テーマ23のコラムで述べたように、王や諸侯が国を強くするためにしきりに賢者を求めたので、勉強ができるヤツほどよいところに就職ができるようになったわけだ。

「有名大学卒業生ほど就職有利」の日本の状況と似てませんか？

でも私は、努力自体が評価される状況はよいことだと思う。社会全体にやる気が出てくるからね。というわけで中国の歴史の中でも珍しく春秋・戦国時代は個人や個性が生き生きと表現される時代だよ。

第1組曲　儒家——「孝」をメイちゃんから学ぼう

①　孔子の生涯 —— 失敗の生涯？　いいえ！

戦国の七雄の地図を教科書で見てくれ。この中に斉という国があるね。この斉という国は、テーマ23のコラムの「鶏鳴狗盗」に出てきた孟嘗君の国でもある。孟嘗君は人材獲得

に熱心な人だったから、斉の周辺では学問や武道を学ぶ人が多く出た。斉の南にある魯という国は小国のくせに、いや、小国だからこそ国の発展のために学問に力を入れていた。**儒家**という学問グループを作った**孔子**は春秋時代の終わりにこの魯で生まれ育ったのだ。孔子は幼い時に父親を亡くし、母親に「僕のパパはどこ？」と聞くと母親は必ず泣き崩れてしまうので、孔子少年はそのうちに聞くのをやめてしまった。成長すると孔子は父親がいない寂しさのせいかグレてしまった。なにしろ身長が2m以上あり、数人がかりで開ける町の青銅の門を一人で開けてしまうほど力持ちだった。が、いつまでも不良少年ではいられない。「オレもやんちゃをやっている歳ではないな」と思った孔子は心を入れ替えて15歳頃から学問に励み、24歳で有名な学者になった。魯の国王に採用された孔子は、大臣として活躍するが、酒色に溺れた魯王をいさめたためにクビになってしまう。その後、孔子は全国を放浪し、失意のうちに死んだが、彼は「弟子」という素晴らしい財産を残していったのだ。この弟子たちが孔子の言行を記録した本が**『論語』**である。孔子はすべての道徳の中心として**「仁」**を置き、**「孝」**の実践などを主張した。「仁」とは**「人を愛する心」**のことで、「孝」とは**「親を思う心」**のこと。

親を思う心ねえー？　どうもピンとこない。これって親不孝？

私はこの前、ジブリの『となりのトトロ』という映画を見せてもらって、とても感心してしまった。あの映画の中で、メイちゃんという女の子が七国山病院に入院しているお母さんを心配して、「トウモコロシ」をお母さんに食べてもらおうと、はるか彼方の病院にまで歩いていくシーンがあった。あのメイちゃんの心こそ「孝」なのだ。

親を思う気持ちは自然な感情であり、この気持ちを世界に広げることに道徳の根本があると孔子は考えたのだ。「仁」は他人に対する愛情だが、他人だからこそ「愛」をきちんとした形で伝えなくてはならない。そこで**「礼」**が大切になってくる。礼儀作法にかなった表現をしないと、相手に誠意や心は伝わらないからだ。

②　孔子の弟子たち ―― たくさんいるけど、下の二人が有名

孔子の数世代後の弟子に**孟子**が出てくる。孟子は**性善説**で有名で、**「人間は生まれつき善を目指す本性を持っている。そのよい本性を伸ばしてあげるのが教育の基本だ」**と説いた人である。また、「王は力ずくではなく、徳による**王道政治**をおこなうべし」と説いた。

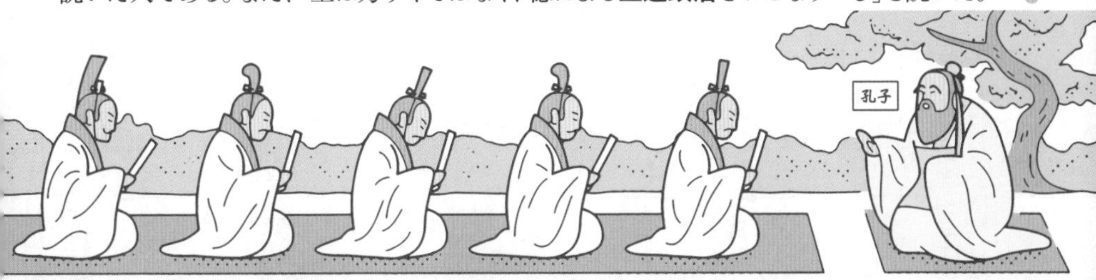

その逆の考え方をしたのが同じ儒家に属する**荀子**で、**「人間は生まれつきワルである。ただし教育によって悪を暴走させるのを食い止めることができる」**と**性悪説**を説いたのだ。荀子は、礼を守りさえすれば、王が専制政治をおこなうことも認めている。

第2組曲 墨家——「無差別の愛」をイレズミ先生から学ぼう

儒家の「家族道徳」的な思想に反対したのが**墨子**が作った「**墨家**」という学問グループだ。元々「墨」というのは「イレズミ」という意味で、「子」というのは「先生」という意味。したがって、墨子を訳すと「イレズミ先生」という意味になる。この意味からすると、どうも墨子は前科者だった可能性がある。その当時、前科者は顔にイレズミを彫られていたからだ。ただし、「イレズミ先生」の言っていることは非常にまともな意見で、「**愛というものはすべての人に対し平等でなくてはならない。家族・親族だけでえこひいきする愛は本当の愛ではない**」とキリスト教のような愛を説いたのだ。この無差別の愛のことを「**兼愛**」と呼ぶ。また墨子は「**他国に攻め入ることは禁止するべきだ**」という考えを説いていた。これを「**非攻**」と呼ぶ（ただし攻め込まれたら、自国を防衛することは許される）。

ただし、このような墨子の意見が戦国時代に受け入れられたかどうかは疑問だ。殺し合いをしている最中に「君たち、戦争はよくないよ。私たちは愛で結ばれているのだから♡」と言われてもなあ。

第3組曲 道家——「脱サラ」の老子が関所破りのために説く

その昔、周王朝の役所に勤めていた小役人が仕事がバカらしくなってしまい、「脱サラ」して自分を変えるため旅に出た。途中で関所を通る時、水牛に乗っているその元小役人の顔を見た関守がびっくりした。元小役人は顔が実に堂々としていて「学識を持った仙人」のように見えたからだ。関守が言った。

「先生！　修められた学問を、ぜひ私にも教えてください！」

「えっ！　私はそんな立派な人ではありません」「いえ、隠しても私にはわかりますっ。教えていただくまでは先生を放しません！」

しかたなく元小役人は関所で『老子道徳経』という本を書いて、関守に渡し、関所を通った後地平線の向こうに去っていった。この元小役人があがめられて、「**老子**」となり、彼が書いた『老子道徳経』という本は、後に『**老子**』と呼ばれた。

本人と本の名前が同じですよ。それってアリ？

古典の本には、ままあることなのでしかたがない。老子はこの本で「**人間は自然に従って生きるべきで、小賢しい知恵を使って自然を支配してはならない**」ことを説いた。これを「**無為自然**」と呼ぶ。この思想は後の**荘子**に受け継がれ、「**小国寡民**」（人間の本当の幸せは自然に囲まれて小さな村で暮らすこと）のような欲望を捨てた生活を理想としたのだ。老子や荘子の説いた「自然に従う」生活は、後の中国思想の大きな柱になっている。

第4組曲 法家――法がなかったら「お前はすでに死んでいる！」

一方で、効率よく政治をおこなうためには「法」が必要である、という考えも生まれた。この学派を「**法家**」という。代表者は**商鞅**と**韓非**だ。紀元前4世紀の商鞅は魏では認められず、秦の国で活躍した人だ。彼の「法」に関するエピソードはコラムにも書いてあるぞ。商鞅の100年後に活躍したのが韓非である。韓非曰く。

「人間の本質は悪だ、法でしばっておかないと悪事をおこなうのが人間なのだ。もし法がなかったら、この世は殺し合いになる！」

うーむ、どっかで聞いた意見のような……

実は韓非は、性悪説で知られる儒家の荀子の弟子。荀子は教育で人間を直すことができると考えたが、韓非は「いや、人間はそんなぬるい方法ではダメだ。法律で厳しく罰しなければよくならない」と考えたのだ。韓非は秦の始皇帝に仕えたが重用されることなく、最後には他の家臣にねたまれて殺されている。どうも法家の人々は無残な最期をとげる人が多いようだな。**しかし七雄のうち秦の国力が強くなったのは法を重んじた法家のおかげであろう。**

24

第5組曲　その他大勢の学派……と言うにはもったいない！

実は諸子百家にはたくさんのグループがある。そのうち有名なものをピックアップしよう。例えば**陰陽家**。これは元々天文を観察して暦を作っていた理系グループだったが、天体と人間の運命を結び付けるようになってから占星術の側面も出てきた。代表者は**鄒衍**という人だ。そして**兵家**は戦争のやり方を指導する学派だった。代表者は**孫子**と**呉子**。孫子が書いた『**孫子**』という本は戦争マニュアルなのだが、書いてある言葉がまた素晴らしい。「相手の国に勝つために大切なことは『戦争をしない』ことだ」。

縦横家は外交を重視する学派で、**蘇秦**と**張儀**が代表者だ。蘇秦は強国の秦に対抗するために、他の6国を同盟させる「**合従**」策を立てた。これに対し張儀は秦が他の6国と個別に同盟を結ぶ「**連衡**」策を立てて、合従策を分断したのである。

あとは**名家**という論理学、つまり理屈を重んじる学問グループも出てきた。代表者は**公孫竜**だ。**農家**という農業技術や農耕の重要性を説く学派もあった。**許行**が代表者である。

最後に**春秋・戦国時代の文学**を挙げておく。『**詩経**』は中国古代の詩を載せた作品で、日本史での『万葉集』にあたる。そして『**楚辞**』は**屈原**らの作品を収めた詩集だ。楚の国の大臣だった屈原はねたまれて失脚してしまい、最後まで楚の国を心配しながら、川に身を投げて死んでしまったのだ。「中華ちまき」は屈原の霊を慰めるために作られたお供え物なのだ。

復習ポイント

諸子百家のそれぞれの学派と代表者の名を整理してみよう。

アクティヴィティ

あなたが春秋・戦国時代に生きていたらどの学派に属しますか。就職のことをよく考えて、決定してください。

諸子百家一覧表

儒家…代表者：孔子（創始者）**→孟子**（性善説）、**荀子**（性悪説）

（内容）**仁**（他人への愛情）**を中心とした道徳を説き、孝**（親を慕う気持ち）**の実践を主張**

「つまり親不孝者は他の人を愛することもできんわけだ」

墨家…代表者：墨子　（内容）**兼愛**（無差別の愛）**と非攻**（他国を攻めない非暴力主義）

「非暴力主義だけど正当防衛はOKなのだ」

道家…代表者：老子、荘子　（内容）**人為を排した自然に従う生活を理想とする**

「今で言うところのロハスな生活かな」

法家…代表者：商鞅、韓非　（内容）**富国強兵のため法で国を治めることを主張**

「法家の代表者が、みんな法によって殺されているのは歴史の皮肉」

陰陽家…代表者：鄒衍　（内容）**天体の運行と人間の生活との関係を説く**

「マンガや映画の『陰陽師』はこれのプロフェッショナル」

兵家…代表者：孫子、呉子　（内容）**戦争の方法を説く**

縦横家…代表者：蘇秦、張儀　（内容）**外交の重要性を説く**

「戦争はカネがかかるし、外交でカタを付けた方が被害は少ないね」

最後の門　下の問題は大学入試問題を出典にした問題です。答えなさい。

儒家の中で孔子の徳治主義を発展させた（　1　）が王道政治を主張した一方、同じ儒家でも戦国時代末期の（　2　）は（　3　）をとなえ、礼による君主の専制政治を容認した。こうした儒教の思想は『論語』や『五経』など多くの儒教教典となり後世に伝わっている。一方、法治主義を説く法家は、秦の強国化に貢献し、始皇帝による統一の礎を築くことになる。戦国時代の争いがより激しくなると実用的な思想が求められるようになるが、諸国の合従・連衡などの外交術を説いた（　4　）のような人々も登場した。

問1　（1）～（4）にあてはまる語句を記入しなさい。

問2　文中の下線部について、紀元前４世紀に秦の政治改革に貢献した法家の人物を答えなさい。

（同志社大・改）

「諸子百家」こぼれ話

「孟母三遷」

孟子の母親はエピソードが多いので、めちゃくちゃ有名である。孟子が幼い頃、墓地の近くに引っ越したところ、孟子くんが「本日はお悔やみ申し上げましゅ」と葬式のマネごとをし始めたので、お母さんは「**ここは子どもの教育によくない**」と判断して引っ越した。次は市場（マーケット）の近くだったので、孟子くんは「今日は大根が安いでしゅよー」と商人のマネごとをし始めた。お母さんは「**ここは子どもの教育によくない**」と判断して引っ越した。3番目は学校の近くだったので、孟子くんは勉強のマネごとをするようになった。お母さんは「**ここは子どもの教育によい**」と安心した。

総じて「**孟母三遷**」**とは**、「**子どもの成長のために環境のよい所へ移る**」**ことを指す言葉である**（「遷」とは「引っ越し」の意味）。

*

「孟母断機」

優等生だった孟子も思春期になり、遊びたい盛りの年頃になった。勉強を怠け始めた孟子くんは、機織りをしていたお母さんに言った。

「オレはよう、勉強なんかもうしねーよ。あんな退屈なもん」

すると母親は、今まで必死に織っていた布を突然ビリビリと切り裂いてしまったのである。驚いた孟子くんが思わず叫ぶと、母は言った。

「**よく聞きなさい。今まで頑張ってきた勉強を止めるということはこれと同じです。今までの成果をすべて無駄にしてよいものですか！**」

それから孟子は勉強に必死に励み、国中に知られる大学者になった。ここから「**身を犠牲にしても、子の勉強を励ます**」ことを「**孟母断機**」（**孟子の母は機織りで作った布を断って孟子を諭した**）という。

*

「商鞅、南門に棒を立て、民をためす」

商鞅は秦の孝公に呼ばれて大臣に任命された。ところが最初からつまずいてしまった。秦の人民が法律をバカにして従わないのだ。

法をお触れ書きで示しても、皆笑って従おうとしなかった。

そこで商鞅は一策をねった。彼は都の咸陽の南門に大きな棒を立てて、お触れ書きに「**この棒を北門に運んだ者には大金をやる**」と書いておいた。皆が嘲笑って本気にしない中、一人の貧しい男が「ええい、ままよ」とヤケになって棒を北門に運んだ。咸陽の住民は「あいつ、バカやでえ」と嘲りながらぞろぞろ付いていったところ、北門で待っていた商鞅がその男にすぐに大金を与えた。それを見ていた人々は呆然としてしまい、**それから人々はお触れ書きに書かれていることを守るようになったという**。

しかし「法」や「規則」を振りかざす人というものは憎まれやすいもの。後年、仲間に陥れられた商鞅は、必死になって咸陽の町を脱出した。後ろから追ってくる役人たちの怒号を聞きながら、山奥を逃げ回った商鞅は、関所付近の店を見つけた。戸を叩いて宿を貸してくれと主人に必死に頼んだが断られてしまった。

「大臣の商鞅様から、旅人を勝手に泊めるな、と厳しいお触れが出ているのです……法に逆らうなど、とんでもありません」

「エーッッ！！」。自分が出した法によって奈落に落とされた商鞅は、ついに追っ手の役人に捕まってしまい、都で八つ裂きの刑で殺されたと言う。

解答と解説

復習ポイント の答え

「諸子百家一覧表」を参考にして自分で表を作ってみてください。
表を自分で作ってみると頭に入りやすいですよ。諸子百家の場合、本の名前は覚えやすい。なぜなら『老子』や『孫子』など書いた人の名前がそのまんまなのですから。例外は『春秋』(孔子が関わったとされる)、『戦国策』(いろいろな外交家の策をまとめたもの)ですが、著者がはっきりしていない本なので「この本を書いた人は誰か」という問いは出ません。

アクティヴィティ の答えの一つ

就職がよいかどうかで大学や学部を選ぶように、当時の人々も学派を選ぶのに就職(仕官)の有利不利は考えたでしょう。

就職に有利なのは縦横家や兵家だったと思います。ただしこの二つは「外交」と「戦争」を専門とするので、失敗したら命を失う可能性は大変大きかったでしょう。そこで儒家がクローズアップされます。儒家は宮廷内の礼儀作法をきちんと整え、君主の威厳を立派に見せることが仕事ですから、仕官がしやすく、失敗しても命を取られるわけではありません。また当時の理系分野であった陰陽家は農業に必要な暦を作り、占いをおこなうので需要は多かったと思います。逆に愛を重んじる墨家は仕官先から相手にされず、最初から出世欲がない道家は仕官先なんか探さず、田舎で農業をしていたでしょう。農家は宮廷よりも農村が活躍の舞台だったと思います。もしも宮沢賢治が当時生きていれば農家を選んだかもしれません。

最後の門 の答え

問1 (1) 孟子 (2) 荀子 (3) 性悪説
(4) 縦横家

問2 商鞅

(「紀元前4世紀」がポイント。法家で有名なのは商鞅・韓非・李斯(りし)の3人ですが(李斯はテーマ25で説明します)、韓非と李斯は紀元前3世紀の始皇帝に仕えた人なので時代が違います)

(解説)

儒家は孔子以後、「性善説」(代表:孟子)と「性悪説」(代表:荀子)の2派に分かれてくる。このうち孟子の目印となるのが**「王道政治」**と**「易姓革命」**(えきせいかくめい:徳を失った王朝は他の王朝に代わって当然、という考え)。もう一つの荀子の目印となるのが**「礼治主義」**(れいちしゅぎ:礼儀に基づいて社会を治める考え)。

これらの言葉とセットで覚えると漢文でも有利!

文中に出てくる『五経』は儒教の中心となる五つの本を指す言葉で、その五つの本とは『春秋』『詩経』『易経』『書経』『礼記(らいき)』です。
このうち『書経』は太古から周までを扱う歴史書で、『礼記』は礼法を扱っている書物であり、『易経』は占いを扱う本です。

秦と漢の成立
――血塗られた悲劇の上に成立した帝国

あー、諸子百家なんて面倒くさいなあ、こんなの覚えるの？

覚えた方がいいよ。なにしろ諸子百家は国語の漢文でめちゃくちゃに出てくるからね。特に孔子の言行を弟子が記録した『論語』と、孟子が書いた『孟子』の二つはとっても漢文で出題されやすいぞ。私も科挙という試験を受けた時は、全部まる覚えしたもんだよ。

序曲　秦の中国統一の理由

戦国の七雄の中で一番強い国が「秦」であることは以前も触れたと思う。その理由は①**地形が山に囲まれており、他国が攻め込みづらいこと、②北方の遊牧民の騎馬技術を取り入れたこと**（ズボンを採用して、直接馬に乗る方法を用いたなど）、**③農業生産力が高く、豊富な麦の収穫が見込めること、④法家**（商鞅・韓非）**を採用したことで法による富国強兵が実現できたこと**などであろう。

そこへ**始皇帝**というアクの強い人物があらわれ、秦の官僚組織や軍隊を自由に操って中国を統一してしまったのだ。

第1幕　始皇帝――世界最大の権力者だが世界で最も不幸な男

①　始皇帝の前半生 ――「愛」の喪失が「権力」への渇望となる

始皇帝は元の名前を「**政**」と言った。お父さんが趙に人質に出されていた時に、趙で生まれた。仕送りもない貧窮生活のまま、秦の王家の一族であることが災いして、毎日ひどいいじめを受けていた。一説によると飢えているお母さんのために鶏を盗んだところを見つかってしまい、ボコボコにされたあげく面白半分に針で喉を突き刺され、それから狼のようなしわがれ声になってしまったという。

幸い国に呼び戻され、父が早死にしたため13歳で秦王になることができた。ところがだ、**お母さんが**他の男とデキてしまい、その男と組んで**政を殺そうとしたのだ**。それを知った瞬間、政の心から一番大切なものが砕け散ってしまった。「お母さん、お母さん、なんで僕を殺すの……？　人質だった時、お母さんのために僕は何でもしたのに……！」。そして男を殺し、母を幽閉した時に、政の心はついに完全に干からびてしまった。政は狂ったように権力を求め、他国を併呑(へいどん)し、逆らう者は平気で皆殺しにしたのだ。

そして有能な法家の代表者である**李斯**(りし)を大臣にして富国強兵に努め、ついに紀元前221年に中国を統一したのである。自分をいじめた趙の国の人々をどう扱ったかは、いや、これはやはり言わない方がいいな……。

②　始皇帝の政策 —— 何でもかんでも「統一」が大好き

他の6国を支配した政は、王よりも偉い称号を求め「皇帝」という位を作って、自ら「**始皇帝**」と名乗った。自分が始めの皇帝だから、「始」皇帝で、次から2世皇帝、3世皇帝と千代まで皇帝の座が続くであろうと考えたのだ。

李斯の進言を受けて始皇帝がおこなった主な政策は次のとおり。

1.「貨幣・文字・度量衡(どりょうこう)」の統一

度量衡とは「物の長さや容積、重さを測る単位」のこと。これがフィート・インチや寸尺とバラバラだったら不便なので全部秦の単位に統一してしまった。**文字**も各地でバラバラだったものを力ずくで秦の**小篆**(しょうてん)(→)という文字に統一した。この小篆が現在の漢字の直接のご先祖様になる。

小篆による「始皇帝」。小篆は現在でも印章に用いられている

貨幣も戦国時代には青銅貨幣が各地で作られていたのを、秦の**半両銭**(はんりょうせん)に統一してしまった。この半両銭は円銭(環銭)で、丸い形の銭の真ん中に穴が空いているシンプルな形のものだ。この半両銭の遠い子孫が日本の50円玉や5円玉なのだな。これらが統一されたことにより、中国は統一された文化を持つことができるようになった。さもなければ、例えばローマ帝国以降のヨーロッパのように中国も小さな国が分立する状態になってしまっただろう。

2.「郡県制」の実施

「郡県制」とは中央から派遣した役人に地方を治めさせる制度である。かつて封建制で

は王は諸侯に「土地」を与えたものだが、郡県制では役人には土地を与えず「**給料**」を与えた。戦国時代には青銅貨幣が各地で作られていたが、秦が役人に与えたのはもちろん秦の半両銭だった。なぜ土地でなくカネを与えたのかだって？　それは家臣に土地を与えるシステムの封建制は、家臣が裏切りやすいからだ。ためしに君が社長だとして社員に土地を与えてごらん。社員はすぐに「病気」とか言って会社をサボり始めるだろう。土地さえあれば、マンション建てて人に貸して、やっていけるからな。しかし給料制にすれば社員は裏切らない。裏切ったら給料が得られないので、生活が成り立たないからだ。

3.「思想」の統一

普通、人間の考えというものはバラバラが常だな。それを始皇帝は1色に統一しようとしたのだ。特にじゃまなのは本だ。余計な考えや思想、例えば始皇帝が嫌いな儒教が広まってしまうので、「農業」と「医薬」と「占い」以外の本は皆焼き捨てるように命じた。この三つだけがOKなのは、それらがないと生活に支障が出てくるからだ。このように本を焼き捨てることを「**焚書**」と言う。そして始皇帝は自分に逆らう学者（特に儒者）を生き埋めにして殺した。儒教の学者を生き埋めにすることを「**坑儒**」と呼ぶ。

うーん、ほかの二つはともかく、「占い」の本はなぜOKなの？

君たちも「ラッキーカラー」とか言って占いを気にしているように、当時の人々にとって占いはなくてはならないものだったからだよ。**ともかくも「思想」まで統一しようとした人は中国史上二人しかいない。一人は始皇帝、そして、もう一人は毛沢東だろう。**

4. 対外政策

まず始皇帝は北方の**匈奴**と呼ばれる遊牧民に対抗するため、蒙恬将軍に匈奴を破らせ、その一方で巨大な「**長城**」を築かせた。元々七雄の北辺の国々が作った柵を本格的に作り直したもので、現在の「万里の長城」よりも北方に位置していた。この長城の長さが、なんと4000 km！（日本列島は南北3000 km）。そして南は現在の**広東省**（香港がある省）から北ベトナムにいたる地域を征服し、ここに**南海郡**などの3郡を作らせたのだ。

③ 始皇帝の最後と秦の滅亡 ―― ついに死神「リューク」に追いつかれる

晩年の始皇帝は巨大な**阿房宮**という宮殿を建て、さらに自分の巨大な陵墓を作らせた。おかげで長城建設も合わせ、国内の百姓はみんな土木作業に駆り出され、苦しめられたのだ。

ところが始皇帝は晩年になるにつれ(と言ってもまだ40歳代後半だが)不老不死を求めるようになった。「朕(皇帝だけが使える一人称)は地上で一番偉い皇帝だ。不老不死になって当然だ」という傲慢な考えにとりつかれてしまった始皇帝は、方術師(魔術師)を集め不老不死の薬(?)を作らせた。あげくの果てに、薬を求めるため徐福という方術師を東の果てにある日本に派遣したという伝説もある。しまいには水銀までも薬として服用していたようだ。

最晩年になり、体の不調を感じていた(水銀を飲んでいれば内臓はボロボロになる)始皇帝は死神から逃れるように、中国各地を必死に旅行して回っていたが、最後には北中国の砂漠でついに恐れていた死神に追いつかれてしまった。紀元前210年の夏のことだった。

巨大な馬車の中で始皇帝が息を引き取ったことは極秘とされたが、じきに多くの人民がそれを知るようになる。そして始皇帝の死の翌年に**陳勝・呉広の乱**という大農民反乱が起こったのだ。

第2幕 秦の滅亡と項羽・劉邦の対決 ――「横綱直接対決」の結末は?

陳勝と呉広の二人は北方警備に命じられており、荷物輸送の責任者だったが、大雨に降り込められ、とても荷物を運ぶことができなかった。もし荷物を運ぶのが遅れたら、秦の法律では**死刑**だ。そこで陳勝が演説をした。「みんなぁ! このままのやり方ではオレたちは死刑だ! 同じ死ぬなら暴れて死んでやろう! うまくいったら王侯になれるかもしれねえ!」。それを聞いた仲間たちが「農民のオレたちなんか王侯になれねえよぅ!」と言った。そこで陳勝が叫んだ言葉は歴史を切り裂く一言だった。

「王侯将相いずくんぞ種あらんや!」(**=王様や貴族は生まれでなるものではない。すべては実力である!**)

陳勝と呉広の二人が起こした反乱には多くの農民が参加し、たちまち数十万人もの反乱軍が暴れ始めた。後に内部分裂によって陳勝も呉広も殺されてしまうのだが、この反乱

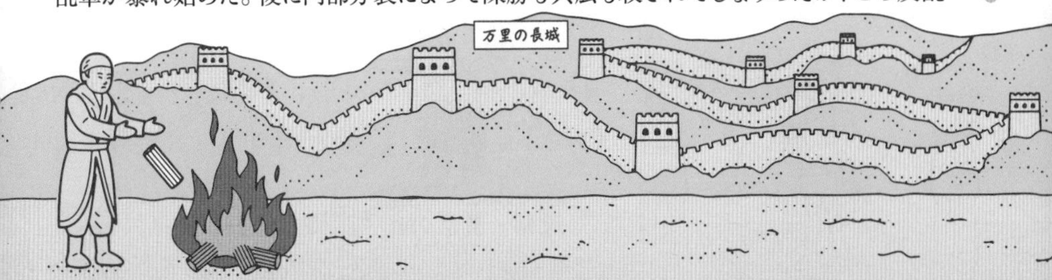

が秦に対する最初ののろしとなったのだ。

最後に秦に対する反乱軍のリーダーとして生き残ったのは**項羽**と**劉邦**の二人である。この二人の力によって秦帝国は紀元前206年に滅んだ。しかし親分は二人もいらない。そこでこの二人は「頂上決戦」で互いに争うようになった。項羽は楚の貴族の生まれで、身長は2ｍ近くもあり、その武勇はすさまじいものであった。なにしろ項羽が怒ると、3000人の武士たちが思わずひれ伏したぐらいである。まさしく百戦百勝の将軍であった。それに対して劉邦は農民のせがれにすぎず、戦争はからっきし弱くて「百戦百敗」で有名だった。が、最後に勝ったのは実は弱い劉邦の方だったのだ。その秘密はコラムを見てもらいたい。

項羽

劉邦

勝った劉邦は**長安**に都を定め、**漢**王朝を建国して皇帝となった。この王朝の名前から「漢字」などの名称が生まれる。まず長安だが、かつての鎬京や咸陽と同じ渭水周辺にある。麦が多くとれ守りも堅い土地で、この長安は後の唐王朝も都とした。長安は現在では西安と名前を変えている。

復習ポイント

始皇帝のおこなった政策を分類し、その内容を簡単にまとめよう。

アクティヴィティ

秦帝国は中国を統一してから何年で滅びたのでしょうか。

そしてなぜ、こんなに急激に滅びてしまったのでしょうか。

秦・漢年表（四角は王朝名）

秦帝国（紀元前221年〜紀元前206年）

始皇帝による統一。都：咸陽（渭水流域）

郡県制（王を廃止し、役人を地方に派遣して治めさせる）

「クモが糸を地方にまではりめぐらせて支配するようなやり方だな」

紀元前210年　始皇帝の死＝帝国の崩壊の始まり

「クモが死ねば糸も破れる」

紀元前209年　陳勝・呉広の乱の勃発「王侯将相いずくんぞ種あらんや」

「『王将のギョーザは種がない』という意味でしょ？」「ちがうっ！！」

紀元前206年　秦帝国の滅亡

最初に秦に乗り込んできた劉邦の前に秦王が降伏し、滅亡した

「劉邦は秦王を助けたけれど、後で項羽が殺してしまった。項羽は始皇帝が作った阿房宮を焼いたが、燃え尽きるのに数か月もかかったらしい」

紀元前202年　項羽が倒され、劉邦が漢王朝を建国する

漢王朝（前漢（ぜんかん））（紀元前202年〜紀元後8年）

都：長安　創立者：劉邦（高祖（こうそ））

「高祖」は廟号（びょうごう）。「諡（おくりな）」とともに皇帝の死後に付けられる名前

最後の門　下の問題は大学入試問題を出典にした問題です。答えなさい。

問1　秦に関する出来事が古い順に並んでいるものを選びなさい。

① 秦の全国統一→陳勝・呉広の乱→商鞅の変法

② 陳勝・呉広の乱→秦の全国統一→商鞅の変法

③ 商鞅の変法→秦の全国統一→陳勝・呉広の乱

④ 秦の全国統一→商鞅の変法→陳勝・呉広の乱

問2　次の文の空欄に入る語を選びなさい。

始皇帝は戦国時代以来の長城を修築し、＿＿＿の侵入に対抗した。

① 突厥　② 柔然　③ 匈奴　④ 犬戎

（南山大・改）

項羽と劉邦
—トップに立つための方法とは？

劉邦の生まれについて司馬遷が『史記』の中で露骨に述べている。

「漢の高祖は姓を劉、名を邦と言い、沛の出身である。父の名は太公（とっつぁん）、母の名を劉媼（劉ばあさん）と言う」

父も母も、そして自分にも、まともな名がないほど低い身分の出だった。父は田舎の農民だったが、劉邦は遊び人で仕事もせずに他人の家に居続け、タダ飯を食っていた。劉邦は身内よりも他人の力に頼って世をわたってきた男なのだ。

対する項羽は楚の国の名門貴族出身である。両親を早く失い、叔父によって育てられた。体は巨大で、身長は2ｍ近くあり、力は重い鼎（巨大な3本足の青銅器）を平気で持ち上げるほどで、恐ろしいほどの威圧感があった。

＊

始皇帝が死んで、陳勝・呉広の乱などの農民反乱が各地で起こるようになると、項羽と劉邦の二人も反乱に加わり活躍した。そして二人はいつしか反乱軍のリーダーになっていたのである。ただし、この二人の性格はまったく異なっていた。

劉邦は下品な上に女好きという男であったが、性格はからりとしていて細かいことを気にせず、**正直で気前がよかった**。そのため劉邦を「兄貴」と慕う男たちも多かった。劉邦は彼ら子分たちの能力を十分に評価し、見事に使いこなしたのである。また無用な殺生を好まず、民を大切にしたので民衆からの人気が高かった。

それに対して項羽は教養もあり、しかも勇猛で戦争に強かった。しかし彼には致命的な欠点があった。それは**身内びいきをし、残酷**だったことである。功績のあった部下にもほうびを与えず、泣いて命乞いする敵を平気で虐殺してしまうので、恨みを買うことも多かった。

＊

項羽と劉邦の活躍により秦帝国はついに滅びた。その後に、この二人はついに天下をめぐって激突することになる。

戦いのたびに負けるのは決まって劉邦で、『史記』に書いてある逸話によると、**戦車に乗って戦場から逃げる劉邦は、戦車が重くなるという理由で同乗していた自分の子を馬車から突き落としたという。劉邦にとっては役立たずの自分の子どもより、有能な他人の方が大切だったのだ。**

しかし百戦百勝の項羽も、たった1回だけ垓下の戦いで劉邦に負けてしまってから、運命が急落してしまった。

垓下の城に立てこもり、明日の戦いの準備をしていた項羽は、周囲を囲んでいる劉邦の軍隊の中から、故郷の楚の歌が流れてくるのを聞いた。この歌から、**部下のほとんどが自分を見捨てて、劉邦についたことを知った項羽は激しく絶望した**。この故事から、周囲を敵に囲まれて絶望することを**「四面楚歌」**と言うようになった。

項羽は人々を集め、最後の宴会を開いた。項羽は愛人の**虞美人**という女性を前にして詩を詠った。

「力は山を抜き、気迫は世界を覆う
しかし時に利あらずして、騅（愛馬の名）行かず
騅行かざるをいかにせん
虞や、虞や、汝をいかにせん」

項羽は、軍を率いて城から脱出した。しかし、ついに劉邦の軍隊に追いつかれ、項羽は激しい戦いの末に、壮絶な死をとげたのである。

解答と解説

復習ポイント の答え

（例：もっと簡潔にまとめてもOK）

（内政）〔ナンバーを各項目ごとにつけておくと整理に便利です〕

1.「郡県制の実施」

…王を廃止し、各地に役人を送って、その地を役人に支配させる制度→中央集権制をおこなう。

ポイント：役人に土地を与えないので、反乱が起きる心配が少ない。

2.「貨幣・文字・度量衡の統一」

…各地で異なっていた「貨幣・文字・度量衡」を秦のものに統一。

ポイント：中国全土を一つの文化圏にまとめることに成功する。

3.「思想の統一」

…「焚書坑儒」をおこない、諸子百家に分かれていた思想を統一。

ポイント：「法家」の思想を、他の思想よりも優越させようとする。

（外征）

1.「匈奴対策」

北方遊牧民の匈奴を撃退するとともに、「**長城**」を建設して匈奴の侵入を防ぐ。

2.「南方を征服」

中国南方から北ベトナムにいたる地域を征服し、**南海郡**をはじめとする3郡を置いて支配。

アクティヴィティ の答えの一つ

秦帝国はわずか15年しか存続しませんでした。そのうち始皇帝の支配した期間はわずか11年です。あれほど強大だった国が、こんなにも早く滅亡してしまったのは①強圧的な政治をおこなったからです。

農民を労働力として土木作業にこき使い、農村を疲弊させたことは滅亡の大きな原因となりました。また、②急激な改革をおこなったことも滅亡の原因となります。そもそも思想は統一できないものですし、むりやり統一した単位や制度は民衆の違和感を高めるものとなってしまいます。③あまりに厳しい法律の適用も民衆に反乱を起こさせる原因となりました。何でもかんでも死刑なら、陳勝・呉広の乱が起こって当然でしょう。同じような理由で滅亡した国としては、アッシリアが有名です（テーマ5参照）。

最後の門 の答え

問1　③　　問2　③

（解説）

問1　**近年は特定の大学を除いて、直接年代を聞いてくる入試問題は少なくなってきました。それでも「どっちが先で、どっちが後か」を聞く問題は多いのです。そのためには「歴史のストーリー（流れ）」を理解しておくことが重要です。**まず「誰が」「何をやったのか」を覚えましょう。

問2　中国史に北方遊牧民の侵入は付きもの。遊牧民も整理しましょう。

①突厥（とっけつ）…6世紀に中央ユーラシアで強勢を誇ったトルコ系遊牧民。元々は柔然に仕えていた。

②柔然（じゅうぜん）…5〜6世紀にモンゴル高原にいた遊牧民。モンゴル系と思われる。

④犬戎（けんじゅう）…周の北西で紀元前8世紀頃に活動していた異民族。

26 武帝の政治と前漢の滅亡
——「征服欲」に征服されて滅亡の巻

やっぱり天下を取るなら、親戚よりも他人の協力が必要ですね。

他人の協力がなくては、たしかに天下は取れないね。でも私から言わせてもらえれば、やっぱり他人は裏切るのですよ。となると親戚が頼みの綱となるのだが、その親戚も頼れなくなる時がくるのだ。

前奏曲　劉邦と張良の会話「え、ウソッ！」「本当です」

やっと天下を取った**劉邦**が、謀臣(はかりごとに巧みな家臣)の**張良**とともに長安の宮殿の廊下を歩いていると家臣たちがいたるところでヒソヒソ話をしている。劉邦は張良に聞いた。「あいつらは何をしているんだ？」。張良曰く「謀反の相談をしているのです」。驚いた劉邦は言った。「え、オレはあいつらに恨まれる覚えはないぞ」。すると張良が言った。「恩賞の土地を彼らに与えましたか？」。劉邦曰く「いや……、まだだ」。張良曰く「彼らが陛下に付き従ってきたのは、土地が欲しいからなのです。その沙汰がないので、彼らは謀反を相談しているのです。土地を与えなければ謀反が起きるでしょう」。そこで、やむを得ず劉邦は家臣に恩賞として土地を与えた(『史記』「留候世家」より意訳)。

第1幕　「郡国制」の巻 ——親戚も信用できなくなって！

というわけで、劉邦は苦楽をともにした家臣たちに土地を与えた。与えなければできたばかりの漢王朝は謀反によって滅ぼされたかもしれぬ。そこで劉邦は**「功臣には地方の土地をさずけて王にする(封建制)が、軍事や経済で重要な土地は皇帝自らが所有し、役人を派遣して治めさせる(郡県制)」**、**郡国制**という制度をおこなうことにした。つまり〔**封建制＋郡県制＝郡国制**〕というシステムだ。

しかし、権力者となった劉邦の心には他人に対する疑念が湧いてきた。しばらくすると

土地を与えて王にしてやった家臣たちの中に謀反を起こす者が出てきたのだ。そこで晩年の劉邦はこう思ったに違いない。「ああ、他人に土地を与えたのはまずかった。封建制は裏切り者が出やすい制度だ。やっぱり最後に信用できるのは親戚だ。功臣には因縁をつけて土地を取り上げ、親戚に与えよう」

そのため劉邦が亡くなる頃にはほとんどの功臣がお取り潰しの憂き目にあい、その土地は劉家の一族のものとなった。ところが、劉邦が最後まで信頼した親戚たちも信頼できなくなってくる。**高祖**(=劉邦)から何代も経つと、親戚といえども赤の他人と同じような存在になってしまうのだ。君だっておじさんの従兄弟のそのイトコなんて、日頃の付き合いもしていないだろう。というわけで高祖から時が経つと、皇帝は他人も同然となった自分の親戚から土地を取り上げて直轄地にしてしまおうとした。そこで親戚一同が憤激して皇帝に対し大反乱を起こしたのだ。漢王朝の6代目皇帝の**景帝**の時代に起こったこの反乱を**呉楚七国の乱**と呼ぶ。

結局この反乱は親戚側の失敗に終わり、彼らの土地はすべて皇帝の直轄地となったのだ。こうして漢王朝のシステムは7代目の**武帝**の頃には始皇帝の頃の「郡県制」と同じようになったのだ。

第2幕 武帝の大活躍 ——ポイントは「張騫」と「楽浪」と「南海」だな

漢王朝7代目の皇帝となった武帝だが、まったく名前のとおりの皇帝で、本当に戦争が大好きだった。代々の皇帝たちが蓄えてくれた資産や土地があったからこんなに戦争ができたのだろう。

まず 北 の**匈奴**だ。中国へ侵入しては略奪を繰り返すので、恨みがある。あの始皇帝ですら閉口して「長城」を築いたほど。劉邦も匈奴と戦ったが見事に負けてしまい、命からがら逃げ出す始末。匈奴に食料や絹、そして女性まで与えて機嫌をとった。

なんと、女性を！

有名なのは**王昭君**。元帝が匈奴の王に女性を差し出すハメになった時、後宮(ハーレム)には女性がたくさん控えていたので、画家に描かせた女性たちの絵を見て匈奴に差し出

そうとした。王昭君は宮廷一の美女だったが、画家にワイロを贈らなかったために、ブ○に描かれてしまい、匈奴に差し出されることになった。出立の日、王昭君のあまりの美しさを初めて知った元帝は愕然としてしまったが、約束を違えることはできず、泣く泣く王昭君を送り出した。こうして王昭君ははるか北の果てで人生を終わったと言う。

というわけで、恨み重なる匈奴をやっつけるために武帝は衛青や霍去病という名将を送って匈奴を攻撃するが、馬術が得意な匈奴は簡単に逃げてしまう。「だったら挟み撃ちだ」というわけで、武帝ははるか 西 の**大月氏**まで**張騫**を使いに出したが、この使いは失敗してしまった。ま、詳しくはコラムを見てくれい。しかし、この派遣がきっかけで漢王朝ははるか西のタリム盆地まで勢力範囲を伸ばすことができたのだ(→)。

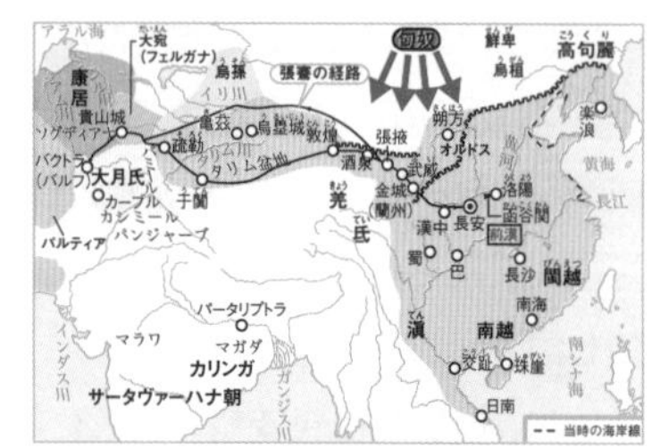

次に武帝は 東 の朝鮮半島で栄えていた**衛氏朝鮮**を滅ぼして**楽浪**など四つの郡を朝鮮半島に置いた。楽浪郡の中心は現在の平壌(ピョンヤン)。ちなみに衛氏朝鮮は戦国七雄の一つの**燕**の遺臣の**衛満**が紀元前2世紀に朝鮮半島に亡命して作った国で、朝鮮半島で最初の王朝と言われる。ということは、朝鮮半島では卑弥呼の約400年前には王朝ができていたわけだ。

そして 南 では、秦が滅亡した時にちゃっかりと独立していた**南越**を滅ぼし、武帝は広東省から北ベトナムに九つもの郡を作った。これを**南海9郡**と言う。もちろんベトナム人はこれを嫌がって、独立運動を起こしたが、いずれも弾圧されてしまった。これはテーマ21「古代東南アジア」のところに書いてあるから、復習してもらいたい。

第3幕 武帝の大失敗 ——ポイントは「均輸・平準」と「専売」だぞ

というわけで戦争で領土を拡大しまくった武帝だが、戦争ほどカネがかかる事業はない。あっという間にカネがなくなって財政難に陥ってしまった。そこで武帝はカネをもうける手段を考えなくてはならなくなったのだ。そこでまず武帝は、**塩・鉄・酒の専売**をおこなった。専売というのは「国しか売ることができない」という意味で、民間がこれらのモノを商ったら

罪になってしまう。生活必需品を国家しか売れないようにしてカネを稼いだわけだ。

次に**均輸・平準**をおこなった。均輸とは「物資が多い地方から物資の少ない地方にモノを運ぶ」政策である。だいたいインフレ（物価高）というのはモノが少ないから起こる現象で、モノを運び込めば物価は安くなる。もちろんこのやり方は現代でも応用できる。また、平準とは「物資が多い時にモノをためておき、物資の少なくなった時に使う」政策である。例えば穀物などは秋に蓄えておき、穀物が少なくなってくる翌年の夏に放出すれば、穀物の値段は安くて済む。したがって均輸・平準は本来はインフレを防ぐ方法だったのだが、武帝はこれを悪用したのだ。官吏を地方へ派遣して、その地方の特産品を爆買いし、他の地方へ持って行ってその特産品を売ってもうけ、またモノの多い時期にそのモノを買い占めて、モノが少ない時期に高い値段で売り払って大もうけしたわけだ。

これらの経済政策で国家財政は少しは潤ったが、その分、民間にしわ寄せがきてしまった。商人はモノの売り買いが制限され、庶民は生活必需品が買えずに生活が困窮し、没落して盗賊になったり豪族の奴隷になったりしてしまう者が増えた。**こうして武帝の頃から豪族が勢力を伸ばすようになった**。悪いことを考える奴はいるもので贋金を作る者も出てきた。そこで武帝は**五銖銭**という銅貨の円銭（環銭）を作り、改めて流通させている。

まあ、武帝の内政は大失敗だったわけだ。

第4幕 前漢王朝の滅亡 ——ポイントは「外戚」と「宦官」……

武帝の時代に領土は広がったが、内政では失敗してしまった。そのため武帝以降、漢王朝はしだいに衰えてくる。こういう下り坂の時にはびこるのが**宦官**と**外戚**だ。

まず宦官から。第2幕にもあったけれど、皇帝の後宮には何百、何千人の女性たちがいたので、彼女たちの世話をする必要があった。

日本の「大奥」は女性が自分たちで管理していたようだけど？

日本以外の後宮では男性が彼女たちの料理を作ったり洗濯をしてやったりしていたところもあったのだ。だがアヤマチがあってはいけないので後宮の世話をする男性は生殖器を切られていた。この「**生殖器を切られた男性**」を「宦官」と呼ぶ。なにしろ後宮に入れる

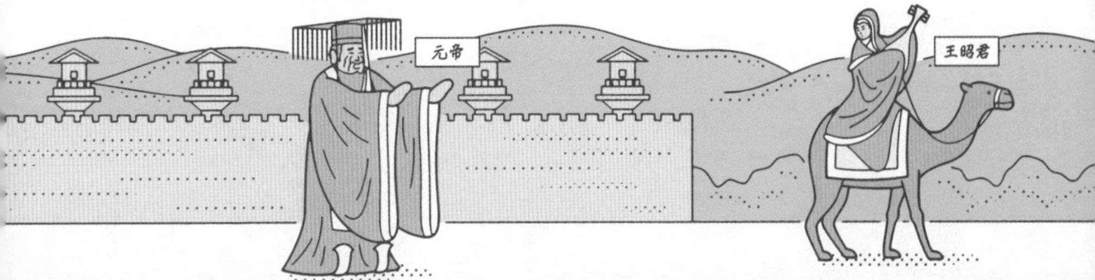

26

男性は皇帝と宦官しかいないので、宦官は皇帝の生活もケアするようになる。宦官は皇帝とお近付きになりやすいので「陛下のご命令である」として勝手に権力を振り回せるわけだ。宦官の多くは貧民出身で、食べていくために自分でエイッとオチ○チンをぶった切ってしまった者たちだったから、政治や経済などを切り回す教養があるとは限らない。当然、宦官の命令は私利私欲に満ちたものとなり、政治が混乱してしまったのだ。

次は外戚だが、意味は「**皇帝の妻の一族**」。聞いた話では、日本史で言うと藤原氏が外戚にあたるな。中国の皇帝の場合、相手の家柄よりは、女性が美しいかどうかで後宮に入れるかを決める。ということは、どんなに卑しい家柄でも娘が美人ならばチャンスはあるわけだ。というわけで外戚の中には政治の力量を持っていない者もいるから、権力を握った外戚の命令は私利私欲に満ちたものとなり、やはり政治は混乱してしまった。

そして漢王朝は外戚の**王莽**(おうもう)によって滅ぼされることになる。この王莽はおばさんが妃だった。しかも外戚には珍しく学があったため、出世をとげて、ついに漢王朝を滅ぼしてしまった。この王莽によって滅ぼされた漢王朝を「**前漢**(ぜんかん)」と呼ぶ。**滅びたのは紀元後8年だから、前漢はキリストくんが8歳の時に滅びたことになる。**

復習ポイント

「封建制」「郡県制」「郡国制」それぞれの制度の特徴をまとめよう。

アクティヴィティ

武帝による外征の内容を、東西南北に分けた図表に書き込んでみよう(→)。このうち武帝が最も重視したのはどの方角でしょうか?

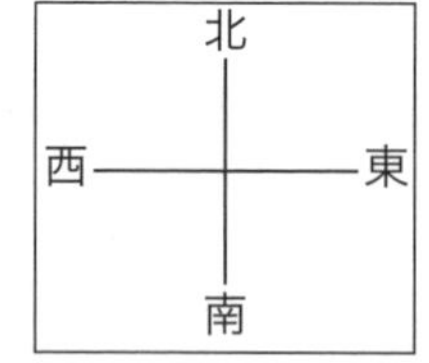

前漢年表（四角は王朝名）

漢王朝（前漢）（紀元前202年〜紀元後8年）

紀元前154年　呉楚七国の乱（皇帝の親戚が起こした反乱）→失敗

紀元前141年〜紀元前87年　武帝の支配

（外征）　**東…衛氏朝鮮を滅ぼし、楽浪郡など4郡を設置**

北…匈奴を攻撃、圧迫

西…張騫を大月氏へ派遣→西域の事情がわかる

烏孫（うそん）（天山山脈北部の遊牧国家）と同盟し、大宛（だいえん）（大月氏北東部の遊牧国家：名馬の産地）を攻撃

南…南越を滅ぼし、南海9郡を設置

「聞いた話では、フランスのルイ14世も戦争が大好きだったらしい。財政難に陥って、死後に国が滅びる原因を作った点でも武帝とルイ14世はよく似ている」

（内政）　**外征のために財政難に陥り、塩・鉄・酒の専売と均輸・平準を実施するが失敗**

武帝の死後、宦官や外戚が実権を握る

「ねえ、**宦官**って中国にしかいないの？」

「いや世界中にいたのだ……。日本はいなかったかな」

紀元後8年　外戚の王莽によって漢（前漢）が滅亡する

最後の門　下の問題は大学入試問題を出典にした問題です。答えなさい。

問1　次の主題について与えられたキーワードをすべて用い、200字以内で歴史的に論述しなさい。キーワードには下線を付しなさい。数字は1マスに2字まで入れなさい。

（主題）「古代中国における郡県制と郡国制について」

キーワード：始皇帝　　高祖　　武帝

（学習院大）

問2　次の文の（1）〜（4）に入る語を書きなさい。

現在、朝鮮民主主義人民共和国の首都であるピョンヤン（平壌）は、古くから都市として重要な役割を果たしてきた。『史記』や『漢書』によると、紀元前2世紀、河北省の北部から遼東半島にかけて存在した（　1　）国の出身である（　2　）という者が、王険城を都とする国をおこしたという。この王険城のあった地が、今の平壌と考えられている。紀元前2世紀末、漢の（　3　）は軍を派遣して、これを滅ぼした後、4つの郡を設置したが、このうち（　4　）郡の中心が平壌一帯であったと考えられている。

（関西大・改）

張騫（ちょうけん）の大冒険

中国人が最も恐れていた存在――それは遊牧民の匈奴であった。

前漢の時代は匈奴にずっと貢ぎ物を捧げていたが、7代目の皇帝である**武帝**はケンカ好きな荒々しい皇帝であったから、これが気に食わない。彼はいよいよ匈奴に攻撃をかけることにした。

ところが戦果ははかばかしくない。と言うのも匈奴は逃げ足が早く、戦況が不利になるとさっさと逃げてしまうからである。そこで考えたのが、**挟み撃ち作戦**だ。幸い西の方に**大月氏**という国があり、匈奴を憎んでいるという。さっそく同盟を結ぶべく使者を送らねばならない。この使者を選ぶのが問題だった。

なにしろ中国人が誰も行ったことのない西の秘境を探検しなければならない。**ヘタをしたら使者が死者になってしまう**。武帝は考えて**張騫**（ちょうけん）という冴えない役人を使者にすることにした。

武帝がボディ＝ガードに付けてくれた100人の荒くれ男たちを連れて、張騫はいよいよ旅に出た。と、思ったら、さっそく匈奴に捕まってしまった。100人の荒くれ男たちは首をはねられてしまい、次は張騫の番である。ところが張騫という男はなんとも憎めぬ愛らしさのあるオッサンで、処刑台に連れて来られた張騫の顔を見た匈奴の兵士はどうしても張騫の首を切ることができない。ついに、うやむやのまま張騫の処刑は取り止めになってしまったのだ。

実は張騫の最大の武器とは強さではなく、人をひきつける力だった。

張騫はその後、匈奴で妻をもらい、子どもも作って、10年間けっこう幸せに暮らしていた。匈奴の連中からも愛され、親しまれていた。

ところが10年後、張騫は突然脱走してしまう。張騫は走りに走ってついに大月氏の国にたどり着いた。大月氏の王に漢との同盟を申し入れたが、匈奴の勢力を恐れる大月氏の王は同盟を断ってしまった。がっかりした張騫はなんと、帰りにまた匈奴に捕まった。

「なんだ、張騫じゃないか。どこに行っていたんだ？　奥さんが心配しているぞ」

運のいいことにまたまた許され、張騫は家族のもとで暮らした。

だが張騫は3年後、再び脱走したのだ。張騫が中国にやっと帰り着いた時、旅に出てからもう13年経ってしまっていた。

＊

13年経っても武帝は張騫のことを忘れていなかった。同盟が失敗した報告を聞いた武帝はさすがに失望の色を隠せなかった。しかし張騫が持ち帰った情報によって、西域の事情が明らかになったのだ。

中国に帰ってから10数年後、張騫はついに死ぬ。たぶん死の床では後悔の思いで一杯だったろう。

「任務も果たせず、その上家族まで捨ててしまおうとしたとは……。ああ、私の人生は、無駄でつまらない人生だったなあ……」

しかし、西方でとれた**胡麻**（ごま）や**コショウ**、**キュウリ**を中国に紹介し、ヨーロッパと中国をつなぐ壮大な交通路である**「絹の道」（シルク＝ロード）**を最初に切りひらいたのはほかならぬこの張騫だったかもしれない。

この後、武帝は天山山脈の北部にあった**烏孫**という遊牧国家と同盟を結び、大月氏と烏孫の間にあった名馬の産地、**大宛**（だいえん）（フェルガナ）を馬欲しさに攻撃し、何万人もの将兵を犠牲にしたあげく、約3000頭の名馬を手に入れたと言う。

解答と解説

復習ポイント の答え

(封建制)

土地のやりとりで主従関係を決める制度。「土地」が重要なキーワードとなる。欠点は、土地さえあれば自給自足ができるため家来が反乱を起こしやすいこと。

(郡県制)

土地ではなく給料で主従関係を決める制度。カネ・給料が重要なキーワードとなる。ポイントは**中央集権(皇帝がすべての権力を握る制度)を強化するための制度**であること。そのため各地の王という余計な中間物を廃止して、役人を地方に派遣して治めさせる。欠点は、皇帝が有能でなければ組織がバラバラになりやすいこと。ただしシステムを時間をかけてきちんと整えていれば、かなり使える制度である。

(郡国制)

地方の土地を功臣に与え、軍事的奉仕を求めると同時に、中央に近い重要な土地は皇帝が握り、役人を派遣して治めさせる、という「封建制」と「郡県制」を足した制度。江戸時代の外様大名と幕府直轄領の関係とよく似ている。ただし日本とは違い、中国では「郡国制」はすぐに崩壊し、功臣は皆取り潰されている(日本でも幕末に幕府は外様大名を取り潰そうとしたが失敗し、逆に幕府の方が潰された)。

アクティヴィティ の答えの一つ

このような図を書くと、武帝がどこに力を入れたのかがわかります。それは一番スペースの大きい西方です。

最後の門 の答え

問1 (例)

秦の始皇帝は前221年に中国統一後、中央集権をおこなうために封建制を廃止し、役人を派遣して地方を治める郡県制を実施した。しかし強引な改革は民衆の反発を買い、秦は始皇帝の死後滅亡した。前漢の高祖(こうそ)は秦の失敗を教訓にして功臣に土地を与える封建制と、重要な土地を皇帝が支配する郡県制をあわせた郡国制を実施した。その後、漢は諸侯権力の削減を図り、呉楚七国の乱を平定後、武帝の時代には郡県制と変わらない体制となった。(200字)

(数字の書き方に対する指示があるので、年代を求めていることがわかる)

問2(少し難しい) (1) 燕 (2) 衛満
(3) 武帝 (4) 楽浪

(解説)

問1では、この3人の皇帝の内政、特に支配制度の変化をどのくらい知っているかが問われている。

問2 古代朝鮮史の知識が求められる。実は朝鮮史は王朝が多くないし、韓ドラでもなじみやすい。ぜひ、頑張ってみよう。

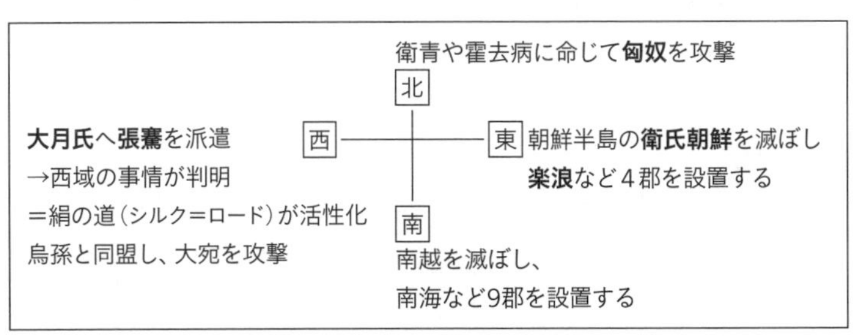

後漢の成立と滅亡
——「パンク」に始まり、「リボン」で終わる

やりたい放題やって、しまいに借金で潰れた武帝でしたね。

ああいった豪快な人生では、最後は借金まみれで終わるねえ。あとは宦官や外戚という女がらみの前漢の末期も実に情けない。やっぱり人生は「地道が一番」だねえ。

序曲 「パンク」VS「ちょんまげ」の勝負は「パンク」がWIN！

天下を乗っ取った外戚の**王莽**は「**新**」という王朝を作った。この王莽はいわゆる「今時の若いモンは……」という石頭のオヤジで、「古いものがやっぱりエエのォ」の考えだったから、大昔の周の時代の慣習や規則を取り入れようとした。今の日本に江戸時代のちょんまげを強制し、摂関政治を押し付けるようなもの。そこで若い衆が大反発して、王莽に対し反乱を起こした。この若いモンたちは眉を赤く染めて仲間の目印にしたので、**赤眉の乱**と呼ぶ。赤い眉なんてまったく「パンクファッション」。この「ちょんまげ」対「パンク」の対決は「パンク」の勝ちで、大混乱の中、王莽は無残にも殺され、その生首はさらしものにされたという。

第1幕 兄ちゃんに負けて人生に勝つ光武帝

赤眉の乱が起こって大混乱の頃、**劉秀**という若者がいた。名前からわかるとおり漢王朝の一族だ。しかし前漢の終わり頃には劉一族なんて珍しくなくなっていた。例えば武帝とは母が違う兄弟の中山靖王劉勝は50人も子どもをもうけた精力絶倫のオヤジで、その子孫が山ほどいた(その子孫の一人が『三国志』の英雄、劉備玄徳)。そして劉氏と言っても、劉秀の実家は零落した家だった。

劉秀は貧乏生活のせいか、生活も態度も地味で目立たない人物だったが、お兄ちゃんがすごかった。スポーツマンで勉強家という優等生で、野心たっぷりの自信家だった。赤眉の乱が起こった時、このお兄ちゃんが興奮し、「オレたちも反乱を起こそう！」と弟を誘った。弟はまじめだから反乱なんかやりたくない。断ったが、強いお兄ちゃんの性格に引きずられ、しかたなく参加した。この、「はじめの一歩」が劉秀の人生を決定してしまったのだ。

反乱を起こしたお兄ちゃんが、後に仲間内でねたまれて殺されてしまったのに対し、連戦の中で劉秀の優れた一面があらわれるようになった。それは「**どんな苦境でも仲間を見捨てない**」ということである。人気が人気を呼び、赤眉軍をも吸収した劉秀は最後にライバルを打ち倒し、皇帝の座に登った。皇帝としての名を**光武帝**と呼ぶ。

地味な性格の光武帝は**後漢**を建国したが、長安より規模の小さな**洛陽**に都を定め、外征よりも内政に力を入れた政治をおこなった。まあ、国内は前漢の末期から赤眉の乱へと混乱状態だったから、国を立て直すことが先決だったのだ。

光武帝の日常生活は極めて質素で、華美な服を嫌い、宮殿も昔の古い建物に住み、食べ物もぜいたくはしなかった。いや、見事な名君です。この光武帝の時、日本人が歴史に登場する。『後漢書』によると、倭の奴国の王が光武帝に使いを送ったことが書かれている。後の文書の絵だが、どうも倭人の格好はこんなものだったらしい（左から2人目→）。

足が裸足だー！

倭人の使いの謁見を受けた光武帝は彼らの素朴な服装が気に入ったようで、「遠いところをよく来たのォ」と使いに「**漢委奴国王**」の金印をさずけたと言う。日本史では必ず紹介される金印らしいね。

もう一つ、光武帝の外征で出てくるのはベトナムだろう。**徴姉妹**が独立のための反乱を起こした時、馬援将軍を派遣して鎮圧させたことが知られている。結局は徴姉妹は殺されてしまい、その後、約1000年間、ベトナムは中国に支配されてしまったのだ。

27

第2幕　粗食が長生きの秘訣か？　後漢王朝

光武帝という人は食事も質素だったせいか、63歳まで生きた人だった。後漢王朝の中で最も長生きした皇帝だね。ところが光武帝以降の後漢王朝の皇帝のうち半数が30歳になる前に死んでいる。理由？　うーん、たぶん美食のせいじゃないかなあ。今風に言えばほとんどが糖尿病。皇帝が若死にした後の皇帝はまだ子どもか赤ちゃんだ。「陛下、税のご決済を！」「バーブー」では政治にならない。となると、赤ちゃん皇帝を補佐すると称して勢いを増すのがやはり外戚と宦官だ。したがって後漢は光武帝の善政が光るものの、光武帝以降はあまりパッとしなかった。後漢の時代、幼帝ばかり続くと政治は行き詰まる。特に宦官の勢いが強く、その態度に反発したのが、まじめ派の官僚たちだ。「あんな字も読めんような連中が、帝の権威をかさに着て勝手な政治をするのはけしからん。宦官は皆ぶっ潰してやる」と陰謀を企てたが、秘密が漏れてしまい、逆に官僚たちの方が捕らえられて追放や処刑の憂き目にあった。この宦官たちによる官僚弾圧の事件を**党錮(とうこ)の禁(きん)**と呼ぶ。簡単に言えば「悪が勝って、善が負けた」わけで、こんな流れになると後漢王朝ももう先が長くない。

第3幕　後漢王朝の「Kawaii」終わり方

党錮の禁から20年も経たない184年に**黄巾(こうきん)の乱**が起こってしまう。これは「**太平道**」という新興宗教の**張角**という教祖様が信者を集めて起こした宗教反乱であった。仲間である目印に黄色い巾という頭巾を頭に巻いたので「黄色い リボンの乱」と呼ばれたのだ。

なんか、えらく可愛い名前だー！

あと、後漢の末期になると「**五斗米道(ごとべいどう)**」という道教(どうきょう)の源流の一つとなる新興宗教もあらわれた。教祖様の**張陵(ちょうりょう)**も大変な勢力を誇り、四川(しせん)省に独立宗教国家を作ってしまったのだ。後漢王朝自体がもうガタガタになっていたから反乱を抑えることができない。そこにあらわれたのが『三国志』のダーティヒーローの**曹操(そうそう)**だ。曹操の活躍で太平道は壊滅し、黄巾の乱も鎮圧され、張陵の孫の張魯(ちょうろ)も曹操に攻め込まれて降参している。こうして曹操は一

躍、後漢の有力者として歴史に登場してくる。曹操は一生涯、後漢の丞相(じょうしょう)(=最高行政官)にとどまったが、この曹操の子である**曹丕(そうひ)**が最後に後漢を滅ぼして**魏(ぎ)**を建国したのだ。おっと、もう『三国志』の時代に入っているね。

間奏曲 後漢王朝の外交 ——ローマと漢の指先が触れた瞬間

後漢時代の外交に関しては**班超(はんちょう)**の活躍が光る。班超は紀元後1世紀に西域都護(さいいきとご)(都護=地域統治の長官)になった人で、西域(=中央アジア・西アジア)での支配領域拡大に貢献した人だ。この人についてはコラムを読んでもらいたい。班超がこだわったのは西のローマ帝国(大秦国)との交易だ。部下の**甘英(かんえい)**を派遣したが、甘英はついにローマ帝国にたどり着くことはできなかった。しかし班超の約70年近く後に**大秦王安敦(たいしんおうあんとん)**の使いの者が海路、日南(ベトナム中部)にたどり着き貢(みつ)ぎ物を捧げた(166年)、という記事が『後漢書』に出てくる。この大秦王安敦とは五賢帝最後のローマ皇帝**マルクス=アウレリウス=アントニヌス帝**と考えられる。**あたかもこれは、班超がローマに向かって必死に伸ばした手の指先に、マルクス=アウレリウス=アントニヌス帝が必死に手を伸ばし、二人の指先がかすかに触れ合った瞬間のようだ。**

最終幕 漢王朝の社会と文化 ——文化では意外に「宦官」が大活躍

前漢・後漢を含めて漢王朝は**豪族**が勢力を伸ばした時代だ。豪族とは「地方の有力者」を意味する言葉。武帝による重税で没落してしまった農民は、テーマ26で説明したけれど豪族の奴隷になってしまい、豪族の所有する土地を耕すハメになったのだ。

んーと、ローマでやった「ラティフンディア」と似てますね

お、よく気が付いたね。紀元前2世紀〜紀元前1世紀にかけて洋の東西で大土地農業が盛んになっているのは面白い。さらに前漢の武帝は**郷挙里選(きょうきょりせん)**という官吏登用法をおこなったので豪族の力はますます強くなった。ちなみに郷挙里選とは「**地方長官の推薦で役人を選ぶ制度**」のことだが、推薦基準はまったくなしだった。「いやぁー、あの人は親孝行だ

から一」で推薦が通ってしまう。としたら**日頃から地方長官と癒着している豪族が推薦に有利だ**。え、なんで癒着しているかって？　中央から派遣されてきた地方長官は現地のことがわからないので、「地方の有力者」と仲良くした方が仕事がうまくいくからだよ。

文化の方面では**董仲舒**（とうちゅうじょ）という儒者の提案で、武帝の時に儒学が官学とされている。社会も安定してきたので、「礼儀作法」が重視されるようになったのだ。この儒学の最も重要な経典になったのが「**五経**」であって、儒教の中心となる五つの本を指す。その五つの本とは**『春秋』**（しゅんじゅう）・**『詩経』**（しきょう）・**『易経』**（占い）・**『書経』**（歴史）・**『礼記』**（らいき）（礼法〈れいほう〉）だ。武帝は五経に通じた人を「**五経博士**」という官職につけ、五経の普及をはかっている。ただし当時の儒学は「**訓詁学**」（くんこがく）と言って、経典の字句の解釈ばかり重視していたので、さぞや面白くなかっただろう。

歴史では歴史書が優れている。武帝に仕えた**司馬遷**（しばせん）は歴史書の**『史記』**（しき）を書き上げた中国史上最大の歴史家である。この『史記』は**紀伝体**（きでんたい）と言って、個人の伝記を集めて作られた歴史書なのだ。皇帝の伝記は「本紀」、諸侯の歴史は「世家」、そして臣下の伝記のことを「列伝」と呼ぶ。実は司馬遷は宦官で、武帝の政策をいさめたために罰として去勢されてしまった人なのだ。あと、**班固**（はんこ）が書いた**『漢書』**も紀伝体で書かれた歴史書の傑作である。

紙が普及したのも後漢の時代で、一説では**蔡倫**（さいりん）という工夫好きの宦官が、木の皮などをドロドロに溶かして水で漉（す）いて作ったと言われている。それまでの本は竹簡や木簡と言って、竹や木に字を書いて糸で結んでいたのだが、すぐにバラバラになってしまうので面倒だった。

復習ポイント

後漢王朝で覚えるべき「皇帝」「人物」「事件・出来事」「文化」をピックアップしよう。

アクティヴィティ

紀元前２世紀～紀元前１世紀にかけてローマと漢の東西で大土地農業が盛んになった理由は何だと思いますか？（ヒント：「戦争」）

後漢年表（四角は王朝名）

18～27年　赤眉の乱→王莽の作った「新」王朝滅亡

「眉だけ赤くしている人なんか今でもいないぞ」

漢王朝（後漢）（25～220年）

建国者：劉秀（光武帝）　都：洛陽

40～43年　ベトナムで徴姉妹が反乱を起こすが、馬援将軍によって鎮圧

「徴姉妹は現在でもベトナム人の誇りです」

57年　倭の奴国の使者が光武帝に謁見を許され、「漢委奴国王」の金印をさずけられる

「光武帝が死ぬ直前に倭人に会ったんだね」

91年～　班超が西域都護として西域を支配する

97年～　班超が甘英を大秦国（ローマ帝国）に派遣→失敗

166年　大秦王安敦（マルクス＝アウレリウス＝アントニヌス帝）の使いが日南（ベトナム中部）に到着

「漢王朝とローマ帝国の海を越えた握手」

166年～　党錮の禁　宦官による官僚の弾圧

「うはは、わしらに逆らおうとは愚かなヤツめ、死ねいっ！」

184年　黄巾の乱　太平道の張角による宗教反乱

220年　後漢の滅亡　黄巾の乱鎮圧に功のあった曹操の子、曹丕による

「後漢最後の皇帝は滅亡後も殺されず、余生を全うした」

最後の門　下の問題は大学入試問題を出典にした問題です。答えなさい。

「（前漢の）皇帝の外戚である（　1　）が政治の実権を握り、（　2　）年に新という王朝をたてた。しかしその政治に対する不満から（　3　）の乱がおこった。これを鎮圧するために各地の群雄が立ち上がった。その中で<u>（　4　）が皇帝に即位</u>し、漢王朝を再興した」

「2世紀末に（　5　）が始めた宗教結社（　6　）を中心とした黄巾の乱がおこった。この乱をきっかけにして、各地で武力を持った集団があらわれた。その中から曹丕が220年に皇帝に即位し（　7　）をたてた」

問1　（　1　）～（　7　）にあてはまる適語を書きなさい。

問2　下線部について、（　4　）の人物は後になんと呼ばれたか。次の①～④から選べ。

①　洪武帝　　②　光武帝　　③　孝文帝　　④　太武帝

（近畿大・改）

「お都護は つらいよ」

班超は長安の学者の家に生まれた。

生家は、本の重さのあまり、傾いてしまっているほどであった。しかも兄弟はそろいもそろって学者で、特に兄の班固と妹の班昭は歴史書の『漢書』を書いたほどの大学者である。こんな家に生まれてしまったが班超だけができが悪く、いつも他の兄弟と比べられたため、ついに班超はグレてしまった。

「フン、こんな本くせえ家、オレの方から捨ててやらぁ！」

呪いの声とともに班超はついに家を出た。

彼の行く先は西域である。西域（現在の中央アジア・西アジア方面）には広大な草原と砂漠が広がり、班超のワイルドな冒険心を満たすには絶好の地である。この西域で班超はインディ＝ジョーンズも顔負けの大冒険を繰り広げた。

＊

ある時、西域の王国を訪ねていた班超の一行が偶然、匈奴の使節と出くわした。班超は匈奴の使節に先制攻撃をすることを決意した。

「し、しかし班超様、匈奴の使節はこちらの10倍の人数です！」

その時班超の叫んだ言葉は歴史に残った。

「虎穴に入らずんば、虎児を得ず！」

（虎の穴に入らなくては、虎の子は得られない：危険をおかさなくては、成功はできない）

班超は匈奴に夜襲をかけ、追い散らした。そのため西域のその王国も班超を恐れて、ついに漢王朝に味方することになった。

この決断と実行力が評価され、班超はついに**西域都護（中央アジア・西アジア方面の長官）**に出世したのだ。

＊

班超には夢があった。それは、はるか西の地にある**大秦国**(たいしんこく)**（ローマ帝国）**に行き、世界の首都と讃えられる羅馬（ローマ）を訪れることである。カエサルなる英雄が作った不滅の都を見てみたい！　しかし、班超自身は西域都護であるため、勝手に持ち場を離れて旅行はできない。そこで**甘英**(かんえい)という部下をローマに派遣することにした。甘英は途中のシリアにいたったが地中海に到達しただけで渡航をあきらめてしまい、ついにローマに達することはできなかった。甘英の報告を聞いた班超は地平線の彼方にまで続く青空を見つめながらつぶやいた。

「そうか……お前もローマを見ることはできなかったか……」

＊

いつしか時は過ぎ去り、永遠の青春を楽しむかと思われた班超にも、老いは容赦なくやってきた。班超の髪は白くなり、顔には深い谷のようなしわが刻まれていた。そう、いつしか班超は70歳を超してしまっていたのである。

班超は西域都護を辞め、洛陽に帰る許可を皇帝から得て、ついに50年ぶりになつかしい故郷に帰って来た。

故郷の家は変わっていなかった。本の重さに傾いた家、そして家中にこもった本の匂い。両親はとっくの昔に亡くなり、秀才だった兄の班固は罪を問われて獄死した。

＊

班超は家に帰って来て、初めてわかった。

自分が追い求めてきたもの、それは西域の砂漠の月でも、輝くローマの大理石の柱でもなかった。本の匂いの立ち込める長安の家こそ彼の求めていたものだった。班超は洛陽へ帰って来てから1か月後に死んだ。あのなつかしい家に抱かれながら。

解答と解説

復習ポイント の答え

〔皇帝〕
たった一人だけ、光武帝 だけ覚えればよし。
『三国志』が好きな人は後漢最後の皇帝である献帝を覚えるもよし。
（後漢歴代の皇帝で50歳以上まで生きた皇帝はこの二人だけ）

〔人物〕
やはり 班超（西域都護）と 班固（『漢書』の著者）の兄弟は押さえておきたい。あとはローマ帝国に行けなかった班超の部下 甘英 も覚えておこう。
外国人としては、後漢の支配に抵抗したベトナムの 徴姉妹 とローマ皇帝の 大秦王安敦（マルクス=アウレリウス=アントニヌス帝）が重要。

〔事件・出来事〕
党錮の禁 が一番出やすい。そう、宦官が官僚を弾圧した事件だ。
それから倭人の使節に与えた「漢委奴国王」の金印 も有名。
あと反乱としては 赤眉の乱 と 黄巾の乱 。
中国の反乱はカラフルなネーミングなので覚えやすいかも。

〔文化〕
文化では 製紙法の改良と紙の普及 が大切。なお郷挙里選と儒学の官学化は**前漢の武帝**がやったことなので間違えないこと。

アクティヴィティ の答えの一つ

紀元前2世紀～紀元前1世紀は東の漢帝国も、西のローマ帝国も**対外戦争の時代**であったことが結果的に大土地所有につながっている。
（中国）
前漢の武帝は四方に領土を広げたが、戦費を調達するために塩・鉄・酒の専売や均輸・平準をおこなった。そのため農民が困窮し、豪族が農民の土地を買い占め、農民を奴隷にしたことが豪族の大土地所有につながった。
（ローマ）
紀元前146年にポエニ戦争が終了し、ローマがカルタゴの土地を属州にした。裕福な騎士階級がこれらの属州の土地と奴隷を手に入れて大土地農業（ラティフンディア）をおこなっている。
（漢王朝の「戦費調達による庶民の没落」、ローマの「属州の拡大による騎士階級の富裕化」という差があるが、結果として**大土地所有は貧富の差を拡大してしまい、社会不安を増してしまうことに注意**）
（漢→宦官や外戚の成長と前漢の滅亡、ローマ→内乱の1世紀へ突入）

最後の門 の答え

問1　(1)　王莽　(2)　(紀元後)8年
(3)　赤眉　(4)　劉秀
(5)　張角　(6)　太平道　(7)　魏

問2　②

（解説）
後漢の始まりと終わりの事項が集中的に出題されている。
「王莽」の漢字がやっかい。書けるようにしておこう。
中国の反乱は「赤眉」「黄巾」など色つきの名前がけっこうある。カラーで覚えよう。
問1(4)の人物は、問2で皇帝名を聞かれるので、問1は本名で答えなくてはならない。後漢～南北朝は『三国志』が好きな人たちの得意分野だ。

草原の遊牧民と東西交易

――「移動」の遊牧民と「文明」の農耕民

うーん、今日は遊牧民ですか。ところで「遊牧」って何ですか？

「遊牧」の「遊」は「移動する」という意味。「遊園地」は移動して楽しむ施設のことだ。そして、「牧」とは「動物を飼うこと」。だから「牧場」とは「動物を飼う場所」のこと。まとめると「遊牧民」とは「移動して動物を飼っている人々」のことだね。

別に動物を飼わなくても、米作ればいいじゃん。

いやあ、モンゴルなど、雨が少なく冷涼で木も生えないステップ地帯では米も麦も作れないので、動物を飼っているのだ。羊や馬・牛などの毛を加工し、乳から乳製品を作ることが彼らの生活の基本となる。しかし病気や気候の変化で動物が全滅してしまうと、遊牧民は食っていけなくなる。そこで穀物食料の豊かな土地（中国・メソポタミア・インド）に大昔から侵入を繰り返してきたわけだ。

前奏曲　中華料理にはなんで乳製品が少ないの？

中国が文明と野蛮を区別し、文明を持たない遊牧民をさげすんだのは、古代から遊牧民の侵入に苦しめられてきたからだ。中国は遊牧民の作る料理を卑しみ、乳製品を食べなかった。そのせいか、ヨーロッパや西アジア、インドでは当たり前のチーズや乳製品を使った料理が中華料理には少ない。後漢王朝の滅亡後、中国に遊牧民が侵入して来た時代（五胡十六国時代）に乳製品が北中国に広まるようになった。だから奈良時代の日本にも醍醐（チーズ）が入ってくるようになったのだが、中国も日本も仏教の影響か、しだいに乳製品を食べなくなってくる。え、杏仁豆腐？　元々は華南の四川の薬膳料理で宮廷料理に採用

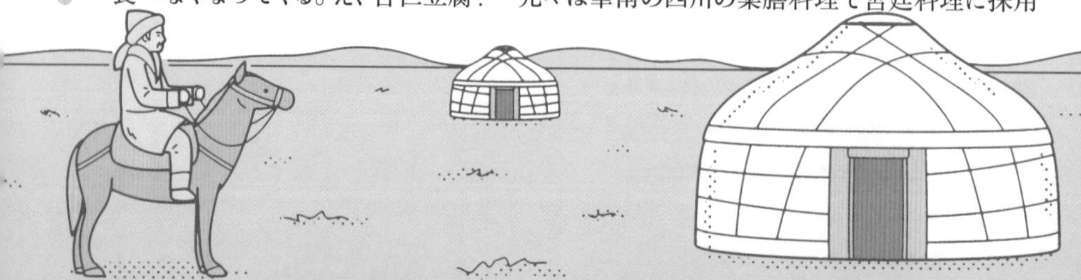

されたもの。私の宋の時代には杏子を使う料理はあったが、牛乳は用いなかったな。

第1幕 騎馬遊牧民族の長所と欠点——機動力◎組織維持力××

「騎馬遊牧民族」とは「馬に乗って移動しながら動物を飼っている民族」のこと。古代世界では馬に戦車をつないで乗るのが普通だった。戦車をやめて直接に馬にまたがる「騎馬」遊牧を始めたのは**スキタイ**という民族からだと言われている。馬に直接に乗るのは馬具と優れた技術が必要なのだが、その代わり、馬を乗りこなせれば長距離移動力が手に入る。馬具についてはコラムを見てくれい。

戦車がトラクターなら、騎馬はポルシェかフェラーリだね

ポル……？　君の言っていることはよくわからないが、ユーラシア大陸を自由に駆け回る力を遊牧民は手に入れたのだ。しかし騎馬遊牧民族の生活は厳しい。毎年の収穫がなんとか見込める農耕と違い、遊牧は毎日が生きるための戦いだ。家畜が奪われたり、死んだりしたら、部族全体の生死に関わることになる。だから騎馬遊牧民族では部族を率いるリーダーは血筋よりも有能さが重要になってくるのだ。有能なリーダーがいれば部族は急激に発展するが、リーダーが死んでしまうと部族は衰退し、滅んでしまう。**急激な発展と衰退、これが騎馬遊牧民族の宿命なのだろう**。そして騎馬遊牧民族は1か所にとどまっていると家畜が草を食い尽くしてしまうために、草地を求めて移動していた。そのため遊牧民は町や砦を作らなかった。ということは、都市で生まれる文字や法律も持っていなかった。「**文字がない**」ということは騎馬遊牧民族の歴史や文化もよくわからないことになる。幸いギリシアのヘロドトスや中国の司馬遷が騎馬遊牧民族の歴史を書き残してくれたので、幾分かはわかるのだがね。

第2幕 世界に広がるスキタイの騎馬遊牧文化の輪

まずは**スキタイ**という民族を覚えておこう。馬に直接乗るようになった民族だ。ちなみにスキタイとは紀元前7世紀頃に登場してくる騎馬遊牧民族で、カフカス山脈から黒海北

方にかけて住んでいたらしい(右の地図を参照→)。なにしろ馬は遠方まで移動できるため、スキタイの文化はなんと中国北方まで及んでいる。この南ロシア〜中国北方を騎馬でつなぐルートが後の**「草原の道」**という東西交易の要路になる。

そしてスキタイの文化はレベルが高い。例えば右の首飾り(→)はスキタイ人が作った金細工の最高傑作の一つで、スキタイの王墓から発掘されたものだ。スキタイが生んだ騎馬技術をはじめとする文化は東の中国北部の**匈奴**や、中国西部にいた**月氏**そして天山山脈北部の**烏孫**に伝えられていく。

第3幕 匈奴——中国をふるえ上がらせた恐怖の騎馬遊牧民

第1場:「敵王の頭蓋骨で酒盛り」の巻

そして**匈奴**の登場だ。今まで何回も言及しているから名前だけは知っているだろう。スキタイから優れた騎馬技術を取り入れた匈奴は**単于**(遊牧民の王の称号)のもとでたちまち強大化し、中央アジア全域を支配するようになった。中国の西に住み中継貿易で利益をあげていた**月氏**という遊牧民を攻撃し、月氏の王を殺した後、匈奴の王は月氏王の頭蓋骨で作った盃で酒を飲んでいたそうだ。すさまじい匈奴の残酷さに悲鳴を上げた月氏はたまらず天山山脈の北方を西へ移動し、そこで**大月氏**を作った(右の地図が移動ルート)。

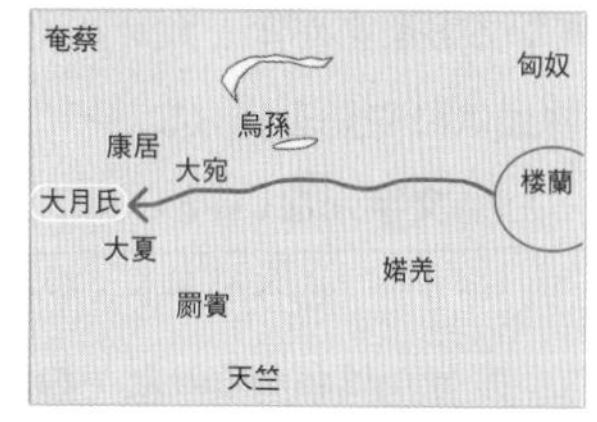

うーん、大月氏って聞いたことがあるぞ

テーマ20で教わったと思うが、大月氏の子分だったクシャーン人が北西インドに進出してクシャーナ朝を作っている。後に前漢の武帝が張騫を派遣した国も大月氏だったね。ともかく匈奴の凶暴さはものすごかったので、秦の始皇帝も長城を築いて守りを固めたほどだ。

第2場：「冒頓単于のオヤジ殺し」の巻

紀元前3世紀末に、ついに匈奴に**冒頓単于**が登場してくる。冒頓は若い時に敵国に人質に出され、殺されかかったことがあったので、自分を人質に出した父王を恨んでいた。次の話は『史記』の「匈奴列伝」によるものだ。冒頓は親衛隊を作り、彼らに冒頓の愛馬を射るように命令した。親衛隊の中で「えっ」とビビるヤツを冒頓はその場で切り殺した。次に冒頓は自分の妻を射るように命令した。親衛隊の中で「ひっ」とビビる奴を冒頓はその場で切り殺した。こうして冒頓の親衛隊が何でも殺せるようになると、冒頓は親衛隊を父王のもとへ連れて行き、「あいつを射ろっ！」と命令した。

こうして冒頓がめでたく即位すると、さっそく中国に対して積極的に攻撃をしかけた。その当時の中国の主は漢王朝を作ったばかりの高祖（劉邦）で、うって出たものの冒頓のワナに引っかかり、匈奴の大軍に包囲されてしまった。絶体絶命の危機に陥った劉邦は、冒頓の后に使いを送ると、こう耳打ちさせた。「われらが劉邦は命乞いのためにきっと中国一の美女を差し出すでしょう。そうなる前に劉邦を逃がすように冒頓単于にとりなしてください」。后が必死にとりなしたため、劉邦は命からがら逃げ帰ることができたらしい。懲りた劉邦以降の皇帝たちは匈奴に貢ぎ物をして機嫌をとっていた。東西交易の重要地点を押さえた冒頓単于の時が匈奴の全盛時代だったろう。

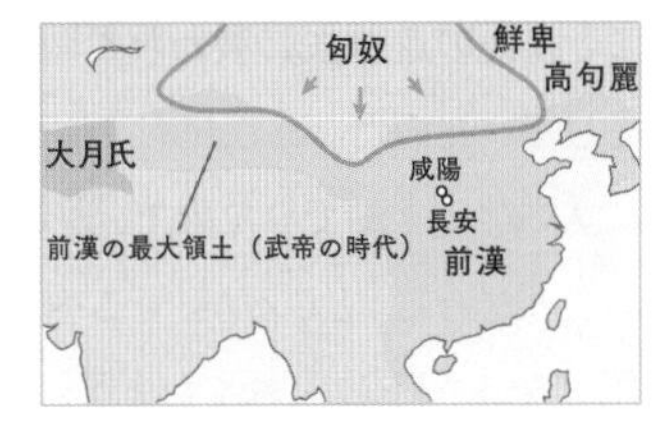

しかし紀元前2世紀末、武帝の時に匈奴を攻撃したことは以前も教えたとおりだ。匈奴は有能なリーダーを欠き、武帝の攻撃によって中継貿易に重要な大宛や烏孫を失ったあげく、分裂して衰退してしまった。分裂した南匈奴が漢に投降してきたので、漢は難民として受け入れたのだが、これが後に禍根を残してしまう。

第4幕 オアシス定住民——騎馬遊牧民と持ちつ持たれつの関係

もう地理でも教わったと思うけれど、タリム盆地の中心にはタクラマカン砂漠というスゴい砂漠がある。ウイグル語で「**入ると出られない**」という意味だ。しかしこの砂漠の周囲には天山山脈や崑崙山脈の雪が源となる水が湧き出て植物が成育しているオアシスがある。

28

このオアシスの周囲には古くから定住民が住み、灌漑による農業や手工業をおこなって**隊商交易**の拠点となっていた。え？　隊商って何かって？　**「集団で移動して交易をおこなう商人たち」**のことだよ。砂漠で一人じゃ危ないからね。このオアシス沿いにユーラシアの東西を結ぶ交易路を**「オアシスの道」**と呼ぶ。オアシスとオアシスの間は危険な砂漠だから馬以外にラクダで往来することが多かった。**この「オアシスの道」こそ後の「絹の道」（シルク＝ロード）の中心となる東西交易路だった。**しかし天山山脈の南にある**天山南路**のオアシス都市の**クチャ**や、タクラマカン砂漠の南にある**天山南路**の**ホータン**、そして二つの道が合流する**カシュガル**などのオアシス諸国家は自分の力で巨大国家を作ることはしなかった。ということは他の遊牧民に襲われた時はどうするかなのだが、実は有力な遊牧民をボディガードとしていたのだ。遊牧民もこれらのオアシス都市と結び付くことによって交易の利益を手に入れることができたので、遊牧民にとって、オアシス諸国家との友好関係は願ったり叶ったりだった。ところが、そこへ中国の漢王朝がしゃしゃり出てきて、力ずくでオアシス諸国家を支配下に入れてしまう。もちろん東西交易の利益目当てだった。

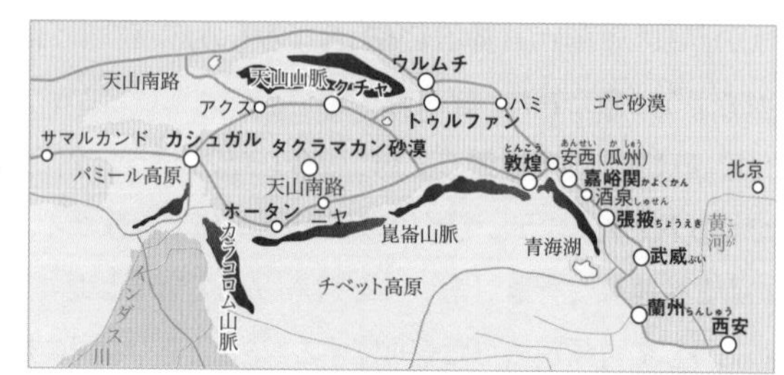

復習ポイント

白地図の上に騎馬遊牧民の名前を書き込み、位置関係を確認しよう（特に匈奴・大月氏の位置に注意しよう）。

アクティヴィティ

騎馬遊牧民と中国王朝の争いをシミュレーションゲームにするとしたら、あなたはどのようなルール設定にしますか？　騎馬遊牧民と中国王朝のそれぞれの勝利条件・機動力・防御力・攻撃力・リーダーシップの数値を考えてみよう。

遊牧民関係史①年表

紀元前7世紀頃　スキタイが騎馬遊牧民として世界史に登場

「ヘロドトス『歴史』のスキタイと、司馬遷『史記』の**匈奴**の共通点は『城郭や定住地を作らない』『農業なんかしない』『馬に乗り弓が得意』ということだ」

↓

紀元前3世紀頃～　スキタイの影響を受けた匈奴・月氏・烏孫の活動
→匈奴が強大化し、月氏が移動を余儀なくされる

紀元前3世紀末　匈奴に冒頓単于があらわれ、前漢（ぜんかん）を圧迫

「**単于**は『遊牧民の王』のこと。後にモンゴルが出現すると、遊牧民の王のことを『カン（汗）』と呼ぶようになる」

紀元前2世紀末　武帝が匈奴に反撃

①　衛青（えいせい）・霍去病（かくきょへい）などの名将が匈奴を攻撃
②　張騫を大月氏に派遣し、同盟を結ぼうとするが失敗
③　烏孫と同盟を結び、大宛に遠征軍を送る

「武帝は西域に**敦煌（とんこう）郡**など四つの郡を作り、軍を置いて守らせている」

↓

匈奴の弱体化と分裂→南匈奴の帰順を漢王朝は受け入れる

「あんなに強かった**匈奴**がなんで漢王朝に降参したんですか？」

「都市文明が作り出す『文字』や『法律』を持っていない遊牧民は支配のためのシステムをしっかり残すことができないから、強いリーダーが死んでしまうと、とたんに弱体化してしまうのだ」

最後の門　下の問題は大学入試問題を出典にした問題です。答えなさい。

問1　中国王朝が西域経営にのりだす以前にモンゴル高原を支配して中央アジアの交易路を握った騎馬民がある。その民族の名称を漢字で書け。

（東京大）

問2　漢の武帝の対匈奴政策と西域政策について2行（約60字）以内で説明しなさい。

（東京大・改）

馬具の歴史について

馬を家畜化するようになったのは、紀元前4000年頃のウクライナやカザフスタンらしい。人間の指示に馬がなんとか従うようになったのはハミの使用からである。紀元前1500年頃からハミ（馬が口に挟む金具で、手綱による人間の指示を伝える道具）を使い、手綱で馬に指示を与えることができるようになると、馬を農耕や運搬に用いるようになった。

*

それ以前の大昔は、戦争の時でも人間が歩いて戦っていた。

古代エジプトではヒッタイトから騎馬が伝わってくると馬を利用し始めるが、それはあくまで「戦車」として車輪のついた箱を馬に引っ張らせる形だった。実際に紀元前13世紀にエジプトのラメス（ラメセス）2世がヒッタイトと争った「カデシュの戦い」の壁画では、ラメス（ラメセス）2世は戦車に乗っている。

馬に直接乗り始めた遊牧民は紀元前7世紀頃からのスキタイだと言われている。

騎馬遊牧民国家はスキタイにその源流を発する。遊牧民と言ったら「凶暴」、「暴走族」みたいなイメージでとらえる人もいるのだが、スキタイの墓に残された装飾品は見事なもので、彼らの文化度の高さを示してくれる。例えば鞍だ。裸馬に乗ってみるとわかるのだが、馬の背骨の張り出しているところがちょうどまたがっている人間の股間を直撃するのである。**その痛いこと、痛いこと**。そこで馬に乗る時にはズボンをはき、馬の背に「鞍」を置くようになったのだ。「鞍」はスキタイ以前からあったと思われるのだが、完成形に近付けていったのはスキタイだ。長距離ドライヴにも耐えられるように革張りで作っている。こうすれば安全♡

紀元後4世紀の中国の五胡十六国時代に、足をかける「鐙」が出現した。乗る時は鐙に足をかければ馬に乗りやすいし、乗っている最中も馬を安定させやすい。後に鐙はヨーロッパにも広まり、馬に乗り、馬を操る時に大変重宝する馬具となる。

と言うことは「**古代ギリシアや古代ローマの時代には鐙はなかった**」ということになる。鐙を付けて馬に乗っている古代ローマ時代の映画があったら、そりゃウソをついている映画である。鐙を使わずに馬を御するには大変な技量が必要なのだが、カエサルは難なくこれをこなしていたことから、大変な馬の名手であることがわかる。

こうして騎馬の技術の基本は、民族大移動の4世紀頃に完成している。さて、馬に乗るにはどうしても「**ズボン**」が必要になる。スカートのようなトガ（ローマの布一枚の上着）で乗ったら、痛くて長距離は走れない。そこで騎馬遊牧民はズボンを作り、馬に乗る時はこれをはいた。文明の中心地帯を作り上げた農耕民族はズボンを「野蛮」なファッションとしてはこうとしなかったのだが、戦国時代の秦は匈奴のズボンを取り入れて騎兵部隊を作ったので、秦は戦国の七雄の中で最強の国となることができたのだ。

*

馬を生かした民族は歴史で大活躍する。匈奴・フン人・エフタル・鮮卑・モンゴル人・トルコ人は騎馬遊牧民として強力だった。しかし馬も新たな時代の新兵器、**鉄砲**にはかなわなかった。

解答と解説

復習ポイント の答え

まず、大きな位置関係を覚えておこう（↓）。頭の中に入ったら、この地図で「西域」と書いてある地域のオアシス都市の位置を覚えるとBest！ 地図問題でほとんどの生徒が悶え苦しむのが、ここのオアシス都市の名前と位置なので、**「大枠を押さえる」**→**「余裕があれば細かい位置を覚える」**方向で頑張ってみよう。

アクティヴィティ の答えの一つ

歴史はシミュレーションゲームに最適だ！ さあチャレンジ！

（例）

（勝利条件）

相手を全滅させるか降伏させる（中国側）。

少なくとも北中国を支配してしまう（騎馬遊牧民側）。

（機動力と攻撃力）

騎馬遊牧民側は機動力があり攻撃力も強い。進むのも逃げ足も早いので、通常では中国側は騎馬遊牧民を捕らえることができない（ただし同盟国を作って騎馬遊牧民を挟み撃ちに成功すれば勝利条件となる）。

（防御力）

長城を持っている中国が堅い。ただしスキを作って中国側を長城外へおびき出せば、騎馬遊牧民のチャンスが大きくなる。

（リーダーシップ）

騎馬遊牧民側はサイコロを振って5か6が出ればパラメーターが高いリーダーを選ぶことができる。1の場合は最低のパラメーターのリーダーになってしまう。中国側は創立者のみサイコロ＋2の数値となり、その後の皇帝はすべて平均的な数値である。創立者が数ターンのうち、どのくらい賢く立ち回れるかがゲームの重要なカギとなる。

……などなど、自分でルールを想定して、いろいろ遊んでみよう！

最後の門 の答え

問1　匈奴

（漢字で書け、というのがポイントだから、スキタイと書いてはいけない）

問2　匈奴に対し積極的に攻撃を行い、張騫を大月氏に派遣して挟み撃ちを狙った。また敦煌など4郡を作り、西域の支配を確保した。（58字）

（つまり武帝は西域を確保することによって、匈奴の勢いを抑えようとしたわけで、その狙いはたしかに成功した……が、しかし国内の財政の悪化を招いた）

（解説）

東大の求めているポイントを60字の中に入れよう。それは武帝のアグレッシヴな（＝攻撃的な）姿勢と、具体的な政策だ。ここで張騫の大月氏への派遣を書くことはマストである。

さて、「張騫」という漢字が書けるかどうかも東大が設けたイジワルなポイントだ。なんとしてもクリアしよう。

三国から五胡十六国
——豪族対策とそれゆえの土地政策がキモ

おお、今日は『三国志』の時間！　あたし超雲様が好き！

今回は日本のみんなにも人気のある『三国志』の裏話が出てくるぞ。

第1幕 三国時代の英雄たち——血筋より実力がモノを言う

2世紀後半に黄巾の乱が起こって後漢王朝が衰退してくると、黄巾の乱鎮圧に功績のあった**曹操**が台頭してくる。「治世の能臣、乱世の奸雄」（平和な時には有能な官僚だが、世が乱れると恐ろしい権力者になる）と呼ばれた男で、そのとおりの人物だった。ただし本人は宦官の養子の子どもだったので、家柄はさほどでもない。だから曹操の家臣たちは家柄よりも才能で抜擢された人物が多かった。この曹操の息子の**曹丕**が後漢を滅ぼし、**魏**を建国する。都は**洛陽**だ。

次に南方に台頭してきたのは**孫権**で、長江以南の豪族連合のリーダーだった。したがって豪族の子分どもは孫権の器量の大きさによって統御されていた面が大きい。この孫権を中心としたのが**呉**だ。都は長江河口近くにある**建業**（現在の南京）に置いた。

最後に四川地方に勢力を持ったのが、**劉備**が作った**蜀**である。劉備は中山靖王の子孫を名乗っているが、もうこの時代になると劉氏はゴロゴロいたから本当かどうかはわからない。劉備は、豪傑で知られる**張飛**や**関羽**（関羽は今ではなんと「関帝」と呼ばれる神様になっている！→）と義兄弟になって歴史に登場するようになる。劉備の人間関係は侠客（今で言うとヤクザ）つながりが多く、そのために有能な官僚がなかなか集まらない。そんな劉備も能力トップクラスの**諸葛亮**

孔明を口説き落とし、軍師になってもらってから勢力を伸ばすようになった。しかし孫権や劉備はしょせんは地方勢力。中央の曹操は100万の大軍を南下させて孫権と劉備を攻めたのだが、長江沿岸の**赤壁の戦い**で敗北してしまい、中国を統一することができなかったのだ。劉備は諸葛亮孔明がとなえる「天下三分の計」(北の魏、南の呉に対抗するには西の地に国を作るのが最善、という計)により、四川地方を根城にして**蜀**という国を建てることができたのだ。都は**成都**だね。

赤壁の戦いは諸葛亮孔明が風を読んで、曹操を火攻めにした戦いだ!

あの『三国志演義』は作り話が多くてね。元は**陳寿**が書いた『三国志』という正史(公認の歴史)を、後の時代に脚色してしまったようだ。**この正史『三国志』の中にある『魏志』倭人伝の中に卑弥呼が出てくる**。関羽・孔明と卑弥呼はほとんど同時代人と言えるのだ。

第2幕 三国の中で魏が一番強かった理由——理由は制度にあり

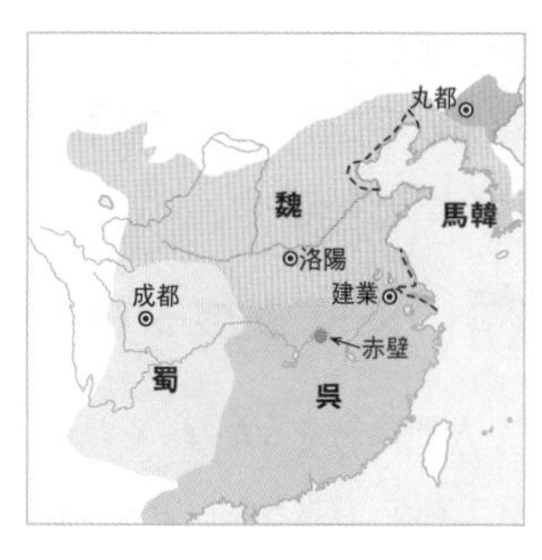

三国の中で魏が一番強かった理由だが、面積が大きかったこともあるけれども、制度が優れていたことがとても重要だ。

例えば曹操がおこなった**屯田制**。三国時代は戦乱の時代だったから、土地を捨てて逃げてしまう農民も多かった。そりゃ近所で戦争ばかりやっていて、田植えに来てみれば田んぼに生首が浮いている状態では農民なんかやっていられない。逃げ出した農民は食っていけないから豪族の奴隷になるしかない。また放っておいて草ぼうぼうの農地もだまっていれば豪族の所有地になってしまう。そこで曹操は自分の軍だけでなく、流浪している農民を保護して、荒れ果てた官有地を耕させることにした。**この制度を屯田制と呼ぶ**。官有地の生産力を上げた曹操の魏は、三国の中で一番の人口と勢力を誇るようになった。

そして曹操の息子の**曹丕**は**九品中正**という制度を実施した。これは官吏を採用する制

度なのだが、わかりやすく説明してあげよう。

漢王朝の時代は、武帝が採用した**郷挙里選**(きょうきょりせん)という制度で役人を採用していたことはテーマ27でも言ったね。この制度は地方長官の推薦で役人を採用する方法だった。ところが推薦基準がいいかげんだったので、地方長官と仲がいい地方の豪族ばかり採用されていた。曹丕はこの状態を見直して地方に**中正官**という役人を送り、推薦基準を明確にし九つのランクに分けて中央に推薦させたのだ。その新たな推薦基準とは「**能力**」だった。今までの「いやぁ、この人は親孝行だから」という「徳行」中心の評価を止めて、「この人は経済に明るく、法律にも詳しいですよ」という「能力」中心の評価に変えたのだ。

たしかに三国の戦乱の時代では「親孝行者」はいらんわなあ

ところが「九品中正」の制度にも欠陥はあった。それは勢力者の子弟には点が甘くなる、ということだ。例えば偉い中正官も『三国志』に出てくる魏の英雄たちには逆らえないので、その子弟は高いランクで役人に採用されている。代表が司馬懿仲達(しばいちゅうたつ)の子どもたちだ。え、司馬懿を知らない？　しばちゅーさんは諸葛亮孔明の最大のライバルだぞ。その結果、出世した司馬懿の子孫が魏を乗っ取り、3世紀後半に**晋**(しん)という国を作ってしまうのだが……。

やっぱり「長いものには巻かれろ」の九品中正の弱点は地方でも露出してしまう。豪族たちがあの手この手で中正官様と仲良くなってしまい、息子を高いクラスに推薦してもらうようにお願いするのだ。

へー、豪族ってけっこう「親バカ」なんですね

人間は皆そうだな。それゆえに「**上品に寒門なく、下品**(かひん)**に勢族なし**」(身分の高い役人には貧乏人の一族はおらず、身分の低い役人には有力者の一族はいない)というカゲグチを叩かれた。

ちなみに、**豪族**はただの「**地方の有力者**」なのだが、豪族が九品中正を利用して中央で高い位を独占するようになると、バカボンみたいな息子でも高い位を継げるように工夫した。この結果、「**中央の高い位を世襲で継ぐことができる一族**」が出現するようになる。この一族を**貴族**と呼ぶ。実は魏以降の魏晋南北朝時代は九品中正が裏目に出て、貴族階級が強い勢力を持つ時代になるのだ。

第3幕 五胡十六国時代――「ヒャッホー！」と乱入してきた遊牧民の時代

三国時代の抗争の結果は、「**三国のどの国も勝てなかった**」が答え。

まず蜀が魏によって滅ぼされ、その後に魏は晋によって乗っ取られ、呉も晋によって滅ぼされる。265年に晋王朝を建てた**司馬炎**は、魏の将軍、司馬懿仲達の孫にあたる。この司馬炎は「**占田・課田法**」という制度を実施している。この制度は豪族の大土地所有を制限し(占田)、農民に耕す土地を割り当てた(課田)ものだ。

さて司馬一族は、290年に帝位をめぐって身内同士の争いである**八王の乱**を起こしてしまうほど一族の仲が悪いことでも有名。あげくの果てに匈奴に攻め立てられ、ついに長安と洛陽を落とされてしまった。これが**永嘉の乱**である。実はこの匈奴の正体は、漢王朝に降参して中国内に住み着いた南匈奴の子孫だったり、三国の動乱に乗じて中国内に移住した匈奴だったりする。司馬一族最後の皇帝は捕らえられ、匈奴たちの宴会の給仕や皿洗いをさせられたあげく、面白半分に殺されてしまった。こうして316年に晋王朝は滅びた。

4世紀にはどうも世界的な気候変動があったようで、中国の北方や西方にいた遊牧民がどっと中国に流れ込んできた時代だ。前の先生に聞いたら、ヨーロッパ方面でも少し遅れた時期にゲルマン人たちが民族大移動を起こしたらしい。中国では「**匈奴**」をはじめとして「**羯**」(匈奴の別派)、「**鮮卑**」(モンゴル系)、「**氐**」、「**羌**」(いずれもチベット系)の五つの遊牧民(**五胡**)が中国に乱入して、16もの国々を作った。これを「**五胡十六国時代**」(4～5世紀)と呼ぶ。

なんでまた、ポコポコとそんなに国を作ったのかな？

まずはお互い同士の潰し合い。五胡は武力は強いが、国を維持できるような法律や経済の知識を持っていなかったことも大きい。しかし、中には氐族出身の前秦の王、**苻堅**のように、中国人を重用して国を発展させた王もいたことは忘れてはならないだろう。

第4幕 北魏による北中国統一――中国にドンドン染まってしまう遊牧民

最後に北中国をついに統一したのは、遊牧民の**鮮卑のうち拓跋氏**という部族が作った

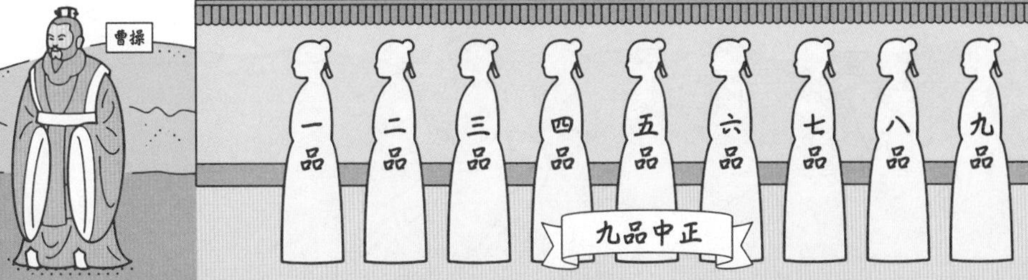

北魏という国だった。439年、**太武帝**の時だね。都は北中国の**平城**(現在の大同)に最初は置かれた。5世紀の後半になると北魏にいよいよ**孝文帝**が出てくる。この皇帝は政治に中国風のしっかりした制度を取り入れた人で、**均田制**や**三長制**を実施したことで知られている。**均田制**とは農民に土地を貸し与える制度だ。簡単に言えば、土地を農民に**レンタル**する制度だ。年齢や性別によって広さは異なるが、期限は一生だ。その代わり死んだらその土地は国に返さなければならない。あくまでレンタルするわけだから、土地を借りている農民は**レンタル料金として税を国に払わなければならない**のだ。ただし**北魏の均田制には「耕牛や奴隷にも土地を貸す」という特徴があった**。これが牛や奴隷をたくさん持っている豪族には有利に働いた。

三長制とは農家5軒、25軒、125軒ごとに「長」を置き、それぞれの「長」を徴税の責任者にした制度だ。いわゆる「組」「町内会」「自治会」という制度の古い祖先のようなものだな。以前は役人が来ると村人は山に隠れたりしてごまかしてきたが、隣の住民にはごまかしが効かないので税を取りっぱぐれることはない。

制度面を充実させて統治の実績をあげた孝文帝だが、彼にも弱点はある。それは遊牧民ゆえのコンプレックスだ。中国の高い文化に憧れるあまり、**漢化政策**をおこなってしまった。つまり鮮卑語の使用を禁止し、中国文化の受容を奨励したのだ。そして都も今までの**平城**から南の**洛陽**に遷してしまった。その孝文帝の漢化政策の結果がどうなったかは……まあ、それはコラムを見てくれい。

復習ポイント

魏・晋・北魏がおこなった統治政策をまとめてみよう。

アクティヴィティ

復習ポイントに挙げた魏・晋・北魏の統治政策は何のためにおこなったのでしょうか。そして、それらの政策は成功したのでしょうか。

三国時代・五胡十六国時代年表

208年　赤壁の戦いで曹操が孫権・劉備連合軍に敗北→三国時代へ

「赤壁は長江の中流域にある地名」

220年　魏の曹丕によって後漢滅亡

280年　晋王朝が中国を統一（三国時代の終わり）

「今までの『三国志』の英雄の苦労も水の泡。司馬氏がすべてを手に入れる」

290年　八王の乱の開始

「その司馬氏も権力争いで衰退してしまうとは、諸行無常ですな……」

304～439年　五胡十六国時代

「100年以上も漢民族と北方遊牧民が互いにバトルロワイヤルしていた時代」

316年　西晋（せいしん）の滅亡→東晋（とうしん）の成立へ

「西晋と東晋の違いは次テーマで説明しよう」

439年　北魏の太武帝により北中国が統一→五胡十六国時代の終了

「やっとバトルロワイヤルが終わったわけです」

5世紀後半　北魏の孝文帝が北中国を支配

「この皇帝は重要！　均田制・三長制・漢化政策が試験に出やすい。
あと平城（大同）から洛陽に遷都したことも覚えておこう」

最後の門　下の問題は大学入試問題を出典にした問題です。答えなさい。

問1　北魏の孝文帝が制定した村落制度を何というか。

（中央大）

問2　次の文章の（1）～（4）にあてはまる適語を書きなさい。

西晋末期に北方騎馬民族は大挙中国北方に移動し、多くの遊牧諸民族の国々が興亡を繰り返した（　1　）の時代を迎える。実力を蓄えた鮮卑系の部族が都を（　2　）に移して北魏を建国した。（中略）孝文帝は（　3　）や三長制をしいて農耕民社会の安定に努め、都を（　2　）から（　4　）に移し、積極的な漢化政策を打ち出した。

（同志社大・改）

遊牧民に待っていたまさかの運命

中国の北にいた遊牧民は、古代の中国人からは「北狄(ほくてき＝北の野蛮人)」などと言われていたが、もともとは武勇を誇るたくましい民族であった。馬を自在に操り草原を駆け抜け、貧しくとも素朴な力強さを身につけていた。五胡十六国時代では中国の内部にまで侵入し、自分たちの王朝を中国に築いたのである。

しかし遊牧民には「占領した中国に心を占領されてしまう」運命が待っていた。遊牧民は、中国の高い文明に圧倒されてしまい、自分の生まれを恥じるようになってしまったのある。そして華やかな中国文化の沼に染まり、ズブズブとのめりこんでしまった。

*

まず変えたのは**ファッション**である。遊牧民は馬に乗りやすくするため**ズボン**をはいている。このズボンがいかにも粗野に見えて恥ずかしい、ということで中国人が着ている着物を着て、ズボンを捨ててしまった。

次は**ヘアスタイル**だ。それまでは前髪を剃って辮髪(べんぱつ)(早い話が『キン肉マン』のラーメンマンの髪型)にしていた。これは兜(かぶと)を被りやすくするのが目的だったと言われている。ところが中国文化に慣れ始めると、髪の毛も中国人のように伸ばすようになり、リボン(巾)でとめるようになってしまった。

食生活も変えた。草原に住んでいたころは、遊牧の民として動物の群れを追い、ヤギなどの乳を飲むのが常だった。このような生活の中で、遊牧民は乳製品を加工する技術を身に着け、チーズやヨーグルトのような発酵食品も生み出していった。これに対しテーマ28にもあげているように、中国では乳製品を好まなかったし、牛乳を使った料理の数も多くない。世界三大料理の一つである中華料理が牛乳をあまり使わないのは、北方遊牧民の食事を卑しんだせいなのかもしれない。ところが北方遊牧民は中国文化に親しむようになると、自分たちの質素な食事をやめ、ぜいたくな中華料理を好むようになってしまった。

最後は**言葉**まで捨てた。遊牧民の言葉は話さなくなり、みんなが中国語をうれしそうに話すようになった。この言葉の問題は深刻で、多くの遊牧国家では中国化を避けるために漢字をわざと用いないようにした。アラム文字などを取り入れたり(ウイグル文字や契丹文字など)、漢字を基とした独自の文字(西夏文字、女真文字など)を使うようにしたりしていたが、結局は漢字の便利さには勝てなかった。

特に中国化政策を最も露骨におこなった王朝が**北魏**である。

北魏の孝文帝は中国文明にあこがれ、遊牧民の伝統を嫌がった皇帝であった。多民族国家である北魏を統治する目的もあり、鮮卑族の服装や言語を法律で厳しく禁止し、中国化を進めてしまった。

*

こうして中国に入ってきた遊牧民は中国人以上に中国化してしまった。遊牧民は洗練された中国文化を身に着けると、もともと持っていたたくましさをしだいに失っていったのである。男でも化粧をするようになり、あげくの果てに馬を見て怖がったり、戦いに行ったりすることを嫌がるようになってしまった。

こうして一度は中国を支配した勇猛な遊牧民も、しだいに中国文明に洗脳され、勇武の力を失って弱体化し、新たな王朝によって滅ぼされる運命をたどることになる。

解答と解説

復習ポイント の答え

（統治政策のまとめ）

魏 …**屯田制（実行者：曹操）**

「国家が耕作者の集団を置いて、官有地を耕作させる制度」

九品中正（実行者：曹丕）

「地方に置かれた中正官が人材を９等に分けて推薦する制度」

晋 …**占田・課田法（実行者：司馬炎）**

「豪族の大土地所有を制限し、農民に土地を割り当てて耕作させる制度」

北魏 …**均田制（実行者：孝文帝）**

「農民に土地を貸し与えて租税の回収をおこなう制度」

三長制（実行者：孝文帝）

「村落で細かく長（責任者）を決めて、村落での税の徴収をおこなわせる制度」

アクティヴィティ の答えの一つ

復習ポイントに挙げた政策を、それぞれの王朝の実力者がおこなった理由はたった一つ、「**豪族の力を抑制するため**」である。

豪族は漢王朝の時代から力を増しており、王朝創立者が豪族出身者であるケースも多かった。逆に言えば王や皇帝にとって豪族は油断のならない存在であり、勢いが強くなった豪族が皇帝を圧倒して、国を奪ってしまう恐れが強かった。そのために、豪族の力の源である「大土地所有」や「農民の奴隷化」を制限する必要があったのだ。

そこで王や皇帝は、多くの土地を農民に平等に貸し与えて、農民を国家に従属させる「公地公民」にしようと試みたのである。

しかし実際はうまく行かない場合が多かった。北魏の均田制のように「耕牛や奴隷にまで」土地を貸す場合もあった。もちろん耕牛や奴隷をたくさん持っている豪族に有利な政策であった。

（理由はいろいろあったと思われる。例えば南中国への遠征を考えていた孝文帝にとって、重要だったことは「遠征のための戦費や食料」、そして「遠征への豪族の協力を取り付けること」だった。そのために本筋の「豪族の力の抑制」が中途半端になってしまった）

最後の門 の答え

問１　三長制

（村落制度というのがポイント。均田制は土地制度）

問２　1　五胡十六国　　2　平城

3　均田制　　4　洛陽

（「こんな田舎で埋もれるのは嫌ズラ。オラは東京へ行くズラ」と思っている人は、孝文帝の洛陽への遷都を笑えない。孝文帝の漢化政策は単なるあこがれという面の他に、多民族国家を維持するという一面もあった）

南北朝とその文化
——「鑑定団」も驚く南北朝文化のものすごさ

どうも最近、制度の話が多いですね。つまんない。

実は中国の歴史のキモは「王朝」と「制度」なのだ。中国は戦争だらけだったヨーロッパにくらべると平和な時期が多かった。その平和を築いたのは安定した「王朝」と「制度」だ。逆に言うとしっかりとした制度やシステムを最初に作った王朝は長生きできるわけだ。

でもさ、せっかく制度作っても、すぐに滅びてしまう王朝もあったよね。三国の魏(ぎ)みたいにさあ。

制度自体がまだお試し段階だったからねえ。でも完成すると強いよ。

第1幕 北朝の話——こんなに王朝覚えるのはMAX面倒くさい!

北魏(ほくぎ)が衰退してしまうのは孝文帝(こうぶんてい)の死後だ。まあ急激な漢化政策に皆が付いていけなかったのだな。その結果、北魏は**東魏**と**西魏**に分裂してしまい、東魏は**北斉**に、西魏は**北周**に滅ぼされてしまう。

複雑で、話が全然わかりません

正直な答えだね。早い話が軍人同士の潰し合いだよ。北魏から北周にいたるまでの諸王朝を「**北朝**(ほくちょう)」と歴史では呼ぶ。この荒々しい動乱の時代だけれども、よく出題されるのは王朝名の順番と、意外なことだが文化、それも特に北魏の仏教文化が狙われるようだ。

最後に勝った軍事政権の北周を、乗っ取ってしまったのが外戚の**楊堅**だ。この外戚の楊堅が**隋**という王朝を新たに作り、南朝を平らげて中国全土を統一(589年)する。

あ、その隋って、「遣隋使」で出てくる王朝ですね

そう。隋王朝になるとやっと日本の聖徳太子の時代になるわけだ。

第2幕 南朝の話——都の名前にニンベン付けてはダメでおじゃる

316年に晋王朝が滅ぼされた時、皇帝の一族である**司馬睿**という男が翌317年、はるか東の**建康**に王朝を建てた。これが**東晋**の始まり。洛陽が西にあったので以前の晋を「西晋」と呼び、建康が東の長江河口方面にあったため「東晋」と呼ぶのだ。この建康の都が現在の南京となっている。

あり？　南京って、もとはたしか建業って言ったよね

よく覚えてるね！　場所は同じなんだが名前が変わったんだ。匈奴に捕まって皿洗いをさせられたあげく殺された西晋最後の皇帝の名前が司馬鄴という名前だった。都の建業(晋では建業を建鄴と表記)の「業」の字がこの皇帝の名前とかぶるのを避けるため「建康」という名前になったんだ。注意しておきたいのだが、試験の時、建康のことを「健康」とニンベンを付けて書く人がとても多い。そうなると「体の健康」になってしまうので、ニンベンを付けないようにしよう。

この東晋なんだけれども、結局は劉裕という武将に倒されてしまった。この劉裕が作った宋から始まって、南中国には四つの王朝が入れ替わりに建てられる。**宋→斉→梁→陳**という順番だ。これらの四つの王朝を歴史では「**南朝**」と呼ぶ。都は全部建康だった。

また三国の呉から数えて、南中国の呉→東晋→宋→斉→梁→陳の六つの王朝を「**六朝**」と呼ぶ。「六」という数字は中国の歴史では必ず「りく」と読んでください。「ろく」と呼ぶのはロクでもない。

……。それはともかく、そんなに王朝って覚えるのっ？

できれば覚えてもらいたい。文化史にも出てくる王朝だからね。

南朝の時代は江南(=長江の南)の開発が進んだ時代だ。北中国の戦乱から逃れて来た農民たちが、江南で豪族や貴族の奴隷になってしまい田畑を開発する労働力になったからだ。豪族や貴族の所有地がドンドン増えてしまうのは、南朝の諸王朝にとって都合が悪い。そこで制限しようとはしたのだが、大土地所有を抑えることはできなかった。おかげで南朝では土地や奴隷を所有し、高い位を独占している貴族たちが強い勢力を持つようになった。貴族たちによってこの時代は文化も大いに栄えているのだ。

第3幕 仏教伝来——アナタハ、ホトケヲシンジマスカ〜？

さてこの時代の文化についても知っておこう。まずは**仏教**から。

仏教自体は1世紀の後漢の時代には中国に入ってきていたらしい。と言っても、あまり深くは研究されなかった。その仏教が深く受け入れられるようになったのは4世紀に**仏図澄**が宣教者として中国を訪れた時からだ。仏図澄は西域のクチャ出身の仏僧で、顔立ちも西域出身者らしく彫りが深かっただろう。五胡十六国時代の洛陽に来た仏図澄は「アナタハ、ホトケヲシンジマスカ〜？」と布教に努めたのだ。時はあたかも戦乱の時代だったので、仏教にすがる信者が多く出た。

仏図澄って、仏教界のザビエルですねー

その約50年後に同じ西域出身の**鳩摩羅什**という仏僧が中国の長安を訪れ、仏典の中国語訳をおこなった。そのために仏教が中国で本格的に研究されるようになったのだ。その結果、5世紀にインドを訪れた東晋の**法顕**のような優れた仏僧が出るようになった。

北朝の北魏では、仏教は迫害を受けたが結局は国の宗教として受け入れられ、5世紀には都の平城の近くの**雲崗**に石窟寺院が作られている。この石仏はすさまじい力強さが特徴で、今にも立ち上がってくるような迫力がある。この雲崗の仏像はインドのガンダーラ美術・グプタ美術の影響を受けているのだ。しかし、北魏の孝文帝が洛陽に遷都した後、洛陽の近郊の**竜門**に石窟寺院を作ったのだが、雲崗のような力強さは影を潜め、より洗練された美しさが前面に出てきている。これも漢化政策の影響のせいかもしれない。

あとは**敦煌**にある**莫高窟**と呼ばれる石窟寺院だろう。中国の西の端にあり、シルク＝ロードの入口となった敦煌には巨大な仏教遺跡が存在している。その石仏や壁画はインドのグプタ朝美術の流れをくんだ優美さを持っている。後に日本にもこの特徴は受け継がれ、法隆寺金堂壁画にもその影響を見ることができる。

以上の雲崗・竜門・敦煌の三大石窟は位置も含めて覚えておきたい。試験にとても出やすいからね。

そして**道教**だね。諸子百家の道家から五斗米道を経て、**寇謙之**が確立した中国の民間信仰だ。不老長寿や仙人を信じる特徴がある。

仙人って言うとあれか。「かめはめ波〜！」って？

北魏の太武帝に仕えた寇謙之は仏教を大弾圧し、道教を国家宗教にしてしまうほどの強大な力を持っていたのだ。

第4幕 六朝文化——家にあったら、すぐに「鑑定団」へ！

三国時代から隋が中国を統一するまでの約370年間の動乱と分裂の時代を**魏晋南北朝時代**と呼ぶのだが、この時代で一番重要なのは文化だ。

まず闘争にあけくれているこの時代では政治に関する話題は危険で、死刑にされる可能性もあった。そこで貴族階級などはできるだけ政治の話を避けて、現実から逃避した話をしていた。これを**清談**と言う。え？　ワイ談？　いいえ、貴族たるものいやらしい話はしないのですっ！　もっと哲学や文学などの高尚な話をした。有名なのは魏・晋の時代の「**竹林の七賢**」という七人の賢者だが、用心したにもかかわらず、彼らの一人は疑われて殺されている。というわけで、魏晋南北朝のうち、南朝の文化は現実逃避的で貴族趣味的な文化になっていく。

まずは南朝の梁の**昭明太子**。王子だが詩文に優れ『**文選**』という詩文集を編纂している。『文選』の特徴だが収められている文が華麗で美しい。「昭明太子」が覚えられん？　まず「めんたいこ」(明太子)と書いたら、「昭和」の「昭」の字を先頭に付けてでき上がりだ。

次は**陶淵明**(**陶潜**)。漢文で必ず出てくる東晋の大詩人だ。役人だったが脱サラして故

郷で田園生活を送りながら詩を書いていた。詩の内容は「やっぱり田舎はエエなあ。役人なんかコリゴリだ」

美術では東晋の**顧愷之**（こがいし）の『**女史箴図**』（じょししんず）が有名。宮中に仕える女性の振る舞いの手本を示した絵だけれども、現在はなぜかは知らないがロンドンの大英博物館にある。

そして書では**王羲之**（おうぎし）が書道の「神」だな。この人もやはり東晋の時代の書道家で、「楷書」「行書」「草書」を完成させた人だ。特に名品として知られているのは『蘭亭序』（らんていじょ）（→）

だ。王羲之が友人と一緒に蘭亭という簡素な建物で飲み会をやった時、友人たちが詩を作っているのを見た王羲之が「よし、ワシも書くべえ」と酔っぱらいながら書いたという。その証拠に、「蘭亭序」は行がそろってなくて、歪んでいるところもある。それが逆に名品となった理由だ。王羲之自身も偶然にできたこの傑作を超えることはできなかった。ちなみに『女史箴図』も『蘭亭序』も実はコピーであって、本物は現在はない。もしも君の家に真作があったら、最低でも100億円以上で売れるだろう。

復習ポイント

雲崗・竜門・敦煌の位置を地図を描いて（白地図OK）確認しよう。

アクティヴィティ

南北に分かれた魏晋南北朝の時代、北朝・南朝（六朝）それぞれから「文化史」で知名度No1の王朝はどれでしょうか。考えてみよう。

南北朝年表

北朝

534年　北魏の滅亡と東魏の成立

6世紀前半　東魏と西魏の争い

↓　↓

6世紀中頃　北斉と北周の争い→北周win!

「『バトルロワイヤルはオレの勝ちだっ、うははは！』と思ったら……」

581年　北周の外戚である楊堅が北周を乗っ取り、隋を建国

「勝った北周も、後ろに隠れていた楊堅にブスリと刺されてしまった」

589年　隋が南朝の陳を滅ぼして、中国を統一

「三国の争いから中国の再統一まで、なんと400年近くもかかった」

南朝

317年　東晋の成立（建国者：司馬睿、都：建康）

420年　宋建国（建国者：劉裕）→南朝の始まり

「南朝の都はずっと建康なので、これはラクチン」

502年　梁建国（建国者：蕭衍（しょうえん）〔武帝〕）

「この武帝はダルマとの問答でも有名（コラム参照）、息子が昭明太子」

557年　陳建国→最後には隋によって滅ぼされる

「王朝成立年は東晋だけ覚えればいいと思うよ」

最後の門　下の問題は大学入試問題を出典にした問題です。答えなさい。

問1　梁武帝の長子昭明太子が古典文学の粋を集めて編纂した詩文集を何と言うか。

問2　北魏の都平城（現在の大同）の西郊では多くの石窟寺院が造営され、数多の仏像が開削された。平城西郊のその石窟寺院を何というか。

問3　（北魏の）この時代には道教も力を持った。北魏の道教を大成し、太武帝に重用され、道教の国教化を推進した道士は誰か。

（中央大）

ダルマの話

「だーるまさーんがこーろんだ」というわらべ歌にもなっていて、選挙の時には、必ず事務所にすえ付けられていて、選挙で当選すると目を墨で塗られる、あのダルマさんの話です。

このダルマさん、実は実在の人物だった。

＊

ダルマは5世紀、南インドの小国の末っ子の王子として生まれた。

若くして仏門に入りボッドゥイ＝ダルーマー（菩提達磨）と称した。彼はなんと80歳を超してから中国に船を使ってやって来たとされている。

その当時、中国は南北朝の時代で、中国南部には六朝のうちの**梁**という王朝が栄えていた。その都の**建康**に上陸したダルマは、この中国の都のあまりの華々しさに驚いた。

いたる所に寺があり、坊さんがうじゃうじゃいる。聞くと梁の皇帝である武帝という人は、仏教に深く熱中し、ものすごい大金を寺に喜捨（寄付すること）しているそうだ。

普通の坊さんならこれを聞いて喜ぶ。しかしダルマは喜ばなかった。ダルマは中国の仏教が堕落していることを逆に悲しんだのである。

＊

ダルマは武帝に会った。武帝という人は太っていて、油でつやつやした顔色である。その武帝がダルマに聞いた。

「わしは皇帝になって以来、仏教を保護し興隆に努めた。どうじゃ、わしに功徳（ありがたい報い）はあるかのう？」

ダルマの答えはぶっきらぼうだった。**「いいえ、ありません」**

ムッときた武帝はさらに聞いた。**「では、仏教の根本とは何じゃ」**

難しい質問である。これにダルマは簡潔に答えた。

「晴れた青空のように、すべてを包み込む心です」

武帝は最後に言った。**「い、いったいお前は何者なんじゃ」**

ダルマの答えは**「知ったことではありません」**だった。

追い出されるように宮殿から出たダルマは、長江をわたり嵩山の少林寺にやって来た。この寺にこもったダルマは、豊かさに慣れ、ファッション化している中国仏教のあり方に絶望していたのであろうか、人にも会わず洞穴にこもり壁を向いてひたすら座っていた。

＊

坐禅三昧の9年の間に神光という男が弟子入りを希望してダルマのもとにやって来た。ダルマは会いもせずに追い返した。しかし、この男はよほど覚悟を決めたのか、雪の中を一晩中立っていた。

ダルマはじっと壁を向いて動かない。神光はついに決意した。絶対に弟子になるための覚悟を示すため神光は刀を取ると、自分の左臂（左ひじ）を切断したのである。

ダルマはさすがに動いた。ふるえながら血まみれの左臂を差し出す神光をダルマはついに弟子にしたのである。

この神光こそ、後の中国禅宗の祖となる**慧可**禅師であった。慧可の一途な姿に中国仏教の未来の希望を見出したダルマは、この弟子に禅のすべてを教えた。そして、慧可とその弟子たちによって禅が中国に広まっていくのである。

私たちが日常生活で知っている「ダルマさん」は実は、ダルマが少林寺の中で9年間にわたり苦悶し続けた姿なのである。

解答と解説

復習ポイント の答え

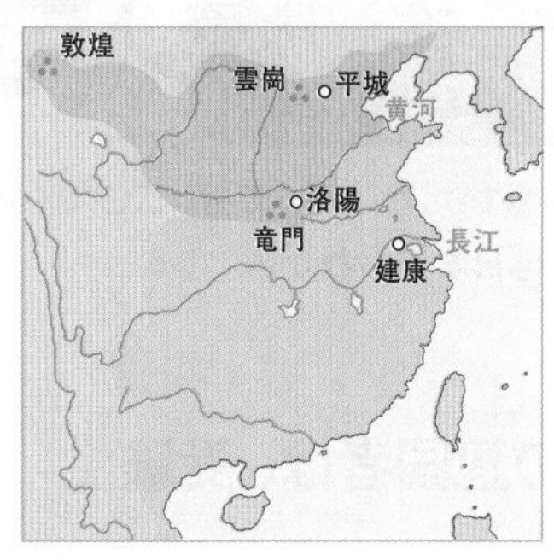

アクティヴィティ の答えの一つ

北朝…やっぱり文化の面では北魏が一番でしょう。理由は北魏の諸皇帝（特に孝文帝）による仏教保護が大きい。北魏が作った雲崗・竜門の二つの文化遺跡は世界遺産に指定されています。また敦煌の文化遺跡にも北魏の時代の作品が含まれています。

南朝…これは東晋が一番。この時代に書の王羲之、絵画の顧愷之、詩の陶淵明（陶潜）そして仏教ではインドに初めて行った仏僧の法顕が出ている。ここまでのメンバーがそろった王朝は中国史の中でもめったにない。

No2は梁だろう。これも武帝による仏教保護と、息子の昭明太子の『文選』の編纂が大きい。『文選』には『三国志』で有名な諸葛亮孔明の「出師表」や、陶淵明「帰去来辞」などの名文が収められ、日本の清少納言や兼好法師に絶大な影響を与えた。

注意すべきは、これらの文化を支えていたのは貴族階級だったことです。そのため特に南朝（六朝）の文化は貴族的な（現実逃避的な）色彩が強い。

最後の門 の答え

問1　文選

問2　雲崗石窟

問3　寇謙之

（解説）

（ほら、南北朝時代はけっこう文化史が出されますよ。漢字で書けるようにしておこう）

文化史は「誰が」「何を作ったのか」を覚えることが大切。教科書や資料集に作品写真が載っているので、実際の写真を見ながら覚えてしまおう。

また、遺跡の名前や位置まで出題されることがあるので、遺跡（特に仏教遺跡）も頭に入れておこう。

31 隋から唐へ
――「明暗」が分かれる隋と唐の２代目同士

やっとこさ、知っている中国の王朝が出てきた！

聖徳太子の遣隋使にやっとたどり着いたわけだ。でも、ここでも中国の「制度」は大切だ。これがわかれば日本史もわかる。

第1幕 隋の始まり――働き者の建国者は、受験生泣かせ

隋の建国者は、北周の外戚であった**楊堅**という男だ。皇帝としての名前を**文帝**と呼ぶ。文帝は長安の近くに築かれた**大興城**を、まず都として定めた。この文帝がけっこうな働き者で、システムを作りまくったため、後世のわれわれが覚えるのに一苦労することになってしまった。

まず①**均田制**を採用し、豪族や貴族の勢力を抑えることにした。

あ、孝文帝がやった制度。でもあれってダメだったんでは？

うん。耕牛にも奴隷にも土地をレンタルしてしまったので豪族に有利に働いてしまったのだね。そこで文帝は耕牛に、2代目皇帝の煬帝は奴隷に土地を貸し与えないことにしたのだ。もちろん豪族や貴族の反発はくらったが、建国者の文帝や文帝を継いだ煬帝には権力も軍事力もある。逆らう豪族や貴族を抑えて、改めて平等な均田制を実施することができたわけだ。

次に文帝がおこなったのは②**科挙**の実施だ。これは官僚を採用するための**試験**だ。今までは役人を採用するのに九品中正という制度を用いていたのだが、あまりにズルが多かったため、怒った文帝が試験制度を導入したわけだ。と言っても、当時の試験は今で言う「小論文試験」のようなものだった。合格のためには特に儒教の学識が必要とされたので、

受験勉強のために儒教が盛んになったのだ。

そして文帝がおこなった3番目は③**租調庸制**。これは均田制で土地を借りている農民が払うべき税の種類のことだ。まず「**租**」というのは均田制で土地を借りている農民が穀物で払う「年貢」のこと。「**調**」は特産品で払う税のことだが、ほとんどは絹や綿、麻などで払われたのだ。「**庸**」というのは「労働奉仕」のことで、普通の農民は1年のうち約3週間タダ働きをしなければならない。

あれ？　カネで税を払わなかったんだ

当時はお金があまり流通していなかったからだよ。だからモノと体で税を払ったわけだ。そして文帝がおこなった4番目の制度が④**府兵制**。これは農民から兵隊をとる制度で、田を借りている農民にはレンタル料として兵隊になってもらったんだ。兵隊になった農民には租調庸は免除されたけれども、武器や鎧は自分で用意しなければならなかったので、重い負担となった。これは日本史では、たしか**防人**などを規定した軍防令と呼んだはずだよ。さて、これら四つの制度だが、別に全部が文帝が考えたものではない。かつてあった制度をアレンジして取り入れたものが多かった。例えば**均田制は北魏でおこなった制度をアレンジしたものだし、府兵制は北朝の西魏がおこなった制度が起源だ**。

第2幕　煬帝と隋の滅亡――「極悪非道の親殺し」は本当か！？

文帝の子で、隋の2代目皇帝となったのが**煬帝**である。漢字も読み方も独特で難しい名だが有名人だ。煬帝の重要ポイントは三つ。①中国の北と南を結ぶ**大運河**の建設、②日本(聖徳太子)との交流、③中国東北方面の国である「**高句麗**」への攻撃、だね。まず大運河の建設だが、中国は西から東へ流れる大河は多いのだが、中央部を南北に流れる大河は少ない。そこで煬帝が南北を結ぶ運河を作ったわけだ。有名なのは黄河と淮河を結ぶ**通済渠**と、黄河と現在の北京を結ぶ**永済渠**の二つだろう。

あ、渠というのは「溝」という意味だ。この運河は中国の南北を結ぶ大動脈となった。こんな大きな運河が2500 kmもつながっているのだからスケールがでかい。

コラムには煬帝って「親殺しで、舟遊びのために運河を作った」って書いてあるけれど、それって本当ですか？

うーん、『隋書』という正史には、煬帝の悪行がたくさん書いてあるので抜き出してみたのだ。ただし、この本は隋を滅ぼした唐王朝の時代に書かれた歴史書なので、隋の悪口が意図的に書かれていることは考慮しなければならないだろう。煬帝という人は知的な人物だったが、その反面、こんなひどいことを書かれてもしかたがないところはあった。大運河を作るにしても多くの農民が駆り出されて苦しんだことは間違いないのだから。例えば、聖徳太子の手紙に激怒したり、些細な理由で高句麗を攻撃したり、というエピソードを見ても煬帝の器の小ささが感じられてしまう。あげくの果てに隋は煬帝の時代に反乱軍によって攻め滅ぼされてしまった。

第3幕 唐の始まり――実は本当に「兄貴殺し」の太宗

隋の末期には各地で頻発する反乱を抑えるために、煬帝から要地の防御をまかされていた**李淵**という司令官がいた。この李淵という人物は、まあ普通のオヤジなのだが、李淵の息子の**李世民**がなかなかの人物だった。隋末の騒乱を天下取りのチャンスと見た李世民は父に反乱をすすめ、隋に反旗をひるがえした。この李世民が大活躍をして、ついに他の反乱軍を制圧して**618年**に**唐**王朝を作った。親父の李淵が初代皇帝となるのだが、皇帝名を**高祖**と言う。都は**長安**だ。

文帝とか高祖とか、同じような名前がよく出てくるのですが？

皇帝名というのは諡号・廟号と言って、死後に呼ばれる名前なのだ。例えば日本の天皇は「天皇陛下」と呼ばれるけれど、崩御または退位したら「平成天皇」などと呼ばれるのと似ているね。さて、唐王朝建国の最大の功績者は李世民なのだが、彼は長男ではなかったので皇帝にはなれない。功績のない兄ちゃんが皇帝になる。ムカっ腹を立てた李世民は、

な、なんと兄と弟を自分の手で殺してついに皇帝になってしまった。これが唐の**太宗**(たいそう)だ。太宗という皇帝名は中国史によく出てくるけど、唐の太宗こそ名君の代表だ。

両手は血にまみれているけれど、太宗が有能な皇帝であったことは確かだ。唐王朝約300年の基礎を築いたのは彼なのだから。

まず隋の文帝がおこなった諸制度を受け継ぎ、豪族や貴族を抑えるために**均田制・租調庸制・府兵制を三位**(さんみ)**一体にして、連動して実施するようになった**。つまりこうなる。

> 国→〈農民に農地を公平にレンタルする〔耕牛や奴隷には貸さない〕。レンタル期間は一生。死んだら農地は国に返す〔**均田制**〕〉
> 農民→〈国にレンタル代として税を払う〔**租調庸制**〕。またレンタル代として農民は兵隊に行かなければならない〔**府兵制**〕〉

このやり方は三つの制度がうまく機能していればよいのだが、どれか一つが崩れてしまうと、三つともダメになってしまうのが欠点だ。

次に太宗は**政府の役所やシステムを整えた**。いわゆる「国家の基本制度」をしっかりと打ち立てたのだ。まずは政府の役所だが、**三省六部**(さんしょうりくぶ)という役所を覚える必要がある。「三省」とは**中書省**(ちゅうしょしょう)**・門下省**(もんかしょう)**・尚書省**(しょうしょしょう)の三つの役所を指す。それぞれの役割だが中書省は「皇帝の**詔勅**(しょうちょく)を作る役所」のこと。あ、詔勅とは法的拘束力を持つ「皇帝の命令」のことだぞ。それから門下省は「皇帝の命令を審議する役所」のこと。尚書省は「皇帝の命令を実施する役所」のことだ。

「皇帝の命令」を、皇帝ではなく役所が作るんですか?

そう。もちろん中書省は皇帝と相談して、発表する正式な命令文書を作るのだけれども、このやり方はよいところもある。まず皇帝権力というものは恐ろしいもので、何でも命令できてしまうから、皇帝が愚かだった場合、とんでもない命令が法律になる可能性がある。

だからこそ、どんな皇帝でも国を運営できる機関を太宗が作ったのだ。つまり**太宗は自分の子孫を信用してなかったのだろう**。

そして「六部」とは、尚書省の下にある六つの行政機関のことで、実際の仕事を行うのは六部だ(「ろくぶ」と読まずに、「りくぶ」と読むように!)。六部の役割も紹介しておく。まず**吏部**(りぶ)は「役

人の人事を扱う役所」、**戸部**は「戸籍と税を扱う役所」、**礼部**は「教育や祭祀を扱う役所」、**兵部**は「軍事を扱う役所」、**刑部**は「司法を扱う役所」、ラストの**工部**は「土木を扱う役所」のこと。最後に、すべての役人たちを見張る「**御史台**」という機関も太宗は整えている。

役所だけでなく、法律をきちんと整備したのも太宗だ。彼は「**律・令・格・式**」という法律のシステムを作り上げている。「律」とは**刑法**(犯罪を罰する法律)のこと、「令」とは**行政法**(政治に関する法律や命令)のこと。「格」とは**律令の補充規定**のこと。「式」とは**律令の施行細則**(実施する際の細かい規定)のことだ。ん？　どうした？

もー、わからないっ！　格の「補充規定」って何ですかあ？

例えば今の日本にはパソコンがあって、ネット犯罪がよく起こっていると聞いた。「犯罪を罰する法律」である刑法は日本では明治時代に作られたそうな。明治時代にはパソコンがなかったから、ネット犯罪を取り締まるためには「現在の情勢に合った法律」を補充しなければならない。その新しい補充が「格」だね。

そして太宗は隋の時代からあった**州県制**を整えている。地方行政区分から「郡」をなくして、「州」と「県」に分けて整備したのだ。

太宗は建物で言えば「基礎」の部分を作り上げた皇帝だ。このようなシステムがしっかりしていたからこそ、唐王朝が約300年も長続きできた。そこで太宗の政治は「**貞観の治**」とほめ讃えられたのだ。

復習ポイント

太宗がおこなった改革の内容を①「役所」と②「法律」に分けて整理してみよう。

アクティヴィティ

煬帝と太宗の「暗い」共通点は何ですか。しかし煬帝が「悪」、そして太宗が「善」と評価されてきた、その分かれ目は何でしょう？

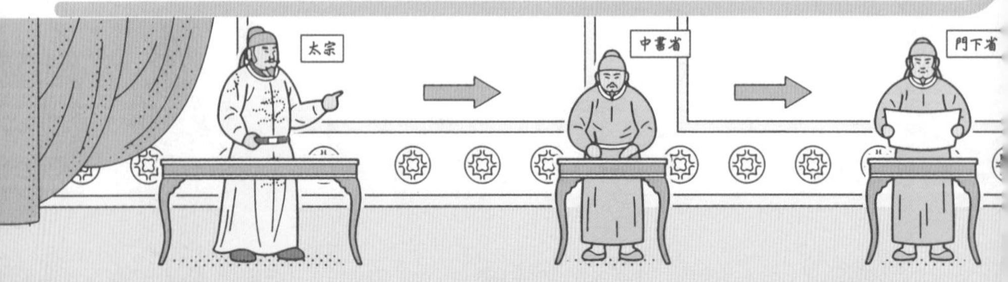

隋～唐年表

（隋）	**581年**	**楊堅**（**隋の文帝**）**が北周を滅ぼし、隋を建国**（**都：大興城**）
	589年	**隋が南朝の陳を滅ぼして、中国を統一**
	592年	**均田制実施** 「北魏には女性も田をレンタルできたのに、隋からなくなっちゃった」 「たぶん、田畑が足りなくなっちゃったからだよ」
	604年	**煬帝即位** 「煬帝の『煬』は『天に逆らい、民を虐げる』というひどい意味」 **煬帝の業績①大運河建設**（**605～610年**）　**②高句麗遠征**（**612～614年**）
	618年	**煬帝の死→隋の滅亡**
（唐）	**618年**	**唐の建国**（**建国者：李淵〔高祖〕、都：長安**）
	626年	**李世民**（**太宗**）**が即位** 「李世民はじゃまな兄と弟を殺して皇帝となった人物だ」 **太宗の業績①三省六部の整備　②律・令・格・式の完成** **③租調庸制・府兵制の整備**
	626～649年	**貞観の治→役所や法律などの整備が完成する** 「太宗の治世をほめ讃えた言葉だが、有能な臣下のおかげだな」

最後の門　下の問題は大学入試問題を出典にした問題です。答えなさい。

隋末の群雄の中から頭角をあらわした李淵は（　①　）年に唐を建国した。唐は②第二代の太宗の時に支配が安定した。中央の統治機構として三省③六部を置き、地方には州県制をしいた。唐の支配の基幹となったのは均田制・租調庸の税制・軍制としての（　④　）であった。

問1　（　①　）にあてはまる年代を入れなさい。

問2　下線部②について、唐の太宗の名前を書きなさい。

問3　下線部③について、六部のうち、教育・祭祀を担当し、科挙をおこなったのは何部か。

問4　（　④　）にあてはまる軍制の名を書きなさい。

（国士舘大・改）

「煬帝悪逆伝」

煬帝は本名は「楊広」と言って隋の建国者である文帝(楊堅)の次男だった。

と言うことは当然、兄がいる。もちろん次の皇帝になるのは兄だ。広はこれが気に食わない。何がなんでも自分が皇帝になりたかった。

そこで広は孝行息子を装って、うやうやしく父に仕えつつ、兄の悪口を父に言いふらした。父の文帝はこれを真に受け兄を皇太子の地位から下ろして、広を皇太子に定めてしまう。

大喜びの広はつい油断したのだろう、ついに本性をさらけ出してしまった。ある日、広は酒に酔って父の愛人に言い寄ったのだ。

愛人は広の手を振り払うと、文帝の部屋に駆け込んでこのことを訴えた。これを聞いた文帝は激怒して広の部屋に怒鳴り込んできた。広は孝行息子のフリをして必死に言い訳をしていたが、父の怒りがただならぬことを知ると態度を変え、ふんぞり返って言った。

「ふん！　バレちゃあ、しかたがねえなぁ。オヤジっ！　てめえを生かしておくわけにはいかなくなったぜ」

次の瞬間、すさまじい悲鳴が起こった。兵士が駆け付けてみると血に濡れた剣を持った広が部屋から出て来て言った。

「皆の者、皇帝陛下はたった今お亡くなりになられた。今日からこのわしが皇帝じゃ！」

＊

こうして皇帝となった広は後に**煬帝**と呼ばれるほど、ぜいたくの限りを尽くし、皇帝の権力を乱用して快楽に耽るようになった。

まず**大運河**を作った。教科書には「**江南を華北と結ぶ中国史上初の南北の交通幹線**」のように書いてあるけど、本当の目的は舟遊びのためであったらしい。何万人もの人夫を働かせて作ったこの運河に煬帝は巨大な屋形船を浮かべて、芸者とともに遊び狂った。

煬帝のもう一つの特徴は、**大変に心が狭く、ちょっとしたことですぐに激怒することであった**。日本の聖徳太子が遣隋使を通じて煬帝に書を送った時、その書に

「日出ずる処の天子、書を日没する処の天子に致す。恙無きや」

と書いてあったのを見て、怒り狂い、

「こんな無礼な手紙は今後取り次ぐな！」と叫んだのは有名である。

＊

正月の謁見式に**高句麗**の大使がやむを得ない用事があり欠席した。小さなことですぐ怒る煬帝はまたもや激怒し、高句麗のことを「下句麗」と呼び捨て、高句麗を征伐することにした。

高句麗の人々は命がけで国を守り、抵抗した。しかも時期は冬。寒さに兵士は凍傷にかかり、指を落とす者が続出した。兵がこんなに苦労している間も煬帝は舟遊び三昧である。

＊

ついに兵は怒りを爆発させた。反乱が勃発し、煬帝めがけて攻撃を開始したのである。煬帝は驚いて息子の皇太子とともに江南の揚州にある別荘に逃げ込んだが、ついに別荘も兵士によって囲まれてしまう。乱入した兵士たちはまず皇太子を煬帝の目の前で斬り殺した。次は煬帝の番である。この時、煬帝は兵士たちに言った。

「待て、皇帝には皇帝の死に方というものがあるっ！」

煬帝は絹のひもを取り出し、兵士に首を絞めさせて死んだ。

こうして煬帝の死により隋王朝はわずか37年で滅びてしまった。

解答と解説

復習ポイント の答え

(役所)

主なものは「**三省六部**」

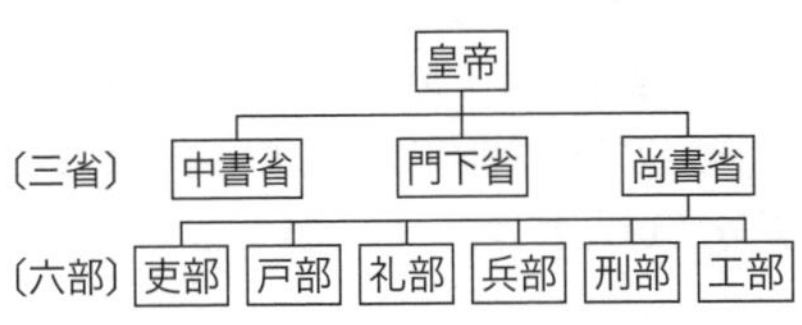

基本的な構造はこんなものだが、それぞれの役所の役割を覚えておくべし。まずは「三省」から。

中書省 は皇帝の詔勅を作成する役所。皇帝の詔勅は臨時の法律にもなるので、けっこう重要な役所となる。

門下省 は皇帝の詔勅を審議する役所だが、唐時代には「貴族の巣窟」とも呼ばれ、皇帝の詔勅に「No」サインばかり出していた。そのためにしだいに時代とともに力を失ってしまう。

尚書省 は皇帝の命令を実施する役所だ。尚書省の長官は二人いて、それぞれ左僕射・右僕射と呼んだ。この制度が日本に入ってくると「**左大臣**」「**右大臣**」という名称に変わる。

六部 の役割は本文にも書いてあるが、名前だけでは役割がわかりづらい役所が要注意(「戸部」や「礼部」など)。実施機関なだけに大変に役に立つ役所なので、かなり後の清の時代まで続いている。

(法律)

「**律・令・格・式**」の整備が重要。律は刑法、令は行政法、格は律令の補充法、式は施行細則にあたる。

太宗が作り上げた法律制度は東アジア各国でさっそくマネされている。特に日本は中国のシステムをそっくり取り入れて、「律令国家」(法整備がきちんとできている国家)の建設をおこなっている。細かいところまで厳しい「格式ばった」という言い方は、「律令格式」から生まれた言葉だ。

アクティヴィティ の答えの一つ

暗い共通点…やっぱり「**肉親殺し**」だろう。権力がからむと親だろうが、兄弟だろうが、仏だろうが平気で刺すのは古今東西同じ。

「悪」と「善」の分かれ目…その人物の属している「王朝」が「その後、どうなったか」によって変わってくる。王朝が滅びてしまえば、殷の紂王や隋の煬帝のように悪逆無道と言われてしまうし、王朝が一定の成果をあげて栄えると、「貞観の治」などと呼ばれて、ほめられるのだ。

最後の門 の答え

問1　618
問2　李世民
問3　礼部
問4　府兵制

(解説)

問3の「礼部」のような六部の役所の名と役割がよく聞かれるので、注意が必要。

特に唐王朝は制度が重要なので、やっかいではあるけれども、組織や制度をしっかり頭に入れておけば、点カセがしやすい。

唐と周辺諸国
――東西南北を統治するキビ政策

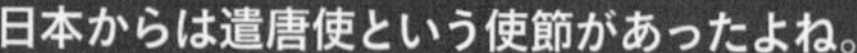

唐王朝はワールドワイドな王朝で、世界の多くの文化を受け入れ、また世界の多くの文化やシステムを東アジア諸国に伝えている。もちろん日本も大きな影響を唐から受けていたわけだ。唐とは切っても切れない仲だね。

前奏曲 シルク=ロードから中国へ。流れ込む世界の食文化

これは噂だが、唐王朝を作った李一族は先祖をたどると鮮卑(せんぴ)に突き当たると言われている。そのせいか唐王朝は他の文化に対し、大変にフレンドリーで、遊牧民の文化や、はるか西方の文化も喜んで取り入れていた。だから唐王朝の人々は乳製品やチーズも食べていたし、ワインを好んで飲んでいた。唐時代の大詩人李白(りはく)もワインをほめ讃える「襄陽(じょうよう)の歌」を作っている。だからテーマ28で説明したように、奈良時代の日本人も唐王朝を経由してチーズ(「醍醐(だいご)」)を食べたのだ。

組曲1 異民族を釣るにはキビダンゴならぬ羈縻(きび)政策が有効

唐王朝は太宗(たいそう)の息子の**高宗**の時代になると勢力圏を拡大し、東は高句麗(こうくり)と百済(ひゃくさい)を打ち破り、西域のオアシス諸都市を所有した。実に前漢(ぜんかん)の武帝以来の巨大帝国を築き上げたのだ。しかし中国の支配は、近代ヨーロッパの植民地とくらべると、かなり内容が異なっているので注意が必要。ヨーロッパの植民地ならば本国の人間が現地の人たちを直接支配する。しかし中国の場合は、統治を現地のリーダーに任せてしまうのだ。要求するのは「貢(みつ)ぎ物を捧げること」と「逆らわないこと」の二つだけ。このように周辺領域の統治を異民族

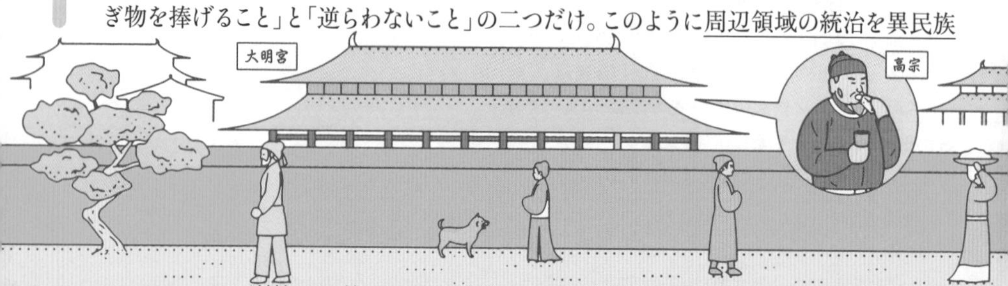

にゆだね、自治を認めるやり方を**羈縻政策**と呼ぶ。

いやああああああ！　こんな難しい字、覚えられん！

わざとこれを書かせたがる先生もいるので、なんとか頑張って覚えてもらいたい。健闘を祈る。ただし異民族に統治のすべてを丸投げしてしまうのは危険なので、中国は**都護府**という役所を周辺地域に置き、異民族を見張って監督したわけだ。6都護府のうち4都護府の名前が、東西南北をそれぞれ「安」んずるという名称になっている。「安南都護府」とか「安東都護府」とかね。さて、唐の周辺諸国について、東西南北で説明しよう。

組曲2　朝鮮半島から日本へと中華文明のバトンが渡る

まず 東 なのだが、少し時間的には戻って説明しよう。中国東北部に勢いを強めていた**高句麗**が4世紀頃から朝鮮半島北部に進出するようになった。そしてかつて武帝が作った楽浪など4郡のうち楽浪郡と帯方郡を313年に滅ぼし、427年には平壌（ピョンヤン）に都を築いている。一方朝鮮半島南部は3世紀から**馬韓・弁韓・辰韓**の三つの部族集団が分立していたのだが、辰韓から**新羅**（**都は金城〔慶州〕**）、馬韓から**百済**（**後期の都は泗沘〔扶余〕**）、弁韓から**加耶**（**加羅**）諸国が4世紀に次々と成立してくる。このうち強国である高句麗・新羅・百済の3国が互いに争った4〜7世紀の時代を朝鮮半島の三国時代と呼ぶ。

さて**倭**と呼ばれていた日本だが、3世紀前半に**邪馬台国**ができて**卑弥呼**が支配し、中国の魏に貢ぎ物を捧げたことは知られている。ところが、激動の4世紀における、朝鮮半島や日本の状況はあまりわからない。なにしろ4世紀と言えば中国では五胡十六国の大動乱時代で、他の地域の歴史なんぞを書く余裕なんかなかったからな。しかし5世紀に作られた**広開土王碑**によって少し状況が見えてくる。広開土王（好太王）は4世紀末〜5世紀初めの高句麗の王で、この王の功績が広開土王碑に書かれている。この碑文でわかるのだが、日本（＝倭）では**邪馬台国が消えており、新しいヤマト政権が朝鮮半島に進出して暴れていたのだ**。倭と百済を破った広開土王の功績を記した広開土王碑が、極東の古代史を明かす手がかりとなった。そして5世紀初めから倭の五王が、中国南朝の宋王朝に使者を送っているが、使者の派遣は卑弥呼以来約2世紀ぶりであった。

高句麗はあまりにも強大化したため、隋の煬帝に3度も攻め込まれ、さらに国内の体制を固めた唐の太宗にも攻撃され、ついには668年に滅ぼされてしまう。この時に賢く立ち回ったのが**新羅**で、唐と同盟を結び、百済を滅ぼした後に救援にやって来た日本の水軍を**白村江の戦い**(663年)で撃退し、朝鮮半島での覇権を確立した。後に新羅と日本は唐から律令や文化、そして仏教を積極的に取り入れ、自らも文明国となろうと試みている。ここで覚えてもらいたいのは新羅の**骨品制**だ。これは新羅でおこなわれた氏族的身分制度である。日本ではよく「血のつながり」という表現をするが、韓国では「骨のつながり」と言う。言いかえれば「貴族と血がつながっている者を優先して高い地位の官僚に登用する制度」だ。事実上の貴族制だね。さて、滅ぼされてしまった高句麗の遺民たちは北上して中国東北部へ入り、ここで現地の**靺鞨人**とともに**渤海**(7世紀末~10世紀)という国を作っている。建国者は**大祚栄**という人で、韓国では有名な人だ。渤海は日本と同じように遣唐使を派遣し、三省六部や律令などを取り入れている。日本は特に台風シーズンは荒れる東シナ海を避けて、より安全な渤海経由ルートで中国との交易や交流をおこなったこともあるようだ。日本の港町は19世紀にいたるまで日本海側の方が栄えていたと思われる。また新羅では唐からもたらされた仏教文化が大いに栄えているが、慶州にある仏国寺(→)は仏教文化の代表だ。そして文化の流れのバトンは百済や新羅を通じて、日本の天平文化へと渡されていく。

組曲3 北方の突厥はトルコ人の一番古いご先祖様

今度は唐王朝の 北 方を見てみよう。中国の北のモンゴル高原は騎馬遊牧民の世界だ。かつてあれほど中国を脅かした匈奴は分裂してしまい、南匈奴は五胡の一つとして大暴れしたものの、北魏の時代には中国の都会文化にすっかり染まって、中国化してしまった。代わって出てきた騎馬遊牧民が**突厥**である。後のトルコ人のご先祖様だ。

ケバブ好きだから知ってるけど、トルコはもっと西じゃないの？

民族大移動して、はるか西の小アジアまで移ってきた民族なのだよ。その過程を知っておこう。

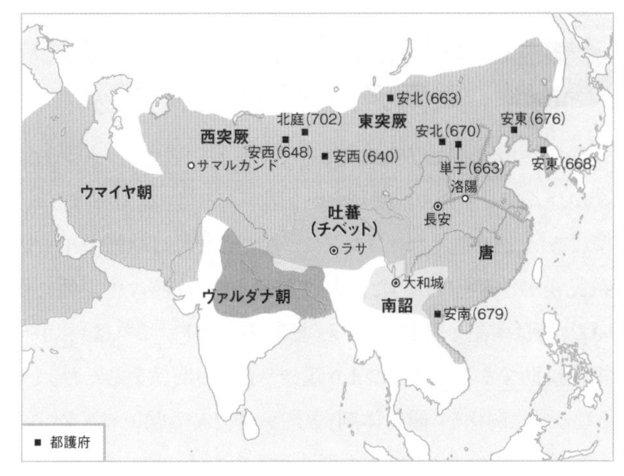

突厥は6世紀からおこり、ササン朝ペルシアと結んでエフタルを滅ぼしたり、唐王朝ができた時は援助したりするなど強大な勢力となった。突厥は遊牧民の中で早くから文字を使っていた民族で、突厥文字のご先祖様をたどると商業で栄えた古代のアラム文字に行き着く。ところが突厥は6世紀末には分裂してしまい、衰退してしまう。代わって8世紀から登場してくるのが同じトルコ系騎馬遊牧民の**ウイグル**だ。ウイグルは分裂した東突厥を滅ぼし、唐王朝を救援するなど一時は強大な勢力を誇ったが9世紀にやはり同じトルコ系の**キルギス**に滅ぼされ、西に逃げたウイグル人たちは中央アジアに住み着くようになった。そのため中央アジアのことを「**トルキスタン**」(トルコ人の国)という名前で呼ぶようになった。ちなみに「〜スタン」はペルシア語で「〜の国」という意味。この中央アジアでウイグル人が出会ったのが新たな宗教である「イスラーム教」だった。

組曲4 西方の吐蕃のスターはソンツェン=ガンポ

さて、唐の西には巨大なヒマラヤ山脈とチベット高原が立ちふさがっている。チベット語を話す遊牧民がこの厳しい土地に住んでいたが、7世紀に**ソンツェン=ガンポ**という英雄が出てきてチベットを統一し、**吐蕃**(とばん)という強大な国家を作り、**ラサ**を都に定めた。ソンツェン=ガンポは文化政策に優れた王で、インド文字を取り入れて、チベット文字を作らせた。また妻の文成公主は唐の皇族の娘で、はるばるチベットにお嫁入りして、中国文化をチベットの人々に紹介したことから、チベットでは大変に尊敬されている女性だ。

32

組曲終曲

南方は南詔と親分・子分のつながり、東南アジアとは朝貢貿易

さて、唐の南の方なのだが、まず現在の雲南省、ということは四川よりずっと南でパンダが住んでいる辺りに**南詔**という国があった。雲南省はちょうどチベットと東南アジアの境にあり、山を越えればインドにつながる交易に絶好のルートだ。ここにチベット＝ビルマ系民族が8世紀に作った国が南詔だった。南詔は唐王朝に使いを送り、貢ぎ物を捧げたので、唐は南詔を**冊封**した。え、冊封の意味？　これは「相手を自分の臣下として位を認め、相互援助すること」だ。つまり親分・子分の関係を結んだ、ということだな。この唐が中心となる君臣関係を**「冊封体制」**と言う。唐という強いバックがいれば仲間相手のケンカにも有利だ。そこで多少なりとも野心のある国は皆唐に使いを送り、唐と親分・子分の関係になろうとした。かつて卑弥呼も魏に使いを送って冊封してもらおうとしていた。

一方、交易中心の国々（東南アジアでは**チャンパー**とか**真臘**（**カンボジア**））は唐に進んで貢ぎ物を送って、唐と朝貢関係を結ぼうとしていた。このような国々の海上貿易を管理する唐の役所を**市舶司**と呼び、広州をはじめとする唐の多くの港にはこの役所があったのだ。

復習ポイント

唐王朝から晴れて冊封された（子分になった）国はどこだろう。

アクティヴィティ

中国はなぜ力ずくで周辺諸国を支配しようとせず、冊封・朝貢関係を結んだのでしょうか？

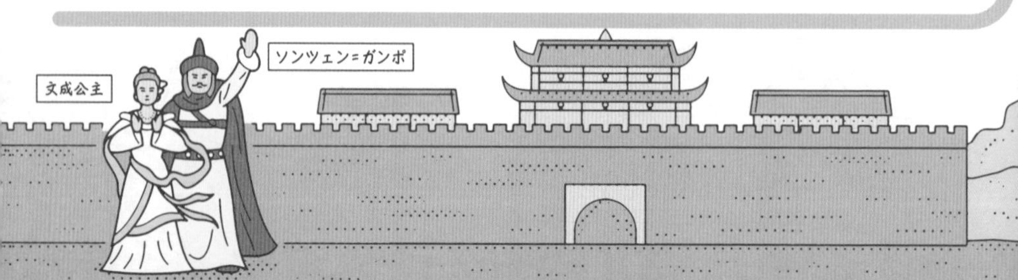

唐周辺諸国年表

(東)	**4世紀頃　高句麗の台頭**(朝鮮半島北部)
	313年　高句麗が楽浪郡を滅ぼす(5世紀に平壌へ遷都) 「ちょうど八王(はちおう)の乱の後の大混乱時代だね」
	4世紀半ば　百済(←馬韓)、**新羅**(←辰韓)**の成立**
	660年　百済の滅亡
	663年　白村江の戦い(百済を救援した日本が、唐・新羅連合軍に敗北)
	668年　唐・新羅連合軍による高句麗の滅亡
	698年　大祚栄による渤海建国(～926年)
(北)	**552～745年　突厥の支配**(モンゴル高原～中央アジア)
	744～840年　ウイグルの支配(中央アジア～モンゴル高原) 「五胡十六国の後はトルコ系遊牧民が強くなる。トルコ系ウイグル人が住み着いてから、中央アジアのことをトルキスタン(トルコ人の国)と呼ぶ」
(西)	**7世紀　ソンツェン＝ガンポによる吐蕃建国**(～9世紀) 「この時代でソンツェン＝ガンポだけがカタカナの人名なので印象が強い」
(南)	**8世紀前半　南詔が雲南地方を統一**(～902年)

最後の門 下の問題は大学入試問題を出典にした問題です。答えなさい。

下の文の(　　)にあてはまる適語を書きなさい。

現在、朝鮮民主主義人民共和国の首都であるピョンヤン(平壌)は、古くから都市として重要な役割を果たしてきた。(中略)紀元前2世紀、漢の(　1　)は軍を派遣して衛氏朝鮮を滅ぼした後、四つの郡を設置したが、このうち(　2　)郡の中心地が平壌一帯であったと考えられている。

中国東北部を中心に勢力を拡大した(　3　)は4世紀の初めに南下して(　2　)郡を滅ぼし、朝鮮半島北部の支配を強めていった。(　3　)は427年、(中略)平壌に都を移した。(中略)4世紀末から5世紀初めにおこなわれた(　3　)と倭との戦争の内容を伝える(　4　)には「平壌」の名がみられる。一方、半島南部では、西側に成立した(　5　)と、東側に成立した新羅がしだいに力をつけ、(　3　)と対立するようになった。これらの国が並立した時代は(　6　)と呼ばれている。7世紀に入ると、新羅は中国の(　7　)と連合し、(　5　)と(　3　)を相次いで滅ぼすが、新羅はさらに(　7　)を半島の北部に駆逐し、朝鮮半島中部までを統一した。(後略)

(関西大・改)

難民に寛容だった古代日本

日本列島は大陸の民族移動の時期の、最後の避難所だった。弥生時代から日本にやって来た渡来人たちは日本に住み着き、稲作をはじめとする大陸の文化を日本にもたらしたのだ。

4～5世紀の大陸での北方騎馬遊牧民の侵入により、多くの人々が朝鮮半島や中国大陸から日本に逃げ込んできた。その時期の日本の状況はよくはわからない。江上波夫先生のように、日本は大陸から入って来た騎馬遊牧民によって支配されたと主張する学者もいたほどだ。ただし、大陸からの避難者の多くが日本に受け入れられていたのは事実だろう。大陸からの渡来人は優れた技術や文化を日本に伝えてくれたからだ。

＊

7世紀半ばに、朝鮮半島からの難民の大きな波がやってきた。

新羅が百済や高句麗を滅ぼしてしまったのだ。泗沘（扶余）に最後の都があった百済は高い文化を持つ国であったが、新羅と唐の連合軍の怒涛の攻撃には立ち向かえず、百済の官女たち約3000人は新羅の兵隊の乱暴を恐れ、落花岩から白馬江（＝錦江）に次々と身を投げたと伝えられている。660年に滅ぼされた百済の遺民が最後に頼った先は同盟国の日本だった。

日本は百済からの大量の難民を受け入れ、畿内にあった多くの土地を与えて住まわせた。かつて日本に漢字を初めて伝えた王仁の出身が百済であり、また仏教も百済から伝えられたために、日本にとって百済は憧れの文化的先進地だったのだ。半島や大陸出身の技術者は特に重用され、日本の灌漑・開拓に大きな力を発揮した。

百済が滅ぼされてから8年後、次に高句麗が唐と新羅によって滅ぼされた。高句麗からも多くの難民が日本に逃げて来たが、日本は彼らをも受け入れている。百済系の渡来人と争わないために、朝廷は亡命して来た高句麗の王子には遠い関東の武蔵国の土地を与えている。高句麗からの移民たちは不毛の地を技術の力で豊かな農地に変えていった。現在、埼玉県日高市にある**高麗神社**はこの高句麗の王子を神として祀っており、文豪太宰治も参拝したこの神社は、現在では学問の神様として受験生が参拝することでも知られている。

日本史の教科書にも登場してくる、**司馬達等**、**鞍作鳥（止利仏師）**、**高向玄理**、**僧旻**などは、日本に難民として亡命した渡来人もしくはその子孫として有名な人々である。当時受け入れていた難民の数はわからない。推測でも、毎年1000人以上は受け入れていたと思われる。

＊

日本は1981年難民条約に加盟したが、難民認定されるのは毎年数十人である。その一方難民申請者数は毎年増加している。2021年の難民申請者2413人中、難民認定者数はわずか74人であった。

ドイツでは、2021年だけで25万人もの難民申請者がおり、数万人規模の難民受け入れを決定している。2021年、国連難民高等弁務官事務所（UNHCR）は、紛争や迫害によって故郷を追われた人々が8,930万人いると発表している。

解答と解説

復習ポイント の答え

東では**新羅・渤海**、南では**南詔**が、唐から**冊封を受けた（＝唐王朝の正式な子分として認められた）**国々です。

手ごわい国とは君主の**婚姻**を通じて関係を築く場合もあります。その代表例は**吐蕃**、**突厥**、**ウイグル**です。

なかなか言うことを聞かない国や、遠い国などは「**正式な親分・子分の盃は交わせないが、時々使いを送ってくればよし**」という処分で満足するケースもあります。**真臘（カンボジア）**、**チャンパー**、**シュリーヴィジャヤ**などは**朝貢体制**に沿って唐王朝に貢ぎ物を贈っています。

以上の国々は唐王朝に対し、「**あなたは他人じゃありません♡**」という姿勢を見せている国々です。

朝貢国の日本は、隋の時代に聖徳太子がタメ口を叩き、煬帝の激怒を買ったことでも知られています。「**礼儀知らずの国なので、冊封はできないが、使い（遣唐使）を送って来ているので、まあ、ここはよしとしよう**」という関係でした。日本は唐から政治や文化で大きな影響を受けましたが、唐と一定の距離をとっていた国であると言えるでしょう。

アクティヴィティ の答えの一つ

唐王朝周辺の地域が広すぎるため、直接支配が無理だったからです。と言って、放っておくと攻め込まれる危険性があるため、友好関係（できれば上下関係）を結んでおいた方が安全であることは確かです。そこでゲームみたいなのですが、忠誠度が上の国から自分の「家臣」として上下関係を定め（冊封関係）、忠誠度が低い国でも相手が使いをよこしてうやうやしく振る舞ってくれれば、友好関係を認めました（朝貢関係）。唐を中心とするこのような上下の友好関係こそが冊封・朝貢体制の中身です。

最後の門 の答え

(1)　武帝　　(2)　楽浪　　(3)　高句麗
(4)　広開土王碑　　(5)　百済
(6)　三国時代　　(7)　唐

（解説）

朝鮮史は統一王朝が「新羅」「高麗（こうらい）」「朝鮮王朝」の三つしかないので他の地域と比較して勉強が楽です。ただし朝鮮半島は古代史の方がたくさん王朝や国が出てくるので難しいかもしれない。

古代朝鮮の国々の存在は日本史と関係が深いので、意外に出題されやすい。高句麗・新羅・百済の３国の動きには注意しておこう。

33 唐と文化
——長安こそ当時の世界の中心だ

うーん、やっぱり、あたし文化史好きじゃないわー。

唐王朝の文化は漢文をはじめとして他の教科でも取り上げられる分野だから、知っておいた方がおトクだよ。特に「詩」は最高なんだぞ。どれ、たまには実地で体験してみるか。どっこいしょっと。

組曲1 コスモポリタンシティ「長安」へようこそ！

うわぁー！　ここはどこっ！

お決まりのタイムスリップだよ。君は唐の都、長安にいる。ルールは次のとおり。**ここでは、君は当時の人に話しかけることはできない。**未来を変えられてしまったらたまらないからね。どうだい、この長安の都の様子は？

道はこんなに広いのに、すごく混雑しているよ！　ほおおお、人もいろいろだねー

ラクダに気をつけるように！　あそこにいる彫りの深い顔の人たちは**イラン人**か**ソグド人**の商人だろう。**唐三彩**(→)の焼き物でもおなじみの人々だね。街は碁盤の目のようになっているから、意外に迷いやすい。見失わないように私の後を付いて来ること。

お寺らしきものがけっこうありますねえ

そもそも「寺」とは役所の名前だったのだが、それが宗教施設の名前に使われるようになった。仏教寺院だけでなく、**道教**(どうきょう)や**祆教**(けんきょう)(**拝火教**(はいかきょう))と呼ばれたゾロアスター教、そして景

教と呼ばれたキリスト教の教会まであったからね。ここで言う景教とは**ネストリウス派キリスト教**のことで、テーマ17でガイウス先生が説明してくれたようにローマ帝国を追われてしまったキリスト教の異端だ。このネストリウス派が長安までやって来て大秦寺という教会を建てたことが「**大秦景教流行中国碑**」という石に刻まれている。またゾロアスター教はソグド人が信じていた宗教なので、その関係で長安に寺院が多く残されていたのだろう。世界各地の人々が訪れた長安は、7〜9世紀の世界ではバグダードと並んで最大の都市だった。おかげでこの長安の碁盤の目のような形（都城制）は渤海（ぼっかい）や日本の都にマネされている。日本での代表例が**平城京**や**平安京**だ。

イスラーム教徒らしい人たちもいますね

イスラーム教徒は長安よりも**広州**（こうしゅう）とか**揚州**（ようしゅう）とか**泉州**（せんしゅう）のような港町に多くいるだろう。貿易に従事している人たちの数が多く、船を使って『千夜一夜物語』の「船乗りシンドバッド」のように中国とアラブ世界を行き来していたからだ。紀元前より利用され、彼らが新たに切りひらいた東西交易路を「**海の道**」と呼ぶのだが、東南アジアはその海の道の重要な中継地点だった。お経を取ってきた**玄奘**（げんじょう）はソグド商人が利用した西域経由の陸回りで、**義浄**（ぎじょう）はイスラーム商人が使った「海の道」回りで、インドまで行って来たのだ。

組曲2 異文化で賑わう長安の流行はこれ！

センセー、人が多すぎて疲れたし、喉が渇いたっ！

では、最新流行の茶店にでも寄って行こう。さすがに人が大勢座っているな。おおい、この子にお茶をくれっ。私はワインでも飲むか。

お、今のお茶と違う。抹茶のような味だ。センセーはワイン？

この当時のお茶は鮮度の関係から茶葉のお茶ではなく、茶葉を固め乾燥させた状態の茶で、それを飲む時に削って粉にしてから飲んでいたらしい。茶道というものは唐の時代に陸羽（りくう）が書いた『**茶経**』（ちゃきょう）という本によって完成されたと言われている。その結果、お茶は唐

王朝の時代に日本にも輸入されるようになるのだ。あ、それと唐時代では西域からやってきたワインは大流行の飲み物だったのだよ。

ところで今はいつなんですか？　教えてくれるなら西暦でお願い

西暦741年。玄宗皇帝の治世の「開元」の終わりあたりだね。ちょうどこの開元の時代に唐は政治も文化も頂点に達したので、君をこの時代に連れて来てあげたのだよ。

唐時代には儒教なんかも栄えたのだが、これは科挙のための受験科目として勉強されていたのだ。その代表的な本が孔子の子孫である**孔穎達**らが編纂した**『五経正義』**だ。「**五経（『易経』『詩経』『書経』『春秋』『礼記』）**の正しい解釈はこれですよ」という受験必勝本だね。おっ、茶店で『五経正義』を勉強しているガリ勉君もいるようだな。

ほおお、現代のス○バ以上ですねえ、ここは。うわ、エキゾチックな女の人が踊り始めた！

あ、これは胡旋舞と言って、唐王朝の時代に人気が爆発した西域の踊りだよ。小さい円形の絨毯の上でクルクル回りながら踊るのだが、どんなに回っても絶対に絨毯の上からはずれないからすごい。

世界各地の人がいて、なんか興奮します！

よく教科書にも載っている右の図は唐王朝に世界各地から朝貢（貢ぎ物を捧げること）しにやって来た使節を描いたものだが、一番右が渤海を作った靺鞨という民族の使者、右から二人目が新羅の使者、3人目のハゲたゴツいオッサンが、はるか西方のビザンツ帝国の使者と言われている。みんなどうしたらよいかわからなくて接待係の中国の役人に聞いているようだが、役人も困って相談しているようだ。

組曲3　唐の大詩人と日本人との意外な友情

む！　今、向こうの方で古めかしい日本語が聞こえた！

たぶん、日本からの留学生かもね。中国にとどまっていた人たちが多かったからな。ちなみに中国の官吏登用試験である「科挙」は、女性は受けられなかったが、外国人でも受験できたから、日本人でも**阿倍仲麻呂**が科挙に合格して官僚に出世したと言われている。外国人でも役人に登用してしまうところが唐王朝のインターナショナルなところだね。ちょうどこの時代には**李白**や**杜甫**などの大詩人が次々と活躍した「盛唐」と呼ばれる詩の全盛時代だったため、阿倍仲麻呂は李白や王維などとも個人的に親しかったらしい。さて、すでに唐に36年もいて56歳になっていた仲麻呂は、753年に来唐していた遣唐使の帰りの船に乗せてもらって帰国しようと試みた。国に帰れるラストチャンスだったからね。ところが仲麻呂たちの帰国の船は難破してしまった。ベトナムに流れ着いた仲麻呂たちだが、難破の知らせを聞いて仲麻呂が死んだと思い「詩仙」の李白は次のような悲しみの歌を詠んでいる。ちなみに阿倍仲麻呂の中国名は朝衡（敬称は「晁卿」）と言われていた。

日本晁卿辞帝都　　日本の晁卿は帝都長安から去ってしまい
征帆一片遶蓬壷　　船に帆を張って東の蓬来山へと向かって行った
明月不帰沈碧海　　しかし明月のような君は紺碧の海に沈んでしまい
白雲愁色満蒼梧　　愁いに満ちた白雲が湖南の山を悲しく覆っている

結局、阿倍仲麻呂は日本に帰ることなく、後に中国で亡くなったのだが、遣唐使を通じて、中国や西アジア、インドの文化は日本に紹介され、**天平文化**へとつながっていくのだ。

さて、唐時代の大詩人と言えばやはり杜甫だ。詩聖と呼ばれた大詩人だがちょうど「安史の乱」の時代に居合わせてしまい、個人的には貧しく恵まれない生涯だった。杜甫の代表作「春望」を挙げてみよう。

国破山河在　国破れて山河あり
城春草木深　長安にも春がやってきて緑が濃くなっている
感時花濺涙　戦争の悲しみを感じては花を見ても涙があふれてしまい
恨別鳥驚心　家族の別れには鳥の鳴き声も心に痛く突き刺さる

……もっと長いけど、杜甫の深い心の痛みが伝わってくる見事な詩だ。

ふあああー、ねえセンセー、ダンゴが食べたいね！

ああ、「花よりダンゴ」とはこのことか……。

組曲4　唐の後期文化は漢王朝への原点回帰

唐の中期になると、それまでの貴族趣味はしだいに衰えて、質朴な漢王朝以前の力強さが強調されるようになる。例えば**韓愈**と**柳宗元**の二人は魏晋南北朝時代のチャラチャラした美文に反対し、『史記』のような素朴で力強い文章である「古文」を主張したのだ。また、**顔真卿**は唐の書道家だが、質実剛健で力のある書道を確立している。ちなみに顔真卿の本業は剛直で知られた政治家で、後に反乱軍を説諭する使者となり捕まって殺されているが、その人柄は書にも見事に反映されている。最後は絵画だが、**呉道玄**が山水画を確立した画家として知られている。雄大な自然の風景を水墨画で表現することを得意とした人だ。ただし呉道玄の真筆は残念ながら一つも残っていないのだよ。お、お別れの時間だな。早くしないと戻れなくなってしまうからな。さあ、日本に戻るよ！

復習ポイント

唐の文化を①詩、②文章、③絵画、④宗教に分けてみよう。

アクティヴィティ

唐王朝の文化はなぜ国際的な雰囲気を持つことができたのでしょうか。

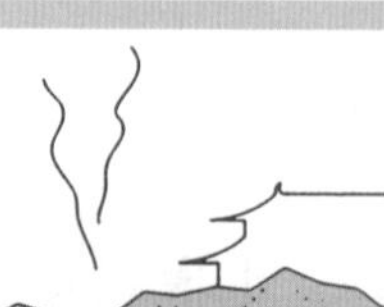
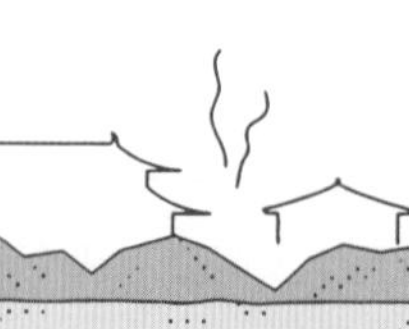

唐文化一覧表

（宗教）	仏教…玄奘（三蔵法師）：往復とも陸路でインドを訪問　主著：『大唐西域記（だいとうさいいきき）』 義浄：往復とも海路でインドを訪問　主著：『南海寄帰内法伝（なんかいききないほうでん）』 祆教（拝火教）…ゾロアスター教：ソグド人が信仰 景教…ネストリウス派キリスト教：「大秦景教流行中国碑」に記録が残る 回教…イスラーム教：アラブ人が海路で中国に伝える 儒教…孔穎達による『五経正義』が五経の基本文献として広まる
（詩）	李白…「詩仙」自由奔放な詩風 杜甫…「詩聖」李白と並んで中国詩人の最高峰とされる 王維…自然美を詠じ、山水画でも知られる 白居易（白楽天）…代表作「長恨歌」 「阿倍仲麻呂がらみで意外に日本と縁が深い詩人が多い」
（文章）	韓愈・柳宗元…六朝（りくちょう）の貴族文化を批判し、漢以前の古文を主張
（絵画）	呉道玄…山水画をはじめとして新しい技法を編み出す 「と、言われてもなあ、作品が残っていないのでは……」
（書道）	顔真卿…力強い書風を築く

最後の門　下の問題は大学入試問題を出典にした問題です。答えなさい。

東アジア世界における政治・経済・文化の中心地として栄えた唐の都（　あ　）は、各国から人々が集まる国際都市であり、〔問2〕外来宗教のさまざまな寺院が建てられた。当時、中央アジアではソグド人が中継商人として東西交易を活発にし、〔問3〕南方の海路では（　い　）人のムスリム商人たちが活躍していた。8世紀前半、海上貿易の管理をおこなう市舶司が初めて設置された都市は（　う　）である。また唐時代には、科挙において詩賦の才が重視され、優れた詩人が多くあらわれた。中でも第6代皇帝玄宗の治世に活躍した（　え　）と杜甫は、中国詩人の最高峰と言われている。（　え　）は自由奔放な詩風から、詩仙と称される。

日本は唐に対し（　お　）と呼ばれる使節を派遣し、彼らを通じて〔問4〕都城制や、中央集権政治体制の基盤となる（　か　）の法体系、仏教文化が伝えられた。8世紀中頃に最盛期を迎える、唐の影響を受けた貴族的で仏教色の強い文化を（　き　）文化と呼ぶ。

問1　（　あ　）～（　き　）に適切な語句を入れよ。

問2　ネストリウス派キリスト教の中国名を答えよ。

問3　7世紀後半、海路にてインドを往復し、その見聞録『南海寄帰内法伝』を著した僧の名を答えよ。

問4　中国の都城制に倣って、日本で建設された都の名を一つ答えよ。

（東北福祉大・改）

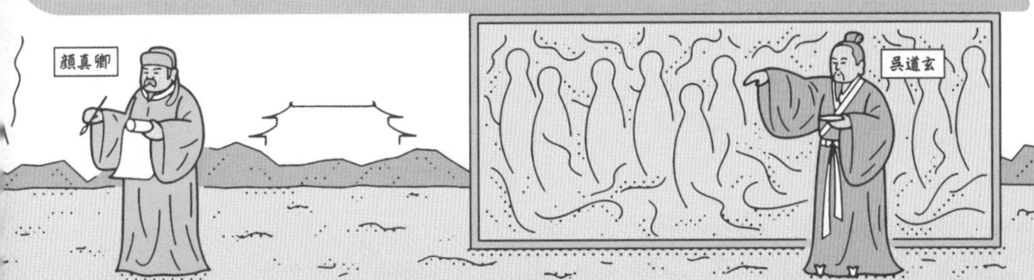

李白とマーラー
——東西文明の融合

1907年、オーストリアの大作曲家マーラーは発作を起こし、ソファに横たわっていた。医者は聴診器をしまうとわざと陽気に言った。

「自慢できる心臓とは言えませんよ。これからは無理は禁物です」

この年、不幸は次々とマーラーに襲いかかっていた。マーラーはウィーン帝室歌劇場の総監督として活躍していたが、ユダヤ人であったためすでにその地位を辞めさせられていた。そしてこの年の夏、彼は最愛の娘マリアを病気で失った。悲しみに耐えられずマーラーはついに倒れた。その時に診察した医師はマーラーの心臓の鼓動の異常を知る。マーラーには、あと4年の命しか残されていなかったのだ。

＊

この頃、マーラーは『中国の笛』という詩集を手に入れた。

この詩集は中国の唐時代の詩人、**李白や王維、孟浩然**の詩をベトゲという作家がドイツ語に自由に訳したものである。この古い中国の詩、特に**李白**の虚無的な悲嘆に満ちた詩にマーラーは深い感銘を受けた。そしてマーラーはこの詩集を使って大きな曲を作り始めた。唐詩を使ってマーラーが書き上げたのが交響曲**「大地の歌」**(Das Lied von der Erde)である。この曲の中で、生命の美しさと空しさ、迫っている死の恐怖をマーラーはあらわした。

「大地の歌」の第1楽章は李白の詩「悲歌行」を元とする曲で、原詩は酒の力で死の恐怖を忘れようとする絶望的な長文の詩である。

この詩は次の印象的な句で始まる。

悲來乎　悲來乎　　悲しいかな　悲しいかな

主人有酒且莫斟　　主人酒有るもしばらく斟むことなかれ

聽我一曲悲來吟　　わが1曲の悲來の吟を聞け

＊

マーラーは李白の詩に手を入れて、次のような命の空しさと酒と悲しみの歌を書き上げた。

＊

「黄金の杯の酒を飲む前に、わが悲哀の歌を聴きたまえ。

悲しみは恐ろしい笑い声となって君の中に響きわたり心の庭は荒れ果てて、喜びも歌も皆しおれてしまう。

さあ、琴を弾き、ともに酒を飲もう。

この1杯の酒こそ、すべての地上の王国に勝るものだ。

永久に春になれば空は青く、花は彼方まで咲き誇る。そして大地は永遠に揺るぎなく果てることがない。

……だが、人間よ、お前はいつまで生きられるのだ？　100年にも満たぬ命の中で、楽しめることは皆空しい。

あれを見ろ！　月光の中、墓の上に座る猿の姿を。甘い命の叫び声を上げるあの猿こそ、お前の姿ではないのか！

友よ、杯を取り、酒を飲みほそう。今こそ飲むにふさわしい時だ。

生は暗く、死も暗い」

＊

ホルンの荒々しい生命の絶叫で始まり、「生は暗く、死も暗い」という虚ろな句をテノールが歌い上げる「大地の歌」の第1楽章「現世の寂寥を歌う酒の歌」。この曲の中で、中国の大詩人とオーストリアの作曲家の二人の孤独な魂が出会い、結び付いている。

解答と解説

復習ポイント の答え

① 詩…唐王朝最盛期の３人の詩人、**李白・杜甫・王維**の名を覚えておこう。少し後になると「長恨歌」を詠んだ**白居易**が出てくる。ちなみに「長恨歌」は玄宗皇帝と楊貴妃(ようきひ)のラブストーリー。

② 文章…**韓愈と柳宗元**が「**古文**」を主張したことが有名。
ここでの「古文」とは、漢王朝の司馬遷(しばせん)の『史記』のような力強い文章を指す。

③ 絵画…**呉道玄**に代表される表現力豊かな**山水画**が代表。

④ 宗教…ネストリウス派キリスト教→景教、ゾロアスター教→祆教（拝火教）、イスラーム教→回教と漢字表記を覚えておく。
仏教と儒教は代表者とその著作の名を覚えるべし。
（仏教→**玄奘『大唐西域記』**、
義浄『南海寄帰内法伝』、
儒教→**孔穎達『五経正義』**）

アクティヴィティ の答えの一つ

（段階を追って、順番にまとめてみるとわかりやすい）

① 唐王朝は高宗の時代に勢力圏を拡大し、**漢王朝以来の巨大帝国を作り上げることができた。**

↓

② 多くの周辺諸国は唐王朝に対して貢ぎ物を捧げ（＝朝貢）、唐王朝は朝貢した周辺諸国を自分の臣下として位を認めた（＝冊封(さくほう)）。

↓

③ このような**冊封・朝貢体制**を築くことによって、唐は**平和**を保つことができ、西域の「**オアシスの道**」や東南アジア経由の「**海の道**」を通じて国際的な交易が盛んになり、唐に法律や宗教、文化を学びに来る人々も多くなった。

↓

④ **交易と国際交流**が盛んになったことで唐の文化は**国際的な色彩**を持つことができたのである。

最後の門 の答え

問１　（あ）　長安
　　　（い）　アラブ（イランもOK）
　　　（う）　広州
　　　（え）　李白
　　　（お）　遣唐使
　　　（か）　律・令・格・式
　　　（き）　天平
問２　景教　　問３　義浄
問４　平城京（平安京）

（解説）

唐王朝の文化史は日本史とつながってくるので注意が必要。天平文化との関係をしっかりとつかんでおこう。

また唐王朝の文化は中国史の中の一つの頂点なので、有名な文化人はしっかり覚えておきたいところ。

問３の義浄については、テーマ21コラムも参照。

唐の変化と衰退
——女がらみで大失敗の唐王朝

やっぱりタイムトラベルは疲れるけれど、楽しい♡

時空を超えることはエネルギーを消耗してしまうので、やりたくはないのだが、君が歴史が好きになってくれれば言うことはないな。

第1幕 「氷の微笑み」を浮かべながら赤ちゃんを殺す則天武后

唐王朝2代目皇帝である**太宗**（李世民）は、ある一人の少女にぞっこん惚れてしまった。この少女は武という姓であったが、冷たい印象のクールビューティーであった。ところが武を妃の一人に迎えてからいくばくも経たないうちに太宗は病死してしまう。葬式の日に、太宗の棺にすがりついて泣いている武の姿を見た太宗の息子の**高宗**の目がハート型になってしまった。高宗はなんと武を自分の妃にしてしまったのである。義理の母を自分の嫁にするのは大問題だったが、皇帝ともなればやりたい放題だ。

1年後、武は女の子を産んだ。大喜びの高宗は毎日やって来ては赤ちゃんをあやしていた。ある日、正妃がお見舞いに来て赤ちゃんを抱くと、帰って行った。その正妃の後ろ姿を冷たい目で見ていた武は、赤ちゃんの顔に枕を当てると、氷の微笑みとともに……。数分後、罪のない赤ちゃんの魂は天に上っていった。確実に赤ちゃんが逝ったことを確かめた武は、計画どおり悲鳴を上げた。高宗をはじめやって来た人々は驚いて叫んだ。「な、なんで、突然赤ちゃんがっ！」。武は泣きながら言った。「正妃様がいらっしゃった後、赤ちゃんがこんなことに……！」。高宗は怒り、正妃は廃されてしまい、武がまんまと正妃になった。権力を手にした武は周囲を抱き込むと、無能な高宗から実権を奪い、自分が政治をおこなったのである。百済や高句麗を滅ぼしたのも実は武の実績である。高宗没後は皇帝となっ

た自分たちの子ども（中宗・睿宗）を次々に廃し、ついに690年に武は唐王朝を潰して新しい「周」王朝を作り、自分が皇帝となった。これこそ中国史上最初で最後の女性皇帝である**則天武后**であった。則天武后は政治家としては大変に優れており、優秀な人材を科挙で抜擢し、大いに活躍させている。その一方、自分の家族には冷淡で、自分の子であっても平気で手にかけていたことは上記のとおりだ。

しかし、さすがの則天武后も歳には勝てない。則天武后は70歳をすぎた頃から美少年趣味に走り、政治をかえりみなくなったため、クーデタを起こされ、権力を奪われて死ぬことになる。

えっ、美少年趣味？　そんな趣味があったんですか？

お気に入りの美少年にお化粧と女装をさせて踊らせていたそうだ。

それって、むしろ「男の娘」趣味ですかねー

……まあ、ともかく則天武后の後、韋后という皇后（武后が廃した中宗の后）が出てきて皇帝を引きずり下ろし、自分が権力を握ろうとした事件が起こった。ただし韋后には則天武后が持っていた有能さがなかった。そのため、**玄宗**が韋后をクーデタで制圧して政権を取り戻すことができた。この則天武后と韋后の二人の女性による政権奪取を「**武韋の禍**（わざわい）」と呼ぶ。

第2幕　格差社会でグラつき出す唐中期

青年皇帝の玄宗は実にまじめに政治に取り組み、唐王朝は全盛期を迎えた。それゆえに人々は、玄宗の前半の政治を当時の年号をとって「**開元の治**」と呼んで、ほめ讃えている。

たしかに、すんごい活気がありましたねー

平和が長く続いたことが実は唐の社会に大きな変化をもたらしていた。長い平和によって人口が増加し、商業が活発化してくると、まあ当然かもしれないが、**貧富の差が開いてくる**。人口増加によって均田が平等に行きわたらなくなると、貧乏な農民はしだいにやっ

ていけなくなる。租調庸や雑役、そして兵役（府兵制）の負担が重くのしかかってきたのだ。すると土地をほったらかしにして夜逃げする農民が出てきてしまったのだ。するとその放置された土地を大土地所有者が自分のものにしてしまう事態が起こってくる。本当はこんな大土地所有はやってはいけないことだが、しだいに「なしくずし」になってしまった。

その大土地所有者って、具体的には誰なんですか？

貴族・豪族や地主たちだね。特に貴族たちは南北朝の頃から鼻息が荒かったからな。隋・唐王朝も均田制であれほど貴族を抑えたのに、スキさえあればなんとか土地を囲って荘園を作ろうとするのが彼らの習性だった。

そしてもう一つ、大きかったのは**貨幣**の流通だ。貨幣は大根と違って腐らず貯めることができる。元々均田制とか租調庸制とか府兵制は「貨幣があまり流通していない世界」を前提としていた制度だから、貨幣が多く流通するようになると今までの税制では合わなくなってくる。早い話、政府もモノではなく、カネで税が欲しくなったわけだ。

今まではレンタルする土地の大きさは決まっており、民から取る税も決まっていた。しかし土地を失ってしまったり、土地を勝手に手に入れたりする者が出てくるようになると、「一人頭いくらの税を租調庸（モノ）で取る」よりは「**持っている土地や財産に比例した税をカネで取る**」方が税収は多くなる。そこで次図のように制度を変えたのだ。

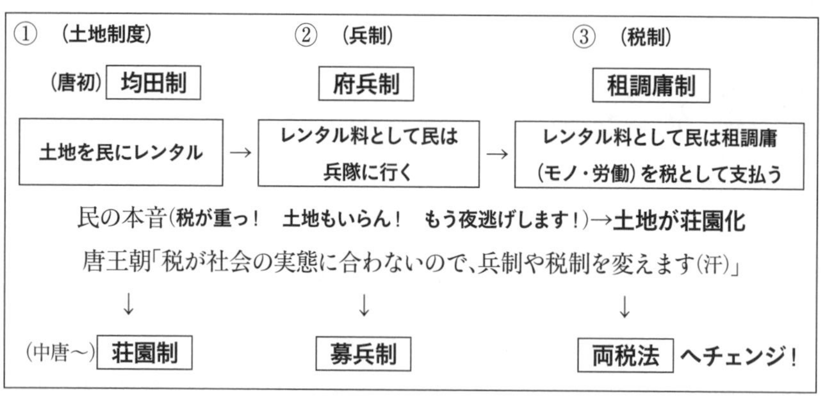

第3幕 税制を変えたら、個人の大土地所有を認めるハメに

① まず土地制度だが、「土地を貸そうにも、貸してやる土地は足りないし、貸してほしがる民もいない」ので均田制はなしになり、皆が平等な「公地公民制」から、貴族に有利な**荘園制**になってしまった。

② 土地から農民が逃げてしまい、均田制が崩れてしまうと、「府兵制」（農民から兵隊をとる制度）の実施が難しくなった。そこで**玄宗**皇帝の時代に府兵制をやめてしまい、代わって**募兵制**（ぼへいせい）（カネで兵隊を雇う制度）を導入した。今までの兵隊は武器も食費も自分で負担していたので、民には大変な重荷になっていた。しかし募兵制では給料も食費も国が負担するので民は楽になった。いわゆる「職業軍人」が中国で初めて登場するようになったのだ。

③ 農民が逃げて均田制が崩れると、「農民からモノで税を取る」租調庸制では税が集まらなくなってしまった。そこで「カネで税を取る」**両税法**（りょうぜいほう）に変えた。玄宗より後の徳宗の治世に**楊炎**（ようえん）という宰相が献策し、780年に実施されるようになった制度だ。

その内容は、**1）定められた額ではなく、現在持っている土地や財産に応じて税を取る。2）したがって夜逃げした農民からも元いた本籍でなく、今住んでいる土地の現状に即して税を取る。3）夏税（麦や綿の収穫から取る税）と秋税（稲などの収穫から取る税）の年に2回税金を取る。両方の季節で取るから両税法。3）原則として銅銭で税を取る。4）商人からも資産に応じて取る。**

この両税法の長所は「現実に即した税制」であることだ。今までは商人から税を取ることはなかったが、考えてみれば一番ゼニを持っているのは商人だ。取らない道理はない。ゼニ（銅銭）で税を取るのも理にかなっている。モノだと腐ってしまうからな。

しかしその一方で両税法には欠点もあった。それは「**大土地所有制を認めてしまった**」ことだ。貴族が持っていた荘園の存在を認めてしまったことは「公地公民制（＝すべての土地や民は皇帝のものである）」という均田制のポリシー（＝「貴族の大土地所有は認めません！」）を否定してしまうことになる。**両税法の実施は貴族などの大土地所有を公認し、皇帝の力が衰えるきっかけを作ってしまった。**

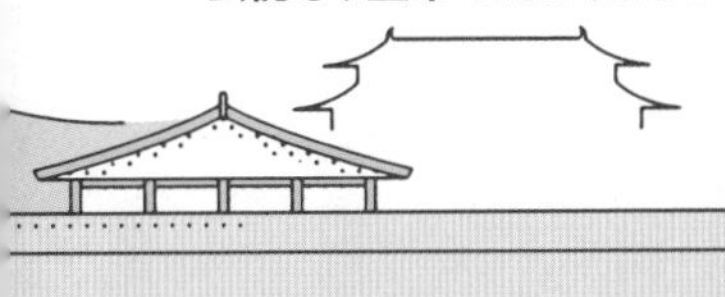

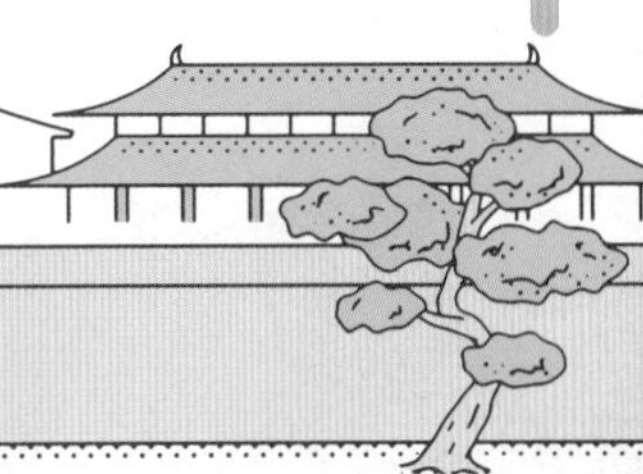

34

第4幕 反乱続発→軍閥の無法状態→唐王朝の衰退へとなだれ込む

玄宗と世界三大美女の一人の楊貴妃の恋物語はコラムを見てくれ。問題は玄宗皇帝のお気に入りの家来だったソグド系の**安禄山**と**史思明**が起こした**安史の乱**(755〜763年)だ。安禄山は**節度使**という辺境の軍隊司令官の役職についており、自由に兵を動かせたので反乱を起こすことができたわけだ。この大反乱が起こった時、玄宗は逃げ出し、粛宗は鎮圧するだけの軍隊を持っていなかったので騎馬遊牧民のウイグルに援助を求めた。以前から唐と同盟を結んでいたウイグルは助けに来てくれて安禄山を打ち破ってくれたのだが、後で中国に攻め込んで略奪を働くなど、唐はさんざんな目にあった。安史の乱の最中から反乱防止用に国内に節度使を置いたのだが、これが逆効果になってしまう。すなわち節度使が軍閥化した**藩鎮**と呼ばれる独立した組織が勝手に地方を支配するようになったのだ。独立した軍隊とは「**中央の指示に従わず、地方を力で支配する軍団**」のことだ。

「今日からラオウ様が支配する！　逆らうヤツはこうだっ！」か

それは『北斗の拳』。まあ、こうなると戦国時代の乱世に逆戻りだな。唐王朝の力は衰退してしまい、塩の密売商人の黄巣が起こした**黄巣の乱**(875〜884年)によって、すっかり力を失ってしまうのだ。

復習ポイント

唐の①土地制度、②税制、③兵制が、唐の中期からどのように変化したのかを整理してみよう。

アクティヴィティ

太宗が整ったシステムを作っておいたのにもかかわらず、唐王朝が滅びてしまった本当の理由は何だと思いますか。

唐王朝中期～末期年表

690年　則天武后の即位＝周の建国（唐の一時断絶）

「則天武后は力量のある支配者だったけど、晩年がね……（汗）」

705年　唐王朝の復活と則天武后の死→韋后の専横

712年　韋后を倒した玄宗が即位する（「開元の治」713～741年）

「若き日の玄宗は仕事に打ち込んでいたけど、晩年がね……（汗）」

722年　玄宗が募兵制を開始→749年に府兵制を完全に廃止

「府兵制はすべて自費で給料もなし。募兵制は武器も食事も給料も出る」

745年　楊貴妃が玄宗の貴妃となる→一族の楊国忠が外戚（がいせき）として実権を握る

「楊貴妃は大変に美しかったらしいよ」

755年　安史の乱（755～763年）**勃発→玄宗らが長安から逃亡の途中、兵士によって楊貴妃と一族が殺される**

「殺された時、楊貴妃は38歳のアラフォーだった。いや、もったいない」

780年　両税法実施→徴税が夏と秋の年2回、銅銭で支払う

「ゼニなんか知らない農民も多かったので、穀物や布で代納も可能だった」

→両税法実施以降、大土地所有の荘園制が広まる

875年　黄巣の乱（875～884年）**勃発→唐王朝の力が決定的に弱まる**

「黄巾（こうきん）の乱や紅巾（こうきん）の乱もそうだけれど、中国の反乱はカラフルだね！」

最後の門　下の問題は大学入試問題を出典にした問題です。答えなさい。

高宗の没後、武韋の禍と呼ばれる混乱期があったが、①玄宗が即位して支配を安定させると、都の長安では②国際的な文化が栄えた。しかし、玄宗の末年におこった③安史の乱は唐の支配の根幹をゆるがすことになった。乱後、大土地所有の発展により、均田制・租調庸の税制は崩壊し、徳宗の時、宰相楊炎の建議により新しい税制である（　④　）が実施されることとなった。この時期から宋の成立にいたる約二百年は、中国社会の大転換期である。

問1　下線部①について、玄宗の治世前半は華やかな時代であったが、これは何と呼ばれるか。

問2　下線部②について、唐代の文化の国際性を示すものとして、よく、外国から伝わった宗教のことがあげられるが、中国で祆教と呼ばれた宗教は何か。

問3　下線部③について、安史の乱が勃発したのは何年か。

問4　下線部④について、この税制は何と呼ばれるか。

（国士舘大・改）

女性問題で興亡した唐王朝

唐王朝をおこした李一族には女性問題がつきまとった。

初代の**李淵は大変なスケベ**で、軍司令官であったにもかかわらず煬帝の愛人に手を出してしまった。このことが煬帝にバレそうになり、李淵は震え上がった。小さいことでもすぐ激怒する煬帝の人柄を知っていたからである。李淵は追い詰められて、ついに反乱を起こした。この反乱は成功し、唐王朝が成立することになる。

＊

2代目の**李世民（太宗）**は名君の代表のような優れた君主であった。

しかしこの太宗もスケベということに関してはオヤジ以上である。

太宗が晩年に**武**という姓の美女に惚れたことが、後の則天武后の台頭を招いてしまったのだ。

則天武后と韋后の後に皇帝になった**玄宗**は、即位した頃は朝から晩まで飯も食わずに熱心に政治に取り組んだ。しかし、年をとり、政治にも飽きてすっかり衰えた玄宗の前にあらわれたのが世界三大美女の一人の**楊貴妃**だったのだからたまらない。玄宗は政治をほっぽり出し、遊びに狂う毎日。ところが楊貴妃の一族には楊国忠という男がいて、こいつがなかなかのワルだった。外戚として宰相に出世した楊国忠はさんざん税を取り立て、私腹を肥やしたので民から激しく憎まれた。

＊

さて、ここで一人の煮ても焼いても食えない悪党を紹介しよう。

その名は**安禄山**。西域のソグド系出身で、6か国語を使いこなすほど頭がよく、何とも言えない愛敬があった。しかも安禄山は何と200 kgを超える巨漢なのに胡旋舞が得意だったらしい。絨毯の上でクルクル回る時、腹が遠心力で膨らむのが「笑える〜」と玄宗と楊貴妃のお気に入りとなった安禄山は、なんと**節度使**（地方を担当する軍司令官）にまで出世した。

しかし安禄山は愛敬のある顔とはうらはらに、腹の底は真っ黒で、自分が皇帝になることをひそかにたくらんでいた。

＊

節度使となって軍隊を自由に動かせるようになった安禄山は部下の史思明とたくらんで、ついに反乱を起こした。これが**安史の乱**である。反乱に驚いた玄宗は大急ぎで宮廷から逃げ出したが、その逃亡の途中で護衛の兵が騒ぎ始めた。

「こんな反乱が起こるのも楊国忠がひどい政治をやったからだ！　楊国忠を殺せ！　殺せェ！」

兵士たちは楊国忠を殺した後、楊貴妃に迫った。玄宗はなんとかして楊貴妃を守ろうとしたが無駄だった。こうして世界最高の美女は哀れにも兵士たちによってしめ殺されてしまったのである。

後に、乱を起こした安禄山も後継者争いで自分の息子に刺し殺されてしまうのだが、なにせ200 kgの巨体なので、刺しても刺しても脂肪がじゃましてなかなか死なず、とどめをさすのに一苦労したそうだ。

＊

唐王朝は安史の乱を境として、しだいに衰えてしまった。唐という王朝は栄えるのも滅びるのも、女性が大きく影を落としている王朝だった。

解答と解説

復習ポイント の答え

下の表のようにまとめてみるとポイントを整理しやすい。

	（隋・唐前期）	（唐中・後期）
社会状況	・貨幣の流通が多くない ・農民が土地に固着	・貨幣の流通が活発化 ・税負担の重さに農民が土地を捨てて逃げ始める
① 土地制度	**〈均田制〉** 土地を農民に平等に貸し与える **起源…北魏（ほくぎ）**	**〈荘園制〉** 大土地所有を認める。農民は荘園領主の小作人になる
② 税制	**〈租調庸制〉** 租…穀物 調…絹・綿など 庸…労働奉仕 モノや労働で税を払う	**〈両税法〉** 夏と秋の2回に分けて、財産や所有している土地の広さに応じて税を銭納する **楊炎の建議による（780年）**
③ 兵制	**〈府兵制〉** 農民から徴兵する 武器や食料は自分でまかなう その代わり徴兵されている間は租調庸は免除 **起源…西魏**	**〈募兵制〉** 兵を募集してカネで雇う 武器や食料などは国から支給する **兵隊不足のため8世紀前半に玄宗皇帝が採用**

アクティヴィティ の答えの一つ

「武韋の禍」などの混乱による中断があったにもかかわらず、唐王朝は結局、300年近く存続することができた。しかしそれでも滅亡を免れることができなかったのは、社会の変化に対応できるシステムを備えることができなかったためだ。唐の太宗は隋の文帝が作り上げたシステムを受け継いで、「均田制」「租調庸制」「府兵制」という基礎をしっかり作り上げた。しかし唐王朝はその絶頂期に、今までの農業中心社会から、商業や貨幣経済が中心となる社会へと変化したのである。もちろん、唐は「募兵制」「両税法」などの新しい政策をもって対応したのだが、募兵制により兵はカネにつられて動くようになってしまい、軍閥（ぐんばつ）支配の時代になってしまう。また両税法は大土地所有を認めたことにより「公地公民制」が滅び、荘園制が広まることで、貴族などの大土地所有者に有利な社会状況になってしまった。これでは唐王朝が新たな制度を作って社会に対応しようとしても、逆効果になってしまう。

広すぎる領土の防衛、侵入してくる騎馬遊牧民、勝手に地方を荒らす軍閥、不足する税収入、貴族や宦官（かんがん）による権力支配などの新たな課題に対応できなかった唐王朝は滅ぶしかなく、課題に対応できた王朝（＝宋（そう）王朝）が新たな統一王朝として中国を支配できたのである。

最後の門 の答え

問1　開元の治　　問2　ゾロアスター教
問3　755年　　問4　両税法

（解説）

「祆教（けんきょう）」「景教」という漢字にとまどってしまうので注意。「祆教」がゾロアスター教、「景教」がネストリウス派キリスト教である。

時々だが、年代を聞かれることがある。簡単な年代暗記法の本で重要な年代だけは覚えておきたい。

「私、覚えたくないなー、面倒だし」

いや、覚えておくと不思議に歴史の成績が上がってくるよ。

五代十国と周辺諸国
——親亀コケたら子亀もコケる

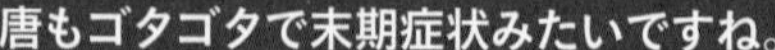

唐もゴタゴタで末期症状みたいですね。

よく300年近く保ったもんだと感心してしまう。でも最後は宦官や貴族の内輪争いと、藩鎮の自立騒ぎでついにご臨終を迎えてしまったのだ。

前奏曲　科挙に失敗した怒りのあげくの大反乱

中国での大反乱の首謀者には科挙（官吏登用試験）の失敗者が意外に多い。社会への恨みは深いし、頭はいいのでリーダーとしてはうってつけだ。**黄巣**という男は科挙に落第し、塩密売商人にまで身を落としたインテリである。当時の塩は鉄と並んで国家の専売だったから、民間の塩密売商人は見つかったら死刑である。そこで塩密売商人は互いに命がけで助け合い、義兄弟として固い団結を誇った。この団結力を基盤として黄巣が起こした大反乱が**黄巣の乱**だった。長安を占領した黄巣は科挙に受かった官僚たちを皆殺しにしたため、長安の栄華も衰えてしまった。しかし子分の朱温が真っ先に裏切ったことから、黄巣の勢いは弱まり、追い詰められた黄巣は自殺してしまった。朱温は裏切りをほめられて、朝廷から「**朱全忠**」という立派な名前をもらったのだ。

第1幕　覇者となるのに情けは無用！→大虐殺

黄巣の乱の後、唐王朝は衰えてしまい、代わって軍事力を持って地方を支配する**軍閥**が台頭するようになる。その筆頭が**朱全忠**だった。名前は忠義者みたいだが、実際はまったく逆で節度使に任命されると権力を握り、ライバルを次々と血祭りにあげて、遷都をおこなった。長安から汴州（**開封**）に都を遷したのだが、この開封の町の位置がよい。黄河と大運河（通済渠）の合流地点にあり交通に便利で、南からの食料を運ぶことで何十万もの

人口を養うことができるのだ。これを見ても朱全忠がただのタヌキでないことがわかる。遷都の際に宦官と貴族を皆殺しにし、長安の都も徹底的に破壊してしまったために長安が中国王朝の都になることは二度となかった。そして貴族階級もこの時に壊滅してしまい、中国史で再び活躍することはなかったのだ。遷都が終わった後、最後の唐王朝の皇帝にむりやり皇帝の位を譲らせると、907年に朱全忠は**後梁**という国を建国した（都は開封）。皇帝となった朱全忠は用済みの唐王朝最後の少年皇帝をさっさと殺している。

朱全忠って、殺しまくりでひどいヤツですねっ

こんな人物が寿命を全うできるわけがないな。朱全忠はなんと実の息子に殺されてしまうのだ。そして後梁も朱全忠の子の代で滅ぼされてしまった。**後梁**の後は、**後唐**→**後晋**→**後漢**→**後周**と黄河を中心とする中原に五つの短命王朝が交代していくことになる。これら五つの短命王朝を「五代」と呼ぶのだが、中原以外にも10の地方政権が存在していたので、それらをまとめて「**五代十国**」（907〜979年）と呼んでいる。

あのう、その「五代」って覚えるんですか？

うーん、覚えるとしたら、最初の後梁と最後の後周、それ以外の三つの王朝は突厥出身の王が作ったことぐらいかな。まあ受験が心配ならば、今までの統一王朝の順番（周→秦→漢→魏→晋→唐）を逆転させて、それに「後」の字をかぶせれば五代の順番になるよ。

このうち「やっちまったなー」の王朝が「後晋」。建国の際に力を借りた謝礼として**燕雲十六州**という重要な地域（現在の北京を含む）を**キタイ**という北方遊牧民が率いる**遼**という国にさしあげてしまった。この地域が後に領土問題に発展してしまうのだ。

第2幕 「大混乱」の時代に「大変革」が誕生

五代十国は日本で言えば戦国時代の大動乱期だった。暴力なんかあったりまえのバトルロワイヤル状態。この時代に藩鎮は戦国大名のように各地を荒らし回ったため、唐時代にあれほど力を持っていた貴族階級も五代十国の時代に皆殺しの憂き目にあい、荘園はすっかり衰退してしまった。この五代十国の時代に台頭してくるのは新興の地主階級だ。ちなみに地主のことを「**形勢戸**」と呼ぶ。荘園が崩壊した後の土地を買い集め、その土地を小作人(=土地を持っていない農民)に貸して、小作料を集めて財を成したのである。小作人のことを「**佃戸**」と呼ぶのだが、佃戸は種や苗や農具も地主の旦那から借りたので利子が膨らみ、結局は地主の奴隷のような存在になってしまった。このように隷属化した小作人に土地を貸して耕作させる方法を**佃戸制**と呼ぶのだが、この土地制度のあり方は1949年に中華人民共和国が成立するまで1000年以上もずーっと続くのであった。

第3幕 唐崩壊の余波で飲み込まれる周辺諸国!

唐王朝が滅びた時にその余波をくらったのが周辺諸国である。今までは「虎の威を借る狐」同然に威張っていた国々が、親分が滅びると自分たちもその影響で一緒に滅びてしまうハメになった。いわゆる「**親亀コケれば子亀もコケる**」状態だね。

第1場:新羅→高麗

まずは唐王朝のおかげで朝鮮半島の支配者となった新羅からだ。有力な後ろ盾がなくなったとたんに新羅は見事に弱体化してしまい、軍人出身の**王建**が918年に**高麗**を建国する。この国名は高句麗の後継者を意識して付けた名前だ。そして都は王建の出身地である**開城**に定めたが、現在では朝鮮民主主義人民共和国の南端にある町だ。王建は新羅最後の国王が投降した後、新羅王と一族・官僚を優遇し、高麗の役人として吸収することに成功したのだ。

五代十国の「皆殺し路線」とは全然違うのですね

このような器の広さがなくては、やはり国の統一は難しい。後に中国で統一王朝を築く

のはこのような人物になるだろう。高麗は文化面では三つの特徴がある。まず①**仏教文化**の保護。日本と同じように高麗でも仏教を大いに尊重している。その代表が仏教経典を集成した『**大蔵経**』だ。11世紀に木版印刷で刊行されたが、最初の版木はモンゴルの侵入により焼失してしまった。後に作られた8万枚もの版木は慶尚南道(朝鮮半島の南部)海印寺に現存している。そして②**金属活字印刷**。

あれ、それってドイツのグーテンベルクじゃなかった?

実は高麗の方が200年も早い世界初の金属活字印刷だ。たぶん素材は銅だったろう。活字印刷とは文字をハンコのように彫って、並べ合わせて印刷する方法なのだが、漢字だけでも何千とあるので、活字印刷は大変な手間となる。漢字文化の世界でそんなに金属活字印刷が普及しなかったのは、その手間が原因だったからだろう。それにくらべてヨーロッパの英語ではアルファベットが26文字しかないので、金属活字印刷が急速に普及したのだ。

最後に③**高麗青磁**。高麗の時代に作られた青磁は神秘的な青みを帯びた焼き物で、世界中で珍重されている名品だ。この高麗の三つの文化的特徴は覚えておこう。

第2場:渤海→キタイ

中国の北方にいた騎馬遊牧民ウイグルも、安史の乱の時には唐に援軍を送るほど力があったが、840年にキルギスに滅ぼされてしまった。生き残りが中央アジアへ移動した後、ガラ空きとなったモンゴル高原で強大化したのがモンゴル系遊牧狩猟民の**キタイ**(**契丹**)である。キタイでは**耶律阿保機**という人物が10世紀に登場し、**遼**という国を建てている。

耶律阿保機ってなんだか暴走族の旗に書いてありそうな漢字だ

朝鮮半島北部に栄えていた**渤海**もキタイにはかなわず、926年に滅ぼされてしまった。この時、渤海の遺民たちは高麗に逃げて来たのだが、高麗は彼らを快く受け入れている。

第3場:南詔→大理

唐王朝の滅亡とほぼ同時に南詔も滅んでしまい、雲南地方には937年に**大理**という国ができる。この大理は「大理石」の産地としても有名で、中国とインド・東南アジアを結ぶ中継地点として栄えている。

第４場：その他の国々への唐滅亡の影響

唐王朝の滅亡で一番ラッキーだったのは、1000年にわたって中国に支配されていたベトナム地域だったろう。1009年に北ベトナムに**李朝大越**（**ダイベト**）**国**が独立することができたのだ。都は昇竜（ハノイ）。李一族が作ったので王朝名が「李朝」、国の名前が「大越国」となった。ちなみに「越」は中国人がベトナムを指して呼んだ言葉で、「大越国」というのは、さながら「大日本」と呼ぶのと同じ誇りが感じられる。

そして**日本**なのだが、唐の衰退を感じた菅原道真が894年に遣唐使を廃止して、付き合いを絶ったおかげか唐王朝滅亡の影響は他国ほどは受けていない。その代わり日本文化は唐の文化をふまえつつも新たに、国風文化を発展させていくことになる。

最終幕　五代十国の終焉と新たな平和な時代の到来

さて、大混乱だった五代十国の時代もついに終わる時がやってきた。五代最後の「後周」の将軍だった**趙匡胤**が新たに**宋**王朝を築いたのだ。趙匡胤のモットーは「殺さない」であって、後周の皇帝家だった柴家の一族を手厚く保護し、危害を加えなかった。

皆殺しを平気でやっていた朱全忠とは違いますね

その態度こそが人々の心に安心と安定をもたらしたのだ。そして自らも軍人であった趙匡胤は、藩鎮と言う軍閥化した節度使（軍隊司令官）たちの恐ろしさをよく知っていたので、軍人の力を奪うように心がけたのだ。趙匡胤についてはコラムを見てもらいたい。

復習ポイント

唐の滅亡のあおりを受けて変化した周辺諸国を整理してみよう。

アクティヴィティ

五代十国時代とくらべ、軍人出身の趙匡胤が作った宋だけは、なぜ安定した王朝となれたのでしょうか？　コラムも参考にして考えてみましょう。

五代十国～宋年表

907年　朱全忠により唐滅亡（五代十国の始まり）

「滅ぼしたくせに「全忠」という名前とは歴史の皮肉だね」

916年　キタイの耶律阿保機が遼を建国→926年にキタイが渤海を滅ぼす

918年　朝鮮半島で王建が高麗を建国（都：開城）**→935年に新羅が降伏**

「バタバタと滅びてしまった！　他人に頼っている国はもろいのだな」

936年　燕雲十六州が後晋から遼に譲られる

「土地は人にくれてやると取り戻すのに苦労するぞっ！」

937年　雲南で大理が建国

960年　趙匡胤が宋（北宋）を建国（都：開封）

「開封は運河が通っていたため、膨大な人口を抱えることができたのだ」

1009年　北ベトナムで李朝大越（ダイベト）**国が独立**（都：**昇竜**〔ハノイ〕）

「昇竜って『はどーけん、はどーけん！　しょぉーりゅーけん』？」

最後の門　下の問題は大学入試問題を出典にした問題です。答えなさい。

10世紀初めの東アジアでは、唐の滅亡の前後に各地の節度使たちが次々と独立し、①五代十国と呼ばれる混乱期へと突入した。しかしこの混乱期は同時に、東アジアと北東アジアの転換期でもあった。かつての支配層であった門閥貴族が没落し、これに代わって形勢戸と呼ばれる地主が新たな支配層として台頭した。また朝鮮半島では王建が（　1　）をおこして新羅を滅ぼし、モンゴル高原では耶律阿保機によって契丹族が統一され、②支配領域を拡大した後に国号を遼と定めた。

問1　文中の空欄（　1　）にあてはまる適切な語を入れなさい。

問2　下線部①について、華北に成立した五つの王朝のうち、後唐・後晋・後漢をおこした人物は漢族以外の同じ民族の出身である。この民族名を答えなさい。

問3　下線部②に関連して、契丹が後晋を圧迫して936年に割譲させた地域の総称を答えなさい。

（北海学園大）

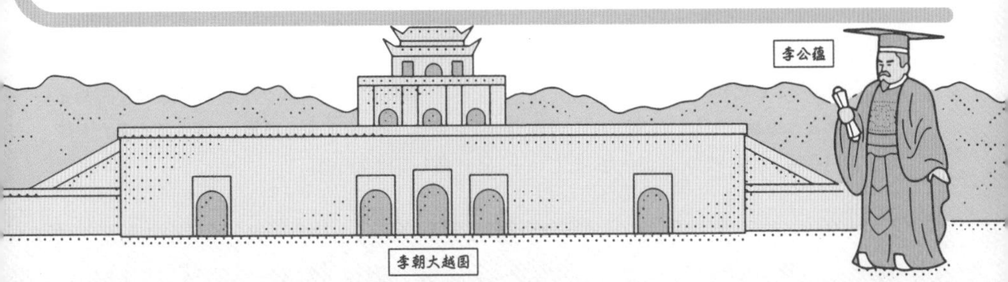

ペンは剣より強し

五代十国時代はいわば「戦国時代」であった。節度使と呼ばれる司令官たちが勝手に国を作り、互いに殺し合いをやっていた。しかし**「剣をとる者は剣によって滅ぼされる」**という聖書の言葉どおり、これらの国々は力ずくで作ったゆえ、力ずくで滅ぼされる運命だった。

この暴力と混乱の時代を終わらせたのが**趙匡胤**という節度使である。

この男、元々は後周という王朝に仕える将軍だったが、兵隊たちが後周にクーデタを起こそうとした時、親分に担ぎ出された。

「趙将軍だったら情け深い親分だから、俺たちのリーダーにピッタリだぜい！」

兵隊たちの相談を偶然聞いた趙匡胤はさすがにうろたえた。大酒をくらい、酔っぱらって寝たふりをして指名を避けようとしたのだが、兵隊たちによって寝ていたテントから担ぎ出されて、ついにリーダーにされてしまった。このクーデタは成功し、新しく**宋王朝**が誕生する。

今までの五代十国時代だったら、前王朝の皇帝一族は**皆殺し**が普通である。

しかし宋王朝を作った趙匡胤は自分が仕えていた後周の皇帝の一族を殺さず、むしろ手厚く保護した。これを見た民は安心し、今までの五代十国とは違う安定した時代が到来したことを実感したのだ。

＊

趙匡胤が最初におこなったのは、軍人たちの力を弱めることだった。

軍人あがりの趙匡胤は、節度使たちの権力の強さと凶暴さを知り尽くしていた。新しい王朝ができて平和な時代になった今、もう軍人は必要ない。そこで彼は軍人たちの権力を奪い、軍人に代わり文官（科挙に合格した高級官僚）を重く取り立てることにした。

このような文官を重視する政治のことを「**文治主義**」と言う。

こうして今まで威張っていた軍人たちは社会からつまはじきにされ、逆に科挙に受かった文官が世間でもてはやされるようになる。

趙匡胤は科挙にも改革をおこなった。科挙はペーパーテストだが、小論文と内容が似ており、試験官の裁量で合格者を決めることができたため、合格者は自分を合格させてくれた試験官に恩を感じるようになる。しだいに科挙の試験官をボスとする派閥ができ上がり、皇帝をおしのけて勝手に政治を独占してしまうようになる。これでは皇帝が強い力を振るえない。

そこで趙匡胤は皇帝を最終試験官とする「**殿試**」を実施した。

皇帝自らが最終試験を作り、試験監督をし、採点するので、合格するかどうかは皇帝その人の判断にかかってくる。この「殿試」を始めてからは、科挙の合格者は皆、皇帝に恩を感じ、皇帝に強い忠誠を誓うようになった。このことが皇帝の独裁権力の強化に大いに役立ったことは言うまでもない。

趙匡胤は死ぬ前に子孫に遺言を残した。

「次の皇帝になるものは宮殿の中の開かずの間に入り、部屋の中の石に彫ってある文字を読んで、書いてあることを必ず守ること」

宋の歴代の皇帝たちは即位すると、一人で開かずの間に入る。

暗い部屋の中央には白い石がすえられており、そこには次のような言葉が書いてあった。

「後周の皇帝であった柴家の人々の面倒を見ること。士大夫を尊重し、士大夫をみだりに殺してはならぬ」

解答と解説

復習ポイント の答え

〈唐滅亡の影響で変化した国〉
（朝鮮半島）　新羅→高麗
（モンゴル方面）　ウイグル→キタイ
（雲南方面）　南詔→大理
〈唐滅亡のあおりを受けて滅亡した国〉：渤海
〈唐滅亡のおかげで誕生した国〉：李朝大越国

アクティヴィティ の答えの一つ

「他者に対する寛容」と、「文人官僚を重用した」ことが宋王朝を安定した王朝にしたと言ってよい。

五代の時代は相手に勝った場合、ライバルや敵対勢力を疑って皆殺しにするのが普通だった。しかし趙匡胤自らも軍人（節度使）であったため、趙匡胤は軍人の凶暴さを知り抜いており、軍人たちがその残酷さゆえに皆滅びてしまったことも知っていた。それゆえに趙匡胤は政治的判断で後周の皇帝家への寛容さをアピールし、天下の信用を得たのである。日本史でも信長が結局は天下を取れず、秀吉が天下を取れたのは、無用な殺生をおこなわなかったことが大きいと思われる。

また、趙匡胤は軍人を退け、文人官僚を重んじたことで、宋王朝の官僚システムを整えることにも成功している。力ずくだけでは王朝は安定しないのだ。馬上で天下は取れても、馬上のみで天下は治められない。

最後の門 の答え

問1　高麗　　問2　突厥
問3　燕雲十六州
（解説）

五代十国や周辺諸国のうち、本文で言及されている王朝の名前と創立者の名前は覚えておいた方がよい。実際に入試でも出題されている。

「五代十国」は中国の新たな戦国時代と言ってもよい激動の時代で、唐の後期から続く社会や制度の変化が継続している。特に「佃戸制」の成立は五代十国で重要な事項なので攻略を忘れずに。

あと、唐王朝の崩壊とともにコケてしまった周辺の唐の子分たちの動向もぬかりなく押さえておこう。

というわけで、中国周辺地域では新しい王朝があらわれてくるので、ここにも注意。

北宋と文治主義
——インテリエリートが幅を利かせる

血みどろの五代十国もやっと安定したようです。

趙匡胤が安定した政治をおこなう一方で、軍人の力を弱めたことが大きい。ただし、めでたいばかりではなく、軍事力を削ったことが後に国の弱体化につながってしまうのだ。文武両道こそあらまほし。

第1幕 自ら試験官になった趙匡胤のインテリ優先政策

五代十国は「武断政治」と呼ばれる軍人たちの暴力支配の時代だった。新たに**宋王朝**を作り、**開封**に都を置いた**趙匡胤**は機会があれば節度使たちの力を奪って皇帝の親衛隊である禁軍を強化し、**科挙**に合格した文官たちに政治をまかせるようにした。このような「文人官僚たちを重んじて統治をまかせた政治」のことを「**文治主義**」と呼ぶ。

ところが問題が出てきた。文人官僚たちは役には立つのだが、自分を科挙で合格させてくれた試験官を中心にして勝手に派閥を作るようになり、皇帝の政治に逆らうようになってしまったのだ。何かというと「陛下、それはなりませぬっ！」と集団で反抗してくるのだ。

あ、それって歴史モノの韓ドラでもよく出てくるシーンだ

皇帝の趙匡胤にとっては困った事態なので、考えたあげく**殿試**という特別な試験をおこなうことにした。「殿試」とは「皇帝自らがおこなう科挙の最終試験」だ。前テーマのコラムでも述べたけれど、この殿試に受かってこそ官僚になれるわけだから、受験生は皇帝に対して深い恩義を感じることになる。こうして皇帝は官僚たちの大親分になれるわけだ。

さて殿試の実態だが、皇帝によってかなり差があったようだ。創立者の趙匡胤はかなりまじめに取り組み、1日中熱心に受験者の監督をおこない、ねじりハチマキで徹夜で採点をしていたと言う。しかし宋でも後の方の時代になるとサボる皇帝も出てきて、酔っぱらっ

たまま監督をしたり、面倒くさくなって答案を採点せずに、答案用紙の山に手を突っ込んでババ抜きみたいに一枚引っこ抜くと「これを一番にせい」とのたもうた皇帝もいたようだ。

さて実際に科挙に受かって官僚になるのは、金持ち出身の人々が多かった。受験勉強にはカネがかかるからね。宋時代の金持ちと言ったら「**形勢戸**」と呼ばれた新興の地主たちで、自分のセガレに家庭教師を付けてたっぷり勉強させたのだ。こうして科挙に合格したインテリ金持ち階級を**士大夫**と呼ぶ。この士大夫こそがこれからの時代の実際の支配者層で、チヤホヤされたものだ。まあ、私も士大夫なのだがね。

つまり、センセーは科挙に合格した偉い役人さんなのかー

第2幕 モヤシっ子に襲いかかる二人のジャイアンのイジメ

ところが文人官僚を重視した「文治主義」により軍人の力を弱めたため、宋は国防力がすっかり弱体化してしまい、周辺諸民族から侮られるようになってしまったのだ。例えば北の**キタイ**(契丹)という民族が作った**遼**という国や、西の**タングート**という遊牧民が作った**西夏**という国から圧迫を受けていた。「**おい、勉強しかできないモヤシっ子、オレと勝負しろっ**」と難癖を付けられて脅される始末。「お、お金はあげますから、ゆ、許してください」という屈辱的な約束の代表が1004年に宋と遼が結んだ**澶淵の盟**だ。内容は①宋を兄とし、遼は弟となる、②その代わり宋は遼に毎年、大量の絹と銀を贈る、という内容。

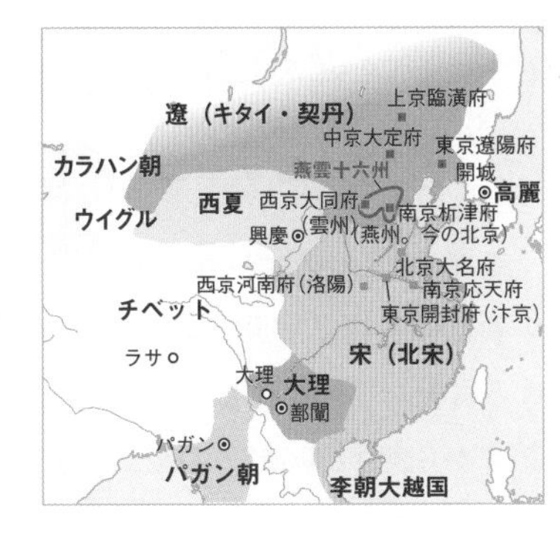

「下手に出てやるから、カネとブツをよこすんだぞ」ですか?

まったくそのとおり。カネで平和を買ったわけだな。とほほほ。

ちなみに西夏という国は前テーマで紹介していなかったね。タングートの**李元昊**という人物が建国した国で、ちょうどシルク=ロードの入口にあたる場所だ。そのために貿易で

栄え、軍事的にも強かった。宋は遼と同じように西夏にも毎年、しかたなく絹や銀、茶を贈っている。この宋と西夏の取り決めを**慶暦の和約**（1044年）と呼ぶ。

こうして遼と西夏の二人のいじめっ子からカツアゲをくらった宋は、慢性的な財政難に陥ってしまった。

第3幕 改革をめぐる王安石VS司馬光の頂上対決

この財政難を解決するため、**神宗**という皇帝の時に**王安石**という政治家が新政策を提案した。「富国強兵」（国を豊かにし、軍事力を強める）を狙った王安石の政策を**「新法」**と呼ぶ。新法の具体的な内容は次のとおり。①**青苗法**：小農民に穀物の種子や資金を政府が低利で貸し出す政策。②**市易法**：政府が中小商人に資金を低利で貸し出す政策。③**均輸法**：物資が多い地方から物資の少ない地方にモノを運ぶ政策。前漢の武帝の政策としてテーマ26でも説明したがインフレ抑制政策である。④**募役法**：カネを払った農民には村内の徴税や治安維持などの労役を免除し、そのカネで希望者を雇って代わりに労役をおこなわせる政策。目的は余分な労働を免除して農業生産を上げると同時に、失業者を雇うという社会政策である。以上の①〜④は「富国」のための景気向上政策だった。そして⑤**保甲法**：傭兵に代わり農民から兵をとる政策。⑥**保馬法**：民間に馬を貸し出し、戦時に軍馬として徴発する政策。この⑤・⑥は「強兵」のための軍事強化政策だった。

うわあ、ゴチャゴチャしてますね。それ、覚えるんですか？

こりゃ覚える必要があるね。非常に重要な政策で、現代にも適用できるほどだ。王安石の新法の実施を主張する官僚たちを**新法党**と呼び、この政策に反対した**司馬光**を中心とする官僚たちを**旧法党**と呼ぶ。この「新法党」と「旧法党」の政策の説明はコラムでしよう。結果から言うと新法の実施は廃案になってしまい、宋王朝の財政は相変わらず火の車のままだったのだ。

第4幕 ぜいたくの味を知った遼の末路

さてキタイ人が作った遼は、新しい制度を作る必要に迫られていた。まず、文字がなく

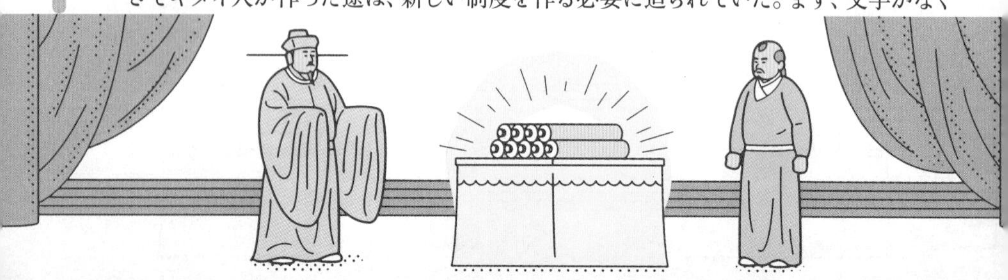

ては国を治めることができない。そこで漢字とウイグル文字を基に「**契丹文字**」を作った。そして燕雲十六州に大勢住んでいる中国人を統治するために**二重統治体制**を作った。この二重統治体制というのは、北方のキタイ人に対しては**北面官**という役所が従来の部族制に従って治め、南方の中国人に対しては**南面官**という役所が中国の州県制に従って治める特殊な制度だ。

部族制とか州県制って何ですか？　わっかりませーん

簡単に言えば「州県制」とは州や県単位に役所を作って、民を治める制度だ。今の日本の市役所や県庁を考えてくれればよい。それに対し「部族制」は移動する遊牧民の制度で、族長が部族民の面倒を見る制度だ。北方の草原や砂漠には市役所なんて作れんから。

しかし、よく考えてみれば日本人用と外国人用にまったく違う二つの役所を作るようなもので、不自然な制度ではある。文字だって、漢字を使えば手っ取り早いのにわざわざ契丹文字を作っているのだ。その理由は「**キタイ人が中国人と交わらないようにする**」ためだったと思う。だいたい北方遊牧民にとっては、中国人と交わってもロクなことが起こらない。中国文化にヘンに染まって、堕落する目に遭うのがせいぜいだ。そこで民族のプライドを維持するために遼は隔離政策をおこなったわけだ。早い話「**あの子は変なことを教えるから、付き合うのは止めなさい**」と親に言われるようなもの。でもその子が面白いゲームやマンガを持っているんだよなあ。ズルズルと付き合っているうちにいろいろな遊びや習慣まで教わってしまい、見事に転落してしまうコースをたどるのである。

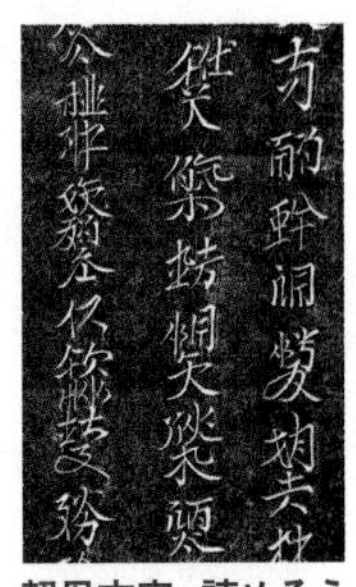
契丹文字。読めそうで読めない

こうして遼は中国文化に染まってしまった。あれほど遠ざけようとした漢字を受け入れ、契丹文字を忘れてしまった。おかげで契丹文字は現在も解読されていない。宋から毎年贈られる絹や銀でぜいたくな生活を知った遼は弱体化してしまい、中国東北部に新しくおこった**女真**の**金**によって1125年に滅ぼされてしまった。だが遼の王族である**耶律大石**がはるか西方で**カラキタイ**（**西遼**）という国を作って、遼の血筋はかろうじて生き延びたのだ。

36

第5幕　道楽皇帝の散財と約束破りで北宋が滅亡

さて、宋が財政難で苦しむ中、**徽宗**というとんでもない皇帝が出てきた。芸術が大好きで、本人も超一流の画家だった。「**桃鳩図**」(ハトの絵)は徽宗が描いた絵で、大変な名品である。**枯山水**の庭も徽宗が始めたとされていて、造園に使う巨岩を運ぶのに大金を使ったという。これじゃあ国も滅びるわな。そこへ中国東北部の**女真**の**完顔阿骨打**というリーダーがあらわれて、**金**という国を作ったのだ。

ワンワンあぐだ〜!?

間違って覚えてはいかん。明らかに当て字をした名前だ。この時、かなり弱っていた遼を宋と金で挟み撃ちをしようという案を宋が出した。金は約束を守って出兵し、遼を滅ぼしてしまったが、反乱を鎮圧中だった宋は兵を出せず、約束を破ってしまった。この裏切りに怒った金が宋に攻め込み、上皇の徽宗と息子の皇帝の欽宗の二人を捕虜にしてしまったのだ。この事件を**靖康の変**(1126〜1127年)と呼ぶ。幸いこの時、都にいなかった**高宗**(欽宗の弟)が南に逃げて、**臨安**(現在の杭州)を都として宋王朝を存続させている。靖康の変以前の宋王朝を**北宋**と呼び、臨安に都を遷してからの宋王朝を**南宋**と呼ぶ。

なんで国の名前に「南」「北」を付けるんですか?

都の位置によってだよ。北宋の都、開封は北にあり、南宋の都、臨安は南にあるからだ。ちなみに、道楽で知られた徽宗だが、帰国の望みも空しく、北の果てで亡くなっている。

復習ポイント

「新法」の長所と短所を、コラムも参考にまとめてみよう。

アクティヴィティ

あなたが皇帝だったら「文治主義」を採用しますか。YesかNoを最初に決めて、その理由を考えてみよう。

北宋〜南宋年表

1004年　宋の真宗が遼と澶淵の盟を結び、宋が遼に絹と銀を毎年贈る

「『千円くれよ（1004年）と澶淵の盟』と覚える」

1038年　タングートの李元昊が西夏を建国

1044年　宋と西夏が慶暦の和約を結び、西夏に絹と銀、茶を毎年贈る

1069年　王安石が新法を開始

1115年　女真の完顔阿骨打が金を建国

「金の名称は女真の故郷を流れる松花江（しょうかこう）で砂金がとれたことが由来」

1126〜1127年　靖康の変

「身から出たサビとは言え、上皇と皇帝が異民族の捕虜になるのは前代未聞の大事件」

1127年　高宗によって南宋が成立（**都：臨安**）

「宋はなんとか命脈は保ったものの、北中国を金に奪われたのであった」

最後の門　下の問題は大学入試問題を出典にした問題です。答えなさい。

魏晋南北朝以来の門閥貴族は唐の後半以降に没落し、北宋では代わって①新しい階層が社会の支配者層として台頭した。（中略）北宋の領土は唐前半期にくらべれば狭く、北方諸国からの圧力にさらされたが、遼との間に②澶淵の盟が結ばれて平和な時代を保つことができた。今日の東北地方に金がおこると、宋は金と手を結んで遼を滅亡に追い込んだ。しかし、金は戦後の宋の約束不履行を理由に首都開封に攻め込み、徽宗・欽宗などの皇族を捕虜として北方へ連れ去る（　1　）の変をおこし、北宋は滅亡した。

問1　文中の下線部①について、門閥貴族に代わって経済・文化の担い手として台頭した新地主層を指す名称はどれか。

a・形勢戸　　b・佃戸　　c・客家　　d・部曲

問2　下線部②について、この盟約の説明として誤っているのはどれか。

a・盟約を結んだ宋の皇帝は真宗である。

b・燕雲十六州は遼から宋に返された。

c・宋は絹・銀などを毎年遼に贈ることとされた。

d・この盟約の後、宋は西夏と慶暦の和約を結んだ。

問3　（　1　）に入る語を記しなさい。　（早稲田大・改）

嵐を呼ぶ男たち

宋王朝は軍人の力を弱め、軍事力を削減した文治主義政策が裏目に出て、勇猛な遊牧民に対抗できなくなってしまった。しかたなく宋は遊牧民に毎年莫大な贈り物をした。つまりカネで平和を買ったのである。しかし**これでは不良にカネをカツアゲされているのと同じだ**。当然、カネが底をつき、宋王朝は深刻な財政難に苦しんだ。

そこに登場したのが**王安石**である。王安石は貧しい家に生まれながら科挙に合格した秀才で、経済に強く、文章も巧みで「唐宋八大家」と呼ばれる当時の文豪の一人であった。王安石は財政難を救うための秘策を論文にして神宗皇帝に提出したことから、宰相に抜擢されたのである。さっそく彼は財政難解決のための諸政策をおこなった。これらの諸政策を「**新法**」と呼ぶ。

＊

この王安石の新法は斬新な改革案であったため、反対者も多かった。例えば**司馬光**という政治家は、王安石の新法に強く反対していた。

この司馬光も大変な人物で、神童として知られていた。幼い頃友達と遊んでいたら、友達の一人が水のたまった大きな瓶の中に落ちてしまった。周りの子どもたちがうろたえる中、司馬光は大きな石を瓶にぶつけて壊し、友達を救い出したと言う。科挙に合格して官僚となり、晩年は『**資治通鑑**』という歴史書を書き上げたことでも知られている。政策上は王安石と司馬光はライバルで、論争を繰り広げていたが、個人的には仲がよく、酒を酌み交わしつつ詩を作り合っていたらしい。その二人のある日の語らいを現代に当てはめると、おそらくこうではないだろうか。

司馬光「王安石よ、おぬしの新法とはいったい何だね。読者の皆さんに説明したまえ」

王安石「新法の細かい点については本文に載せておいたので、私は皆さんに新法の目的を身近な例で説明しようと思う。
もしも、お小遣いが足らない場合、君はどうするかね」

司馬光「そりゃ、親にねだるわな」

王安石「でも、親がリストラされていたり貧乏だったりしたらお小遣いはもらえんだろう。そこでお小遣いを増やすには親に就職してもらって収入が豊かになってもらうのが一番だ。わしの新法も同じだよ。国民から税金を取る前に、まず国民に豊かになってもらう。そうすれば税収入も増えるというわけだ。この政策は不況と財政赤字に苦しむ現在の日本にも効くぞ」

司馬光「でも、おぬしの新法には欠点があるな。地主や大商人などの金持ち階級の負担は増えるし、効果が出るまでに時間がかかりすぎる。あまりにも時間がかかると国家が先に破産してしまうぞ！」

＊

たしかに新法が効果をもたらすには10年はかかる。その間に、王安石に不幸な事件が起こった。反対派の運動で左遷させられた上に、最愛の一人息子を病気で失ってしまった。王安石はショックのあまり別人のようにやせこけ、失意のまま政界を引退してしまったのである。こうして新法は途中で実施が打ち切られてしまった。

新たに宰相となった期待の星、司馬光も病気に倒れ、宰相となってから8か月で亡くなってしまったのだ。二人の争いは嵐を呼んだものの、宋王朝に実りをもたらすことはなかった。

解答と解説

復習ポイント の答え

「光あるところに影がある」

〈新法の長所①〉

国がカネを貸し、貧しい中小商人・農民の経済力・生産力を底上げし、国全体を豊かにする方法（青苗法・市易法）は、長期的に見れば幅広い民衆に対し経済的に効果が見込める（現代の景気刺激策と似ている）。

〈新法の短所①〉

地主や大商人など、中小商人・農民にカネを貸していた人々は国に利益を奪われてしまうので、収入が少なくなる。そのため社会へのカネ回りが乏しくなってしまうので一時的に不景気になりやすい。

〈新法の長所②〉

社会的な不公平（貧富の格差の広まり）を抑え、農民反乱を抑制する効果が見込める。

〈新法の短所②〉

官僚たちの出身母体である豊かな地主階級（形勢戸）の力が弱まってしまうので、官僚たちの反対を受けやすい。

〈新法の長所③〉

農民たちを動員して軍事力を高めることができるので、北方遊牧民の圧力に対抗できる。

〈新法の短所③〉

農民に軍事奉仕などの強い負担がかかるため、実は農民も新法に対しては協力的にはなれない。

アクティヴィティ の答えの一つ

こんな感じをつかめればOK。

Yes→言うことを聞かず、書類が苦手で、すぐ暴力に訴えてきそうな軍人たちよりは、文官の方が扱いやすく、知性があり実際の政治でも役に立つ。北方遊牧民の圧力にはカネを払って、ペコペコしていれば平和は買えるだろう。

No→戦争の時に頼れる、たくましいボディガードの軍人の力を奪ってしまうと、北方遊牧民の圧力に対抗できない。軍事力で領土を広げれば国内の平和は安定する。しかし軍人たちは行政には使えないし、カネもかかる。武力があるだけに謀反（むほん）で寝首を掻かれる恐れが高いことは覚悟しておこう。

最後の門 の答え

問1　a　　問2　b　　問3　靖康

（解説）

問1　d・部曲（ぶきょく）は非自由民の一種で私兵としても働いた。奴婢とは違い、「部曲」は売買の対象にはならない。b・佃戸（でんこ）は「土地を借りている小作人」のこと。c・客家（はっか）は五胡（ごこ）十六国時代以来、中国北部から南部に移動して来た人々を指す言葉である。1500年以上前から移住しているのによそ者扱いである。

問2のように、もしもはっきりわからなかった場合は、怪しい文を見つけて検討してみよう。例えばbの「燕雲十六州」だが、長城より南にあり、人口も多く、農業・商業が盛んなこんなよい地域をあなたは返すでしょうか。というわけで、bが疑わしい文ということになる。

南宋と宋の文化
――シンプルこそ究極の美

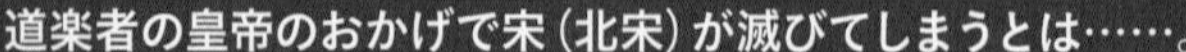

道楽者の皇帝のおかげで宋（北宋）が滅びてしまうとは……。

徽宗一人のせいで宋（北宋）が滅びたわけではないよ。文武は両方大切だし、それを支える財政もしっかりしていなくてはならない。また外交も重要なのだ。

第1幕　「アメ or ムチ？」と、またもや文武の争い

南宋を建国したものの、開封を中心とする北中国は**金**に占領されている。そこで南宋では「金に対しどんな態度に出るべきか？」で二つの意見に分かれた。一つは軍人の**岳飛**が出した「**金と戦って北中国を取り戻そう**」という積極論だ。理想的だが、もし金と戦って負けたら南宋が滅ぼされてしまう危険性がある。もう一つは官僚の**秦檜**が主張した「和平論」だ。「**戦争のようなバクチは避けて、金にカネを与えて平和を買おう**」という現実的な内容だった。

岳飛は農家の出身の軍人だったが、読書家で学問と教養があり、書も見事な人物である。それまでは軍人と言ったら無教養どころか字も読めない乱暴者と決まっていたので、学問好きな中国人には人気があった。また、岳飛の背中には、軍に入る時に母が彫ったと言う「盡忠報国」（忠義を盡くして国に報いる）という大きなイレズミがあったのもウケた。また岳飛が率いる宋軍はたびたび金軍を破った実績もあった。対する**秦檜**は若くして科挙に受かった秀才で、気骨もあり政治家として優れていた。北宋陥落の時に金の捕虜となったが、突然、妻を連れて臨安に帰って来たのだ。秦檜は高宗の信用を勝ち得て宰相となり、連戦連勝の主戦派、岳飛を罪に陥れ、獄死させてしまった。そして1142年に金と**紹興の和議**を結び、次のことを取り決めた。①金と南宋の国境を**淮河**とする、②南宋は金に対して臣下の礼をとる、③南宋は金に毎年、銀や絹を贈る、の3点だ。この不良に土下座まで

しなければならない屈辱的な内容に多くの中国人は泣いて怒り、岳飛は憂国の英雄に、秦檜は売国奴になったのだ。右の写真(→)は岳飛を祀る廟にある像なのだが、中央にひざまずいているのが秦檜で、その背後で剣を持っているのが岳飛だ。秦檜の像にはつばをかける人が多いため禁止をしているのだが、現在でもつばをかける人がいる。

国民的悪役と言えば、日本では忠臣蔵の吉良上野介かなあ

しかし秦檜の和平により、南宋は約130年もの平和を享受できたことも事実である。秦檜を一方的に悪役にするのは問題があるだろう。

第2幕 ぜいたく知るとやっぱり亡国へまっしぐら

女真が作った**金**王朝は、建国者の**完顔阿骨打**が作った**猛安・謀克**という制度を持っており、これが金の強さの秘訣だった。この制度は一種の軍事組織で、300戸(軒)で1謀克という単位を作る。そして10謀克で1猛安という単位を作る。平和な時には1謀克で町内会を作って一緒に暮らし、謀克のリーダーが町内会長さんとして町を仕切っているが、戦争が始まると、1謀克から100人の若い衆を抜き出して部隊を作り、戦場に駆け付ける仕組みだ。平和な時は町内会長であった謀克のリーダーが戦時では部隊を率いる部隊長となる。

この猛安・謀克制のよいところは、すぐに戦時に対応できることで、戦争を念頭に置いて平時の町内会を作っているので、「桜町」の町内会がすぐに「桜町」軍団になれるわけだ。

そして**女真文字**という文字も完顔阿骨打の命令で漢字と契丹文字を基盤に作られた。目的は契丹文字と同じで、中国文化にまみれないようにするためだ。しかし金も南宋から多額の絹と銀を手に入れるようになってから、貨幣経済に組み込まれてしまい、かつてのたくましさを失ってしまったのだ。おまけに金は**全真教**という儒・仏・道のごった煮である新興宗教にどっぷりハマることになってしまう。

37

第3幕 紙幣が流通した南宋の社会

南宋の第一の特徴は**長江下流域の稲作が大変に発展した**ことだ。水はけが悪かった長江下流域でも、地主が佃戸を使って湿地を堤防で囲んで干拓する**囲田**という方法により水田が広がるようになった。また、日照に強い**占城稲**という米も普及したため、長江下流域に米作りが広まったのだ。「**蘇湖（江浙）熟すれば天下足る**」（**長江下流域で米が実れば天下は飢えることがない**）と言われたほどだ。そして人口も長江流域に集中するようになった。人口集中により食料や商品の需要が高まると、市が開かれるようになる。市は城外に立つのが決まりだが、人が大勢集まると「ま、人が来るのだったら屋台を片付けなくていいか」と店を常設にしたので、後に商業都市に発展していったのだ。商業都市の始まりとなった交易場のことを「**草市**」「**鎮**」と呼んだものだが、現在でも、例えば「市」が付いている町は商業都市だ。

じゃあ政治都市は何て言うの？

うーむ、都は「都」、重要な町は「府」だな。「京都府」「大阪府」と言うしねえ。さて貨幣経済が発展すると宋時代に発展したのが**紙幣**だった。つまりお札である。お札というものは元々は送金手形であって、お金の役割を果たしていたものが、いつの間にか本当の「お札」になってしまったのだ。北宋時代から中国の四川で作られた紙幣を**交子**（→）と呼び、これが世界最初のお札となる。そして南宋の時代になると**会子**と呼ばれる紙幣が流通するようになった。紙幣はあると便利だが銅銭にくらべて作るのも簡単なので、バンバン印刷できてしまうのが欠点だ。

交子（↑）
まるでお守り

商業流通が盛んになると、商人や職人の組合が各地で生まれる。商人は「**行**」、職人は「**作**」という同業組合を作ったのだが、その目的は「お互いを助けるため」だよ。商人は足で稼ぐのが商売だから「行」、職人は手で作るのが商売だから「作」と覚えておけばよい。商人の活動が活発になると、米や麦だけでなく、陶磁器や絹などぜいたく品も出回って栄えるようになる。

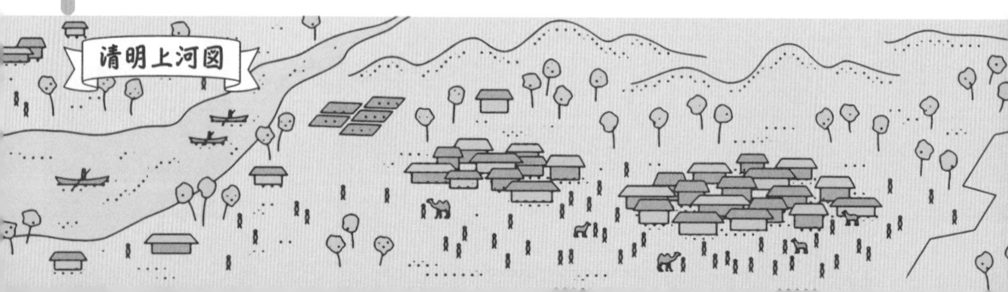

第4幕 宋の文化 ——インテリエリートが好む「本質の美」

カネのあるところに文化も栄える、というわけで宋時代も大いに文化が栄えるのだが、宋代の文化の特徴は「**士大夫中心の文化**」ということだ。士大夫とは「科挙に合格したインテリ金持ち階級」のことだったね。ただの金持ちではない。難しい科挙に受かった人たちだから、文化の趣味が高尚だ。センスがよいエリートは「**余分なものを切り捨てた本質的**」なものを好む。右は宋代の**青磁**なのだが(→)、ひたすら本質だけを追求した中に静寂の青が浮かぶ見事な傑作だ。宋代の青磁と白磁は、陶磁器の歴史の中で中国史上最高の傑作と讃えられている。

『なんでも鑑定団』に出したら高値がつくかな?

いやいや、ビルが買える値段だよっ!　美術では、宮廷で流行った色彩豊かで写実的な**院体画**(徽宗が描いたハトさんの絵が代表)とともに、水墨で心の中の理想郷を描く**文人画**が盛んになっている。宋の文学者の**蘇軾**(ペンネームは**蘇東坡**)が描いた文人画が代表(→)。墨一色で自然の本質を描いている。この絵は自然を写して書いたものではない。目をつぶって最も美しい自然を心の中に作り上げてから、その心の自然を描いた絵だね。

宋時代の学問だが、儒教では字句の解釈ではなく、経典の本質に迫ろうとする**宋学**がおこった。この宋学は学者で言うと、北宋の**周敦頤**に始まり南宋の**朱熹**(**朱子**)で完成するため、別名を**朱子学**とも言う。

今までの儒教はテキストの文字の意味ばかりこねくり回していたのだが(代表は「訓詁学」)、朱子は「学問は屁理屈ではない。学問の本当の目的は本質をさぐり、道徳を身に付けて人々を導くことである」と説いたのだ。そのために朱子は、今までの**五経**に加え、儒教の経典の中でも修養を重んじる**四書**(**『大学』『中庸』『論語』『孟子』**)を重視した。この「本質を求めていく」ことは宋文化の特徴だな。

また、朱子は「**大義名分論**」を強く主張したことでも知られている。「大義名分論」とは

「華夷(文明と非文明)・君臣・父子」の区別を厳しくただそうとした考えだ。この大義名分論の「区別」がウケた。遊牧民が作った遼、西夏や金におびえて絹や銀を贈っていた当時の中国にとっては、野蛮人と中国人を厳しく分けるこの「大義名分論」は自分のプライドを保つにはとてもよかったのだ。また「君臣」の区別は支配者には都合のよい学問なので、歴代の中国王朝や、朝鮮王朝、日本の江戸幕府でも官学として受け入れられていったのだ。

次に歴史だが、司馬光の**『資治通鑑』**は**編年体**という形式で書かれている歴史書として有名だ。編年体とは伝記ごとではなく、年代順に歴史が書かれている形式のこと。日本史の教科書と同じようだね。

仏教では**禅宗**がストイックな士大夫階級に広まっている。そして宋王朝の禅宗こそが後に日本に伝えられ、武士に愛好されるのだ。

インテリの文化ばかりでなく、民衆の文化も見てみよう。宋代では**詞**というのが流行った。歌にするための詩文を「詞」と言うのだが、「詩」と違って面倒な作法を考えなくてもいいのが特徴だ。

そして**印刷術・羅針盤・火薬**は中国生まれで、宋時代の中国で広く普及したものだ。後にイスラームから西欧へ広がることになる。

復習ポイント

中国で世界で最初に「紙幣」が生まれた理由を整理してみよう。

アクティヴィティ

武力がなくても経済が盛んな国が、他の国に侵略されないようにする方法とは何だろう。もちろん現在でも通じる方法ですよ。

北宋～南宋文化一覧年表

1142年　南宋が金と和議を結び、南宋が遼に絹と銀を毎年贈る

「その前年に岳飛が獄死し、めでたく和議が成ったわけだ」

1279年　南宋がモンゴルのクビライによって滅ぼされる

「南宋はまがりなりにも約130年間の平和が買えたのであった」

(宋の文化)

宋学(別名「**朱子学**」)…**北宋の周敦頤**に始まり南宋の**朱熹**(**朱子**)で完成する→**善悪で歴史や世界を見る傾向がある**

文章…**蘇軾**(蘇東坡:「赤壁の賦」)と**欧陽脩**の二人が有名

絵画…**文人画**(**水墨画で理想的風景を描く**)と**院体画**(**写実的で色彩豊か**)

歴史…司馬光『資治通鑑』は「編年体」の歴史の本

美術…宋の**白磁**と**青磁**が有名

「**景徳鎮**という町の窯で焼かれた焼き物はさすが、いい仕事してます」

最後の門　下の問題は大学入試問題を出典にした問題です。答えなさい。

宋代以降、(　あ　)とは、政治的には科挙合格者としての官僚、また経済的には新興の地主、さらに社会的には農工商に対する読書人としての側面を持ち合わせた社会的支配層のことを意味する。貴族に代わり官界に進出した(　あ　)は、学問・思想から美術・民間の文芸など広範囲に及び、さまざまな影響を及ぼした。(　あ　)による学問・思想の影響については、宋学があげられる。宋代に勃興した新しい儒学である宋学は、唐代の「五経正義」制定以降に展開されていた経典解釈を重視する訓詁学に留まっている状況への反発から生まれたものであり、経典全体を哲学的に読み込み、宇宙万物の正しい本質にいたろうとするものであった。(中略)

南宋の(　A　)は、この道学をさらに発展させ、朱子学と呼ばれる新しい儒学思想体系を作り上げた。(　A　)は「四書」を儒学の根本経典として、格物致知、理気二元論、性即理、(　い　)などを説いた。朱子学では華夷、君臣、父子の区別を絶対視していたことから、独裁的な君主政治を支える理論として、その後長らく儒教の正統となり、日本、朝鮮、ベトナムにも大きな影響を与えた。

問1　(　あ　)について、この支配層を何というか。漢字3文字で記入せよ。

問2　(　い　)について、臣下としての本分と忠節を明らかにして、君臣関係を正そうとする論を何というか。漢字5文字で記入せよ。

問3　(　A　)にあてはまる人名を記入しなさい。(本名で記入のこと)　(法政大・改)

士大夫
——中国の特権階級

中国は元々知識人を重んじる風土があった。

字の読み書きができなかった人たちが多かった時代には、学問ができる知識人は宝石のように価値のある存在だった。

この知識人をうやまう風潮は宋代に入ると、急激に高まってくる。

五代十国の戦乱の時代には軍人が威張っていたが、宋王朝が作られて平和な時代になると、軍人に代わり、有能な役人や行政官として知識人が強く求められるようになってきた。

軍人階級は無恥な野蛮人として当時の中国社会からつまはじきにされ、町でナンパしても女の子に白い目でにらまれるか、笑われる始末。逆に科挙に合格した役人はもてはやされ、黙っていても美人が押しかけてくる。そんな時代になったのだ。

*

このような時代になると「**科挙に合格した知識人、もしくは科挙に合格しそうな知識人**」を「**士大夫**」と呼び、世間は大いに尊重するようになった。彼ら士大夫は官僚として活躍しつつ、余暇のある時には高尚な学問や芸術を楽しみ、「**精神的貴族**」を自負していたのだ。

この「士大夫」になるためには、やはり勉強するしかない。

科挙に受かるための受験勉強に励むことが士大夫への近道だ。ところが、この勉強にカネがかかる。科挙に合格するための受験勉強に専念できるのは、地主のような金持ちのお坊ちゃんに限られていた。

元々、宋時代の地主は**形勢戸**(けいせいこ)と呼ばれる特権階級だったが、科挙合格者を出した地主の家は特別に**官戸**と呼ばれ、世間はこれを大いにうやまい、尊重したのである。そのため受験勉強は地獄化し、受験勉強のやりすぎで病んでしまったり、死んでしまう受験生も出てきた。この「士大夫」こそ中国社会や文化の中心となる階級であり、現在でもこの伝統は続いている。中国や、中国文化の影響を強く受けた韓国では学者が非常に尊重されており、学生も社会で強い発言権を持っている。これは知識階級であった「士大夫」を尊重する習慣が残っているからである。それにひきかえ、長く武士が大きな力を持っていた日本では、知識人はあまり尊敬されていない。「アルバイトの方が勉強になる」などと言い、本も読まない日本の学生の姿には暗い気持ちを抱かざるを得ない。

*

かつて、学生運動で世界が大きく揺れた時代があった。

1968年のフランス五月危機(五月革命)や1980年の韓国の光州事件、1989年の中国の天安門事件は、大学生たちが時の権力者に対して起こした抗議行動だったが、多くの人々が学生たちの行動に共感していたのだ。

これらの国——フランス・韓国・中国——は学問を重んじる国であり、学生が尊重される社会であったからだ。

一方、日本の学生運動は世間の共感を得ることができなかった。一部の過激派学生がむやみに暴力行為に走り、火炎ビンを投げたり、主婦を人質にとって、警官を射ち殺したあさま山荘事件(1972年)などを引き起こしてしまったことが一般の人々の強い反感を買ったからである。

日本の学生運動の失敗の原因は、日本に「士大夫」がいなかったからかもしれない。

復習ポイント の答え

なぜ中国に紙幣があらわれたのか？＝軽く、商品交易に便利なため。

（背景）

穀物の生産増加と特産品（茶・絹・陶磁器）の生産の増加

→市場での商業経済の発展→（**貨幣を狙った盗難や山賊の被害増加**）

→（自衛手段）①「行」「作」などの同業組合を結成しての相互扶助

②「**送金手形**」の利用が増える

↓

現金（銅銭）の持ち歩きは重く、危険であったため、軽く見つかりづらい「送金手形」で持ち運びをおこない、目的地の両替店でゼニと交換する方法が用いられた。

ヨーロッパでフランス革命（18世紀末）のアッシニア紙幣が出てくるまで紙幣が用いられなかったのは、紙幣の信用がなかったことと遠距離貿易ではむしろ金貨の方が信用があったためだ。その代わりカネを積んだお宝船は海賊の被害に遭いやすかった。

アクティヴィティ の答えの一つ

二つ方法が考えられる。①**他の強国に頼る**、②**カネを捧げて平和を買う**。

たしかに一息はつけるし、平和は買えるが、その代わり頼った強国の言いなりにならなければならないし、カネで買った平和というものは、いつかは向こうが一方的に終わらせてしまうものになりかねない。

マキァヴェリも言っている。「自らの安全を自らの力によって守る意志を持たない場合、いかなる国家といえども独立と平和を期待することはできない。なぜなら自らを守るのに力量でなく、運だけを頼りにすることになるからだ」（『君主論』より）

最後の門 の答え

問1　（あ）　士大夫

問2　（い）　大義名分論　　問3　朱熹

（解説）

問3は「朱子」だったら楽なのだが、そうはいかないのが受験の問題。「宋学」については①「四書」のそれぞれの名前、②始めたのが北宋の周敦頤で、大成したのが南宋の朱熹、の二つは押さえておきたいところだ。

（朱子学の用語を簡単に解説）

「**格物致知**（かくぶつちち）」＝「物事（本など）にふれて真理にいたること」

「**理気二元論**（りきにげんろん）」＝「世界は、万物のあるべきあり方（理）と、理に従って万物を生成しているもの（気）という二つの対立する概念でできている。初めは理と気が一体のものであった。そこで、気が濁りをまとったために理を知ることができなくなった場合、その濁りを取り除くことで理をしっかり捉えることができる」という考え。

「**性即理**（せいそくり）」は「人間の本性は天が授けた理法に従うように作られている」という考え。

これらは「倫理」で習う用語で、世界史でも知っていると役に立つ。

モンゴル帝国の形成
——孤独な蒼き狼が作り上げた巨大帝国

モンゴルと言ったら焼肉のジンギスカンですねえ。

あれはね……日本人が作った料理なのだ。肉を焼く鉄板がモンゴル軍の兜に似ているため、「ジンギスカン」と言うようになったらしい。羊の肉を焼くのも遊牧民風に見える。残念ながら羊の肉は日本のスーパーではあまり見かけないがね。

大序曲

1206年、最悪の苦難が最強の英雄を作り上げた

今でこそ「モンゴル国」とか「モンゴル高原」とか言っているけれど、昔は「**モンゴル**」とは、あの高原の一部族の名前にすぎなかったのだ。それも最強というわけではなかった。

モンゴル部族の族長の子に生まれた**テムジン**は幼い時に父を毒殺されてしまう。家族を養うためにすさまじい苦労をしたテムジンの姿は「影より他に友はなく、尾より他に鞭はなし」（自分の影しか友がなく、自分の馬の尾しか助けになってくれない）と伝えられている。これほど厳しい孤独の表現があるだろうか。その苦闘はコラムを見てほしい。

逆境に鍛えられたテムジンはついにモンゴル高原を統一し、**クリルタイ**という遊牧民の会議で、**カン**（**ハン・汗**：騎馬遊牧民の長）に選ばれた。時は**1206年**。いよいよ**チンギス＝カン**（成吉思汗）の誕生だ。

ちなみにクリルタイとは部族の重要な決定をおこなう会議のことで、遊牧民はこのクリルタイでカンを決めたのだ。

チンギス＝カンかジンギス＝カンかどっちが正しいのかな？

うーん、これは論争が続いていて結論が出ていないのだ。なにしろKhanと書くものだから、日本人には発音できないだろう。教科書では「チンギス＝カン」の表記が一般的だね。

チンギス＝カンは軍事行政制度として**千戸制**をおこなっている。これは遊牧民の平常の生活単位を1000戸（戸＝世帯）単位とし、戦争の時でも同じ単位で部隊として用いるようにしたのだ。「日常生活の組織を戦争にすぐ用いることができる」という便利さでは、前テーマで勉強した金の**猛安・謀克**という軍事組織とよく似ている。ちなみに試験に出るモンゴルの制度と言ったら、これと**駅伝制**くらいかな。

第1幕　チンギス＝カンの莫大な相続事情

チンギス＝カンはモンゴル高原をまとめると、次に西の**ナイマン部**を征服している。このナイマンはトルコ系遊牧民で元々はモンゴル高原に住んでいた。しかしモンゴルに追い出されてしまったために、西方に移動し、そこにあった遼の耶律一族が作った西遼（カラキタイ）を1211年に滅ぼして、住み着いたのだ。しかし、栄華はたった7年間にすぎず、1218年にモンゴルによって滅ぼされてしまった。

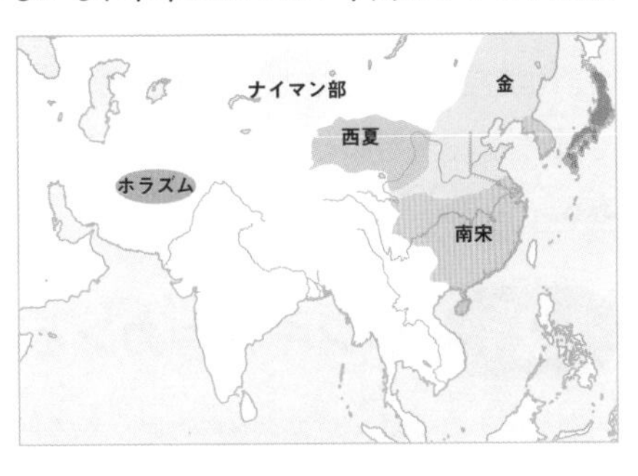

次にアジアの西にある**ホラズム＝シャー朝**を攻め立て、1220年に破った。ホラズムは、かつてはセルジューク朝を圧迫してイランを奪い、アフガニスタンにあったゴール朝という強国まで倒した剛の者だったが、モンゴルにはやっぱりかなわなかった。

なんで近くの中国ではなく、こんなアジアの西の端を襲ったのだろう？

ははは。それは瑠奈さん自身が理由を考えてごらん。

最後にチンギス＝カンはタングートの**西夏**を攻めようと軍を率いていたのだが、すでに60歳を超えていたカンは老いには勝てず、ついに病に倒れた。カンは帝国を4人の息子や孫たちに分け、西夏を攻撃中に息を引き取ったのだ。西夏は最終的にモンゴルによって滅ぼされている。

チンギス＝カンには4人の男子がいたが、長男の**ジュチ**は病没していたので、孫の**バトゥ**に南ロシア方面を、次男の**チャガタイ**には中央アジアを与えた。四男のトゥルイはモンゴル本国の大半を相続したが、後に三男の**オゴデイ**に**カンの地位**とモンゴル本国を攘夷している。オゴデイのカン即位は後のクリルタイでも認められている。こうして、バトゥに与えた南ロシアを中心とする国を**キプチャク＝ハン国**、チャガタイに与えた中央アジアを中心とする国を**チャガタイ＝ハン国**と呼ぶようになる。オゴデイが得たモンゴルを中心とする地域は「オゴデイ＝ハン国」と呼ばれていたのだが、早く消滅してしまったので、その存在を明記しない地図もある。だいたい、遊牧民の国境の決め方はアバウトなので、国境線があいまいなケースが多く、教科書や資料集を見ると、モンゴル帝国の国境線は点線で示されているものが一部にある。

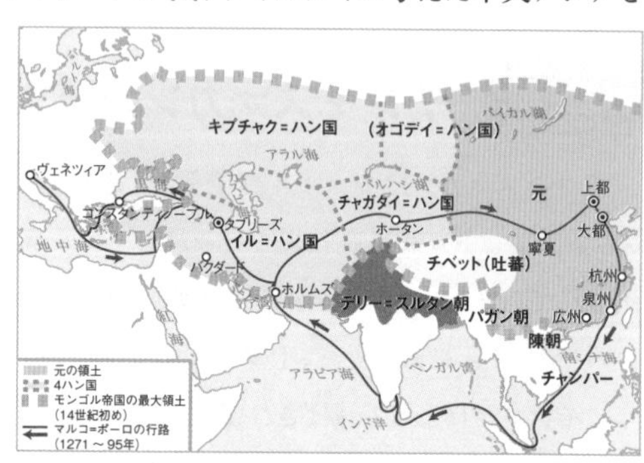

第2幕 チンギス＝カンと華麗な一族

トゥルイの妻はソルコクタニというネストリウス派キリスト教徒で、賢婦人として有名であった。多くのモンゴル武将の面倒を見てやったことがあり、モンゴル人から深く慕（した）われていたのだ。このソルコクタニが生み育てたのが**モンケ・クビライ・フレグ**・アリクブケの兄弟である。母親のしつけのよろしきを得て、この兄弟の優秀さは評判だった。

特に三男の**フレグ**は勇猛な武将だが、ソルコクタニから特に可愛がられていたせいか、典型的なマザコンだった。このマザコンのフレグが西アジアに壊滅的な破壊をもたらしてしまうのだ。

うーん、クビライってどこかで聞いたような……？

クビライこそ、「元寇（げんこう）」と呼ばれる日本侵略をおこなった恐るべき人物だ。しかし素顔の

クビライは歴史書などの読書を好む、物静かな人物であった。フレグとは年も近いことがあり、仲がよかったらしい。長男のモンケも優れた武将であり、ユークリッド幾何学を研究することが趣味という知的な人物だった。いずれも両親の教育の影響が出ているね。このトゥルイの子どもたちはチンギス＝カンの一族の中ではとびぬけて優秀だったので、将来のカアンとして期待する声が高まっていた。特にソルコクタニの人格を慕っていたバトゥは、彼女の子どもたちに目を付けていた。実はバトゥはチンギス＝カンの血を受け継いでいないため（コラム参照）、カンの座にはつけないことが明らかだった。それゆえにバトゥは将来のカアン候補として、トゥルイとソルコクタニの子どもたちに強く期待していたのだ。

2代目のカアンの**オゴデイ**は、チンギス＝カンが見込んだ人物だけあって1234年に中国の北にあった金をついに滅ぼしている。そして次の年に**カラコルム**に都を建てたのだ。いや、都と言ってもまだまだテント村みたいなもので、遊牧民らしさが抜けていなかった。このオゴデイの子が未来のカアンになる可能性は高かったが、バトゥはなんとかカアンの位をトゥルイ系に回したいものだとひそかに考えていたのだ。

第3幕　一人の死がヨーロッパを救い、世界を変えた

さてオゴデイの命令で、バトゥもついに西への遠征に出発することになった。目的地はヨーロッパである。バトゥは1241年、現在のポーランド領での**ワールシュタットの戦い**でドイツ・ポーランド連合軍を破り、死体の山を築いた。なにせワールシュタットとはドイツ語で「死体の町」という意味なのだから。ヨーロッパの東の防御線を打ち破ったバトゥは剣を振り上げて言った。「次はウィーンだっ！　者ども、行くぞっ！」。その時！　地平線のかなたから「**バトゥさまあ！　バトゥさまあ！**」と叫ぶ騎兵がやって来た。一人のモンゴル騎兵が息を切らせてバトゥのそばに駆け寄ると、大事件を報告した。「**た、大変ですっ！　オ、オゴデイ様が、亡くなられましたっ！**」「な、なにいっ！　これはヨーロッパ侵入どころではないっ。急いでモンゴルに帰り、クリルタイに参加しなければいかん！」。こうしてモンゴル全軍は引き返して行ったので、**西ヨーロッパは壊滅から免れることができたのだ。**

クリルタイに参加したバトゥは、カアンの位をトゥルイの子どもたちに回すよう運動した。しかし、「ものには順番というものがある」ということで、オゴデイの子の**グユク**が第3代目

のカアンとなった。バトゥは大いに不満であった。が、あら不思議、グユクは突然に不可解な死をとげてしまった。バトゥは大いに喜び、今度こそはとトゥルイの子どもたちをカアンに推薦し、ついに長男の**モンケ**がカアンになった。

モンケ＝カアンは命令を下し、自分の弟のクビライを中国へ、そしてやはり弟のフレグを西アジアへと出兵させた。東西に分かれるクビライとフレグは酒を酌み交わし、そして二度と会うことはなかった。

クビライは雲南にある大理を攻撃して、1254年に降参させたが、その後、中国の北方にとどまって中国の大地をじっと見つめていた。

「中国はこのように豊かな大地だ……！　中国に根を下ろした方が生活は安定するだろう。しかし中国を支配する時は、他の遊牧民のように、中国の文化に飲み込まれないように気をつける必要があるな……」

1259年、モンケは軍を率いて南宋を攻撃した時、伝染病にかかり、四川地方の陣中で病没した。この時クビライは弟のアリクブケとカアン位をめぐって争い、ついに弟に勝ってカアン位を手に入れたのである。クビライは沈思黙考の人物だが、決断すると決してあきらめない男であった。そのクビライに反旗をひるがえしたのはオゴデイの孫にあたる**カイドゥ**である。「オゴデイ系がカアン位を継ぐのはチンギス＝カンが決めた鉄則である。ならば私がカアンになるのが当然だ」と主張したカイドゥはクビライに反抗して戦った。このカイドゥがかなりの英雄で、部下の心をよくつかんでいたため、**カイドゥの乱**は40年近くにわたる大反乱（1266～1301年）になってしまった。

復習ポイント

チンギス＝カンの家系図をあなたも作ってみよう。

アクティヴィティ

なぜチンギス＝カンはホラズム＝シャー朝やナイマン部など、西の国を最初に攻めたのでしょうか。

モンゴル帝国年表

1162年頃　テムジン誕生

1206年　テムジンが大モンゴル国（**モンゴル帝国**）**を建国し、チンギス＝カンと名乗る**

「だいたい40歳くらいの男盛りだ」

1220年　チンギス＝カンがホラズム＝シャー朝を破る

「ホラズムがモンゴルの使者を殺害したのが理由らしい」

1227年　チンギス＝カンの死→同年に西夏が滅ぼされる

1234年　2代目カアンのオゴデイ＝カアンが金を滅ぼす

「金が滅びた年は、1、2、3、4なので、試験に出たらラッキー！」

1235年　オゴデイ＝カアンがカラコルムを建設し、都にする

「カラコルムができる前は宮廷のテントを馬車で引っ張っていたようだ」

1241年　ワールシュタットの戦いでバトゥが率いるモンゴル軍がドイツ・ポーランド連合軍に圧勝する→オゴデイ＝カアンの死によりモンゴル軍は東方へ帰還→オゴデイの子グユクが3代目カアンとなる

1251年　モンケが4代目カアンとなる

最後の門　下の問題は大学入試問題を出典にした問題です。答えなさい。

　モンゴル高原では13世紀初めにテムジンが指導者となると急速に勢力を伸ばし、高原の統一を果たした。彼はハンに推戴されてチンギス＝ハンを称するとともに、帝国の軍事・行政組織として新たに(A)千戸制をしき、強力な騎兵軍団を作り上げた。

　機動力に富むモンゴル軍団は、チンギス＝ハンやその子孫にひきいられてユーラシア各地を征服していった。チンギス＝ハンは草原・オアシス地帯を中心に軍を進め、西遼を奪った【　1　】を滅ぼし、さらに中央アジア・イラン方面の新興勢力【　2　】とタングートの【　3　】を倒した。後を継いだオゴタイは【　4　】を滅ぼして、華北を領有し、バトゥ率いる西征軍は東ヨーロッパにいたって(B)ドイツ・ポーランド連合軍を打ち破った。

問1　【　1　】～【　4　】に入る適語を記入しなさい。

問2　下線部(A)について、この体制を20字以内で説明しなさい。なお、句読点も一字として数える。

問3　下線部(B)について、この戦いを何と呼ぶか答えなさい。

（日本女子大・改）

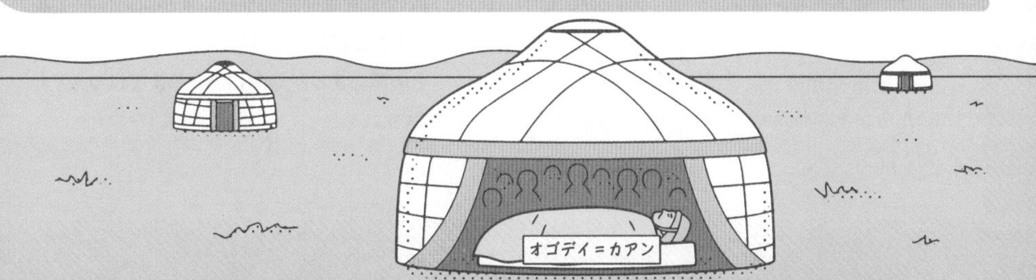

蒼(あお)き狼とその子どもたち

チンギス＝カン。世界で最も有名な侵略者はモンゴル高原のモンゴル部族の族長イエスゲイの息子として生まれ、若き日はテムジンと名乗った。

テムジンがまだ幼い時に父のイエスゲイが毒殺されてしまう。しかしこの逆境はテムジンを鍛えた。そしてたくましい大人になったテムジンにやっと春がやってきた。美しい娘ボルテを妻に迎えたのである。

しかし運命はテムジンをさらなる逆境に突き落とす。敵のメルキト部族がボルテをさらっていってしまったのだ。テムジンはやっとボルテをメルキト部族から取り戻したのだが、しかし、遅かった。

数か月後、ボルテは子どもを産んだ。**しかしその子はテムジンの子ではなく、憎い憎いメルキト部族の子だった。**

──この子を生かすべきか、殺すべきか！

悩んだテムジンは、この子を抱きながらテントの外に出た。満天の星空の下、悶え苦しむテムジンに赤子が無邪気に笑った。その時、テムジンの心の中で何かが崩れた。そしてテムジンはこの子を抱きしめると、こう叫んだのだ。

「この子は誰の子でもない。オレの子だっ！」

この子こそ、チンギス＝カンの長男の**ジュチ**である。

チンギス＝カンはジュチを心の底から愛し、自分の本当の子として扱った。そして後年、ジュチが遠征先のロシアで病死した知らせを聞いたチンギス＝カンは崩れ落ちるように号泣したと言う。

1206年、テムジンはついにモンゴル高原を統一した。彼はこの後、「チンギス＝カン」を名乗り、ユーラシア大陸を次々と侵略し始め、広大な領土を支配下に置いたのである。そして時は流れ、1220年。かつて「蒼き狼」とうたわれたチンギス＝カンもすっかり年をとり、髪の毛も真っ白になっていた。そしてこの疲れた征服者の心を悩ませていたのは**後継者問題**だった。チンギス＝カンには4人の男の子がいた。

最愛の長男**ジュチ**はカンの血を引いていない上に、すでに病死している。次男の**チャガタイ**は武人として有能であったが、殺戮(さつりく)を好み、乱暴であったため人望がなかった。三男の**オゴデイ**は性格が温厚で、人の話をよく聞くため人々の信頼も厚かった。四男の**トゥルイ**は、人柄はともかく大帝国を治めるにはまだ年が若すぎる。

チンギス＝カンは心を決め、**世界最大の形見分け**をおこなった。

まずジュチの子バトゥをテントに呼び、バトゥに広大なロシアの土地を与えた。そして次男のチャガタイを呼ぶと中央アジアの国々を与えた。そして三男のオゴデイを呼んだ。カンは、老いさらばえた声で言った。

「オゴデイよ、次のカンはお前だ。故国モンゴルを支配せよ……」

最後に呼んだトゥルイにカンは言った。

「トゥルイよ、お前の土地は自分で取れ。お前にはそれを可能にする宝がすでにある……」

そして形見分けを終えたチンギス＝カンは、息を引き取った。

＊

彼の遺骸(いがい)は秘密のうちにオルコン川かケルレン川の上流に葬られた。

その墓のありかは今にいたるまではっきりとしていない。

解答と解説

復習ポイント の答え

モンゴルの歴史を今までの中国の歴史とくらべてみると、大きな特徴が浮き上がってくる。まず①「**制度があまり出てこない**」。出てくるとしたら千戸制ぐらい。農業社会を中心とする中国は、どうしても「制度」が中心となるが、遊牧社会を中心とするモンゴルでは制度よりも、「人」中心の歴史になってしまう。したがってモンゴル史では、②「**血のつながりが重要**」になる。チンギス=カンを始祖とするDNAのつながりは、モンゴルが多くの国々を支配する「帝国」であったために、世界の果てまでも広がっていったのだ。

というわけで、モンゴル帝国の歴史には必ず家系図が出てくる。有名な人物だけでも図に描いて覚えておこう。

もちろんタテ書きでもヨコ書きでも、覚えやすい方でかまわない。カン(カアン)の即位順に番号をつけておくと便利だ(例↓)。

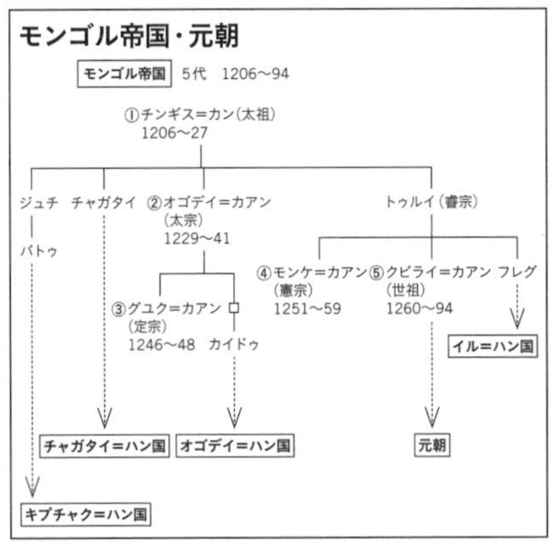

アクティヴィティ の答えの一つ

地図を見るとピンとくるのだが、明らかにチンギス=カンが狙ったのは「シルク=ロード」の独占である。ナイマン部やホラズム=シャー朝は難癖をつけられて滅ぼされ、もうかる商業貿易ルートをモンゴルに奪われてしまう。そしてチンギス=カンの最後の仕上げが西夏への攻撃だった。西夏はシルク=ロードへの出口の位置にあったからだ。

農耕地帯の征服には食糧確保のメリットがあるが、逆に、遊牧とはあまりにも異なる農耕文化に染められてしまうというデメリットもある。しかしチンギス=カンの子どもたちの世代になると抵抗力がついてきたせいか、農耕地帯への侵略を平気で始めるようになった。オゴデイによる金の征服がその例である。

最後の門 の答え

問1 【1】 ナイマン部
【2】 ホラズム=シャー朝
【3】 西夏
【4】 金

問2 (A) 遊牧民を千戸単位に編成した軍事行政制度。(20字)

(最後の「。」も1字に数えるので、実質的には19字で文章を作らなくてはならない。必要なエッセンスだけを抽出しよう)

問3 ワールシュタットの戦い

(解説)

モンゴルが制覇した周辺諸民族が問われることがある。周辺民族の特徴(例:西遼を奪ったのはナイマン部)もあわせて覚えておけば鬼に金棒だろう。

39 モンゴル帝国の支配と解体
――モンゴリアンが東西交易を完成！

たしか日本もモンゴルの侵略を受けてますよね。

そう。文永の役（1274年）・弘安の役（1281年）のことだ。ただしあれは日本人にも責任はある。モンゴルが送った外交使節を北条時宗が斬ってしまったことが弘安の役を招いたことは間違いないからな。

前奏曲 クビライ＝カアン、幼帝を死に追いやり、ついに中国を制覇

第5代目カアンの位についた**クビライ**だが、都のカラコルムが気に入らない。モンゴル総本家の色が強すぎるのも不愉快だ、ということでクビライは1264年に中国の北京を中都と称して新たな都にし、1272年に中都を**大都**と改めた。ここならば自分のテリトリーなので思いどおりに治められる。次いで1271年に国号を中国の王朝らしく「**元**」の一文字に決めた。だいたい「蒙古」なんて「モンゴル」の音に「バカの石頭」というひどい意味の字を当てたものである。ただし中国文化に洗脳されてしまうことだけは避けなくてはならない。そこで**モンゴル人第一主義**を実施することにした。一番偉いのはモンゴル人であり、行政の長官などの役職を独占する。2番目が**色目人**で、ムスリムやソグド人を含む中央アジア・西アジア出身の諸民族を採用して財政を担当させた。3番目が漢人という、かつて金が支配していた淮河以北の人々であり、南宋支配下の南中国に住んでいた人々は南人と呼んで一番下っ端にしてしまった。こうすればモンゴル人も中国人に対して卑屈にはならなくて済むわけだ（ただし、漢人・南人が差別されていたという説は、近年見直しが進んでいるという話もある）。その南宋だが、クビライは1276年に臨安を攻め落とし、1279年に宋王朝の生き残りの一族を崖山の戦いで滅ぼしてしまった。この海戦で元軍に包囲され、追い詰められた南宋王朝の家臣たちは、まだ8歳だった最後の皇帝を抱いて海に飛び込み、死んでいったのだ。

それって何かのシチュエーションに似てるかも。デジャブ？

日本の平家が滅びた「壇の浦の戦い」にそっくりだね。まだ幼かった安徳天皇は祖母に抱かれて入水し、亡くなったと言う。壇の浦の戦いは、崖山の戦いのちょうど6年後にあたる。

第1幕 目指すは東アジア完全制覇！　結果はいかに？

おとなしい読書家のクビライだがやる時はやる男で、東アジアの征服事業に次々と手をつけていった。

まずクビライはカアンになる前の1254年にモンケの命令で大理を征服した。この時、逃げ延びたタイ人が南下して現在のタイ北部に**スコータイ朝**を作っている。また、クビライは1259年に高麗を屈服させたが、モンゴルに反対する勢力が日本に近い済州島を中心にして**三別抄の乱**を起こしている。1273年にこの乱を鎮圧した元は翌1274年に、手に入れた高麗軍を率いて日本に攻め込んだ。これが**文永の役**だ。しかし悪天候により失敗してしまったので、とりあえず南宋を滅ぼすことに集中し、1279年に南中国を手に入れた後、再び1281年に日本に攻め込んだ。これが**弘安の役**となるが、今度は日本側も石防塁を作って待ち構えていたので失敗に終わってしまった。

日本がダメなら東南アジア、というわけでクビライは東南アジアに攻撃をかける。1282年に海上貿易の中継地として栄えたチャンパーを海上から攻撃したが見事に失敗。「船」がダメなら馬が通れる陸地を押さえようとして、ベトナムを支配していた**陳朝**を攻撃した。ところがこれが大誤算で、ベトナムのジャングルは馬では通れない。馬から降りればモンゴル人もただの人、おまけにベトナムはゲリラ戦術で激しく抵抗するためベトナム侵略は失敗に終わった。この約700年後、アメリカもベトナム戦争で同じ戦術により敗退してしまうことになる。

ならば馬が通れるルートで東南アジアを攻めよう、ということで雲南経由で1287年にビルマ（ミャンマー）の**パガン朝**を攻撃した。パガン朝は仏教寺院建設に貢いでいたためにカネが不足しており、ついにモンゴルに滅ぼされてしまう。実は「宗教に熱をあげたあげくに

滅びる」という経過を後に元王朝自身がたどることになる。

クビライ＝カアンの最晩年にあたる1292年には現在のインドネシアのジャワ島を攻撃したが、暴風雨による損害もあって撤退させられると、翌1293年ジャワ島に**マジャパヒト王国**が勃興した。

こうして見てみると、元の侵略が成功したのは朝鮮半島とビルマ（ミャンマー）だけ。他は結局、大失敗に終わったが、元の侵略は東アジアや東南アジアに大きな変化を与えた。クビライが大理を征服したため、南に逃げ出したタイ人が最初の王朝であるスコータイ朝を作ったことが後のタイの始まりとなる。日本では元軍を撃退した御家人や武士たちが恩賞の少なさに憤慨し、鎌倉幕府が滅びてしまう遠因となった。またシンガサリ朝が支配していたジャワ島では、元の侵入が新たにマジャパヒト王国が生まれるきっかけとなったのだ。

第2幕 「タタールの平和」——海も山も東も西も

モンゴルは根が遊牧民なので、商業や貿易を重視する。まずは交通路の整備と安全に力を注ぎ、**駅伝制**を実施している。

駅弁制って、何ですかぁ？

いや、駅弁でなくて駅伝制だ。モンゴル語では**ジャムチ**（**站赤**）と呼ぶ。駅と言うと鉄道の駅を思い出すが、当時の「駅」は馬を備えた公営の宿泊施設で、伝達のための要員が常時控えていた。カアンから命令が出ると、モンゴル軍の担当兵が命令書を持って約40 km先の駅まで馬で走り、その駅で次の騎兵にバトンタッチしたわけだ。こうしてリレーされるとモンゴルからヨーロッパまで1週間で命令が届いたらしい。現在のシベリア鉄道でもウラジヴォストークからモスクワまで6泊7日かかるから、駅伝制はものすごいスピードだったと思う。

リレーするから箱根駅伝と言うのかー

そのとおり。ちなみに政府が発行した**牌子**（パイザ：通行証）を持っていれば一般の旅人でも駅の施設は利用できたから、宿の心配もない。モンゴルがにらみを利かせているので

山賊の横行もなく、安全だったのではないかと思う。また元は海の道も整備し、**杭州**・**泉州**・**広州**などの港が大発展している。特に福建省の**泉州**はマルコ＝ポーロがザイトンと呼び、「世界第一の貿易港」とほめ讃えていた港だった。さらにクビライは隋の煬帝が作った**大運河**を整備し、大都から通州にいたる新しい通恵河を作らせた。その結果、「草原の道」から運ばれる物資と、「海の道」を通じて海や大運河から天津に運ばれてくる物資が大都でつながり、大都は名実ともに世界貿易の中心地となったのだ。モンゴルは商業交通路を整備し、治安の安全に努め、東西交流が活発となったので、モンゴルが支配した13世紀のユーラシアの状態を「**タタールの平和**」と呼ぶ。ラテン語ではPax Tataricāと言うが、タタールとはモンゴルのことだ。

間奏曲　モンゴルに来たヨーロッパ人は試験に出るよ

モンゴルが暴れ回っていた頃、ヨーロッパでは「はるか東にプレスター＝ジョンというキリスト教徒の王様がいて、イスラームをやっつけてくれる」という伝説が広まっていた。そこへ東方の何者かがイスラームを攻撃している、という知らせが届いた。これはプレスター＝ジョンではあるまいか、ということで東に使節が送り出された。最初はローマ教皇が**プラノ＝カルピニ**を、そしてフランス王ルイ9世が**ルブルック**を相次いで派遣している。二人ともフランチェスコ会修道士だ。生涯独身の修道士だったら万が一の場合でも悲しむ人は少ないからな。ところが二人ともたった2年で帰って来た。その結果わかったことはイスラームを攻撃していたのはプレスター＝ジョンではなくモンゴルのカアンだったこと、そして二人ともカアンに会うことができ、カアンの親書を持ち帰ったことだ。特にプラノ＝カルピニが持ち帰ったグユク＝カアンの親書はローマ教皇が初めて手にした「紙」だったらしい。

この二人の報告を受け、フランチェスコ会修道士の**モンテ＝コルヴィノ**が中国に派遣され、布教することになった。モンテ＝コルヴィノが1294年に大都(北京)に着いた時、クビライは死去しており、元の2代目皇帝はカトリックを快く思っていなかった。しかしモンテ＝コルヴィノは、たった一人で身寄りのない子どもたちの面倒を見るなどの献身的な奉仕活動をおこない、皇帝からも評価されるようになった。大都の大司教に任命されたモン

テ＝コルヴィノは中国での最初のカトリック布教者となり、大都で亡くなっている。というわけで、モンテ＝コルヴィノの墓は今も北京にあるのだ。布教以外で有名な中国訪問者は**マルコ＝ポーロ**で、この人についてはコラムを見てもらいたい。

終幕　元の文化のまとめ、そして元も没落へ……

モンゴルは元々文字を持っていなかった。遊牧の昔はともかく、商業や交易に文字がないのはいかにも不自由。そこでクビライは自分の師であるチベット仏教の高僧パスパに依頼し、チベット文字を基にした**パスパ文字**を作ってもらった。だが、この文字は民衆には広まらなかった。元時代の中国では科挙がいったんは廃止され、読書人が冷遇されたので、宋時代のようなインテリな文化は栄えず、むしろ庶民文化がもてはやされた。その代表が「**元曲**」と呼ばれたお芝居で、『西廂記』『漢宮秋』『琵琶記』などの芝居台本は皆ラブストーリーである。恋愛モノの人気が高いのは昔も今も同じだ。また、**郭守敬**という学者がイスラーム天文学を取り入れて**授時暦**という新しい暦を作っている。クビライの死後の14世紀はユーラシア全体で天災が起こった時期だった。モンゴルは中国文化には放任的だったが、チベット仏教にはかなり染まってしまい、寺院建築などにカネを寄進したため財政難に陥ってしまう。元朝は財政難解消のために**交鈔**という紙幣を安直に大量発行したため物価が高騰してしまい、生活に追い詰められた民衆の反乱が頻発するようになる。そして1368年に元朝は反乱軍が建てた明によって大都を奪われ、元の出身地であるモンゴル高原に追い払われてしまうのだ。

復習ポイント

クビライ＝カアンの業績をまとめてみよう。

アクティヴィティ

モンゴルが元王朝を建てたのは1271年、中国から退いたのは1368年。征服者モンゴルの中国支配が100年も続かなかったのはなぜでしょう。

元朝年表

1259年　朝鮮半島の高麗がモンゴルに降伏、属国になる

1260年　クビライ（チンギス＝カンの孫）がカアンに即位

1264年　クビライ、大都（現在の北京）に遷都

「この時から、（明の初期などを除いて）現在まで北京は中国の首都」

1270〜1273年　モンゴルに服属しない高麗人が、済州島を根拠地にして三別抄の乱を起こすが鎮圧される

1271年　元朝が建国される

1274年　文永の役

1279年　崖山の戦いで南宋滅亡

1281年　弘安の役

「日本と大陸の間に海があってよかったとしみじみ思います」

1284〜1287年　元がベトナムの陳朝を攻撃→失敗

1287年　元がミャンマー（ビルマ）のパガン朝を滅ぼす

1292年　元軍がジャワ島に攻め込むが失敗し撤退

「クビライが南方に固執したのは海の貿易ルートを確保したかったから」

1294年　クビライ死去（享年80歳。当時の寿命から考えると、現在の100歳（！）に相当する）

1368年　元は中国の明軍によってモンゴル高原に追い払われる

最後の門　下の問題は大学入試問題を出典にした問題です。答えなさい。

後継者争いに勝利して即位した第五代ハンの（　1　）は、都として大都（現在の北京）を建造し、国名を元と改めた。1279年には（　2　）を滅ぼして(a)中国本土を支配し、さらに日本や(b)東南アジア諸国に遠征軍を派遣した。

問1　（　1　）（　2　）に入る適語を記入しなさい。

問2　下線部(a)について、元の支配下にあった中国本土で、イスラーム天文学を取り入れて授時暦を作成した人物は誰か。

問3　下線部(b)に関連して、元軍の侵入を撃退したベトナムの王朝を次のア〜エから一つ選び、記号で答えよ。

ア・李朝　　イ・斉朝　　ウ・黎朝　　エ・陳朝

（東北学院大・改）

ほらふきマルコの大冒険

マルコ=ポーロはイタリアのヴェネツィアに商人の子として生まれた。と、言っても父ちゃんの顔なんか物心ついた時から見たことがない。

マルコが17歳になった時、その父がひょっこり帰って来た。なんとアジアに行って来たと言う。その父のみやげ話の面白いこと！　マルコも行ってみたくてたまらない。父とおじさんが中国へ商売に行くと聞いたマルコは、二人についてヴェネツィアを飛び出してしまった。

異国の旅の末、中国に着いたマルコは父とおじさんとともに、中国世界の支配者**クビライ=カアン**に拝謁することができた。クビライ=カアンは物静かな中にも威厳をたたえた人物であった。

クビライ=カアンは不思議なことに、このとびっきり陽気なイタリアの若者が気に入ったらしく、なんとマルコを身近におくようになった。

そしてマルコは色目人の役人として活躍し、高位の官僚にまで出世したのだ。

*

ところが年とともに、マルコは重いホームシックになってしまった。毎晩のように見るふるさとのヴェネツィアの夢、ああ、帰りたい！

たまらなくなったマルコはクビライ=カアンに帰郷の許可を求めた。クビライ=カアンは引きとめたがマルコの決心は固い。ついにクビライ=カアンも折れた。こうしてマルコは久しぶりにヴェネツィアに戻ることができたのである。

ところが戻ってみると、ヴェネツィアはジェノヴァという町と戦争の最中だった。マルコは戦いに加わったが、運悪く捕虜になってしまった。ジェノヴァの牢獄の中でマルコがヒマ潰しに話した旅行話が大変な評判となってしまい、同じ部屋の囚人がマルコの話を筆記してくれたおかげで、マルコの話が永久に後世に残ることになった。この話こそ**『世界の記述』**(**『東方見聞録』**)である。この『世界の記述』(『東方見聞録』)だが、けっこうウソやほら話が多い。

特に日本に関する記述は目を覆わんばかりの大ウソだらけである。

ウソ１発目　「ジパング(日本のこと。この言葉からJAPANが生まれた)という国は黄金の島であり、家の瓦は皆黄金でできている。この国では黄金は珍しいものではない。いやウソではない、本当ですぞっ」

ウソ２発目　「ジパングでは変わった習慣がある。それは葬式の時に死んだ人間の口の中に真珠を入れるのである」

そして**きわめつけのウソ３発目**がこれ。

「ジパングの人間は平気で人間を食べる」

*

このとんでもない大ウソを本気になって信じていた男がいた。

それはマルコが閉じ込められていた町、ジェノヴァ出身の船乗りの**クリストファー=コロンブス**である。彼は「黄金」の記述に目がくらみ、何がなんでもこのジパングという宝島に行ってみようと決心した。そしてスペイン女王イサベルを口説いて船を借り、ジパングに向けて出航した。

苦難の航海の最中、船員は不安とパニックに何回も陥ったが、コロンブスだけは平然と『世界の記述』(『東方見聞録』)を読んでいた。

「陸が見えたぞーっ！」

の声とともに、上陸したコロンブスは原住民に言い放った。

「おい、黄金はどこにある」

しかし彼が見つけたのはジパングでなく、アメリカ大陸だった。

解答と解説

復習ポイント の答え

クビライ＝カアンに関係する事件や業績は世界史の試験で取り上げられやすいので、まとめておくと便利。

まず、クビライ＝カアンの外征の年代は本テーマ「元朝年表」に書いてある。チンギス＝カンが西の国から征服したのに対し、クビライ＝カアンは朝鮮半島・日本などの東の方から手をつけている。目的は日本にある「黄金」であろう。日本が征服できないとなると、海の交易ルートの支配を目指して東南アジアに押し寄せているが、船がからむとたいてい失敗してしまうのが遊牧民の悲しさだ。

外征以外で重要なのは

・カイドゥの乱（1266～1301年：なんとクビライの死後も続く！）

・大都へ遷都（1264年）→「元」朝建国（1271年）

・モンゴル人第一主義
（モンゴル人→色目人→漢人→南人）右ほど地位が低くなる（ただしこの説は近年見直されているという説もある）。

・駅伝制整備：約40 kmごとに駅を作り、陸上交通を整えた。

・大運河建設：商業流通を重視したクビライは隋の煬帝が作った大運河を整備し、新たな運河も作っている。

アクティヴィティ の答えの一つ

元に限らず一部のモンゴル人の国（「ウルス」とモンゴル語で呼ぶ）も100年以内に滅びている。共通している直接的な滅亡の原因はカアン位をめぐっての身内の争いや、宮廷の浪費などだ。しかし大きい根本的な原因はモンゴル民族そのものの数が少なく、征服地の運営に苦しんだことであろう。

現地の女性と結婚すれば、子孫は現地の文化を身に付けて現地化してしまいモンゴル人としての意識を持たなくなる。そして支配している民族の中にいつの間にかに埋もれてしまうのだ。逆に元王朝のように中国文化に飲み込まれないように被支配者を拒絶すれば、数では、はるかに多い中国人に最後には圧倒されてしまう。

では、数の少ない異民族はどのように中国を支配したらよいのか？　その答えは、後に中国を長年支配した満洲民族の「清」王朝がよく知っている。

最後の門 の答え

問1　(1)　クビライ　　(2)　南宋
問2　郭守敬　　問3　エ

（解説）

暦を作った郭守敬は試験ではけっこう人気者なので覚えておいて損はない。

クビライ＝カアンが手を出して痛い目にあった国々（もちろん日本も含む）を覚えておくと役に立つ。つまり、これこそが「覇者が弱者を従わせようとしてしっぺ返しをくらった」歴史のよい例になるからだ。

イスラーム世界の成立と発展

けっこう日本史と似ています

第5章

イスラーム世界の誕生
——「平等」こそイスラームの基本

あれっ、張センセー、その人はだれ？

私はイスラーム世界の歴史を知らないので、友達を連れて来たのだ。これからはドクター＝アヴドゥールが君にイスラームの歴史を教えてくれるだろう。彼は偉大な学者なのでいろいろ聞くといいよ。

序曲　イスラームの誕生はアラビア半島の聖地メッカで始まった

私がドクター＝**アヴドゥール**です。地中海のチュニス出身の歴史家です。イスラームについて一緒に勉強していきましょう。

ドクターって、丁寧な言葉を使う人なのですねー

え、そうですかっ(汗)。「**イスラーム**」という言葉はアラビア語で「**神への絶対的服従**」を意味して、イスラーム信者をあらわす「**ムスリム**」という言葉は、「**神に帰依(きえ)した人**」という意味になります。「帰依」とは「自らを捧げる、ゆだねて任す」という意味です。

イスラームの教えを広めた預言者**ムハンマド**が生きた時代は、6世紀末〜7世紀初めで、日本史ではちょうど聖徳太子の飛鳥時代にあたり、中国では隋〜唐の時代です。ムハンマドと聖徳太子は同じ世代に属して年齢もわずかしか違いません。

アジアの西と東で、二人の偉い人が同じ時代に活躍したんだ

まずはムハンマドの時代の世界状況から説明しますと、この時代は東ローマ帝国(ビザンツ帝国)とササン朝ペルシアがユーフラテス川を境に激しく争っている時代でした。そのため中国とローマを結ぶ通商にはシルク＝ロードよりさらに南のアラビア半島を使いました。アラビア半島には古くからアフリカ大陸との間を結ぶ隊商路があり、これにアジア大陸と

を結ぶ通商の道が重なり町々が栄えたのでした。中でもアラビア半島の中継貿易を独占したのは聖地**メッカ**にある**カーバ神殿**を守護するクライシュ部族でした。その中の名家ハーシム家に生まれた**ムハンマド**でしたが早くから孤児になってしまい、祖父や叔父に引き取られて少年時代を過ごしました。その頃の仕事は、羊飼い、そして隊商に同伴する手伝い役でした。特に25歳の頃、商家の女主人ハディージャに雇われて活躍したムハンマドは、その商才と人柄を認められて結婚を申し込まれ、入り婿として迎えられました。子宝にも恵まれて幸せな家庭生活は長く続きました。けっこう当初から家族内の意思決定権は15歳年長の妻にあったと考えられ、女性の権利を当然に受け止め、女性をいたわり、家庭を大切にしたのです。ムハンマドの結婚生活への考察は、独身で生涯を終えたイエス、家族をおいて出家したブッダと比較して重要です。イスラームでは結婚を積極的にすすめ、家族の絆の大切さを何よりも大事にします。

子育ても終え、安定し満ち足りた身分で過ごす40歳を迎えた頃、ムハンマドはなぜか言いようのない不安感に悩まされ、物思いに耽る時間が多くなりました。そんな時はメッカの北はずれにある釣鐘状をした岩山に登り、山頂の洞穴に一人でこもるようになりました。

ある夜のこと、誰もいないはずの洞穴に何者かが突然、あらわれてムハンマドにお告げ(啓示)を下したのです。

第1幕 史上最初のイスラーム教徒は女性

お告げを受けたムハンマドは、突然のことに恐れおののき、家に帰って妻に相談しました。気丈な妻は夫を励まし、いとこにあたる智者に相談しました。智者はキリスト教徒であり、一部始終を聞いて、このお告げは天使に違いないと断言しました。

え、天使ってキリスト教だけのものじゃないのっ？

いえいえ、ユダヤ教・キリスト教そしてイスラーム教に共通する点はたくさんあり、その中の一つが「天使の存在」です。天使ガブリエルはかつて聖母マリアがイエスをみごもった時、そのことをマリアに知らせたお告げの天使なのですが、ムハンマドにもこの天使から神のお告げが伝えられたのです。妻のハディージャが言いました。

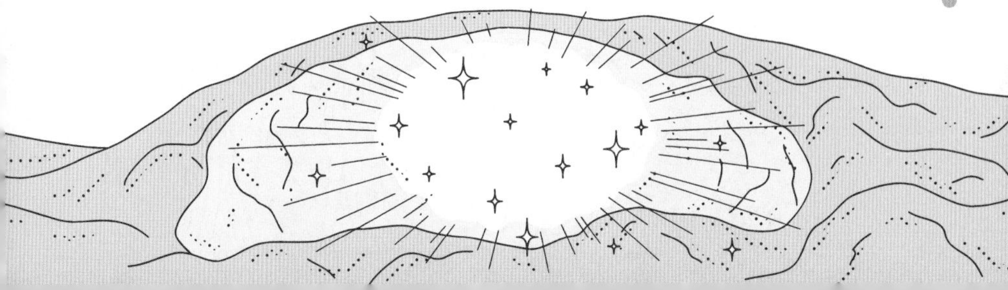

「私はあなたを信じます。そしてあなたの神を信じます。あなたは結婚して以来、私に一度もウソをついたことがありませんでしたから」

こうして妻が初めての信徒になりました。**イスラームが女性蔑視の宗教であるというイメージは実は誤った考えです。世界最初のイスラーム教徒が女性だったのですから。**続いていとこが信者になり、親友たちが改宗してくれました。最初はほんの小さなサークルでしたが、ムハンマドの話を聞いて貧しい大衆がしだいにムハンマドの教えに興味を示し、入信する人々が増えてきました。ムハンマドがメッカで宣教をしたのは12年間でしたが、ここで大きな問題となったのが「**唯一神アッラーのみをあがめる**」という点でした。当時のメッカの聖殿では、各アラブ諸部族が拝む偶像神を安置していたからです。今まで聖殿を守護して権力と富を独占してきた有力者や大商人たちはムハンマドに反対し、弱い信者らを迫害するようになりました。

第2幕 危険を避けた移住から大勝利の道へ

忍耐の日々が長く続きましたが、メッカから離れた地方に住む人々がイスラームに興味を示してくれたことが明るい光でした。中でも北方の**メディナ**は、メッカから直線で310 km以上あり、日本で言うと東京〜仙台の距離に匹敵しますが、移住先として有望でした。ムハンマドにとって大きなショックは、最愛の妻ハディージャと叔父を病気で失ったことであり、自らの命の危険性も迫ってきたことで、622年、メッカを脱出する決心をします。先発隊を目立たぬよう送り出し、最後の晩ムハンマド本人と親友の二人がラクダに乗って脱出しました。「ムハンマドを殺せ！　息の根を止めるのだっ！」と敵が追撃をかけるなか、その裏をかいて無事にメディナへたどり着きます。このムハンマドがメッカからメディナに移った事件を「**ヒジュラ(聖遷(せいせん))**」と呼びます。この移住が成功したことでイスラームの無限の未来が保証されたので、622年が、イスラームの暦では紀元1年となりました。

メディナでイスラーム信徒による固い社会共同体(**ウンマ**)を作り上げたムハンマドは、ムスリム戦士たちを率いてメッカの軍勢と何度かの戦いを交えた後、ついに630年にメッカへ無血入城して降伏させました。ムハンマドはそれまで多神教の神殿であったカーバ神殿に入り、中にあった300体以上の偶像を破壊して唯一神信仰を宣言しました。この神殿

に向かって全世界のムスリムが礼拝をするのです。

その聖殿には黒い石があると聞きますが、それが御神体なのですか？

いや違います。カーバ神殿の一角に安置されたそれは隕石で、ムハンマドが最後の巡礼をした時にこの黒石に接吻したことにちなんで、巡礼者も黒石に接吻する習わしとなりました。イスラームは偶像崇拝（神の像を拝むこと）を厳しく禁止している宗教です。モノを御神体にするなんてとんでもない。

同様にムハンマドは最大にして最後の預言者ですが、あくまでもただの人間です。そのためムハンマドの肖像を描くことはムハンマドの神格化につながってしまうので、このことも固く禁止されています。

第3幕 アラビア語とイスラームは切っても切れない関係

人間であるムハンマドは632年に亡くなります。預言者の逝去後は、**正統カリフ**が指導者となって活躍し、イスラームの勢力を拡大していきました。**カリフとは「ムハンマドの後継者」の意味**であり、正統カリフは信徒たちの合意を得て後継者に選ばれた人々で4代続きました。この初代の正統カリフが**アブー＝バクル**、2代目が**ウマル**、3代目が**ウスマーン**、最後の4代目が**アリー**です。この4人の名前は覚えておいてください。世界史上で大きな業績をあげた人々ですから。初代のアブー＝バクルから、イスラーム世界の拡大が始まりますが、それは同時に**アラブ**の拡大でもありました。

「アラブ人」ってよく聞くけど、どんな意味なのですか？

アラブ人とは「アラビア語を話す人々」を指します。アラビア半島に住んでいたアラブ人はイスラームの教えによって団結に成功します。そしてアラブ人は砂漠から、穀物が豊かにあるメソポタミアやエジプト方面や商業が盛んなシリアへの進出を始めたのです。

第2代目正統カリフの**ウマル**の時には東ローマ帝国からシリアとエジプトを奪います。

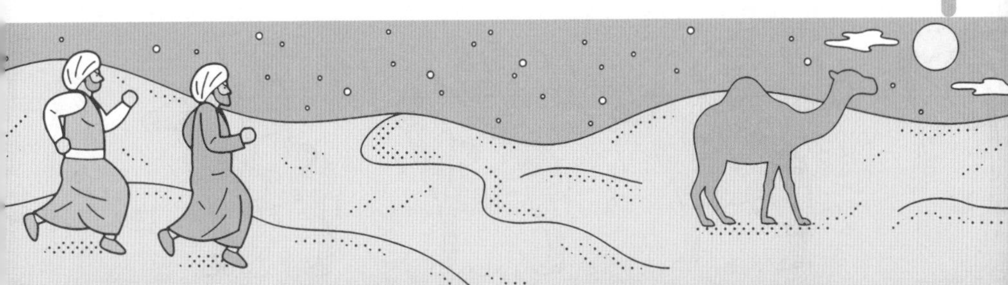

40

そして642年に**ニハーヴァンドの戦い**でササン朝を破ったイスラーム勢力は651年にササン朝を滅ぼして豊かなメソポタミアを得ます。これらの地域がイスラーム勢力の占領地になったのは、東ローマ帝国とササン朝の戦場になり重税を取られて疲れ切っていたことと、イスラームの公平な態度に魅了されたことが大きいと思います。イスラームではユダヤ教徒やキリスト教徒は「同じ神から啓示を受けた人々」として「**啓典の民**」と呼んで、**人頭税(ジズヤ)**さえ払えば信仰の自由を認めたのです。人頭税については次テーマで解説しますよ。

イスラームの大征服時代の正統カリフ、2代目ウマルは暗殺されてしまい、次の第3代目カリフの**ウスマーン**の時代に聖典『**コーラン**』が現在の形にまとめられます。『コーラン』とは「声に出して読み上げるもの」という意味です。天使ガブリエルがムハンマドに語った神の言葉をまとめた本で、天使は預言者にアラビア語で伝えたのですから、コーランはアラビア語で読むべきものなのです。この後、急速にアラビア語が世界言語となるのは、人々が神の言葉に直接に触れたいと望んだことが大きな理由でした。

復習ポイント

次の言葉の意味をまとめましょう。「ヒジュラ」「ムスリム」「ウンマ」「カーバ神殿」「カリフ」「コーラン」「アラブ」

アクティヴィティ

ムハンマドの教えのイスラーム教は現在でも多くの人を魅了しています。イスラーム教が急激な広まりを見せたのはなぜでしょう。

イスラーム史①年表

6世紀後半	東ローマ帝国（ビザンツ帝国）とササン朝の争い →シルク=ロードがアラビア半島経由になる
610年	ムハンマドがアッラーの啓示を受ける
622年	ムハンマドがメッカからメディナに脱出成功（=「ヒジュラ」）
630年	ムハンマド、メッカを征服。メッカのカーバ神殿をイスラーム信仰の中心とする 「世界中のモスク（礼拝所）にはメッカの方向が示されており、信者はその方向に向かって礼拝する」
632年	ムハンマドの死→正統カリフ時代が始まる アブー=バクル（初代）→ウマル（2代）→ウスマーン（3代：ウマイヤ家出身）→アリー（4代） 「4人の正統カリフの名前は覚えた方がいいですね」
642年	イスラーム勢力がニハーヴァンドの戦いでササン朝を破る
650年ごろ	『コーラン』が現在の形に編集される
651年	イスラーム勢力がササン朝を滅ぼす

最後の門 下の問題は大学入試問題を出典にした問題です。答えなさい。

〔1〕 (a)イスラーム教は［ ア ］半島で生まれた。当時メッカで活動していた［ イ ］は迫害を受けたために、(b)622年に信者たちを率いてメディナに移り、やがて半島のほぼ全域を支配下に治めた。［ イ ］の死後、その後継者たちは征服活動を開始し、半島の外に大きく支配地域を拡大した。

問1 ［ ア ］、［ イ ］に適当な語句を入れよ。

問2 下線部(a)に関して、イスラーム教に先だって、ユダヤ教徒やキリスト教徒は唯一神の啓示の書を持つ人々とされた。この人々の名称を記せ。

問3 下線部(b)に関して、この出来事の名称を記せ。 （新潟大）

〔2〕 第2代正統カリフとなり、イスラーム勢力による大征服を指導した人物は誰か。その名を記せ。

（京都大）

信者19億人！イスラームの謎に迫る！

／あのう、アッラーは神様の名前ですか？＼そこからわかりません

ドクター：「アッラー」とは「神」を意味するアラビア語の固有名詞です。ユダヤ教のヤハウェやキリスト教のデウスDeus（ラテン語）と同じように「神様」を意味する言葉なのです。

神は名前がないし、人間が名前を勝手に付けてはいけない。ちなみに礼拝の時にムスリムが言う「アッラー＝アクバル」という言葉はアラビア語で、「神は偉大なり」という意味です。イスラームのアッラーも、ユダヤ教のヤハウェも、キリスト教のデウスも皆同じ神であり、この三つの宗教は、やり方が違うだけで実は同じ神を礼拝しているのです。

イスラーム教徒は六つのものを信じ、五つの行いをしますが、それらをまとめて「**六信五行**」と言います。

信じる六つの内容とは「**①アッラー、②天使、③啓典、④預言者、⑤来世、⑥天命**」です。そして行うべき五つの義務は「**①信仰告白、②礼拝、③喜捨（きしゃ）、④断食、⑤巡礼**」です。

うーん、あまり内容がわかりません

ドクター：①**アッラー**は言うまでもない。ユダヤ教徒もキリスト教徒もみんなが拝む神様のことだね。②**天使**もユダヤ教徒もキリスト教徒も信じる神のお使いです。信じる対象が同じなのはユダヤ教徒やキリスト教徒と同様にムスリムも、同じ『旧約聖書』と『新約聖書』を③**啓典**（神の言葉が書かれた本）として尊重するからです。

／みんなが同じものを信じているなら、違＼いはないんじゃない？

ドクター：いや、違いはあります。ムスリムは『旧約聖書』と『新約聖書』を尊重しますが、人間の考えが混じっている書物と考えます。『コーラン』は天使から直接に③**預言者**ムハンマドへ伝えられた神の言葉であり、神の意思が正しく示されている啓典なのです。

『コーラン』ではイエスの行いをほめ讃えています。しかしイスラームではイエスを「神の子」ではなく、偉大な「預言者」として考えます。同じようにユダヤ教の預言者であるアブラハムやモーセもムスリムはうやまいますが、ムスリムにとっては、ムハンマドが最大にして最後の預言者なのです。

そしてムスリムは④**来世**＝「あの世」の存在を信じており、⑤**天命**としてのアッラーの摂理に従うのです。

それでは「五行」って何ですか？

ムスリムには五行といってやるべき義務が五つあります。

複数の証人のいる前で①**信仰告白**をおこなえば、すぐにイスラーム教徒になれます。その信仰告白とは「**ラー＝イラーハ　イッラッラー　ムハンマド　ラスールッラー**（神はアッラーしかいません。ムハンマドはアッラーの使徒です）」という言葉を唱えることです。ムスリムになった人は他に四つの義務をおこないます。その中でも毎日必ずおこなうのが②**礼拝**です。**1日5回、メッカの方向に向かって祈りを捧げます**。イスラーム教では安息日が金曜日になるので、金曜日にはモスクに集まり、皆が一緒になって礼拝をするのが一般的です。普通の日には一人で心を静めて礼拝をしてもいいのですが、誰かと一緒に礼拝する方が、より功徳（くどく）があるとされています。（続く）

解答と解説

復習ポイント の答え

アラビア語のカタカナは試験にとってもよく出てくる。

「**ヒジュラ**」→**預言者ムハンマドが622年にメッカからメディナへ移ったことを指す**。この移住によりイスラームの未来が保証された。

「**ムスリム**」→**イスラーム教徒のこと**。簡単になることができる。

「**ウンマ**」→**イスラームの共同体のこと**。人種・貧富・身分の差はなく、誰もが仲間になれる。ただし女性を守るため、男女の区別は厳しい。

「**カーバ神殿**」→**メッカにあるイスラーム最高の神殿**。ここへ一生の間に巡礼に行くのがムスリムの望み。

「**カリフ**」→**ムハンマドの後継者のこと**。アラビア語「ハリーファ」のヨーロッパなまり。聖俗両方の指導者である。

『**コーラン**』→**天使ガブリエルがムハンマドに伝えた神の言葉**を記録した聖典。アラビア語で表記されている。

「**アラブ**」→**アラビア語を話す人々、もしくは地域**。『コーラン』はアラビア語で書かれているため、アラビア語が西アジアに広がるが、ペルシア人やトルコ人のようにアラビア語を話さないムスリムもいて、彼らはアラブ人と呼ばない。

アクティヴィティ の答えの一つ

「神の前の平等」を強調するイスラームのメッセージが大きい。

7世紀の大征服時代、支配地の人々がアラブ人に協力したのは「神の前の平等」の考えに強く魅了された面がある。

最後の門 の答え

〔1〕 問1 (ア) アラビア
(イ) ムハンマド
問2 啓典の民
問3 ヒジュラ

〔2〕 ウマル

(解説)

意外に正統カリフの名前は試験で聞かれる。気をつけるポイントは

① **第3代目カリフのウスマーンはウマイヤ家出身である**。他のカリフでムハンマドと同じハーシム家出身なのは4代目のアリーのみ。

② イスラーム勢力拡大に功績が大きかったのは2代目の**ウマル**であり、シリア・エジプトを手に入れ、ニハーヴァンドの戦いでササン朝を破っている。

イスラーム帝国の形成
――異民族にも寛容になれるかが国の分かれ目

ドクター、すごい勢いでイスラームって広がったね！

イスラームの拡大は続くけど、実はこれからが大変なんですよ。攻めるのは簡単だけれども維持するのは難しいからね。イスラームも攻撃だけでなく、内政の守りにも気をつけなくてはならない。

ドクター＝アヴドゥール

前奏曲　イスラームの拡大は続くよ、どこまでも！

　さて、イスラームの快進撃は続きます。正統カリフ時代にはペルシア、シリアとエジプトを支配しました。続くウマイヤ朝の時代に入ると北アフリカ一帯を手に入れ、ジブラルタル海峡を越えてイベリア半島に侵入し支配します。ちなみにイベリア半島とは現在のスペイン辺りのことですよ。最後にはフランスにまで進撃し、ヨーロッパ支配を目指しますが、**トゥール・ポワティエ間の戦い**（732年）でフランク王国軍にさえぎられ、ヨーロッパ制覇はなりませんでした。この拡大によりイスラーム帝国は多くの**ズィンミー（非イスラーム教徒の庇護民）**を抱えるようになったのですが、彼らの存在がこれからの問題になってきます。

第1幕 アリー暗殺がイスラーム大分裂のきっかけ

正統カリフ3代目の**ウスマーン**が暗殺された後、選挙で4代目の正統カリフになったのが**アリー**でした。ハーシム家の出身でムハンマドのいとこにあたります。アリーは優れた人物でしたがさっそくトラブルにみまわれてしまいます。シリア総督として軍事力を誇るウマイヤ家出身の**ムアーウィヤ**がアリーにたてつき、言うことを聞いてくれない。そのうちにアリーまでも礼拝の時に暗殺者に襲われて殺されてしまったのです。アリーの死後、カリフとなったのがムアーウィヤで、軍事力と政治力を持つムアーウィヤは自分の子孫がカリフの地位を継ぐことを661年に宣言します。このムアーウィヤから始まる王朝を**ウマイヤ朝**と呼びます。ウマイヤ朝の都はアラム人による交易で昔から栄えてきた**ダマスクス**です。血筋から見ると、一番よいのはムハンマドの子孫がカリフを継ぐことなのですが、ムハンマドには男の子がおらず、ファーティマという女の子しかいませんでした。このファーティマは後に4代目正統カリフのアリーの奥さんになるので、アリーの一族がムハンマドに一番近いと言えます。しかしウマイヤ朝の人々にとって血筋のことを問題にされるのは不都合だったので、アリーの息子のフサインを攻め殺してしまったのです。

ひどーい！　豊臣秀頼を攻め殺した徳川家康みたい

うーん、その比較はよくはわからないが、「**アリーとその子孫こそカリフにふさわしい**」と主張する人々が多く出てきました。彼らを**シーア派**と呼びます。特にイランにはシーア派の人々が多く住んでいます。

シーア派はフサインの死を悼んで、現在もアーシュラーと呼ぶ悲しみの血祭りをおこなっています。え？　どんな祭り？　フサインの名前を叫びながら男たちが鎖などで自分の体を叩き町を練り歩くのです。

ギェー！　でもアリーの子孫って殺されたんだよね

ところがフサインには息子がいて、その子孫が9世紀頃まで存在したとされています。シーア派のうち**十二イマーム派**と呼ばれる人々はシーア派最大の宗派なのですが、アリーとその子孫12人だけをイマーム（イスラーム共同体の指導者）とし、他の人をカリフ（ムハンマド

の後継者）として認めません。そして「最後の12人目のイマームは突然、神隠しにあい姿を消してしまったが、最後の裁きの日に再び姿をあらわすであろう」と十二イマーム派の人々は固く信じています。

第2幕　アラブ人びいきが国の命取りに！

シーア派に対し、イスラーム世界の多数派になったのは**スンナ派**です。「スンナ」とは「ムハンマドの言行」を指します。ムハンマドの言行（スンナ）に従い、共同体のまとまりを重んじ、ムアーウィヤとその子孫をカリフとして認める派閥です。ウマイヤ朝はスンナ派の支持を受け、巨大なイスラーム帝国を築き上げます。東はインダス川流域から中央アジアのソグド人が住む地域を、そして西は北アフリカを征服し、ジブラルタル海峡を渡ってイベリア半島に進出し、西ゴート王国を滅ぼし支配します。最後はフランスにまで攻め込みましたが、前奏曲でも申し上げたようにトゥール・ポワティエ間の戦いに敗北し、フランス支配はできませんでした。スンナ派の支持があったからこそウマイヤ朝はこれだけの領土を得られたのです。さらにイスラームは人頭税さえ払えばユダヤ教徒やキリスト教徒であっても信仰の自由を認めました。この寛大さも統治に大きく貢献します。

間奏曲　イスラームの税金って何じゃらほい？

うーん、その人頭税って何ですか？

人頭税とはアラビア語で**ジズヤ**と言い、**一人一人に自動的にかかってくる税金**です。元々ムスリムであればこれは払う必要はなく、「啓典の民」にだけ課された税金です。しかし、サザエさん一家みたいに大家族になると人頭税の支払いが大変になってくる。背に腹は代えられないので、キリスト教徒であることを止めてムスリムになろうとする人々が続出します。「**お願いでございます。私もぜひムスリムになりたいのですぅ！**」。皆がムスリムになると税金を払う人がいなくなってしまうので、改宗希望者が増えてくるとウマイヤ朝も強引な政策をとるハメになる。

「ええいっ！　これからはアラブ人でない者たちは人頭税を払うのじゃ！」「**えっ、ムスリム**

は皆平等ではなかったのですか？」「アラビア語を話すアラブ人だけは特別なんじゃ！」

これではイスラームの教えが何のためにあるのかわからない。結果としてウマイヤ朝のアラブ人優遇政策に反感を持つ人々が増えてしまったのです。あとは**地租（ハラージュ）**を覚えておきましょう。簡単に言えば**所有している土地にかかる税金**です。砂漠が多いアラビア半島と違って、豊かな穀倉地帯であるメソポタミアやエジプトでは土地には大いに価値があります。これらの地域の地租は豊かな財源になるので、アラブ人は征服したこの地域のムスリムからも地租を大いに徴収しました。しかしアラブ人は地租を払わなくてもおとがめなしです。このようなえこひいきが**マワーリー**という「**アラブ人ではないイスラーム改宗者**」の怒りを買ったのは言うまでもありません。

第3幕 「みんな平等」こそ成功のカギ

マワーリーの協力を得てムハンマドの叔父の血統にあたる**アル＝アッバース**の子孫がついにウマイヤ朝を倒し、750年に**アッバース朝**を作ります。アッバース朝は大問題のアラブ人優遇政策を取り消して、ムスリム間の平等を実現させ、多数派のスンナ派を保護したので強い力を誇ることができたのです。アラブ人以外のムスリムはジズヤ（人頭税）を免除され、ハラージュ（地租）はムスリム・非ムスリムを問わず征服地に土地を所有する者が払うようになりました。このように民族による差別が廃止され、**イスラーム法（シャリーア）**に基づいた政治がおこなわれるようになりました。このためウマイヤ朝が「アラブ帝国」と呼ばれたのに対し、アッバース朝は**イスラーム帝国**と呼ばれます。

これで法でも税でもイスラーム教徒が平等になったわけね

アッバース朝に滅ぼされてしまったウマイヤ朝の生き残りは、はるか彼方のイベリア半島にまで落ち延びて、756年に**後ウマイヤ朝**を作ります。後ウマイヤ朝の都は**コルドバ**で、後に西方イスラーム世界の政治・経済・文化の中心地となります。なにしろコルドバは哲学者**イブン＝ルシュド**（アヴェロエス）の生まれ故郷なのですからね。

アッバース朝は建国の次の年の751年に中央アジアに進出して来た唐王朝の軍隊と戦い、アッバース朝が勝利を収めました。この戦いを**タラス河畔の戦い**と呼びます。この戦

いで多くの中国兵がアッバース朝の捕虜となりましたが、その中に紙漉き職人がおりまして、イスラーム世界に製紙法を教えたのです。紙の普及がイスラームの文化レベルを高めたのは言うまでもありません。ヨーロッパに製紙法が伝わったのは後の12世紀で、イベリア半島経由で伝えられました。それも10世紀にカリフを自称した後ウマイヤ朝の第8代目の君主**アブド=アッラフマーン3世**が学芸を奨励したことが大きい。優れたイスラーム文化がイベリア半島経由でヨーロッパに伝えられたのです。

一方、アッバース朝の2代目カリフとなった**マンスール**は**バグダード**の町を建設し、アッバース朝の都としました。このバグダードこそ唐の都の長安と並ぶ世界の二大100万都市となります。アッバース朝は5代目のカリフ、**ハールーン=アッラシード**の代に全盛期を迎えます。この学芸を奨励したカリフは有名な『**千夜一夜物語**』(『**アラビアン=ナイト**』)にも登場します。しかし、ハールーンの死後、アッバース朝は分裂、衰退してしまいました。アッバース朝の衰えとともに、北アフリカの**チュニジア**におこった**ファーティマ朝**が、969年に穀倉地帯であるエジプトを征服し、都として**カイロ**を造営します。急進的シーア派だったファーティマ朝の君主は、ムハンマドの娘ファーティマの子孫を自称して、やはりカリフを名乗るようになりました。

こうして10世紀のイスラーム世界にはアッバース朝・後ウマイヤ朝・ファーティマ朝と3人もカリフが並び立つのです。

復習ポイント

次の言葉の意味をまとめましょう。「シーア派」「十二イマーム派」「スンナ派」「ジズヤ」「ハラージュ」「シャリーア」「ズィンミー」「マワーリー」

アクティヴィティ

イスラームの平等重視の考えはどのような点にあらわれているでしょうか。気が付いたところを書いてみましょう。

イスラーム史②年表

661年　ムアーウィヤがウマイヤ朝を開く（正統カリフ時代の終焉）
→カリフが世襲となる
「ウマイヤ朝は大帝国なのに、アラブ人中心主義が災いしてしまった」

711年　イベリア半島の大部分をウマイヤ朝が征服

732年　トゥール・ポワティエ間の戦い→ウマイヤ朝VSフランク王国
→ウマイヤ朝が敗北し、フランスから撤退
「ウマイヤ朝が勝っていたら、ヨーロッパはどうなっていたんだろう」

750年　アル＝アッバースの子孫がアッバース朝を開く
「アラブ人中心のアラブ帝国から、ムスリムみんなが平等のイスラーム帝国に変わったんだね」

751年　タラス河畔の戦い→アッバース朝VS唐王朝→唐王朝が敗北し、製紙法がイスラーム世界に伝わる
「この戦いってアッバース朝建国の次の年なんだねえ」

756年　後ウマイヤ朝がイベリア半島に建てられる
「ウマイヤ朝の生き残りがイベリア半島に逃げて作った王朝だ」

8～9世紀　ハールーン＝アッラシードの治世→アッバース朝全盛期
「この人は、唐の太宗（たいそう）と同じように兄を殺している」

最後の門　下の問題は大学入試問題を出典にした問題です。答えなさい。

下の文の(a)～(k)にあてはまる適語を書きなさい。

アッバース朝は（　a　）年に、ウマイヤ朝の体制に不満を持つ人々による運動によって成立した。運動の主体となったのは、アリーとその子孫のみがムスリムの最高指導者になれると主張した（　b　）の人々であった。またウマイヤ朝時代に税制面で差別されていた非ムスリムや改宗ムスリムも運動を支持した。アッバース朝では（　c　）と呼ばれる地租がアラブ人ムスリムにも課せられるようになるなど、アラブ人ムスリムの特権が廃され、（　d　）に基づく政治がおこなわれた。このためウマイヤ朝をアラブ帝国、アッバース朝を（　e　）帝国と呼び、両者を対比する。なお、ウマイヤ朝の一族はイベリア半島に逃れ、（　f　）年に（　g　）を都とする後ウマイヤ朝をたてた。

アッバース朝第2代カリフの（　h　）は王朝の繁栄の礎を築いた。ウマイヤ朝の首都はシリアの（　i　）であったが、彼はティグリス川沿いに新都（　j　）を建設した。(中略) 751年の（　k　）の戦いをきっかけにムスリムが製紙法を学び、知識の記録・伝達が容易になったことも学問の発展を後押しした。

（青山学院大）

貧しい者に施し、寄り添うイスラームの教え

ドクター：五行でおこなうべき三つ目は③**喜捨**。ザカートと言います。カネを持っている人は貧しい人のためにカネを支払い、貧しい人はそのお金を受け取れます。払う額は毎年の収入の2.5%（40分の1）が目安。

国に払う税金とは違うのですか？

ドクター：違います。一般の税金は人を殺す軍事費など、いろいろな目的に使われてしまいますが、喜捨の場合、お金は福祉や慈善事業に使われ、払った人は天国に入れると言います。

次は④**断食**です。太陰暦であるイスラーム暦のラマダーン月（第9月）におこなう断食は、1カ月にわたり太陽が出ている限り、食べることも飲むこともできません。太陽が完全に沈んだら食べていいのです。ただし、『コーラン』は子ども・病人・妊婦・旅行者の断食を免除しています。

なんで断食なんて苦しいことをやるのですか？

ドクター：断食はイスラーム以前からあった慣習とされますが、貧しい人の生活の苦しさを知ることが目的です。同情を口で言うのはたやすいですが、他人の苦しみは自分も同じ経験をしないと本当にはわかりません。

＊

そして五行の最後は⑤**巡礼**（ハッジ）です。聖なる都メッカに巡礼に行くことはムスリムの願いであり、現在では、巡礼月になると世界中から何百万もの信者が集まって来ます。巡礼者は、全員が巡礼衣に着替え、男子は白いシーツを身にまとい、女性の場合は体を覆う服を着て巡礼日を過ごします。食物を分かち合い、すべての信者が平等となり、友となり、兄弟になるのです。

イスラーム教徒が豚を食べず、酒を飲まないのは本当ですか？

ドクター：**本当です**。これは『コーラン』に記されていることですから、すべてのムスリムが守っています。したがって**イスラーム教徒に豚肉やお酒をすすめてはいけません**。食べてはいけないものなど、イスラームの禁忌事項のことをアラビア語で「ハラーム」と言います。

イスラーム教徒は4人奥さんが持てるって聞いたのですが？

ドクター：**本当です**。預言者ムハンマドは、敵対する勢力と何度も戦いましたが兵士となった男たちが多く戦死してしまい、残された妻や子どもたちが生活に苦しみました。これを見て心配したムハンマドは、男性たちへ未亡人と結婚してその面倒を見るように勧告したのです。実はイスラームが生まれる以前の金持ちは、何十人も奥さんを持つのが当たり前でしたが、ムハンマドはこれを4人までと制限し、4人に対し平等に接するよう定めたのです。

しかし**現在では、イスラーム世界のほとんどの家が日本と同じように一夫一婦です**。と言うのもイスラームでは結婚をする時に**マハル**という結納金を夫が妻へ払いますが、これがすごく高くなっています。マハルは奥さんの財産となり、夫が手をつけることは一切許されません。4人分のマハルを用意して4人の奥さんを平等に扱える男性は、まずいないのが実情です。

解答と解説

復習ポイント の答え

やはりアラビア語のカタカナは試験によく出るので重要です。

「**シーア派**」→「**アリーとその子孫こそカリフにふさわしい」と主張する人々**。ムスリム全体の10%程度を占める。

「**十二イマーム派**」→**アリーとその子孫12人だけをイマーム(イスラーム共同体の指導者)と考える人々**。シーア派の中の多数派。

「**スンナ派**」→**ムハンマドの言行(スンナ)に従い、ムアーウィヤとその子孫をカリフとして認める派閥**。ムスリムの多数派。

「**ジズヤ**」→**人間に自動的にかかってくる税金**。大家族にとっては致命的。

「**ハラージュ**」→**所有している土地にかかる税金**。土地を持っていれば払わなくてはならないのは現在の日本でも同じ。

「**シャリーア**」→**イスラーム法**。『コーラン』やムハンマドの言行を伝える伝承「ハディース」から作られている。

「**ズィンミー**」→**イスラームに改宗しない異教徒**。

「**マワーリー**」→**イスラームに改宗した非アラブ人**。

アクティヴィティ の答えの一つ

六信五行の、特に「五行」にイスラームの平等思想があらわれています。

「礼拝」はすべての人が同じ床に座り、平伏します。「喜捨」は貧富の差を少しでも埋めようとする思いやりの心を制度化したものです。「断食」は貧者の苦しみを自ら味わうための修行です(ちなみに「断食」は強制ではなく、「頑張り」が評価される行いです)。「巡礼」はすべての差別を捨て、アッラーを通じて皆が心のつながりを持つための重要な行事です。ムスリムは異教徒にも寛大で、人頭税さえ払えば信仰の自由を認めました。またアッバース朝以降は、ムスリムになれば、どのような人種・民族であろうと人頭税を払う必要はありませんでした。

最後の門 の答え

(a) 750　(b) シーア派
(c) ハラージュ
(d) イスラーム法(シャリーア)
(e) イスラーム　(f) 756
(g) コルドバ　(h) マンスール
(i) ダマスクス　(j) バグダード
(k) タラス河畔

(解説)

このような問題を解くためのポイントは、歴史事件を「物語」として把握していることです。文章題の問題を見て混乱しないためには、元々のストーリーがわかっている必要があります。筋が理解できていれば恐れる必要はないのです。

イスラーム史では王朝がたくさん出てきますので、王朝の創立者や都の名前もしっかり覚えておきましょう。

東方イスラーム世界
――イスラーム世界にも天皇と将軍がいた？

ドクター、コルドバってイスラーム文化の中心地なの？

そのとおり。この町から古代ギリシアの文化やイスラーム文化がヨーロッパに紹介されていたのです。右がコルドバにある「メスキータ」というカトリックの大聖堂ですが、元はイスラームのモスクだったのですよ。

序曲

戦闘力・忠誠心は最高峰！　マムルークって何者？

さて、9世紀頃になると中央アジアに**トルコ人**があらわれてきます。騎馬遊牧民であるウイグルなどのトルコ人は中国でのやんちゃがすぎて、追い払われて中央アジアに流れて来ました。トルコ人が住み着いた中央アジア一帯は後に「**トルキスタン**」（トルコ人の国）と呼ばれるようになります。それまではソグド人との付き合いでゾロアスター教を信じていたトルコ人は中央アジアでイスラーム教と出会い、その高い文化に魅了されてイスラーム教（**スンナ派**）に改宗しました。トルコ人は騎馬と戦いの腕前は世界一。西アジアのアラブ人はトルコ人奴隷を騎馬戦士やボディガードとして用いたのです。この**トルコ人の軍人奴隷**を**マムルーク**と呼びます。ともかく忠誠度が高いのがマムルークのウリ。ご主人様を死んでも守ります。君もマムルークを一人、護衛に付ければどんな不良もヤクザも手出しはできない。戦闘能力はニンジャかサムライ並みだ。

いいなあー。あたしもマムルークに守られたい

なにしろ幼い時から命をかけて守ってくれるのだから、マムルークに深い情愛を感じ、

教育を受けさせることもあるでしょう。実際にマムルークを所有していたアラブ人やイラン人たちは、自分たちは軍務につかず、マムルークを信頼して教育を施し軍事をまかせ切りにしていました。こうして無学なマムルークも高度な文明世界の中で生活しているうちに、しだいにイスラーム教の政治や法律を知って自我に目覚めていきます。人間は深い知識を持つと、もう他人の言いなりにならず、自立して歩むようになるのです。実際、後のガズナ朝やセルジューク朝などは奴隷から解放されたマムルークの軍団が作ったトルコ人王朝なのです。

第1幕 バグダードって昔の京都に似ている!?

もう一つ、**イラン人**も改めて紹介しておきましょう。アケメネス朝やササン朝の栄華も今は昔。ムスリムとしては新参者で、しかもシーア派は少数派だ。「チクショー！　オレだって昔はよう！」と飲み屋の片隅で絶叫しているおっさんに似ているかもしれない。中央アジアに進出して、トルキスタンの西端に**サーマーン朝**(9～10世紀)を作ったものの、これではうだつがあがらない。ところが隣のトルキスタンにトルコ人がやって来た。このトルコ人を軍人奴隷のマムルークにしたのは実は、イラン人のサーマーン朝なのです。こうしてイスラームの高い文明や宗教を受け入れたトルコ人たちは現在のカザフスタンの東南付近にトルコ系初の王朝である**カラハン朝**(10～12世紀)を建国します。

そのトルキスタンの位置がわからないですねえ

右の地図を見てください(→)。敦煌から西が東トルキスタン、パミール高原から西は西トルキスタンとなります。そのうち、トルコ人が作ったカラハン朝と、イラン人が作ったサーマーン朝の位置関係は次ページの地図のようになりますね。

サーマーン朝から60年ほど遅れて、10世紀に建国された**ブワイフ朝**は**イラン人シーア派**の王朝です。軍事力を蓄えて、分裂状態に陥って弱体化してしまったアッバース朝に攻め込み、ついに946年にバグダードに入城します。宮殿から転がり出て来たアッバース

朝カリフは、ブワイフ朝の指導者に「**お、おぬしを大アミール**(**総司令官**)**に任命してやろう**」と言いました。まあ命乞いです。ブワイフ朝指導者はあっけなく喜んで大アミールになります。たしか日本の歴史でも、昔々、源氏の源義仲が京の都に入城した時、法皇から朝日将軍の称号を贈られて喜んだと聞きました。それと似てなくもない。

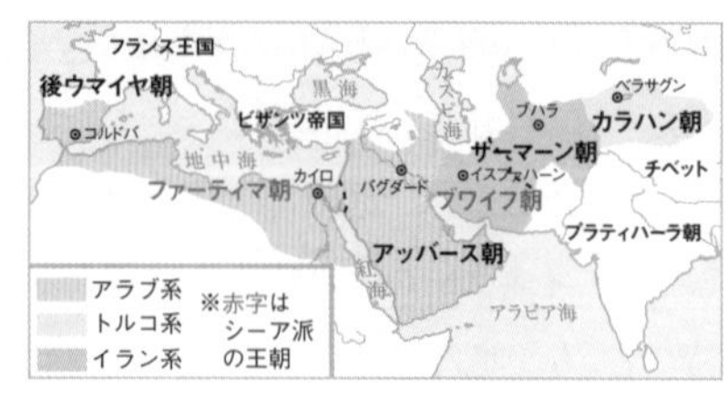

ふうん、平安時代末期の京の都と、バグダードって似ていますね

そうです。バグダードに旗を立てた者が天下に号令できるのです。

さて、トルコ人に話が戻りますが、サーマーン朝に仕えていた**マムルーク**たちがついに977年にアフガニスタンに**ガズナ朝**を建国します。ところがアフガニスタンは岩山に囲まれて、守りは堅いのですが食料が少ない。食物を手に入れるなら二つのルートがある。第1はインドに侵入する南ルートです。インドにはインダス川とガンジス川が生み出す豊かな穀物がありますから、10世紀末からガズナ朝は北インドに侵入を繰り返すようになります。トルコ人にとって魅力的だったのはメソポタミアに侵入する第2の西ルートでした。

間奏曲 えっ、「ジハード」の意味は「努力目標」!?

イスラームの戦争って、よく「ジハード」って言うじゃないですか。戦死すれば天国へ行けるって聞きますけど

ジハードは「聖戦」って訳すけれども、それはあまり正確ではありません。本当のジハードとは「**一定の目的に対して努力すること**」であり、「**自らの内面で作った高い目標に向かって進む**」ことを意味します。ラマダーンの断食期間中に自分の欲望を抑え、慎むことは立派なジハードなのです。例えば、正義でない行為を見かけた時、それに立ち向かうこともジハードです。「イスラームを広めるための戦い」はジハードを狭義に解釈した意味にすぎません。

第2幕 イスラーム世界にも、「天皇」と「将軍」っているの？

さて、トルコ人の一部族である**セルジューク族**は**トゥグリル＝ベク**という人物がリーダーの時に強大となり、西アジアに勢力を広げました。さらにトゥグリル＝ベクはアッバース朝のカリフに手紙を送ります。「スンナ派の私こそカリフを保護するにふさわしい人物。ぜひシーア派のブワイフ朝の討伐をお命じください！」。こうして1055年にバグダードへ入城し、カリフから**スルタン**（**政治の長**）に任命され、大義名分を得たトゥグリル＝ベクはついにブワイフ朝を倒します。これがトルコ系の**セルジューク朝**で、なんと西トルキスタンから小アジアまでの広大な領域を支配したのです。

うーん、スルタンってピンとこない。もしかして征夷大将軍？

いいね！　日本史との比較ではそれが合っているかな。天皇を宗教の長に、将軍を政治の長にたとえると、イスラーム世界のカリフとスルタンはまさしく日本史における天皇と将軍の関係に似ています。こうしてアッバース朝のカリフは政治の長としての力を失って、ただの宗教的権威を持つだけの存在になってしまいました。代わって東方からやって来たトルコ人のスルタンが政治の権力を握るようになったのです。さらにセルジューク朝は小アジアにまで攻め込み1071年の**マンジケルトの戦い**で東ローマ帝国を破って、小アジアにも自分たちの王朝を作ります。これを**ルーム＝セルジューク朝**と言うのですが、このトルコ人の圧迫に苦しんだ東ローマ帝国の救援要請で、後に**十字軍**がヨーロッパ諸国からイスラームへ派遣されることになってしまうのです。

11世紀後半のセルジューク朝のスルタン、**マリク＝シャー**は学問振興に熱心で、イラン系の宰相**ニザーム＝アルムルク**を登用し、文化を振興する政策をおこないます。当時、エジプトのファーティマ朝（シーア派）がイスラーム世界最古の大学**アズハル学院**を建て、名声をあげていました。これに対抗するためスンナ派のセルジューク朝はイスラームの諸学問を教える学院（マドラサ）を建てて学芸を奨励します。この学院は宰相の名前をとって**ニザーミーヤ学院**と呼ばれます。

42

終幕　イスラーム世界に封建制が流行らない理由

名宰相ニザーム＝アルムルクはいろいろな改革や制度を実施していますが、出色なのが**イクター制**です。イクター制とは**土地の徴税権を軍人や役人に与える制度**でして、ブワイフ朝が最初におこなっていたものを、セルジューク朝が改良して実施したのです。

古代から商業が盛んだった西アジアでは、貨幣経済が活発でした。そこでアッバース朝の時代には税を貨幣と現物で徴収し、軍人や役人には給料を現金で支払っていたのです。これを**アター制**と言います。ところがアッバース朝の力が衰えてくると税金の集まりも悪くなります。そこでお金で給料を払うよりも、いっそのこと「土地の徴税権」を与えて、「**自分の給料は自分で取ってこい**」という方向に変えました。

あれっ？　土地じゃなくて、土地の徴税権をあげるの？

日本や中国、ヨーロッパでは奉公の代償として「土地」を与える**封建制**が主でした。しかし西アジア、特にアラビア半島は不毛の砂漠が多い。砂漠をもらっても喜ぶ人はいませんから、土地に代わって「税を取る権利」を家来にやったのです。こうすれば現金を与えなくても軍人や役人を養うことができます。ただし、このイクター制にも欠点はありました。この制度だと給料をもらわなくても自活できてしまうので、軍人や役人が勝手に独立することが可能になるのです。

復習ポイント

次の言葉の意味をまとめましょう。「マムルーク」「大アミール」「スルタン」「ジハード」「マドラサ」「イクター制」

アクティヴィティ

イスラームの諸王朝の流れ図を書いてみて、王朝の歴史の位置関係を確かめましょう。

イスラーム史③年表

875年　**西トルキスタンにイラン系イスラーム国家のサーマーン朝が成立→トルキスタンのトルコ人をイスラーム化させる**

「でもサーマーン朝はトルコ人のカラハン朝によって滅ぼされてしまう」

10世紀半ば　**中央アジアのトルキスタンにトルコ系のカラハン朝が成立（12世紀半ばまで）＝最初のトルコ系イスラーム王朝**

909年　**シーア派のファーティマ朝がチュニジアに建国。カリフを名乗る**

969年　**ファーティマ朝がエジプトを征服**
（都としてカイロを造営→イスラーム世界最古の大学アズハル学院を建てる）

「スンナ派になったが、現代でもこの大学はイスラームの名門大学だ」

932年　**イラン系のブワイフ朝建国**

946年　**ブワイフ朝、バグダードに入城**
→首長はカリフより大アミールの称号を受ける

「カリフは天皇、大アミールを将軍にたとえると、わかりやすいかな」

1038年　**トルコ系のセルジューク朝建国**

1055年　**セルジューク朝、バグダード入城**
→首長はカリフよりスルタンの称号を受ける

「源頼朝が征夷大将軍の位を得た（1192年）のと似ているね」

最後の門　下の問題は大学入試問題を出典にした問題です。答えなさい。

(A)　アッバース朝の成立以降、(　1　)半島の後ウマイヤ朝や、中央アジアのサーマーン朝、北アフリカのシーア派の(　2　)が次々に成立した。

問　(　1　)、(　2　)に適当な語句を入れよ。　（新潟大・改）

(B)　キリスト教徒やユダヤ教徒はイスラームの統治下で特別な納税によって一定の庇護を与えられていた。その税の名として最も適当なものを、次のア～エのうちから一つ選びなさい。

ア・ズィンミー　　イ・ジズヤ　　ウ・イクター　　エ・マワーリー　（早稲田大・改）

なぜイスラームはテロで有名になってしまったのだろう？

ドクター、イスラームって怖いのね……

ドクター：えっ！　どうして怖いのですか？

最近、自爆テロや虐殺事件が多いじゃない。イスラームのテロ組織が犯人だってテレビで言っていた。アメリカの同時多発テロの犯人はアル＝カーイダというテロ組織だったし、イスラームのテロリストが平気で虐殺をしている。イスラームってなんでテロをやるの？

ドクター：次のことは言っておきたい。

一般のイスラーム教徒はテロ行為に強く反対しています。それは皆さんが犯罪を憎むのとまったく同じ理由です。いかなる理由があろうとも相手を傷つけるのはイスラームの考えではありません。イスラームは何よりも平和と平等を愛しますし、同じ神を礼拝するユダヤ教徒やキリスト教徒とは兄弟の関係でもあるのです。

＊

しかしテロが起こってしまう歴史的背景は知っておくべきでしょう。

産業革命以後に勢力を強めたヨーロッパ諸国は、何世紀にもわたりイスラームを信じている国々を力によって支配してきました。いわゆる「帝国主義」です。そしてヨーロッパ文化がイスラーム圏に流れ込んで、いい意味でも悪い意味でもイスラーム伝統に変化をもたらしたのです。ヨーロッパからの差別や偏見をもって扱われたイスラーム教徒が近年、希望を見出したのは「社会主義」でしたが、社会主義国家も次々と崩壊してしまいました。

そこでイスラーム教徒で、西洋文明に抵抗した人たちがよりどころにしたのがイスラーム主義です。イスラーム主義とは「**イスラーム教のあり方を預言者ムハンマドの時代に戻し、政治や文化をムハンマド時代の法律に従って実施しようとする考え**」のことです。

なんで、ムハンマドの時代に戻りたがるのだろう？

ドクター：**不公平・不平等な現代社会に絶望している青年たちが多いことが原因だと思います。**「難民を受け入れない世界、差別される移民、希望のない未来」によって宗教に癒しを見出す若者が増えているのです。このようなイスラーム主義に目を向ける若者を戦力としたいテロ組織が、ネットを利用して活動を広げています。特にイスラーム主義のテロ組織で有名なものは、パキスタンの神学生たちが作り、バーミヤンの大仏を爆破した「**ターリバーン**」、暗殺されたテロリスト、ウサマ＝ビン＝ラディンが作った「**アル＝カーイダ**」、そして外国人や異教徒を虐殺し、ネットで自分たちに都合のよい情報を広げようとする「**IS**」（**イスラム国**）でしょう。彼らテロ組織は現代のメディアや兵器を使いつつも、現代社会を暴力によって否定しようとしているのです。テロ組織に洗脳された若者の中には、自発的に暴力行為に走る者もおり、そのために多くのイスラーム教徒が迷惑を被っているのが現状です。**力で押し付けるのではなく、話し合い理解し合えればテロや戦争は必要ありません。瑠奈さんもこの機会にイスラームを勉強し、理解してください。イスラームは本来暴力的な宗教どころか、実は世界の文明の発展に貢献した宗教なのです。**

解答と解説

復習ポイント の答え

アラビア語のカタカナがやはり重要なので覚えておきましょう。

「マムルーク」→**「トルコ人の軍人奴隷」**のこと。無敵の最強奴隷。

「大アミール」→**軍事指導者**。日本風に言えば総司令官。ブワイフ朝の指導者に与えられた称号。

「スルタン」→**世俗君主**。政治を司る長。日本風に言えば征夷大将軍。セルジューク朝指導者のトゥグリル＝ベクに与えられた称号。

「ジハード」→**「聖戦」**と訳されているが、「一定の目的に対して努力すること」。

「マドラサ」→**「学院」**のこと。元々イスラームの神学や法学を学ぶ学校を指した。

「イクター制」→俸給として軍人や役人に**土地の徴税権を与える制度**。「土地」ではなく、「徴税権」であることに注意。

＊ブワイフ朝では軍人に与えられたが、セルジューク朝のニザーム＝アルムルクは行政イクターとして有力アミール配下の軍人にも対象を広げた。

アクティヴィティ の答えの一つ

7～11世紀の主な王朝のみです。

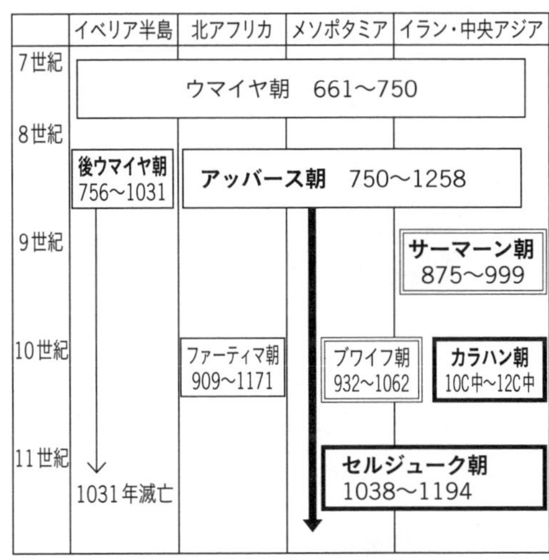

＊アッバース朝は1258年にモンゴルに滅ぼされるまで名目上は続きます。

最後の門 の答え

(A)　(1)　イベリア

　　(2)　ファーティマ朝

(B)　イ

(解説)

名門大学でも基礎的な問題を出してきます。基礎をしっかり固めましょう。

問1、(2)のヒントになっているのが「シーア派」という言葉。北アフリカに建国されたシーア派の王朝はファーティマ朝。

(B)　ズィンミーは「イスラームに改宗しない異教徒のこと」。マワーリーは「イスラームに改宗した非アラブ人のこと」。これらの用語はテーマ41の解答と解説に載っているので確認しよう。

西方イスラーム世界
——アフリカまで広がるイスラームの輪

エジプトって言ったら、やっぱりピラミッドとツタンカーメンですねえ。

古代ばっかり有名で、中世や近代がわからないのはエジプトを知る者には悲しいね。中世にできた有名な建築も多いので、エジプトの中世をぜひ知ってもらいたい。

カイロのアズハル大学はイスラーム世界最古の大学

前奏曲 迫るモンゴルの嵐！

1206年、と言うと、はるか東のモンゴル高原で一人の男が**カン**（ハン・汗：騎馬遊牧民の長）となる儀式を挙げていた。この人物は若き日はテムジンと名乗っていたが、カンとなってから、**チンギス＝カン**と名乗るようになった。この人物の子孫がイスラーム諸国に大きな災いをもたらすことになります。

第1幕 文化の力を前に敗北するモンゴル

モンゴルのチンギス＝カンの孫にあたる**フレグ**は、お母さんと奥さんがキリスト教徒であったためか、本人はキリスト教徒ではないものの、イスラームが大っ嫌いでした。このフレグが西アジアに攻めて来て、イスラーム諸国を制圧してしまったのです。1258年にバグダードが陥落した時、まだ生き残っていたアッバース朝のカリフが転がり出て来て言いました。「フ、フレグよ、お主がスルタンじゃ！」するとフレグは無表情で「**あんたはもういらないねぇ**」と言い、アッバース朝最後のカリフを殺してしまったのです。その他バグダード市民までも大虐殺してしまい、当時のイスラーム世界に大打撃を与えました。

そしていよいよシリアとエジプトを征服しようとした時に、兄のモンケ＝カアンが亡くなった知らせを聞き、フレグはイランへ引き返して行きました。いや、シリアとエジプトは危

ないところを助かった。フレグは自分の帝国に**イル**（「国」という意味）**＝ハン国**という名前を付け、**タブリーズ**を都と定めます。

しかし文化の力は本当に恐ろしい。子どもは自分が育った土地の文化を受け入れていくもの。フレグの子孫はイスラームを受け入れるようになり、第7代の**ガザン＝ハン**はついに**イスラームをイル＝ハン国の国教とし**、**ラシード＝アッディーン**を宰相にします。

ふーむ、その人って重要なのですか？

あ、重要ですよ。中国北宋の司馬光ではないが、宰相かつ歴史家として『**集史**』というイスラームやモンゴルの歴史をペルシア語で書いています。これが優れた史料なのですよ。元々はフレグに仕えた**ジュワイニー**の『**世界征服者の歴史**』を底本にしているのですが、この本もモンゴル史の重要な資料になっています。

第2幕 カイロで華やぐイスラーム

さて、エジプトですが、10世紀にファーティマ朝が建国されています。しかし、12世紀に入ると**サラーフ＝アッディーン**（**サラディン**）という**クルド人**武将が**アイユーブ朝**を新たに建てました。

クルド人って何ですか？

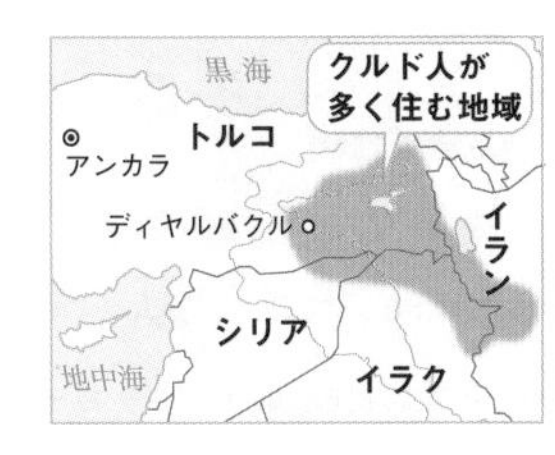

現在も中東に多く住む民族で、勇猛で知られています。現在、IS（イスラム国）と激しい戦闘を続けているのは彼らなのですよ。サラディンはこのクルド人出身なのですが、騎士道を守る武人として有名な人物です。イェルサレムを十字軍のキリスト教徒から奪還した時、イェルサレムに住むキリスト教徒には決して乱暴をしませんでした。サラディンとキリスト教徒や十字軍のつながりはコラムでも取り上げますよ。

サラディンは**カイロ**をアイユーブ朝の都にし、多くの学校を建てて文化を盛んにする一方、貧者や寡婦の保護も熱心におこなっています。しかしサラディンが亡くなった後、アイユーブ朝はガタついてしまいました。と、言うのもサラディンの後継者たちが防衛のために

マムルーク(トルコ人の軍人奴隷)をたくさん雇いすぎてしまったのです。最後のスルタンが亡くなった後、奥さんがマムルークと再婚したためアイユーブ朝が断絶し、1250年に**マムルーク朝**が誕生しました。都はやはり**カイロ**です。第5代スルタンの**バイバルス**の時、ついにモンゴル軍がエジプトに向かって侵入を開始します。バイバルスはマムルークたちを率いて出撃、1260年にモンゴルの撃退に成功しました。

最強のモンゴルによく勝てたね!

マムルークも強かったし、モンゴル側は肝心のフレグがお家騒動により東に戻って行ったし……、となりますが、ここらへんがモンゴルの力の限界だったのでしょう。日本への「元寇」の14年前の出来事です。

バイバルスは殺されたアッバース朝のカリフをカイロで復興し、メッカとメディナを保護下に入れました。まあ日本でも都が京都から東京に遷(うつ)ったように、イスラーム世界の中心もバグダードからカイロに代わっていったのです。

このカイロやアレクサンドリアを中心に活躍していたのがイスラームの**カーリミー商人**です。紅海を通じてインドと海路を結んだ貿易に活躍します。この船乗りシンドバッドたちは、一時は香辛料貿易を独占する勢いでしたが、16世紀の大航海時代にヨーロッパ人が進出して来ると世界貿易から脱落してしまいます。

第3幕 モロッコで燃え尽きたイスラームの情熱

さあて、さらに西のアフリカ北岸だが、地中海に面するこの地域はマグリブ地方と呼ばれており、**ベルベル人**が多く住んでいます。ベルベル人はいろいろな人種が混交している人々で、1998年のサッカーワールドカップでフランス代表となって優勝したジダン選手は両親ともアルジェリア出身でベルベル人です。ベルベル人は最初、イスラームの支配には抵抗していたけれど、11世紀半ば頃からイスラームに改宗し、いくつものイスラーム王朝を築きます。その中でもモロッコに11世紀におこった**ムラービト朝**は遊牧民のベルベル人がスンナ派の信仰を基礎にして作った王朝で、**マラケシュ**に都を作ります。ムラービト朝はシーア派のファーティマ朝と対立し、イスラームを広めるためにイベリア半島やアフリ

カ奥地のガーナまで攻め込んだことで知られています。宗教的情熱にかなり燃えていた王朝でした。

おやおや、とんでもない「村人」ですねえ

ともかくも、都市生活が長くなると、情熱もしだいに消えてしまい、12世紀に新しくおこった同じベルベル人の**ムワッヒド朝**に滅ぼされてしまいます。

11世紀のイスラーム世界

12世紀中頃のイスラーム世界

ムワッヒド朝もマラケシュに都を置きますが、イベリア半島のキリスト教徒の**国土回復運動**(レコンキスタ)を受けて、しだいに後退していきました。ちなみに、国土回復運動というのはイベリア半島北部に住むキリスト教徒がイスラーム教徒からイベリア半島を奪い返す運動を指します。

このベルベル人の二つの王朝の都となったマラケシュですが、現在も商業で栄えている町でして、特にフナ広場の屋台はめちゃくちゃ美味しいらしいですよ(→)。

ドクターは現代のこともよく知っているのねー

もちろん！　日本にタイムスリップしてずいぶん経っているからね。

終曲　イベリア半島で最後に咲き誇った文化の花々

イベリア半島でイスラーム教徒の力がしだいに衰えてしまったのは、キリスト教徒を完

全に制圧できなかったためです。実はイベリア半島の中央部は荒地が多く、あまり魅力のある土地ではなかったのでイスラーム教徒は中央部を何が何でも支配する気はありませんでした。そのため、イベリア半島北部のキリスト教徒に反撃する機会を与えてしまったのです。国土回復運動のことをスペイン語で**「レコンキスタ」**と呼ぶのですが、Reは「再び」、conquistaは「征服」という意味ですから、レコンキスタとは**「再征服」**という訳になりますね。

13世紀にムワッヒド朝が滅亡した後、イベリア半島南部では小さなイスラーム王朝が多く分立してしまいました。そのためにイベリア半島ではキリスト教徒の勢力がしだいに強くなってきたのです。そして、同じ13世紀に成立した**ナスル朝**がイベリア半島最後のイスラーム王朝となってしまいました。このナスル朝が都の**グラナダ**に作ったイスラーム建築が**アルハンブラ宮殿**です。不安と黄昏は文化を育てるのかもしれません。衰退するイスラーム王朝が作ったこの宮殿は本当に見事な人類の宝です。

復習ポイント

11〜14世紀にかけての、エジプトや北アフリカなどの西方イスラーム世界の王朝を整理してみよう。

アクティヴィティ

イスラームの諸王朝の都で訪れてみたいところはどこですか。外務省の現在の渡航情報で安全も確かめてみましょう。

イスラーム史④年表

1056年　北アフリカにベルベル人がムラービト朝を建国（都：マラケシュ）

「なんだか『村人』朝って言っちゃいそうだね」

1130年　北アフリカにムワッヒド朝が建国

「これも『うわっ、ひどい！』って言っちゃいそうだね」

1169年　エジプトにサラディンがアイユーブ朝を建国（スンナ派）

「へー、アイユーブってサラディンの家系の名前だったんだね」

13世紀中頃　イベリア半島南端にナスル朝が建国される（都：グラナダ）

「この王朝は都と**アルハンブラ宮殿**を覚えよう」

1250年　エジプトでマムルーク朝が建国される

「まさかトルコ人の軍人奴隷が王朝を作るとは……」

1258年　モンゴルのフレグがアッバース朝を滅ぼしイル＝ハン国を建国

「イル＝ハン国の都が**タブリーズ**という町なのには気をつけよう」

13世紀中頃　マムルーク朝のバイバルスがモンゴル人を撃退

1295年　イル＝ハン国のガザン＝ハンがイスラームを国教にする

「改宗した王様は試験に出やすいから注意しよう！」

最後の門　下の問題は大学入試問題を出典にした問題です。答えなさい。

問1

(1)　北アフリカの代表的な遊牧民で、イドリース朝やムラービト朝建国の支持基盤となった民族は何か、その名を記せ。

(2)　ファーティマ朝を滅亡させ、エジプトを中心に新たなスンナ派王朝を創建した人物は誰か、その名を記せ。

（京都大・改）

問2　イェルサレムについて述べた文として正しいものを、次のア～エのうちから一つ選びなさい。

ア・サラディン（サラーフ＝アッディーン）は、イェルサレムを奪回した。

イ・ユダヤ教徒は、イェルサレムに岩のドームを建設した。

ウ・イェルサレム王国は、アイユーブ朝によって滅ぼされた。

エ・ウマイヤ朝は、イェルサレムを首都とした。

（早稲田大）

英雄サラディンの涙

サラディン。本名はサラーフ=アッディーン。クルド人の武将である。現在もシリアにはクルド人が多いが、サラディンはイラクのアイユーブ家に生まれている。ダマスクスで神学を学び、おじさんに従ってエジプトのファーティマ朝で武将として活躍している。おじさんが亡くなった後、ファーティマ朝の宰相となった若きサラディンは、1169年についにアイユーブ朝をおこした。

サラディンは小柄かつ細身の体つきで、ヒゲは短く手入れがよかった。いつも憂いを帯びた表情だったが、微笑みを浮かべると人をひきつける魅力があった。熱心なスンナ派の信者であったが、キリスト教徒に対しても紳士的な態度を崩していない。唯一、サラディンが許さなかったのは暗殺を好むテロリスト教団であった。

＊

その当時、ヨーロッパのキリスト教徒たちによる十字軍によってイェルサレムは占領され、多くのイスラーム教徒が殺されていた。1187年、サラディンは聖都イェルサレムを攻撃し、ついに奪回に成功する。今度はキリスト教徒たちが虐殺される番である。聖都に堂々の入城をしたサラディンにキリスト教徒たちはひざまずいて命乞いをした。そのほとんどは女・子どもである。彼らの姿を見たサラディンは顔を曇らせた。そしてサラディンは言った。「**キリスト教徒の命を奪ってはならない。イスラームの教えでは捕虜は身代金を払うものだが、キリスト教徒たちからは身代金も取ってはならない。彼らへの暴力は許さぬぞ**」

サラディンのあまりの寛大さにキリスト教徒は強い感銘を受けた。

ある時、嘆き悲しむキリスト教徒の女がサラディンのもとにやって来て訴えた。「**昨日、ムスリムの泥棒が私の家に入り込み、幼い娘をさらって行ったのです。サラディン様は情け深い王様と聞きました。なにとぞ私の娘を取り返していただけないでしょうか**」。これを聞いたサラディンは母の悲しみに深く心を動かされて涙を流し、部下を奴隷市場へやって娘を探させた。1時間も経たぬうちに部下は娘を肩に担いで戻って来た。娘を抱いて土下座し、サラディンに感謝の言葉を叫ぶ母の姿に、サラディンも再び涙を流して喜ぶのであった。

＊

イェルサレムを奪回するために、1189年、第3回十字軍が起こされた。リーダーとなったのはイングランド王リチャード1世である。粗暴で知られた王だったが、サラディンと戦うも勝つことができない。病で倒れたリチャード1世のもとにサラディンのお見舞いの品が届けられた時、リチャード1世はサラディンの騎士道精神に打たれてつぶやいた。

「サラディンこそ、最も強力で偉大なイスラームの指導者だ……！」

カイロに学校を建て、貧しい人々の福祉にも心を砕いたサラディンの姿はムスリムの英雄として、キリスト教徒の間にも伝説として語り伝えられている。

13〜14世紀のイタリアの大詩人ダンテは、『神曲』の中で「キリスト教徒でなかった偉大な人々」がおもむく平穏なあの世に、ホメロスやカエサルと並んで静かにたたずむサラディンの姿を描いている。

解答と解説

復習ポイント の答え

（例）シーア派王朝（二重線の枠）
トルコ系王朝（太線の枠）
モンゴル系王朝（点線の枠）

	イベリア半島	北アフリカ	エジプト	西アジア
11世紀	北部キリスト教諸王朝	ムラービト朝 1056~1147	ファーティマ朝 909~1171	セルジューク朝 1038~1194
12世紀		**ムワッヒド朝** 1130~1269	アイユーブ朝 1169~1250	（十字軍の侵入）
13世紀	ナスル朝 1232~1492		**マムルーク朝** 1250~1517	**イル=ハン国** 1258~1353
14世紀	1492年滅亡		1517年滅亡	

大まかな見取り図でもかまわないので、各王朝の順番と位置を覚えておきましょう。

アクティヴィティ の答えの一つ

その時々の事件などで海外の安全性は変わります。ネットで「**外務省海外安全ホームページ**」を検索すると、現在の中東の安全度がわかります。中世に戦場であった**イェルサレム**は、現在の危険性においては訪問に差しつかえるほどではありません。しかしシリアの**ダマスクス**への渡航はテロ事件により大変に危険です。またエジプトの**カイロ**、イラクの**バグダード**もテロ事件が起こるため、情報に注意する必要があります。モロッコの**マラケシュ**は観光地として有名ですが、ネットなどで安全情報の確認は必要です。

最後の門 の答え

問1　(1)　ベルベル人　　(2)　サラディン
問2　ア

（解説）

問2
イ：イェルサレムにある「岩のドーム」はイスラーム教徒が建てたもので、ムハンマドが天国に旅立った場所に立っていたとされる岩があります。現在は内部に入れません。
ウ：イェルサレム王国は十字軍が建設した王国で、マムルーク朝によって1291年に港町アッコンが陥落し滅亡しています。
エ：ウマイヤ朝の都はシリアのダマスクスです。

インド・アフリカ・東南アジア
――ブツの交易が促す宗教の交流

インドと言ったらカレーですねえ♥

香辛料をたくさん使っているから、中世の人にとってはものすごくぜいたくな料理です。香辛料の多くは南アジアや東南アジアでしかとれないものが多いからね。聞いた話では、第二次世界大戦中の日本は香辛料が手に入らなかったためにカレーが食べられなかったそうだ。

前奏曲　インドのイスラーム王朝はゴール朝からスタート

12世紀中頃、アフガニスタンに**ゴール朝**というイラン系のイスラーム王朝が生まれた。すでに10世紀にはトルコ系の**ガズナ朝**が北インドに侵入を繰り返していたが、ガズナ朝を滅ぼしたゴール朝も同じように北インドに攻め込んでいる。理由は豊富なインドの食糧と富だ。ただし略奪が主で、インドに本拠地を置こうとは考えていなかった。そこへインドに魅了されていた一人の男があらわれた。その男の名前は**アイバク**。

第1幕　北インド――成り上がりの奴隷が王となる

元々アイバクはマムルーク（トルコ人の軍人奴隷）です。彼についてはコラムに詳しく書いておきました。ゴール朝の将軍として軍を率い、インドに侵入した時、アイバクはインドへの定住を決意し、デリーを都として北インドにイスラーム王朝を建設します。奴隷出身のアイバクが作ったこの王朝を「**奴隷王朝**」と呼びます。これが1206年。奴隷王朝はインド初のイスラーム王朝でした。

アイバクの後にやはりデリーを都として五つの王朝ができますが、五つともすべてイス

ラームの王朝なので、これらを総称して「デリー＝スルタン朝」(1206～1526年)と呼びます。デリー＝スルタン朝はちょうど320年間続きました。デリー＝スルタン朝の順番は下です。

奴隷王朝→ハルジー朝→トゥグルク朝→サイイド朝→ロディー朝

え、その五つの王朝って全部覚えるのですか？

全部覚えなくてもいいと思うけど、まあ用心に越したことはない。私が思うに**ティムール**がらみの王朝を覚えるのが大切だね。

ティムールは14世紀に台頭した武将で、西アジア～中央アジアを支配した人物だ。**トゥグルク朝**はティムールの侵攻を受けて衰退した王朝だし、**サイイド朝**はティムールの部下が建てた王朝だ。この300年以上続いた**デリー＝スルタン朝**だけれども、最後には同じイスラームである**ムガル帝国**によって滅ぼされてしまうのです。

第2幕 東南アジア――イスラーム化により大繁栄

テーマ21でも紹介していたように東南アジアは交易の中心地でしたから、文化の波が東から西から押し寄せてくるのです。船乗りシンドバッドのようなムスリム商人も貴重品を求めて、東南アジアや中国までも訪れていました。ムスリム商人たちが乗ってきたのは**ダウ船**と呼ばれる船で、逆風でも進むことができる優れた帆船です。インドには力ずくで侵略をしてイスラームを広めたムスリムですが、東南アジアや中国には平和に交易を通じて信仰を広めていったのです。特に東南アジアは中国商人たちも**ジャンク船**というしっかりした構造の船でやって来て交易をしており、商人同士の交流が盛んでした。

このような中で東南アジアにもイスラームの教えが浸透するようになり、13世紀にはイスラーム国家がスマトラ島北部に誕生しました。

ごめん、ドクター。地名がよくわからない

では、もう1回地図で確認するとよいね。現在の国や島の名前を覚えておくと東南アジアの歴史がぐっとわかるようになるよ。東南アジアで特に重要な大事件は**15世紀半ばにマラッカ王国の国王がイスラームに改宗したことでしょう**。入信の動機は日本のキリシタ

ン大名と同じで、イスラーム商人を招き寄せるためでした。しかし、キリシタン大名と同じように、マラッカ国王がしだいに信仰に目覚めたことにより、イスラームが東南アジアに広まる大きなきっかけとなっていったのです。後にジャワ島やフィリピン南部にイスラームが広まったのは、マラッカ王国の影響が大きいですね。その結果、ジャワ島ではヒンドゥー国家であったマジャパヒト王国が滅びた後に、16世紀後半から東部に**イスラーム**の**マタラム王国**が成立するようになります。

イスラームとの付き合いが功を奏し、マラッカ王国は大変に栄えますが、金持ちの家は強盗に襲われやすいもの。マラッカ王国は1511年にアジアに進出したポルトガルによって滅ぼされてしまうのです。

第3幕 アフリカ――エジプト以外の3か所の地域に注目すべし

次はアフリカです。しかしベルベル人居住地以南のアフリカの記述は教科書ではあまりないんですよ。

第1場：ナイル川上流地域

日本では古代エジプトばかりが有名なのですが、実はナイル川の上流には古代から文明が栄えていたのです。な、なーんと紀元前10世紀からナイル川の上流には**クシュ王国**が栄えていたのです。この王国は黒人王国で、紀元前8世紀にはエジプトに侵入して、テーベを支配しました。ところが約100年後に残酷なことで有名なアッシリアがエジプトに押し寄せてきて、オリエントを統一してしまったので、クシュ王国はナイル川上流に後退します。この時に**メロエ**という町を都にし、アッシリアから伝えられた製鉄と、紅海に近い

地の利を生かした商業で大いに栄えました。商業をやるなら文字を知らないと不便なので、**メロエ文字**という文字まで作っています(残念ながら未解読)。都がメロエに遷ったので、紀元前7世紀以降のクシュ王国をメロエ王国とも呼びますよ。実はクシュ王国がエジプトを支配していた時代にエジプトのピラミッドから大きな影響を受けて、メロエ王国では都のメロエの近くにピラミッドが多く作られています。下のイラストにもありますが、エジプトのピラミッドよりは小さめです。

このメロエ王国も4世紀半ばになると、南から勢力を伸ばした**アクスム王国**によって滅ぼされてしまいます。このアクスム王国は現在のエチオピアに生まれた王国です。伝説によると紀元前1000年頃にエチオピアのシバの女王が、賢者として名高いヘブライ王国のソロモン王の知恵を試すためにイェルサレムを訪問したらしい。その際に愛し合うようになった二人の間に子どもができ、その子がアクスム王の遠い先祖になったと言われています。本当だとしたらロマンチックな話だね。この伝説でも察することができますが、アクスム王国は古くはユダヤ教、そして後には**コプト教会**を信じる国となります。紀元後4世紀には紅海を利用した貿易で都のアクスムは大いに栄えたようです。

第2場：西アフリカ地域

西アフリカ方面では7〜13世紀まで金と塩の交易で活躍した**ガーナ王国**が何と言っても有名だ。

ガーナといえばチョコレート♪

いや、それは現在のガーナ共和国で、カカオ豆の産地として有名ですが、昔のガーナ王国とは違う場所にあります。昔のガーナ王国は北方のサハラ砂漠でとれる岩塩と、南の**ニジェール川**付近でとれる黄金を交換する中継貿易で栄えた黒人王国です。しかしさっきも言ったように金持ちは泥棒に狙われるもの。ガーナ王国も北の**ムラービト朝**に襲われて、衰退してしまいます。西アフリカではムラービト朝の影響でイスラームを受け入れるようになりますが、13世紀になると**マリ王国**が生まれ、やはり黄金の貿易で栄えました(現在のアフリカのマリ共和国は、この王国にあやかって命名されました)。

14世紀前半のマリ王国の王、**マンサ＝ムーサ**はメッカに巡礼に出かける途中でカイロに寄って金をバラまき、そのお大尽ぶりで有名になりました。

44

金をバラまくなんて『千と千尋の神隠し』のカオナシみたいですね

15世紀になるとマリに代わって**ソンガイ王国**が西アフリカを支配しました。マリ王国からソンガイ王国にいたる王国の中心となったのが**トンブクトゥ**で、モスクや大学まであった立派な文化都市でした。

第3場：アフリカ東海岸地域

アフリカの東側はよい港が多く、昔からアラビア人が交易のためによく訪れていました。**マリンディ**や**モンバサ・キルワ**などは黄金や香辛料の貿易で賑わった港です。そのために東アフリカではアラビア語の影響を受けた**スワヒリ語**が共通語となりました。

より南のザンベジ川周辺も貿易によって国々が栄えます。その代表が**大ジンバブエ**の遺跡で、石造りの大きな遺跡です。作られた時期はだいたい14世紀頃。しかし1500年頃大ジンバブエは環境の悪化などで衰退し、その後を**モノモタパ王国**が引き継ぎます。モノモタパ王国も貿易で栄えたのですが、後にアフリカ東岸に進出したポルトガルにしだいに侵入され、周辺諸民族の侵入により滅ぼされてしまいます。

復習ポイント

インド、東南アジアそしてアフリカにイスラームが伝えられていく順番を、次のページの年表を見て整理してみよう。

アクティヴィティ

アラビア語やスワヒリ語、インドネシア語、ペルシア語（イランの言語）は日本ではどの学校で勉強できるでしょうか。探してみよう。

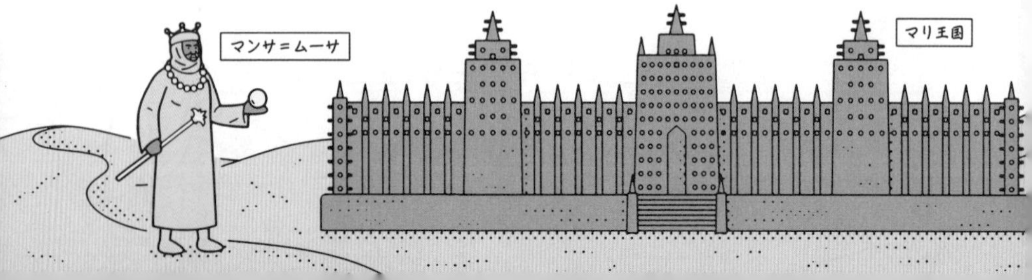

イスラーム年表⑤

7～13世紀	西アフリカにガーナ王国が成立 →岩塩と金の中継貿易で栄える
1206年	北インドにアイバクが奴隷王朝を建国（都：デリー） →デリー＝スルタン朝（～1526年）の始まり
1240年	西アフリカにイスラーム国家のマリ王国が成立
1324年	マリ王国の王マンサ＝ムーサのメッカ巡礼 「当時、人類史上最高の大金持ちはマンサ＝ムーサで、その資産は35兆円！」
1464年	ソンガイ王国の勃興でマリ王国が衰退 「マリ王国から西アフリカの経済的中心はずっとトンブクトゥだった」
10世紀～	東アフリカでマリンディ・モンバサ・キルワなどの港が栄える
13～15世紀	東アフリカに大ジンバブエが栄える
15世紀中頃	マラッカ王国の王がイスラームに改宗→東南アジアのイスラーム化の始まり
16世紀後半	ジャワ島東部にイスラーム国家のマタラム王国が成立 →ヒンドゥー国家のマジャパヒト王国の滅亡後に、ジャワ島初のイスラーム国家が生まれる

「年代順に並べたので、地域別に整理し直すとわかりやすくなるよ」

最後の門　下の問題は大学入試問題を出典にした問題です。答えなさい。

（前略）活性化したサハラ砂漠越えの長距離交易に促されて、ギニア湾に注ぐ西アフリカの大河である（　A　）川の流域などを中心に、13世紀前半におこるマリ王国、さらには、ガオやトンブクトゥなどの諸都市を支配し、アスキア＝ムハンマド王の時代に最盛期を迎えた（　B　）王国のような大規模なイスラーム国家が興亡することになった。

これに対して、東アフリカにおけるイスラームの浸透に大きな役割を果たしたのは、モンスーンを活用したインド洋の海上交通だった。そこでの遠隔地交易の活動を支えたのは、ペルシア湾やアラビア海を中心に交易で利用されるようになった（　C　）船である。鉄が用いられないこの三角帆の木造船の中には、積載量が180トンに達する大型船もあった。（中略）

このインド洋の海域世界の一部として、13世紀頃から、現在のソマリアからモザンビークにいたる東アフリカの海岸部にマリンディ、モンバサ、ザンジバルなど数多くの交易都市が興隆した。（中略）そこでは、アフリカのバントゥー系の言語が外来のアラビア語などと接触して生まれた（　D　）語を基に一つの文化圏が形づくられていった。

（　A　）～（　D　）にあてはまる適語を書きなさい。　（慶応大・改）

とあるマムルークの物語

バグダードの市場では今日も奴隷たちが売られていた。その中にはトルコ人の少年奴隷も並べられている。でっぷり太った奴隷商人が人々にしわがれた声をはり上げて口上を述べていた。

「さあさあ、お立ち合い。

トルコ人は戦争に強いことは知ってのとおり。強いボディガードになるよぉ！」

さて、この奴隷市場で整った顔立ちをして、目つきの鋭い少年が売られていた。この少年を買った軍人は、「**アイバク**」と名付け、武芸を教えて徹底的に鍛え上げた。アイバクの利発さに驚いた主人が学問を教え込んだところ、アイバクは優秀な成績をあげるようになった。

青年になったアイバクは主人を守って戦場をめぐり、しだいに優れた能力を示すようになる。**ゴール朝**の王がこのアイバクに目を付け、主人に頼んで特別にアイバクを譲ってもらうと、アイバクはゴール朝の将軍となって活躍するようになった。

さて、イスラーム教の王朝であるゴール朝はアフガニスタンを本拠地としていたが、隣にある豊かなインドによく攻め込んでいた。

そのやり方は攻め込まれたインドからしたら野蛮そのもので、ひたすら略奪を繰り返し、ヒンドゥー教徒を異教徒として皆殺しにして、満足すると本拠地のアフガニスタンに帰って行くのが毎回のパターンだった。

アイバクもイスラーム教徒だったがこのようなゴール朝の侵略の仕方に不満を持っていた。彼はインドに深い憧れを持っていたのである。

「インドはなんと豊かな土地であろう！

特にガンジス川流域は土地が肥えている。ゴール朝はインドをさんざん侵略しているのになんでインドに本拠地を置かないのか？

岩山だらけのアフガニスタンでは貧しい未来しかないのに」

＊

ある時、アイバクはゴール朝の王の命を受けて、将軍としてインドに軍を進め、ガンジス川流域を制圧した。

しかし彼は略奪も虐殺もしなかった。緑あふれるこの豊かな地に永住する決意を固めていたのである。彼はさっそくお触れを出し、**ヒンドゥー教徒に乱暴を働かないことと、人頭税を払う限りヒンドゥー教の信仰の自由を認めること**をヒンドゥー教徒に約束した。

アイバクはこうしてヒンドゥー教徒を味方に付けると、インドを本拠地としてゴール朝から独立し、自分が王として新しい王朝を築いた。このインドで初めてのイスラーム王朝は、創立者アイバクがマムルーク（トルコ人の軍人奴隷）であることから「**奴隷王朝**」と呼ばれている。

アイバクはイスラーム王朝であることを示すためにデリー郊外に壮大なモスクを築いたが、「**クトゥブ＝ミナール**」と呼ばれるこのモスクのミナレット（尖塔）は高さが約73mもあり、近代以前のモスクのミナレットとしては世界一の高さを誇っている。

解答と解説

復習ポイント の答え

一番よいのは表にして整理してみることだろう。

（例）

	西アフリカ	ナイル川上流	東アフリカ	北インド	東南アジア
	7C〜13C中	**クシュ王国** （前10C〜4C） ↓			
7世紀	**ガーナ王国** 成立 ↓	**アクスム王国** （紀元前後〜12C） **アクスム王国はキリスト教**	**大ジンバブエ遺跡**の建造（11C〜）	**アイバク**、北インドに**奴隷王朝**を作る（1206年）	
13世紀	↓ **マリ王国** 成立　1240〜1473		**モノモタパ王国**の成立（11C） （マリンディ・モンバサ・キルワなどの港がインド洋貿易で栄える）	↓	
14世紀	↓			**デリー＝スルタン朝** 奴隷王朝	**マラッカ王国** 成立（14C末） ↓
15世紀	↓ **ソンガイ王国**成立　1464〜1591			ハルジー朝 トゥグルク朝 サイイド朝 ロディー朝 ↓	**マラッカ王国**の国王が**イスラームに改宗**（15C半ば）
16世紀				**ムガル帝国**が成立（1526年）	**マタラム王国** 成立（16C後半）

アクティヴィティ の答えの一つ

　専門的に勉強するならば、いずれのイスラーム諸国の言語も**東京外国語大学**か、**大阪大学外国語学部**で学ぶことができます。ただしスワヒリ語については、大阪大学外国語学部でのみ扱っています。いずれの言語も海外ビジネスに必要な言語となっていますので、近年は専門学校で教えるケースが増えてきています。

最後の門 の答え

（A）　ニジェール　　（B）　ソンガイ
（C）　ダウ　　（D）　スワヒリ

（解説）

　難しい単語があると迷いますが、基本の流れがわかっていれば難しくはありません。

　マリ王国の次の王国（ソンガイ王国）の名前さえ知っていれば大丈夫。

45 イスラーム文明
——「イブン」だらけで大混乱！

今日は文化史ですかー。あー、退屈ですねえ。

いや、イスラームの歴史の中でも文化史は大変に重要な位置を占めるものですよ。ヨーロッパの諸学問もイスラームの文化なくしては成立しなかったのです。それを私が直々に説明してあげましょう。

序曲 バグダードの学校での先生と生徒の会話

バグダードの少年「先生っ、なんでアラビア語を学ぶのですか？」

ウラマー（**知識人の先生**）「預言者ムハンマドに伝えられた神の言葉は**アラビア語**であったからだ。だから、まずアラビア語を知ることが神に近付く道なのだ。そのためには文字を覚えなくてはならない。だから学問をすることはイスラームでは特に大切にされているのだぞ」

少年「この学校は……、あ、立派な建物ですね」

ウラマー「財産を持っている人々が寄付したカネで作られた学校だ。そのような寄付制度を『**ワクフ**』と言うのだが、このような善行が盛んだったからこそ**マドラサ**と呼ばれる学校が多く建てられたのだ」

少年「しかし、大っ嫌いな**数学**までやらなくてはいけないのですか？」

ウラマー「高い文化を守り、後世に伝えていくのはわれわれムスリムの義務であるからね。数学や医学、哲学などの学問は古代ギリシアのものが優れている。君も学問に大いに励み、子孫にその学問を伝えなさい」

第1幕 他の文化と豊かな関係を築いていったイスラーム文明

イスラームが世界に広がるにつれ、『コーラン』の言葉であるアラビア語も普及するよう

になりました。世界で12億人以上の人がアラビア語を用いて祈りますが、アラビア語には独特の力強さがありますよ。

ねえ、ドクター、アラビア語の言葉を言ってみてー！

では、お祈りの中で一番有名な「信仰告白」(シャハーダ)を言ってみましょう。礼拝の中で正座してとなえるのです。

「ラー＝イラーハ・イッラッラー　ムハンマド　ラスールッラー！」

(アッラーの他には神はなし、ムハンマドはアッラーの使徒である！)

この言葉はサウジアラビアの国旗にそのまま書いてあります。この言葉を覚えていれば海外で危機的状況になっても、助けになるでしょう。

イスラームが世界中に広まったのは、軍事や貿易の影響もありますが、イスラームの根底に「平等」を愛する心があったことが大きいと思います。そしてアラビア語という共通の言葉を通じて「人類はみな兄弟」の理想を共有することが容易になったことも重要です。このようにしてイスラームを核とする文明は**普遍的文明**となっていきました。また、イスラームはヨーロッパやインドなどの異文化と接触し、それらの異文化を前向きに受け入れていきます。イスラーム文明とは他者と結び合う**融合文明**であり、他者を否定する文明ではないのです。例えばイランのイスファハーンという町にあるイマーム広場の建築はアラベスク文様を細かなタイルで表現したもので、イラン美術とイスラーム教の素晴らしい結婚の証拠と言えるでしょう。このような文化を**イラン＝イスラーム文化**と呼ぶのですが、他にも**トルコ＝イスラーム文化**や**インド＝イスラーム文化**があり、それらは融合文明としてのイスラームの豊かさを証明しています。

間奏曲　ちょっとしたイスラーム文明のヒントも知っておこう

もう一つ付け加えましょう。イスラームは都市型の文明です。元々文明は都市から生まれたものですが(テーマ19を見てください)、イスラームは貿易や商業を担っている遊牧の民に広がった宗教ですから、特に商業を重視します。したがってイスラーム圏では都市が栄え、**バザール**や**スーク**という市場が賑わいました。ちなみにバザールはペルシア語、スー

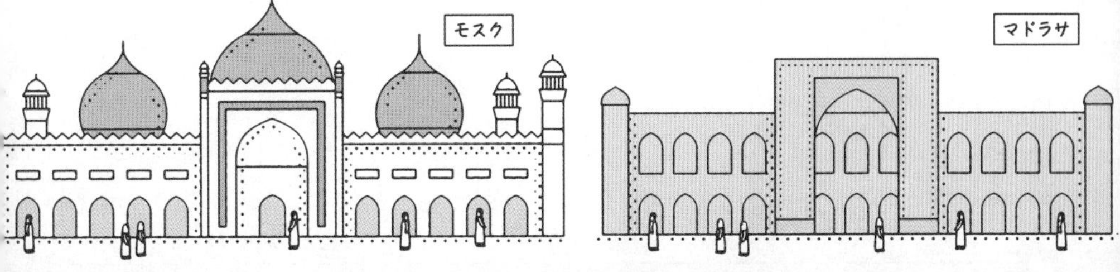

クはアラビア語で、両方とも「**市場**」という意味です。したがってイスラームの都市には必ず「モスク」と「学校」(マドラサ)と「市場」があるわけです。都市の市場ときたらやはり商売ですから、算数や数学が発達してきます。インドのような数学の先進地域との接触も刺激となっていました。例えばインドから「**ゼロの概念**」を導入して、**十進法**を発展させたことはアラブ人の優れた業績です。その結果、**アラビア数字**が生まれ、計算が非常に楽になったのです。

アラビア数字って何ですか？

ほら日常生活で使っている1、2、3、4…。これアラビア数字ですよ。なにはともあれ、計算問題をやってみよう。古代ローマで使われていたローマ数字は、今は時計盤などで使われている数字です(Ⅰ、Ⅱ、Ⅲ、Ⅳ…)。では、2894＋3628の計算をローマ数字(左)とアラビア数字(右)で比べてみよう。

ローマ数字	アラビア数字
ＭＭＤＣＣＣＬＸＸＸＸⅣ	2894
＋　ＭＭＭＤＣＸＸⅧ	＋3628

答えは？（Mは1000、Dは500、Cは100、Lは50、Xは10を指します）

えーと、おっ、6522だ！

あたりー！　どう、これでアラビア数字の偉大さがわかったかな？　特にインドから伝わった数学や、ギリシアから伝わった哲学・幾何学・医学は「**外来の学問**」に分類され、勉学が推奨されていたのだ。

第2幕　新たなポケモン、じゃなくて学問を進化させていくイスラーム

第1場：神秘主義

イスラームで重要なのは**スーフィズム**という**神秘主義**ですね。

その「しんぴしゅぎ」がやっぱり、わかりませーん！

神秘主義とは「神と一体化することを重んじる考え」です。だいたいイスラームでは宗教

が生活を細かく規定しているので、細かい規則にしばられがちでした。形式主義に反発した人々が主張したのが、「自らが中心となって神と結び付こうとする」神秘主義になります。神秘主義者のことを**スーフィー**と呼び、「羊毛で作ったそまつな衣服を着て修行に励む人」を意味します。神と一体化するのにはいろいろな方法があるのですが、その一つが「踊ること」。回り続けることで心を無にし、神と一体化しようと試みます。下のイラストは神秘主義のメヴレヴィー教団が回っているところ。11～12世紀のセルジューク朝の時代に活躍したイラン系神学者の**ガザーリー**は神秘主義の研究に努め、スーフィズムの理論化をおこなっています。その影響もあり、12世紀頃からスーフィーが中心となって、多くの神秘主義教団ができ上がり、アラビア語を話さない遠隔の地にもイスラームを広げるのに功績がありました。

第2場：歴史学

イスラームは優れた歴史家を輩出しています。ずらっと挙げただけでもタバリー、イブン＝ハルドゥーン、ジュワイニー、ラシード＝アッディーンと巨人ぞろいです。**タバリー**は9～10世紀のアッバース朝時代のイラン系歴史家で、イスラーム諸王朝の歴史を神学の観点から描いています。大物は**イブン＝ハルドゥーン**。現在のチュニジアのチュニス出身。チュニジアの位置はイタリアのシチリア島の西ですよ。イブン＝ハルドゥーンは14世紀に書かれた『**世界史序説**』という本の中で、都市と遊牧民の関係を論じ、諸王朝の興亡には法則があることを主張しました。いわゆる「歴史哲学」を築いたのですよ。

ジュワイニーと**ラシード＝アッディーン**は13～14世紀にモンゴル史を書いた歴史家です。ジュワイニーは『**世界征服者の歴史**』を書き、この本を基にしてラシード＝アッディーンは『**集史**』を書きました。この二つの本によってモンゴルの歴史が明らかになったのです。

第3場：数学・天文学・詩

他の文化を取り入れるのに積極的だったイスラーム世界では、数学などの抽象的思考に優れた成果を生み出しました。数学の分野での代表者は、方程式に代表される代数学を発展させた**フワーリズミー**や、天文学者であった**ウマル＝ハイヤーム**です。ところが天文学者・数学者のウマル＝ハイヤームは現在では詩人としての知名度の方が高い。その代表作『四行詩集』(『**ルバイヤート**』)は4行の詩から成る詩集ですが、詩は虚無的で、この世の無常を酒で晴らすような内容です。

45

あれ？　イスラーム教では酒はいけなかったんじゃないですか？

いやあ、隠れて飲む人はいたし、今もいる。実はね。

第４場：哲学

イスラームはギリシア哲学の精巧な論理を大変に愛し、大事にしていました。バグダードでは「**知恵の館**」という研究所が設けられ、古代ギリシア哲学などが学ばれています。特に**イブン=シーナー**（**アヴィケンナ**）や**イブン=ルシュド**（**アヴェロエス**）は医学を極め、さらにアリストテレス哲学の注釈に活躍しています。

イブン=シーナーの**『医学典範』**は当時世界最高の医学書として讃えられ、ヨーロッパの大学で研究されていましたし、イブン=ルシュドのアリストテレス研究はヨーロッパのスコラ哲学に大きな影響を及ぼしているのですぞ。

最終場：文学と旅行家

旅行家では**モロッコ**生まれの14世紀の旅行家**イブン=バットゥータ**だね。アフリカ・ヨーロッパ・インドそして中国まで回り『旅行記』（**『三大陸周遊記』**）を書いたことでも知られている。ほらふきマルコより洗練された文章だ。物語だと10～11世紀の**フィルドゥシー**が書いた**『シャー=ナーメ』**（『王の書』）がイランの国民的大叙事詩だし、**『千夜一夜物語』**（『アラビアン=ナイト』）は世界的に有名。あらすじはコラムをぜひ見てください。

復習ポイント

名前に「**イブン**」が付くイスラームの文化人の業績をまとめてみよう。

アクティヴィティ

実は「イブン」とはアラビア語で「息子」の意味です。他の言語で「息子」を意味する言葉はけっこう多くあります。調べてみましょう。

イスラーム文化史一覧表

（アラビア用語）	ウラマー　イスラームの学者：神学・法学に通じ、裁判官や教師を兼ねた。しかし聖職者ではないことに注意！
	ワクフ　寄付制度のこと。学校だけでなく病院やモスクも建てられた
	マドラサ　学校のこと。10世紀末以降、ウラマーを育成するための教育機関
	スーク（バザール）　市場。スークはアラビア語、バザールはペルシア語
	スーフィズム（アラビア語では「タサッウフ」）　神と直接一体化しようとする「神秘主義」のこと
（神学）	ガザーリー　神秘主義を理論化した神学者
（歴史）	イブン＝ハルドゥーン　『世界史序説』を書き、歴史の発展に法則性を主張
	ジュワイニー　『世界征服者の歴史』でモンゴル史を書く
	ラシード＝アッディーン　『集史』でモンゴル史を書く
（数学・天文学）	フワーリズミー　天文学と代数学を発達させた8〜9世紀の数学者
（詩）	ウマル＝ハイヤーム　天文学者・詩人。詩集『四行詩集』（『ルバイヤート』）で有名
（哲学）	イブン＝シーナー（アヴィケンナ）　哲学者・医学者。『医学典範』が主著
	イブン＝ルシュド（アヴェロエス）　哲学者・医学者。アリストテレス研究
（旅行家）	イブン＝バットゥータ　大旅行家。『旅行記』（『三大陸周遊記』）を書く

最後の門　下の問題は大学入試問題を出典にした問題です。答えなさい。

問1　（イスラームにおいて）「外来の学問」に分類されるものを一つ選び、その記号をマークしなさい。

ア・医学　　イ・詩学　　ウ・法学　　エ・歴史学

問2　次のア〜エのうち、スーフィズムに関する説明として間違っているものを一つ選び、その記号をマークせよ。すべて正しい場合はオを選べ。

ア・スーフィーとは、イスラーム法の外面的な形式よりも内面的な精神性や信仰を重んじて、修行に励む人々のことを言う。

イ・12世紀以降、特定のスーフィーがリーダーとなって多くの神秘主義教団が結成された。

ウ・セルジューク朝時代のイラン系神学者であるガザーリーは、イスラーム信仰の基礎としてスーフィズムの考えを理論的に体系化した。

エ・スーフィズムは、メッカから遠く離れたアフリカや中央アジアなどアラビア語を母語としない地域のイスラーム化を促す役割を果たした。（法政大）

『千夜一夜物語』(『アラビアン＝ナイト』)

シャフリアール王は美しい妻を愛していた。心の底から愛していた。しかし王が戦争から帰ってみると妻は悪魔にだまされて正気を失っていた。妻のあさましい姿を見てショックを受けた王はその時から女性が大嫌いになってしまった。怒り狂った王は都にいる若い女をみんな宮廷に呼び出して殺そうとしたのである。殺されてはたまらない。女たちは皆都から逃げ出してしまった。残っているのは大臣の二人の娘、シェヘラザードとドゥンヤザードの姉妹だけだ。ついにこの二人に王から呼び出しがかかった。父の大臣は泣きながら引きとめた。

「王様は正気を失っておられるッ。行けば殺されてしまうぞ！」

「大丈夫よ、お父様。シェヘラザードお姉様の賢さは国一番と評判ですわ。きっとお姉様なら王様の目を覚ましてあげられます！」

＊

宮殿では王が待ち構えていた。目が完全におかしい。

「おうおう、よく来たのぉ。ふふふふふふふ、では殺してやろう」

「お待ちください王様。これから私が毎日お話をいたします。もしそのお話がつまらなかったら、その時に私を殺してください」

「なにっ、話とな！？」

「ねえシェヘラザードお姉様、お話はどのくらい続くの？」

「さあ、千と一夜ぐらいかしら？」

「よしッ、千と一夜の間、わしに話をせい。もしもつまらなかったら、お前の首をはねてやるぞ！」

さあシェヘラザードの話が始まった。その面白いこと！

「アリババと40人の盗賊」、**「シンドバッドの七つの海の冒険」**、**「アラジンと魔法のランプ」**、**「空跳ぶ絨毯」**などのお話が毎日毎日！　夢中になったシャフリアール王は、シェヘラザードの話を心待ちにするようになった。千と一夜が経った時、王の正気を失った心も癒され、ついにかつての慈悲深い心を王は取り戻した。自分が犯してしまった罪を悔いた王は、改めてシェヘラザードに求婚して、新しいお妃にした。こうして二人は幸せに暮らしたと言う。

＊

以上が有名な**『千夜一夜物語』(『アラビアン＝ナイト』)**の大雑把な枠組みです。面白いのには理由がありまして、この物語はインドやイラン、ギリシアや中国などの話をまとめたものなのです。例えば「アラジンと魔法のランプ」の主人公のアラジンは中国人という設定になっています。このような、「たくさんの面白い話を一つの枠にはめてしまう」物語形式はイスラーム教徒が考えたものです。後にこの物語形式がヨーロッパに伝わり、『デカメロン』や『カンタベリ物語』という傑作が生まれるようになりました。

『千夜一夜物語』(『アラビアン＝ナイト』)の素晴らしさは、たくさんの芸術作品に影響を与えているところにあります。例えば皆さんはクラシックの管弦楽曲で**「シェヘラザード」**という曲があるのを知っていますか？　ロシアの作曲家**リムスキー＝コルサコフ**が書いたこの曲は色彩豊かなオーケストラ曲で、オリエントの夢幻と甘美な旋律に満ちています。特に第3楽章「若き王子と王女」を夏の夜、星空を眺める時に聴いてみてください。この音楽はあなたの悲しみも、苦しみもやわらげる力を持っています。

解答と解説

復習ポイント の答え

イブンだらけで混乱する場合は、表にしてまとめてみるとよい。出身地にも注目しよう。

時代	氏名	民族(出身地)	分野	業績・著書
10〜11世紀	**イブン=シーナー(アヴィケンナ)**	イラン系	医学・哲学	**『医学典範』が有名な著作。アリストテレス研究**
12世紀	**イブン=ルシュド(アヴェロエス)**	イベリア半島のコルドバ出身	医学・哲学	**アリストテレス研究で有名**
14世紀	**イブン=バットゥータ**	モロッコ出身	旅行家	**『旅行記』(『三大陸周遊記』)**
14〜15世紀	**イブン=ハルドゥーン**	チュニス出身	歴史	**歴史の発展に法則性があることを主張。『世界史序説』**

アクティヴィティ の答えの一つ

アラビア語では「イブン」は「〜の息子」の意味となります。父親の名前こそがアイデンティティの中心となるわけですが、この傾向はアラビア語に限らず、世界のいたるところに存在しています。

ロシア語なら人名に必ず「父称」が付きます。例えばマカロフ家の「アレクセイ」の息子のイワンなら、「イワン=アレクセーヴィッチ=マカロフ」と必ず父の名を名乗ることになります。女の子の「ナターリヤ」なら「ナターリヤ=アレクセーヴナ=マカロフ」となります。つまり「ヴィッチ」は「〜の息子」、「ヴナ」は「〜の娘」の意味となるのです。

ゲール語(古代ケルト人の言葉)はMcという字が姓に付く場合が多いのですが、これも「〜の息子」の意味。祖先がアイルランド出身の人々の名前によく付きます。例えばマッカーサーMcarthurは「アーサーの息子」、マクドナルドMcdonaldならば「ドナルドの息子」という意味になります。

最後の門 の答え

問1 ア
問2 オ
(解説)
問1 医学をはじめとする理数系学問はほとんどが「外来の学問」。
問2 実はここに書いてあるア〜エは全部本当です。「全部正しければオを選べ」はやっかいな問題。このように「全部正しければ〜」という問題の場合は、ともかくも全体を見わたしてみよう。「疑わしきは罰せず」もアリです。

ティムールとオスマン帝国
——西アジアの秀吉が起こした嵐

あれ、先生、なんかモゾモゾしてますね。

いや、前回「アラベスク」と「ミニアチュール」の紹介を忘れてしまったのですよ。これもぜひ、覚えてください。「アラベスク」は草花やアラビア語を華麗な文様にしたもの。「ミニアチュール」は小画面に描かれた精密な絵画で、中国絵画の影響を受けて発達した絵画です。いわゆる「ミニチュア」の語源だね。これらはイスラームが作り出した見事な美術なのです。

アジア昔話　ある羊泥棒の物語の始まり、始まり〜

昔々、中央アジアの山奥にふてぶてしい顔つきの少年がいたそうな。ある時、羊を盗もうとして見張り番に捕まり、半殺しの目にあったとさ。そのため、後々まで一方の足が不自由だったそうじゃ。「ああ、オレはこんな羊泥棒で終わっちまうのか」と半ば絶望していたその時じゃ。幸運が次から次へと湧き起こり、ティムールと名乗るこの少年は異例の大出世をとげて、中央〜西アジアにまたがる広大な帝国を築く大英雄になったのじゃ。

第1幕　ティムールこそは西アジアの豊臣秀吉？

14世紀中頃、チンギス＝カンの末裔(まつえい)のチャガタイ＝ハン国はイスラーム文化の需要をめぐる対立で分裂していました。そこに**ティムール**という風雲児が出現してきたのです。ティムールは担ぎ上げたチンギス＝カンの子孫の名代として暴れ回り、ついにチャガタイ＝ハン国とイル＝ハン国を滅ぼしてしまいました。そしてティムールは、中央アジアと西アジア一帯を支配する**イスラーム国家**の**ティムール帝国**を作り上げました。帝国の都は**サマルカンド**です。没落貴族から出世して天下を統一するとは、ティムールは日本の豊臣秀

吉とどこか似ていますね。

その頃、小アジアにあったオスマン帝国のスルタン**バヤジット1世**は、東ヨーロッパ諸国を1396年に**ニコポリスの戦い**で破り、ハンガリー王ジギスムントを命からがら敗走させ、ブルガリアを併合していました。

西方でドヤ顔をしているこのオスマン帝国が気に入らなかったティムールは、大軍を率いて西へ殺到し、オスマン帝国と小アジアのアンカラの地で激突します。両軍合わせて100万人にもなった、この1402年の**アンカラ（アンゴラ）の戦い**は1日で決まり、オスマン軍は総崩れとなってしまいました。逃げるバヤジット1世は落馬してしまい、ティムールの捕虜にされ、悲憤のあまり憤死してしまいます。

西の「目の上のタンコブ」を始末したティムールは、いよいよ最終目標の**明**（中国）に向けて進撃を開始します。多神教徒がたくさんいる中国はティムールにとって「ジハード」（聖なる戦い）の対象であったのです。しかし70歳近いティムールにとって中央アジアの山脈を冬季に越えるのはキツかった。結局、1405年に中国遠征の途中でティムールはついに亡くなってしまいました。ティムールの遺体は、彼が愛してやまなかったサマルカンドに葬られました。

そして、はるか後の1941年。ソヴィエト政府がサマルカンドのティムール廟を発掘し、ティムールのものと思われる人骨を発見しました。その足の骨には損傷があり、ティムールは歩行が困難であったことがわかったのです。**そして右がティムールの頭蓋骨から復元した彼の顔です**（→）。彼自身は自分をモンゴル系と主張していたのですが、顔の特徴を見るとトルコ系の血がかなり混じっていると思われますね。

間奏曲 ティムール朝のその後——子孫はご先祖の恥をそそぐが……

サマルカンドに残された建築物を見ても、ティムールは美術的なセンスを持っていることがわかります。しかし、自身は非識字者（字が読めない）だったことを苦にしていました。無学をバカにされることは苦しい体験ですからね。そこでティムールは自分の子孫には十分

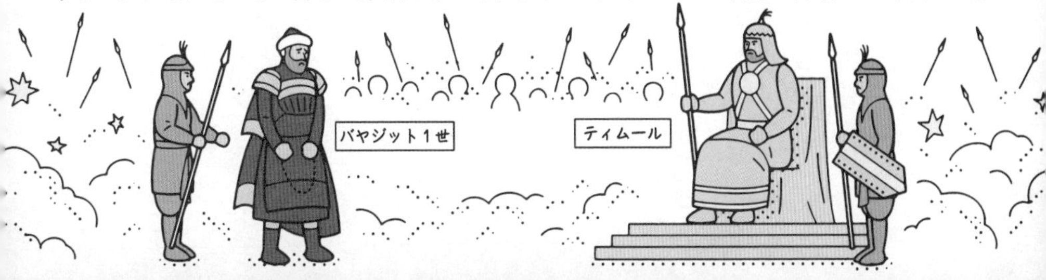

な教育を施したのです。ティムールの息子の**シャー=ルフ**は学問を深く愛し、またティムールの孫にあたる**ウルグ=ベク**は**天文台**を建設し、自らも数学者・天文学者として活躍しました。そのレベルは、と言うと、ウルグ=ベクは1年を365日5時間49分15秒と計測したのですが、実際の誤差は約25秒で、コペルニクスの計算よりも誤差が少ないのです。孫がおじいさんの無学を見事に挽回したわけですが、政治の能力はおじいさんの足元にも及ばず、最後は暗殺されてしまいます。

第2幕 オスマン帝国：その1 ——打撃は鉄を鍛える

13世紀の末、トルコ系の一部族が小アジアのアナトリア半島に流れ着きました。「長い旅だった……。ここらでわしらも根城を作れるとよいのじゃがのぉ」。その部族は創始者**オスマン=ベイ**の名前をとって**オスマン族**と名乗ります。しかし、同じトルコ系でも強大なセルジューク族のルーム=セルジューク朝とは大違い。「**1300年頃にオスマン帝国を建国**」とは言うものの、最初は苦難続きでした。**ブルサ**という山の中の町を都にはしましたが、遊牧の民に強大な王国や帝国が次々と襲いかかってきます。ある時、オスマン族の長の妃が敵の将軍にさらわれてしまいました。その将軍は妃に裸で自分の給仕をさせたと言います。その知らせを聞いたオスマン族は皆地に伏して泣きながら屈辱に耐えました。それ以来、オスマン帝国のスルタンは万が一の場合に備えて、決して「妃」を娶(めと)ろうとはしませんでした。母が敵の人質になったとしても部族の恥とはならないように、わざと奴隷に子を産ませたのです。オスマン帝国はこの苦難の中でしだいに、たくましくなっていきました。14世紀の中頃に活躍した3代目の**ムラト1世**はバルカン半島の**アドリアノープル**（現在のエディルネ）を都とします。1389年のコソヴォの戦いでバルカン半島のキリスト教徒を破ってバルカン半島支配を進めます。そして4代目の**バヤジット1世**の時にヨーロッパ諸国を圧倒する大勢力になったのですが、しかしバヤジット1世がティムールに敗北してしまったことは、先ほども言ったとおりですね。しばらくはティムール帝国の陰で停滞を余儀なくされたのですが、15世紀中頃に**メフメト2世**がスルタンになると勢いを盛り返します。どことなく顔も性格も趣味も、織田信長に似ているスルタンについてはコラムを見てください。**このメフメト2世こそ、コンスタンティノープルを1453年に陥落させ、1000年続いた東ロー**

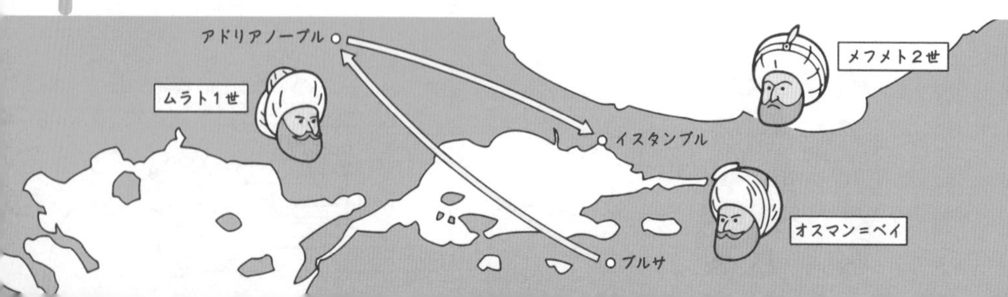

マ帝国（ビザンツ帝国）を滅ぼした人物なのです。この後、コンスタンティノープルは**イスタンブル**と名を改め、オスマン帝国の都となります。

第3幕 オスマン帝国：その2 ――「美少年狩り」を平気でやる！

メフメト2世の死後しばらくして、16世紀初めにスルタンとなった**セリム1世**は東のシリア方面に進出し、1517年にエジプトのマムルーク朝を滅ぼしてしまいます。モンゴルでさえ撃退したマムルーク朝もオスマン帝国の力にはかなわなかったのです。この時マムルーク朝の支配下にあったメッカとメディナの二つの聖地の管理権を手に入れたオスマン帝国は、名実ともにスンナ派イスラームの中心となります。

京都と江戸を手に入れたみたいなことですか？

お、いいたとえですね。実はこの体制、20世紀まで続きます。

セリム1世の死後に跡を継いだ**スレイマン1世**は、オスマン帝国の最盛期を築いたスルタンで、**「立法者」（カーヌーニー）**と呼ばれています。西アジア方面を攻めたセリム1世とは違い、ヨーロッパに攻撃を集中したのがこの人の特徴。1526年に**モハーチの戦い**でハンガリー王ラヨシュ2世を敗死させてハンガリーを征服し、さらに1529年には**ウィーン包囲**をおこない、ウィーンを陥落寸前にまで追い込みました。もしこの時、ウィーンがオスマン帝国のものになっていたら、ウィーン少年合唱団もウィーン・フィルも存在しなかったでしょう。この時、ウィーンを守ってくれたのは中央ヨーロッパの冬の寒さだったのです。

さらに1538年には**プレヴェザの海戦**で、**スペイン・ヴェネツィア・ローマ教皇**の連合艦隊を破り、地中海の覇権を確保しました。

ついに頂点に立ったスレイマン1世は、同盟を結んでいたフランスの商人に対し、ドヤ顔で**カピチュレーション**を認めてしまいました。このカピチュレーションというのは「**フランス商人の居住と通商の自由を認めたスルタンの恩典**」のことです。恩典とは「お恵み」のことなのですが、まさか恵んでやる相手が将来自分より強くなってしまうなんて、この時スレイマン1世は思いもしなかった。カピチュレーションを公に与えたのは、次代のセリム2世時代の1569年のことです。

46

さて**オスマン帝国の仕組み**について少し説明しましょう。オスマン帝国は騎士たちには奉公の見返りとして**徴税権**を与えています。これを**ティマール制**と言うのですが、以前勉強した**イクター制**と同じです。土地よりも徴税権の方を重く見たのですね（テーマ42を参照のこと）。

そして、次にオスマン帝国は領内に住む異教徒（キリスト教徒とユダヤ教徒）たちに信仰の自由と自治権を認めます。もちろん**人頭税**（ジズヤ）を払うという条件が付いていましたがね。こうして認められた異教徒の共同体を**ミッレト**と言います。そして征服された人々を積極的に取り立てて、役所や軍隊の中核に採用したのです。これを**デヴシルメ**と言うのですが、実際のやり方はかなり強引で、キリスト教徒の村を襲っては賢そうな美少年をさらって来るのです。

へー、美少年狩りかぁ。でも、なんで美少年なんですかね？

うーん、よくわかりません。信長の森蘭丸ではないが、きれいどころに囲まれた方がうれしいからじゃないかな。役に立ちそうな子をイスラームに改宗させて、国家の中核にするのです。その中で、日本の戦国武将の小姓ではないが、特に優れた子をスルタンの親衛隊にしたのです。この**親衛隊**のことを**イェニチェリ**と呼びます。右がその美少年軍団です（→）。

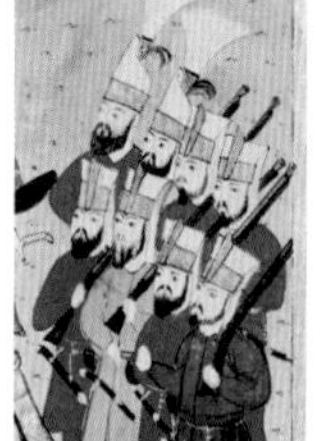

……

復習ポイント

オスマン帝国のスルタンのうち、重要人物を年代順にまとめてみよう。

アクティヴィティ

なぜオスマン帝国は、異教徒で編成したイェニチェリを作る必要があったのでしょうか？　考えてみましょう。

イスラーム年表⑥

(ティムール帝国)	1370年	ティムール帝国成立(都:サマルカンド)
	1402年	アンカラ(アンゴラ)の戦い(ティムールvsオスマン帝国のバヤジット1世) →バヤジット1世敗北、ティムールの捕虜となる
	1405年	中国遠征中にティムール死去
(オスマン帝国)	1300年頃	オスマン帝国建国(初代君主はオスマン=ベイ、都はブルサ)
	1389年	コソヴォの戦い(3代目ムラト1世がバルカン諸国を倒す)
	1396年	ニコポリスの戦い(4代目バヤジット1世がヨーロッパ連合軍を倒す)
	1402年	アンカラ(アンゴラ)の戦いでバヤジット1世がティムールに敗北
	1453年	メフメト2世がコンスタンティノープルを陥落させ、東ローマ帝国(ビザンツ帝国)を滅ぼす 「オスマン帝国の都はブルサ→アドリアノープル→イスタンブル」
	1517年	セリム1世がエジプトのマムルーク朝を滅ぼし、メッカ・メディナの支配権を獲得→スンナ派イスラームの中心となる
	1529年	スレイマン1世による第1次ウィーン包囲
	1538年	スレイマン1世、プレヴェザの海戦でスペイン・ヴェネツィア・ローマ教皇の連合軍を破る

最後の門 下の問題は大学入試問題を出典にした問題です。答えなさい。

問1 14世紀後半に、チャガタイ家の領域から(1)が頭角をあらわすと、その首都(2)を中心として学問が発達し、それを受けてペルシア語文化がユーラシア各地に浸透した。西方に遠征した(1)は、アンカラの戦いでオスマン帝国の君主(3)を破り、続いて東方遠征をおこなおうとしたところで死去した。

(1)〜(3)に最も適当と思われる語を入れなさい。 (津田塾大・改)

問2 オスマン帝国に関して、正しいものを選びなさい。

イ. オスマン帝国はハンガリー王ジギスムントが率いる連合軍をニコポリスの戦いで破り、ブルガリアを併合した。

ロ. オスマン帝国はコソヴォの戦いでロシアを破り、領土を拡大した。

ハ. オスマン帝国はビザンツ帝国からニケーアを奪い、一時首都とした。

ニ. オスマン帝国はシーア派のイスラーム教徒が政権を握る国家であった。 (早稲田大)

オスマン艦隊、陸をわたる

オスマン帝国のスルタン、メフメト2世は切れ長の黒い目とわし鼻、そして赤く薄い唇とひきしまった体をした若者だった。父王の死に伴い若くして即位した新王は、さっそく東ローマ帝国との和平を主張する大臣を呼び出し、冷たく言い放った。

「大臣よ、和平などはいらない。私が欲しいと思うものは一つだけ。**あの都、コンスタンティノープルだ**」

＊

めったに笑わないこの若者は、恐ろしく整った顔立ちをしており、口ヒゲの手入れを欠かさなかった。思考は合理的で科学を好み、新しい発明や技術は大胆に取り入れる。

メフメト2世が即位した頃ビザンツ帝国（東ローマ帝国）は完全に衰退し、ほとんどの領土はオスマン帝国に征服されていた。残っているのはコンスタンティノープルとその周辺だけである。

ところがこの**コンスタンティノープル**が堅固だった。

海に突き出た半島に築かれたこの都は、三方を海に囲まれ、残る一方には古代ローマ皇帝テオドシウスが築かせた三重の巨大な城壁がそびえていた。この難攻不落の壁が何度ものイスラーム教徒の攻撃をはね返してきたのである。あるイスラームの歴史家も嘆いている。

「この町だけはアッラーでも崩すことはできない！」

＊

若きメフメト2世もこの古くからの難攻不落の町には手を焼いた。

ただし、つけ込む手はある。この町には一か所だけ弱点があった。それは町の北側にある金角湾という湾だ。この湾沿いの城壁は意外にもろく攻撃に弱い。ただしそれはビザンツ側も気が付いており、湾に入れないように、湾の入り口は鎖で封鎖されていた。

この湾にトルコ艦隊が入るには、どうしたらよいか。

＊

メフメト2世は突然、不思議な命令を出した。

金角湾の北側にある山岳地帯に何万という兵隊や牛を集め始めた。そして巨大な板に樹脂を塗り、山の坂に並べさせると、その板の上にトルコ艦隊の軍艦を乗せ、兵隊や牛たちに引っ張らせたのだ。

何十隻もの戦艦がするすると山を登る姿はまさしく奇観であった。こうしてトルコ艦隊は山を越え、鎖を無意味にして、金角湾に浮かんだ。

コンスタンティノープルに立てこもるビザンツ帝国の兵士はこれを見て、死ぬほど驚いた。**トルコ艦隊が陸をわたったのである。**

＊

次の日、ついに最後の攻撃がおこなわれた。

メフメト2世がハンガリー人の発明家に作らせた巨大な大砲の威力が炸裂し、ついに金角湾沿いのコンスタンティノープルの城壁は破壊され、オスマン兵がなだれ込んだ。ビザンツ帝国最後の皇帝コンスタンティヌス11世は武器を取って、最後の戦いに臨み、ついに戦死した。町は完全に制圧され、オスマン兵による略奪が始まった。

町に乗り込んだメフメト2世は6世紀にユスティニアヌス大帝が作ったハギア（セント）＝ソフィア聖堂に入り、ひざまずいてアッラーに感謝の祈りを捧げると、この最古の伝統を誇る聖堂をモスクに変えるように命令した。

ここに東ローマ帝国はついに滅びた。1453年のことである。

解答と解説

復習ポイント の答え

時代	氏名	業績	都
13〜14世紀	**オスマン＝ベイ**	**オスマン帝国建国（1300年頃）**	**ブルサ**
14世紀後半	**ムラト1世**	**コソヴォの戦い（1389年）勝**	**アドリアノープル**
14〜15世紀	**バヤジット1世**	**ニコポリスの戦い（1396年）勝**	**（エディルネ**
		アンカラの戦い（1402年）負	**〔トルコ語〕）**
15世紀中頃	**メフメト2世**	**コンスタンティノープル陥落**	↓
		→東ローマ帝国滅亡（1453年）	**コンスタンティ**
16世紀初め	**セリム1世**	**マムルーク朝滅亡（1517年）**	**ノープル**
16世紀中頃	**スレイマン1世**	**モハーチの戦い（1526年）勝**	**（イスタンブル**
		→ハンガリーを支配	**〔トルコ語〕）**
		ウィーン包囲（1529年）撤退	
		プレヴェザの海戦（1538年）勝	
		カピチュレーション	
		→ヨーロッパ人に通商特権を与える	

皇帝やスルタンなどの政治権力者の業績は試験に出やすい。なぜなら、彼らこそ世界を動かす力を持っているからです。
オスマン帝国の歴代スルタンを表にして整理してみましょう。
こうして見てみると戦いの連続で、そのほとんどに勝利していますが、最後の「カピチュレーション」がオスマン帝国の重大なスキになってしまいます。

アクティヴィティ の答えの一つ

オスマン帝国は現地人（異教徒）の採用が目立ちます。政治や軍事の担い手がキリスト教徒であることが多いのです。基盤となるトルコ人の人数が元々少なかったこと、そのため軍人の数の不足に初期のオスマン帝国は悩みます。軍人が足りない場合、イスラーム世界では「マムルーク」という奴隷を買う習慣がありました。しかしマムルークは高くつくので、手っ取り早く現地の少年たちをさらってきて軍人にしたのです。このように現地人を拉致すれば、カネはいらないことに気が付いたオスマン帝国では、異教徒であっても自国に同化させて採用する方法をおこないます。異教徒出身であっても自国の宰相や将軍にまでも出世できる、このような「同化政策」がオスマン帝国による長期間の平和と安定を築いたのです。

最後の門 の答え

問1　(1)　ティムール　　(2)　サマルカンド
　　(3)　バヤジット1世
問2　イ
（解説）
ロ：コソヴォの戦い（1389年）の時には「ロシア」はまだ存在していない。ロシアの元になるモスクワ大公国は1328年には成立していたが、力を持つようになったのは、イヴァン3世が1480年にキプチャク＝ハン国から自立してからである。
ハ：オスマン帝国はニケーアを占領したが都にしていない。
ニ：トルコ人王朝のほとんどはスンナ派である。

サファヴィー朝とムガル帝国
——他者への寛容が実は成功への近道

いやー、イスラームもけっこう進みましたね。

今日はイランとインド。両方とも「イ」で始まる国だが、ちょっと特殊な国なので注意が必要ですね。イランはシーア派、それも十二イマーム派が多い国だし、インドはイスラームが人口の約15%しか占めていないのに、そのイスラームが重要な位置を占める国なのです。

前奏曲　落ちぶれるティムール帝国と、不気味に勢いを増す新興教団

ティムール帝国は、初代のティムールの頃はたしかにすごかった。しかし、跡継ぎは優秀だが政治力はナッシング。というわけで**ティムール帝国**は分裂したあげく、中央アジアから侵入してきたウズベクに滅ぼされてしまいます（このウズベクの子孫が作った国がウズベキスタン）。無政府状態の中、アゼルバイジャンを本拠地にして勢いを増してきたのが神秘主義を奉じるイスラームの新興教団だった。

第1幕　民衆のハートをゲットするためなら改宗もアリだ

このアゼルバイジャンから出てきてイラン全土を支配したのがサファヴィー教団の教主様、**イスマーイール**です。都を**タブリーズ**に置き、**サファヴィー朝**を建国しました。

アゼルバイジャンとかタブリーズとか言われてもわかりません

なるほど！　アゼルバイジャンの中心都市のバクーは油田でも有名ですよ。サファヴィー朝の最大領域と、タブリーズの場所も入れておきました。こうやって見ると、メソポタミアとイラン全土を支配する巨大な国ですね。しかし、ここまでくるのが大変でした。イスマ

ーイールが兄の教主様の戦死によって位についた時はわずか7歳。12歳の時に信者のトルコ系騎馬民を率いて兵をあげてアゼルバイジャン周辺の軍事王朝と戦い、1501年、わずか14歳でタブリーズに入城してサファヴィー朝を建国した人物です。

え、あたしよりも若い！

いや、番長どころの騒ぎではない。なかなかの豪傑ですね。このイスマーイールは戦って負けなしであったことから、「教主様の不敗神話」が生まれます。本人もそれを信じ込んだのか、よりによって西方の強国オスマン帝国に1514年に攻め込みます。オスマン帝国のスルタンはセリム1世で、チャルディラーンの戦いにおいて鉄砲や大砲を使ってサファヴィー朝を打ち破り、イスマーイールの傲慢な鼻を挫いてしまいました。それまで教主様をあがめていたトルコ系遊牧民たちは「なんじゃい、教主様もただの人間じゃないか」と離れていってしまったのです。これはまずいということで、人心をつなぎとめるため今までの神秘主義教団の衣を脱ぎ捨てて、新たにシーア派の中の**十二イマーム派**（テーマ41参照）を国教にしました。また自らの称号を、イランで「王」を意味する「**シャー**」にしたのも、支配地イランでの支持を集めるためでした。

少し変えて「シェー！」にするとアニメみたいですね

はて？　何はともあれ、この宗旨替えは成功し、イランやメソポタミア周辺に十二イマーム派が多く広まるようになるのですよ。

第2幕 イギリス人もうなる「イスファハーンは世界の半分だっ！」

イスマーイールが亡くなった後、サファヴィー朝は混乱状態に陥りましたが、王朝を再興したのが**アッバース1世**というシャーです。

豊臣秀吉がバテレン追放令を出した1587年に即位したアッバース1世は軍制を改革

し、今までのトルコ系騎馬軍団をやめて、ヨーロッパ風の砲兵隊や銃兵隊を編成します。そして新しい軍団を率いて混乱時代に失った領土を見事に取り返し、サファヴィー朝の最大領域を作り上げました。都もタブリーズから**イスファハーン**に遷(うつ)します。このイスファハーンは人口50万人を超え、「**イマーム広場**」の美しさは特に見事です。アッバース1世はオスマン帝国と対抗するために、西欧各国と同盟を結びますが、そのためにイスファハーンを訪れたイギリスの使節が町の壮麗さに感嘆して「**イスファハーンは世界の半分**(がある)」と言ったらしい。特にタイル美術の精巧さは圧倒的です。イスファハーンの位置は、カスピ海の真南にあるので気をつけてください。

第3幕への前奏曲 落ちこぼれお坊ちゃんの行き着く果てはインド

さて16世紀の初め頃、中央アジアにうらぶれた貴公子がいました。血筋はいい。父親の祖先はティムールで、母親の祖先はチンギス＝カンにつながる。ところがティムールの地であるサマルカンドをウズベクに取られてしまい、どうしても奪い返せませんでした。「ああ、まろはいかにせむ」と悶々としたあげく、サマルカンドはあきらめることにし、180度方向転換をしたのです。新しい目的地は**インド**でした。

第3幕 まさかの同級生。家康とアクバルの意外な共通点

この貴公子の名前は**バーブル**。目指すインドはデリー＝スルタン朝最後の**ロディー朝**で、アフガン人が作った王朝でした。大砲などの火器も少ない上に、まったりと油断しているので、ずる賢い中央アジアの騎馬遊牧民にくらべれば与(くみ)しやすい相手です。カイバル峠を越えたバーブルとその軍勢は1526年に**パーニーパットの戦い**でロディー朝の象軍を打ち破り、ついにデリーを占領して**ムガル帝国**を建国しました。「ムガル」とはアラビア語で「モンゴル」を意味します。バーブルはチンギス＝カンの血を引いているからね。

やっと自分の土地を手に入れたバーブルですが、インドという土地が気に食わない。インドには大好きなメロンが育たないことを不満たらたらとバーブルは自伝の『バーブル＝ナーマ』に書いています(実はチャガタイ＝トルコ語で書かれたこの『バーブル＝ナーマ』ですが、トル

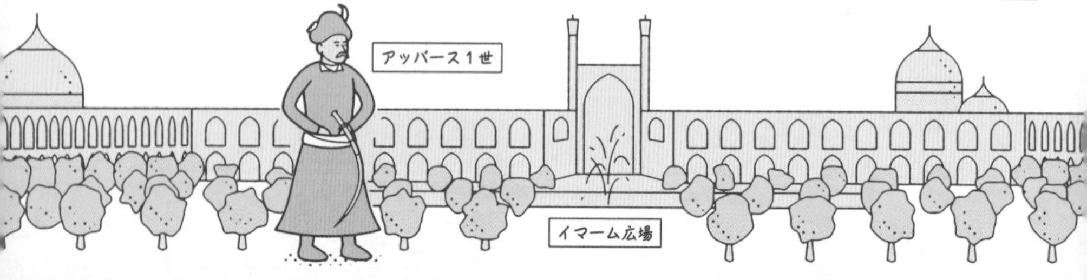

コ語で書かれた文学の中でも最高傑作と言われています)。それゆえバーブルの墓はアフガニスタンにあります。

バーブルの死後、まだ基盤が弱いムガル帝国は、中央アジアの勢力や現地の勢力に攻め込まれ安定していませんでした。バーブルの孫にあたる3代目皇帝の**アクバル**は幼い時から敵の人質にとられ、そのために満足な教育も受けられず、終生文字が読めなかったと言われています。しかし本からは学べないことを彼は世間という学校から学びました。それは「**忍耐**」と「**寛容**」という二つのことです。

ふーん、なんだか徳川家康みたいな人生ですね

実はアクバルも家康も生まれたのは1542年と同じ年。家康の方が10年以上長生きしています。二人とも、同じ星のもとに生まれたのでは……!?　幾多の敵を打倒し、ついに天下を握ったアクバルはまず都をデリーから**アグラ**に移し、帝国のシステムを備えました。それが**マンサブダール制**です。官僚のマンサブ(位階)のダール(持ち主)を決めて、その位の高さに合わせた数の騎兵を持つことを義務付けたのです。もちろん官僚たちはムガル帝国のために働いているのですから、戦争の時にはムガル帝国のために「いざ、鎌倉」と奉公に行かなければならない。

位を持っている官僚は騎兵を持たなくてはならないからカネがいる。最初アクバルはその分を俸給として現金で払おうとしたのだが、反対も多く困難が多かったため、しだいに**地租徴収権**を与えるようになってきてしまった。以前イスラームでやったアター制からイクター制への変化に似ているね。え?　忘れちゃった?　テーマ42を見直してください。

終幕　人頭税、国の生死の分かれ道

またアクバルはインドの人口の大部分を占めるヒンドゥー教徒とイスラーム教徒の融合を目指し、ヒンドゥー教徒に課せられていた**人頭税**(**ジズヤ**)**を廃止**して、ヒンドゥー教徒を味方に付けたのです。

こうしたインド社会の安定と並行して、文化も盛んになります。宗教思想ではイスラームの影響を受け、人類が平等であることを強調した**カビール**や、カーストの差別を撤廃し

た**シク教**の創始者である**ナーナク**のような偉大な思想家や宗教家の影響もあります。また、ムガル帝国の時代に宮廷で使われていたペルシア語に、インドの言語が混じった**ウルドゥー語**が誕生しますが、ウルドゥー語は現在のパキスタンの国語となっている言語です。そして5代目皇帝**シャー＝ジャハーン**が作った大建築**タージ＝マハル**に代表される**インド＝イスラーム文化**も花開きます。17世紀中頃に即位した6代目の**アウラングゼーブ**はムガル帝国最大版図を築きましたが、熱心なスンナ派イスラーム教徒で**ヒンドゥー教徒への人頭税を復活**してしまいました。このためヒンドゥー国家である西インドの**マラーター王国**やシク教徒の反感を買い、長い紛争に巻き込まれてしまいます。

このアウラングゼーブは89歳まで長生きし、最後までヒンドゥー教徒を元気に差別していたので、紛争は長引くばかり。この皇帝が死んだ後ムガル帝国は内乱と紛争で弱体化する運命になります。

南インドではデカン高原に**ヴィジャヤナガル王国**という舌を噛みそうな王国が14世紀から17世紀にかけて繁栄します。得意技は交易で、西アジアを相手に綿花・サトウキビなどを扱い栄えました。しかし17世紀にはイスラーム教徒との戦いで衰退してしまいます。そしてこの17世紀から南インドの海にオランダやイギリスの船が姿をあらわし始めるのです。

復習ポイント

サファヴィー朝とムガル帝国の著名な王（皇帝）たちの業績をまとめよう。

アクティヴィティ

サファヴィー朝とムガル帝国、この二つの「よそ者が作った国」がなぜ繁栄できたのでしょうか？　分析してみましょう。

イスラーム年表⑦

(サファヴィー朝)	**1501年**	**サファヴィー朝建国**(初代君主はイスマーイール、都:タブリーズ)
	1587年	**アッバース1世即位** **→都をイスファハーンに移す。サファヴィー朝最盛期** 「元々は神秘主義教団(特定のスーフィーの崇拝者が組織)が作った王朝だった」
(ムガル帝国)	**1526年**	**パーニーパットの戦いでバーブルがロディー朝を破る** **→ムガル帝国**建国(初代君主はバーブル、都:デリー) 「パーニーパットの戦いはオスマン帝国のモハーチの戦いと同じ年だ」
	1556年	**第3代アクバル即位→イスラーム教徒とヒンドゥー教徒の融合を目指す**
	1598年	**アクバル、帝国の都をアグラに遷す** 「アグラのタージ=マハルは、観光客の人気スポットだ」
	16世紀前半	**ナーナクがシク教を創始**
	17世紀前半	**第5代シャー=ジャハーンがタージ=マハルを建設**
	1679年	**第6代アウラングゼーブがヒンドゥー教徒への人頭税を復活** 「アクバルが廃止した人頭税を復活。インドは再び宗教紛争へ」

最後の門 下の問題は大学入試問題を出典にした問題です。答えなさい。

問1 1501年 イスマーイールが(1)を建てる。

a (1)にあてはまる王朝名を書きなさい。

b 下線部に関して当てはまるものは次のうちどれか。

① スルタンの称号を用いた。 ② 神秘主義教団の指導者だった。

③ スンナ派を国教にした。 ④ ティムール朝を滅ぼした。 (名古屋学院大・改)

問2 インドではティムールの子孫に当たる [1] がムガル帝国を築いた。その第三代目皇帝のアクバルは北インドを平定し、その後、第六代目皇帝 [2] はインド全土をほぼ統一し、帝国最大の領土を獲得した。

a [1]、[2] に最も適当と思われる語を入れなさい。

b 下線部の人物はどこに都を置いたか、答えなさい。 (津田塾大・改)

ムガル皇帝たちの肖像

インドにムガル帝国を建国したバーブルはイスラーム教徒で、ティムールの5代目の子孫にあたる。しかもバーブルの祖先はチンギス＝カンにまでさかのぼれると言う。そこで人々はバーブルの建てたこの帝国のことを「ムガル帝国」と呼んだ。

ムガルとはアラビア語で「モンゴル」を意味する言葉である。

＊

名君として知られる3代目皇帝**アクバル**はバーブルの孫にあたる。「**インドを平和に治めるためにはヒンドゥー教徒をイスラム教徒と平等に取り扱わねばならない！**」。アクバルは即位すると**アグラ**を新しい都とし、ここでヒンドゥー教徒への**人頭税（ジズヤ）を廃止**する宣言を出した。人頭税（ジズヤ）はイスラーム教以外の信者は必ず払わなくてはならない税金である。アクバルはこの悪評高い税金を廃止することによって、イスラーム教徒とヒンドゥー教徒の平等と融和を願ったのだ。この人頭税（ジズヤ）の廃止の効果は絶大で、あれほど荒れ狂ったヒンドゥー教徒の反乱もやみ、ムガル帝国は全盛期を迎えた。

時が経ち、ついに死期を迎えた老いたアクバルは跡取りのジャハーンギールを枕元に呼ぶと、ふるえる声で遺言を伝えた。

「よ、よいか、もし帝国を平和に治めたいのであれば、ぜ、**絶対にヒンドゥー教徒に人頭税をかけてはならぬ……！**　これは必ず守り、次の後継者に、必ず、つ、伝えるのじゃぞ……！」

父と仲のよくなかったジャハーンギールもさすがに父の遺言は守った。そしてこの言葉は息子のシャー＝ジャハーンにも伝えられた。

＊

さて第5代目皇帝**シャー＝ジャハーン**は、妃ムムターズ（愛称タージ）＝マハルを病で失った。シャー＝ジャハーンは涙にくれながら、最愛の妻のために「世界で最も美しい墓」を作ることを死者に誓った。

その日からすさまじい大工事が始まった。アグラの郊外のジャムナ川のほとりにインド中から職人が集められ、イタリアから取り寄せたと伝えられる白大理石を使い、輝く純白の巨大な建造物が作られた。これが**世界で最も優美な墓、「タージ＝マハル」**である。

この墓は完成まで18年かかった。その巨額の出費に、さしもの帝国の財源も底をついてしまった。ところがシャー＝ジャハーンはジャムナ川の対岸に黒大理石を使って自らの墓を建てるプランまで発表した。

もし、これを実行したら帝国は破産してしまうだろう。皇太子であった**アウラングゼーブ**はたまらず反乱を起こし、父王を捕らえ、牢に幽閉してしまった。この牢は今も残っているが、この牢の窓からタージ＝マハルが見えるのである。ここに閉じ込められたシャー＝ジャハーンは牢から見える妻への愛の証を見て、涙を流していたと伝えられている。

＊

こうして父王を牢屋で閉じ込め、病死させたアウラングゼーブはあの遺言を父から聞くことはなかった。

そのため、熱心なイスラーム教徒であったアウラングゼーブは、ヒンドゥー教徒を絶滅するべき存在ぐらいにしか考えなかったため、ヒンドゥー教徒に対する人頭税を復活してしまった。

さあ大変だ。怒り狂ったヒンドゥー教徒は各地で反乱を起こし、アウラングゼーブはその反乱の鎮圧に一生を棒に振ることになる。

解答と解説

復習ポイント の答え

まず**サファヴィー朝**の王からまとめてみましょう。これは意外に簡単。覚えるべき王(シャー)は2人しかいないからです。

時代	王	業績	都
16世紀	**イスマーイール**	**サファヴィー朝建国(1501年)**	**タブリーズ**
16〜17世紀	**アッバース1世**	**サファヴィー朝の最盛期を作る**	**イスファハーン「イスファハーンは世界の半分」**

次に**ムガル帝国**。これは覚えるべき皇帝が4人います。

時代	皇帝	業績	都
16世紀	**バーブル(初代)**	**ムガル帝国建国(1526年)**	**デリー**
16〜17世紀	**アクバル(第3代)**	**ムガル帝国の最盛期を作る →人頭税(ジズヤ)を廃止**	**アグラ**
17世紀	**シャー=ジャハーン(第5代)**	**アグラに「タージ=マハル」を建設**	
17〜18世紀	**アウラングゼーブ(第6代)**	**ヒンドゥー教徒らへの人頭税を復活 →ヒンドゥー教徒の反乱**	

アクティヴィティ の答えの一つ

答えは難しくありません。征服した現地の人々の宗教や文化を進んで受け入れ、融合したからです。

サファヴィー朝は神秘主義の信者が増えたことが最初の勢力増大のきっかけになりました。しかし、いったん西アジアを手に入れると、一番人口が多いシーア派、それも十二イマーム派を国教に定め、現地の人々の支持を得ることができました。しかも都までもタブリーズからイスファハーンに変えて、イランの中心部に移動して来ています。

ムガル帝国も、インドで圧倒的割合を占めるヒンドゥー教徒を差別せず、融和政策をおこなったことが繁栄のきっかけとなりました。また、都もイスラーム的なデリーから、新たにアグラに変えています。

しかしアウラングゼーブが宗教的な情熱に駆られて、ヒンドゥー教徒との融和政策を捨て去った時からムガル帝国の没落が始まります。

最後の門 の答え

問1　a　サファヴィー朝　　b　②
問2　a　1　バーブル
　　　　2　アウラングゼーブ
　　b　アグラ

(解説)

問1　b ①スルタンではなく「シャー」。③スンナ派ではなくシーア派。④は意外に難しい。ティムール朝を滅ぼしたのは実はウズベク。

問2　ムガル帝国の歴代皇帝たちは試験に出やすい。

せめてアンダーラインを引いたスルタンは覚えておくとおトク。

①バーブル→②フマーユーン→③アクバル→④ジャハーンギール→⑤シャー=ジャハーン→⑥アウラングゼーブ

第6章

近世の中国

遊牧民族など
他民族との関わりが大切

48 明の建国
——ブ男の朱元璋が働き者で困った困った

ありゃ、またまた先生が違う！　ドクターはどこ？

周敦先生

今日から中国史になるので、ドクターは私にバトンタッチしたのだ。私は周敦という清時代の読書人、いわゆるインテリさ。私はドクターと違って厳しいぞっ。明・清という中国史の頂点を勉強してもらおう。

序曲　没落する元と、勃興する宗教勢力

元王朝も終わりの時が近付いていた。直接の原因は内紛と財政難だった。「カネがなければ民から取ればいい」が命取りとなって、農民たちがついに反乱を起こしたのだ。最初は小さな一揆でも、核さえあれば巨大となる。その核となったのがなんと宗教勢力だったのだ。

第1幕　朱元璋登場——念仏を100万回となえても、実行しなければ意味がないっ

元王朝に立ち向かったのは「**白蓮教**（びゃくれんきょう）」という仏教系宗教結社で、「救い主が必ずあらわれる」ことを信条としていた。革命騒ぎを起こすのはそんな「救い主」を信じる宗教であって、実行に移すと危険この上ないものだ。この宗派はみるみるうちに力をつけ、中国で巨大な勢力を誇るようになった。相討ちを避けるための目印として髪の毛を赤い巾で結んで目印にしたので、これを**紅巾の乱**（こうきん）と呼んでいる。後漢（ごかん）末の「黄巾（こうきん）の乱」と間違えやすいので区別するようにな。よりによって、この宗派に飛び込んできた若者が**朱元璋**（しゅげんしょう）なのだ。

朱元璋は下層出身の男で、しかも大変醜い容貌を持っていた。天災で家族のほとんどを失い、苦労して世に出た人物である。彼の顔についてはコラムを見てくれ。紅巾の乱に加わったことで朱元璋の運が開けた。出世をとげた朱元璋の勝利の秘訣は、米が多くとれ、

食料が豊かな**江南**(長江より南の地域)に根拠地を持ったことだ。幼い時から飢えていた朱元璋は食物の大切さが身に染みてわかっていたのだろう。豊かな江南を押さえたことにより、人民が豊かな江南に流入し朱元璋の軍隊に加わるようになった。これにより強大な兵力を持った朱元璋は**南京**を都として、1368年についに**明王朝**を建国したのだ。南京は長江の河口付近にある都市だ。明の最初の都は南京であることを知っておこう。北京ではない。そして、中国を統一した朱元璋は、皇帝となり**洪武帝**と呼ばれるようになる。皇帝には本名(朱元璋)の他に、**廟号**と**諡**があることは前にも聞いたことがあるかな?

なんですか、そのオカリナというのは?

いや、**諡**は、その皇帝が死んだ後に呼ばれる名前だ。まあ「評価」だな。そして**廟号**という名前がある。これはわれわれではいわゆる「戒名」と呼ぶものだ。唐王朝以前はほとんど諡で呼ぶのだが、唐王朝以降は諡が大変に長くなってしまったので廟号で呼ぶようになった。例えば「武帝」は諡で、たしかにそんな人生だった人だ。唐の「玄宗」は実は廟号(戒名)だ。朱元璋の廟号は**太祖**である。

明王朝以降は、一皇帝一元号(**一世一元**)としたので、**元号で皇帝を呼ぶようになった。**日本の明治以降の天皇と同じだね。したがって「洪武」というのは「平成」と同じように元号の名前なのだ。

第2幕 洪武帝の大働きの政治――洪武帝的3本の矢

第1場:皇帝中心の中央集権制――「わしがやらんで誰が仕事をする!」

さて、これからは洪武帝と呼ぶことにするが、洪武帝が即位して、真っ先にやったのは**明律・明令**という法律を作ったことだ。混乱した国を立て直すにはまず法律からというわけだ。基になったのはもちろん唐の律令で、新しい時代の状況にフィットするように手を入れてある。

そして洪武帝は**中書省を廃止**した。この組織は皇帝がアホウでもハンコさえ押せれば国家が運営できるように詔勅の立案をおこなったのだが、洪武帝には、これが気に食わない。「そもそも勅令というものは皇帝であるわしが作るものだ。中書省などいらぬわ」という

わけ。おかげで皇帝は膨大な仕事を抱えるようになってしまった。

そして尚書省(しょうしょしょう)に直属していた**「六部(りくぶ)」という役所を、尚書省から取り上げて皇帝直属にした**。この六部もテーマ31を参照してもらいたいのだが、実務を扱う六つの役所で実に役に立つ。皇帝が直接指揮した方が便利なので皇帝直属にしたわけだ。これらの洪武帝の改革により「皇帝がすべての政治を直接におこなう体制」ができ上がった。堅い言い方をすれば洪武帝は「**皇帝中心の中央集権政治**」を作ったのだ。

ふーん、できの悪い子孫が皇帝になったらまずいんじゃない？

洪武帝は「わしに不出来な子孫なんかできるものか！」と豪語していたのだが、できちゃうんだな、これが……。

第２場：農村の復興——「わしも農民出身。現場の苦労はよくわかる」

次に洪武帝が手をつけたのは内政、それも内乱で荒廃した農村を復興することだった。なにしろ農民から皇帝になった人物は中国史では二人しかいない。前漢(ぜんかん)を作った劉邦(りゅうほう)と洪武帝だけだ。だから、農村の苦しさはよくわかる。まずは灌漑(かんがい)や治水に力を入れたのは言うまでもない。加えておこなったのが**里甲制(りこうせい)**で、これは**農村に自治体を作らせ徴税に責任を持たせるようにした制度**だ。やり方は110軒……いや、軒とは言わないな、「戸」と言おう。まず、110戸の家を「**里**」と呼ぶ。

あれ、なんで100じゃなくて「110」なの？

それは、110戸のうち特に裕福な家10戸をリーダーにして、残り100戸を仕切らせたのだ。下っ端の100戸の家を10に分割し、この10戸を「**甲**」と呼んだ。10のリーダーの家はそれぞれの「甲」の指導者となり、それぞれの甲が毎年、村の徴税事務や治安維持の仕事を輪番制で担当したのだ。簡単に言えばクラスの日直の仕事と同じだ。毎日やらされたらたまったものではないが、輪番ならなんとかなるわけだ。

この里甲制と関係してくるのが**賦役黄冊(ふえきこうさつ)**と**魚鱗図冊(ぎょりんずさつ)**だ。税を取るには「どこに誰が住んでいる」という紙に書かれた動かぬ証拠が必要だ。今までは帳簿もあいまいだったので、洪武帝はしっかりした「戸籍と土地台帳」を作るように指示したのである。その戸籍にあたるのが「賦役黄冊」であり、土地台帳にあたるのが「魚鱗図冊」だ。次ページの絵図は「魚

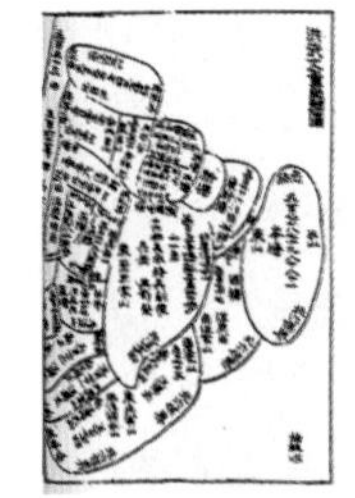

鱗図冊」の実際の記録だが、土地の分布と所有者が描かれている(→)。見た目が魚のウロコ(鱗)と似ているので「魚鱗図冊」と呼ばれるようになったのだ。これらの帳簿が全国的に作成されると、王朝も安定した税収が見込めるようになった。

そして**衛所制**を作っている。これは兵制なのだが兵農一致の制度で、唐時代の府兵制を基に、農民から兵隊をとることにしたのだ。やり方は、戸籍を普通の農民の民戸(一般の農民の家〔商人・手工業者を含む〕)と軍戸(軍籍の家)に分け、いざ戦争の時には軍戸から兵隊をとった。民戸の里甲制と同じように軍戸もグループに分かれて組織され、それをリーダーが率いる形になっている。軍戸は世襲で、所属する家には屯田が支給され、自給自足が原則だった。

第３場：モラルの確保——「人を愛さなきゃダメだ！　一日一善！」

当時は内乱と混乱でモラルが崩れていたので、洪武帝はさっそく人々の心に「道徳」を植え付けようと考えた。まず村の里(110戸)ごとに人望のある老人を「里老人」として里の中を治めさせた。いわゆる「ご町内のトラブル解決役」で、夫婦間や隣人とのいさかいを「まあまあ」と収める役割を持たせたのだ。その里老人が村の子どもたちに教えたのが「**六諭**」という洪武帝が定めた教えである。内容は六つの簡単な教えで「お父さんお母さんを大切にしなさい」「目上の人の言うことを聞きなさい」「仕事に励み、今の境遇に満足しなさい」などの内容だった。この「六諭」が実は日本の「教育勅語」の原型となったのだ。

第3幕　渡る世間は鬼だらけ？　跡目争いで永楽帝が勝利

洪武帝の死後、2代目は孫の**建文帝**だった。苦労知らずのお坊ちゃんだったが、おじいちゃんが死んだ後自分を狙っている敵がいることにやっと気が付いた。建文帝は自分の親戚こそ帝位を狙っている敵だと考え、親戚の皆殺しを始めたのだ。

自分の首が危ないことに気が付いたおじさんの燕王(北京周辺を支配地とする王)は「やられる前にやるべし」と先制攻撃をかけ、1402年に南京を攻め落として、ついに建文帝を滅ぼしてしまった。この事件を**靖難の役**と呼ぶ。こうして燕王は力ずくで帝位につき**永楽帝**と名乗ったのである。永楽帝がまずやったことは自分の本拠地である**北京**に都を遷したこ

48

と。3代目の永楽帝の活躍はすさまじく、本人が軍を率いて何度もモンゴル高原へ遠征し、モンゴル軍を打ち破っているほどだった。万里の長城の改築に着手し、北京に**紫禁城**を作ったのも永楽帝だ。そして**内閣大学士**という新たな制度を作った。これは皇帝を補佐する官職で、今の「内閣」という用語はここからきている。この制度を作った理由は永楽帝が「事務ぐらいは官僚に手伝わせればよいではないか」と考えたからだ。また、海外に興味を持った永楽帝はイスラーム教徒の宦官、**鄭和**に命じて大規模な**南海諸国遠征**をおこなわせた。この遠征の目的は中国皇帝の威厳を示すために、中国に朝貢をすることをアジアの国々に呼びかけることだった。鄭和は、1405年から7回にわたり、120m以上もの大船からなる大艦隊を率い、チャンパー・スマトラ・マラッカをめぐり、インドにまで達した。途中の国々の王たちは鄭和の大艦隊を見て、大ショックを受けた。そして鄭和の船に駆け付けた王たちは朝貢をすることを誓ったのである。鄭和はインドからアラビア半島にも向かったが、これはイスラーム教徒であった鄭和がメッカへの巡礼を目指したためと言われている。というように、私用で艦隊を動かしたことが後ろめたかったのか、鄭和はアフリカからお詫びのためのおみやげを中国に持って帰った。これが首の長い「キリン」である。古代中国伝説の聖獣「麒麟」という触れ込みで持って帰った「キリン」を永楽帝は喜んだらしい。

復習ポイント

明の建国者、洪武帝(朱元璋)のおこなった政策をまとめよう。

アクティヴィティ

洪武帝のように貧農出身の人間が皇帝にまで出世できる時代背景とは何でしょう。そして現在はそのような出世ができる時代でしょうか？

中国・明王朝①年表

1351〜1366年　紅巾の乱（モンゴルの元に反対する白蓮教徒による宗教反乱）

1368年　**朱元璋が明王朝建国**（**都**：南京）

「いやあ、ひさびさの中国人王朝の復活ですなあ」

1368年　**明律・明令を発布**

1380年　**中書省を廃止→丞相も廃止**

「すべての権力を皇帝が握ると、すべての仕事を皇帝がするハメになる」

1398年　**洪武帝死去→孫の建文帝が即位**

1399年〜1402年　**靖難の役**（**燕王が建文帝を滅ぼした事件**）

「『変』とは異常事態のこと。『役』とは正しい行為のこと。つまり永楽帝は自分がやったことを『正しいこと』として歴史に残したかったのだ」

1402年　**燕王が永楽帝として即位→都を北京に遷す**

1405〜1433年　**鄭和の南海遠征**（**7回にわたる**）

1424年　**永楽帝の死**

最後の門　下の問題は大学入試問題を出典にした問題です。答えなさい。

元末の困窮と混乱の中で江南地方において白蓮教徒による①（a.紅巾　b.黄巾）の乱と呼ばれる大農民反乱がおきた。その反乱軍の指導者の一人であった（　あ　）が1368年に明を建て、長江下流にある（　い　）を都に定めた。（　あ　）は廟号を②（a.太祖　b.高宗）、帝号を元号にちなんで洪武帝と呼ばれる。洪武帝は北伐を開始し、元は華北にあったその都（　う　）を放棄して、北方に退去した。

洪武帝は住民を民戸と軍戸などに分け、土地台帳である（　え　）や租税台帳である（　お　）を作成し、民衆教化のために儒教にもとづく（　か　）を定めた。洪武帝は大明律令と呼ばれる律令を定め、③（a.門下　b.中書）省とその長官である丞相（＝宰相）を廃止し、中央の執行機関を皇帝に直属させたのである。（中略）

洪武帝の子である燕王（後の永楽帝）は1399年に始まる④（a.靖難の役　b.靖康の変）によって甥の建文帝を倒して帝位についた。（中略）永楽帝は宦官でイスラーム教徒の（　き　）に大艦隊を率いさせ、（　き　）は東南アジアからインド洋に遠征したのである。

問1　（　あ　）〜（　き　）に当てはまる適語を書きなさい。

問2　①〜④に関して、カッコ内の語句の適否を判断し、正しい方の記号（aもしくはb）を書きなさい。

（同志社大・改）

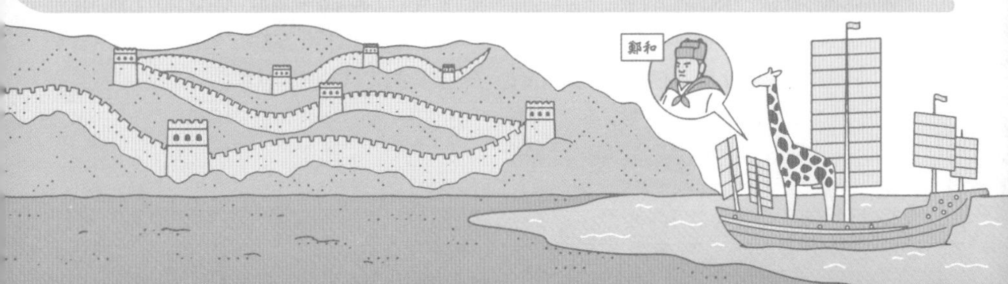

中国版太閤記

明の洪武帝こと、朱元璋は淮河沿いの貧しい農民の家に生まれた。

それも6人兄弟の末っ子で、当然のことながら学校にも行けず、幼い頃から牛飼いの仕事をしていた。ある日、朱元璋は遊び仲間と牛飼いをしていると、仲間が「**一生に一度でいいから肉というものを食ってみたい**」と言い始めた。朱元璋はよしきた、とばかり地主様の牛を焼肉にし、仲間に食べさせた。後に地主の家に自首した朱元璋は半殺しの目にあったが、仲間の名前は言わなかった。これを知った仲間たちは泣きながら朱元璋への忠誠を誓った。この仲間たちは後に朱元璋に従って将軍となり、ともに明王朝を打ち立てることになる。

朱元璋が17歳の時、村はイナゴの被害にみまわれ、さらに伝染病で両親と兄弟たちが死んでしまった。朱元璋も飢え死にしかかったものの天は彼を見捨てず、からくも寺の小僧として拾われた。

ところが寺の坊さんたちは朱元璋の顔を見た時、思わず悲鳴を上げた。**朱元璋はとても醜い顔だったのである。**寺を追い出されてしまった朱元璋は物乞いをして各地を放浪することになる。この時期、宗教反乱である**紅巾の乱**が勃発していた。朱元璋はこの紅巾軍に捕まってしまい、処刑されそうになったが、そのあまりに醜い異相に驚いた紅巾軍の将軍によって命を助けられた。

この紅巾軍で朱元璋はすさまじい出世をとげる。頭がよく気が利いて、骨惜しみせず働く朱元璋は仲間内で評判となり、将軍の娘と結婚することができた。この働き者の妻は朱元璋の創業をよく助けている。

戦いの時に仲間を絶対に見捨てなかった朱元璋はリーダーとして認められ、紅巾軍の将軍が病死した後は名実ともに紅巾軍の指導者となった。食料の豊富な江南に本拠地を置いた朱元璋は南京に都を置き、北中国にいたモンゴル軍を追い払って**1368年に明王朝を打ち立て、自らを洪武帝と称した。**

皇帝となってからの朱元璋は猛烈に働き始めた。貧農出身の朱元璋は、荒廃した農村の実態をよく知っていた。農村を救うため開墾と治水、灌漑工事を進め、全国的な土地調査や人口調査もおこなった。

＊

しかし歳をとるにつれ朱元璋の心は疑い深くなり、他人を信じなくなる。家族の愛を知らず、顔の醜さを笑われた過去を持つ朱元璋には、心の影の部分が歳とともに肥大化してしまったのだろう。

跡継ぎとして期待していた息子は朱元璋よりも先に死んでしまい、残されたのは幼い孫がたった一人だけ。自分の死後、幼い孫が帝国を継ぐ時に心配なのは、強い権力を持つ臣下たちが謀反（むほん）を起こすことである。そこで朱元璋は「自分の目の黒いうちに」ということで、幼な友達も含め、昔からの功臣を皆殺しにしてしまった。その数は合わせて2万とも3万とも言われている。

低い身分の出身、醜い顔、並はずれた強運、部下からの根強い人望、妻の内助の功、そして天下統一と検地。

そして晩年の猜疑心（人を疑う心）と幼い跡取りを思う心にいたるまで、朱元璋と豊臣秀吉がどこか似ているのには驚く。

解答と解説

復習ポイント の答え

朱元璋（洪武帝）の仕事と業績は試験や入試によく出てくるので、覚えておくと自信が持てる。特によく出るのが次の六つだ。

① **明律・明令**の制定（＝法律の編纂）→混乱した国内を統治。

② **中書省の廃止**と、**六部の皇帝直属化**→皇帝権力の強化。

③ **里甲制**の実施→農村を単位に分けて、徴税や自治に責任を持たせる。

「クラスを班に分けて、掃除の責任を持たせるのと似ている」

④ **衛所制**の実施→兵隊を農民からとる制度。

⑤ **賦役黄冊（戸籍）と魚鱗図冊（土地台帳）**の作成。

→上の③④⑤は徴税と徴兵を効率的におこなうのが目的。

⑥ **六諭**の発布と徹底化→秩序を国に行きわたらせる。

アクティヴィティ の答えの一つ

低い身分の人物が国のトップに立つためには、社会システムが混乱し崩壊している「**乱世**」である必要があります。ティムールも朱元璋も豊臣秀吉も、家系よりも実力が重視される乱世の時代だから出世できたのです。逆に言うと社会システムが安定し、法が行き届いている時代は学閥や派閥、門閥が評価されるため、下層の人間が出世する機会はほとんどありません。六諭に書かれている「自分の置かれた立場や境遇に満足しなさい」はいわば乱世の終結宣言です。

現在の日本の社会システムはしっかりしており、大地震のような災害時でも揺るぎはしません。したがって地位の極端な変動も起こりません。少しでも自分の地位を上げたい人は高い学歴を持つことにより、人脈や社会評価を充実させるしかないのでしょう。

最後の門 の答え

問１ （あ） 朱元璋　（い） 南京
（う） 大都（北京）　（え） 魚鱗図冊
（お） 賦役黄冊　（か） 六諭
（き） 鄭和

問２ ① a　② a　③ b　④ a

（解説）

問２の方が問題のレベルは高い。

② 唐以前は、諡（おくりな）という「後の家臣や子孫による評価名」で、まるで通知表のような名前である。武力が強い皇帝は「武帝」、学力が高い皇帝は「文帝」となる。早く死んでしまった皇帝は「哀帝」となり、極悪非道の皇帝が「煬帝（ようだい）」となる。だが、唐王朝以降、諡が大変長くなってしまったため、廟号が主流になり、明以降は一世一元で、一人の皇帝は一つの元号しか使えなくなったので、元号の名で皇帝を呼ぶことが多くなる。朱元璋（本名）、洪武帝（元号名）、太祖（廟号）となる。

明の朝貢貿易
——土下座できれば倍返しが待っている

センセー、今日は何じゃらほい？

今日は明の貿易とアジア世界を説明していくぞ。ポイントは明王朝が海外貿易において大きな特徴を持っていたことだ。明の欠点は（中国の欠点でもあるのだが）、必ず自分が親分でないと気に入らないことだ。「親分でありたい」と思ったのには、実は事情があった。

前奏曲 永楽帝の悩み——インテリを子分にするにはどうしたらいいんじゃ

靖難の役で建文帝を滅ぼした燕王は、**永楽帝**としてめでたく即位した。だが、困ったことに宮廷の官僚たちが言うことを聞いてくれない。ある気骨のある大臣は「燕賊簒位」（燕王が皇帝の位を奪った）と書いたほどだ。気が短い永楽帝はこんな官僚たちを殺し回り、代わって宦官を取り立てるようになった。南海遠征の**鄭和**も宦官である。

しかし巨大な帝国のシステムを保つには、学識がある官僚の力が必要だ。

「ああ、官僚どもをオレの子分にするにはどうしたらよいのか……」

第1幕 人気取りのための朝貢貿易——人の心はモノで釣るのじゃ

自分が嫌っている人を好きになるなんてあり得ない

殺すだけではハートまで奪えん。そこでドラマで使う手法は、**「嫌いなあいつが意外にいいヤツで、みんなから慕われている」**という陳腐なやり方だ。これが意外に効くので、永楽帝もこのやり方で攻めることにした。外国から皇帝の徳を慕ってたくさんの使節が集まり、珍しい貢ぎ物を皇帝に差し出せば、「おお！　たいしたもんじゃのぉ」と官僚たちの皇

帝評価もアップするわけだ。

そこで海外に**朝貢**(ちょうこう)を呼びかけた。「朝貢」とは「**朝廷に貢ぐこと**」である。「朝廷」とはもちろん中国皇帝のこと。もちろんエサがなければ獲物は食い付いてくれんから、それなりの見返りは用意する。貢ぎ物を持って来た外国使節には3倍のお礼をする。「遠いところをよく来た。これはワシの気持ちだ」というわけだ。3倍の基準は使節の人数であったから、ずるい国は何百人も使節を送り込んでくる。

そして朝貢に来た国の君主には、中国皇帝の権威をもって「王」や「諸侯」の地位を認めた。こうして**外国の君主と形式上でも「君臣関係」を結ぶことで作られた国際秩序**を**冊封**(さくほう)**体制**と呼ぶ。あ、この冊封については、テーマ32で張文君がもう説明しているな。「冊封」は「朝貢」とペアであることが多く、外国君主にとっても中国皇帝にとっても美味しい取引だったわけだ。

永楽帝はすでに洪武帝(こうぶてい)が実施していた**海禁**(かいきん)を引き続きおこなっていた。これは**朝貢貿易以外の民間の貿易や漁業活動を制限する政策**のことだ。元々の理由は倭寇(わこう)を封じ込めるためだったが、倭寇については後に説明する。ともかくも海禁によって、朝貢貿易しか認められなくなってしまったので、外国は皇帝に貢ぎ物を持っていかないと貿易ができなくなってしまった。やむを得ず外国が使節を送るのだが、あらかじめ永楽帝は外国使節が圧倒されるような紫禁城(しきんじょう)という壮大な宮殿を作らせておいた。そして紫禁城の金ピカの玉座の上に永楽帝がふんぞり返り、階段の下で外国使節が「ははぁー！」と土下座したのである。周りに控える官僚たちはこの風景に驚き、永楽帝を改めて見直した。そして使節たちも中国の壮麗な文化のありさまを故郷に伝えたので、外国の中国に対する態度も丁重になるわけだ。

第2幕　冊封で子分になった国々の明暗はいかに？

第1場：日本――「いやー貢ぎ物のおかげで日本が潤いました」

「人間関係はカネしだい」、まあ、確かにそうだな。日本の室町幕府第3代目将軍、**足利義満**(あしかがよしみつ)もそこから朝貢貿易を始めた。「中国との貿易を独占すればカネがもうかるしな。ここは中国と手を結んでおこう」。そこで1401年に使節を派遣し、1402年の中国側からの返事

を受け、「日本国王臣源」とサインした。中国からの返事は「義満、汝を日本国王として認めよう。ただし、日本人の海賊である倭寇を即刻に取り締まれ。中国は大変な被害を受けておる」だった。**倭寇**というのは元々日本の貿易商人だったが、交渉が決裂すると海賊になって襲いかかってくる連中だ。右が倭寇の姿(→)。中国や韓国を悩ませたのもこいつらだ。

ギェー、フンドシとハッピ？

儒教を重んじる中国や韓国では裸を卑しみ、家族にも見せない。そこへこんなフンドシ姿でヤリと日本刀で襲いかかってきたのだ。中国人にとって、日本人が野蛮と受け止められるのは仕方ないな。そこで明王朝は日本に倭寇の取り締まりを要請したが、その時の日本は南北朝時代の戦乱の時代で、それどころではなかった。しかし足利氏が幕府を建てて南北朝を統一すると、貿易の利益が欲しい足利義満はさっそく倭寇を退治し、1404年から明と朝貢貿易を始めるようになった。

第２場：朝鮮半島――弓で倭寇を追い払い、ハングルで文化が花開く

さて、元に服属していた朝鮮半島の高麗(こうらい)は元の力が弱まってくると立場が悪くなってしまった。その上に倭寇に襲撃され大いに苦しんだ。

そこにあらわれたのが将軍**李成桂**(りせいけい)(太祖)で、弓術に優れ、多くの倭寇を撃退したために人心を得た。そして李成桂は高麗を滅ぼして新たな王朝を打ち立てた。ちなみに李成桂は明の洪武帝に使いを送り、国名を「朝鮮」か「和寧」どちらかに決めてもらいたい、とお願いしたという。洪武帝は古くからある地名の「朝鮮」を選び、こうして新たに1392年に**朝鮮王朝**が始まったのだ。都は**漢城**(かんじょう)、現在の**ソウル**である。

漢城とソウルとはずいぶん名称が違いますね

日本人が京都のことを「都」(みやこ)と言うように、朝鮮の人々も漢城とは呼ばずに「都」(**서울：ソウル**)と呼んだのが普通になったのだろう。冊封をお願いする時、国号を明の皇帝に決めてもらうとは心憎い演出だな。こうして朝鮮王朝は見事に中国の好意を得たのだ。

朝鮮王朝は文化面で二つ知っておくべし。まず①**儒教文化**の保護。高麗王朝の時は仏教が主流だったが、朝鮮王朝は中国の儒教、特に**朱子学**を重んじ、**科挙**も一般的に実施するようになった。この科挙で力をつけてきたのは、**両班**と呼ばれる特権階級だ。両班とは……説明は難しいが、「**科挙の合格者を祖先に持つ一族**」と言っておこう。彼らは宮廷の官僚や読書人として世間から尊敬され、大きな勢力を誇ったのだ。

えーと、「韓ドラ」に出てくるカタキ役の偉い人かな？

まあそうだな。彼らの一族や子孫を両班と呼ぶのだ。宮廷では権力闘争を繰り返したため、朝鮮王朝が苦しむ原因となったのだが……。

そして特徴の②が**文化事業の実施**だ。元々高麗の時から使われていた**金属活字**だが、普及させようとしたのは15世紀初めの朝鮮王朝だ。だが流行らなかったことは……テーマ35でもう説明してあるようだな。そこでいっそのこと漢字に代わって新しい文字を作ろうと、15世紀半ばの王、**世宗**が**訓民正音**（ハングル）を作るように学者に命じた。そもそも人工的に短期間で作られた文字というものは使いづらいものだが、ハングルは合理的で便利であり、現在も国字として使用されている。

第３場：ベトナム——元は撃退できたが、明の永楽帝には参った

ベトナムでは**陳朝**がかつてモンゴルを撃退し、独立を保持していた（テーマ39参照）。陳朝は**字喃**（チュノム）という独特の字を取り入れているが、この字がまた漢字によく似ている。しかし陳朝も1407年に永楽帝の明軍によって攻め込まれた。今回は**鄭和**の大艦隊が連携プレイで海から攻め立てたので、ついにベトナムは中国に支配されてしまう。しかし、外国支配を不満として立ち上がった**黎利**というヒーローが明軍を追い出し、1428年に**黎朝**という王朝を作った。都はやはり**ハノイ**だ。この黎朝も明と朝貢関係を結んでいる。しかし、この黎朝も16世紀末になると**鄭氏**と**阮氏**という二つの一族がベトナムを分割してしまい、黎朝の皇帝は単なるお飾りにすぎなくなってしまった。

第４場——琉球「二人の親分に仕えるハメになるとは……、やれやれだぜ」

琉球は、現代日本では沖縄と呼ぶ地域だ。琉球は12世紀から豪族たちが勢力争いを繰り返しており、この時代をグスク時代（グスク＝城）と呼ぶ。しだいに沖縄本島では大きく北山・中山・南山と三つの国にまとまるようになった。その中でも中山王は中国に使いを送り、

49

貢ぎ物を捧げて冊封体制に組み入れてもらい、中国や東南アジアとの貿易で力をつけてきた。そして15世紀初め、琉球では**中山王尚巴志**(しょうはし)が登場し、この三つの国を統一して、ついに琉球を統一したのだ。

あれれ、琉球って日本の領土でしょう?

いや、違う。琉球は独立国だったのだ。**首里**を都とした尚氏は後に那覇港となる港を整備し、中国・朝鮮・日本・東南アジアを結ぶ中継貿易センターとなった。今のシンガポールやドバイと同じだな。しかし金持ちはやはり狙われやすい。1609年に薩摩の島津氏が琉球に攻め込み、琉球を服属させてしまったのだ。しかし琉球王は中国の明や清王朝に朝貢を続けていた。朝貢貿易はもうかるからな。このように琉球が日本と中国に服属したことを**両属体制**という。

フィナーレ 「もうかりまっかー」と割り込んでくるヨーロッパ

日本・朝鮮・ベトナム・琉球などは中国相手の朝貢貿易でもうけたわけだが、16世紀に入ると、スマトラ島の**アチェ王国**、ビルマの**タウングー朝**などは朝貢貿易に頼らずに軍事力を強化し、中継貿易で栄えるようになる。そして東アジア世界の海には、大航海時代に入ったヨーロッパ諸国も姿を見せ始めたのだ。

復習ポイント

永楽帝のおこなった(やってしまった)事件と政策をまとめよう。

アクティヴィティ

(性格クイズ)「オレにひざまずいて、貢ぎ物を差し出せ。後で3倍返ししてやるぜ」と言われたらあなたはやりますか?

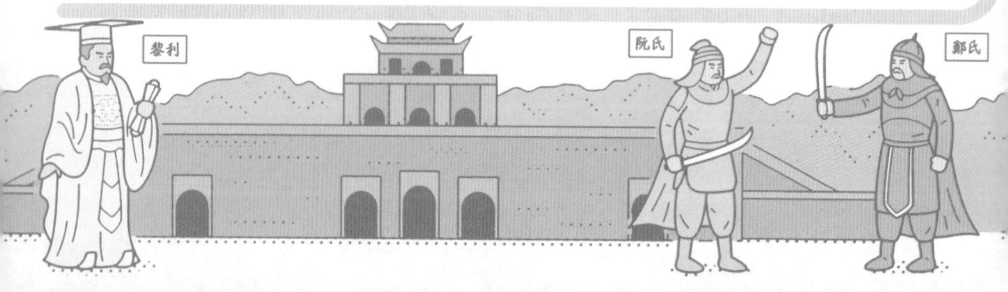

東アジア・東南アジア年表

14世紀末　マラッカ王国が成立

（15世紀半ばに王がイスラームに改宗。1511年ポルトガルに滅ぼされる）

1392年　朝鮮王朝の成立（都は漢城〔漢陽〕。現在のソウル）

「年代は『いざ国作ろう朝鮮王朝』で決まり！」

「それはどこかで聞いたぞ。日本史年代のパクリかな……」

1404年　足利義満、明との勘合（かんごう）貿易を開始

1407年　ベトナムが明に服属

1424年　永楽帝の死

「永楽帝は5回目のモンゴル遠征から帰る途中に病死している」

1428年　ベトナムが明の支配から脱して、黎朝を建国（都：ハノイ）

「ベトナムは11世紀まで中国に支配され、明王朝にも支配されたのだ」

「だから今でもベトナムと中国は仲が悪いのか」「……」

1429年　中山王が琉球を統一（都：首里）

15世紀末　インドネシアのスマトラ島北部にアチェ王国建国

イスラーム王国として中継貿易で栄える

最後の門　下の問題は大学入試問題を出典にした問題です。答えなさい。

モンゴル帝国の後、中華王朝を復活させた明では、東アジアからインド洋にいたる広大な範囲で朝貢を介した対外関係を展開し、国家で貿易を独占しようとはかった。洪武帝が海禁政策をとって民間人の交易を禁止すると、永楽帝は①大艦隊を派遣してインド洋から北アフリカ沿岸まで遠征させ、南海諸国に明への朝貢を促した。中でもマレー半島に成立したマラッカ王国は、明の艦隊の寄港地となったことを契機に急速に発展し、インド洋と東南アジアを結ぶ貿易拠点として栄えた。14世紀末に建国された②朝鮮や、明軍を撃退してベトナムに成立した（　　　）も明と朝貢関係を結び、明の制度や朱子学を取り入れた。

問1　（　　　）に入る最も適切な語句を記入しなさい。

問2　文中の下線部①に関して、この大艦隊を率いたムスリム宦官の名前を漢字で答えなさい。

問3　文中の下線部②に関して、この国の建国者の名前を漢字で答えなさい。　（日本女子大・改）

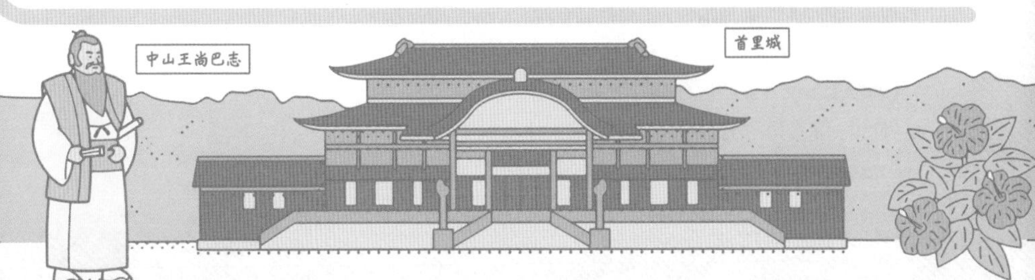

鉄砲伝来秘史

倭寇＝「中国や朝鮮を襲った日本人の海賊たち」は、足利義満によって壊滅したと思われていたが、実は倭寇は日本人だけではなかった。中国人でも倭寇のフリをして稼いでいた海賊はいたのだ。フンドシに日本刀をぶっ差し、ちょんまげ姿であらわれれば誰でも日本人と思い込むもの。「日本人」を装って貿易や海賊をやっていた中国人もいた。14世紀の日本人中心の海賊を「**前期倭寇**」と呼び、16世紀の中国人中心の倭寇を「**後期倭寇**」と言う。その後期倭寇の代表的な中国人親分が**王直**である。

＊

1543年．種子島に船が到達し、ドヤドヤと中国人たちが降りてきた。その中にポルトガル人がおり、ヒマ潰しに持って来た鉄砲をぶっ放した。すさまじい音に島民が驚いた時、目の前に撃たれた鳥が落ちてきた。この新兵器に驚いた殿様の**種子島時尭**（たねがしまときたか）が急いで駆け付けて来た。殿様とポルトガル人の言葉が通じなかったため、殿様が漢文を砂浜に書き、それを一人の中国人がポルトガル語に翻訳して伝えた。**その中国人がどうも王直、その人らしいのである。**

殿様はポルトガル人から鉄砲2丁を2000両（現在の価格では1億円以上！）で買った。最初、殿様は鉄砲を猟に使って喜んでいたが、家臣から「戦に使えばよろしいのでは……」と提言され、八板金兵衛という刀鍛冶に1丁の鉄砲を渡し、複製を作るように命じた。

日本人はレプリカとかフィギュアを作らせれば「世界一ィィィ！」の民族なので、金兵衛はさっそく鉄砲を分解して構造を調べ上げ、複製を作り上げた。しかし、この鉄砲は暴発が多く、不安定であった。本体の筒をふさぐためにはらせんのネジを作る必要がある。しかし当時の日本の技術ではネジを作ることができなかった。悶絶して悩む金兵衛は、再びやって来たポルトガル人に「ネジの作り方を教えてくれっ」と頼んだが、ポルトガル人はニヤニヤして教えてくれない。鉄砲が日本人に価値があることを知っていたからだ。

＊

苦しむ父の金兵衛を見た娘の若狭（わかさ）が父に言った。「**教えてもらう代わりに、私を南蛮人にあげてください**」。金兵衛は驚いて叱ったが、娘の決意は変わらない。やむなく金兵衛はポルトガル人に「**教えていただけるなら、わが娘を嫁に……**」と提案した。美しい若狭を見たポルトガル人は大喜びでネジの作り方を金兵衛に教え、そして娘の若狭は船に乗って、海の彼方に去って行ったのだ。

わずか2丁の鉄砲に、1億円以上のカネと娘一人！　しかしポルトガル人にはこれが高くついた。翌年、ほくほくしながら銃を持って日本に来たポルトガル人たちは驚いた。日本では堺などで銃の大量生産がおこなわれており、多くの高性能の銃が流通していたのである。

しかし商売上手の王直はあきらめない。銃には火薬が必要だが、火薬には硝石（しょうせき）が必要だ。この硝石は日本国内ではとれないため、外国から輸入しなければならない。日本で銃が増えるほど、硝石がバンバン売れるというわけだ。というわけで王直は明王朝によって捕らえられて処刑されるまで、日本相手に大いにもうけたのである。

復習ポイント の答え

永楽帝は洪武帝と並んで明の二大君主である。良くも悪くもやっていることは豪快で、スケールがでかい。

① **靖難の役**（1399〜1402年）で甥の建文帝を殺し、帝位につく。
② **内閣大学士**（ないかくだいがくし）（皇帝の補佐をする官僚）の設置。
③ **鄭和の南海遠征**（1405〜1433年）→主目的は東南アジア〜インドにかけての国々に中国への朝貢貿易を呼びかけること。
④ **長城の改修**→その後、明代後期に万里の長城が現在ある形となる。
⑤ **ベトナムを征服**（1407〜1427年）。
⑥ **モンゴル遠征**→5回におよぶ。最後の遠征の帰路に病死。

あとティムールが中国遠征をした時の中国皇帝は永楽帝であった。

ティムールが途中で病死しなければ「ティムールVS永楽帝」の世紀の対決が見られたのだが……残念！

アクティヴィティ の答えの一つ

「**やりません！**」…プライド高いですね。でも、せっかくのチャンスを逃してしまうのですから、ボロもうけはできません。ただし、あなたが「元々金持ち」か「金持ちの友達がたくさんいる」のなら話が別です。土下座なんかする必要はありません。

「**やります。うへへ**」…「カネこそ人生」と割り切っているのなら、お金をつかむチャンスですね。どうせ土下座をするのですから、「カネをたくさん頂けるように工夫」できますし、ガメついあなただったらきっとできます。どうせ捨てたプライドならば、「何回も何回も土下座しまくって」、相手がカラになるまでお金をせしめましょう。

（国に例えれば、**「元々金持ち」**→**「資源がある」**。**「金持ちの友達がたくさんいる」**→**「豊かな貿易相手がたくさんいる」**。**「カネをいただくための工夫」**→**「朝貢使節の人数をわざと多くする」**。**「何回も土下座しまくる」**→**「用もないのに何回も朝貢を繰り返す」**です）

最後の門 の答え

問1　黎朝
問2　鄭和
問3　李成桂

（解説）

南海遠征をおこなった**鄭和**はよく入試に出てきます。「宦官」や「東南アジア世界」などの話題に広げやすいせいかもしれません。現場でド忘れしないように、しっかり覚えておこう。

漢字の人名表記が難しい。例えば、「黎」という漢字が書けると世界史に怖さがなくなります。

ちなみに、李成桂は本名で、廟号（びょうごう）は「太祖」と言います。ハングルを作らせた「世宗」も廟号です。

明の社会と文化
――銀を見るや皆の目の色が変わる世の中に

朝貢貿易で３倍返しとは、いやー中国も金持ちですね。

たしかに太っ腹だな。だがこんな大散財はいつまでも続きはしない。時代が変わってくると、社会や経済も変わってくる。いろいろな制度や貿易の形も新たなものへと変化しなくてはならなくなったのだ。

前奏曲　経済活動に欠かせない貨幣、さてその原料は？

なんでもとれる中国だが、地下資源でとれないものもある。それは銅と銀だった。当時、銅と銀を一番産出する国はほかならぬこの日本だった。銅こそは当時の貨幣（コイン）の元となった金属だから、どうしても日本から輸入しなければならない。韓ドラの『イ・サン』でも朝鮮王朝が日本から銅を輸入する話が出てくる。

銀も「日本銀」とスペインが採掘した「メキシコ銀」が中国に大量に出回ってきた。この「銅」と「銀」が中国の経済にとって実は大きな問題となってくる。

序幕　朝貢貿易で栄えたタイと、そこで活躍した日本人

朝貢貿易で栄えた重要な国をもう一つ紹介しておこう。それは**タイ**。

当時タイには1351年から**アユタヤ朝**が成立しており、中継貿易で栄えていた。アユタヤとは現在のバンコクのすぐ近くにあった都市の名前で、ここを都としたためアユタヤ朝と呼ばれるようになったのだ。

このアユタヤ朝は最初、軍事力でスコータイ朝（テーマ39を参照）を圧倒してタイを支配したのだが、しだいに中継貿易に味をしめ、明に朝貢するようになった。ま、３倍返しで楽をすれば体は鈍るのが当然。すぐ西隣のビルマ（ミャンマー）でタウングー朝が勃興してくる

とアユタヤ朝は対抗できなくなってしまった。そこでアユタヤ朝は傭兵として外人部隊を作り、ビルマとの戦争で使うことにした。17世紀に入ると多くの日本人たちが貿易やキリスト教迫害のためにタイに移り住んでいたので、日本人部隊もタイで活躍していたのだ。その代表が**山田長政**(やまだながまさ)だ。彼についてはコラムで紹介したからまあ見てくれ。このアユタヤ朝も結局は18世紀にビルマの**コンバウン朝**に滅ぼされてしまう。

第1幕 朝貢貿易が仇となり、飼い犬に手を噛まれる

中国は、外交とは相手が「中国の徳を慕(した)って」へいこらして、皇帝の前に土下座しに来るものだと思っていた。したがって下手に出た相手にごほうびをあげるのが中国の癖になってしまった。餌付けされてしまった当時の中国の周辺民族はふてぶてしく「おねだり」をするようになってきた。たとえるならば、犬に向かって「お手！　ほれ、ごほうびだ」と言ってドッグフードを与えていたところ、犬が突然、「**お手をしてやるから、ドッグフードではなくステーキをよこせ**」と言い始めたようなものだ。形だけ「お手」をして、ステーキをガツガツとむさぼり食う凶暴な犬の存在に、飼い主も恐怖を感じ始めた。

モンゴルの西側にあった**オイラト**は、15世紀に**エセン＝ハン**という英雄が出現し、モンゴル高原全体を支配するほど強大になった。オイラトは明王朝への朝貢を希望した。もちろん狙いは見返りの「ごほうび」だ。毛皮などを持って来て大量の銀や絹を求めるのである。だいたい朝貢に対する恩賜(「見返り」)は使節の人数で決められるので、オイラトは明王朝が指定した「50人」という使節の制限を平気で破り、3000人以上の人数を申請してきた。明王朝が使節の人数をカウントしてみると、実際の数はかなり少ないことがわかった。そこで明王朝が恩賜の量を減らしたところ、怒ったエセンは軍隊を率いて中国へ攻め込んできた。「土木堡(どぼくほ)」という砦に立てこもった明の**正統帝**はエセンの軍に包囲され、みっともないことに捕虜にされてしまった。この事件を**土木の変**(どぼくのへん)(**1449年**)と呼ぶ。かくして**朝貢貿易が中国にとって災いになってしまったのだ。**

第2幕 ついに海禁を止めて、貿易を解禁だ

新大陸アメリカの発見により、16世紀に入ってくるとヨーロッパが世界貿易に参入する

ようになる。いわゆる「世界の一体化」だな。**西欧商人が直接中国まで交易をしに来るようになったのだ。**明王朝もこの波を受け、16世紀に入ると大量の銀や銅が流入してきた。持って来たのは主にポルトガル人・スペイン人・オランダ人などだ。

朝貢貿易の貢ぎ物として持って来たんですか？

いやいや、密貿易として持って来たのだ。中国の**絹織物**や**陶磁器**は世界的に価値がある商品で需要が高かった。特に陶磁器は江西省にある**景徳鎮**という町で作るものが一級品として評判が高かった。景徳鎮で人気があったのが**赤絵**や**染付**と呼ばれる焼き物だった。それらの産物を買うためにポルトガル人やスペイン人の商人たちが**日本銀**や**メキシコ銀**を持って来た。そして**琉球人**もこのような中継貿易に加わっている。

さて、台湾の向かい側にある中国沿岸は、山が多く、平野が少なくて農業がやりづらい地域だった。目の前に海が広がっているのみ。そこで「どうせお上は海禁で普通の貿易を許しちゃくれねぇ。ならば日本人に化けて海賊で食っていけばいい」と考えた中国人は倭寇になりすまし海賊をおこなうようになった。これが**後期倭寇**となる。彼ら後期倭寇はポルトガル人やスペイン人、日本人を含めた多国籍集団で、海賊を働きつつ日本銀やメキシコ銀を中国に運んで来たのだ。さて明王朝も**北虜南倭**には苦しんだ。これは**北からは北方遊牧民に、南からは倭寇（と称する海賊）**に襲われていたことを意味する言葉だ。「北虜」を代表する「土木の変」も、「南倭」を代表する「後期倭寇」も、明の朝貢貿易が引き起こしたようなもの。それに国の経済も銀なしではやっていけないようになっている。そこで明は16世紀半ばに海禁を緩和し、民間貿易を認めたのだ。

第3幕 楽をとるか銀をとるか？

税は銅銭で払うのが普通だったが、銀が中国全土に出回るようになってくると、政府も銀で税金が欲しくなってくる。だが、銀は価値があるので誰も銀で税を払おうとしない。そこで明王朝は工夫をした。今まであった里甲制の雑役（村の事務やパトロールなどの輪番制の仕事：テーマ48参照）を「**税を銀で払った人はやらなくてもいいよ**」にした。例えて言うなら「カネを払った人は日直や掃除の仕事をしなくていいよ♥」にしたのだ。仕事が免除される

のなら君はお金を払うかい？

ははは、そりゃお金がありゃ払うと思います。楽できるから

というわけで農民たちも銀で税を払うようになった。こうして税の銀納が一般的になると、土地税(田賦)と人頭税(丁税)などを皆一括して銀で支払うことにした。この制度を**一条鞭法**(いちじょうべんぽう)と呼ぶ。つまり税の「銀納」が制度化されたのだ。こうして政府も財源確保に成功した。

第4幕 「湖広熟すれば天下足る」、米は命の源です

国際商業の活発化は大きな活力となり、明時代の商工業は大いに発展している。今まで「米どころ」と言えば長江下流域だったが(テーマ37参照)、貿易でもうかるとわかると、長江下流域の農家は本業の米よりも、副業の綿花畑や生糸を作るのに必要な桑畑ばかり作るようになる。すると米どころの中心地が、長江下流域から長江中流域に移動するようになり、**「湖広熟すれば天下足る」**(**長江中流域で米が実れば天下は飢えることがない**)と言われるようになったのだ。

海上貿易で福建省出身者が活躍したように、陸上の商業活動でも安徽(あんき)省出身の**徽州(新安)商人**や、山西省出身の**山西商人**が活躍している。まあ日本の伊勢商人や近江商人のようなもんだ。え、わからない？　伊勢商人と言ったら「松坂屋」、近江商人と言ったら「西武グループ」の創業者が代表なのだがね。徽州(新安)商人や山西商人の強みは明の政府と結び付いていることで、そのおかげで巨大な富を築くことができた。その他の地域の商人も**会館**(かいかん)・**公所**(こうしょ)という建物を作り、互いに助け合ったり、情報交換をしている。言いかえれば現在の「商工会議所」みたいなものだ。

終幕 明の文化①——頭でっかちの朱子学から、「実践重視！」の陽明学へ

経済が発展してくると、文化も宋学(朱子学(しゅしがく))のような頭でっかちの保守的な方向から、より実践的で庶民的でパワフルなものに変わってくる。学問にしても**実学**という社会に役

立つ学問が重視されるようになった。例えば16世紀の**李時珍**が書いた『**本草綱目**』という本は多くの薬物の種類とその処方が書かれている。この本は漢方の教科書として日本でも重んじられている本だ。また**宋応星**が『**天工開物**』という本を書き、絵入りで産業技術や道具を細かに説明している。この本は「天が与えてくれたものを人間が開発する」という意味で、テクニックが大好きな日本人が輸入してとても大切にしていた本だ。農業から工業にいたる産業技術が見事に説明されている本だな。また、キリスト教徒であった**徐光啓**が書いた『**農政全書**』も農業政策や農業技術をまとめ上げた書だ。

そして哲学でも実践重視が目立ってきた。宋学の**朱子学**では心を性と情の二つにわけ、本来持っているべき道徳性(性)を人間の本質と説いていた。これを**性即理**と難しい言葉で言う。しかし明時代に出てきた**王陽明**は本来持っている心そのものが人間の本質(理)に合致するという**心即理**という考えを新たに説いた。そして**知行合一**をとなえ、「行うことは知ることの完成だ」と主張した。つまり「**実践なくして知は完成しない**」。このような王陽明の学問を**陽明学**と呼ぶ。

陽明学は「実践」を重視する。しかし「自分が正しいと思ったことが絶対だとして実行する」ことは、革命やテロにつながる危険な思想ということで、陽明学は中国・朝鮮・日本では激しく弾圧されてしまった。例えば**李贄**という陽明学者は朱子学の形式主義を偽善として非難し、商業活動を擁護し、男女平等をとなえたため投獄されてしまい、自殺している。

復習ポイント

「北虜南倭」「銀」「一条鞭法」という言葉を関連付けて説明してみましょう。

アクティヴィティ

明という王朝の特徴はどこにあるでしょうか。①**貿易**、②**貨幣**、③**文化**の三つのカテゴリーに分けて考えてみましょう。

東南アジア年表＆中国・明王朝②年表

(タイ)　**1351～1767年**　アユタヤ朝

(ビルマ：ミャンマー)　**1531～1752年**　タウングー朝

「アユタヤ朝とタウングー朝も貿易をめぐって仲が悪かったのだ」

(明)　**14世紀　前期倭寇**（日本人中心）**が活動**

1449年　土木の変**で英宗正統帝がオイラトの捕虜となる**

「野戦で皇帝が捕虜にされたのはこれが最初で最後」

16世紀　後期倭寇（中国人中心）**が活動**

16世紀半ば　海禁を緩和→民間貿易が可能になる→銀の流入増大

1581年　一条鞭法**を全国で施行**

「土地税も人頭税も労役もまとめて銀で払え、というわけだ」

最後の門　下の問題は大学入試問題を出典にした問題です。答えなさい。

16世紀の中国の（　1　）朝は北部辺境に配置した大軍を維持するために膨大な銀を必要としたが、中国産の銀は少なく、国外に求めねばならなかった。しかし民間の貿易は禁止されており、密貿易集団が活躍することとなった。16世紀のいわゆる（　2　）〈漢字四文字〉がこれであり、（　3　）人が活動の主体であった。

日本の銀と中国産の（　4　）などの取引は利益が大きく、また（当時の）日中間の直接の貿易は禁止されていたため、中国や（　5　）、（　6　）、オランダなどの人々が、台湾や（　5　）などを舞台にして中継貿易をおこなった。こうした交易が行われることにより、日本は中国物産として、主として（　4　）や綿織物といった繊維製品や、優れた技術で工芸的価値を高めた（　7　）、更に砂糖や、中国を原産地とする（　8　）などの農産品が流入し、ヨーロッパ商品としては日本の政情にも影響を与えることになる（　9　）がもたらされた。

問　文中の（　1　）～（　9　）に入るのに最も適当な語句を書きなさい。　（関西大・改）

日本最初の国際人——山田長政

山田長政。小・中学校の教科書によく出てくる有名人だが、この男、本当は何者なのだろう。

山田長政(1590年頃～1630年)。通称は仁左衛門。駿河国(現在の静岡県)の生まれで、沼津の殿様に仕え、駕籠かきをしていたと言う。志は大きいのだが、もうすでに戦国時代は終わっていた。天下太平の世の中では一旗あげる機会はなく、一生駕籠かきで終わりそうだった。悲観した長政は、いっそのこと海外にわたって出世してやろうと考え、22歳の時に絵馬を駿府の浅間神社に奉納し、長崎から朱印船に乗って、台湾経由でタイに行った。

当時のタイはアユタヤ朝の時代であった。

＊

長政がタイのアユタヤの町に行って驚いたのは、日本人が7000人も住んでいたことだった。貿易商人や傭兵が主だったが、日本を追い出されたキリシタンもいたし、タイの日本人町では日本の貨幣が平気で通用していた。

とりあえず、日本人町の顔役のもとに身を寄せた長政は、日本人の傭兵部隊に加わり、戦闘に参加し始めた。イントネーションが「五声」もある難しいタイ語をすばやく覚え、しかも親分肌(**清水の次郎長もそうだが、静岡県の人には親分肌の人が多いように感じる**)の長政はすぐに頭角をあらわし、日本人町の頭領になった。

戦争で活躍する山田長政は、タイのソンタム王の信頼を得るようになり、異例の出世をとげた。長政はタイでも第3位の高位に昇り、チャオプラヤ川を通る船から税を取る権利も得た。

＊

しかし長政の活躍も、ソンタム王の死とともに陰り始めてくる。

ソンタム王の信任を受け長政は新王の摂政になったが、タイ国内の政治紛争に巻き込まれ、タイの大臣から敵視されてしまう。また中国人(華僑)と日本人の対立が表面化し、長政は中国人の圧力を受けて左遷されてしまった。

このような長政の動きを見ていると、戦争には強いが、政治がヘタな典型的な「サムライ」の姿が浮かんできてしまう。

長政はマレー軍との戦闘で将軍として戦ったが、戦闘中に足を負傷し、その足に薬と偽って毒薬を塗られてしまい、はかられて死んでしまった。長政が死んで、怖いものがなくなった大臣は、アユタヤにあった日本人町を焼き払ってしまい、アユタヤの日本人町は全滅してしまうのである。

＊

山田長政は日本人が好みそうな「悲劇の英雄」であるが、本当に実在したかどうか疑う研究者もいる。

第一に、タイの人々は「ヤマダナガマサ」の存在なんか知らない。しかし17世紀初めには東南アジアのいたる所で、長政のように国際的に活躍した日本人が多数いたことは事実である。その「国際的」日本人も、徳川幕府による「鎖国」によって活躍の場を失ってしまい、姿を消してしまった。

いわゆる「鎖国」の約200年によって、日本人の多くは国際性を失ってしまったようである。

復習ポイント の答え

「**北虜南倭**」は北方遊牧民と海賊に苦しめられた明の状態をあらわす言葉。遊牧民に対抗するための戦費には「**銀**」が必要だったが、中国では産出できないため「銀」を貿易で得なければならない。

しかし中国では海禁によって朝貢貿易しか認めていないため、明は後期倭寇ら海賊による密貿易でないと銀を手にできなかった。この不自然な関係を清算するために16世紀半ばに明王朝は海禁を緩和し、多くの銀が海外から中国に流入するようになった。

ただし、この状態では民間にばかり銀が出回るだけなので、明王朝は1581年に**一条鞭法**を全国で施行し、税を銀で取り立てて財政を立て直すことができた（注意：海禁は緩和したが、朝貢貿易は廃止したわけではない。中国と正式な国交を結ぶためには、中国皇帝の前で土下座をしなければならないのだ。そのためにイギリスと中国の間で国際問題が起こるようになる）。

アクティヴィティ の答えの一つ

① 貿易：海禁による朝貢貿易から、民間の自由貿易に転換。
理由は、朝貢貿易は相手に対し多額の恩賜を与えなければならないため負担が大きくなること。そして中国に銀の需要が増えてきたため。
→まとめ：**明王朝は名目よりも貿易の実利を優先するようになる。**

② 貨幣：銅貨幣中心からしだいに銀を重視するようになる。銀は世界的な貿易に必要な貴金属であったため、中国ではかたまりであっても貨幣として十分に通用した。
→まとめ：**明王朝の貨幣は世界貿易を反映して銀中心となる。**

③ 文化：文化人中心の高貴な文化よりも、生活を反映する実践的な文化を重んじるようになる。実学（社会に役立つ学問）が重視された。
→まとめ：**明王朝の文化は実践的・現実的な学問が重視された。**
（総まとめ）**明の社会・文化の特徴＝貿易や商業の発達の影響を受け、現実の生活に役立つ実践的な方向を重視するようになる。**

最後の門 の答え

(1) 明　(2) 後期倭寇
(3) 中国　(4) 絹織物
(5) 琉球
(6) ポルトガル or スペイン or イギリス
(7) 陶磁器　(8) 茶　(9) 鉄砲

（解説）

ざっと見た限りでは難しい問題に見えますが、細かいところにヒントがありますので気をつけてください。
(4)は最初見た時にはわからないのですが、後で「繊維製品」という**大ヒント**が出てきます。
(5)はスペインと間違えてしまいやすいのですが、後に「〜などを舞台にして」という言葉が出てきますので、中国と近い中継貿易地であることがわかります。
(7)はその前に「優れた技術で工芸的価値を高めた」という説明があるので陶磁器とわかります。

51 16・17世紀の東アジア
――名古屋が生んだ「猿」秀吉が大暴れ

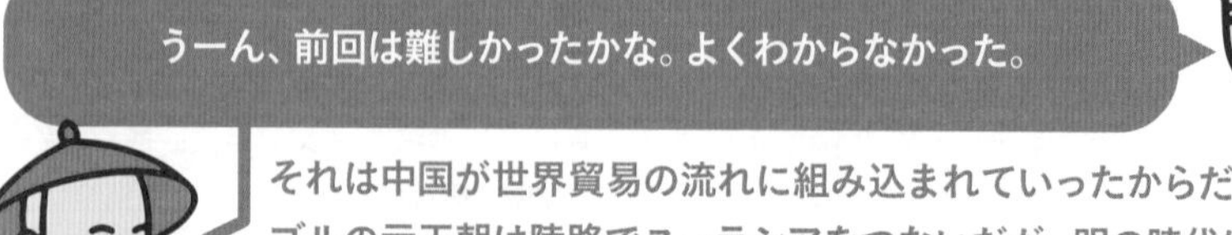

うーん、前回は難しかったかな。よくわからなかった。

それは中国が世界貿易の流れに組み込まれていったからだろう。モンゴルの元王朝は陸路でユーラシアをつないだが、明の時代は新たにアメリカ大陸も加わってきて、地球規模の大貿易となった。すると「海を越えたよそ者」が中国によくも悪くも影響を及ぼしてくる。

セレナード　明のシティライフは文化が花盛り

明時代、経済が豊かになり、文化が栄えると都会に住みたがる人が増えてくる。都会は文化を享受しやすいからだ。特に科挙に合格した官僚経験者は都会に住んで文化のパトロンとして振る舞い、**郷紳**と呼ばれて尊敬されていた。都会に住む庶民も講談（日本で言えば落語）や劇を大いに楽しんでいた。劇で人気があったのは『**牡丹亭還魂記**』という怪奇なラブロマンスだ。また『**三国志演義**』や『**水滸伝**』『**西遊記**』『**金瓶梅**』は講談として人気を博し、後に本にされて「四大奇書」と呼ばれ、現代の日本人にもゲームなどで大評判だ。

最後の『きんぺーばい』は私知りません。どんな話？

うむ、この話はイケメン商人の西門慶が……、いや、こんなスケベな話は知っては、い、いかん。この話に絶対に関心を持ってはならんぞ！

第1幕への前奏曲　名古屋が生んだ「猿」秀吉が朝鮮半島を攻める

1537年、尾張国愛知郡中村郷（愛知県名古屋市中村区）の足軽の家に、一人の子が生まれた。幼名は日吉丸。あだ名は猿。そのとおり猿そっくりな顔をしていたらしい。長じて織田信長の家来となり、木下藤吉郎と名乗った。数々の業績と武功をあげ、信長が本能寺の変

で死んだ後は日本を制覇して、**豊臣秀吉**と称した。1592年、なんと中国を支配するというとんでもない理由をあげて15万余りの兵をもって朝鮮に攻め込んだ。日本は優秀な火縄銃を持っていたので連戦連勝。しかし補給難に苦しみ一度撤退した後、1597年にまた攻め込んだ。この二つの侵略を日本では**文禄・慶長の役**と呼んでいるのだが、朝鮮では**壬辰・丁酉倭乱**と呼んでいる。朝鮮の民衆の反抗と明軍の加勢、そして朝鮮水軍の**李舜臣**将軍の**亀甲船**による反撃により日本軍は攻めあぐね、1598年の秀吉の死によってついに退却した。カトリックのイエズス会宣教師ルイス＝フロイスの報告によると日本側の死者は約5万人、朝鮮側の死者は「それ以上」だ。韓国では現在も豊臣秀吉（ハングル名：풍신수길＝プンシンスギル）は最大の悪役だ。

第1幕　スパルタ教育の反動でバカ殿が国を滅ぼす

すでに北方ではエセン＝ハンの死後、オイラトが衰退し、16世紀半ばに**アルタン＝ハン**という長が率いる**タタール**（**韃靼**と中国では呼ぶ）が勢力を強めていた。一時は1550年に明を侵略し、北京を包囲するほどの力を持っていたのだ。そんな大変な時期に内閣大学士となって、16世紀後半に10歳で即位した万暦帝を補佐したのは**張居正**という有能な官僚だった。

張居正は財政改革を実施、テーマ50で説明した一条鞭法を定着させたのは張居正だったらしい。しかし万暦帝にとっては口うるさい教育係の先生でもあった。何事にも「ご倹約、ご倹約」と言われて服装はつぎはぎだらけで食事は麦飯。頭が上がらない。しかし万暦帝が20歳の時、張居正が亡くなってしまったのだ。自由を手にした万暦帝は「**ワ〜イ！**」とさっそく国の政治をほっぽり投げて、ぜいたくに耽り始めた。そのぜいたくぶりを挙げるとキリがないが、右（→）は万暦帝が作った自分の死後のための地下宮殿だ。北京に行ったらぜひ見学してほしい。その上、万暦帝の時代に秀吉が朝鮮に侵略を始めてしまった。明は朝貢国である朝鮮王朝を助けるために援軍を出し、莫大な軍事費を使ってしまう。おかげで張居正が貯めた金を見事に使い果たしてしまい、それどころか大赤字だ。

そして明の官僚たちも2派に分裂してしまった。顧憲成というまじめ派の官僚が張居正の政策に不満を持ち、役職をなげうって故郷の江蘇省無錫という町に帰り、**東林書院**という学校を再興した。この学校出身の官僚たちがそろいもそろって融通の利かないまじめ人間で、宮廷を牛耳っていた宦官たちと対立し、あげくの果てに「**東林派**」と呼ばれて宦官の弾圧をくらってしまう。この「東林派」VS「非東林派」の争いが高じて宮廷を揺るがす大騒動になった。そしてこの不毛な争いが明王朝の弱体化につながってしまうのだ。そして北方に不気味な動きが……。

第2幕　中国東北部、新しい台風の目が発達

……北方に新たな動きが出てきた。ジュシェンという民族が強くなってきたのだ。漢字にすると**女真**と書く。明らかに当て字だな。彼らはかつて**金**という王朝を作り、北宋を滅ぼして北中国を支配した民族である。え、忘れた？　ではテーマ36の最後の方を読み返してくれい。モンゴルの力が強くなり、モンゴル帝国2代目のカアンのオゴデイによって1234年に金が滅ぼされると、しばらくは故郷の中国東北部に帰って「半農半猟」の生活を続けてきた。この中国東北部は**満洲**と呼ばれているのだが、女真が呼んだ「マンジュ」という名前に漢字をあてはめたのだ。この名前は女真が信仰していた文殊菩薩（マンジュシリ）の名前からきているらしい。中国の東北部、つまり満洲は生活には厳しい場所だ。森林が多くを占めるために遊牧ができる条件じゃない。農業で作れる量もたかがしれているので、やむを得ず狩猟をおこなったのだが、獲物がいつでも捕れるわけではない。中国人に売ってカネになるのは毛皮か朝鮮人参だったが、一番高いのは虎の毛皮だ。これは……命をかけないととれないし、朝鮮人参なんてめったに見当たらない貴重品だ。当時の女真がどのくらい苦労して生活していたかはわかるだろう。

女真は10以上の部族に分かれて争っていたのだが、17世紀に彼らを一つにまとめる巨大なリーダーがあらわれた。そのリーダーの名前は**ヌルハチ**だ。武力と統率力のパラメーターがMAXの男で、分裂していた女真を1616年に統一し、**後金**（アイシン）を建国した。かつて完顔阿骨打が作った「金」の後継者、という意味だな。

ヌルハチが強かったのは**八旗**という軍事・行政組織を作ったからだ。八旗は八つの軍

団からなり、それに所属している武人たちには土地が与えられた。彼らは女真を中核にしており、ヌルハチを支える武力となった。八旗に似た存在と言うと、日本の江戸時代の旗本だろうな。

ヌルハチはさらに中国本国に迫ろうとしたが、ポルトガル砲で武装した明軍に撃退され、退却する途中で病死してしまった。後金の2代目君主になったヌルハチの子**ホンタイジ**が皇帝と称し、1636年に国号を中国風の**清**にしている。また名前も**太宗**という中国風の廟号で表記した。中国風の意識が入ってきたのだろう。このホンタイジは戦争でも活躍し、内モンゴル（現在の中国内のモンゴル人居住区）の**チャハル**を支配し、**朝鮮王朝を属国にしている。**

悲劇的序曲　リストラ李自成の乱と、明王朝の悲惨な結末

明王朝も末期になると増税と人件費削減のための首切りが横行していた。**李自成**は駅卒、つまり馬の世話係だったが、リストラされて「ええい、ままよ」とばかりに反乱軍に加わったところ、あっという間に急成長。ついに1644年、紫禁城を含む北京城を取り囲んだ。明王朝最後の皇帝、**崇禎帝**はドラを鳴らして助けを求めたが、宦官が1人だけ駆け付けた。裏山に隠れた崇禎帝は逃げられぬことを悟り、一緒に付いて来た娘に「なんでそなたは皇帝の娘に生まれてきたのだ」と泣きながら告げ、娘を切り倒した後、縄で首をくくった。これがあの壮麗な明王朝の最後だった。

第3幕　家庭の事情で、ついに女真が中国に侵入成功

清が中国領内に入れなかったのは、満洲と北京の間に万里の長城があり、その中でも一番の関所の「山海関」を明の名将**呉三桂**が守っていたからだ。ところが北京が李自成の反乱軍に囲まれたことを知った呉三桂は、北京に残してきた家族が心配でたまらない。彼の妻は美人で知られていたのだ。そこへ知らせが入った。「皇帝陛下はお亡くなりになり、……将軍の奥方は反乱兵に連れ去られました」。「な、なにぃ！」と怒った呉三桂は、敵の女真に降伏し、手を結ぶことを決意した。その時、女真の清は**順治帝**という幼い皇帝で、重臣たちが補佐をしていたが、呉三桂の申し入れを「わたりに船」とばかりに受け入れた。

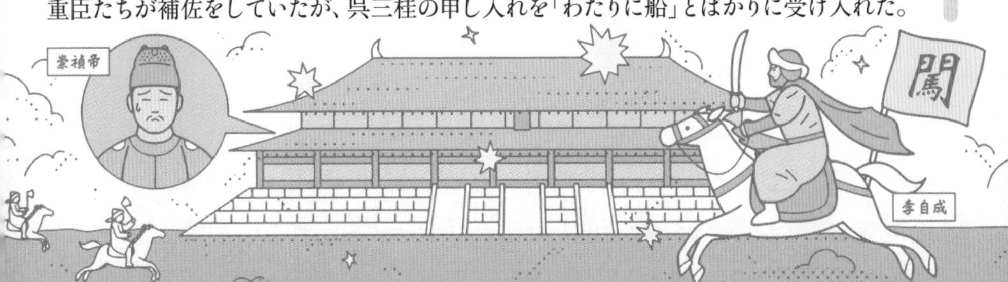

呉三桂が開けた山海関の重い扉を、清の八旗が続々と通って行き、北京をついに包囲したのだ。

その時、北京では李自成の反乱軍の兵士が略奪を繰り返していた。親分の李自成は皇帝のベッドに大の字に寝転がり、部下たちの乱暴狼藉を全然止めようとしない。そのために北京の民衆は李自成に愛想を尽かしていた。そこへ清の軍隊が攻撃して来たのだ。李自成は大慌てで逃げ出し、最後には追い詰められ命を落としたと言う。

北京に入城して来た清の兵士は全員、白布（当時の葬式の色は白）を着て、崇禎帝の位牌を先頭にしていた。裏山に放りっぱなしだった崇禎帝の遺骸（いがい）を丁重に葬り、盛大な葬式をおこなった。そして清の兵隊たちは北京の民衆に一切の危害を加えなかった。これらのおこないにより、中国の民衆は清という新しい王朝を信じるようになったのだ。

呉三桂ら清に味方した明の将軍は功績が認められ、地方の王に昇進した。ところが呉三桂はなかなかのタヌキでこんなことを考えていた。

「フン、王で満足するもんかっ。チャンスを見て皇帝になってやる！」

復習ポイント

豊臣秀吉の朝鮮侵略は、中国史にどのような影響を及ぼしましたか。

アクティヴィティ

あなたが政治家だとしたら、人心をつかむのに必要なことは何だと思いますか。今回の話を参考にして考えてみよう。

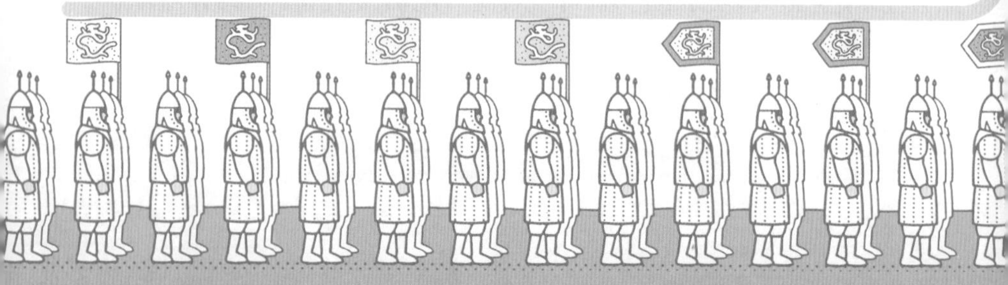

中国・明王朝③年表＆清王朝①年表

(明)	16世紀後半	張居正による政治→財政の再建に成功
	16世紀後半〜17世紀前半	万暦帝の治世→宦官の重用や浪費で財政の悪化 「ああ、張居正の努力も元の木阿弥だな、こりゃ」
	1592年	豊臣秀吉による第1回朝鮮侵略（文禄の役＝壬辰倭乱）
	1597年	豊臣秀吉による第2回朝鮮侵略（慶長の役＝丁酉倭乱） 「『役』と呼んでいるとは、日本は正義の戦いをしたと思っているのか！（テーマ48年表参照）」「だから韓国では『乱』と言っているのね」
	1644年	李自成の乱により明王朝滅亡 →女真の清王朝が北京に侵攻、李自成を滅ぼす
(清)	1616年	ヌルハチ（太祖）が後金（アイシン）を建国→八旗を創始
	1636年	2代目君主のホンタイジ（太宗）が国号を清と改名
	1644年	順治帝の時に、清軍が明の将軍呉三桂の助けで山海関を通過し、李自成の乱を鎮圧→清王朝、北京に遷都。中国を支配する

最後の門 下の問題は大学入試問題を出典にした問題です。答えなさい。

明では㋐万暦帝時代の初期に、張居正が検地を全国的に実施するなど、中央集権的な財政の立て直しをはかった。しかし、この改革は地方官僚から批判を受けた。

他方、中国の東北部ではヌルハチが女真を統合し、明に対抗した。ヌルハチの後を継いだホンタイジは内モンゴルの㋑チャハルをしたがえた。李自成の乱によって明が滅亡すると、長城東端の㋒山海関を守る呉三桂が清に降伏し、清は長城を越えて北京を占領した。

問1　文中の㋐〜㋒のうち、誤っているものを選び、すべて正しい場合は㋓を選びなさい。

問2　ヌルハチに関する次の二つの文について正誤を判断し、aとbの両方が正しければ㋐を、aが正しくbが誤っていれば㋑を、aが誤っておりbが正しければ㋒を、aとbの両方が誤っていれば㋓を選びなさい。

a. 八旗の編成をおこなった。

b. 国号を清と定めた。

（南山大・改）

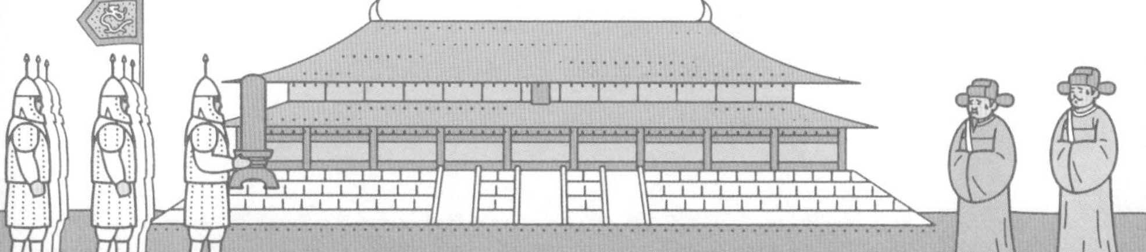

『水滸伝』

『水滸伝』とは「湖のほとりの物語」という意味。元々は元時代に生まれ、明時代に完成した小説である。

時代は北宋の終わりの徽宗皇帝の時代。太古から触れてはいけないとされてきた神社の封印をアホウな役人が開けてしまったことにより、108匹の魔物たちの魂が飛び出してしまった。この『水滸伝』の108人の主人公たちは、この魔物たちの生まれ変わりで、時の悪党の権力者をやっつけるのである。

＊

主人公たちの中で有名なのは以下の連中だ。

林冲…別名：豹子頭。近衛軍の武術師範で**槍術の達人**。

史進…別名：九紋竜。背中に9匹の竜のイレズミを入れた**宋時代のブルース＝リー**。

魯智深…別名：花和尚。花吹雪のイレズミを入れた**怪力自慢のなまぐさ坊さん**。

李逵…二刀のマサカリを自在に扱う**乱暴者**。酒を飲むと手がつけられなくなる。

武松…力自慢の豪傑で、**虎を素手で倒した**ことがある。

扈三娘…この中で唯一の女性。敵をからめ縄で生け取りにする。

呉用…知恵にかけては諸葛亮孔明以上と評判の**大学者で軍師**。

そして、このひとくせも、ふたくせもある連中を率いる**ボス**は、

宋江…度胸のよさと人格の高潔さで**中国に名が響く男**。乱暴者の李逵も宋江の言うことだけは素直に従う。

＊

彼らは運命に導かれて、湖のほとりにある**梁山泊**という難攻不落の要塞に集まり、時の権力者で人民の税を平気で独り占めする悪の宰相の**高毬**に逆らって、反乱を起こすのだ。

この物語は痛快で、面白いのだけれども、最後は悲劇的に終わる。

湖のほとりに立てこもって、政府軍をさんざんに打ち破ったのはまるでロビン＝フッドみたいにカッコいい。しかし皇帝直々の恩赦を受け、政府軍に編入された彼らは前線に回されてしまい、ほとんどが討ち死にしてしまう。その責任を感じたリーダーの宋江と軍師の呉用は毒を飲み自殺してしまうのである。

＊

しかしまあ、どうも『水滸伝』は女の子には人気がないねぇ。

まあ、それもしょうがないか。**出てくる登場人物のほとんどが男で、しかもほぼ全員が派手なイレズミを体中に彫り込んだ、危ないおっさんばかり**だ。でも男の子はこういうワイルドな話が大好きで、みんな夢中になって読んでいたものだ。現代で読めるもので言うと吉川英治の書いた『新・水滸伝』(講談社：全4巻)がおすすめだ。またゲームにもなっている。

さて、『水滸伝』は反乱を讃美する話なので、歴代の中国王朝はこの小説を厳しく弾圧したし、士大夫階級(＝知識人)はこの話を「下品」と決めつけて手に取ろうともしなかった。しかし政府がどんなに厳しくこの小説を非難しても、庶民はこの話が大好きだった。

実は中華人民共和国の生みの親である毛沢東も小さい頃、親に隠れて『水滸伝』を夢中になって読み耽っていた。彼は後年この『水滸伝』からゲリラ戦のヒントを得て、日本軍を悩ませることになる。

解答と解説

復習ポイント の答え

豊臣秀吉の朝鮮侵略は、元々「中国全土を支配する」という秀吉の野望（妄想？）からおこなわれたもので、放置すれば秀吉の勢力が朝鮮半島を経て中国に向かってくるのは自明だった。そのために明王朝は朝鮮王朝に援軍しなければならず、鉄砲を持つサムライたちに対抗するため多くの兵力と財力を投じる必要があった。

元々ぜいたく好きだった万暦帝は、軍費にも国費を割かなければならず、豊臣秀吉の朝鮮侵略は、中国が財政的に困窮する状態を生み出す結果となった。東林派と非東林派の争いに代表される官僚の分裂のため、明王朝は効果的な政策を生み出せず、**増税**や**人件費削減**に頼る政府の一時しのぎの方策は民衆の困窮を招き、不満をつのらせることになった。

豊臣秀吉の侵略がきっかけとなった明の**財政難**と、その財政難解決のための**増税**や民衆に向けた**緊縮財政**が、李自成の乱を起こしてしまったと言える。

アクティヴィティ の答えの一つ

人心を得るのに必要なこと。それは「平和」と「思いやり」でしょう。具体的には「平和」は「治安のよさ」につながり、「思いやり」は「記念行事」や「葬式」につながります。特に「葬式」は重要です。

清軍は反乱軍が占領していた北京に入城した時、決して民衆に暴行・略奪をせず、明最後の皇帝を追悼し、盛大な葬式をおこなうことで人心を得ることができました。

同じように、豊臣秀吉は信長の葬式の責任者となり、スターリンはレーニンの葬式の責任者となって民衆の人心を得ています。

最後の門 の答え

問1　㊤

問2　㋑

（解説）

問1の「チャハル」が難しい。本文を読んでいれば、なんとかクリアできます。

問2は「清」という国号を制定したのがヌルハチでなくホンタイジであることがわかればクリアできます。

清
——歴代スーパースター皇帝の業績がカギ

そういえば先生は、変わった髪型してますねー？

あ、これ？　日本にタイムスリップしてもこの髪型はクセで止められないな。

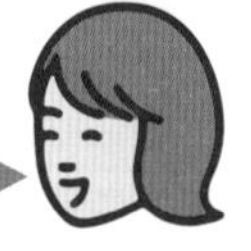

昔の文化っておもしろいですね。

それを言うなら日本人だって江戸時代は「ちょんまげ」だったろう。文化には、国それぞれ背景があるんじゃよ。

前奏曲　辮髪やらなきゃ首がすっ飛ぶ

辮髪は元々女真だけでなく、北方遊牧民で広く用いられていた髪型らしい。前髪を剃って後ろ髪を三つ編みにしたりする。どうも兜をかぶる時にフィットしてムレないようにするためだったようだ。清王朝はこのヘアスタイルを中国の全男性に強制した。だいたい中国人はヘアスタイルにうるさい民族。「あんなけったいな髪型できるかいな」と嫌がったのだが、清王朝は「髪の毛をとどめようとする者は、首をとどめることはできないぞ」と言って、逆らう者を血祭りにあげた。だいたいイケメンに限って根性なしだから、みんな辮髪に変えてしまった。

第1幕　若造だと思って侮ったのが呉三桂の運の尽き

順治帝は、八旗の補助として漢人で編成された緑営という軍隊組織を用いて、主に治

安維持にあたらせていた。その順治帝が若死にしてしまったため、次の**康熙帝**は7歳で跡を継いでいる。成長してきた康熙帝は、**呉三桂**らが率いる中国人の王国(=「藩」)をうっとうしく思うようになっていた。これらの藩は自治権を持っており、皇帝の思いどおりにはならない。19歳になった康熙帝はついに決心した。「よし、チャンスがあれば藩は取り潰そう」。これに対し李自成討伐の功績で雲南の藩王になっていた呉三桂を親分とする三つの藩(雲南・広東・福建)の藩王たちはヤバいと一斉に反乱を起こした。これが1673年の**三藩の乱**。この乱の目的は実は「呉三桂の皇帝即位」であることは明らかだ。だが最初は勢いづいていた呉三桂も、若造の康熙帝が大変な名君であることに気が付いた。清軍の反撃を受けつつ呉三桂は病死、1681年には三藩の乱は鎮圧されてしまう。

返す刀で康熙帝は、それまで台湾を支配し「明王朝復活」をとなえて清に反抗していた**鄭成功**の一族を1683年に平定している。鄭成功についてはコラムを見てくれ。実はすでに清は1661年に**遷界令**というお触れを出し、中国本土の沿岸に住んでいる住民を奥地に強制移住させていた。強制移住の目的は海賊活動をしている鄭成功が本土沿岸に拠点を作れないようにするためだ。鄭成功はやむを得ず、台湾を支配していた**オランダ人**を追い出してこの島を根城にしていたのだ。こうして鄭氏一族が滅んだ後、康熙帝は**台湾を直轄領**として中国領に定めている。直轄領というのは「**王朝が直接支配する地域**」を指すのだが、それは軍事・経済上重要な地域であったからだ。中国本土と中国東北部(満洲)、黒竜江以北、そして台湾が直轄領である。この直轄領に対して**藩部**がある。藩部は「**自治を認められた辺境**」を指す。以前やった**羈縻政策**(テーマ32参照)の流れを継いでいるのだな。

第2幕 大帝ピョートル1世VS名君康熙帝——軍配が上がったのはどっち?

藩部が出てきたので辺境の話になるのだが、康熙帝は外征をおこない、中国の歴史的国境を定めたことで有名だ。現在の中国の国境は清朝の領土が基盤となっている(次ページ地図参照)。ジュンガルを攻めたのも康熙帝である。さて問題は北方のロシアの進出だ。

ロシアと清の間の国境線や通商問題を解決する必要がある。そこで1689年に清とロシアは**ネルチンスク条約**を結び、アルグン川とスタノヴォイ山脈をロシアと清の国境とした。

それって、どっちの国の方がおトクなんですか？

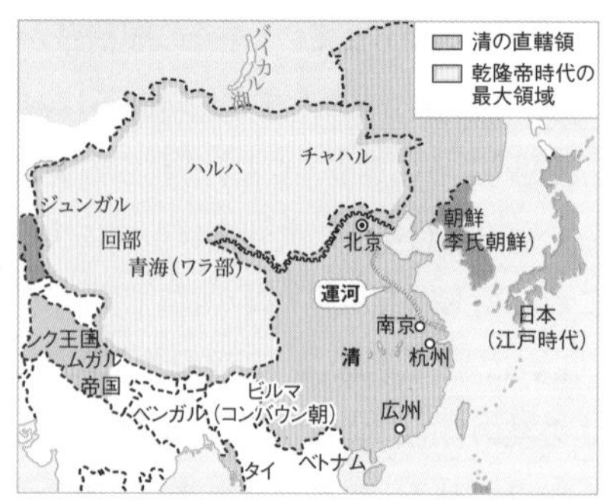

現在の国境から見てみると、清の方が領土が大きくおトクな条約だ。ロシア皇帝は有名なピョートル１世（大帝）だったが、まだ若かった。したがってこの時点での清とロシアの国境勝負は清の勝ちだな。

第3幕 ドまじめな雍正帝は実はコスプレ趣味！？

康熙帝が在位61年、69歳で亡くなった後、子の**雍正帝**（ようせいてい）が皇帝となった（下のイラスト参照）。

なんじゃこれ？　コスプレ？

ヨーロッパ人が献上した洋服とカツラを着けているのであろう。実際の雍正帝の生活はまじめ一辺倒で、朝から深夜まで事務仕事に励んだ皇帝だった。その雍正帝のせめてもの息抜きがコスプレだったらしく、仙人や僧侶のコスプレをしている肖像画もけっこうある。仕事の息抜きに趣味は必要だ。

さて、雍正帝の政治に関しては**軍機処**（ぐんきしょ）の設置が重要だ。今の「内閣」のような政治の最高機関の役割を果たしていた組織だ。明代に「内閣大学士（ないかくだいがくし）」という制度が永楽帝（えいらくてい）によって作られていたのだが、これが意外に「型にはまった」制度で手続きが面倒な上に時間もかかった。少しでも時間が惜しい雍正帝は、紫禁城内に設置された作戦会議の機関である軍機処が気に入った。軍機処は機密保持のため、面倒くさい手続きを抜かして迅速に処理できるようになっていたのだ。戦いの最中はパッパと仕事を片付けないと機密が漏れやすくなるし、戦いで負けてしまうからな。ちなみに雍正帝は将軍に命じてチベット北東部を討たせ、その地域を**青海**（せいかい）と名付けて清の藩部にしている。

そして外交だが、ロシアと新たな条約を結ぶ必要が出てきたのだ。

ロシアは「スタノヴォイ山脈から南へ行けないのなら、満洲より西のモンゴル方面で南へ行けばいいだろう」とモンゴル方面から中国へ進出してくるようになった。そこでモンゴ

ル方面の国境線と交易問題を解決するために、1727年に**キャフタ条約**を清とロシアは結んだのだ。キャフタはちょうどバイカル湖の南にある町の名前で、この付近の清とロシアの国境線を決めたのである。もちろん現代の国境線とくらべれば、領土の大きさから見て中国に有利な条約であった。

第4幕　名君を作る秘訣を教えます

雍正帝が治世13年の後に寝不足と過労で倒れて亡くなると、子の**乾隆帝**(けんりゅうてい)が跡を継いだ。この乾隆帝も名君の誉れが高く、康熙・雍正・乾隆と3代にわたって名君が続いたことが清の絶頂期を築いたのである。

どうしてこんなによい皇帝ばっかり続くのだろう？

うん、実はやり方があった。太子密建(みっけん)法と呼ばれるものだ。これは雍正帝が始めたもので、皇帝は皇位継承者の名前を書いた紙を箱に収めておいて、表座敷にあたる乾清宮の玉座の後ろにかけられた「正大光明」という額の後ろに置いておく。皇帝が亡くなった後、大臣たちが額から箱を取り出し、そこに書いてある名前の太子を次の皇帝にするわけだ。この方法なら誰が次の皇帝になるかわからないので、太子たちは修養を積んで父帝に気に入られるようにしなければならない。父帝の目から見て「うむ、こいつはまじめで努力家だ」と思った太子が跡を継ぐので、清王朝の皇帝には愚帝がいないと言われている。ただし、太子密建法には、「一人っ子の場合はこれが使えない」という欠点があるがね。

さて、乾隆帝はワーカホリックの父とは違い、豪快な性格で、よく外征をおこなっている。特に**ジュンガル**（天山山脈以北のオイラトの一部族）や**回部**（天山山脈以南のウイグル）を制圧し、この二つの部族の住んでいた地域を**新疆**(しんきょう)（「新しい土地」という意味）と名付けて藩部に編入したことが有名だ。そう、この新疆が現在の「新疆ウイグル自治区」の源だ。藩部が増えたため、藩部を監督する役所である**理藩院**(りはんいん)を整える必要が出てきた。これはやはり唐時代にあった「都護府(とごふ)」（テーマ32参照）と同じように藩部を監督する役所である。理藩院は、以前から清にあった役所だが、乾隆帝はこれを整備し、藩部の管理をしっかりできるようにしたのだ。

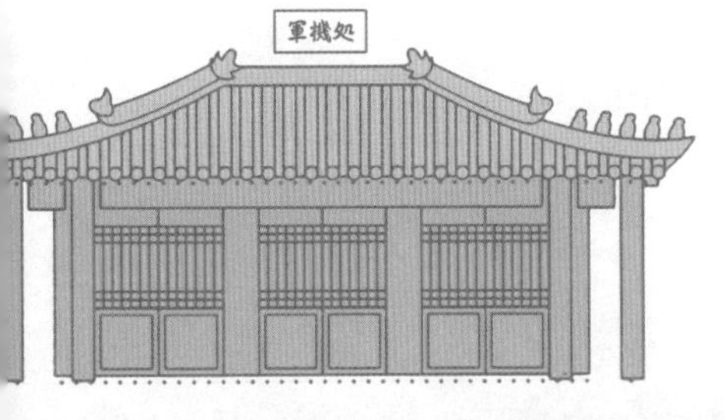

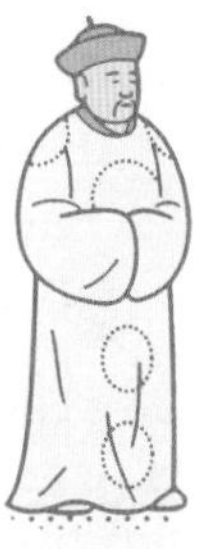

さて、かつて康熙帝に攻め込まれながらも抵抗を続けていたジュンガルをついに滅ぼして乾隆帝は都に帰って来た。以下は伝説の部分もあるのだが、紹介しておこう。この時、乾隆帝は戦利品を持って来た。香妃という回部の王妃で、夫の王はすでに戦死していた。この香妃は中国三大美女の一人に選ばれるほどの美女で、肌から芳しい香りがしたことから「香妃」と名付けられた。この香妃を見た乾隆帝は一発で惚(ほ)れてしまい、求婚したのだ。

その時、乾隆帝は50歳、香妃は20歳だった。

え、そんなオジサン、嫌だー！

香妃はこの求婚を受け付けず、それどころか「亡き夫のカタキ」と短剣を胸にいつもしのばせていたらしい。乾隆帝は彼女のためにイエズス会宣教師のイタリア人**カスティリオーネ**に命じ、北京の郊外にある**円明園**(えんめいえん)に壮麗なバロック式の大宮殿を建てさせたという。乾隆帝はなんとか彼女の心を癒そうとしたのかもね。この恋物語の結末はテーマ53のコラムを読んでくれたまえ。

乾隆帝は偉大な皇帝ではあったが、戦争をやりすぎたし巨大建造物を作ったため、乾隆帝の晩年から清王朝は財政難の危機に陥ったのだ。

復習ポイント

康熙・雍正・乾隆それぞれの皇帝の業績をまとめてみよう。

アクティヴィティ

なぜ清王朝は辮髪を中国人に強制したのでしょうか。

清王朝②年表

1661年	康熙帝 即位(～1722年)
1673年	呉三桂を中心とする三藩の乱勃発→1681年に鎮圧される
1683年	鄭成功一族を滅ぼして清が台湾を直轄領とする
1689年	ネルチンスク条約＝ロシアとの満洲方面の国境線を決定
1722年	雍正帝 即位(～1735年)
1727年	キャフタ条約＝ロシアとのモンゴル方面の国境線を決定
1730年	軍事行政の最高機関である軍機処設置
1735年	乾隆帝 即位(～1795年)
18世紀半ば	ジュンガルと回部を征服し、これら東トルキスタン一帯を新疆と名付ける

最後の門 下の問題は大学入試問題を出典にした問題です。答えなさい。

(前略)清は中国全土へと支配を広げ、南方の雲南・広東・(　1　)に呉三桂ら三人の漢人武将を配置して藩王としたが、彼らは後に①三藩の乱をおこした。また鄭成功はオランダ人を追放して台湾を占領し、ここを拠点に清に抵抗した。清は17世紀末に②ロシアと条約を結んで国境・通商問題を解決した。また、対外遠征を繰り返し、③雍正帝の後を継いだ乾隆帝の時代には東トルキスタンを占領して、この一帯を新疆と名付けた。ここに清の版図は最大となった。

問1　空欄(　1　)に入る語を選びなさい。

㋐ 河南　㋑ 浙江　㋒ 福建　㋓ 江蘇

問2　下線部①の三藩の乱を含む出来事が古い順に並んでいるものを選びなさい。

㋐ 三藩の乱の勃発―康熙帝の即位―キャフタ条約の締結

㋑ 康熙帝の即位―三藩の乱の勃発―キャフタ条約の締結

㋒ 三藩の乱の勃発―キャフタ条約の締結―康熙帝の即位

㋓ 康熙帝の即位―キャフタ条約の締結―三藩の乱の勃発

問3　下線部②の条約名を書きなさい。

問4　下線部③の雍正帝に関するつぎの二つの文について正誤を判断し、aとbの両方が正しければ㋐を、aが正しくbが誤っていれば㋑を、aが誤っておりbが正しければ㋒を、aとbの両方が誤っていれば㋓を選びなさい。

a. 八旗の編成をおこなった。　b. 国号を清と定めた。

(南山大・改)

『国性爺合戦』

鄭成功は1624年、日本の平戸に生まれた。

父は鄭芝竜という中国人の海賊で、母は平戸の芸者だった。日本で幼少時代を過ごし、日本名を田川福松と名乗っている。7歳の頃、長く離れ離れになっていた父と再会した。聞いてみると父の芝竜は滅びてしまった明王朝を再興させるために戦っていると言う。平和な日本に飽きていた鄭成功は飛びついた。

「父ちゃん！　オレも中国へ連れて行ってくれェ！」

＊

中国にわたった鄭成功は「朱」の姓を名乗ることを明王朝の一族から許され（明王朝の皇帝家は朱という姓である）、明王朝を復活させるために各地を転戦するも、勢いに乗る清王朝の力にはかなわない。やむを得ず鄭成功は中国から台湾にわたり、その地を支配していたオランダ人たちを追い出して、台湾を本拠地にした。そんな鄭成功は「**国姓爺**（こくせんや）」（**皇帝の姓を名乗ることを許されたお方**）と呼ばれるようになるが1662年に39歳の若さで急死してしまい、彼の死後に台湾は康熙帝によって征服され、清王朝の直轄領にされたのである。

この鄭成功の冒険と活躍を描いたのが江戸時代に**近松門左衛門**が書いた芝居、『**国性爺合戦**（こくせんやかっせん）』である。

（「姓」が「性」の字に変わっていることに注意！）

〈『国性爺合戦』のあらすじ〉

ある日、明の皇女の船が平戸に流れ着いた。

この遭難船を助けたのは中国人を父に持つ鄭成功である。皇女の話から明王朝が北の遊牧民である女真の圧迫を受け、滅びてしまったことを鄭成功は知る。憂国の情に駆られた鄭成功は両親を連れて中国にわたることにした。中国に着き、いったん、父と別れた鄭成功は老いた母を背負って山道を行くと、なんと**人食い虎が襲いかかってきた**。英雄である鄭成功は母を守るため人食い虎と戦い、退治してしまう。これにより鄭成功の名は中国に鳴り響いた。

さて、一行は獅子ヵ城にやっとたどり着くことができた。

この獅子ヵ城の城主、甘輝（かんき）将軍の妻は鄭成功の姉である。さっそく味方になって一緒に明王朝を再興するように説得をしようと試みたが、甘輝は一行の願いを聞いてくれない。

「私も武人のはしくれ。妻の縁者の頼みに負けて、自分が仕えてきた清王朝の皇帝を平気で裏切ることなどできない……！」

それを聞いた鄭成功の姉は、妻の自分が障害になっていると思った。

「ああ、自分がいては弟の願いである明王朝復活は不可能になってしまう。それならば、いっそのこと……！」

と自分の胸を短刀で突き刺してしまった。

城外にいた鄭成功は川に流れる血から変事を知り、姉を救うべく多くの家来たちをなぎ倒し、力ずくで城に入ってくる。しかし遅かった。姉は明王朝の再興を訴えながら、息を引き取っていった。

妻の最後の頼みと、鄭成功の武勇を知った甘輝はついに決心し、明王朝再興のためにともに戦うことを鄭成功に誓うのであった。

＊

近松は最初、浄瑠璃（じょうるり）（日本の人形芝居）用に『国性爺合戦』の脚本を書き、大ヒットした。「鎖国」時代の日本人にとって、海外での鄭成功の冒険とロマンは魅力的だったのだ。

復習ポイント の答え

康熙帝 の業績

① **遷界令(1661年)**…中国沿岸に鄭成功が根拠地を作らないようにするため、沿岸に住む民衆を奥地に強制移住させた命令。

② **三藩の乱(1673～1681年)の鎮圧**…呉三桂らの反乱を抑える。

③ **ネルチンスク条約(1689年)**…ロシアと満洲方面の国境線と通商制度を決める。

④ **ジュンガルを攻撃(17世紀末～18世紀前半)**

雍正帝 の業績

① **キャフタ条約(1727年)**…ロシアとモンゴル方面の国境線を決める。

② **軍機処の設置(1730年)**…清末まで軍機処が軍事行政の最高機関。

③ **青海(チベット北東部)を藩部に編入**

乾隆帝 の業績

① **理藩院の整備**…理藩院とは藩部を監督する役所のこと。

② **ジュンガルと回部を平定**→「新疆」として藩部に組み込む。

(それぞれの皇帝の文化面の功績は後の「清の文化」で取り上げる)

アクティヴィティ の答えの一つ

中国人に対して女真のアイデンティティ(自己の存在)を見える形で示すため。

中国は人口が多く、産業も豊かで、農作物がよく収穫できるため、多くの異民族が中国に侵入し、支配しました。しかし、ほとんどの異民族が中国文化に飲み込まれて同化してしまう(五胡(ごこ)、特に鮮卑(せんぴ)が作った北魏(ほくぎ)、キタイが作った遼(りょう)など)か、もしくは弱体化して追い払われてしまう(モンゴルの元)運命をたどっています。中国文化を受け入れれば飲み込まれ、中国文化を拒否すると追い出される、のパターンを繰り返していました。女真はかつて金王朝を北中国に作った時、中国文化を受け入れて同化してしまい、モンゴルに滅ぼされた経験を持っていました。そこで清は中国文化を受け入れつつ、自らの文化の形である辮髪を強制することにより、自己の優位を守ったのです。

最後の門 の答え

問1 ㋒　問2 ㋑

問3 ネルチンスク条約　問4 ㋓

(解説)

テーマ51の南山大の入試問題の続きにあたります。問1の「三藩」にあたる省が難しい。想像してみましょう。まず清はこれら中国人の危ない将軍たちを経済や政治の重要地点の王にするでしょうか。いや、しません。雲南など南の辺境の王にするでしょう。となると南にある福建が怪しいと思い当たります。

問2は年代を知らなくても「誰が何をした」という歴史の流れがわかれば解けます。

問4のaの「八旗」はヌルハチが編成し、「清」はホンタイジが制定したものですから両方違います。

53 清の対外政策と社会
——世界一の人口、ここが始まり

前回の、野獣、じゃなくてオジサンと美女はどうなったの？

オジサンとは失礼な。清帝国の皇帝陛下だぞ。二人の仲がハッピーエンドか、バッドエンドで終わったかは最後のコラムをお楽しみに。

第1幕への前奏曲 ごほうびが欲しければ頭を下げる

明が16世紀半ばに海禁策を緩め、民間貿易を認めた後も、正式な貿易の形は朝貢貿易だった。自分がお殿様でないと納得しないのだ。その代わり「イヨッ、お殿様っ！」とメンツを立てると、気前がいい。清王朝になっても外交関係で相手が下手に出ることを要求している。相手国がこれに我慢できるかどうかが重要だ。

第1幕 清の対外関係 ——「お殿様と呼びなさい！」

第１場：日本——土下座しないちゃっかり者

日本は足利義満が明に頭を下げて、朝貢貿易をおこない利益を得たことは以前も言ったな（テーマ49参照）。義満がおこなった朝貢貿易を**勘合貿易**と呼ぶ。「勘合」というのは札を半分に割った割符のことで、相手国と半分ずつ持ち、交易をする際に割符を合わせて正式な貿易船であることを証明したのだ。なにしろ倭寇の恐れもあったからな。

次の将軍、足利義持は親父のこのへりくだった態度が気に食わなかったので、勘合貿易をやめてしまったのだが、その後、カネがほしい足利家はちゃっかり再開している。

後に徳川家康が幕府を開いた後、家康は中国との貿易を再び始めている。しかし明は秀吉の朝鮮侵略に腹を立て、日本との直接の交易を禁じていたので、家康は東南アジア

に**朱印船**(下記イラスト参照)を送り、東南アジア経由で中国との交易をおこなった。

これはジャンク船のような……？

お。よくわかったな。ジャンク船の構造を取り入れているのだ。江戸幕府初期の貿易を**朱印船貿易**と呼んでいる。これは「貿易許可の朱印状(朱印を押した公文書)」を持っていた船(朱印船)による正式な貿易なのでこう呼んだのだ。後に3代将軍家光が貿易を厳しく制限したのだが、巨利の誘惑には勝てず「長崎貿易」として長崎でオランダと中国にのみ貿易を認めている。朱印船貿易で日本が中国に輸出したものは銀、銅そして武器など。逆に中国から東南アジアを経て日本に輸入されたのは、生糸、絹織物、砂糖、皮革などだった。

ちなみに**琉球**は明～清王朝に可愛がられて朝貢貿易が好きなようにやれたため、薩摩藩は支配していた琉球を通じて中国貿易をこっそりやっていた(テーマ49参照)。琉球を中継した貿易の利益がなければ薩摩藩が後に明治維新を起こす基盤は作れなかったと思う。

ふーん、で、琉球が中国に愛されていたなんて、なんでわかるの？

首里城の琉球王の玉座にあった巨大な三つの額(写真はそのうちの一つ→)は、康熙帝・雍正帝・乾隆帝3代の皇帝の直々の書だからだ。よっぽど目をかけられていたのだろうな。

首里城は1945年と2019年に焼失し、再建が待たれる

第2場：東トルキスタン・チベット――ダライ＝ラマだけはVIP待遇

清が中華文化圏以外のモンゴルやチベット、トルキスタン方面にも出兵したのは、中国を守るための外壁を作りたかったからだろう。天山山脈を取り囲む地域を東トルキスタンと呼び、現在の新疆ウイグル自治区を形成している。ここにはイスラーム教徒のトルコ系・モンゴル系遊牧民が多く住み、清王朝に対しては反抗を繰り返していた。特に手を焼いたのは西のモンゴル系オイラトの一部族であった**ジュンガル**だ。康熙帝も征伐したが、乾隆帝がやっととどめをさした。一方、トルコ系ウイグルの地は、清が藩部として自治を認め、現在までその体制が続いている。異民族を自国の領内に取り入れることは大変に難しいのだ。清朝はイスラームの信仰の自由を認め、彼らには辮髪を強制しなかった。また、モンゴ

ル人やチベット人に人気があった**チベット仏教**は特に優遇し、チベット仏教の黄帽派の長である**ダライ＝ラマ**に対しては清皇帝自らが保護する姿勢を示したのだ。チベットにイスラームのジュンガルや、世界最強をうたわれたネパールのグルカ兵たちが攻め込んで来た時、乾隆帝は兵を送ってチベットから撃退している。

ダライ＝ラマって誰？　よく聞く名前なんだけれど

これは、難しく言うと「チベット仏教の一派、黄帽派の最高教主」のことを指す。14世紀から15世紀初めに、ツォンカパという僧侶が、黄帽派という宗派を開き、その宗派の教主は「**ダライ＝ラマ**」と呼ばれ、観世音菩薩の化身と信じられている。ダライ＝ラマという名前は、信者であったタタールのアルタン＝ハンが捧げた名前で「大海（ダライ）のような知恵を持つ師」という意味だ。ちなみにダライ＝ラマはローマ教皇のように一生独身なので子どもはいない。ダライ＝ラマが死ぬと、遺体の状況や昔からの言い伝えに従って、生まれ変わり（転生）の赤ちゃんを探す。次のダライ＝ラマは前世の記憶を持っているはず。それを確認した後に、その子どもを次のダライ＝ラマにするのだ。2023年現在のダライ＝ラマは元々農家に生まれた人で、前代の死後、幼時にダライ＝ラマに選ばれた人だ。中国人民解放軍のチベット占領により、現在はインドに亡命している。ダライ＝ラマは世界的な活動をおこない、ノーベル平和賞も受賞しているのだ。

第3場：イギリス——お茶が欲しければ土下座3回！

18世紀後半、ヨーロッパ諸国は中国との貿易が重要になってきた。それは「茶」の需要が増えてきたからだ。茶の世界最大の生産国は何と言っても中国なので、ヨーロッパ諸国、特に当時世界最大の海運国であったイギリスは茶を欲しがった。しかし1757年に乾隆帝はヨーロッパ船の来航を**広州**1港に限定してしまい、**公行**という特権商人組合に貿易を独占させたのだ。えっ？　なんで乾隆帝はそんなことをしたのかって？　**日本の長崎貿易と同じで、キリスト教布教禁止が主な理由だ。**中国へのキリスト教布教については次テーマで話そう。ともかくイギリスは茶を「もっと安く、もっと大量に」欲しがったが、すべてを決めるのは皇帝である。そこで1793年に**マカートニー**伯爵がイギリス使節として開港場の増加などを乾隆帝と直接交渉することになった。ところが清王朝はイギリス使節にも、3回土下座して、そのたびに額を3回ずつ床にすりつけるという「三跪九叩頭」という究極の土

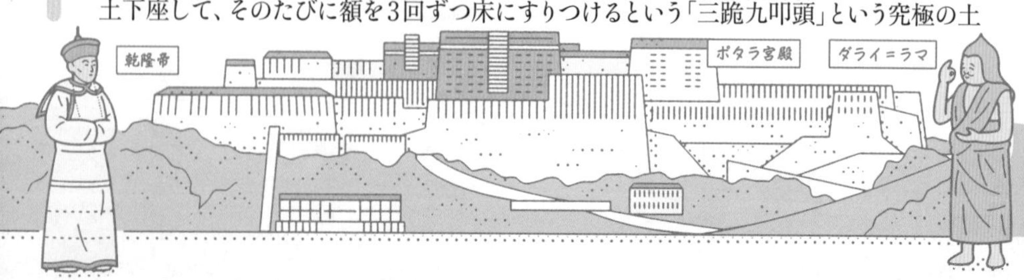

下座をするように要求してきたのだ。「そんなことできるか！」と怒ったマカートニーだが、交渉の末、ヨーロッパ最高級の礼である「片膝をついて頭を下げる」で容赦してもらった。交渉は結局、失敗に終わったのだが、マカートニーは乾隆帝について、「乾隆帝の物腰は威厳に満ちてはいるが、愛想よく物柔らかである。われわれに対する応対は丁重で申し分なかった」と、好意的に評価している。マカートニーはさっそく貴重な献上品を捧げたが、乾隆帝は「皆清帝国で手に入るものばかりだ」と関心を示さなかったらしい。しかし、機械じかけの時計だけは「これは素晴らしい！」と感心し、喜んで受け取ったそうだ。

第2幕 清の社会 ——康熙帝のたった一言で人口が大爆発！

さて、三藩（さんぱん）の乱が片付き、鄭氏（ていし）台湾が清に併合されると、清王朝はそれまでは鄭成功（ていせいこう）一族を押さえ込むためにやっていた海禁（海上貿易の禁止）を1684年に解除した。それ以降、中国商人の活躍やヨーロッパ船の来航が盛んになったのだ。中国の南部の広東省や福建省では外国との貿易で富を得るため、東南アジアに移住する人々も出てきた。いわゆる「出稼ぎ」なのだが、これらの人々が南洋華僑（なんようかきょう）の元になったのだ。南洋は東南アジア方面を指す言葉で、**「華僑」とは「外国に移住した中国人」を意味している。**ちなみに「華僑」は「団結心が強く、助け合うグループ」という色彩が強い。お互いに中国人同士で助け合う必要があるからな。

さて、18世紀から中国の人口は急激に増え始めてくるのだが、その理由は①アメリカ大陸からトウモロコシやサツマイモが伝来したことで、人口増加を支える食料が確保されたこと、②外国貿易が盛んになり、その結果、銀が流入したことで中国の商業や産業が発展したことが大きい。中国は生糸・陶磁器・茶を外国に輸出し、外国からはその支払いのために日本銀やメキシコ銀が流入するようになっていたのだ。

さて、1712年、康熙帝はついに即位50周年のアニヴァーサリーを迎えた。祝いの席で老いた康熙帝は感極まり、つい言ってしまった。

「ああ、わしが生きている間に、外敵は平定され、乱は鎮まり、帝国はこんなにも豊かになった……。よし、これを祝してこれから生まれてくる子どもたちには人頭税（＝丁税）はかけないようにしてやろう！」

絶対権力者である皇帝の言葉は法律になる。この康熙帝の処置で税を免除された人々を**盛世滋生人丁**(せいせいじせいじんてい)と呼んでいる。すると「これからは子どもが増えても、税金は増えないんだってさ！」ということで**人口が大爆発**してしまった。それまで1億数千万人だった中国の人口が100年後には、なんと3億人になってしまったのだ。そして、1717年には**地丁銀制**(ちていぎん)が定められている。地丁銀制は清の税制なのだが、意味は**「地銀（地税）と丁税（人頭税）は一つにして銀で払う」税制**である。もっと簡単に言うと「土地を持っている者が人頭税も払う。土地を持っていない貧乏人は人頭税を直接払わなくてよい」という内容になる。金持ちほど税が増え、貧乏人は税を払わなくてよいという累進課税の原則はこの清王朝の地丁銀制から始まると言ってよいだろう。

1795年に在位60周年を迎えた乾隆帝は、祖父の康熙帝の在位61年を超えないように退位し、子の嘉慶帝に位を譲ったが、死ぬ1799年まで上皇としての権力は手放さなかった。そのころ農民は人口が増え過ぎ、土地が不足して貧困化してしまい、さらに軍事・宮殿建築の重税に苦しめられていた。そのため、退位の翌年1796年に**白蓮教徒の乱**(びゃくれんきょうと)が起こってしまったのだ。この後、清帝国は衰退の道をたどることになる。

復習ポイント

一条鞭法(いちじょうべんぽう)と地丁銀制の共通点と異なる点をまとめてみよう。

アクティヴィティ

なぜ清王朝は辮髪をイスラーム教徒に強制しなかったのでしょうか。

清王朝③年表

(明)　**15〜16世紀**　**勘合貿易**

1581年　**明王朝が税制として一条鞭法を全国で施行**
一条鞭法＝土地税（田賦）と人頭税（丁税）などを一つにまとめて銀で払う制度

17世紀　**朱印船貿易**

康熙帝　**1713年**　**盛世滋生人丁を実施**

1717年　**地丁銀制を実施**

「一条鞭法と地丁銀制の共通点は、税は○で○○ことだな、こりゃ。
答えは復習ポイントの解答を見てくれ」

乾隆帝　**1793年**　**イギリス使節としてマカートニーが乾隆帝に面会**
貿易交渉は失敗

「マカートニーの後にイギリス使節として北京に来たアマーストは土下座を拒否したので**嘉慶帝**に会うこともできなかった」

1796年　**白蓮教徒の乱**

「前の年に乾隆帝は皇帝を嘉慶帝に譲って上皇となったので、正しくは嘉慶帝の時代となるな。元末の紅巾（こうきん）の乱も白蓮教徒が起こしていることに注意！」

最後の門　下の問題は大学入試問題を出典にした問題です。答えなさい。

18世紀の中国では、人口が急増したことで、社会の流動化が進んだ。その背景には、商品作物の作付けが拡大したことや、①銀の流通増加があった。漢人農民は農地を求めて周辺部に移住したが、そこではさまざまな問題が引きおこされた。例えば耕地の不足により、四川、陝西（せんせい）、湖北地域では、1796年に大規模な（　1　）の乱が起きている。また、人口増加を受けて広東や福建など南部では、東南アジアなど海外へ渡航・移住する人々が増加したが、彼らは（　2　）と称される。人の移動が増える一方で、18世紀半ば、乾隆帝はヨーロッパ船の来航を（　3　）に限定して、②対外貿易を制限した。

問1　（　1　）〜（　3　）に適当な語句を入れよ。

問2　下線部①に関連して、18世紀初め清朝で実施された税制度の名称と、その内容について30字以内で記せ。

問3　下線部②に関連して、1792年にイギリスは清への使節を派遣したが、その人物は翌1793年、熱河離宮で乾隆帝に謁見が許された。派遣された人物の名前と派遣の目的について記せ。

（新潟大）

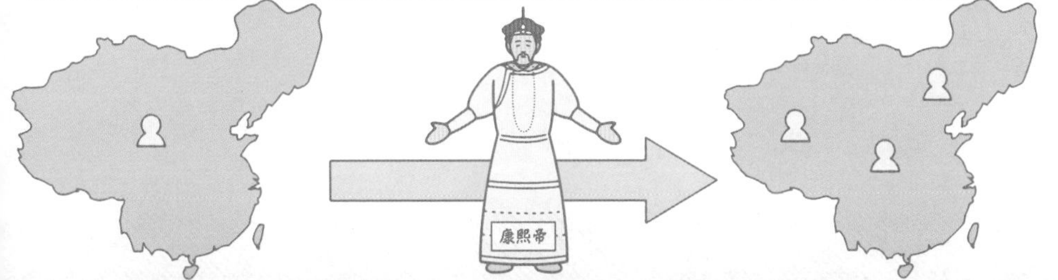

清朝名君三代紀

康熙帝は大変な読書家で、ヒマさえあれば四書五経をはじめとする中国古典を読みあさり、読みすぎのあまり、ついには血を吐くほどであったと伝えられている。康熙帝の命令で『康熙字典』、『古今図書集成』などの大編纂事業がおこなわれ、古典の学問研究に大きく貢献した。康熙帝が特に好んだのは理数系学問で、イエズス会宣教師から三角法をはじめとする幾何学を学ぶことを楽しみにしていた。ジュンガルを平らげに東トルキスタンへ遠征に出た時、計測器を持って自ら星の位置を計り、自分のいる位置を計算していたと言う。

また康熙帝は文武両道の人物で、狩りを好み、**熊や虎などの猛獣を何十匹も格闘して打ち倒す**というすさまじい人物でもあった。

＊

こんなスーパーな親父を持ってしまった清朝5代目皇帝の**雍正帝**は絵に描いたようなまじめな男であった。夜明けから深夜まで執務室で政務をおこない、どんな書類も目を通し、必ず朱筆で指示を書き入れた。雍正帝が書いた朱筆書が残っているのだが、これがまるで小論文の添削のようにきちんと書かれていることには驚く。「バカ者」「よし」「感心した、要点をまとめなさい」「立派だ」等々だ。雍正帝は質素倹約が大好きで、彼が手紙や書類を書く時は反古紙の裏紙を使っていたと言う。食事も質素極まるもので、お湯漬けを好んでいた（「お茶漬け」なんてぜいたくなものは食べない。「お湯漬け」ならば飯粒を残さず食べることができたからと言う）。雍正帝の唯一の息抜きの道楽は「コスプレ」で、ヨーロッパから送られたカツラと洋服を着ることを好んでいた。その雍正帝は治世13年目の1735年に、働きすぎによる過労が原因でついに倒れ、亡くなっている。

＊

跡を継いだ**乾隆帝**も力量のある君主で、やはり学問や読書を好んだ。乾隆帝も大編纂事業をおこない、中国の古今の書物を集め、編集し、**『四庫全書』**を作らせた。この『四庫全書』は全巻なんと8万巻もあり、普通の学校図書館にとても入り切らない。この『四庫全書』は写本が7セット作られ、1セットは北京の紫禁城に、1セットは円明園に置かれ、残りは地方の大都市に置いて、図書好きの人々に閲覧させたと言う（『四庫全書』のうち現存しているものは4セットで、後の4セットはアヘン戦争や太平天国の乱の時に無残にも焼かれてしまった）。

乾隆帝は、父とは違って派手好きで、外征を好み、10回も大規模な戦争をおこなって、10回とも勝ったと自称し、自らのことを「十全老人」と呼んだほどだった（実は全部勝ったわけではない）。

乾隆帝が東トルキスタンにいたジュンガルをついに滅ぼした時、戦利品として持ち帰ったのがカシュガル王の妃で天下第一の美女とうたわれた「香妃」だったと言う。え？　乾隆帝と香妃の恋の結末？　ああ、そうだったな。最後はわりと良い雰囲気になっていったようだぞ。

乾隆帝がドレスを着た香妃とバロック式宮殿の円明園のテラスでアフタヌーンティーを楽しんでいる絵が残っているが、二人の表情も楽しげなことから、宮殿の中にモスクまで作ってあげた乾隆帝の真心が香妃に通じたのかもしれない。

解答と解説

復習ポイント の答え

明～清にかけての税制「一条鞭法」と「地丁銀制」のまとめ。

共通点・**銀で税金を払う**。

両税法までは銅銭で払ったのだが、銅より銀の方が価値があることはオリンピックからもわかる。馬蹄銀のように鋳つぶした形でもかまわない。

一条鞭法がおこなわれるまでは、**現物**（米・絹など）や**徭役**（労働奉仕）なども税として扱われていたが、すべてを止めて銀納に一本化している。

相違点・**一条鞭法** は**人頭税**と**土地税**を一つにまとめて払う。

（子どもが増えたら人頭税も増えていくことになる）

・**地丁銀制** は人頭税を土地税にくりこむ。

（くりこむ＝枠ぐみの中に入れる＝**含める**）

（人頭税は1711年の調査の人数でストップする。その時までの人頭税の額を計算して、土地税に加算する（含める）。土地を持っている人だけが1711年までの人頭税を払い、土地を持っていない人は人頭税を払う必要はなくなる。子どもが増えても人頭税を払う必要はない）

アクティヴィティ の答えの一つ

清王朝は宗教的な規定で、服装などの外見に強い制限があるイスラーム教徒や仏教僧には辮髪を強制しませんでした。元々文化的に優越感を持っている強大な漢民族を自らの型にはめてしまうためにおこなったのが辮髪の強制であり、漢民族にくらべて少数派であった宗教的勢力にはおこなう必要はなかったのです。

最後の門 の答え

問1 (1) 白蓮教徒
(2) 華僑（南洋華僑）
(3) 広州

問2 （名称）地丁銀制
（内容）人頭税を土地税の中にくりこませ、銀で一括して支払う税制。（28文字）

問3 （人名）マカートニー
（目的）広州以外の開港など、自由貿易を求めた。

（解説）

問2 「くりこむ」という用語を使うと便利ですが、そうでない場合は「人頭税を土地税の中に含ませた」というように臨機応変に処置してもよいと思います。

明・清の文化
——新しい文化の波「アナタハ、カミヲシンジマスカ？」

あれ、これは先生のスマホ！
どれどれ、LINEは……
「瑠奈はオッチョコチョイだが、根はまじめ」って！？

……忘れ物をしてしまった……。あ！　スマホをのぞき見しちゃいかん！

第1幕　明・清の大編纂事業 ——真の目的は「カゲグチ探し」

第１場：明の編纂事業——すごいと思われたいから「大」付ける

さて……、明や清の時代の文化でよく出てくるのは「大編纂事業」だ。つまり国の学者を動員して、古今東西のあらゆるジャンルの本を集めて、その本を分類し、まとめ上げたのだ。明で編纂事業に異常に熱心だったのは永楽帝で、**『四書大全』**や**『五経大全』**『永楽大典』などを学者に命じて作らせた。このうち『四書大全』と『五経大全』は儒教の基本となる**四書**（『大学』『中庸』『論語』『孟子』）と**五経**（『易経』『詩経』『書経』『春秋』『礼記』）の注釈を示したものだ。いずれも科挙の試験の基準となった参考書なので、私も必死に覚えたものさ。そして『永楽大典』は2万巻以上にわたる大百科事典だ。

なんで、そんなに熱心なのやら。学問が好きなのかな？

いや、実は違う。一つは宣伝。「私はこんなに文化事業に熱心なのですよ！」とよいイメージを民衆や後世に示したがったのだ。もう一つは、先ほど瑠奈がスマホをのぞいたような「カゲグチ探し」だな。

もう、いいじゃない。過ぎたことを大の大人が突っつかないこと！

永楽帝は、建文帝を殺して帝位についた人物なので、官僚など他人の噂が気になった。

そこで、今まで書かれた本を徹底的に調査し、自分に都合の悪い箇所は削除して、闇から闇へ葬ってしまったのだ。しかし、まあ**永楽帝が編纂させた本は、皆「大」の字が付いていてわかりやすい**。永楽帝の豪快な性格が出ているようだな。

第2場：清の編纂事業——「誰かオレの悪口言っていない？」

清の時代でも大編纂事業をおこなっているが、これがスケールがでかい。まず康熙帝が作らせたのが**『康熙字典(こうきじてん)』**で、ほとんどすべての漢字の成り立ち、意味、使用例などを網羅した**大漢字字書**だ。現在でもわからない漢字があれば最後にこれをひいて調べるほどだ。そして、康熙帝が作成を命令し、雍正帝(ようせいてい)の時代に完成したのが**『古今図書集成(ここんとしょしゅうせい)』**という**大百科事典**で、なんと1万巻もある。そして最後に乾隆帝が作らせたのが**『四庫全書(しこぜんしょ)』**という巨大な本の大集成だ。これは今まで世に出たすべての本を、緻密な研究のもとに分類しまとめ上げた大全集である。詳しくは前テーマのコラムを読んでくれい。

もしかして、それも「カゲグチ探し」のためにやったの？

実はそうだ。漢民族出身でない清王朝は、自分のことを悪く言う漢人の噂が気になったし、古い本に「あいつらは野蛮人」と書いてあることを恐れたのだ。そこで今までの本を「大編纂事業」の名のもとにすべて検閲し、調べ上げて、女真(じょしん)に都合が悪い本は「闇から闇に葬った」わけだ。また、反清的な言論をおこなう知識人は弾圧し、処刑するケースまであった。この弾圧を**文字の獄(もんじのごく)**と呼ぶ。しかし読書人としての私が思うに、思想弾圧が目的でも、これらの編纂事業が中国古典の研究に大きな役割を果たしていることは間違いない。

第2幕 清の学問と文化——近代を生む思想が脈動し始める

第1場：考証学——お固い学問も科学的・実践的・革命的になる

明末〜清初の有名な学者は大きな文化断絶（例えば辮髪(べんぱつ)）の中で生きたため、官僚としての出世をあきらめて、塾や学校で教えながら著述していた人が多いようだ。例えば**顧炎武(こえんぶ)**や**黄宗羲(こうそうぎ)**、**銭大昕(せんたいきん)**が有名だが、彼らは**考証学(こうしょうがく)**を代表する学者でもある。考証学というのは、過去の文章を研究する時に、原典や関係する文献を取り上げて**比較・検討**する学問だ。四書五経などの「教学」と呼ばれるジャンルは、神学のように神聖視されているので研究

が難しい分野だが、このような教学にも学問の光をあてるようになった。前述の3人は文献の比較検討をおこなって、過去の経典や歴史書に「後世の付け加え」や「偽造」があったことを明らかにしている。やっぱり「新しい発見」は学問も新しくさせるのだな。特に注目したいのは黄宗羲で、『**明夷待訪録**(めいいたいほうろく)』という本の中で「法は君主のためではなく、天下のためにあるのだ」と主張し、君主独裁制を制限して地方分権制をおこなうことを論じている。このために黄宗羲は「中国のルソー」と呼ばれているのだ。

次に**公羊学派**(くよう)という学問の流派があらわれてくる。五経の中に孔子が関わったとされる『春秋』という歴史書があるのだが、この本にはいくつかの注釈書がある。中でも『春秋公羊伝』を重んじる学派を「公羊学派」と呼ぶ。『春秋公羊伝』の特徴は、社会革命を重んじる姿勢がはっきり出ていることだ。と、いうことは公羊学派には「社会革命重視」の色合いが強くなる。後に公羊学派は、清の終わりに社会に激しい改革運動を起こすことになる。

第2場：清の文学——耽美的・コミック的な文化の深みにハマる

清の時代には文学が盛んであったが、明時代のチャンバラ小説にくらべれば、もっと洗練されていて優雅だ。その代表例が『**紅楼夢**(こうろうむ)』である。主人公は大変な美青年で、周囲の美女たちとのはかない恋愛を描いた名作である。日本の『源氏物語』と似てはいるが、作品の味わいというか「テイスト」は異なっており、優美な美しさが強調されている。

『**長生殿伝奇**(ちょうせいでんでんき)』は清代の戯曲で、唐の時代の楊貴妃(ようきひ)と玄宗のラブロマンスを描いたものだ。白居易(白楽天)の「長恨歌」とテーマは同じだが、「長恨歌」は詩の形である。『**聊斎志異**(りょうさいしい)』は中国のお化け・妖怪の話で、日本人にも深く愛好されている物語である。『**儒林外史**(じゅりんがいし)』という作品もまた有名だ。これは受験地獄をコミカルなタッチを交えて描いた作品である。なにしろ清代の科挙は大変な受験で、試験が何回も続く上に、1回の試験で100人に1人ぐらいしか合格しない。受験勉強に人生をかけても、70、80歳になっても試験に受からず、人生を棒に振ってしまう人もいたのだ。その受験の科目は儒教の四書五経のテキスト中心だから、子どもの頃から『論語』や『礼記』などを丸暗記することになる。いわゆる「古典」が中心の科目だ。そのため、あれほど見事な『聊斎志異(りょうさいしい)』を書いた蒲松齢(ほしょうれい)でも一生科挙に受かることはできなかった。

科挙の出題に、数学とか理科は出なかったのかな？

うむ、出なかった。それらの理系科目は土建業などに必要な学問であり、政治家である士大夫は、古代の聖賢の教えを身に付けるべきだ、という考えが強かったせいだろう。明から清にかけての中国では、実学に代表されるような高い科学知識（宋応星の『天工開物』が代表例）や優れた数学知識を持っていたのにもかかわらず、ヨーロッパのような産業革命や近代化が起こっていない。

第3幕への前奏曲　日本へのキリスト教布教は親分の中国がカギ

1549年、イエズス会の東インド管区長であったフランシスコ＝ザビエルは日本人アンジローを引き連れ日本の薩摩の港に上陸した。この時の聖人の服装は、そまつな修道服にすり切れた革のベルトを巻き付けた質素なものであった。この服装を見た日本人たちは大いにザビエルをからかい、やっと面会してくれた薩摩の大名、島津公も不快な表情を隠そうとはしなかった。これでは布教にさしさわりが出てくる。

「どうも日本人はみすぼらしい服装をした人間を軽蔑するようだ……」

それからはザビエル自身や、後継者であるトーレスやルイス＝フロイスは日本の権力者に会う時は思いっ切り派手な服装をして行った。

そしてザビエルは、日本人が中国文化を尊重していることに気が付くようになった。もし中国皇帝がカトリック信者になったならば、日本への布教は容易になるだろう。ザビエル自身、そしてザビエルの跡を継いだイエズス会宣教師たちも次々と中国を目指すようになる。

第3幕　中国へのキリスト教布教——数学でダッシュして典礼でコケる

16世紀に創立されたカトリックの修道会である**イエズス会**はアジアへのキリスト教布教を熱心におこなっていた。東アジアでは日本に最初に布教した**フランシスコ＝ザビエル**が有名だが、しかしザビエルは中国に上陸しようとして果たせず、代わって中国にやっ

て来たのがイタリア人**マテオ＝リッチ**であった。このマテオ＝リッチが中国で刊行した『**坤輿万国全図**』と呼ばれる世界地図は大変な衝撃だった。そしてリッチが「ユークリッド幾何学」を弟子の**徐光啓**と一緒に翻訳した『**幾何原本**』は、「幾何学」のネーミングの元となるほどに有名な著作となった。マテオ＝リッチは明末の万暦帝の時代の人だったが、その少し後になるとドイツ人の**アダム＝シャール**やベルギー人の**フェルビースト**などのイエズス会宣教師が訪れるようになる。シャールは数学の知識を生かして『**崇禎暦書**』という正確な暦を作り、フェルビーストは暦や大砲の知識や技術を清に教えたのである。フランス出身のイエズス会宣教師**ブーヴェ**と**レジス**は『**皇輿全覧図**』という正確な中国地図を作り、ブーヴェは康熙帝の偉大さを描いた『康熙帝伝』を書いてルイ14世に捧げている。またイタリア人のイエズス会宣教師**カスティリオーネ**は画家・建築家として乾隆帝に仕え、乾隆帝の肖像画を描き、バロック式宮殿の**円明園**の設計に関わったのだ。

しかし、キリスト教の布教は中国との間に**典礼問題**（コラム参照）を引き起こし、残念ながら18世紀にキリスト教は禁止されてしまったのだ。そして中国では現在も数多くの「隠れキリシタン」が存在しているし、また、「鎖国」が長かった日本では、宗教人口の約1%しかキリスト教徒がいないのだ。

復習ポイント

明末〜清時代の文化を①編纂事業、②儒教（儒学）、③文学、④その他の学問でまとめてみよう。

アクティヴィティ

なぜ明〜清の中国では近代化や産業革命が起こらなかったのでしょうか。

明・清王朝文化一覧表

（明による大編纂事業）	**『四書大全』『五経大全』**『永楽大典』
（清による大編纂事業）	『康熙字典』（漢字字書）…**康熙帝の命による** 『古今図書集成』（百科事典）…**康熙帝が命じ、雍正帝の時代に完成** 『四庫全書』（本を分類・編纂）…**乾隆帝が命じる** 「『四庫全書』は8万巻もあるので学校の図書館に入らない」
（清の儒教〈儒学〉）	「考証学」…**顧炎武・黄宗羲・銭大昕が代表者** 「考証学は確実な文献を基にして、教学や歴史書の真偽を問うところに特徴がある。学問のやり方がとてもクール」
	公羊学派…**実践的・改革的な学派**
（清の文学作品）	（小説）『紅楼夢』『聊斎志異』『儒林外史』 （戯曲）**『長生殿伝奇』**

最後の門　下の問題は大学入試問題を出典にした問題です。答えなさい。

【1】 **問1**　国家による編纂事業として清代に作成された書物を、次のa～dから1つ選び、その記号をマークせよ。

a.『四庫全書』　b.『資治通鑑』　c.『四書大全』　d.『儒林外史』

問2　清は禁書をおこなって思想統制をはかるほか、反清的とみなされる言論や表記を摘発し、その筆者を処罰するなどの弾圧をおこなった。この弾圧は何と呼ばれるか。その名をしるせ。（立教大）

【2】　明末～清代の中国には、特にイエズス会宣教師によって海外の学問が紹介され、中国の文化に影響を与えた。次のうち、中国に来た宣教師に関する記述として誤りを含むものを一つえらびなさい。

ア.アダム＝シャールは暦の改訂をおこなった。

イ.カスティリオーネは宮廷画家として西洋画法を紹介した。

ウ.フェルビーストは『皇輿全覧図』の作成に関与した。

エ.マテオ＝リッチは幾何学などの西洋学問を伝えた。（早稲田大・改）

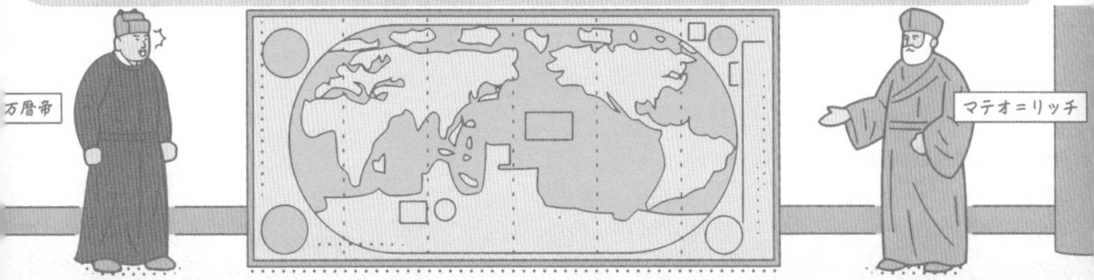

イエズス会の中国布教と典礼問題

「私はキリストの律法に服しているにもかかわらず、律法と無関係な人々に対しては、律法に無関係な者のようになりました。それは律法とは無関係な人々を得るためです」（コリント前書　9、21）

聖パウロのこの言葉を胸に刻みつつ1583年に中国に上陸したのはイエズス会宣教師**マテオ＝リッチ**である。彼は中国人の信頼を得るべく、髪を剃って丸坊主にし、仏僧の姿でキリスト教の布教をした。しかし中国人から見向きもされなかったので、儒学者の姿をして士大夫たちに取り入ったところ、多くの中国人が彼の話を聞くようになったと言う。

布教を通じて、イエズス会宣教師たちはアジアにおいては君主が圧倒的な独裁権力を持っていることに気が付いた。ということは皇帝や天皇をカトリックに改宗させれば布教が容易になる、ということだ。そこでイエズス会宣教師たちはその知識や技術力で宮廷に近付いた。

このもくろみは成功し、清王朝の皇帝たち、特に西欧の科学技術が大好きな**康熙帝**はイエズス会宣教師を深く信頼するようになった。中国では信者も増え、**徐光啓**のような優れた士大夫も入信するようになってきた。ところがここで問題が起こった。**「典礼問題」**である。**中国人の祖先崇拝がキリスト教会で大問題になってしまったのだ。**

＊

元々中国人は祖先をうやまう気持ちが強く、祖先や孔子の像にひれふして拝む習慣があった。ところがキリスト教信者から見ると、この中国人の習慣は異教崇拝に見えてしまう。もし祖先を拝むのを許せば教義に反するし、祖先を拝むのを禁止すれば中国人の怒りを買ってしまうだろう。さあ、どうしよう。早くから中国への布教を進めていたイエズス会は中国人の祖先崇拝を理解し、認めていた。

しかし現地の事情を知らない他の修道会はイエズス会の姿勢に強く反発し、ローマ教皇に訴えた。やはり中国の事情に疎い教皇は、中国の祖先崇拝の習慣を禁止してしまったため、中国へのキリスト教布教は大きな暗礁にのりあげたのだ。

そして、ついにローマ教皇の処置に怒った康熙帝がキリスト教布教を禁止してしまったのである。しかし康熙帝はイエズス会による布教だけは容認していた。イエズス会だけが中国人の祖先崇拝を認めていたことが公の理由であったのだが、本当は学問を好む康熙帝にとって知識人や学者が多いイエズス会宣教師だけは追い出したくなかったのかもしれない。

＊

しかし康熙帝が死ぬと、次の**雍正帝**はイエズス会を含め、すべてのキリスト教の布教を1724年に禁止した。イエズス会の努力にかかわらず、カトリック教会は中国という豊かな国家を失ってしまったのだ。

現在、中国には少数のキリスト教信者（それでも数千万人以上はいる！）が存在しているが、彼らは中国共産党により監視されている。ただし典礼問題自体は、1937年にローマ教皇によってカトリック信者が市民的儀式に参加できることが認められたため解決されている。

そのため現在ではカトリック信者でも、仏教や神道などの結婚式や葬式に参加できるようになった。

復習ポイント の答え

① **編纂事業**「誰が何を作らせたか」が重要
康熙帝が作成を命令…**『康熙字典』**
『古今図書集成』(雍正帝の時代に完成)
乾隆帝が作成を命令… **『四庫全書』**

② **儒教(儒学)**
清代の儒教(儒学)の中心はやはり「**考証学**」。考証学の命は批判・批評で、顧炎武・黄宗羲・銭大昕が重要。顧炎武、黄宗羲は明末～清初の学者、銭大昕は清代の学者。

③ **文学**
(小説)**『紅楼夢』『聊斎志異』『儒林外史』**
(戯曲)**『長生殿伝奇』**

④ **その他の学問**
イエズス会宣教師を通じてもたらされた地理・数学・設計・絵画。
マテオ＝リッチ(明末)… **『坤輿万国全図』**
『幾何原本』
アダム＝シャール(明～清)… **『崇禎暦書』**
フェルビースト(清)…暦と砲術
ブーヴェ・レジス(清)… **『皇輿全覧図』**
カスティリオーネ(清)… **『円明園』**設計、乾隆帝の肖像画

アクティヴィティ の答えの一つ

中国が躍進できなかった理由を上げるとしたら、理系科目を受験に入れようとしなかった「**科挙**」と、**科挙を支えていた保守的な意識**そのものが中国社会の近代化や産業革命を抑えていたとも言えるでしょう。日本の近代化を意識した中国は1905年に古くなっていた科挙制度を廃止し、理系科目を中心とした学校教育をメインにすることで近代化への歩みを始めます。

最後の門 の答え

【1】 問1 a　　問2 文字の獄
【2】 ウ
(解説)
【2】「輿」とは「乗り物・神輿(みこし)」の意味。

『坤輿万国全図』とは「この世界のすべての土地の地図」という意味で、「**＝世界地図**」。対して『皇輿全覧図』とは「皇帝陛下が治めているすべての土地の地図」という意味で、「**＝国内地図**」となります。ちなみに『皇輿全覧図』を作ったのはブーヴェとレジスの二人のフランス人で、清の康熙帝の時代です。フェルビーストは『皇輿全覧図』にはたずさわっていません。

第7章

ヨーロッパの成立

凶暴な野蛮人が文明人になる物語

ゲルマン人の侵入
——民族名と移動ルートをつかむのが面倒！

あ、周先生がいない！　私が先生のスマホのぞいたからだ……！

ハンス＝シュッツ先生

いや、彼は短気だが、心の狭い人ではない。いったん、帰っただけだな。なにせ今日からヨーロッパ史をやるから、私にバトンタッチしたのだよ。

序幕　ヨーロッパってどんなとこ？

一言で言えば、ユーラシア大陸から西に突き出た半島だ。緯度は日本よりもはるかに北なのだが、気温は温暖だ。函館とローマが同じ緯度なのだから、かなりのホカホカぶりだ。それもメキシコから北上してくる北大西洋海流という「湯たんぽ」と、北アフリカのサハラ砂漠という「コタツ」がヨーロッパを温めてくれるからだな。しかし海から遠ざかると、内陸部はやっぱり冬は冷え込んでくるから注意が必要だ。

ヨーロッパの中央には**アルプス山脈**があり、ヨーロッパを南北に分けている。そして川。ここでは**ライン川**と**ドナウ川**の二つの大河を覚えてもらえればOKだ。この二つの川こそローマを中心とする南のラテンの世界と、暗い森を中心とする北のゲルマンの世界を分ける境界線となる。

古代のローマ帝国は「地中海」を中心とする地域であり、アルプス山脈より北は異民族のゲルマン人が住む未開の地域だったのだ。しかしローマ帝国が衰退し、7世紀にイスラーム教徒が地中海に進出するようになると、キリスト教世界の中心が北方に移るようになる。つまり**中世になると北ヨーロッパこそがキリスト教世界の中心となるのだ。**

第1幕 ゲルマン人って何者？ ——スペルで書けば何人の祖先かわかる

その、「中世」という言葉がわからんです

『テルマエ・ロマエ』(KADOKAWA)でおなじみのローマ帝国のうち西ローマ帝国が5世紀に滅びてしまったのを一応の区切りとして、5世紀以降のヨーロッパ世界をとりあえず「中世」と呼ぶ。中世の特徴については後で詳しく説明するが、中世の始まりのきっかけをもたらしたのはよくも悪くもゲルマン人だよ。ちなみに**German**ってなんと発音する？

うーん、英語では「ジャーマン」(ドイツ人)ですよね

そう、つまりわしたちドイツ人のご先祖様にあたるのだ。このゲルマン人が4世紀に一斉に民族大移動をおこなったことが、今までの古代社会の枠をまず崩すことになった。まず、アルプス山脈より北の地域には紀元前6世紀頃から**ケルト人**と呼ばれる民族が住み着いていた。独特の文化を持つケルト人はヨーロッパに広まっていたのだが、フランス地域に住んでいたケルト人のことを、古代ローマ人は特別に「**ガリア人**」と呼んでおった。

あれ、どっかで聞いたことがあるような名前だ

それはカエサルが書いた『ガリア戦記』によるのだろう。カエサルはローマに従わないガリア人を8年間かけて征服したのだが、その征服戦争の記録が『ガリア戦記』になるわけだ。実はその『ガリア戦記』にゲルマン人の姿が登場する。このことから、カエサルが生きていた紀元前1世紀にはゲルマン人が東のはるか彼方からライン川流域に進出していたことがわかるのだ。そして紀元後1～2世紀のローマの歴史家タキトゥスが『**ゲルマニア**』という、そのものズバリの歴史書でゲルマン人の風俗を描いている。例えば、「**重大な問題についてはゲルマン人たちは、新月か満月の時に民会を持つ。その時は武装して着席し、首長たちが発言する。首長の発言に同意できない場合は人々はざわめきをもって拒否し、賛同する場合はヤリで盾を叩くのだ。武器を持って打ち鳴らすのがゲルマン人の最も名誉ある賛同の仕方である**」とタキトゥスは書いている。

第2幕への前奏曲　実は昔から移民やってたゲルマン人

ゲルマン人は元は荒涼としたバルト海沿岸に住み、しだいにライン川とドナウ川を結ぶ線の北方に住むようになった。しかしうっそうとした森が果てしなく続くこの地域は食料が足りない。ゲルマン人はケルト人の住むライン川〜ドナウ川の南方へと南下を試みたのだが、カエサルをはじめとするローマ皇帝たちによって撃退されてしまった。紀元後1世紀頃のローマはまだまだ強かったのだな。そこで多くのゲルマン人たちはローマ人の足元にひざまずいて「何でもやりますから、ローマ領内に住まわせてください」とお願いして、下級官吏や傭兵、コロヌスとして働いたのだ。たとえゲルマン人でも25年間軍隊で働けばローマ市民権が立派にもらえたのじゃからのう。こうしてローマ帝国領内に住み着いたゲルマン人が、しだいに帝国を支える重要な存在になってきたのじゃ。

第2幕　フン人の大襲来——「進撃の巨人」に逃げ惑うゲルマン人たち

4世紀後半頃、中国も北方遊牧民の侵入による五胡十六国の大混乱の時代だったそうだが、はるか東の彼方からアジア系遊牧民の**フン人**がドナウ川河口の東に姿をあらわした。

この当時、ドナウ川の東の地域にはゴート人というゲルマン人の一派が住んでいた。ゴートGothには暗に「野蛮人」という意味が込められていて、後の「ゴシック風Gothic」の語源となる。実はゴシック建築とは、美術用語では「野蛮風の建築」という意味だった。

／あれ？　「ゴスロリ」の語源か。
＼つまり「ゴシック＝アンド＝ロリータ」

うーむ。よくわからんが……。このゴート人のうち、東の方に住む**東ゴート人**が、フン人によって真っ先に血祭りにあげられてしまった。そのすさまじさにふるえ上がったすぐ隣の**西ゴート人**が血相を変えて逃げ出し、ドナウ川を越えてローマ帝国内に乱入して来たのが**ゲルマン人の大移動の始まり**だと言われておる。西ゴート人はタライに女房・子どもを乗せてローマ帝国領内に入って、またたく間にイナゴのようにローマ帝国各地を食い散らかし、イタリア半島を経てイベリア半島にたどり着き、その地に **西ゴート王国** を建国した

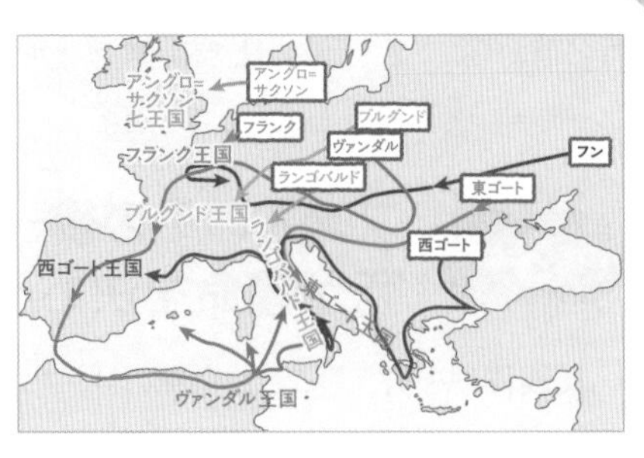

のだ。

いったん、壁が破られるとパニック状態のゲルマン人が玉突きのように、ライン川〜ドナウ川の線を突破しおった。主なゲルマン人部族を挙げてみると次のとおりじゃ(地図参照)。①**ヴァンダル人**。あ、サンダル人じゃない。ウに点々をつけるのじゃ。現在のドイツ・ポーランドの国境地帯オーデル川流域が原住地だったゲルマン人の一派。フン人の勢いに押されてヨーロッパ中を逃げ惑い、イベリア半島から北アフリカにわたり、昔のカルタゴにヴァンダル王国を建設。道中での行動があまりに乱暴だったためVandalism「蛮行」という言葉の語源にまでなってしまった。②**ブルグンド人**。現在のポーランド北部が原住地だったゲルマン人の一派。ガリア(フランス)東部にまで移住してブルグンド王国を築くも、フランク王国に滅ぼされてしまった。ワインで有名なブルゴーニュ地方は「ブルグンド」の名前が語源なのじゃ。③**フランク人**。現在のドイツ北部が原住地だったゲルマン人の一派。他のゲルマン人に押されるようにしてライン川を越えて北フランスに引っ越しフランク王国を建てた。彼らの移動距離は短く、ライン川を越えただけだが、この一派の名前が後の「フランス」の語源となる。④**アングロ＝サクソン人**。現在のデンマーク付近を原住地にしていたゲルマン人の一派だ。彼らは大ブリテン島(イギリス)に船を使って移住したところがユニークじゃ。この島に住んでいたケルト人たちを追い出して、居座ってしまったアングロ＝サクソン人たちは、アングロ＝サクソン七王国(ヘプターキー)を作り、後のイギリス人の遠い祖先となった。ちなみに、アメリカ合衆国に住むイギリス系白人はアングロ＝サクソン系と呼ばれておる。え？　ヘプターキーの意味？　これはギリシア語で「七つの国」という意味だな。ちなみに追い出されたケルト人はアイルランドやウェールズ地方に逃げ延びて、自分たちの文化を守り、独自の文化を育てていくことになる。⑤**東ゴート人**。東からやって来たフン人にまんまと征服されてしまった民族だ。一時はフン人に隷属したものの、後に**テオドリック大王**が出てきてフン人から独立し、東ゴート王国をイタリア半島に打ち立てている。そして最後に⑥**ランゴバルド人**じゃ。6世紀にイタリア半島に移動して来たこの民族は、民族大移動をおこなった最後のゲルマン人。このランゴバルドとい

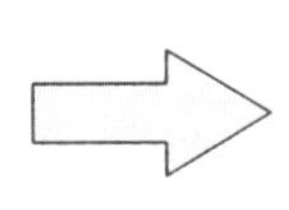
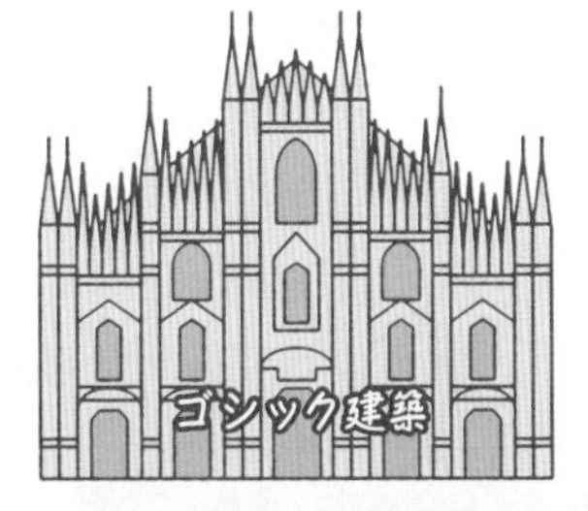

う名前から、ミラノを中心とする「ロンバルディア」地方の名が生まれた。ミラノは現在のファッション業界の中心地としても有名。

第3幕 フン人のその後――アッティラ王のあっけない死が運命を決める

民族移動を引き起こした台風の目、フン人は**アッティラ**という王が支配するようになってからますます強大化した。アッティラ王は実の兄を殺して自分が王になった男だ。まあこの残酷王についてはコラムを見ることじゃ。ついにフランスに侵入したフン人に対し、ゲルマン人と西ローマ帝国はタッグを組み、アッティラ王率いるフン軍を撃破することになんとか成功した。これが451年の**カタラウヌムの戦い**だ。その後、アッティラ王はイタリアに進軍したのだが、ローマ教皇レオ1世の必死の交渉に屈服し、ドナウ川沿いの平原に戻ったところで急死してしまった。王を失ったフン人たちはやむなくその地にとどまり、後のハンガリー人の祖先になったと伝えられている(が、これはあくまで伝承。テーマ58参照)。

こうしてゲルマン人が西へ大移動した後、ゲルマン人が元々住んでいた東ヨーロッパは巨大な空家状態になってしまった。そこへ入り込んだのが**スラヴ人**だ。スラヴ人はドナウ川の北にあるカルパティア山脈の辺りが原住地の民族だ。典型的なブロンド白人のゲルマン人にくらべると南スラヴ人には黒髪もいる。他には金髪が多いようだが、正直言ってあまり違いはない。ただし言語がスラヴ語系列のつながりを持っておるのじゃよ。

復習ポイント

ゲルマン人の大移動地図を自分で作ってみよう。白地図があればよいが自分で地図を描いてもよい。注意点はスタートとゴールを明確に区別すること。

アクティヴィティ

民族大移動のメリットとデメリットと、民族が生き残るポイントは何でしょう。

ゲルマン人移動史年表

紀元前6世紀頃〜　ケルト人がアルプス山脈北部に居住

紀元前1世紀前後　ゲルマン人がライン川〜ドナウ川以北に広がる

4世紀後半　フン人がヨーロッパ東端のドン川周辺に出現、ゲルマン人を圧迫する

375年　ゲルマン人の大移動の開始

「火事と同じでパニックで玉突きを起こしながら西ヨーロッパに逃げ込んで来たわけだ」

451年　アッティラ王率いるフン人がフランスに侵入
→カタラウヌムの戦いでゲルマン人&西ローマ帝国連合軍がフン人に勝利する

453年　アッティラ王の急死

「どうも結婚の翌日に死んでしまったらしい」

476年　西ローマ帝国の滅亡

568年　ランゴバルド人のイタリア半島への移動
＝最後のゲルマン人の大移動（約200年かかった）

最後の門　下の問題は大学入試問題を出典にした問題です。答えなさい。

4世紀後半になると、アジア系の［　a　］人が西に進み、ゲルマン人の一派である東ゴート人と西ゴート人を圧迫した。375年以降、西ゴート人はローマ帝国内に侵入したが、ここからランゴバルド王国建国までの約［　b　］年におよぶゲルマン人の大移動が始まった。東ゴート人は［　c　］のもとでイタリア半島に建国した。他方、西ゴート人はイベリア半島を中心に西ゴート王国を維持した。

問1　［　a　］に最も適する語を次の①〜⑥から一つ選べ。

①　アーリヤ　　②　エフタル　　③　チャム　　④　フン　　⑤　ケルト　　⑥　マジャール

問2　［　b　］に最も適する語を次の①〜④から一つ選べ。

①　100　　②　200　　③　300　　④　400

問3　［　c　］に最も適する語を次の①〜④から一つ選べ。

①　アッティラ　　②　クヌート（カヌート）　　③　テオドリック　　④　リューリク

問4　文中の下線部に関連して、5世紀前半にアフリカ北岸に建国されたゲルマン人の国はどれか。最も適する語を次の①〜④から一つ選べ。

①　両シチリア王国　　②　ブルグンド王国　　③　ミタンニ王国　　④　ヴァンダル王国

（近畿大・改）

恐怖の大王 アッティラ

ゲルマン人の身体的特徴は、**肌が白くて、金髪、青い目、そして長身**である。こりゃ少女マンガの主人公ですな。

ゲルマン人の特徴は**タキトゥス**の『**ゲルマニア**』にも記録されている。

「(ゲルマン人の特徴は) その恐ろしい青い目、金髪の髪、激しい行動に対してはたくましさを示す巨大な体である。だが労働や作業、そして喉の渇きにはそれに見合った忍耐力は持っていない、しかし気候か土地のせいで、寒さと餓えに対して彼らは慣れている」

(タキトゥス『ゲルマニア』より)

＊

しかしさすがのゲルマン人もライン川は越えられない。五賢帝が健在の頃のローマ帝国は強力で異民族の侵入を許さなかったからだ。

ところが375年にゲルマン人たちが突然に大移動を開始し、ドナウ川を越えてローマ帝国内に乱入して来た。ドナウ川をわたったゲルマン人の表情は恐怖にこわばっていた。ゲルマン人たちは東の彼方のアジアから侵入して来たフン人に追い立てられていたのである。

フン人は4世紀頃、突然アジアからやって来た遊牧民だ。

彼らの正体は一切不明で、一説によると彼らは元々中国の北にいて、中国をさんざん荒らし回った「**匈奴**(きょうど)」だとも言う。漢王朝によって追い払われた匈奴はあてもなくさまよったあげく、永住の地を求めて西の彼方のヨーロッパに侵入して来たらしい。このフン人の残酷さはすさまじく、ヨーロッパの東に住んでいたゲルマン人たちは悲鳴を上げて西に逃げ出し始めた。これがゲルマン人の大移動となった。その結果、ゲルマン人にヨーロッパ中央部を乗っ取られてしまったケルト人はヨーロッパの西の端に追いやられてしまった。

このフン人を率いていたのが**アッティラ王**だ。

現在残っている肖像画を見ると、なんと頭に角が生えており、まるで鬼そっくりだ。この恐るべき男は「**わしの馬の通った後には1本の草も生えていないだろう**」と自慢するほどの破壊と殺戮(さつりく)を繰り広げながら、ついにイタリア半島に侵入して来た。

この事態にローマ皇帝は恐れをなして逃げ出してしまい、ローマ市民が頼れるのはカトリックの長であるローマ教皇しかいなかった。

泣いてすがる市民を見た**教皇レオ1世**はついに死を決意し、ローマを救うため、恐怖の大王アッティラに会いに行った。

＊

フン人の陣はすさまじかった。拷問されている人々の絶叫が響き、人間の生皮が剥がされて飾られている中を、レオ1世は気を失いそうになりながら、必死にアッティラ王を説得した。

「ローマに攻め込まないでください。ローマにはあなたの欲しがるような財宝はありません!」

死を覚悟して話すレオ1世の勇気にアッティラ王は強い感銘を受けた。

「オレを見て怖がらないのはお前が初めてだ……。気に入ったぞ!　よし、お前に免じてローマには攻め込まないでやろう!」

こうしてフン人はローマから去って行った。ローマを守ったレオ1世は名をあげ、教皇の威信は高まった。その後フン人が現在のハンガリーまで進んだ時に、アッティラ王は突然死んでしまい、フン人たちはその地にとどまったと言われている。

解答と解説

復習ポイント の答え

ゲルマン人の大移動は実に大変。ゴチャゴチャしてくるのです。自分で描いてみるのが一番ですが、迷ってしまいます。マーカーを使って色分けして区別した方がよいでしょう。

結果を見ると混乱状態なのですが、原因を押さえておくと多少はわかりやすい。元はフン人がこんなにも進出して来たことが原因なのですから。まるでナポレオンかヒトラーの帝国規模です。これではゲルマン人も南や西へ逃げ出したのは無理ありません。でも遊牧民の悲しさで、ビッグボスに死なれてしまったフン人は現地の住民の中に溶けるように消えてしまうのです。

アクティヴィティ の答えの一つ

圧倒的に強力な他者に攻め込まれたら、我慢して自滅するよりは逃げ出した方が未来の可能性が開けます(メリット)。ただし移動はダメージが大きいため、弱者から先にどんどん置き去りにされてしまうでしょう(デメリット)。

移動の際のポイントは、やむを得ないケースを除き、できるだけ落伍者を出さないことです。社会的弱者である老人や子どもや女性を置き去りにした場合、民族共同体自体がいずれは滅ぶ危険性が増えてきます。子どもがいなくなれば未来はないし、誰でも将来は老人になるのですから、その老人を無視したら自分の未来が危なくなる。ヴァンダル人のようなロングドライブは民族自体が先細りになりますし、逆にフランク人のように移動距離が少なければ民族の母体自体のダメージが少ないので、後に成長する可能性は高くなります。

最後の門 の答え

問1　④
問2　②
問3　③
問4　④

(解説)

問2は、大移動は「4世紀に西ゴート」が始め、「6世紀にランゴバルド」が最後の波となったことがわかっていればOK。

問4の移動先は、北アフリカとイギリス(大ブリテン島)は特徴をとらえやすい。難しいのは二つの民族が押しかけて来たフランスとイタリアで、北フランスがフランク、北イタリアはランゴバルドと覚えておくこと。

フランク王国の発展
――「怠け」が身を助けることもある

んで、そのう、ゲルマン人はその後どうなるのですか？

まあまあ、焦らないことじゃ。まあ、茶でも飲みながら話そうか。なにせわしらのご先祖の話じゃからのう。

メロヴィング朝 ――引っ越し先の人間関係が大切

ゲルマン人たちは「ヒャッホー」とヨーロッパ中を走り回ったが、彼らの多くは力ずくの支配に頼ったので、多くが滅びる運命をたどった。その中で長生きして発展できたのがフランク人たちだ。

まずフランク人はわずかにライン川を越えて南下して来ただけの怠け者だったため、人口を消耗せずに済んだことはやはり大きい。しかも移動してきた北フランスはローマ人たちが多く住む文化地帯で、今までのようなド田舎とは違う。他のゲルマン人たちとは異なり、フランク人が引っ越し先の地域との**同化政策**をとったのは、田舎者の文化に対する憧れも強かったのかもしれない。

そしてフランクの**クローヴィス**は481年にバラバラだったフランク人たちを統一し、新たに**メロヴィング朝**を開いた。そして、宗教でも496年に自らアタナシウス派（後のカトリック）に入信し、フランク人たちもカトリックを受け入れるようになった。当時のゲルマン人たちでキリスト教を信じている者たちは、異端であったアリウス派（テーマ17参照）を信じていた者が多かった。アリウス派はイエスを神ではなく、人間としてとらえていた異端じゃよ。その中で正統であるカトリックを信じたフランク人たちは、ローマ人たちからの信用をゲットできたわけだ。この内容についてはコラムを読んでもらいたい。

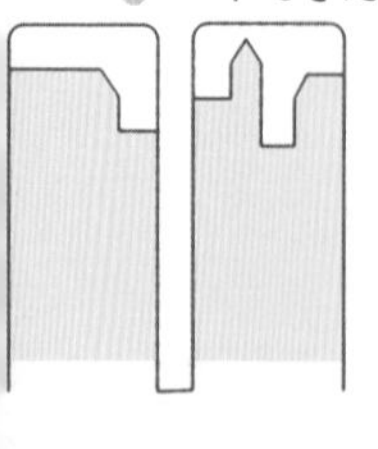

第1幕 トゥール・ポワティエ間の戦い——天下分け目の大いくさ

しかし偉大な王であるクローヴィスが亡くなった後、メロヴィング朝は幼い王が続き、しだいに衰えてしまったのじゃ。

たしか中国の後漢(ごかん)も同じだったなー。なんで幼い王が続くの？

むむ、まずゲルマン人が分割相続の習慣を持っていたため、メロヴィング朝が兄弟で分割されてしまったこともあった。当然、兄弟同士で共食い状態になる。殺し合いのあげく、戦場で死んでしまった王もおり、若死にが多かった。次の王が赤ちゃんでは話にならないので、実際に権力を持つのは**宮宰(きゅうさい)**と呼ばれる宰相になる。

なんで「宮宰」って呼ぶの？　総理大臣でいいんじゃない？

むむむ、実は元の言葉のラテン語の「マヨル＝ドムス」major domusを日本風に呼ぶと「宮宰」になるからだな。マヨルは英語では「メジャー」、ドムスは英語では「ドーム」だから野球のような響きになるのじゃが、元の意味は「家の長」という意味で、「家の仕事を司る下僕の長」という感じの響きになる。これでは総理大臣とは言えないのぉ。しかし「赤ちゃん王」が続くと宮宰は事実上の支配者になってくる。

そこへ732年、ウマイヤ朝のイスラーム教徒がイベリア半島からピレネー山脈を越えてフランスに攻め込んで来たのじゃ。頼りにならない王に代わって宮宰の**カール＝マルテル**が軍を率い、トゥールとポワティエの二つの町の間にある平原でイスラーム軍を迎え撃った。まる1日の大激戦となってしまい、夕方になって互いの軍は陣地に帰り、包帯を巻いて傷の手当てをして英気を養った。次の朝フランク軍がテントを出てみるとイスラーム軍の陣地はなんと、もぬけのカラになっていたらしい。こうしてフランク軍は**トゥール・ポワティエ間の戦い**でイスラーム教徒をなんとか撃退したのじゃ。この戦いの時、カール＝マルテルは、戦士たちに勝ちいくさのほうびとして土地を与えることを約束し、見事に勝った戦士たちは土地を手に入れて、与えてくれたカール＝マルテルに忠誠を誓ったと言う。**この土地のやりとりがヨーロッパの封建制度の始まりになったとも言われておる。**

第2幕 カロリング朝の成立 ——「イカリング」ではないっ！

さて、カール＝マルテルの死後は息子の**ピピン**が宮宰になる。

ピピン！　なんか、お子ちゃまの妖精みたいな名前！

うーん、名前の響きは可愛らしいが、本人はちっとも可愛くない。親父と違って野心満々の腹黒で、フランク王国の王座を狙っておったんじゃ。ただし王座を奪うには大義名分が必要なので、ピピンはローマ＝カトリック教会を味方に付けることを考えた。ローマ＝カトリック教会最高位のローマ教皇が自分を支持してくれれば、家臣はピピンを王として認めるだろう。そこでピピンはローマ教皇と交渉し、実力者であるピピンを王として認める内諾を751年に得たのじゃ。こうしてピピンから始まる新たなフランク王国の王朝を**カロリング朝**と呼ぶ。その返礼として756年にピピンはローマ教皇を長年苦しめていたゲルマン人のランゴバルド王国に攻め込み、ラヴェンナ地方(→)を奪い取ると、この土地をローマ教皇に献上した。これを歴史では「**ピピンの寄進**」と呼び、この時にピピンがあげた土地が、後の**ローマ教皇領**の始まりとなった。

第3幕 ローマ＝カトリック教会の基礎 ——「石田くん」の悔い改め

ここでいったん、話を**ローマ＝カトリック教会**にロックオンしてみよう。ローマ＝カトリック教会は、起源をイエスの一番弟子である**聖ペテロ**に置いておる。ちなみにペテロとは「石」という意味で、日本風の名前にすると「石田くん」になる。イエスはペテロに対し「**お前はペテロ、お前の上に私は教会を建てよう。黄泉(よみ)の力もこれに勝つことはできない。私はお前に天の国の鍵をさずけよう。お前が地上でつなぐものは天においてもつながれるだろう**」（マタイ福音書16章18〜19節）と述べており、これがカトリック教会の権威の源となっている。ローマ＝カトリック教会の首長はローマ教皇であり、その第1代目の教皇をカトリック教会ではペテロとしている。ローマ教皇が治めている「世界で一番小さな国」であるバ

チカン市国の国旗の紋章が「鍵」なのはペテロがイエスから受けた鍵が起源となっている(→)。

さて、実はペテロはけっこうな罪人であった。

ペテロは最後の晩餐の時に「私はイエス様を絶対に裏切りません」と誓ったのだが、イエスはペテロに「お前は夜明けのニワトリが鳴く前に、3度私を知らないと言うだろう」と告げたと言う。イエスが捕まった時、ペテロは迫害を恐れて「イエスなどという人は知りません」と3回も言い放ち、その時、ニワトリが鳴いたのを聞いてイエスの言葉を思い出し、そこで激しく泣いたと言う。後にペテロはローマへおもむき布教に努めたが、ネロ帝の大迫害に動揺し、ローマから逃げ出したのだ。しかしアッピア街道を南に急ぐペテロの目の前に、ローマへと歩むイエスが姿をあらわした。驚くペテロが「主よ、どこへ行かれるのですか？」(ラテン語でQuo vadis Domine?〔クオ＝ヴァディス＝ドミネ〕)と聞いたところ、イエスは「私はローマで再び十字架にかかりに行く」と答えられた。これを聞いたペテロはその場で男泣きに泣き、ローマに戻ってネロ帝の前で最も苦しい死に方である逆さ十字架の刑で殺されたのじゃ。むごたらしく殺されたペテロの死体は共同墓地に投げ捨てられたが、その共同墓地の上に建てられたのが現在の**サン＝ピエトロ大聖堂**(サン＝ピエトロとは聖ペテロのイタリア語での呼び方)。こうしてイエスをかつて否定した罪人のペテロは悔い改めて命を捨て、今では「信仰の父」として世界中の人から慕われ、うやまわれているのだ。

第4幕 ローマ＝カトリック教会の発展 ——パトロン探しの「成長痛」

さて、ローマ教会は多くの殉教者を出しながら迫害に耐え忍んでいた。しかしコンスタンティヌス帝(テーマ17参照)がキリスト教を公認したことで、晴れて信仰が認められるようになった。最初の頃は教義をめぐっての争いも多く苦労したが、皇帝が教会を守ってくれたことで教会もしだいに安定するようになったのじゃ。しかしゲルマン人の侵入が相次いで、西ローマ帝国が滅びてしまうと、ローマ教会は遠く離れた東ローマ皇帝(別名「ビザンツ皇帝」)にすがらなくてはならないかのように思われた。ところが、この東ローマ皇帝**レオン3世**が**726年**に**聖像禁止令**を発布したことが、東ローマ皇帝とローマ教会の間に大きな

56

溝(みぞ)を作ってしまった。

実はイスラームの影響を受けたレオン3世は、イエスやマリアや聖人の像や絵を作ることを禁止してしまったのじゃ。偶像崇拝を止めようとしたんじゃのう。しかしローマ教会にとっては困ったことだった。それはローマ教会がゲルマン人へのキリスト教布教に力を入れていたからだ。特に6世紀の**グレゴリウス1世**という教皇は熱心だった。**グレゴリウス1世はゲルマン人に将来の可能性を見出していたのだ。**ところがゲルマン人は字が読めない者がほとんどだったので、布教者は絵や像を用いてキリスト教を教えていたらしい。その肝心の絵や像が使えないとゲルマン人への布教は不可能になってしまう。皇帝に交渉しようにも相手の方が強力で石頭だ。そこでローマ教会は自分を守ってくれる新しいパトロンを見つける必要に迫られたのじゃ。

そしてローマ＝カトリック教会が見出した絶好のパトロンがフランク王国だったわけだ。そしてこの時、ちょうどさっき言った事情でフランク王国の宮宰ピピンもローマ＝カトリック教会と手を結びたがっていた。これこそ「ウィンウィン」と言うべきものじゃろうの。お互いの利益がめでたく一致したので、ローマ教皇はさっそくピピンをフランク王国の国王として認め、ピピンもローマ教皇に土地を献上したのである。しかしローマ教皇にはもっと深い野心があった。

「ローマ教会に指図してくる東ローマ皇帝から離れて、フランク王国を新たなパトロンとしたい！　そのためには関係を深くしなくては……」

復習ポイント

フランク王国の発展を、事件ごとに分けて整理してみよう。

アクティヴィティ

宗教における偶像崇拝をあなたは認めるでしょうか。認める、認めないのいずれかの立場を選びその理由を挙げてみてください。

フランク史①年表

481年　クローヴィスがフランク人を統一

「よく考えると西ローマ帝国が滅亡してから、わずか5年後だ」

496年　クローヴィスがアタナシウス派（=カトリック）に改宗

「改宗した王は試験にとっても出やすいので注意」

732年　トゥール・ポワティエ間の戦い

「イスラーム（ウマイヤ朝）が勝っていたら、日本のミッション=スクールはみんなイスラームのマドラサ（学院）になってたかも……」

751年　ピピンがカロリング朝を建国

「もちろんローマ教皇のお墨付き」

初期ローマ=カトリック教会史年表

64年頃　ペテロ、逆さ磔で処刑される

325年　アタナシウス派がニケーア公会議で正統とされる

5世紀中頃　ローマ教皇レオ1世がアッティラ王のローマ侵攻を思いとどまらせる→ローマ教皇の権威拡大

6世紀末　ローマ教皇グレゴリウス1世がゲルマン人布教をおこなう

756年　ピピンがランゴバルド王国を攻撃し、奪ったラヴェンナ地方の領土をローマ教皇に寄進（=ローマ教皇領の始まり）

「ローマ教皇領は1870年（明治3年）まで存在するのじゃ」

最後の門　下の問題は大学入試問題を出典にした問題です。答えなさい。

ヨーロッパ世界に決定的な役割を果たしたのはガリア北部に定着したフランク人の王国である。481年頃即位したクローヴィスはキリスト教の正統派であるアタナシウス派に改宗した。

下線部について

(1)　クローヴィスが属する王朝名を答えなさい。

(2)　同じ頃他のゲルマン人の多くが信仰していたキリスト教の異端の名称(a)を答えるとともに、その教義の特徴(b)を説明しなさい。

（名古屋大）

ヨーロッパでカトリックが広まった本当の理由

ゲルマン人の大移動の中、一番に勢力を拡大したのはフランク人だった。しかしフランク人にも深刻な問題が起こっていた。それは**嫁不足**。苦しい移動のために、やはり女性の数が少なくなっていたのだ。そこでフランク人のむさ苦しい男たちは、北フランスに住む洗練された地元のローマ人女性に求婚するようになった。

「なあ、ユリアっ。オレと付き合ってくれ」

「だめよ、付き合えないわ。ごめんなさい」

「ああっ。オレじゃダメかあ」

「だって宗教が違うと結婚は無理よ」

「じ、じゃあ、オレがカトリックになれば……」

しかしフランク人はうつむいてしまった。フランクだけでなくゲルマン人の一般的な掟であったのだが、王が改宗しない限り、臣下も改宗できないのだ。深刻な嫁不足の中、困ったフランクの戦士たちは王のカトリックへの改宗を切に望むようになっていた。

さて、フランク王クローヴィスであるが、元々はゲルマン人独特の多神教を崇拝していたようだ。だが、結婚した后がアタナシウス派のキリスト教徒であったことが大きいポイントとなった。

クローヴィス王はこのような部下や妻の頼みを無視できず、またアタナシウス派の多かったローマ人たちの信用を勝ち取る必要もあったため、ついに改宗を決意した。フンドシ一丁のクローヴィス王が教会で聖水を頭からかけられ洗礼を受けた時に、大喜びのフランク人はユリアのもとに走ってやって来た。

「ユリア！　王様がカトリックに改宗したぞっ！　オレたち結婚できるんだ！」

フランクの戦士たちは群れをなして教会に押しかけ、洗礼を受けに来た。彼らは洗礼を受けるため並んで川につかり、司祭はずらっと並ぶ彼らに洗礼を施していった。

このカトリックに改宗したフランク人が今のヨーロッパの基礎を築くことになったのだ。

グレゴリウス大教皇とイギリス布教

大教皇と呼ばれる**グレゴリウス1世**はゲルマン人への布教に熱心に取り組んだことでも知られており、イギリスへの布教も彼が開始したと言われている。中世の歴史家ベーダが書いた歴史書には次のエピソードが載っている。

若き日のグレゴリウスがローマの奴隷市場を歩いていると、一人の金髪の美少年が売られていた。その少年の美しさに目をとめたグレゴリウスは美少年にどこから来たのかと、聞くと、

「僕はエンゲルラント（イングランド＝イギリス）から来ました」

と少年は答えた。それを聞いたグレゴリウスは

「なんと！　このようなエンゲル（天使）が住んでいる島ならば、ぜひともキリストの教えを広めなくては……！」

とイギリス布教への決意を固めたという。

グレゴリウス1世は教会の典礼のために多くの聖歌の編集を命じ、これが後の「グレゴリオ聖歌」になったとされる。このグレゴリオ聖歌は男声のみの単旋律しかない素朴な聖歌なのだが、この聖歌こそポップミュージックにいたる**すべてのヨーロッパ音楽の根源**となる。

解答と解説

復習ポイント の答え

フランク王国の発展

(メロヴィング朝)

① **クローヴィスによる統一** **(481年)**

…ゲルマン人は部族内で分裂していたので、統一は大きな一歩。

② **クローヴィスによるアタナシウス派への改宗** **(496年)**

…改宗により飛躍をはかる。

⬇

(メロヴィング朝の衰退→宮宰のカロリング家の強力化)

③ **カール=マルテルによるトゥール・ポワティエ間の戦いの勝利** **(732年)**

…イスラーム勢力を撃退し、キリスト教ヨーロッパを守る。

④ **ピピンがフランク王国の王位を継ぐ** **(751年)**

…カロリング家がヨーロッパの中心となる。

統一→改宗→勝利→王権の順番でフランク王国が強くなっている。

アクティヴィティ の答えの一つ

偶像崇拝を認める

メリットとしては宗教の解説がわかりやすくなるために、宗教を広めやすくなります。絵や像のみならずパンフレットや映画を使った方が布教には有効になります。「三位一体(さんみ)」のような難しい内容も解説しやすくなります。デメリットとしては教義を誤って解釈されやすくなるため、異端が広まる可能性も高くなるでしょう。

偶像崇拝を認めない

「認める」の逆のケースになります。宗教の宣伝が困難になるので広まりづらくなりますが、元の教義が単純でわかりやすいものであればフォローは可能です。元の教義の純粋さが保ちやすく、異端の広まりを防ぎやすくなります。

最後の門 の答え

(1) メロヴィング朝

(2) a アリウス派

b イエスの神としての面を認めず、人間であることを主張した。

(解説)

アリウス派の説明が難しい。イメージとしてはイスラームにおけるイエスの解釈と似ている。イスラームではイエスを「神の子」ではなく人間の「預言者」としてとらえている。アリウス派も神の偉大さを強調し、イエスを「人」として解釈している。現在のキリスト教の宗派の中にはアリウス派の流れをくむものがあり、そこではイエスを「偉大ではありながらも無力な存在」として考える。

カールの戴冠と王国の分裂
──教会と王国の「できちゃった婚」

当時のローマ=カトリック教会って下心アリですねえ。

と言うのも、教会自体が世俗の暴力にさらされており、精神的にも財政的にも困っていたからのう。なので教会を力強くガードしてくれる保護者が欲しかった。それがフランク王国のカールだったのじゃ。

第1幕 カールの業績 ──ケンカは強くて、ガードもスキがない

ピピンの息子**カール**はフランク王国を代表する大王なのだが、詳しくはコラムを見てもらおう。記録によれば**カールは戦争に強かった**。東 からヨーロッパに攻め寄せて来たモンゴル系遊牧民**アヴァール人**を打ち破り、北 から南下したゲルマンの異教徒**ザクセン人**を服従させた。この時、カールがフランク軍を率いてマイン川をわたった地点を「**フランクフルト**」(フランク人のわたし場)と呼んだという伝説がある。

フランクフルト=ソーセージはそこからきたのかあ

そしてカールは、父のピピンの攻めた 南 の**ランゴバルド王国**を完全に征服し、イベリア半島にいたイスラーム教徒の**後ウマイヤ朝**に打撃を与えた。しかしピレネー山脈を越えてフランスへ帰る途中で殿(しんがり)がイスラーム教徒に襲われ、将軍ローランが討ち死にする事件が起こった。この事件が後のフランス叙事詩の「ローランの歌」として後世の人々に知られるようになる。

こうしてカールが東南北を平らげたことによりフランク

王国は西ヨーロッパ大陸部のほとんどを支配する超大国となったのじゃ。そして地中海を軸としていた古代ローマ帝国は、イスラーム教徒によってシリアやエジプト、北アフリカを奪われてしまったため、**カール大帝が築いた王国はアルプスを越えた北方を軸とするようになった。これが新たなヨーロッパ世界の出現になるのじゃよ。**「イスラーム教徒の活動こそがヨーロッパ中世を作った」と述べたのは、ベルギーの偉大な歴史家アンリ＝ピレンヌで、『マホメットとシャルルマーニュ』という本で主張したことだ。ちなみにシャルルマーニュというのは「カール大帝」のフランス語読みじゃ。

カールはフランク王国の中心都市を**アーヘン**という町に置いている。カールは支配した土地に「**伯**」という一代限りの領主を置き、その地域を支配させておったのじゃ。伯になったのは昔からの土着の有力者が多かったので、カールは用心のため**巡察使**を派遣して見張らせておった。

第2幕への前奏曲 カトリック教会が抱えている大人の事情

このカールに惚(ほ)れ込んだのがローマ＝カトリック教会だった。東ローマ皇帝の保護を受けてはいたのだが、聖像禁止令をはじめとしてカトリック教会の方針にあれやこれや口を出してツッコンでくる東ローマ皇帝にうんざりしておったのだ。そこで失礼な例えではあるが、「ガミガミ言う古女房より、新しい嫁さんの方がよい」というわけでローマ教皇はフランク王国に色目を使い始めたわけじゃ。**「いっそのこと、もっと関係を深めてしまおう。そうなれば相手を逃がさないからな。そのためにはカールを皇帝にしてしまう方がよい。幸いローマ教皇は滅びた西ローマ帝国皇帝の冠を持っているしな……」**というわけだ。

第2幕 カールの戴冠 ——歴史に残る場面はまさか！ のだまし討ち

当時のローマ教皇は**レオ3世**と言う。

うーん、似たような名前をたしか聞きましたよ

ああ、聖像禁止令を726年に出した東ローマ皇帝**レオン3世**のことじゃの。この二人の

名前はそっくりな上に、二人とも世界史上で重要な人物なので、まったく参ってしまう。レオもレオンも元々は「ライオン」の意味。日本風に言えば「獅子」じゃ。レオがラテン語、レオンがギリシア語表記。まあ皇帝の方にはレオンを付けると覚えておくしかないのぉ。

ともかくも、レオ3世(ローマ教皇の方)は政治上のゴタゴタに巻き込まれてしまい、一度はローマから脱出して、カールにかくまってもらったことがある。その時にカールの人柄を見て惚れてしまったんじゃな。カールに皇帝就任を打診したところ、カールはきっぱりとお断りした。**皇帝になったら、自分に冠を与えたローマ教皇をこれからも、ずうーっと保護しなければならなくなる。**そうでなくても戦争で手一杯なカールは、「皇帝」なんてやっかいな位につくつもりはなかった。

そこで教皇は、よしそれなら策がある、とばかりに「ではクリスマスにローマへ来て、ミサを受けませんか」とカールを誘った。お人好しのカールがノコノコとローマに来て、サン＝ピエトロ大聖堂の祭壇の前にひざまずいて祈っていたその時！　レオ3世がカールの頭の上に、用意していた西ローマ帝国皇帝の冠を「つどりゃ！」と置いたのだ。そして合図をすると周囲にいた司教やら聖職者やらが声を合わせて叫んだ。「ローマの皇帝万歳！　教会の保護者カール皇帝万歳っ！」とな。

はめられた、と悔しがったカールだが、もう遅い。これがカールの結婚式……じゃない、**戴冠式**となってしまったのじゃ。

第2幕のフィナーレ　カールの戴冠の意義——ゲルマン文化が世界文化に

結果、カールは大変な目にあった。まず東ローマ皇帝に自分が西ローマ皇帝になったことを認めてもらわなくてはならない。外交交渉の末に12年かけて、やっと認めてもらうことに成功した。そしてローマ教皇が「ドラえもん、助けて〜」と呼ぶたびに、アルプスを越えてわざわざイタリアに助けに行かなくてはならないのだ。やれやれだぜ。

しかし、その難儀を引き換えにしてもカールの皇帝戴冠にはやはり歴史上意味があったのじゃ。

まず①**西ヨーロッパの政治的安定**だ。カールの戴冠は、今まで民族大移動のあおりをくらって、大混乱していた西ヨーロッパが政治的にまとまってきたことのあらわれなんじゃ。

そして②**西ヨーロッパ文化の確立**。ギリシア・ローマ以来の古典文化とキリスト教文化にゲルマン文化が加わって西ヨーロッパの文化が生まれてきたのじゃ。

そのゲルマン文化って具体的には何ですか？

例えば「**木**」を使う文化だ。古代のローマ文化は石を使う文化で、家も石で作られていた。しかしゲルマン人は木材を使って家を作る。その点は日本と似ておるの。クリスマスツリーもゲルマン文化の名残とされておる。あとは**ビール**！　実は麦から作るビールは古代エジプトから愛飲されていたが、甘ったるくてジュースみたいなドロッとした味じゃった。しかしゲルマン人がホップをビールに加えたため、苦みばしったスッキリした味になったんじゃ。おかげで世界の人々は皆ビールを愛飲し、この日本でもなくてはならぬ飲み物となっておる。

そして、最後は③**ローマ＝カトリック教会の自立**じゃ。カールの戴冠までは、東方の東ローマ皇帝の支配下にあったローマ＝カトリック教会は、パトロンを東ローマ皇帝からフランク王国に変えたことによってやっと自立の道を歩めるようになった。なにしろ新興のフランクに対しては、教会も優越感をもつことができる。やっと成長の場を得たローマ＝カトリック教会は21世紀の今の世界では、信者が10億以上もいる世界最大の教会となったのじゃ。

第3幕　フランク王国の衰退——「神の恵み」で三つに分割されてしまった

カールの死後、跡を継いだのは**ルートヴィヒ1世**じゃ。実はカロリング朝は、カール＝マルテル〜ピピン〜カール〜ルートヴィヒ1世まですべて一人っ子だったので財産を一人で相続できたのだ。

え、全員が一人っ子ってそれ本当？

兄弟はおったのじゃが、幼いうちに病気で死んだため、結果として一人っ子になったのじゃ。しかしルートヴィヒ1世は「敬虔王（けいけん）」と呼ばれるほど神をうやまった人なので、これを喜んだ神様が3人も子どもを長生きさせてくれたのかもしれぬな。

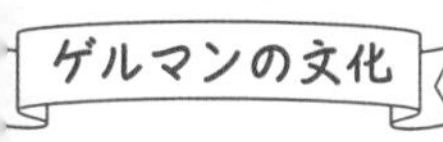

ところが、めでたくなかった。ルートヴィヒ1世の死後、フランク王国は3人の子に分割されることになったのじゃ。長男のロタール1世が中部フランクを取り、3男のルートヴィヒ2世が東フランクを、4男のシャルル2世が西フランクを取った。まあ、山分けじゃ。これが**ヴェルダン条約**(843年)となる。

ところが長男のロタール1世が亡くなると、悪い二人の弟が兄ちゃんの持っていた領土のうち、中部ヨーロッパを勝手に分割してしまった。この分割を取り決めたのが**メルセン条約**(870年)じゃ。

ヴェルダン条約の国境線(↑)

この二つの条約によってできた三つの地域が、現在のドイツ・フランス・イタリアの3国の祖先となる。

弟たちが取っちゃった中部ヨーロッパなんですが、そんなに価値あるの?

あるある、大アリじゃ。鉄鉱石など地下資源が豊富で、しかも交通の便がよく、大きな町も多い。だから中部ヨーロッパを代表するアルザス・ロレーヌ地方は長年にわたりドイツとフランスが奪い合ってきた土地なのだ。しかしEUによる統合(1993年)によってこれらの地域の問題が解決されたのは……実にめでたいことじゃのう(泣)。

復習ポイント

カール大帝の業績をまとめてみよう。

アクティヴィティ

「国王」と「皇帝」の違いは何でしょう。

フランク史②年表

768年　カールがフランク国王に即位

774年　カールが北イタリアのランゴバルド王国を滅ぼす

800年　カールがローマ教皇レオ3世によって西ローマ皇帝の冠を与えられる（＝カールの戴冠）

「800年という年代は簡単すぎて試験には出ない。それよりも『800年は何世紀か？』という意地の悪い問題が出る」

（答え＝8世紀（701年～800年）。800年は8世紀最後の年）

843年　ヴェルダン条約によりフランク王国が3分化

870年　メルセン条約により、中部ヨーロッパが東西フランクによって分割される→現在のドイツ・フランス・イタリアの起源

「『アルプスの少女ハイジ』でフランクフルトに連れて来られたハイジはクララと一緒に家庭教師の授業を受けるのだが、その時の授業の内容がヴェルダン条約・メルセン条約だった。まだ8歳の子どもにこりゃ無理だよ。そのためハイジは眠ってしまい、アルムの夢を見るのだ」

最後の門　下の問題は大学入試問題を出典にした問題です。答えなさい。

問1　（フランク王国を）西ヨーロッパの大部分にまで拡大し、フランク王の威信をゆるぎなきものにしたカール大帝（シャルルマーニュ）が、800年にローマ教皇から『ローマ皇帝』として戴冠されたことは、しばしば西ヨーロッパ中世世界の誕生を画す出来事とされている。

（1）　カール大帝が屈服させたゲルマン部族で、異教徒であった集団の名前を答えなさい。

（2）　当時のローマ教皇の名前を書きなさい。　（名古屋大・改）

問2　（フランク王国は）カロリング家のカール大帝のもとで西ヨーロッパの主要部分を統一することになるが、大帝の死後にその領土は分割された。

下線部について、下の設問に答えよ。

フランク王国を分割することになった条約のうち、870年に取り結ばれた条約は何か。名前を書きなさい。　（駒澤大・改）

カール大帝ってどんな人？

日本では「カール大帝」と言うのだが、これはドイツ語の言い方をたぶん明治時代に持ってきたものだろう。フランス語ではこの皇帝を「**シャルルマーニュ**」と呼ぶ。カールという名前をフランス語読みにすると「シャルル」になる（ちなみにカールを英語読みにすると「チャールズ」になる）。マーニュは「偉大な」を意味する言葉である。

ちなみにマーニュを英語読みにすると「マグナム」になる。

＊

実際のカール大帝って、どんな人だったのだろう？

アインハルトというカールに仕えていたカトリックの修道士が書いた『カール大帝伝』によると、彼は典型的なゲルマン人であった（**つまり異民族**）。

カールは小太りで、首も太く、腹も前に出ていたと言う。乗馬や水泳が得意だったらしい。カールは酒は飲まなかったが、狩りは大好きで、串に刺した焼き肉を好んで食べていたと言う。

（医者はゆでた肉を食べるように忠告していたが、無視していたため、晩年は痛風を患っていたようだ）

服装はモモヒキをはいて、脚絆（きゃはん）を足に巻いていたと言う。さすがに儀式の時は豪華な服を着たが、いつもは庶民と同じ格好だったらしい。

カールの小さな騎馬像が一つ残っているのだが、アインハルトの記述から見るとけっこう信用できる像である。

＊

『カール大帝伝』によると、カール大帝はギリシア語は多少わかる程度だったが、ラテン語は流暢に話したそうだ。しかし彼はどうも字というものが書けなかったらしい。もっとも字を書きたい欲求はあったので、彼はポータブル黒板を持ち歩いて、習字の練習もしていた。でも中年のおっさんの習い事によくあるように、残念ながら途中で挫折してしまった。だから彼のサインは皆、アルファベットを組み合わせた四角形のヒシガタ模様だけである。

しかし、字が書けなかったにもかかわらず（いや、字が書けなかったからこそ）、彼は古典文化に憧れていたし、古典文化を尊重して学校を建て、イングランドから**アルクイン**などの学識のある修道士を用いて**カロリング＝ルネサンス**を広めようと試みたのである。

＊

フランク王国の中心都市は一応アーヘンである。

「一応」と書いたのはカール大帝自身は、ほとんどこの町にいなかったからだ。彼は戦争に行っているか、もしくは彼の部下である、伯たちの領地を訪ね、その屋敷を泊まり歩いていた。

え、何で伯の屋敷に泊まり歩いていたのかだって？

それは伯たちが裏切らないかどうかを監視するためだった。かなり疑り深いオッサンですね。もちろんカールは王だからおつきの家来たちの人数も多く、一行を接待するのに莫大な費用がかかった。もてなす方の伯たちもさすがにたまらず、カールが早く他の地方へ行ってくれることを願っていたらしい。

そして、カール大帝は娘を溺愛していた。

彼には娘が数多くいたが、娘を可愛がるあまり、娘がお嫁に行くことを病的に嫌がり、反対したため、カールの娘たちはみんな晩婚だったらしい。

解答と解説

復習ポイント の答え

カール大帝の業績は①戦争、②文化、③宗教の三つに分けるとわかりやすい。まず
①**戦争**については「東南北」で整理すると理解しやすい。

東…モンゴル系遊牧民の**アヴァール人を撃退**した。

南…イベリア半島の**後ウマイヤ朝を攻撃**する(ピレネー山脈〔フランスとスペインの国境地帯〕に多少の領土を広げたが、有名な都市は奪っていない)。

ランゴバルド王国を最終的に滅ぼした。

北…ゲルマン人の異教徒**ザクセン人**を討って、カトリック化する。

②**文化**については**カロリング=ルネサンス**が代表。

民族大移動の大混乱ですっかり荒れ果てたローマの学問や文化を、学校を建て、学者を呼んで教えさせるなどの方法を通じてよみがえらせようとした。

③**宗教**については**カトリック教会を保護**し、フランク王国の中心として位置付けた。それによりカールはゲルマン人ながらも、ローマ=カトリック教会によって西ローマ皇帝として戴冠されたのだ。

アクティヴィティ の答えの一つ

王は「一つの国や地域の支配者」で、基本的に血族で受け継いでいきます。したがって前王と血のつながりのない者は跡を継げません。

王をあらわす英語kingのkinとは古代ゲルマン語で「血族」をあらわします。ここからも王が血縁やDNAと深い関わりを持っていることがわかります。それに対して皇帝は、「複数の国の支配者」を意味し、血縁はそれほど重視されません。皇帝をあらわす英語emperorは、元々はラテン語のimperator(軍隊の総司令官)から来た言葉で、「命令する者」が語源です。力を持った実力者がなるべき地位が「皇帝」であり、皇帝には血縁やDNAは関係ありません。ナポレオンが王にならず、皇帝に即位したのはこのような事情があったからです。

最後の門 の答え

問1 (1) ザクセン人 (2) レオ3世
問2 メルセン条約

(解説)

問1 (2)は、思わず「レオン3世」と書いてしまう人もいるかもしれないが、それが出題者の目的ですから、引っかからないように。

問2 ヴェルダン条約とメルセン条約を取り違えないこと。それぞれの条約の①**年代**、②**領域の違い**、をしっかり覚えよう。

神聖ローマ帝国の成立とヴァイキング ——まだまだ続く大移動

兄弟で山分けの分割相続って今もアリかな？

今もアリじゃよ。例えばじゃが、フランスのワインの名だたる畑も持ち主が死んでしまうと子どもたちに山分けされてしまうので、あげくの果てには土地がタタミ１枚分にまで分割されてしまう。ブルゴーニュの銘酒の質が悪くなったり、絶えたりしてしまうのもそのせいじゃ。

第1幕への前奏曲　若死に相次ぎ、どうなるフランク３王国？

実はのう、三つに分裂してしまったフランク王国じゃが、これらの王国の支配者であったカロリング家の血筋を引く王たちがみんな断絶してしまったのじゃ。ダンゼツとは血筋が絶えてしまうことじゃよ。

えっ、なんで断絶してしまったんですか？　皆殺し？

若死にがけっこう多かったのじゃ。若死にの理由は赤ちゃんのうちに死んでしまったり、若いうちに戦場で死んでしまったりするケースが多かったことが考えられる。やはり今ほど公衆衛生が進んでいなかったのが大きいと思うぞ。子どもは病気に対する抵抗力がなかったし、傷口から細菌が体に入って敗血症を起こすことも多かったじゃろう。

というわけで、19世紀後半に医療が進歩するまで子どもが死んだり、家系が断絶したりすることは、ごくごく当たり前のことだったんじゃよ。

第1幕　ザクセン家の台頭 ——まるで斧を振り回す暴走族のような！

さて、三つに分かれてしまったフランク王国のうち、最初に取り上げるのは**東フランク王国**じゃ。実は三つのフランク王国のうちで一番の困難に直面していたのはこの国だった。

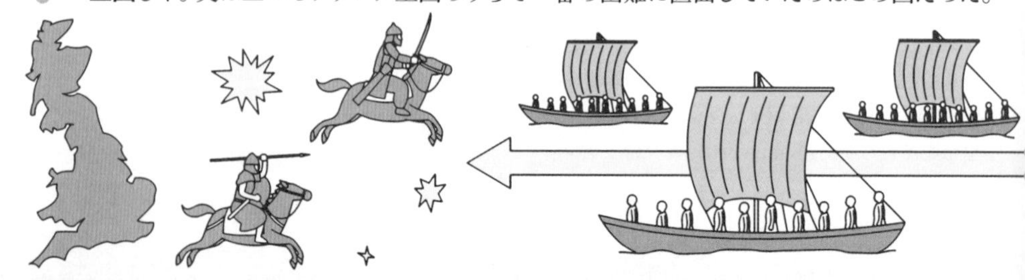

なぜなら東方から多くの異民族がヨーロッパにスキあらば入り込もうとしていたからじゃ。その防壁となっていたのが東フランクで、多くの異民族との戦いで戦闘能力は十分に鍛えられておった。しかし最後のカロリング家の王が若死にしてしまうと東フランクは困ってしまった。異民族を防ぐには優れた王を指導者として戴(いただ)かないとやっていけなくなってしまう。そこで選挙で選ばれた新たな王がザクセン家の**ハインリヒ１世**じゃ。

たしかザクセンって、カール大帝がやっつけた人たちでしょ？

よく覚えておるのう。ゲルマン人の一部族で、新しく台頭してきた者たちじゃ。斧(アックス)から「ザクセン」という名前が付いたと言われているから、斧を振り回して戦う戦士たちじゃったろう。実はザクセン人の半分は船に乗ってイギリスにわたってしまい、イギリス人の祖先となった。アングロ＝サクソンの「サクソン」はザクセンの英語風の発音なのじゃ。北ドイツに居残った半分がわしらの祖先となる。この勇猛なザクセン人を率いる伯の家が**ザクセン家**と呼ばれたのじゃ。本来カール大帝が設置した伯という役職は一代限りだったのだが、カトリックに改宗して東の防壁として異民族と戦っているうちにリーダーの家が自然と世襲(せしゅう)化してしまった。そしてカロリング家が絶えた後、ザクセン家が10世紀初めに東フランクの新たな王に選ばれたのだ。

さて、このあたりの時代から東フランクに代わって「**ドイツ**」という表記が出てくる。786年の文書にドイツ語の原型と 'Teutoni'(トイトニ)(「ドイツ」の一番古い呼び名)があらわれてきたのじゃ。もう９世紀の終わりにはフランク王国の一体化は失われ、フランスやイタリアと並び、ドイツという地域が意識されるようになったのじゃな。ただし「ドイツ民族」としての意識は19世紀になるまで、まだあらわれてこないのじゃよ。

第２幕　神聖ローマ帝国の成立
――800年以上も長生きの「おたっしゃ帝国」

ザクセン朝初代の**ハインリヒ１世**は東からの異民族をよく防いだ王で、ワーグナーが作曲した楽劇「ローエングリーン」にもカッコよく登場してくるぞ。2代目の**オットー１世**は936年にカロリング家ゆかりの町のアーヘンでドイツ王となり、自分がカロリング家を継ぐ正統であることを示した。またオットー1世は剛勇で知られた王で、**955年**の**レヒフェルト**

の戦いで、東方から怒濤（どとう）のように押し寄せてくる**マジャール人**を撃破したことで知られておる。この大敗戦で西への進出をあきらめたマジャール人は中部ヨーロッパにとどまり、現在のハンガリー人の祖先となったのじゃ。

ありゃ？　ハンガリーってフン人が祖先じゃなかったっけ？

テーマ55でそのような話が出てくるのだが、フン人→ハンガリーは伝承にすぎない。ハンガリー人の直接の祖先はマジャール人で、そのことはハンガリー人自身が自分の国や民族を指す時に「マジャール」と呼ぶことでもわかる。凶暴だったマジャール人も後にカトリックに改宗し、ヨーロッパ文化を支える重要な民族となっていくのじゃ。

このオットー1世の大活躍を見たローマ教皇はこう思った。

「カロリング朝が滅びて以来、カトリック教会を守ってくれる強力なパトロンがいなくなってしまった……。ここは力のある人物を皇帝にして、教会を守ってもらうことが一番だろう。やはり、ザクセン朝のオットー1世こそ皇帝になるのにふさわしい人物だな！」

そこでローマ教皇ヨハネス12世は、「あなたをぜひ皇帝にしたい」というラブレターをオットー1世に送った。なんとか話がまとまり、**962年**にオットー1世はローマまでやって来て教皇ヨハネス12世の手でローマ皇帝の冠を受けたのじゃ。これが**神聖ローマ帝国**の始まりとなった。

待った！　古代ローマ帝国と似てるんだけど、どこが違うの？

二つ違うところがある。①古代ローマは地中海を中心とした帝国だったが、神聖ローマ帝国はアルプス以北のヨーロッパ、それも**ドイツを中心にした帝国**じゃ。②古代ローマ帝国は392年にキリスト教が国教化するまでは多神教の帝国だったが、神聖ローマ帝国は元々カトリックを奉じる**キリスト教の帝国**だった。実際に**オットー1世**は968年にドイツの東方の町、**マクデブルク**に大司教座を置いて東ヨーロッパの伝道の基地にしている。そしてオットー1世は皇帝になったことでイタリアに滞在することになり、教皇を援助するハメになった。しかしこの神聖ローマ帝国は962年に成立してから、1806年にナポレオンによって倒れるまで、なんと800年以上も存続することになる。

第3幕 西フランク・イタリアその後——地方都市パリが花の都に

さあて、**西フランク王国**でも10世紀後半にカロリング家が断絶してしまうと、次の王を選挙で選ぶことになった。あ、この王を選挙で選ぶというのはゲルマン人の習慣じゃな。結局、選ばれたのはパリ伯の**ユーグ＝カペー**だった。優れた実力を持っており、カトリック教会の司教や修道院長との関係もよく、彼らの助けを期待できた。

だがユーグ＝カペーはパリ周辺の土地しか持っておらず、しかもパリ自体が当時はセーヌ川のシテ島の中にある地方の村じゃった。しかし、カペー家の子孫は繁栄し、その子孫は傍系を含めてなんと1830年までフランス王位にあった。カペー家の所有地だったパリは今では花の都となり、パリ周辺の領地は「**イル＝ド＝フランス Île de France**」と呼ばれ、フランス有数の観光地として有名になった。そしてカペー朝の始まりとともに、西フランクは「フランス」と呼ばれるようになる。

そしてイタリアなのじゃが、ここでも残念じゃがカロリング家は断絶してしまった。ところがイタリアでは東フランクのザクセン家や、西フランクのカペー家のような有力な中心勢力がおらず、諸侯や都市が群雄割拠する状態になったのじゃ。そこにつけ込んだイスラーム教徒がシチリア島を手に入れた後、しきりに南イタリアに侵入を繰り返し、さらにマジャール人までもが北イタリアを略奪したのだ。ローマ教皇がマジャール人をやっつけたオットー1世を神聖ローマ皇帝（＝自分のボディガード）にした理由もわかる気がするのぉ。このような混乱し分裂するイタリアで、カネの力をバックに成長してきたのは**ジェノヴァ**や**ヴェネツィア**などの商業都市だった。これらの都市はイスラームとの東方貿易で富を築き、独立勢力として発展したのじゃ。

次回予告 ノルマン人とは何者？　食べ放題のあれかっ！

実は8世紀から10世紀までのヨーロッパは大混乱の時代でな、多くの異民族がヨーロッパへの侵入を繰り返していたのじゃよ。アヴァール人、マジャール人、イスラーム教徒、そしてノルマン人じゃ。そこで、この時代を「第2次民族大移動」と呼んでいる歴史家もい

る。一番手を焼いたのがノルマン人でのう、**ノルマン人**とは北欧のスカンディナヴィア半島や、現在のデンマークであるユトランド半島に住んでいたゲルマン人の一派じゃ。別名**ヴァイキングViking**とも言う。「ヴァイキング料理」とはヴァイキングの宴会形式からきたのだ。ただし「ヴァイキング料理」という言い方は、日本でしか通用しない。そのヴァイキングが8世紀後半から移動を開始したのじゃ。

他のゲルマン人と移動する時期がズレているんですがー

他のゲルマン人はフン人の脅威から逃げるために移動して来たのだが、ノルマン人たちは北方にいたのでフン人が襲って来る危険性が少なかったので動かなかった。そのノルマン人が400年遅れて移動を始めたのは、人口が増えすぎて土地が足りなくなったことが原因らしい。森が多い北欧では農作物はあまりとれん。農業は営みつつも、ノルマン人は船で海に出て、魚を捕ったり貿易をして暮らしておったのじゃ。そのためヴァイキングは船の操縦がメチャクチャうまかった。このヴァイキングがとうとう海賊を始めて、町を襲ったのじゃ。

彼らの武器は**船**で、実によい性能を持っておる。安定しており、しかも軽快で、水深の浅いところも平気で航行できるので、川をどんどんさかのぼって奥地にある町まで平気で襲うようになった。こいつらの船が優れていたため、ヨーロッパの町は大変な被害を受けてしまったのじゃ。特に弱っちい修道士しかおらず、そのくせお宝がたっぷりある修道院は、こいつらが好んで襲った場所で、「修道士皆殺し」をやっておったのじゃ。

復習ポイント

ドイツ・フランス・イタリアが成立する過程を簡単にまとめてみましょう。

アクティヴィティ

「神聖ローマ帝国」は、なぜ「神聖」なのでしょうか。

中世西ヨーロッパ史①年表（9〜10世紀）

875年　イタリア王国のカロリング家が断絶
→国内が分裂状態になる

「イタリアという統一国家ができるのは1861年まで待たなくてはならない。それまでのイタリアは分裂と戦乱と無政府状態」

911年　東フランク王国のカロリング家が断絶
→ザクセン家のハインリヒ１世が東フランク国王に即位

955年　ザクセン家２代目の王オットー１世がレヒフェルトの戦いでマジャール人を撃破

「ヨーロッパ防衛戦で重要なのは、①451年のカタラウヌムの戦い（対アッティラ王率いるフン人）と②732年のトゥール・ポワティエ間の戦い（対ウマイヤ朝）、そしてこれだ」

962年　オットー１世が神聖ローマ帝国の皇帝となる

987年　西フランク王国のカロリング家が断絶
→カペー家のユーグ＝カペーが西フランク国王に即位

最後の門　下の問題は大学入試問題を出典にした問題です。答えなさい。

東フランク王国では、カロリング家の家系が途絶えた後の混乱を収拾した（　a　）家のハインリヒ大公が王国全土を支配下に入れて、ドイツ王ハインリヒ１世となった。ハインリヒ１世は、マジャール人の侵入に備えて城壁を築き、西スラヴ人やノルマン人の来襲に対抗するなど、王国の防衛に努めた。ハインリヒの子オットーは936年にカロリング朝ゆかりの地である（　b　）でドイツ王としての戴冠式を行い、マインツ大司教によって塗油、加冠された。これは王が聖俗双方の頂点にあることを示すものである。オットー1世は異教徒への伝導を使命とし、北と東に辺境伯領を作って異教徒への防衛体制を整えるとともに、キリスト教の伝道活動を推進した。955年にはマジャール軍を（　c　）の戦いで破り、スラヴ諸族へのキリスト教伝道の拠点として（　d　）に大司教座を置いた。（中略）

キリスト教世界の防衛と拡大に大きな役割を果たしたオットー1世は、962年、ローマで教皇ヨハネス12世から皇帝の冠をさずけられた。これによって800年の（　e　）の戴冠に始まる「ローマ皇帝」の位が、40年の断絶を経て復活した。すなわち、西ローマ帝国を継承し、西方キリスト教世界の守護者となるべき皇帝の位が、ドイツによって担われることになったのである。後に神聖ローマ帝国と呼ばれる帝国の基礎がここに築かれた。

問1　文中の（　a　）〜（　e　）を埋めるのに最も適切な語句を記せ。

問2　文中下線部の民族が10世紀末、中部ヨーロッパに建てた王国は何か。　　（成城大・改）

病気の中世史

中世になかった病気は何だろう。

エイズのような病気かな？　でも昔の方が病気は怖かった。病気への対抗策（抗生物質やワクチン）がなかったからね。かかってしまったら祈るしかなかったのだ。

ヨーロッパ中世を代表する最も恐ろしい病気Best3は「**天然痘**（てんねんとう）」「**結核**」「**ペスト**」の御三家だろう。このうち「ペスト」については後でこってりやりますよ。

＊

中世に猛威を振るったのは**天然痘**。飛沫や患者に触ることによって感染し、高熱を出して30～40％が死にいたる恐ろしい病気だ。特徴は、体中に大きなブツブツ（痘）ができ、運よく助かってもひどい痘痕（あばた）が残ってしまう。

18世紀末にイギリスのジェンナー医師は農婦からこんな話を聞いた。「**牛の乳搾りをしていて、牛がかかる痘に感染してしまった人はどうも天然痘にはかからないらしいよ！**」。本当かいな、とジェンナーは研究を始めた。牛痘は人間には致命的な作用をもたらさない。そこで1796年に牛痘ウイルスを使用人の子どもに注入し（ひどい！）、6週間経ってから、今度は天然痘ウイルスをその子に注入してみた。するとその子は天然痘にかからなかったのだ。牛痘が天然痘のワクチンを作り出すことを発見したジェンナーは1798年に大喜びで発表したが、「そんなことしたら牛になってしまうわい！」と大変に不評であった。しかしジェンナーがワクチンを作り出したことで、「死にいたる病」だった天然痘の根絶に成功したのである。

＊

結核は空気感染する恐ろしい病気で、現在の世界人口の3分の1が感染し（ほとんどが免疫によって発症していないが）、しかも2013年には世界中で900万人も発症した世界最大級の感染症である。古代も中世も結核には苦しめられ、20世紀にいたるまで多くの人々が若くして命を落とした。画家のモディリアーニも作家のカフカ、樋口一葉も、新選（撰）組の沖田総司も皆結核で亡くなっている。1940年代、アメリカの細菌研究者ワックスマンが結核の特効薬であるストレプトマイシンを見つけるまでは、結核は死病と考えられていたのだ。

＊

そして中世ヨーロッパによく見られたのが**麦角病**（ばっかくびょう）である。ライ麦や小麦、大麦の穂に含まれる麦角アルカロイドという物質が引き起こす食中毒の一種だ。この物質に毒された穂は不気味に変形・変色するので見分けることは可能である。この病気の穂をパンにして食べると麦角中毒を引き起こし、手足が燃えるように感じられる。また血管が収縮し壊死してしまう恐れもある。現在では技術の進歩により麦角菌の除去がおこなわれている。そのため、この病気にかかることはないのだが、技術が未発達だった中世では、パン食のヨーロッパでこの病気にかかる人は多かった。麦角病は英語ではSt.Anthony's fire「聖アントニウスの火」と呼ばれ、教会の聖人であるエジプトのアントニウスに祈ることで治癒することが信じられていた。

このようにヨーロッパ中世の人々は病気にかかった時は、病気から守ってくれる教会の聖人に祈ったのだ。例えばペストは聖セバスティアヌス、コレラは聖ロックが守護聖人だった。

解答と解説

復習ポイント の答え

例ですが、下のような図を自分風に作っておくと覚えやすいですね。

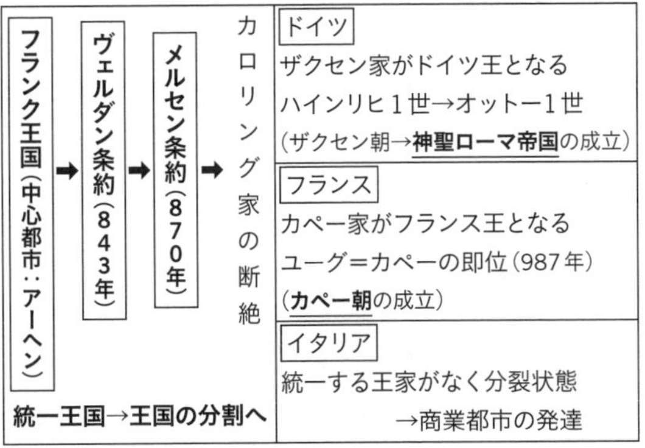

アクティヴィティ の答えの一つ

本文にも書いてあるように、神聖ローマ帝国はキリスト教、それもカトリックの帝国です。ローマ皇帝の「皇帝権」はローマ教皇から授けられるものではなく、神に直属するものとされます。これが「神聖」と呼ばれる大きな理由となっています。

ローマ教皇との結び付きは深く、ローマ教皇を保護する役割を担っています。したがって歴代の皇帝たちはわざわざローマまでやって来て教皇から皇帝の冠を受けています。その「教皇によって戴冠した」ことが皇帝たちの権威の保証となりました。

したがって神聖ローマ帝国は1806年に滅びてしまうまで歴代皇帝は全員カトリックであり、宗教改革の波が襲ってきても、歴代皇帝たちはカトリック信仰を捨てていません。

しかし、そのため皇帝は教皇を保護しなければならず、混乱し分裂するイタリアの面倒まで見なければなりませんでした。そのため、皇帝たちは肝心の本国のドイツの監督が不行き届きになってしまい、ドイツの統一が思うようにできなかったのです。

最後の門 の答え

問1　(a)　ザクセン　　(b)　アーヘン
　　(c)　レヒフェルト
　　(d)　マクデブルク　　(e)　カール

問2　ハンガリー王国

（解説）

問1　(b)のアーヘン、(d)のマクデブルクが難しい。アーヘンは「カロリング朝ゆかりの地」という問題文からなんとか想像できる。

問2　ハンガリー王国はマジャール人が建てた国だということを知っておこう。

59 ヴァイキングと封建制度
——ヴァイキングが乱入して作る歴史

修道士皆殺し、ってひどすぎるんじゃないですか。

わしも聖職者なのであまり気分はよくない。ヴァイキングは船で襲いかかって無力な住民を皆殺しにし、財宝や食料を略奪していたわけだ。

第1幕 暴れ回るヴァイキング

第1場：ロシア編 —— 東に向かったヴァイキングがロシアを作る

最初に認められる大規模なヴァイキングの移動は8世紀後半から始まる。**リューリク**というリーダーに率いられたノルマン人が船で川をさかのぼり、ロシアに向かって移動したのじゃ。

『デスノート』の死神リュークかな？

いやいや、リューリクじゃ。彼らはルス人と呼ばれ、ノヴゴロドの町に862年、**ノヴゴロド国**を作ったのじゃ。この「ルス人」はスラヴ人からルーシと呼ばれ、後の「ロシア」の語源となった。ルーシは南下して、882年にキエフを都とする**キエフ公国**を建国する。え？　王国じゃないのかって？　いや、彼らは東ローマ帝国の皇帝に形式上仕える形をとり、キエフ一帯の土地支配の権力を持つ「公」として認められていたのでキエフ公国と名乗ったのじゃ。そして、**このノルマン人による「ノヴゴロド国」「キエフ公国」建設が、ウクライナの、そしてロシアの歴史の始まりとなる。**

第2場：フランス編 —— 可愛い名前のわりに大暴れのロロ

スカンディナヴィア半島やユトランド半島から船で来たヴァイキングは西フランク王国

で略奪をして暴れまくった。その親分の名前は**ロロ**と言う。

まあ、可愛い名前ですね。ロロだって♡

いや、顔を見たら、とても「可愛い」なんて言ってはおれんじゃろう。なにしろ暴れん坊の親分だからな。悲鳴を上げた西フランク王国のカロリング王は、「ロロよ、土地をやるからわしの家来になって、おとなしくしてくれ！」と頼み込んだ。暴れまくるヴァイキングを「土地をもらう」＝「家来になる」という封建制度の枠の中に入れて、なんとか封じ込めようとしたのだ。ロロは子分たちを集めて相談したあげく、結論を出した。「**まあ、オレたちもやんちゃやっている歳ではないしなぁ。ここらへんで落ち着くとするか**」ということで、911年にロロは西フランク王国の王から土地をもらい、その地に定住することになった。その土地が現在のノルマンディー半島を中心とする**ノルマンディー公国**なのだ。

第3場：イギリス編 ―― ノルマン人移動の最大のクライマックス

さて、次はイギリスじゃ。かつてゲルマン人が大移動をおこなった時、アングロ＝サクソン人が大ブリテン島に**アングロ＝サクソン七王国**を作っていた（テーマ55参照）。829年にウェセックス王**エグバート**という英雄が出現し、乱れる七王国を統一してイングランド王国を作ったが、その後でとんでもない事態が起こり始めていた。

デーン人がイギリス（大ブリテン島）に侵入を開始したのじゃ。イギリスではノルマン人のことを**デーン人**と呼ぶのだが、これはデンマークのあるユトランド半島からイギリスへ侵略した者が多かったからじゃよ。距離的にも近いしのう（→）。

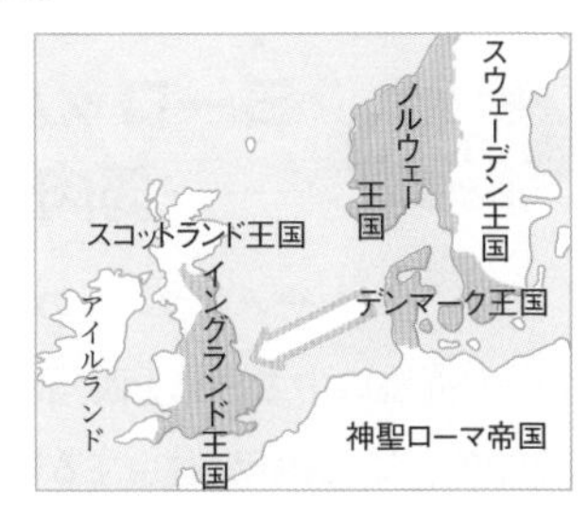

イングランド王国のアングロ＝サクソン人は、迫るデーン人の侵入を必死に防御していたのじゃが、攻めるデーン人も必死だったから、お互いに取ったり取られたりのシーソーゲームをおこなうことになる。だからイギリス編はやっかいなのじゃ。

9世紀後半にあらわれた**アルフレッド大王**はデーン人の進出をよく防いだので、現在の

イギリスでも人気の英雄となっている。しかし1016年にデンマーク王**クヌート**(**カヌート**)がイギリスを占領し、イングランド王になった。ついにデーン人に国を取られてしまったわけだが、クヌートの死後にアングロ＝サクソンが再び奪い返すのに成功した。

ところがだ、フランスのノルマンディー公国の**ノルマンディー公ウィリアム**が、イングランド王の権利を主張して1066年にイギリスに攻め込んで来たのだ。アングロ＝サクソンの王は**ヘースティングズの戦い**に敗れ、勝利したノルマンディー公ウィリアムはイングランド王に即位して、**ノルマン朝**を開き**ウィリアム１世**と名乗った。この事件を**ノルマン＝コンクェスト**(ノルマン人による征服)と呼ぶ。このウィリアム１世こそ現在のイギリス王家と血縁にある最も古い王となる。つまり現在の英王室は、あのロロの遠い子孫にあたるわけだ。

第４場：イタリア編と結末 —— 南国を満喫しておとなしくなるノルマン人

ノルマン人はジブラルタル海峡を回り込み、南イタリアのシチリア島とナポリまでも支配するようになっていた。実はノルマン人が立ち寄ったシチリアがイスラーム教徒の攻撃を受けていたので、傭兵として戦っているうちに、この土地の支配者に持ち上げられたらしい。そして1130年のノルマン人の**ルッジェーロ２世**によって**両シチリア王国**が建国される。「両」の言葉が付くのは、「シチリア島」と「南イタリア」両方の国を持っていたからじゃ。ノルマン人は南の国の太陽とワインに満足したのか、12世紀以降は大規模な侵略をおこなわなくなった。

第2幕 ヨーロッパ中世の社会 ——弱肉強食から身を守るには!?

ゲルマン人やノルマン人の移動の時代に、西ヨーロッパでは社会の変化が起こっていた。大混乱の中で都市と商業が衰えてしまい、穀物などの現物経済がありがたがられる時代になった。貨幣が通用するのは東ローマ(ビザンツ)帝国やイスラーム世界などの東の世界であり、かろうじてノルマン人やイタリアの商業都市が交易で貨幣経済を保っていた。それ以外の西ヨーロッパでは**荘園や土地を中心とする農業経済**が中心になってくる。つまり土地が価値の中心となったのだ。

そして中世には古代ローマのような中央集権はもはやない。法と市民権が個人を守って

くれないのだ。つまり**国家が安全や財産の保障をしない時代になってしまった**。「己のことは己で守れっ」という無法の時代では、弱肉強食が当たり前だ。弱者は自分を守ってくれる保護者がどうしても必要なので、教皇から農民にいたるまで皆が血眼で自分をガードしてくれる強者を探したのじゃ。そして強者を見出した時には、その強者としっかりした人間関係を築かなければならない。そこで、一番価値がある土地を仲立ちにして強者と関係を維持したのじゃ。

第3幕 封建社会の成立——カネより土地で親分・子分の絆を固める

こうして国家の力がないか、非常にか細かった西ヨーロッパでは、「**国家の保護を受けられない弱者が、強い者に守ってもらうシステム**」がしだいにでき上がるようになった。要するに親分・子分の関係を作ったわけじゃ。これを「**封建関係**」と呼ぶ。元々は古代ローマ末期の**恩貸地**(おんたいち)**制度**と、ゲルマン人の**従士制**が起源と言われておる。

恩貸地制度とは、「土地を持っている者が有力者に土地を献上して、有力者に保護してもらう制度」じゃ。献上した土地は名義上は有力者のものになるが、有力者は「恩貸地」という名前で元の所有者に貸し与えるので、結局は元の所有者が管理することになる。つまり「**土地の名義を与えることで有力者に保護してもらう**」制度じゃな。日本にも「寄進地系荘園」という似た形の制度があったと聞いておるぞ。

一方の**従士制**とは、「貴族や自由民の子弟が他の有力者に忠誠を誓って従者になる制度」じゃ。つまり「**自分以上の有力者と主従関係を結び、従者になることによって有力者に保護してもらう**」わけだ。

有力者の従者って、織田信長と森蘭丸みたいな感じかな？

ま、それもアリじゃ。有力者の身近でお仕えし、顔を知ってもらうことによって有力者と親しくなると、保護を受けやすくなるからのう。

この恩貸地制度と従士制の二つが結び付くと「**土地のやりとりによって主従関係を結ぶ**」制度、つまり「**封建制度**」ができ上がる。中世の混乱時代では「有力者と親分・子分の盃を交わして、主君と家臣の封建的主従関係を作ること」が自分を守る最も効果のある方

59

法だった。

封建制度そのものはすでにテーマ23で取り上げているが、中国・日本とヨーロッパの封建制度には異なるところも多い。例えばヨーロッパの封建制度では、「武士は2君に仕えず」どころか「3君」にも「4君」にも仕えておった。最高は43人の領主に仕えていた家臣がいたそうだ。まあ、「土地をくれるなら、みんなからもらってしまえ」というゲンキンな発想じゃな。日本では一人の主君に世襲(せしゅう)（一族で引き継ぐこと）で仕えるから、主君の命令は絶対になる。主君が「切腹せい」と言ったら、自殺までしなければならない。ところがヨーロッパの封建制度では主君がたくさんいるので、主君の命令権は絶対ではなくなる。主君が約束を破れば、家来は主君に従わなくてもよかったのじゃ。この主君と家臣が互いに義務を持つことを、難しい歴史用語では「**双務的契約**」と言うのじゃ。

中世の時代に一番価値があるのは土地だったから、親分となる有力者は大きな土地を保有している**領主**だった。領主は家臣に土地を与え、その見返りに軍事的奉仕を求めたのじゃ。**騎士**と呼ばれる家臣は土地をもらう際に**臣従礼**と呼ぶ儀式をおこなったのだが、それが右の図だ（→）。騎士は領主に手を預け、土地と引き換えに、戦時に自分を差し出すことを誓うのじゃよ。

復習ポイント

ノルマン人全体の移動地図を自分で大まかに描いてみましょう。

アクティヴィティ

日本の会社員に過労死が多いのはなぜでしょう。ヨーロッパの契約社会と比べて考えてみましょう。

ヴァイキング史年表（9〜12世紀）

829年　イギリス、ウェセックス王のエグバートがアングロ＝サクソン七王国を統一

「フランクのカール大帝が戴冠してから約30年後」

862年　ノルマン人のリューリクがノヴゴロド国を建国

882年　キエフ公国の建国

「ヴェルダン条約の約20年後にノヴゴロド国が、そしてメルセン条約の約10年後にキエフ公国ができている」

9世紀後半　イングランド王国のアルフレッド大王がデーン人を撃退

911年　ノルマン人のロロがノルマンディー公国を建国

1016年　デンマーク王クヌートがイングランドを征服
→クヌートの死後にアングロ＝サクソン人がイングランド王になる

1066年　ノルマンディー公ウィリアムがヘースティングズの戦いで勝利しイングランドを征服（ノルマン＝コンクェスト）
→ノルマン朝を築き、ウィリアム1世と名乗る

「『ドラゴンクエスト®』じゃないからね」

1130年　ノルマン人のルッジェーロ2世が両シチリア王国を建国

「両シチリア王国建国以降はノルマン人の移動と征服は起こらないね」
「十字軍遠征にエネルギーをかけたせいかもしれぬな」

最後の門　下の問題は大学入試問題を出典にした問題です。答えなさい。

次の文章を読んで、空欄に最も適切な語句を記入し、下線部についての問いに答えよ。

　中世の王国は国王を頂点とする<u>主君と家臣の間の土地をなかだちとする主従関係</u>からなり、王領や封土のモザイク状の集まりであった。イングランド王国やフランス王国の家臣であるという意識はあっても、ひとつの「国家」に帰属するという意識はあまりなかった。

　1066年の「ノルマン征服」によってイングランドに強力な王朝があらわれ、大陸との複雑で緊密な関係の歴史が始まった。ノルマンディ公ギヨーム（ウィリアム）が（　A　）の戦いにおいてイングランド王ハロルドを破り、征服王朝としてのノルマン朝を開いた。これによって大陸の封建制度がブリテン島に持ち込まれたばかりか、被支配者の立場に置かれることになった（　B　）人の貴族はノルマンディー公が大陸から連れてきた家臣たちによってその地位を取って代わられた。

問　下線部について、主君が家臣に封土を与えるときにおこなわれた忠誠誓約の儀式を何と呼ぶか。

（立命館大）

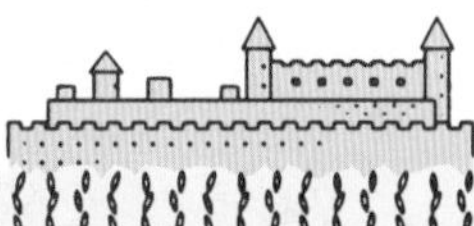

ヴァイキング話あれこれ

ノルマン人(=ヴァイキング)は元々北のスカンディナヴィア半島やユトランド半島に住んでいたゲルマン人の一派である。彼らはがっちりした体格の長身、青い目、金髪の荒々しい風貌だ。

4世紀に他のゲルマン人が民族大移動をしていた頃、ノルマン人たちは魚を捕ったり、交易をおこなったりして生計を立てており、故郷から動こうともしなかった。しかし、9世紀頃からノルマン人たちはしだいに狂暴化し、ヨーロッパの他の地域に侵略を繰り返すようになる。

理由は、やはり土地不足からくる飢餓だろう。人間は腹が減ると狂暴になる。ノルマン人とて同じだ。あっちこっちを略奪しまくった。おまけにノルマン人たちは航海がうまく、いたる所で海賊を働いたため、ヨーロッパはひどい害を被ってしまった。お宝をせしめたヴァイキングがおこなった喜びの宴会は好きなものを自由に食べられる形式だった。この食事の形式が日本に紹介された時「**ヴァイキング料理**」という名前になったのだ。

イギリスを侵略したノルマン人の多くはデンマークからやって来たので、「**デーン人**」と呼ばれている。彼らデーン人に**ハムレット**という王子がいたが、この神話とか伝説上の人物は後にシェークスピアの悲劇の主人公になったことで有名になった。また、**デニッシュ**と呼ばれるパンはこのデーン人の故郷であるデンマークで作られたパンが元になっている。

＊

「ヴァイキング」の名を世界にとどろかせたノルマン人の大移動はヨーロッパを恐怖のどん底に突き落としたが、彼らが残したのは破壊と殺戮だけではなかった。彼らの歩いた後からは、新しい文化の息吹が芽を出しつつあった。それまで荒涼としたロシアの土地に初めて国家を建設し、ロシア人に原始的ながらも国家組織を教えたのは彼らノルマン人である。

イギリスへわたったノルマン人たちは、それまでのアングロ=サクソン人の使っていた、ドイツ語のようなゴツゴツとしたゲルマン語に、ノルマンディーで使っていたフランス語を導入し、新しい言葉を作り上げた。

暴れてばかりいるように見えるヴァイキングだが、歴史的な貢献もしている。まずアメリカ大陸に最初にわたったヨーロッパ人はコロンブスではなく、**レイフ=エリクソン**というヴァイキングだった。1000年頃エリクソンはグリーンランドを経由してアメリカ大陸に到達し、ニューファンドランド島に居住地を作ったようじゃ。エリクソンはこの土地を「**ヴィンランド**」(ブドウの実る土地)と名付けたのだが、先住民との関係で結局、定住はできなかったようだ。

＊

最初は狂暴で海賊として恐れられたノルマン人も、しだいにヨーロッパ文化に魅了され、カトリックに改宗し、新たなヨーロッパ文化の担い手となっていった。そして、彼らの子孫は現在のヨーロッパの多くの国や地域の国民として活躍しているのである。

解答と解説

復習ポイント の答え

これは一例ですが、地理が関係してくる場所は、自分の手で描いてみると理解がしやすくなります。

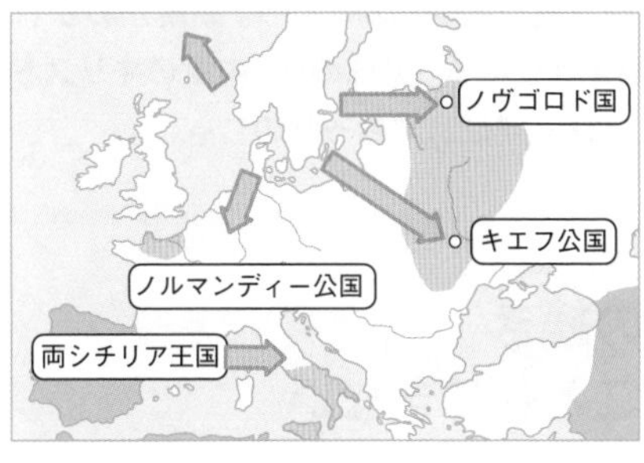

アクティヴィティ の答えの一つ

外国、特にヨーロッパでは「自分の生活のために働く」のであって、「会社（自分が属する共同体）のために働く」のではありません。外国人は日本人の過労死を信じられないようです。

国民の生活というものは、長い慣習の上に成り立つものです。日本の「**終身雇用制**」も、鎌倉時代から続く「**御恩と奉公**」が基盤となっています。累代にわたって一族の面倒を見てくれる主君のため、個人が命を捧げることは日本人にとっては、ほめるべきよい行為として美化されがちなのです。

逆にヨーロッパは「**契約社会**」なので、決められた仕事はきっちりしますが、それ以上のことはやりません。ましてや働きすぎで死んでしまうことは理解を超えています。それはヨーロッパでは「**双務的契約**」の考え方が長く続いたからだと考えられます。

最後の門 の答え

(A)　ヘースティングズ

(B)　アングロ＝サクソン

問　臣従礼

（解説）

英語の名前「ウィリアム」は、ドイツ語なら「ヴィルヘルム」、フランス語なら「ギヨーム」になります。

名前が各国風に変化した呼び方の例では下のものがあります。

ピエトロ（伊）→ピエール（仏）→ペーター（独）→ピョートル（露）→ピーター（英）

カルロス（ラテン語：スペイン語）→カルロ（伊）→カール（独）→シャルル（仏）→チャールズ（英）

ルイ（仏）→ルートヴィヒ（独）→ロドヴィーコ（伊）→ルイス（英）

臣従礼は家臣となるべき人が、主君となるべき人に両手を差し出し、主君はその人の手を両手で挟み包み込む儀式であり、この儀式によって主君と家臣の関係が決まる。主君は家臣を守ることを誓い、家臣は主君に命を捧げることを誓うのである。

封建制度と教会の権威
——聖職者は丸もうけの職業？

なんだか「制度」って面倒くさい気がする。

しかし法も制度もなければ世界は真っ暗闇だからのう。制度がわかれば、その社会をよく理解できるようになる。実はのう、中世のキリスト教会も封建制度の中に組み込まれて機能しておったのじゃ。

第1幕 ヨーロッパ封建制度の続き ——おちおちと死ぬこともできない

第１場：領主と荘園の正体とは？　——「わしの家に勝手に入るなっ」

前の話に出てきた有力者って何者？　ヤクザの親分？

元々は土地に顔が利く人物だったかもしれんの。そうなると、瑠奈さんが言うような地元のボスや親分だった可能性はある。困った時に頼りになるのはそういった親分さんだからな。国王はそういうボスたちに付近の土地を分け与えて自分の子分にし、そのボスたちは地域一帯の土地を**荘園**として所有する**領主**となったわけじゃ。領主は武力で奉仕する子分たちに土地を分け与えて**騎士**にし、忠誠を誓わせたのだ。あ、ちなみに荘園というのはいわゆる「私有地」のことだ。

中世ヨーロッパの荘園はでかい！

私有地なら私の家だって荘園ですよね

うーむ、君の40坪の家の土地は荘園とは呼ばないから気をつけるべし。まずスケールが違う。荘園は見渡すぐらいの大きさだ(→)。そして荘園では**領主裁判権**があり、領主がその土地に住ん

でいる者や入って来た者を裁けるようになっておるのじゃ。

そして荘園領主は**不輸不入権**という権利を持っており、国王の役人が荘園に入ってくることを拒否できるのじゃ。不輸不入権のことをインムニテートと呼ぶのだが、「免税」を意味するドイツ語じゃ。荘園は半ば独立国みたいなもので、国王といえども自由にはできなかったのだ。

したがって君の家が荘園ならば、警察も入って来ることができないのじゃよ。

何をやってもタイホされないのね

第２場：農奴は人に似て人にあらず ――「動くなっ！　動いたら斬るぞ」

当時の農民は、**農奴**と呼ばれていた。農奴は元々古代ローマ末期のコロヌスやゲルマン人の子孫だ。彼らは土地にしばり付けられており、旅行なんかしたこともない。風呂なんか入ったこともなく、衣服も自分の家で手作りしたものを何年かに１度着替えるだけだ。

農奴の起源は混乱の中で領主の保護を求め、隷属するようになった人々だ。彼らは荘園の中でご領主様が持っている領主直営地を義務で耕さなければならない。この**労働奉仕**を**賦役**と呼ぶ。領主直営地でとれたものは全部ご領主様のものとなるのじゃ。また荘園の中には農奴たちが持っている保有地もあるのだが、ここからとれた穀物などを**年貢**としてご領主様に納めなくてはならない。これを**貢納**と呼ぶ。

ここで興味深いのは、ご領主様に納めるものは皆カネでなく穀物や家畜などの現物だったということじゃ。カネで納めなかったのは中世初期の西ヨーロッパには貨幣があまり流通していなかったことが理由だな。貨幣がない、ということは、店がないということだ。マクドナルドもハーゲンダッツもなく、遠い地域との交易も例外を除いてなかったから砂糖もない。なので、お菓子も食べたことがない人がほとんどだった。**自給自足を基本とする現物経済**が当たり前で、自分が欲しいものは自分で作らなくてはならなかったのじゃ。中世の農奴たちは領主の所有物のようなものだったから、賦役や貢納以外にも納めるべき税はあった。結婚しようと思ったらば**結婚税**をご領主様に納めなければならなかったし、死んだらば**死亡税**を払わねばならない。つまり領主は人口が減るのを嫌がったのじゃな。「他所に嫁入りするなんてとんでもない。死んだふりして逃亡しても無駄だっ」というわけだ。

さて、ここで中世の封建制度のまとめじゃ。荘園や現物経済、農奴を中心とする中世ヨ

ーロッパの封建制度は、ノルマン人の移動が落ち着く11〜12世紀頃に確立し、貨幣経済が発達する16世紀まで続く。

その間の封建社会の特徴は①**中央集権が未発達**。ということは公の法律がないのだ。②商業が未発達の、**農業社会である**。ということは**中世は動きの少ない、静かな時代**に見える。③**人々が自分を保護してくれる主人を必要としている**。④なので個人意識がなく、**自分が従属している集団の価値の方が重い**、の四つになるじゃろう。自己を主張できない「長いものには巻かれろ」の社会は「封建的」なんじゃ。

第2幕 教会の恐るべき強さ ——この世もあの世も支配する!

さて、次は教会の話をしよう。西ヨーロッパの教会と言ったら**カトリック**の教会であることを知っておくべし。カトリック教会の強みは組織がしっかりしていることだ。ローマ教皇(Papa)を頂点として、枢機卿(Cardinal)、大司教(Archbishop)、司教(Bishop)、そして司祭(Father)とピラミッド状に組織が作られている(→)。枢機卿は教皇が亡くなった時、新たな教皇を選挙する人々じゃ。また大司教は司教たちの代表として他の司教を統括していた役職じゃと考えればよいじゃろう。

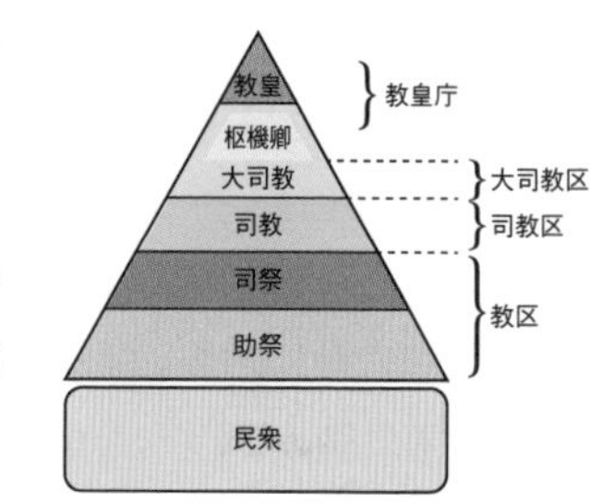

つまりゲームの中ボスが司教で、ラスボスが教皇か

??　いくらなんでも失礼じゃよ。このようなカトリック教会の重層型の組織をヒエラルキー(hierarchia)と呼び、序列がきちんと定まっていた。このように整然としたローマ=カトリック教会がしだいに強力な力を持つようになったのには三つの理由がある。それをまず知っておこう。その理由とは、**①ゲルマン人やノルマン人への布教が成功したこと。②フランク王国などの世俗権力と結び付くことができたこと。③有力な領主から土地の寄進を受けたこと**じゃな。

え？ 「聖職者皆殺し」のノルマン人に布教が成功したんですか？

苦労はしたが成功しているぞ。教会がまずゲルマン人に布教した時に根城にしたのが、昔は古代ローマの砦や都市だった場所だ。ゲルマン人への布教が進んだ8〜9世紀頃には、その場所に**大聖堂**が建てられるようになったのじゃ。大聖堂とは司教がその教会に鎮座して、布教を指揮した教会だ。大聖堂は**カテドラル**と呼ばれるが、元々は司教が座る立派な椅子（ギリシア語で「カテドラ」）があったので「カテドラル」と言うようになったのじゃ（↗）。

カテドラの一例。ラテラノ大聖堂にあるこの椅子は教皇用

西ヨーロッパではこの大聖堂のある都市、いわゆる**司教座都市**が文化の中心となり、門前町として発展した。西ヨーロッパで多少なりとも有名な都市は司教座都市が多い。具体的にはフランスのルーアン・リヨン・マルセイユ、ドイツのケルン・マインツ・トリール、オーストリアのザルツブルクなどじゃのう。

実はカトリック教会の司教たちも封建領主だったのじゃ。なにしろ教会こそ人々をあの世へ導く力を持つと信じられていたから、領主も教会に盛んに土地を寄進し、自分が天国に行けるようにお願いしたのじゃ。来世の幸せを願って領主が寺院に土地を寄進したのは日本の中世も同じじゃの。こうして最初は細々と運営されていた教会も、広大な土地を所有すると、世俗領主と同じ力を持つようになる。その上、教会は「**十分の一税**」を農民から徴収しておった。これは収入の10分の1を教会に納める制度じゃよ。領地にある農村を支配し、農奴から賦役や貢納を納めさせたから、教会が豊かにならないわけがない。

豊かになると人間は堕落するもので、教会も例外ではない。教会の堕落の例としてよくあげられるのは「**聖職売買**」と「**聖職者の妻帯**」じゃ。司教などの高位聖職者は実入りが抜群によいので、ただの貴族や領主が聖職者を任命して、その対価を求めたのだ。これを「聖

60

職売買」と呼び、大変にけしからん行為とされた（シモンという魔術師が使徒ペテロにカネで奇跡の力を買おうとして叱られた伝承〔『新約聖書』「使徒行伝」8:9〜24〕から、聖職売買を「シモニア」とも呼ぶ）。「聖職者の妻帯」はカトリック教会ではやってはいけない行為であったが、こっそり隠れて愛人を囲う聖職者が出てきた。これらの不品行な聖職者の行為は10世紀になると嘆かわしいことにすっかり当たり前になってしまった。そこで「これではいかん！　元の教会の姿に戻そう」という教会の**刷新運動**が起こったのじゃ。その例が10世紀にフランスのブルゴーニュ地方に設立された**クリュニー修道院**で、教会の不品行を激しく攻撃し、多くの修道院が共感してクリュニー修道院に従うようになった。また同じフランス、ブルゴーニュ地方に11世紀末に設立された**シトー修道会**も清貧・服従・労働を基とし、開墾を主とする勤労によって刷新運動をおこなったのだ。

クリュニーが修道院なのに、シトーが修道会なのはなぜ？

修道院は修道士が共同生活をする**場所**なのだが、修道会は志を同じくする修道士が集まり、会則に従って活動する**グループ**を意味する。

13世紀になるとイタリアでは**聖フランチェスコ**が**フランチェスコ修道会**を仲間たちと作り、南フランスではスペイン人の**聖ドミニコ**が**ドミニコ修道会**を創設して、**財産所有の否定**と、**清貧**を旨とする活動で大きな評価を受けた。歴史ではこれらの修道会を「**托鉢**（たくはつ）**修道会**」と呼ぶ。托鉢とは「物乞い」をして生活することで、仏教でもお坊さんが托鉢をしていることを聞いたぞ。**宗教において「物乞い」をすることは「清貧」を貫くことを意味するので、とても立派な行為になる。**

復習ポイント

「奴隷」と「農奴」の違いは何だろう。ネットで調べてみよう。

アクティヴィティ

あなたの周辺にあるカトリック教会や修道院を調べてみよう。

中世西ヨーロッパ史②年表（10～13世紀）

カトリック教会の強大化と封建領主化

↓

10世紀　教会の腐敗（聖職売買と聖職者の妻帯）

910年　クリュニー修道院がブルゴーニュに設立

1098年　シトー修道会がブルゴーニュに設立

「シトー修道会は開墾で大活躍。ブルゴーニュワインがうまいのは、シトー修道会が心を込めてワイン作りに励んだからじゃ。そして函館にあるトラピスト修道院はシトー修道会の系列にあたる」

（11～12世紀頃　封建制の確立）

1209年　聖フランチェスコがフランチェスコ修道会を創設

1215年　聖ドミニコがドミニコ修道会を創設

「この二つの修道会は最初は托鉢修道会で、清貧を主張していた。それゆえにフランチェスコ修道会士は今でもベルトでなく腰に縄を巻いている。この二つの修道会は学問で有名になり、多くの学者を輩出しているのじゃ」

最後の門　下の問題は大学入試問題を出典にした問題です。答えなさい。

問1　次の文章の正誤を答えなさい。

荘園制のもとで農奴身分に置かれた農民は、領主への貢納や賦役を課されていた。（センター試験・改）

問2　教会の刷新運動について、10世紀のブルゴーニュ地方で設立され、教会改革運動の中心となった修道院は何か。（成城大）

問3　11世紀末にフランス中部に創設され、開墾運動にも活躍した修道会は次のうちどれか。

（1）シトー修道会　（2）フランチェスコ修道会

（3）ドミニコ修道会　（4）イエズス会　（大阪学院大）

聖フランチェスコ伝

聖フランチェスコは12世紀の終わり頃にイタリアのアッシジという町の裕福な商人の子として生まれた。母親がフランス人だったので当時では珍しい「フランチェスコ」という名が付けられた。

彼は母を愛しつつも、強欲で使用人を平気でいじめる父親には反感を持っていた。ある日隣町のペルージアと戦争が始まった時、彼はお祭り気分で参加してみる気になった。しかし兵隊になったフランチェスコを待っていたのは地獄だった。一緒に参加した友人は皆殺しにされ、彼一人だけが命からがら逃げ出してアッシジにたどり着いたのだ。

この時にフランチェスコは重い病気になり、生死の間をさまよった。そして彼はこの時、空しいこの世を捨て、キリストのために身を投げ出す決心をしたのである。

起き上がれるようになったフランチェスコは、父の経営する工場で重労働に苦しめられている職人たちを助け、父の持っていた財産を貧民たちにくれてしまった。怒った父はアッシジの司教に息子を訴えた。

「司教様っ！　大損害です！　こんなヤツはわしのセガレではない！」

するとフランチェスコは進み出て言った。

「そのとおりです……！　私はこの人の子ではありません。私たちはみんな神様の子なのです。ああ、小さな争いに心を奪われて私はこんなことにも気が付かなかったのだ……。

お父さん、私はあなたから受けたものをここに返し、これからキリストのためにすべてを捧げます！」

そう言ったフランチェスコは服を脱ぎ、全裸になると、着ていた服を父に手渡し、驚く人々を後にして町から出て行った。

＊

友人たちが必死に探した結果、フランチェスコはサン＝ダミアノの教会の廃墟にいることがわかった。ボロをまとったフランチェスコは教会を建て直すべく、冬の雪の中で石を運んでいたのである。

最初フランチェスコのことをバカにしていた友人たちもフランチェスコの生き方に心打たれて、一人また一人と石運びに参加するようになった。こうしてフランチェスコと友人たちが作ったのが「**フランチェスコ修道会**」である。この修道会は今までの修道会とは違い、財産を持たず、すべてを人々からの物乞い（托鉢）に頼ったことから**托鉢修道会**と呼ばれるようになった。フランチェスコは物乞いをすることによって、**物欲によって堕落した教会を救い、清貧を貫こうとしたのだ。**

しかしこの若者たちのグループに待っていたのは世間の偏見と迫害だった。悩んだフランチェスコはローマに行き、自分たちのおこなっている活動が正しいことかどうかをローマ教皇に伺う決心をした。その当時の教皇は**インノケンティウス3世**でカトリック教会の最盛期を築いた教皇である。フランチェスコたちに会った教皇は、ボロをまとい裸足で腰に荒縄をつけた彼らの姿に教会の豊かな未来を見出した。そしてフランチェスコたちに修道会を作る許可を与えたのである。

フランチェスコは死後、聖人として認められ、その名前はフランシス、フランコ、フランソワ、フランツとして世界中に広まっていった。

解答と解説

復習ポイント の答え

奴隷と農奴では大きな違いがありました。まず、**奴隷**は財産を持てません(せいぜいフンドシ一丁が奴隷の財産)。また奴隷は正式な結婚は許されず、繁殖目的(まるで家畜!)以外では異性と一緒にはなれませんでした。また逃亡の恐れがあるので、移動の自由はありませんでした。

農奴は掘っ立て小屋程度であっても財産は持てましたし、結婚をして家族を持てました。しかし逃亡を防ぐため、移動の自由だけは許されませんでした。その差を表にすると右のようになります(→)。

	奴隷	農奴
財産	×	○
家族	×	○
移動	×	×

ただし農奴といえども移動の自由は生涯に1回ぐらいは許されました。それは**聖地にお参り**をする時です。

アクティヴィティ の答えの一つ

日本はキリスト教、それもカトリック信者の数は多くありません。しかしよく見てみると、近くにカトリック教会や修道院はあります。

愛知県瀬戸市は焼き物の町として有名ですが、「ドミニコ会聖ヨゼフ修道院」やイタリアに本部がある「幼き聖マリア修道院」があります。また、カトリックの修道会が運営する学校もあります。

すぐ隣にある岐阜県多治見市には「神言修道会多治見修道院」があり、その教会建築は壮麗で、観光客が訪れるほどです。

いずれもカトリックの修道院です。

最後の門 の答え

問1　正しい　　問2　クリュニー修道院

問3　(1)

(解説)

修道院や修道会の名前は受験ではよく聞かれますので、注意が必要です。

クリュニー修道院とシトー修道会は同じブルゴーニュ地方で設立されているので、間違えやすい。ポイントは次の二つです。①「院」と「会」に注意する。②クリュニー修道院は10世紀、シトー修道会は11世紀に設立されていますので、クリュニー修道院の方が時期的に早い。

「修道会」というのは5～6世紀のイタリアの修道者、聖ベネディクトゥスが修道規則を作ったのがきっかけです。この規則に従う修道院は『ベネディクト修道会』と呼ばれたものですが、自主性を持ったゆるやかな連合体でした。しかし11世紀にできたシトー修道会は戒律を厳格に守る強固な組織となりました。12世紀にシトー修道会から院長としてクレルヴォーのベルナルドゥスが出てくるとシトー修道会の発展が著しくなったのです。

叙任権闘争とビザンツ帝国
——歴史に残る屈辱の土下座

そもそも修道院って何？

俗世を絶ち、禁欲と祈りの中でキリストに従って生きる人々を「修道士」と呼ぶ。3〜4世紀のエジプトの聖アントニウスから修道士の歴史が始まるのだが、完全に一人で隠棲（いんせい）（隠れ住む）生活を営むのは難しい。よっぽどの人でも一人だと精神的に参ってしまうからだ。そこで4世紀ぐらいから「修道院」が作られ、集団で助け合いながら祈りの生活がおこなわれるようになった。5〜6世紀の聖ベネディクトゥスが作った修道規則は「清貧・純潔・服従」を誓い、「祈り、働け」という西ヨーロッパ修道院の典型的な規則となったのだ。

第1幕への前奏曲　修道院とは？——テレビやネットは当然ダメ！

修道院に入るには「清貧・純潔・服従」を守る誓いをして、すべての生活を神に捧げなくてはならない。「清貧」とは私有財産を持たないこと。進んで貧しくなり、欲の汚れから身を守るのじゃ。「服従」は上位の修道士の命令を守り、逆らわないこと。「地の果てに行きなさい」と命令されたら喜んで行くべし。「純潔」は独身生活をおこない、純潔を守ることを指す。この三つが守れなくては修道院では生活できないぞ。聖ベネディクトゥスが説いた「祈り、働け」（ラテン語ではOra et labora、オーラ＝エト＝ラボーラ）は修道院の規範とされ、特に刷新運動で活躍したシトー修道会では厳密に守られたのじゃ。そのシトー修道会の後継にあたるトラピスト修道院の1日は右の図を参照するとよいぞよ（→）。

あるトラピスト修道院の日課

午前	午後
3:30 起床	12:45 九時課（祈り）
3:45 夜間の祈り	1:00 労働
5:00 朝の祈り	4:30 労働終了
5:45 ミサ聖祭	5:30 晩の祈り
6:45 朝食	5:45 夕の黙想
7:15 聖なる読書	6:00 夕食
8:00 三時課（祈り）	6:25 自習・講話
8:30 労働	7:30 寝る前の祈り
11:00 労働終了	8:00 就寝
11:20 六時課（祈り）	
11:30 昼食	

げげ、起きるのが夜中の3時半！

祈りと労働が組み込まれておるじゃろう。シトー修道会は手抜きをせずに祈りと労働をおこなったため、シトー会修道士が心を込めて作ったブルゴーニュ地方のブドウ畑は、世界中に大人気の名ワインを作り出したのじゃ。そしてヨーロッパの開墾事業にも大いに力を尽くし、暗い森だらけのヨーロッパも『アルプスの少女ハイジ』のような美しい風景になった。

第1幕 叙任権闘争①——「皇帝の好きにはさせんぞ！」が発端

修道会で刷新運動が起こったのも、元は教会が堕落していたのが大きな原因だ。その堕落の根源は、**司教を任命する人間が、当時は教皇ではなく、王や皇帝などの権力者だったことによる。**王や皇帝など権力者が司教を任命したのには次の理由が考えられる。

①王や皇帝にとっては、自分の一族や家来を司教に任命してしまえば、**荘園領主であった司教の土地を自分の勢力下に置くことができる。**

②また王や皇帝が司教を任命することによって、**知識ある有能な聖職者をまんまと自分の子分にすることができる。**

いずれも、土地や人材の確保に役に立つからのう。ちなみに教会の司教を任命する権限を「**叙任権**（じょにんけん）」と呼ぶのじゃ。

それって、教会から反発が出なかったの？

11世紀になってノルマン人の侵略が一段落するまでは出なかった。修道院や教会を狙うヴァイキングの攻撃から身を守るには武力のある王や皇帝に保護してもらうしかなかった。なので、権力者の独断に対しても「ああ、長いものには巻かれろじゃ……」と対抗できなかった。しかし、社会も落ち着き、刷新運動が盛んになる11世紀になると、教会から反論が出始めた。「**教会法では教皇が司教などの聖職者を任命することになっている。それをなぜ王や皇帝が勝手に任命するのだ！？**」。特に1070年代に教皇の座についた**グレゴリウス7世**は、クリュニー修道院の刷新運動から強い影響を受けた人で、時の神聖ロー

マ皇帝**ハインリヒ４世**に真っ向からケンカを売ったことで有名になった。これが、いわゆる「**叙任権闘争**」と呼ばれる大ゲンカじゃよ。

第2幕 叙任権闘争②——皇帝よりも地獄行きが怖い

グレゴリウス７世は教会を神聖ローマ皇帝の私物にしたくなかった。**ハインリヒ４世**にしたら、聖職者への叙任権があるからこそ、自分の勢力や領土を保持できるので、叙任権を返すのなんてとんでもない。対立のあげくグレちゃんがハインリヒ君に「**お前なんか破門だっ！**」と宣告したのが効いた。ハインリヒ４世の臣下たちが騒ぎ始めたのだ。かねてから歴代皇帝に不満を持っていた臣下たちは、これぞ好機と次々と皇帝にそむき始めたのじゃ。

「**まずい**」と焦ったハインリヒ４世は**1077年**の真冬の中、イタリアへ急ぎ、カノッサ城に滞在していた教皇のもとへおもむいた。伝承ではハインリヒ４世は教皇にワビを入れるため３日間も裸足で立ち尽くしていたそうだ。３日後に出て来た教皇グレゴリウス７世の前に、ハインリヒ４世が雪の中で土下座して「どうか、どうかお許しをっ！」と謝ったため、グレちゃんはしょうがなく皇帝を許してやった。これが有名な「**カノッサの屈辱**」事件じゃ。これは「**皇帝権に対する教皇権の勝利**」をあらわす大事件と言われておる。

後に1122年の**ヴォルムス協約**で「**司教を任命するのは教皇、司教に土地を与えるのは皇帝**」という結果になった。こうしてローマ教皇は神聖ローマ皇帝の手から聖職者の叙任権をもぎ取ることに成功した。

そして12世紀末に**インノケンティウス３世**が教皇となった時に**教皇権は絶頂に達した**のじゃ。

名門貴族の出で、わずか37歳で教皇になった人じゃ。性格は強く、**第４回十字軍を提唱**したり、イギリスのジョン王を屈服させてイギリスの領土を（名目だけだが）教皇に差し出させたり、と西ヨーロッパの王家をふるえ上がらせる教皇となった。インノケンティウス３世はその絶頂の時に「**教皇は太陽、皇帝は月**」と言って教皇権の優位を主張したらしい。しかし、日本の藤原道長が言ったという「この世をばわが世とぞ思ふ望月の欠けたることもなしと思へば」（この世はわしのものじゃ。あの満月が欠けないようにな）という和歌と同じように、大変に傲慢な文句だと思うぞ。

第3幕への前奏曲 そもそもビザンツって何ですかぁ？

さて、次に**ビザンツ帝国**を勉強しよう。**テオドシウス帝**が395年に二人の子に与えるためにローマ帝国を東西に分けてしまったのだが（テーマ18参照）、そのうち兄貴の方がもらった**東ローマ帝国をビザンツ帝国と呼ぶ**。元々は東の帝国の首都**コンスタンティノープル**が、かつてギリシア語では**ビザンティオン**と呼ばれていたのが起源じゃな。ちなみにこのコンスタンティノープルは現在では**イスタンブル**と呼ばれて、トルコ共和国最大の都市として今も栄えている。

なにしろビザンツ帝国はゲルマン人の侵略でも深刻な打撃を受けなかったので**商業や貨幣経済は活発じゃった**。例えば古代ローマ以来の**ソリドゥス金貨**（ドルを意味する「$」はソリドゥスの頭文字Ｓからきている）が、ビザンツ帝国では「**ノミスマ金貨**」として造られ続けていたのじゃ。中世では農業主体で田舎の西ヨーロッパにくらべれば、商業中心のビザンツ帝国の方がよっぽど都会的だったように思えるぞ。

第3幕 ビザンツ帝国盛衰記——いろんな国に小突き回されて弱る一方

このビザンツ帝国の黄金時代を築いたのは**ユスティニアヌス大帝**じゃ。6世紀に活躍したこの皇帝は、ゲルマン人大移動によってローマ帝国領内に国を作った**ヴァンダル**や**東ゴートを滅ぼしてビザンツ帝国最大領域を築いた**。また法学者**トリボニアヌス**に命じてローマ法の集大成**『ローマ法大全』**を作らせ、首都コンスタンティノープルに壮麗な**ハギア＝ソフィア聖堂**を建造させておる。この皇帝についてはコラムで説明しよう。

しかし、次の7世紀の**ヘラクレイオス1世**は優れた皇帝であったが、運が悪かった。ちょうどイスラームが台頭してきた時期だったのじゃ。戦果空しくエジプトとシリアをイスラームに奪われてしまったヘラクレイオス1世はコンスタンティノープルに戻る時に、こう嘆いた。

「さらばシリアよ！　お前は敵にとってもよい土地となるだろう！」

そして、同じ7世紀の終わりに**ブルガール人**たちがビザンツ帝国領内に入り込んで居座ってしまった。元々ブルガール人はカフカス山脈の北にいた遊牧民なのだが、流れ流

れてここにやって来たのだ。

他人が勝手にやって来て、庭にテントを立てて住み込むみたい

まぁ、そうじゃの。このブルガール人たちは後にギリシア正教に改宗し、現在のブルガリア人のご先祖様になるのだよ。

9世紀から11世紀の**マケドニア朝**の時代は、ビザンツ帝国が比較的安定していた時期だった。ビザンツ帝国は経済的には相変わらず栄えていたが、11世紀に**トルコ人**が小アジアに侵入して来ると、長い長いビザンツの衰退期が始まってしまう。トルコ人の**セルジューク朝**が武力で小アジア（アナトリア半島）を奪ってしまい（**マンジケルトの戦い**）、「こりゃいかん」と西ヨーロッパ諸国に助けを求めると、「安心しなさい。おじさんたちが助けてあげよう」と**第4回十字軍**がやって来た。ところが、都のコンスタンティノープルに上陸した十字軍がいきなり「抵抗するんじゃねぇ。おとなしくしなっ！」と叫びながら都を制圧してしまった。詳しくはまた後で言うけど、信用していた十字軍に国を乗っ取られてしまったのだ。一時、ビザンツ帝国は滅んで、1204年に**ラテン帝国**が十字軍によって建てられてしまったのだが、まもなく国を取り戻すことができた。しかし最後はついにやってきた。**1453年に押し寄せて来たオスマン帝国軍によってビザンツ帝国は滅ぼされてしまった**のじゃ。

復習ポイント

ビザンツ帝国に攻め込んで来た民族や国家などをまとめてみよう。

アクティヴィティ

ビザンツ帝国はなぜ長く続いたのでしょう。理由を考えてみよう。

中世西ヨーロッパ史③（11～13世紀）・ビザンツ帝国史年表

（叙任権闘争の歴史）	11世紀後半	ローマ教皇グレゴリウス７世が教会改革をおこない、聖職の叙任権をめぐって神聖ローマ皇帝と争う
	1077年	神聖ローマ皇帝ハインリヒ４世が教皇グレゴリウス７世に屈服し、カノッサで謝罪（「カノッサの屈辱」事件）
	1122年	ヴォルムス協約で教皇が叙任権を獲得
	13世紀初め	教皇インノケンティウス３世による教皇権の絶頂期
（ビザンツ帝国史）	6世紀初め～中頃	ユスティニアヌス大帝によるヴァンダル・東ゴート征服（ビザンツ帝国の全盛時代）
	7世紀初め	皇帝ヘラクレイオス１世がイスラーム教徒によってシリアとエジプトを奪われる
	726年	皇帝レオン３世による「聖像禁止令」→カトリック教会の反発
	9～11世紀	マケドニア朝による安定期
	1204年	第４回十字軍によりいったんは滅亡 →ラテン帝国を建てられてしまうが13世紀中頃に回復
	1453年	オスマン帝国によってビザンツ帝国滅亡

最後の門 下の問題は大学入試問題を出典にした問題です。答えなさい。

問1 11世紀に入ると叙任権をめぐって教皇と皇帝の間で激しい対立が生じた。改革派の教皇によって教会の刷新運動が進められる中で、皇帝による叙任は聖職売買として激しく批判されるようになり、教皇グレゴリウス7世が急進的改革を進めると、両者の対立は決定的となった。聖職者の叙任を強行したザリエル朝の神聖ローマ皇帝の（　1　）はグレゴリウス7世によって破門され、贖罪を余儀なくされた。ドイツの諸侯をも巻き込んだ教皇と皇帝の争いは、1122年の（　2　）協約によって、両者の和解がなされるまで続いた。

1　文中の空欄（　1　）～（　2　）を埋めるのに最も適切な語句を記せ。

2　文中の下線部について、この事件を何と呼ぶか。　（成城大・改）

問2 「教皇権は太陽であり、皇帝権は月である」との言葉を残し、13世紀に絶頂期を迎えた教皇として、最も適切な人物を、次の(1)～(3)の中から一つ選べ。

(1)　ボニファティウス8世　　(2)　インノケンティウス3世　　(3)　レオ10世　（神戸学院大・改）

偉大なる恐妻家ユスティニアヌス大帝

ユスティニアヌス大帝は生まれつきの皇帝ではない。軍人として出世したおじさんの養子となってコンスタンティノープルに引き取られた農民の子だ。

前皇帝が子どもを残さないで死去したため、元老院の推挙によって皇帝になったのは、将軍であったおじさんだった。ユスティニアヌスはボディガード兼、側近としておじさんをよく助けて働いていた。

＊

ユスティニアヌスはある日、友人に誘われて、都会の場末の怪しげな小屋についつい行ってしまった。そこで見たのは女ダンサーの魅力的な踊りであった。なにしろ薄暗い小屋なので女の顔がよく見えない。ところがその女のダンスにユスティニアヌスはすっかりのぼせ上がってしまい、さっそく結婚を決めてしまった。周囲はこの結婚には当然大反対である。**「皇族がそんな怪しい女と結婚するとは……！　ダメだ、ダメだっ、バカ者っ！」**

しかしユスティニアヌス大帝はあきらめない。強引におじさんを説得して、ついに念願のお許しをもらった。そして、なぜか顔を隠したがるそのダンサーとついに結婚した。結婚式の日に明るい所で顔を見てわかった。その女ダンサーの**テオドラ**は、**なんと両眉が１本につながっていたのだ**。イタリアのラヴェンナにあるサン＝ヴィターレ聖堂にあるモザイク画でテオドラの顔を見ることができるので、確認してもらいたい（ぜひネットで見てみてね）。

テオドラは実に気の強い、しっかりした女性であった。ユスティニアヌス大帝自身も多くの英傑や将軍を使いこなし、北アフリカのヴァンダル人やイタリアの東ゴート人を征服した偉大な皇帝であったが、妻のテオドラには頭が上がらなかった。国政についてユスティニアヌス大帝はテオドラに相談することも多かったが、テオドラはそのたびに見事な判断を示し、夫を支えたのである。

532年、コンスタンティノープルの民衆が、戦車レースの勝敗をめぐる争いが元で、「ニカの乱」という反乱を起こしてしまった。

民衆の怒号にうろたえたユスティニアヌス大帝は、日頃の強気の姿勢もどこへやら。**「逃げ出して外国へ行こう、行こうよぉ」**とテオドラに相談したところ、テオドラはユスティニアヌス大帝を強く励ました。

「船もあるし、お金もあります。しかし逃げてどうするおつもりです？　死ぬ以上にみじめなことになるでしょう。いつか死ぬのなら、皇帝の正装である紫色の大マントの姿こそ最高の死に装束ですわ！」

母ちゃんに叱られて初めて正気を取り戻したユスティニアヌス大帝は、さっそく名将ベリサリオスを派遣して、民衆の反乱を取り押さえた。

この反乱の後、壊された**ハギア＝ソフィア聖堂**（ハギアとはギリシア語で「聖」という意味）をユスティニアヌス大帝は再建させた。日本で古墳を作っていた時代にこの大建築は建造されたのだ。

テオドラをがんで早くに亡くしたユスティニアヌス大帝はいたく悲しみ、イタリアの**ラヴェンナ**の町に**サン＝ヴィターレ聖堂**を建て、その壁に壮大なモザイク画で自分と妻のテオドラの姿を描かせた。聖堂の中で相対する二人の姿は永遠の愛の記憶として現在も残っている。

解答と解説

復習ポイント の答え

395年の東西ローマ帝国分裂より、東ローマ帝国（ビザンツ帝国）に攻め込んで来た民族や国家などで主なものは以下のとおり。

5世紀 ブルガール人
ゲルマン人（ゴート人やヴァンダル人など）
→ユスティニアヌス大帝（6世紀）が取り返す。
4〜7世紀 ペルシア人（ササン朝）
7〜8世紀 イスラーム教徒とブルガール人
（9〜11世紀 マケドニア朝による安定期）
11〜12世紀 トルコ人（セルジューク朝）
→マンジケルトの戦い（1071年）に敗れてから小アジアを占領される。
13世紀 西ヨーロッパから派遣された第4回十字軍
→1204年にラテン帝国を建国。
1453年 オスマン帝国によって滅亡

アクティヴィティ の答えの一つ

復習ポイントでまとめたように、ビザンツ帝国は多くの民族や国家などによって侵略されましたが、1453年まで長続きできたのには理由がありました。

理由①・商業・経済力があった。東方の中国から得た生糸生産の技術（カイコを飼う技術など）を生かした絹織物や、ノミスマ金貨の流通がビザンツ帝国の強化に役立ちました。

理由②・文化・経済の中継地としての重要さ。ヨーロッパと中東を結ぶ文化・経済の中継地（橋渡し）としてビザンツ帝国は栄えることができました。

その一方であまりに長続きしたビザンツ帝国は13世紀以降、経済も精神も硬直化してしまい、ルネサンスのような豊かな発想を持てなくなってしまいます。そして若きオスマン帝国によって滅ぼされます。

最後の門 の答え

問1 1 (1) ハインリヒ4世
(2) ヴォルムス
2 カノッサの屈辱 問2 (2)

（解説）

ドイツを中心とする神聖ローマ帝国の皇帝家は最初が**ザクセン朝**（10〜11世紀：有名な皇帝はオットー1世）、次はザリエル朝（11〜12世紀：有名な皇帝はハインリヒ4世）、そしてシュタウフェン朝（12〜13世紀：有名な皇帝はフリードリヒ1世〔愛称：バルバロッサ〕、フリードリヒ2世）と続きます。シュタウフェン朝断絶後、神聖ローマ帝国は皇帝位をいくつかの家が継ぎますが、最終的に15世紀からハプスブルク家が皇帝位を独占するようになります。

ビザンツ帝国とスラヴ人
——「スラヴの素」の多くはビザンツ仕込み

ビザンツ帝国もけっこう攻められているのによく撃退できましたね。

撃退するための制度や方法をいろいろ考えているからじゃよ。よく見ると世界のいろいろな所で同じ現象が起こっているぞ。

第1幕 ビザンツ帝国の防御方法 ——「守りの持ち場はオレのもの」になる

ビザンツ帝国が、たび重なる異民族の侵入を撃退するために採用したのが**軍管区制**、ギリシア語では**テマ制**じゃ。この制度は、「**全土をいくつかの軍管区に分けて、それぞれに割り当てられた司令官が軍管区の政治をおこなう制度**」。つまり戦時を想定した支配制度じゃ。ビザンツ帝国は5世紀からゲルマン人やブルガール人、7世紀からはイスラーム教徒の侵入に対処しなければならなかったからな。簡単に説明すると、全国をいくつかの「持ち場」に分けて、司令官にその持ち場を守らせたわけじゃ。その代わり、司令官が行政も担当することによって、軍資金や食料、兵士も自分でまかなうことになる。実はこの制度は中国の唐王朝の時代の「節度使（せつどし）」の制度とよく似ている。侵略に遭うと、「**そっちは自分たちで何とかしろ！**」という発想になって、司令官にすべての仕事を丸投げしてしまうのじゃな。

この軍管区制は一説によると、前回出てきた7世紀のヘラクレイオス1世が作ったとされている。ところがこういう制度は実は大変に危険なのじゃ。なにしろ司令官がある地方の全権を掌握する、ということは、その司令官が強大化して、明智光秀や安禄山（あんろくざん）に変身する可能性が高いということだ。これは困ったことじゃの。

そこで11世紀にセルジューク朝の侵略が活発化すると、ビザンツ帝国は**プロノイア制**という新しい制度を作るようになった。「**軍人ではなく、貴族や地元の有力者に土地の徴**

税権を認めて、軍役に参加させる」制度なのじゃ。ん？　わかりづらい？　つまり11世紀には貴族たちが本来は国のものであるべき土地を勝手に自分の荘園にしていたケースが増えてきていたのじゃ。そこで皇帝はあえて貴族の土地私有を公に認めた。「収穫した農産物は自分のものにしてよいが、自分の土地を守るための軍備も自分で用意しろ」としたのがプロノイア制なのだ。しかしこのやり方もうまくはいかんかった。君が「土地の私有は認めるから、戦争に行ってくれ」と言われたら？

もらうものはもらって、うっとうしい仕事は無視だな

なので、失敗に終わったわけじゃ。

第2幕への前奏曲　ビザンツ皇帝の力——「政治も宗教もオレのもの」

さて、ここらでビザンツ皇帝（＝東ローマ皇帝）のことを前フリしておこう。ビザンツ皇帝は意外に権力が強く、政治も宗教も皇帝独裁だったのじゃ。

このような力を持っていたから、726年にビザンツ皇帝レオン3世が「聖像禁止令」のような命令を出すことができたのじゃ。

第2幕　ビザンツ文化——スラヴ人はビザンツ帝国の背中を見て育つ

まず、ビザンツ帝国ではローマ＝カトリック教会とは異なる**ギリシア正教**の信仰を持っていた。カトリックがラテン語を中心にしていたのに対し、ギリシア正教では**ギリシア語**が中心になっている。古代から続くギリシア語を読み書きできる人はかなり多く、教会の聖職者だけでなく多くの学者が活躍していた。背景にあったのはビザンツ帝国の経済的な豊かさじゃよ。このギリシア語は、スラヴ人へギリシア正教を伝道したキュリロス兄弟という二人の宣教師によってスラヴ諸国に伝えられているから、ギリシア語がスラヴ文字の父となったのじゃ。例えばロシア人に多い「イヴァン」（イワン）という名前だが、Иванとロシア語では書く。最初のИはN（エヌ）が引っくり返っているように見えるだろう。

どうせ印刷の版木を引っくり返しちゃったんでしょう？

いやいや、これはちゃんとしたギリシア語起源の文字で、考案したキュリロスの名前から「**キリル文字**」と呼ぶ。キリル文字はロシア・ウクライナ・ブルガリアに伝わり、モンゴルもキリル文字を併用した。

次はビザンツ美術と建築じゃ。美術は**モザイク美術**が特色となっているが、その代表例はイタリアの**ラヴェンナ**にある**サン=ヴィターレ聖堂**のユスティニアヌス大帝と妃テオドラのモザイク画じゃ。また、教会建築も**ビザンツ建築様式**には特徴がある。例えば都コンスタンティノープル(現イスタンブル)にあるハギア=ソフィア聖堂だが**中央の巨大なドームの周りを、多くの小さなドームが囲んでいる様式**じゃ。

この教会建築の様式はスラヴ諸国にも伝えられ、キエフ(キーウ)にある聖堂の教会建築も、ビザンツのドーム建築の様式を取り入れている。まあ簡単に図を描くとこのような形になるのぉ(↘)。最後にギリシア正教での美術だが「**イコン**」を挙げておこう(次ページのイラスト参照)。ギリシア正教ではイエス様やマリア、聖人の像を描き、礼拝の対象にする。この像を「イコン」と呼ぶが、像自体を偶像崇拝として拝むのではない。聖なる世界とこの世を結ぶ「窓」としてイコンはあるのじゃ。

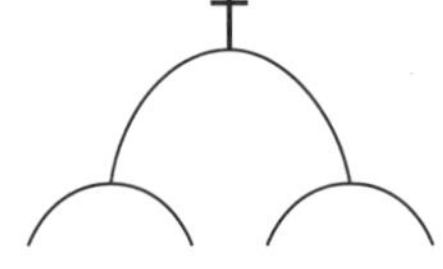

第3幕への前奏曲　奴隷の語源はスラヴ？

955年、オットー1世がマジャール人を討った時、多くのスラヴ人を捕らえて奴隷として売ってから、スラヴが奴隷slaveと同じ意味で使われるようになったとも言われている。元々はカルパティア山脈の北に住んでいたインド=ヨーロッパ語系の農耕民族だった。おそらく古代ギリシアやローマの奴隷の供給源だったので「スラヴ」と言われたのかも。ゲルマン人が大移動をしたので、その移動した後にもぐり込むようにスラヴ人も

移動を始めたのだ。スラヴ人の歴史を知るためには、現在の東ヨーロッパの国々を覚えておくとわかりやすい。まず、前ページの地図をしっかり頭に入れておこう。ポイントはその土地を旅行している気分で地図を見ることじゃよ。

まず、スラヴ人は言語や宗教、文化によって三つに分けられる。**東スラヴ人・西スラヴ人・南スラヴ人**だ。

第3幕 スラヴ舞曲 ——実は一枚岩ではないスラヴ人のいろいろ

第1場：東スラヴ人 —— 酒がないとやっていけない！

東スラヴ人の代表はウクライナ人とロシア人。地図で見てもかなり東の方だ。最初は北西から船でやって来たノルマン人の支配を受けたが、数が少なかったノルマン人たちは9世紀頃にはスラヴ人に同化してしまった。10世紀後半になるとキエフ公国の首長**ウラディミル1世**が**ギリシア正教に改宗**した。イスラームからも改宗の誘いがあったようだが、イスラームは酒を禁じていることを知った時ウラディミル1世は「わしらロシア人は酒がないとやっていけんからな」とイスラームを拒否ったそうな。

13世紀、今度は東からモンゴル人が侵入し、ロシアを約240年にわたって支配した。これをロシア史では「**タタールのくびき**」と言う。くびきとは、牛の自由を奪うための大きな首輪のことじゃよ。ちなみに「タタール」とはモンゴル人のことじゃ。モンゴル人が約240年もロシア人の自由を奪ったのだ。しかし15世紀の終わりに**イヴァン3世**率いる**モスクワ大公国**が、やっとモンゴル人からの独立に成功。その頃ビザンツ帝国がオスマン帝国によって滅ぼされ、逃げて来た皇帝の姪がイヴァン3世と結婚し、これによりイヴァン3世はビザンツ帝国の後継者として**皇帝「ツァーリ」**の名称を使うことができるようになった。

第2場：南スラヴ人 —— 今も紛争が多い地域じゃの

セルビアやスロヴェニア、クロアティアなどは南スラヴ人が多く住んでいる地域だ。最大勢力の**セルビア人**は最初、ビザンツ帝国に服属してギリシア正教に改宗し、12世紀には独立して、14世紀にはバルカン半島北部を支配する大勢力となった。その一方で**スロヴェニア人・クロアティア人**には**カトリック**の布教が進んでおった。ということは南スラヴ人はギリシア正教とカトリックに分裂しており、後にイスラーム教徒もこの地域に割り込ん

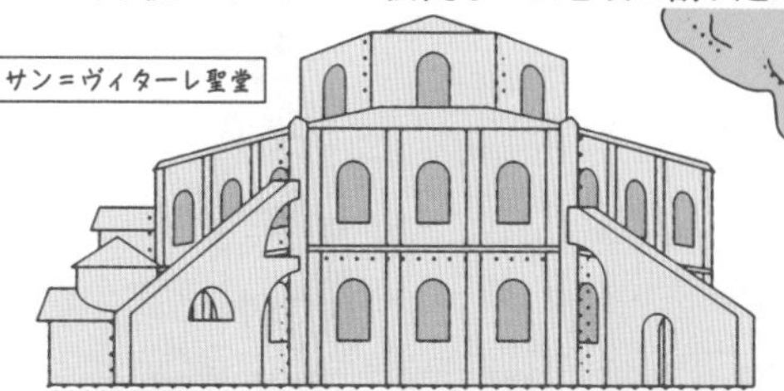

でくるので紛争が絶えなくなったのじゃ。

第3場：西スラヴ人 ―― キュリー夫人もドヴォルザークも西スラヴ人

西スラヴ人は西ヨーロッパに近い、**ポーランド**や**チェコ**に住むスラヴ人じゃ。彼らの特徴は**カトリック信仰**を古くから受け入れていたこと。特に10世紀に建国されたポーランドは強国となり、14世紀にはポーランド王国と隣のリトアニア大公国が合体し、**ヤゲウォ**（**ヤゲロー**）**朝**という王朝が作られ15世紀に最も栄えたのじゃ。またチェコに住む**チェック人**は**ベーメン**（**ボヘミア**）**王国**を10世紀に統一したのじゃが、後に神聖ローマ帝国に編入されてしまった。

第4場：スラヴ人ではない住民 ―― 彼らの多くは民族移動の末裔たち

例えば前回説明した**ブルガール人**、現在のブルガリア人はスラヴ人ではないがギリシア正教を受け入れた人たちだ。また、**ハンガリー人**も遊牧民マジャール人を自称するが、カトリックを受け入れて西欧文明を担う一員となった。あと**ルーマニア人**じゃが、その昔、トラヤヌス帝が征服したダキアと呼ばれる地域のローマ人の子孫で、それゆえに「ローマニア」と呼ばれていたのじゃが、「ルーマニア」と呼ばれるようになったのじゃ。

復習ポイント

東・西・南スラヴ人の特徴を調べてまとめてみよう（例えば宗教と文字）。

アクティヴィティ

南スラヴ人、西スラヴ人またはスラヴ人以外のバルカン半島出身の有名人を探してみよう。

中世スラヴ史年表（9～15世紀）

9世紀	ブルガール人がギリシア正教に改宗 セルビア人がギリシア正教に改宗
9世紀末	マジャール人が現在のハンガリーに定住
988年頃	キエフ公国のウラディミル1世がギリシア正教に改宗 「改宗した王様は試験によく出るぞい」
10世紀	ポーランド人が建国 チェック人がベーメン王国を統一
10世紀末	ハンガリー人がカトリックに改宗
10～11世紀	クロアティアの最盛期→12世紀　ハンガリーの属国となる
12世紀	セルビア人がセルビア王国建国
13世紀	ロシアがモンゴル人によって支配される→「タタールのくびき」
1386年～16世紀	ポーランド王国とリトアニア大公国が合体してヤゲウォ（ヤゲロー）朝を作る（ポーランドの最盛期）
1480年	イヴァン3世のもとでモスクワ大公国がモンゴルより独立

最後の門　下の問題は大学入試問題を出典にした問題です。答えなさい。

東ヨーロッパでは、ゲルマン人が大移住前に居住していた地域に、スラヴ人が急速に広がった。このうちドニエプル川地域に展開した東スラヴ人が住んだロシアには、ノルマン人が進出し、9世紀に（　A　）とキエフ公国が建国された。西スラヴ人のうち、（　B　）人は10世紀にベーメン（ボヘミア）王国をたてた。

問1　（　A　）に最も適する語を次の①～④から一つ選びなさい。

①　ノヴゴロド国　　②　キプチャク＝ハン国　　③　モスクワ大公国　　④　ワラキア公国

問2　（　B　）に最も適する語を次の①～④から一つ選びなさい。

①　セルビア　　②　チェック　　③　ブルガール　　④　ポーランド

問3　文中の下線部について、ギリシア正教を国教にしたのは誰か。最も適する語を次の①～④から一つ選びなさい。

①　ピョートル1世　　②　イヴァン3世　　③　イヴァン4世　　④　ウラディミル1世

（近畿大・改）

ロシアの英雄「アレクサンドル＝ネフスキー」
Александр Невский

13世紀、モンゴル人がロシアを征服した頃、スラヴ人たちは恐怖の支配者モンゴル人の足元にひれふすしかなかった。

ある日モンゴル人たちが威張ってノヴゴロドの町を行列する中、一人だけ土下座せず、立ってモンゴル人をにらみつけている男がいた。

「む、このロシア人めっ！　ひざまずかんか！」

「おい、待て！」

兵隊を押しとどめ、御輿から降りたモンゴルの高官は言った。

「もしやそなたは、先年スウェーデンの大軍をネヴァ川の戦いで全滅させた将軍、アレクサンドル＝ネフスキー公ではござらぬか」

「いかにも」

驚き、恐れたモンゴル人たちはネフスキーを避けるようにしてこそこそと去って行った。一人のロシア人の老人が悔しそうに言った。

「ネフスキーどの、もうモンゴル人をやっつけるべきですぞ！」

「いや、われわれにはもっと恐るべき敵がいる。どんな妥協もせず哀願も聞かず、われわれスラヴ人を子孫にいたるまで滅ぼそうとする敵。それはドイツ騎士団だ！　彼らをまず防がねばならぬ！」

＊

その頃ドイツ騎士団はロシアの古都プスコフを制圧し、住民を虐殺していた。彼らはロシア人の赤ん坊を母親から奪い取り、子どもを一人ずつ火に投げ入れながら叫んでいた。

「奴隷の子孫スラヴ人に死を！　われらドイツ騎士団に栄えあれ！」

この知らせを聞いたノヴゴロドの人々は怒りに立ち上がり、ネフスキーのもとに駆け付けた。ネフスキーは決心した。彼らを率いてドイツ騎士団をやっつけなければならない。

＊

1242年4月5日、チュード湖で戦いは始まった。

重い鎧を身に着けたドイツ騎士団の騎士たちが絶叫しながら馬に乗って凍った湖をわたって来るのを、ロシア軍はじっと待った。ロシア軍の中に異常な緊張が高まってくる。その頂点でネフスキーは叫んだ。**「スラヴの子たちよ！今こそ、ロシアを守れ！」**

すさまじい激突が起こった。

強力なドイツ騎士団の突撃をロシア軍はよく防いだ。ロシア軍の中には女性や子どもも交じって、必死にドイツ騎士団と戦っている。機を見たネフスキーは乱軍の中に分け入り、呼びかけた。

「ドイツ騎士団長ありしや！　われこそはアレクサンドル＝ネフスキーなり、いざ、一騎打ちをせむ！　騎士の名を惜しまば勝負せよ！」

するとドイツ騎士団長が名乗り出て、一騎打ちが始まった。

両軍がかたずをのんで見守る中、激闘の末ネフスキーはついに騎士団長を打ち破り捕虜とした。戦意を失ったドイツ騎士団は一斉に湖の向こう岸に向かって逃げ始めた。するとドイツ騎士団の着ている鎧の重さに耐えかねて、湖の氷が割れ始めたのである。氷の中に落ち、もがき苦しむドイツ騎士団員は次々と湖の底へ沈んでいった。

プスコフに凱旋したアレクサンドル＝ネフスキーはドイツ騎士団の捕虜たちに向かって演説した。

「ロシアは客として訪ねる者をいつでも歓迎する。しかし剣を持って侵入する者には剣を持って戦うであろう」

解答と解説

復習ポイント の答え

東スラヴ人…**ロシア人・ウクライナ人**
(宗教)ギリシア正教
→ビザンツ帝国滅亡後には「ロシア正教」が中心的になる。
(文字)キリル文字

南スラヴ人…**セルビア人**…(宗教)ギリシア正教を受け継ぐ
(文字)キリル文字
クロアティア人・スロヴェニア人
…(宗教)カトリック
(文字)ラテン文字(いわゆるアルファベット)

西スラヴ人…**ポーランド人・チェック人・スロヴァキア人**
(宗教)カトリック
(文字)ラテン文字

アクティヴィティ の答えの一つ

どのような有名人がいるのか? については、ネットで「○○人　有名人」と打てば簡単に出てきます。いかに多くのスラヴ人が世界に貢献したのかを知って、驚くでしょう。ここでは各民族についてほんの数人だけ例を挙げました。ユダヤ系の人も多いのですが、考えたあげくこのリストに入れました。その風景の中で育ち、同じ言葉をしゃべり、その郷土の食事を食べて育ったのですから。

セルビア人…ノバク=ジョコビッチ(テニス選手)
ブルガリア人…カネッティ(ノーベル賞作家)、琴欧洲(大相撲力士)
ルーマニア人…ナディア=コマネチ(体操選手)、ツェラーン(詩人)
チェコ人+
スロヴァキア人…ドヴォルザーク(作曲家)、チャペック(作家)、カフカ(作家)、マーラー(作曲家)、スメタナ(作曲家)、レンドル(テニス選手)、フェルディナント=ポルシェ(ポルシェ車の生みの親)
ポーランド人…ショパン(作曲家)、ヨハネ=パウロ2世(ローマ教皇)、キュリー夫人(化学者)、コペルニクス(天文学者)

最後の門 の答え

問1　①　　問2　②　　問3　④

(解説)

問1　東ヨーロッパのスラヴ人の歴史は民族と建国、そして宗教(カトリックかギリシア正教か)を覚えておくとよいです。

問2　チェック人が国を作ったベーメン(ボヘミア)王国は、現在のチェコ共和国の位置にあります。森と自然が豊かで美しい地域です。後の歴史にもよく出てくる地域なので、地図を見て場所を覚えておくことをおすすめします。

十字軍
——熱狂集団が行き着く結論は今も昔も同じ

えーと、あのう十字軍の意味がよくわからないのですが。

「十字軍」とはイエスが十字架にかけられた聖都イェルサレムをイスラーム教徒から取り返すために作られたキリスト教徒の軍隊。宗教的熱狂から生まれた軍隊だが、歴史の曲がり角を作った大事件でもある。

第1幕への前奏曲　どの宗教的熱狂も陥りがちな末路

1095年に、ローマ教皇**ウルバヌス2世**が**クレルモン宗教会議**で十字軍の派遣を訴えたことがすべての始まりじゃ。

えーと、クレルモンてフランスか……なんでローマでやらないの？

背景から説明するぞ。ウルバヌス2世はクリュニー修道院の出身で、グレゴリウス7世の後継者として教会の刷新運動に力を入れていた。そのため、神聖ローマ皇帝に煙たがられていたウルバヌス2世は、セルジューク朝の攻撃にさらされていたビザンツ帝国の救援要請を受け、クリュニー修道院の近くのクレルモンの町で宗教会議を開いて、集まった聖職者や民衆の前で大演説をおこなったのじゃ。

「皆の衆、聞くがよい。今、東では野蛮なトルコ人どもが教会を破壊してモスクにし、キリスト教徒を奴隷にしている。主イエスの命令である。かの地へ向かい、異教徒と戦え。たとえ死んだとしても天国行き間違いなしじゃ。私が約束しよう。神それを望みたまうっ！」

熱狂した群衆は「神それを望みたまう！」と絶叫し、十字軍への参加を決め、いったん用意のために故郷に帰ってから再集合することになった。

宗教的な熱狂は同じ結論になりがちじゃ。それは、**敵の皆殺しと、殺しの合法化**じゃ。

第1幕 十字軍の内実と理由 ——清らかな口実だが切実な人口増加

ヨーロッパ各地の諸侯を中心とする**第1回十字軍**は、悪戦苦闘の末に1099年7月にイェルサレムを陥落させたが、やったことはひどかった。なんとイェルサレム市内にいたイスラーム教徒やユダヤ教徒の住民を**皆殺し**にしてしまったのだ。そして**イェルサレム王国**を建国したが、この王国は約90年後にイスラームの**サラディン**によってイェルサレムを奪い返されることになる。

実は十字軍の成立にはバックグラウンドがある。11世紀は気候も温暖化し、農業生産も活発だった。ヨーロッパの土壌は中国黄河流域とは違い、土が重く耕すのに一苦労だったが、馬や牛を使った重量有輪犂(じゅうりょうゆうりんすき)が11世紀から使われ始めると、**三圃制**(さんぽ)の普及にしたがい農業も盛んになったのだ。

「さんぽ」せいって、お散歩ですか？

土地を三つに分けて、そのうち一つは養分を蓄えるために必ず休ませる農業制じゃよ。このやり方でぐっと収穫が増えたのじゃ。

そして11世紀にはノルマン人たちの侵入も一段落して、平穏になってきた。ノルマン人の改宗も進み、ノルマン人たちが十字軍の兵士や騎士として活躍するようになった。食糧増産＋平和＝人口増加というわけで西ヨーロッパの人口が爆発すると、多くは東ヨーロッパに植民(東方植民)して住み着いたり、オランダ人のように海を干拓して土地を広げたりしたのじゃ。

まあ、一番手っ取り早いのは異教徒の土地を奪うやり方で、イベリア半島における国土回復運動(レコンキスタ)もその一つだ。これは後で説明しよう。十字軍もその流れで考えると急激な人口流出の一つと言えるじゃろう。

第2幕 十字軍の進展 ——仲間割れが仇となる

聖なる十字の旗のもとでは、それぞれの参加者が自分勝手な下心を持って動いていた。

まずローマ教皇は「ギリシア正教会を自らのものにするチャンス」と考えていたし、諸侯や騎士たちは実は領土や封土目当てで参加していた。農奴は古い土地を抜け出して自分の農地を手に入れようとしたし、商人は東方との貿易の機会を求めていた。なのでイェルサレム王国を建国しても十字軍は略奪ばっかり働いていた。

一時、トルコ人王朝(ザンギー朝)が勢力を強めたので、**第2回十字軍**が組織されたのだが仲間割れや我欲によって分解してしまった。

そこへイスラーム側にあらわれたのがサラディンだ。もっともこの武将についてはテーマ43に詳しく書いてあるのでそちらを見てくれい。

サラディンの登場に驚いたキリスト教徒は**第3回十字軍**を結成したが、歴代十字軍の中でも最高にゴージャスなメンバーで構成されていた。まずは神聖ローマ皇帝**フリードリヒ1世**、別名「バルバロッサ」(イタリア語で「赤ひげ」)、イギリス王**リチャード1世**、別名「獅子心王(ししんおう)」(英語ではLionheart)、そしてフランス王**フィリップ2世**だ。ところが大軍を率いて小アジアまで陸路をやって来たフリードリヒ1世があろうことか小川で溺死してしまったのだ。どうも60歳を超えていた皇帝がシャワー代わりに小川でバシャバシャやっていた時、心臓発作で「ウッ」となってしまったらしい。がっかりしたドイツ軍の多くは帰国し、残ったイギリス王とフランス王が十字軍を担当した。が、この二人はすっごく仲が悪かった。怒ったフィリップ2世は結局はフランスに帰ってしまい、リチャード1世は**イェルサレムを奪回できず**、やむなくサラディンと休戦条約を結んで第3回十字軍は(大)失敗に終わってしまったのじゃ。

第3幕 第4回十字軍——宗教心より商売でしょ!

教皇史全盛期のローマ教皇**インノケンティウス3世**も**第4回十字軍**を提唱したのだが、なんと船がない。当時、キリスト教世界で一番船を持っていた都市はヴェネツィアだったので、借用を申し込んだ。「いいですよ。ただし途中でコンスタンティノープルに寄るのが条件です」。ま、補給はどうせ必要だからいいかー、と思って許可したら、とんでもないことになってしまった。途中でコンスタンティノープルに寄港すると、船に乗っていたヴェネツィアの傭兵たちが上陸して、この町をあっという間に占領してしまったのだ。

あれっ？　十字軍だから、キリスト教徒を助けに来たのですよね

ヴェネツィアは商人の町。商人が血も涙もなく潰しにかかるのは商売ガタキじゃ。この場合の商売ガタキとはコンスタンティノープルだったのだ。

コンスタンティノープルを征服し、勝手に1204年に**ラテン帝国**をぶっ建てた後、さっさとヴェネツィアに帰ってしまったのじゃ。なぜなら、イスラームはヴェネツィアにとって大切なお客さんだったからじゃよ。**お客様に殴りかかる商売人はいないものじゃ。**第4回十字軍はヴェネツィアの商業戦略の道具になってしまったのだ。怒った教皇はヴェネツィアを破門したが、結局は役立たずの十字軍だった。

第4幕　第5回十字軍 ——無血で交渉成立、なのに叱られる始末

13世紀初めには、神聖ローマ皇帝**フリードリヒ2世**は破門され十字軍を禁止されていたのだが、皇帝権威を維持するためにムリヤリ十字軍を敢行した。しかし破門されていたフリードリヒ2世は戦わず、交渉して聖地の一部を返してもらうことに成功した。フリードリヒ2世のこの第5回十字軍を「十字軍」に認めない歴史家も多い。

え、一人も殺さず聖地回復ってすごいんじゃない？

まぁ破門された身だったからなあ。わしはとても評価するのだが。

第5幕　その後の十字軍 ——熱狂のあまりの玉砕攻撃に花と散る

13世紀半ば～後半に、**第6回十字軍**と**第7回十字軍**を率いたのはフランス王**ルイ9世**だったが、この王様は「聖王」と呼ばれるほどの純粋な中世人だったから戦いに積極的だった。しかしイェルサレムはいくら聖地とはいえマムルーク朝にとっては田舎の町なので、都を攻めないと効果がない。そこで第6回十字軍でルイ9世はマムルーク朝の都カイロを直接攻撃しようとしたのだが、ナイル川下流にあるカイロの町は実に攻めづらい町で、攻めあぐねているうちにルイ9世までも捕虜になる大失態を犯してしまった。幸い王は身代

金を払って解放されたが、次の第7回十字軍ではイタリアの対岸にあるアフリカのチュニスを攻撃中に、ルイ9世は病気で亡くなってしまった。もうこの頃になると第1回十字軍が始まってから200年近く経っており、十字軍が結局、徒労であることにヨーロッパの王や諸侯は気が付いておった。

エピローグ 宗教騎士団 ——始まりも今も実は「救護」活動集団

最後に十字軍が生んだ存在として「宗教騎士団」を挙げておこう。早い話が「武器を持って異教徒と戦う修道会」じゃよ。

修道士が人殺しをしていいの？

本当はよくない。元々宗教騎士団は巡礼者たちがケガや病気をした時に介護するのが本来の役割だったのじゃ。ところが勢力と対抗するために武装したのがきっかけになったんじゃのう。有名な宗教騎士団には**テンプル騎士団・ドイツ騎士団・ヨハネ騎士団**がある。戦場では大活躍をし、サラディンも恐れたほどの武勇を誇った。しかし十字軍が下火になると宗教騎士団も本来の目的を失ってしまい、王によって取り潰されたり（テンプル騎士団）、団自体がプロテスタントに改宗したため消滅したり（ドイツ騎士団）などの運命をたどった。最後に残ったヨハネ騎士団は現在では**マルタ騎士団**と名前を変えて、世界各地で白衣を着て医療と奉仕活動をおこなっているのじゃ。

復習ポイント

十字軍に参加した皇帝や王を整理してみよう。

アクティヴィティ

あなたは十字軍に参加しますか？　ビッグになるチャンスですよ。

十字軍年表（11～13世紀）

1095年　クレルモン宗教会議で教皇ウルバヌス２世が十字軍派遣を決定

1096年　いよいよ第１回十字軍

1099年　十字軍がイェルサレムを占領して、イェルサレム王国を建国

「十字軍が評判がよくないのは、異教徒の皆殺しに積極的だったからだのう」

1147～1149年　第２回十字軍

1187年　イスラームのサラディンがイェルサレムを奪回

1189～1192年　第３回十字軍

「ゴージャスなメンバーの第３回十字軍だが、事故や仲間割れのためたった一人のサラディンに勝てなかった」

1202～1204年　第４回十字軍（教皇インノケンティウス３世が提唱）

「結局、コンスタンティノープルを占領した欲まみれの十字軍じゃ」

1228～1229年　第５回十字軍（神聖ローマ皇帝フリードリヒ２世が実施）

「イェルサレム無血征服に成功したが、破門されたフリードリヒ２世がおこなった十字軍なので十字軍にカウントされない場合もある」

1248～1254年　第６回十字軍（フランス王ルイ９世が実施）

「ルイ９世は『聖王ルイ』と呼ばれていたが、英語で言うと『セントルイス』。あのアメリカの町は、元々はフランスの植民地だったんじゃ」

1270年　第７回十字軍（フランス王ルイ９世が実施）

最後の門　下の問題は大学入試問題を出典にした問題です。答えなさい。

問１　おおよそ紀元1000年頃から西欧は安定的な経済成長の時代に入った。この頃の技術の進歩として犂（すき）の改良は、アルプス以北の肥沃で重い土壌を耕すためにおこなわれた。この犂の名前を書きなさい。

問２　十字軍に関係する下記の文のうち誤っているものを一つ選び、マークしなさい。

ア　ウルバヌス２世による十字軍の提唱は、ビザンツ帝国の救援要請が背景としてあった。

イ　第１回十字軍はイェルサレムを占領し、イェルサレム王国を建てた。

ウ　第３回十字軍は西欧３君主による最大規模の十字軍であり、イェルサレムを奪回した。

エ　第４回十字軍はコンスタンティノープルを占領し、ラテン帝国を建てた。　（早稲田大・改）

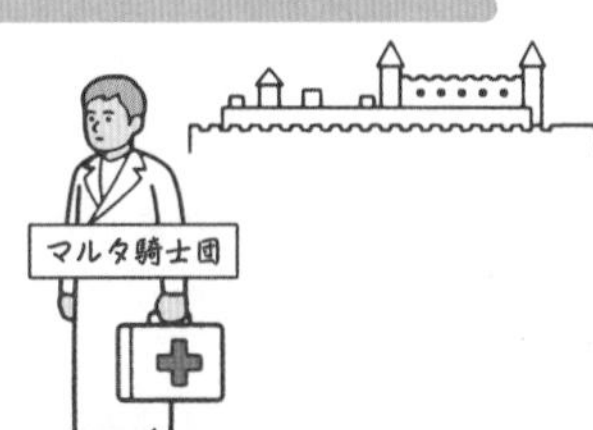

闇に消えた少年十字軍

1212年らしい。フランス中部の羊飼いのエティエンヌという少年が、突然「神様からお告げがあった！」と叫び出し、「今すぐ僕たちで十字軍を作り、イェルサレムに行こう！　そしてイスラーム教徒どもをやっつけて、僕たちでキリスト様の町を奪い返すのだーっ！」と言って回った。周囲は「な、何をバカなことを……！」と相手にもしなかったが、エティエンヌの言葉は催眠術的な効果を持っていたらしく、近くの子どもたちがぞろぞろと家を捨ててこの少年に付いて来たのである。親たちは驚いて止めにかかったが、スキを見て子どもたちが家から抜け出し、お祭り騒ぎのように後から付き従った。まったく「ハーメルンの笛吹き」のような異常な事態に陥ってしまったのだ。

＊

子どもたちは南の地中海を目指して、聖歌などをカン高い声で歌いながらワイワイと陽気に行進していた。途中は野宿だ。そこらへんで寝そべってボーイスカウトのキャンプ気分である。追っかけて来た親たちに抱えられて連れ戻された子どももいたようだが、実に運のよい子どもたちであったと言わざるを得ない。彼らに何という残酷な運命が待っていただろうか。

＊

だいたい昔の人はお宮参りをする巡礼者には親切にしたものである。子どもの頃の勝小吉（勝海舟の父親）は家出して、帯に柄杓（ひしゃく）を差して江戸から上方に向かったが（柄杓を帯に差しているのは「お伊勢参り」の巡礼のしるし）、さすがに野宿はしたものの、いたる所で食事の提供を受けたため、特に困ることはなかったと言う。

少年たちはついにマルセイユに到着した。エティエンヌの「神のお告げ」では、「海が割れて」「イェルサレムに歩いて行ける」はずだったが何日待っても祈っても海が割れることはなかった。

そこへ親切そうなおじさんが声をかけてきた。

「おや、坊やたち。どうしたんだい？　こんな所で」

「うん。僕たち、イェルサレムに行きたいんだ。でも海があるから行けないの」

「ほう、それは困ったねー。じゃあ、おじさんが力を貸してあげよう。おじさんは船を持っているんだ。これから坊やたちをイェルサレムに連れて行ってあげよう」

おじさんの船は立派な作りで、しかも7隻もあった。子どもたちは大喜びで船に乗り込むと、もう海賊ごっこの気分である。おじさんも船に乗り込み、さっそく船はマルセイユの港を出港した。途中、嵐のために2隻が難破し、その船の子どもたちは海の底へと消えていった。

＊

船の行き先はイェルサレムではなかった。

船はよりによってイスラームの港であるアレクサンドリアに着いたのだ。そして待ち構えていたイスラームの奴隷商人に全員、奴隷として売られてしまった。金髪の少年たちはさぞやいい値段で売れただろう。

＊

このような事態は子どもだけでなく、大人にまで起こっていた。宗教的熱狂に取りつかれた貧民たちが「十字軍」を名乗って移動したが、どう見ても物乞いの民族大移動である。武装なき十字軍は結局は殺されるか、奴隷にされてしまった。

解答と解説

復習ポイント の答え

第1回十字軍は諸侯や庶民の参加者が多く、国王のような有名人が参加するのは第2回十字軍以降である。

第3回十字軍
…神聖ローマ皇帝**フリードリヒ1世**
（「バルバロッサ」シュタウフェン朝）→事故死
フランス王**フィリップ2世**（カペー朝）→途中帰国
イギリス王**リチャード1世**
（「獅子心王」プランタジネット朝）→サラディンと休戦条約

第5回十字軍
…神聖ローマ皇帝**フリードリヒ2世**（シュタウフェン朝）
→教皇から破門されるも、イェルサレム無血占領に成功した。

第6回・第7回十字軍…フランス王**ルイ9世**（「聖王」）
→第6回でカイロを攻めようとするもイスラーム側の捕虜になる。
第7回でチュニスに上陸後、病死。

アクティヴィティ の答えの一つ

（解説）

移動の自由がなかった農奴にとって十字軍参加は一生に一度の移動のチャンスだった。しかも第1回のみ参加可能。あとの十字軍は王様や領主が参加して見張っているから、そうそう自由には動けない。新天地で土地を持てるかもしれない。ただし行き倒れや、イスラーム教徒に襲われて殺されたり、奴隷にされたりする危険性があることは覚悟した方がいい。たしかにもうけのビッグチャンスだが、リスクも大きい大バクチではある。実際にどのような結果と運命が待っていたかは、コラムを見てください。

最後の門 の答え

問1　重量有輪犂　　問2　ウ

（解説）

問1・問2のどちらかができていれば大したものだ。

問1では「犂」の字が難しい！　中国の戦国時代にも出てくる漢字だから、この字は覚えておいた方がよい。

問2はウの文が間違っている。第3回十字軍はイェルサレムの奪回に失敗し、取り戻すことはできなかった。休戦条約を結んだ後、馬をなくしたリチャード1世が自陣へトボトボと歩いて帰るのを見たサラディンはこの強敵（とも）に名馬を贈ったと言う。

中世都市の成立
――「商い」が新しい自由の風を吹き込む

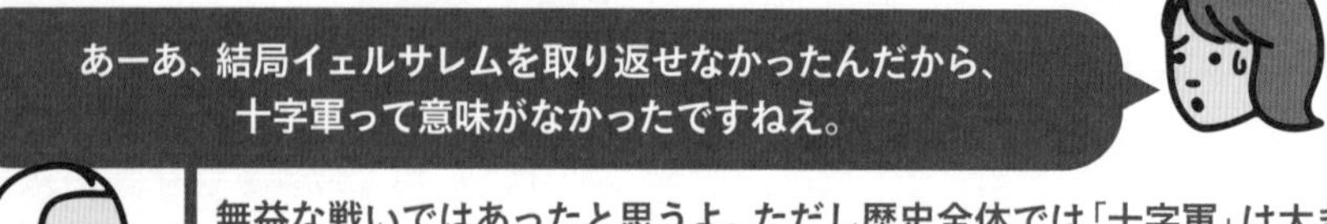

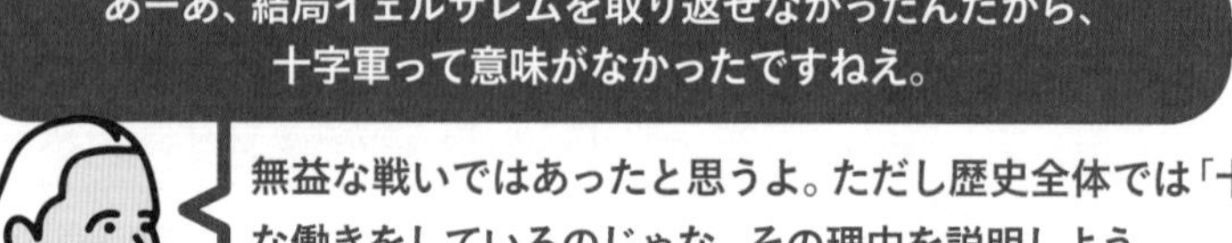

第1幕への前奏曲　十字軍が歴史に「下剋上」をもたらした！

約200年もの十字軍の結果、西ヨーロッパには大きな変化があらわれた。

① **「ローマ教皇権の衰退」**：「言い出しっぺ」がイベントに失敗すれば信用を失うのは当然だ。ローマ教皇の権威は見事に落ちまくり、後の「教会大分裂」につながってしまうのじゃ。

② **「諸侯と騎士の衰退」**：下心に駆られて、ノコノコ十字軍に参加した諸侯や騎士たちは中東の戦場で命を落とすか、財産をスッてしまうケースも多かった。これが原因で衰退が始まるハメになる。

③ **「王権の高まり」**：逆に王様はじゃま者の諸侯や騎士がくたばってくれたため、彼らの領地を横取りすることができた。しかも**十字軍に参加した王はリーダーシップを発揮し、権威を高めた**わけじゃ。

第1幕　東方貿易～商業の発展　――十字軍に便乗した商人が大もうけ

破壊と殺戮の十字軍ではあったが、その一方地中海の諸都市ではこの機会を利用して**東方貿易（レヴァント貿易）**が盛んにおこなわれるようになった。このレヴァントという言葉は「日の昇る方」を示すフランス語で、**地中海東岸の地域**を指す。十字軍に付いて行った商

人たちはイスラーム商人とコネを作り、東方から**胡椒・宝石・絹織物**などのぜいたく品をヨーロッパに運んで大もうけしたわけだ。中国へ行ったマルコ＝ポーロも東方貿易の商人の一人として考えるとよい。

このような**遠隔地貿易**で必要なのはカネじゃ。大根を持って行っても腐ってしまうからな。するとヨーロッパでもこの経済の流れによって**貨幣経済**が11世紀から盛んになり、商業が発展するようになるのじゃ。ヨーロッパに**商業都市**がしだいにあらわれ、店も増えてくるようになる。11～12世紀のこのようなヨーロッパにおける商業の復活を「**商業ルネサンス**」と呼んだのはベルギーの歴史家**アンリ＝ピレンヌ**じゃ。その商業都市の代表である**ヴェネツィア**や**ジェノヴァ**、そして**フィレンツェ**の近くの港町**ピサ**などは東方貿易で大いに栄えた町だ。さて、そのマルコ＝ポーロの出身地のヴェネツィアなのだが、この町は実は人工的に作られた島なのじゃ。一説ではランゴバルド人などが侵入して来た5～7世紀に、現地の人々が遠浅の海に杭を打ち込んで作った何百という島々を橋で結んでまとめたのがヴェネツィアじゃ。市内には車は入れず、輸送船を通すためのタイコ橋ばかりが街に架かっているので、車椅子で観光するには厳しい町であることは間違いないだろう。

第2幕 北ヨーロッパ商業圏 ——北欧人の大好物は日本人と同じアレ

一方、地中海貿易に続いて海沿いの北ヨーロッパでも商業が盛んになってきた。なにせ元々海賊と商業で鳴らしていたヴァイキングの故郷だ。**北海**や**バルト海**を中心に、商人たちはニシンなどの**海産物や木材、穀物**などの生活必需品を商うようになった。

北ヨーロッパの人って生魚を食べるの？

食べるとも。ヨーロッパ北部のオランダ人などは生のニシンの切り身をそのまま頭から食べてしまうぞ(→)。わしは内陸のザクセンの人間なのであまり魚は食わんのじゃが。スウェーデンにはシュールストレミングという世界一くっさい缶詰があるのだが、缶詰が発明されるまでは北部のヨーロッパ人は干し魚もよく食べていたのだ。

だから、肉がない日本の長崎でもオランダ人が居られたんだ

うむ。この北ヨーロッパの貿易で栄えたのが**リューベック・ハンブルク・ブレーメン**などの北ドイツ諸都市。ヴァイキングの子孫ならではの操船技術を使って北欧の産物をドイツに運んでもうけたのだ。またガン(ヘント)や**ブリュージュ**がある**フランドル地方**も毛織物で栄えた。フランドルとは現在のベルギーの地域。英語では「フランダース」と言う。

あ、『フランダースの犬』の話の舞台はここらへんのことか

そのとおり。舞台は**アントワープ**(オランダ語ではアントウェルペン)の町で、立派な大聖堂が建っており、ネロ少年もその聖堂の中で天に昇っていったのじゃ。

この北の商業圏と地中海の商業圏を結ぶ中間地点にあるのが**シャンパーニュ地方**。交通の便がよかったために大きな定期市が開かれたことでも有名な地方だ。ちなみに、この地方でできる発泡酒をシャンパンと言う。

第3幕 中世都市の成立――金をむしり取るジャイ○ンに勝つ方法は二つ

これらの中世の商業都市は、元々は古代ローマ以来の**司教座都市**が核になっている。日本だと町の中心にあるのは駅だが、ヨーロッパでは大聖堂や教会だ。司教がいた門前町がお祭りの時に、商人たちが集まって市外に屋台を開いていたのが都市の始まるきっかけだった。司教座都市は古代ローマ以来の砦や城壁に守られていたので「安全で、こりゃいいや」としだいに商人たちが司教座都市に居着いてしまったのじゃ。だから市民のことをドイツ語ではビュルガーBürgerと言うのだが、元々は「砦Burgに住む者」という意味な

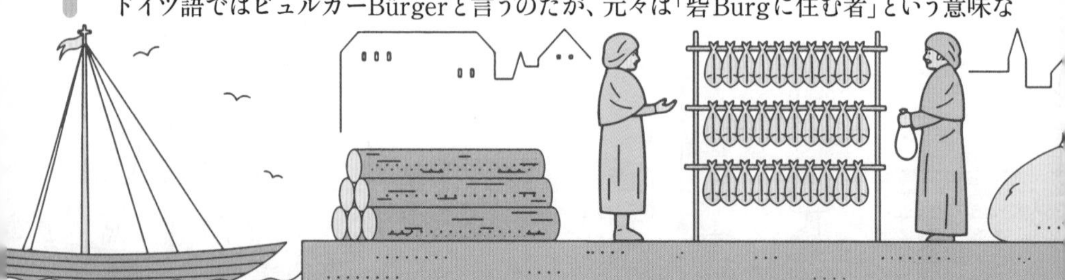

のじゃ。ちなみにBurgとはドイツ語では「ブルク」と言うが、英語では「バーグ」と言う。ドイツの港町ハンブルクの名前にはその名残が残っている。

ハンブルクって「ハンバーグ」と似ているんじゃない？

そうじゃ。実は北ドイツの出身者がアメリカで広めた料理じゃな。このような商業都市は封建領主の保護を受けていたのだが、「長いものには巻かれろだべ」とあきらめがよい農奴と違って、「市民」たちは独立心旺盛で、カネばかりせびり取ろうとする封建領主に激しく抵抗していた。武力を持っている領主に抵抗する手段は、①「**相手よりも強いヤツと手を組む**」ことじゃから、「市民」たちは国王や皇帝と結んで**自治権**を認めてもらったのだ。自治権とは、「自分のことは自分でやる権利」のこと。do it yourselfじゃ。したがって封建領主に税など払わず、自分たちで戦って自分たちで町を運営していくことにした。その代わり、自治を認めてくれる国王や皇帝には貢納金を支払ったので、自治都市を味方に付けた国王や皇帝は、諸侯や領主に対し財政的に優位に立ったのだよ。このような自治都市は北イタリアでは**コムーネ**（「共同体」の意味）と呼ばれ、ドイツ方面では**帝国都市**と呼ばれたのじゃ。

封建領主たちは金持ちの子分（都市）に裏切られて大激怒した。王や皇帝が十字軍に行っているスキに、封建領主（諸侯）にケンカをしかけられて負けたら大変なので、自治都市は諸侯に抵抗する二つ目の手段を使った。それは②「**自治都市同士で仲間を集め、手を組んで助け合う**」ことじゃ。助け合うために都市同盟を作ったが、北イタリアでは**ロンバルディア同盟**、北ドイツでは**ハンザ同盟**が都市同盟として有名じゃ。

航空会社で「ルフトハンザ航空」があるけれど、ここからですか？

そう。「空のハンザ同盟」という意味じゃ。カッコええのう。ハンザ同盟のリーダーは、文豪トーマス＝マンの故郷でもある**リューベック**の町で、現在も残るホルステン門は中世の自治都市の繁栄を物語っている。ハンザ同盟は**ノヴゴロド・ベルゲン・ロンドン・ブリュージュ**に商館を持ちそれぞれその地域の商業に大きな影響力を及ぼしていたのじゃ。

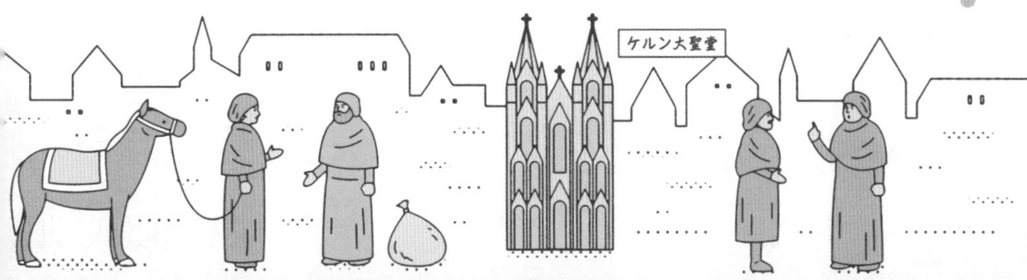

終幕

中世都市の内幕——自由な都会に憧れる地方出身者が次々と上京

自治権を勝ち取った都市は、封建的な「しばり」から逃れた自由があった場所だから、農奴たちも都市に逃げ込んで自由を手に入れようとしたのじゃ。ドイツでは**1年と1日**都市にもぐり込むことに成功し、市参事会が認めれば農奴でも市民になることができ、自由が手に入った。このような状況を「**都市の空気は（人を）自由にする**」と呼んだのじゃ。

さて、自治都市の中身じゃが、**ギルド**という同業組合があって町を仕切っていた。ギルドにもいろいろあって、市政を独占していたのは貿易に従事する大商人を中心とした**商人ギルド**じゃ。カネを持っているヤツが人を制するのが世の常じゃのう。しかし都市が発展してくると、手工業者などの職人のギルド（=**同職ギルド**）が市政への参加を要求するようになり、商人ギルドと激しく争うようになった。これを**ツンフト闘争**と呼ぶ。うん、ツンフトとはドイツ語で同職ギルドを指す言葉なのじゃ。商人ギルドと同職ギルド、どっちが勝ったかは都市によるな。フィレンツェでは職人たちが「チオンピの乱」を起こして一時は市政を乗っ取ったが、この時に職人たちに担がれて市を牛耳り始めたのがメディチ家なのじゃよ。

そして都市の発達とともに、大富豪が出現し世界史に登場するようになったのじゃ。有名なのがドイツの**アウクスブルク**で金融業を営んだ**フッガー家**と、イタリアの**フィレンツェ**で同じく金融業を営んでいた**メディチ家**だ。なにしろ当時、織維業と金融業で栄えていたフィレンツェの年間収入はイギリス1国を超えていたのだからすごいものだ。このメディチ家は芸術が大好きで……、おっと続く話はコラムを見てくれ。

復習ポイント

中世の町の場所を白地図に書き込んで確認してみよう。

アクティヴィティ

（リアルかくれんぼ）あなたは市民になるために、都市に1年と1日隠れなければなりません。どの町に、どうやって隠れますか。

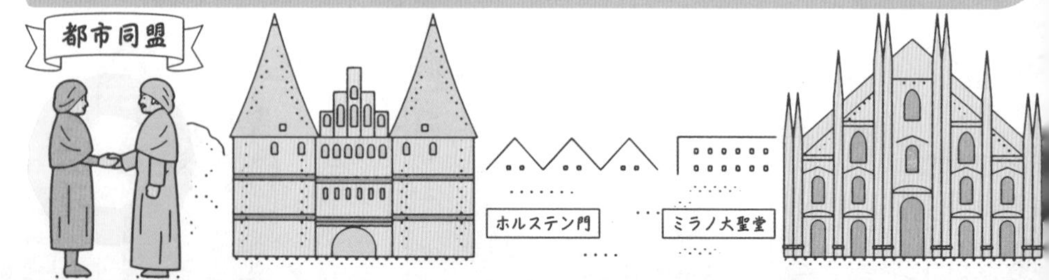

中世西ヨーロッパ都市年表

7世紀後半　ヴェネツィアの「建国」

8～9世紀　司教座都市がヨーロッパ各地に成立

「代表的な司教座都市はドイツのケルンじゃの。元々はゲルマン人を防ぐための古代ローマの砦だったのじゃ」

11世紀末～　十字軍による遠距離貿易（特に「東方貿易」）の活発化

11～12世紀　都市の復活＝「商業ルネサンス」

「ちなみにルネサンスとは『復活』という意味のフランス語じゃ。古代ローマが復活した、という意味合いだ」

13世紀～　ヨーロッパの都市でツンフト闘争が激発

（1378年　フィレンツェで「チオンピの乱」）

「ツンフトは同職ギルドのこと。レオナルド＝ダ＝ヴィンチやミケランジェロ、そしてデューラーなどの大画家は職人として同職ギルドに所属しておった」

最後の門　下の問題は大学入試問題を出典にした問題です。答えなさい。

問1　（ア）　地中海商業圏の中心となった港市の一つを次の中から選び、番号で答えよ。

①　アウクスブルク　　②　ニュルンベルク　　③　ミラノ　　④　ジェノヴァ

（イ）　北ヨーロッパ商業圏の中心になったところを次の中から選び、番号で答えよ。

①　黒海　　②　北海・バルト海　　③　アドリア海　　④　エーゲ海　（札幌学院大）

問2　12世紀ザクセン公により建設され、後にハンザ同盟の盟主となったバルト海沿岸の都市の名を書きなさい。　（学習院大・改）

問3　商業ルネサンスが11～12世紀におこったことを説いたベルギーの歴史家の名前を書きなさい。

（早稲田大）

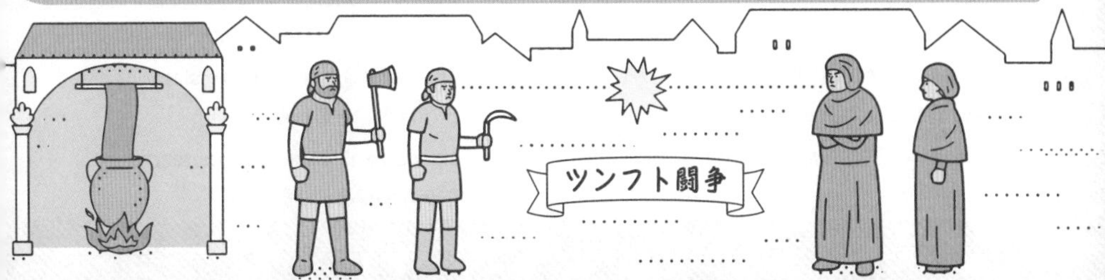

ケチなフッガーと芸術好きのメディチ

南ドイツに**アウクスブルク**という町がある。

ここに**ヤコブ=フッガー**というタヌキオヤジが住んでいた。

このオヤジ、「**わてはゼニが好きでおます**」というのが口癖で、朝から晩までせわしなく働いていた。このフッガーが目を付けたのは、南ドイツに眠っている銀山である。誰も手をつけなかった銀山をフッガーは二束三文で買い取った。そして運命の女神は、この強欲オヤジに微笑んだ。すごい量の銀がざっくざっくと出たのである。ヨーロッパ一の金持ちとなったフッガーにヨーロッパの皇帝や王たちは頭が上がらなくなってしまった。みんなフッガーから金を借りていたからである。

フッガーオヤジの生活は大金持ちになってからも変わらなかった。質素な生活を守り、汚い前かけをしめて朝一番に事務所に乗り込み、帳簿をつける番頭に細かいところまで指示を出した。

しかし彼にも隠れた趣味があった。それは**貧者への福祉**である。ケチで有名なフッガーだったが貧者には財布のひもをゆるめた。貧しい人々や母子家庭のための集合住宅を作り、その住宅に住む人々からは年に100円相当の家賃しか取らなかった。「**フッゲライ**」と呼ばれるその集合住宅は現在もあるが、今でもそこに住んでいる人々の家賃は年に100円のまんまである。

＊

さて、イタリア中部のトスカナ地方にある町**フィレンツェ**（フローレンス）に、ある薬屋の一族がいた。薬屋だったので周りの人々はこの一族のことを「**メディチ**」（イタリア語で**薬**という意味）と呼んでいた。この一家に**コジモ=デ=メディチ**があらわれた時、メディチ家は世界史に華々しく登場し始める。コジモは目はしの利く人間で、薬屋に見切りをつけて金貸しを継ぎ、ついには巨額の財産を築き上げた。このコジモの孫にあたるのが**ロレンツォ=デ=メディチ**である。

顔は当時からすればブ男で、「ロレンツォの唇」と言えばタラコ唇を意味するほどだ。ところがこの男、あだ名は**イル=マニフィコ（偉大な者）**と言い、フィレンツェの全盛期を築き上げた偉大な人物なのである。彼はメディチ家を切り盛りしつつ、フィレンツェの政治を指導し、この町をイタリア有数の強国に育てた。ロレンツォはまた芸術に対する深い理解を持った人物で、豊かな財力を傾注してフィレンツェを芸術の町に変えていった。例えば**ミケランジェロ**の才能を初めて評価し、芸術家への道に進めさせたのもロレンツォであった。またロレンツォは多くの学者を保護し、自由に哲学や芸術、政治について討論させた。そしてその中には、『君主論』を書いた若き**マキァヴェリ**の姿もあった。

コロンブスがアメリカ大陸を発見した1492年、痛風に苦しんでいたロレンツォが亡くなった。そしてその時からフィレンツェはついに歴史の頂点から没落し始めたのである。晩年のロレンツォ（と言っても彼は43歳で死んだのだが）が病に苦しみつつ作った詩はまさしく**フィレンツェの葬送歌**となった。

＊

Quant'é bella giovinezza,
青春は美しい。ああ、しかし
che si fugge tuttavia!
なんと早く去っていくものか
Chi vuol esser lieto sia!
喜びは今こそ楽しめ
di doman non cè certezza.
確かな明日などなきゆえに

解答と解説

復習ポイント の答え

都市の位置を覚える際に大きなヒントになるのは、ヨーロッパの中央にあるアルプス山脈の北にある有名な都市は、川のほとりにあることです。交通の便がよい川のほとりにローマ人は砦を作り、発展したのです。それぞれ川とそのそばにある都市を紹介していきましょう。川も白地図に描き加えると河川図もわかり、おトクです。

ライン川…**マインツ・ボン・ケルン**
ドナウ川…**ウィーン・ブタペスト**
セーヌ川…**パリ・ルーアン**
テムズ川…**オックスフォード・ロンドン**
ドニエプル川…**キエフ(キーウ)**

(都市名は上流から下流順)

アクティヴィティ の答えの一つ

その町の市民になるのなら、その町が①発展性がある、②仕事がある、③治安がよい、④子どもの教育環境がよい、⑤交通がよい、などの要素について考える必要がありますが、これは現代でも同じことです。

景気がよくて、発展性があるのならフランドルの都市はけっこうおすすめですね。**ガン(ヘント)Gent**なんていかがでしょう。ちなみに「ガン」はフランス語の発音、「ヘント」はオランダ語の発音です。ただし1年と1日かくまってくれる知り合いが必要。隠れおおせたとしても、その知り合いに頭が上がらなくなるのは確実。その人にアゴで使われる覚悟が必要でしょう。

最後の門 の答え

問1　(ア)　④　　(イ)　②
問2　リューベック　　問3　アンリ=ピレンヌ

(解説)

問1　アウクスブルクとニュルンベルクはアルプスより北のドイツの町なので、地中海商業圏ではない。ミラノはイタリアの町だが、内陸部にあるので地中海商業圏ではない。と、なるとコロンブスの故郷である地中海沿いの港町、ジェノヴァとなる。

問2　「ハンザ同盟の盟主」でわかる。東側にある町がリューベックで、西側にある町がハンブルク。

問3　アンリ=ピレンヌ(1862〜1935年)は「商業ルネサンス」をとなえたベルギーの歴史家。主著『マホメットとシャルルマーニュ』で、イスラーム教徒に地中海を奪われたことにより北ヨーロッパを中心とする中世ヨーロッパ社会が出現したことを主張した。

封建社会の衰退
――死神ペストが滅ぼす古い世界

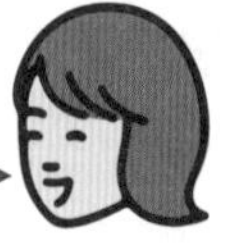

移り住むなら東京がいいや。おしゃれなお店たくさんあるし。

東京は、物価も家賃も高いから住むのは楽じゃないのう。ヨーロッパの中世都市は住むのに便利がよいが、昔も今も物価はたしかに高い……。

第1幕への前奏曲　地獄の沙汰もカネしだい

1300年前後から、ヨーロッパ社会には貨幣経済が行きわたるようになる。「モノ」中心の社会から「カネ」中心の社会に移っていったわけじゃ。いわゆる「**貨幣経済の普及**」じゃ。カネは腐らないし、すべてのものと交換できる。カネの力に負けて心まで売るヤツもおるからのう。今まで田舎の物々交換の素朴な経済で満足していた農民たちも、しだいに貨幣の力に逆らえず、社会全体が変化を余儀なくされたのじゃ。

封建社会の崩壊 ――カネがもたらす自由の身

例えば領主たちは、今まではずーっと自給自足の経済でやりくりしていたのじゃが、商業が盛んになるとカネが欲しくなる。遠い国で作られているコショウや絹織物はカネがないと手に入らない代物だ。そこで領主は農奴にこう言い渡すのじゃ。「**あー、これからはわしの畑をお前たちが耕さなくてもよい。賦役(ふえき)は止めじゃ。その代わりわしの土地をお前たちに貸すから、地代を払え。よいか、カネで払うのだぞ**！」
農奴たち「ご領主様。カネってどうやって手に入れるんですかっ？」
領主「**バカだな。とれた農作物を市に持って行って売りゃいいんだよ**」
というわけで農奴たちは近くの市へ行って、農作物をカネに換えて領主に地代を払うよう

になった。これを**貨幣地代**と呼ぶ。

するとと農奴の中には頭がよくてズルい奴もいる。「**カネが腐らない＝貯蓄できる**」ことに気が付く者もいた。他の農奴がカネをバクチや酒で使っているうちに、頭のよい農奴はカネを貯め、領主に申し出た。

「ご領主様。カネを集めたんですがね、このカネであっしを農奴から自由にしてくれませんか」

「ほう……。よし。お前を自由にしてやろう」

というわけで、農奴の身分から自由になった農民が14世紀以降、特に西ヨーロッパであらわれるようになったのじゃ。彼ら自由になった農民は領主から農地も買い取って、その土地を耕していた。彼らのように「**自分の土地を持ち**」「**自分で耕す**」「**自由な身分**」**の農民**を**独立自営農民**と言うのだが、早くから独立自営農民を出していたイギリスでは、彼らのことを「**ヨーマン**」と呼んでいる。

へー、都市だけではなく農村でも「自由な人々」があらわれたのね

自由な人々があらわれた、ということは今までの「土地にしばり付けられ」「身分にしばり付けられた」社会（＝封建社会）が崩れ始めたことを意味するのじゃ。その自由をもたらしたのが「貨幣」なのじゃよ。

第2幕 「黒い死神」が連れてきた封建時代の終わり

遠隔地貿易の活発化によって、珍しいぜいたく品も入ってきたが、嫌なヤツも入ってきた。それは伝染病じゃ。特に恐ろしかったのは**ペスト**じゃが、この忌まわしい病気についてはコラムを見てくれ。このペストは恐ろしい「死にいたる病」で、14世紀のヨーロッパの全人口のうち3分の1がこの病気で死んでいったのじゃ。右の図（→）

↑この「死の舞踏」を描いた画家のハンス＝ホルバインもペストで亡くなった

は「死神」がどんなに地位の高い人でもあの世に連れて行ってしまう恐怖を描いた「**死の舞踏**」じゃよ。

しかし生き残った人には天国のような状況が待っていた。人口が急激に減ってしまったため「人手不足」に陥った当時の社会の中で、農民の地位が上がったのじゃ。そのために農民や農奴などの中には「地代をもっと安くしろ」「オレたちを自由にしてくんな」などと太い要求を出すようになった。領主たちも頭にきて、「**黙れっ！　封建時代に逆戻りさせてやるっ！**」と力ずくで彼ら農民を押さえ付けにかかった（**封建反動**）が、時代は農民たちに味方していた。1358年、フランスで**ジャックリーの乱**という大規模な農民一揆が起こってしまったのじゃ。あ、ちなみにジャックというのは農民に対する蔑称で、昔の農奴とは違い、平気で領主に歯向かうようになっておったのじゃ。そしてイギリスでは**ワット＝タイラーの乱**が1381年に起こった。ワット＝タイラーというのは反乱の首謀者の名前で、人頭税を取り立てようとした王に対し、反乱を起こしたのじゃ。この反乱の軍師であった聖職者くずれの**ジョン＝ボール**が言ったという「**アダムが耕しイヴが紡いだ時、誰が貴族だったのか**」（＝大昔に貴族なんかいなかったゾ）いう言葉はまさしく時代を代表する言葉になった。ジャックリーの乱もワット＝タイラーの乱も失敗に終わってしまったが、すでに封建社会が終末に向かっていた。

そして14～15世紀に鉄砲や大砲が出現してくると、騎士階級は戦場では「役立たず」の「不用品」になってしまった。しかたなく諸侯や騎士は国王に直接に宮廷で仕える**廷臣**（ていしん）になるか、**単なる地主**（イギリスでは**ジェントリ**と言う）として小作人から地代を取り立てるだけの存在になってしまった。廷臣というのは「王宮の中で国王の身の回りの世話をする係」のこと。ま、誇りある騎士が、生活のために王宮に仕えるサラリーマンになってしまったわけじゃ。

第3幕　教会権威の衰退――聞かん坊の教皇にビンタの「アナーニ事件」

さて、今度はカトリック教会の話じゃ。十字軍の（大）失敗の後、皇帝を土下座させるほど強かった教皇の権威は低下してしまった。その状況の中、13世紀の終わりに教皇になったのが**ボニファティウス8世**だ。名門貴族の出身で、人柄についてはいろいろな評価が

あるが、かなり**アクが強い**教皇であったことには間違いはない。営業部長としてはトップクラスだが、教皇に求められる信仰心については「？」が付いてしまう。「**教皇こそ世界の支配者であり、皇帝や王はその下僕にすぎぬ**」と言い放っていたが、100年前ならともかく、時代遅れのコメントじゃ。もちろん宗教よりは政治が大好きで、各地の王とケンカを繰り返していた。この教皇を嫌っていたのが、「美王」ことフランス王の**フィリップ4世**。顔はこれじゃ（→）。

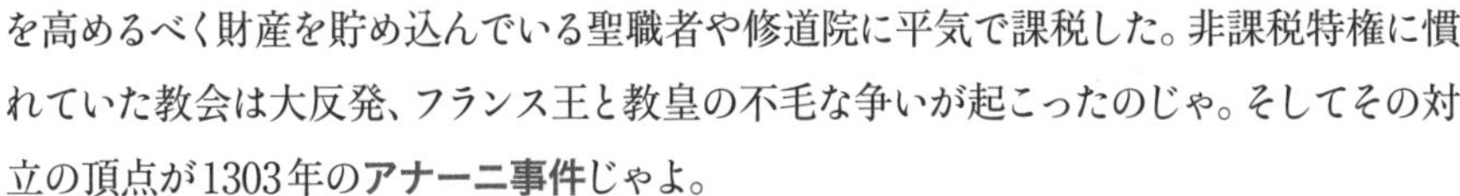

ま、イケメンというよりは宝塚かな

顔に似合わずけっこうキツい性格の王で、王権を高めるべく財産を貯め込んでいる聖職者や修道院に平気で課税した。非課税特権に慣れていた教会は大反発、フランス王と教皇の不毛な争いが起こったのじゃ。そしてその対立の頂点が1303年の**アナーニ事件**じゃよ。

ローマの南東にあるアナーニの町に滞在していたボニファティウス8世をフランス王の家臣が襲い、監禁・脅迫したのじゃ。「おい教皇、てめえ国王に早く謝罪して、教皇を辞めてしまえ、コラっ！」と脅す家臣たちに対し、教皇は一歩も引き下がらなかった。「**フン、ではわしの首でも持っていくがよいっ！**」と教皇の威厳とオーラを全開にして、暴力に屈しなかった。ムカついた家臣の一人がなんとも畏れ多いことに教皇に平手打ちをかましたらしいが教皇は折れない。家臣たちがこのガンコなオッサンに手を焼いているうちに、事件を知ったアナーニ市民たちが教皇の宿へ押しかけてきた。「こりゃいかん」と家臣たちが逃げ出したため教皇は無事だった。モミジマークをほっぺたに付けたままローマに帰ったボニファティウス8世は、怒りのあまり1か月後に死んでしまったらしい。怒りで死ぬ、って本当にあるんじゃのう。

65

第4幕 教皇のバビロン捕囚——呪いの力を侮るなかれ

さてボニファティウス8世の死で、最大のライバルがくたばってくれたことを喜ぶフィリップ4世は、ほとぼりが冷めた頃フランス人の**クレメンス5世**を教皇にすることに成功した。肖像画を見ると、まじめだが気の弱そうな性格に見える。この教皇は押しの強いフィリップ4世の言いなりで、フィリップ4世は南仏の**アヴィニョン**に教皇庁を移してしまった。こうして1309年から約70年間にわたり教皇庁がローマではなく、アヴィニョンに置かれる異常な時代が始まった。歴史ではこのことを古代ヘブライ人がくらった「バビロン捕囚」にひっかけて**教皇のバビロン捕囚**（1309〜1377年）と皮肉って呼んでいる。もちろんこの間は教皇はフランス王の意のままに動いたわけじゃ。さっそくフィリップ4世はカトリック教会の強大な宗教騎士団である**テンプル騎士団**を一斉に逮捕し、その財産を取り上げて、騎士団のメンバーを火炙(ひあぶ)りにして殺してしまった。「国家の中の国家」であった宗教騎士団を潰して王権を拡大するのが目的だった。クレメンス5世は自分の子分たちが殺されるのを黙って見ているしかなかった。テンプル騎士団長は火刑にされる際に、フィリップ4世とクレメンス5世を激しく呪いながら死んでいった。せせら笑っていたフィリップ4世だが、フィリップ4世もクレメンス5世も1314年に急死してしまう。そしてフィリップ4世の後継は皆早死にし、結局、カペー朝が断絶してしまった。周囲は「テンプル騎士団長の呪いが効いたのだ」と噂をしていたらしいのぉ。

復習ポイント

封建社会が崩壊した要因を整理してみよう。

アクティヴィティ

13〜14世紀に貨幣経済が広まった理由は何だろう。この時期に東で大事件が起こっていたよね？

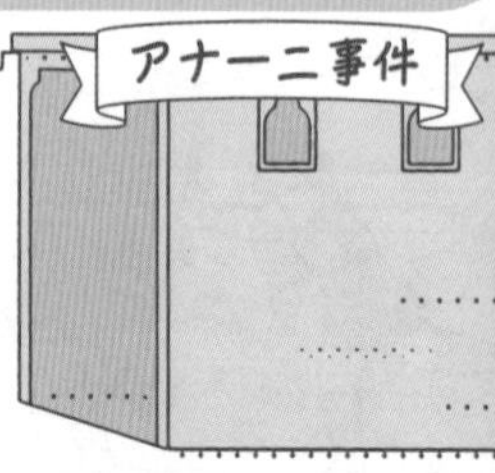

中世西ヨーロッパ史④年表（13〜14世紀）

13〜14世紀　西ヨーロッパにおける貨幣経済の広まり

1303年　アナーニ事件

1309〜1377年　教皇のバビロン捕囚

「社会の変化とともに教皇の勢いも衰えてしまったのう」

14世紀　貨幣地代の普及（現物貢納の衰退）

「税務署に『オラの田でとれたものでごぜえます』と米俵持って行っても、そりゃ受け取ってくれないよねぇ」

1348年頃〜　ペストの広まり

「東方から帰って来た船の中に患者がいて、そこから爆発的に広まったらしい」

→農業人口の減少と農民の地位の上昇

1358年　ジャックリーの乱（フランス）

1381年　ワット＝タイラーの乱（イギリス）

「この二つのすさまじい農民一揆の影響で、王や諸侯も農民に妥協するハメになる」

最後の門　下の問題は大学入試問題を出典にした問題です。答えなさい。

フランス国王（　a　）4世は、教皇権の絶対性を主張した教皇（　b　）8世と争い、1303年に教皇をとらえた。この事件は（　c　）事件と呼ばれている。14世紀初めに教皇庁は南フランスの（　d　）に移され、フランス王の支配を受けた。この出来事を（　e　）と呼ぶ。

問1　空欄（a）にあてはまる人名を次の中から選びなさい。

ア.シャルル　　イ.リシャール　　ウ.フィリップ　　エ.ルイ

問2　空欄（b）にあてはまる人名を次の中から選びなさい。

ア.ボニファティウス　　イ.ウルバヌス　　ウ.グレゴリウス　　エ.インノケンティウス

問3　空欄（c）にあてはまる地名を次の中から選びなさい。

ア.オルレアン　　イ.アヴィニョン　　ウ.アナーニ　　エ.クレルモン

問4　空欄（d）にあてはまる地名を次の中から選びなさい。

ア.オルレアン　　イ.アヴィニョン　　ウ.アナーニ　　エ.クレルモン

問5　空欄（e）にあてはまる名称を書きなさい。　（愛知学院大・改）

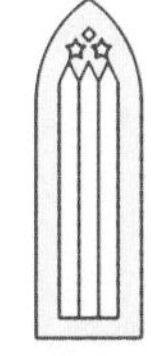
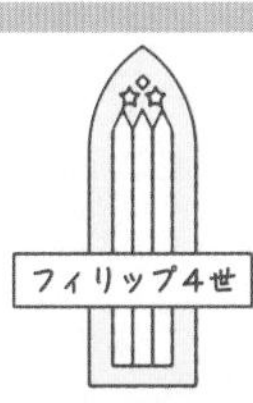

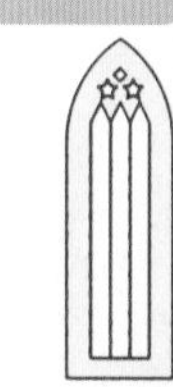

黒き死の恐怖
ペスト

ペスト、これほど人間に脅威を与えた病気は他にない。

ペストは中央アジアから広まった伝染病で、通常はネズミなどのげっ歯類を媒介にして感染する。人体に感染すると短期間で発熱・悪寒・下痢などの症状があらわれ、忌まわしい死の刻印が体に浮かび上がる。それは皮下出血の黒い出血斑である。これによって**全身が黒く変色する**。それゆえ人々はこの病気をこう呼んだ。「**黒死病**」と。

ペストは古代では単なる地方の病気にすぎなかった。しかし商業の発展に伴って交通が発達すると、ペストも世界中に運ばれた。

最初は港町からこの病気は広まった。なにしろたった3日間で死にいたるというすさまじい病気で、しかも接触感染で広まるのである。

感染したら医者であろうと神父であろうとまず死から免れることはできなかった。

*

ペストはヨーロッパに上陸して圧倒的な猛威を振るうことになる。

通常のペスト菌はリンパ管を通り、患者の皮膚と接触することによって感染する。しかし寒冷で乾燥した環境ではペスト菌はリンパ管から肺に移動する特徴を持っている。ヨーロッパの乾いた冷たい気候により、ペスト菌は肺を経由して、せきやくしゃみなどでも簡単に**空気感染**するようになった。これは風邪よりひどい。

被害が圧倒的だったのは人口の集中している都市だった。主な都市は壊滅状態に陥り、**中世全体を通じヨーロッパの全人口の3分の1が死んだと言われる**。人々は死の恐怖と生の空しさを知り、「死」はしばしば文学や芸術の重要なテーマとなった。

中世でよく描かれたのは**「死の舞踏」**(ダンス=マカブル:danse macabre)と呼ばれる不気味な絵である。これは骸骨の形をした死神が聖俗貴賤の区別なくあらゆる人に襲いかかる内容の絵である。そしてそれを見た人たちは避けることのできない宿命である死を思った。**memento mori**(**メメント=モリ**:**「死を想え」**)という、どすのきいたラテン語は中世の合言葉となった。

ペストは文学でもよく取り扱われた。そのよい例が**ボッカチオ**の**『デカメロン』**(**『十日物語』**)である。この作品はペストの脅威的な広まりの描写から始まる。町や村が死に絶え、死体は埋められないまま放置される中、10人の男女がペストを避け、田舎の別荘に閉じこもる。

しかしヒマな生活をもてあました彼らは10日間にわたり、お話をすることになった。この彼らのお話がけっこう愉快な話だったり、エッチな話だったりする。このデカメロンにおけるペストの描写と、それに対抗する生命力に満ちた生き生きした物語は、死に対する生の勝利をあらわしている。

*

たしかにこのペストをかいくぐり生き抜いた者には地獄から天国へ行ったような状況が待っていた。**人口が激減したことにより、生き残った農奴たちの労働条件が圧倒的に有利になったからだ**。ペストの流行はたしかにヨーロッパを荒廃させた。しかし、それを乗り越えたヨーロッパには新たな社会変化の新芽が芽生えていた。

中世の封建制を打ち砕き、農奴制を揺るがせ、近代的なヨーロッパの土台を形作るきっかけを作ったのは、他ならぬあの黒い死神ペストだったのである。

解答と解説

復習ポイント の答え

「封建社会」とは本文でも述べているように、**「土地にしばり付けられ」「身分にしばり付けられた」社会**のことを指す。「ウチの家族は封建的だ」という場合、父を頂点とする「身分関係」が定まっており、その関係が動かないことを意味している。

その関係が動いて動揺する時とはまず①**底辺の少数化**である。家庭に例えれば、少子化により子どもの価値が高くなり、子どもの地位が上がることになる。次いで②**「カネ」の侵入**である。子どもがいきなりアイドルスターになって、ものすごいギャラを稼いできたら、今までの家族間の上下関係は通じなくなってしまうだろう。その結果が**封建関係の崩壊**である。下が上になり、上が下になる下剋上(げこくじょう)の実力主義の時代が当たり前になる。

その結果、中世から生まれてきたのが**近世**の世界である。過去の権威(皇帝・王・教会など)はまだ存在するものの、商人が活躍し、カネが社会の価値観の中心となる世界が生まれてくるのである。

アクティヴィティ の答えの一つ

13世紀に起こったのが「モンゴル帝国」の出現だ。ユーラシア大陸のほとんどを支配したモンゴル人は武力で商業路を確保し、その安全を保障した。これによりユーラシア大陸が今までの分断された世界から、一つの大きなまとまりへと改編された時代と変化した。特に「海の道」を使った商業も活発化し、東西交易が盛んになったため貨幣の流通が各地で進んだ。11〜13世紀にかけての十字軍で東方貿易(レヴァント貿易)の販路を築いたヨーロッパ商人は、13世紀の**「タタールの平和」(モンゴルによる平和)**によってさらに遠隔地貿易を盛んにした。その代表がマルコ=ポーロである。

最後の門 の答え

問1　ウ　　問2　ア　　問3　ウ
問4　イ　　問5　教皇のバビロン捕囚

(解説)
問2の「ローマ教皇の名前」は長く、覚えるのが面倒である。まずローマ教皇の名前は①**「基本的に本名ではない」**。教皇に選ばれた時に自分で選ぶのだ。**尊敬する聖人の名前**を付ける場合が多い。例えばボニファティウス8世の「ボニファティウス」とはドイツにカトリックを布教した聖人の名前だ。フランシスコ1世(2022年現在)は、アッシジの聖フランチェスコの名前からとっている。②**「ペテロの名前は教皇名にしない」**。イエスの使徒で第1代目教皇であったペテロの名前は付けない。理由は「畏れ多い」から。人気のある教皇名は「ヨハネ」で、「ヨハネ=パウロ2世」のようにダブルネームにする場合もある。

教会大分裂とイギリス議会の誕生

——教皇と国王の運命は？

フィリップ４世って、やることがえげつないですね。

聖職者を火炙(ひあぶ)りにして、情け容赦なく皆殺しにするのは織田信長とフィリップ４世に共通しておるの。オスマン帝国のメフメト２世も冷酷極まりないスルタンだった。

第1幕 教会大分裂——落ち込む教皇の権威、高まる教皇への疑い

教皇のバビロン捕囚で教皇庁はアヴィニョンに移されてしまった。みじめな状態だったが後に述べる「百年戦争」でフランス王が苦戦しているスキを突いて、1377年に教皇はローマになんとか帰還した。しかし、教皇を「国王付き司祭」の役割にしばり付けたかったフランス王はあきらめず、アヴィニョンに再び教皇を立てたので、「二人教皇」という事態になってしまった。そのおかげでヨーロッパ人はどちらの教皇を信じたらよいのか40年近くも迷うハメになったのじゃ。これを**教会大分裂**（**大シスマ**）と言う。あ、シスマとは教会の分裂をあらわす不吉なラテン語じゃよ。こりゃいかんので、改めてピサに別の教皇を置いて一本化しようとしたのじゃが、ローマとアヴィニョンの教皇が引き下がらなかったので**３人教皇**という前代未聞の異常事態になってしまった。

こうなると教皇の権威も失墜してしまい、カトリック教会のあり方に疑問をあらわす神学者も出てきてしまった。イギリスでは14世紀後半にオクスフォード大学の神学教授**ウィクリフ**が教会の権威を疑い、「教皇ではなく**聖書**こそ信仰の道の変わらぬ中心である」と説いた。しかし当時はラテン語の聖書しか出版されていなかったので、ウィクリフ自らが聖書の英語訳をおこなったのじゃ。ウィクリフの死後、15世紀初めにはベーメンにプラハ大学神学教授の**フス**があらわれ、ウィクリフの説を継いで、聖書中心主義を説き、教皇を中

心とするカトリック教会のあり方を強く批判した。さすがにカトリック教会は身内争いを続けている場合ではないことを理解し、1414年に**コンスタンツ公会議**を開いて事態の収拾に努力した。まずフスをだましてコンスタンツの町におびき寄せて捕らえ、フスを焼き殺してしまったのじゃ。そして3人もいた教皇のうち、**ローマの教皇を正統**とし、他の教皇を無効としたのじゃ。「やれやれ、異端はやっつけた。これで教皇様の権威は守れるわい」とカトリック関係者は一安心したが、その約100年後、ドイツのヴィッテンベルク大学図書館で金庫の中にしまわれていたフスの著作を読んでいた一人の聖職者がつぶやいた。

「フスの言っていることはまったく正しい……!」

この聖職者こそ、宗教改革を起こすマルティン=ルターなのじゃ。

第2幕への前奏曲　イギリス王家のお家事情

さてイギリス王家の話じゃ。まず復習。イギリスは11世紀の「ノルマン=コンクェスト」によってウィリアム1世がノルマン朝を作って、支配するようになった(テーマ59参照)。征服王朝だったから、王権は結構強かったのじゃが、しかしこの王朝は12世紀中頃に断絶してしまった。乳児死亡率が高かった時代じゃからな。というわけで最も血縁が濃い人が次の王になったのだ。これがアンジュー伯の**ヘンリ2世**で、1154年にイギリスに**プランタジネット朝**を作ったのだが、ところが、この王様はちょっとワケありでのう……。

第2幕　不倫から生まれたプランタジネット朝

実は、フランス王の家臣だったのじゃ。そのことで後の問題が起こってくるのじゃが……。しかもやっかいなことにヘンリ2世はけっこう**イケメンだった**のだ。このことがさらに面倒を起こしてしまう。実はフランス王に参勤して挨拶しに来たヘンリを見たフランス王妃アリエノール=ダキテーヌが、「**んまあ、いい男♥**」と燃え上がってしまって、ヘンリを口説き始めたのじゃ。「い、いや、王妃様、拙者は……」「**いいじゃないのよう♥ウフフフ**」(後略)というわけでアリエノールはフランス王と別れて、ヘンリ2世とついに結婚してしまったのじゃ。

参勤交代に来た大名が、将軍様の正室をとっちゃったようだね

うむむ、結果としてはそうなるのう。このアリエノールは実はフランスのアキテーヌ地方の女領主様だった。アキテーヌとはフランスの地域じゃ。ここにはワインの産地として有名なボルドーの町があっての、フランスの重要な金蔵だったのじゃ。しかもヘンリ2世はフランスに多くの土地を持っており、二人の土地を合わせるとフランス王の直轄地よりも多い土地を持つこととなる。しかもアリエノールはヘンリ2世の子どもを次々産み、その子どもたちがよりによってイギリス史に名を残す王様になってしまった。

長男は第3回十字軍に参加した、あの**リチャード1世**(獅子心王)じゃの。アリエノールが溺愛して甘やかしたせいか、とんだ乱暴者に育ってしまい、王位についてから、わずか半年しかイギリスにいなかった。それ以外は十字軍に参加してサラディンと戦ったり、海外の戦場で暴れ回っていたのじゃ。ついにはフランスの領地をめぐる戦いでリチャード1世はフランスで戦死してしまったのだ。

第3幕 ツキなし王ジョン、現イギリス憲法の礎を築く

跡を継いだのが**ジョン王**。大陸の領土を分けてもらえなかったので、ついたあだ名が「欠地王」(Lackland)。決して暗愚な人間ではないのだが、やることなすことツキがない。まず争った相手が悪かった。フランス王の**フィリップ2世**と戦っては負け続けで、フランスに持っていた領地の多くを失ってしまった。おまけに最強教皇**インノケンティウス3世**とも争い、最後には破門されたあげくに教皇にひれふしてやっと許してもらった始末じゃ。しかもジョン王の数々の失態に呆れた家臣たちから反発をくらい、さんざん争った末に**1215年**に「**新たな課税には大貴族と高位聖職者からなる会議の承認が必要**」をはじめとする屈辱的な内容の法律を認めてしまった。この法律を**大憲章**(マグナ=カルタ)と言うのだが、イギリスの憲法の先駆けとなった文書じゃよ。この憲章でジョン王は貴族や教会からなる会議や都市の権利を認めておるのだ。

よりによって、なんでそんな憲章をジョン王は認めたんですかね

認めなければ王を辞めさせられるか、殺されるかの瀬戸際だったからじゃな。弱腰のおかげでジョン王の人気は歴代イギリス王の中では最悪で、王家ではジョンの名前を付けることを避けているくらいじゃ。だが、プランタジネット朝の王たちは実は皆ジョン王の子孫であり、現在のイギリス王家にもジョン王のDNAは伝えられておるのだ。

第4幕 議会が生まれた経緯——忠臣の反乱が議会の基本を固める

ジョン王が死んでしまったため、跡を継いだのは息子の**ヘンリ3世**だ。このセガレは父が認めたマグナ=カルタを無視し、外国人を側近にしたので貴族たちの怒りを買ってしまった。1265年に**シモン=ド=モンフォール**という王の臣下が反乱を起こし、ついに屈服したヘンリ3世は泣く泣くシモンの要求に従い、今までの大貴族と高位聖職者でのみ構成されていた会議に「州や都市の代表」を加えるようになった。**この新たな会議こそ、現在のイギリス議会の起源なのだ。**と言っても、この議会が開かれたか、と思ったらシモンはすぐに戦死してしまったので、この議会はあまり意味がなくなってしまったのじゃ。

後に1295年、**エドワード1世**の時代に新たに議会が開かれたのだが、この議会を歴史では**模範議会**(Model Parliament)と呼ぶ。

マグナ=カルタによれば、王は課税するためには議会を開かなくてはならない。どうせ議会を開くならば、王は議会を自分に有利なように動かしたいものだ。そこでエドワード1世は議会に、従来の大貴族と高位聖職者だけではなく、**「各州2名の騎士と各都市2名の市民」を新たに参加させるようにしたのじゃ。**この「騎士」とは、あの「甲冑(かっちゅう)を着て馬に乗った騎士」のことではなく、**地主**(**ジェントリ**:テーマ65参照)を意味する言葉だ。つまりエドワード1世は新興階級である「地主」と「市民(商人)」の代表を議会に加えて、自分の味方にしようとたくらんだわけだな。このたくらみはまんまと成功して課税に成功するようになったので、王は議会をよく開くようになったわけだ。

間奏曲 身分制議会——「苦しゅうない。市民は朕の味方じゃ」

当時の議会は**身分制議会**で、議会は貴族・聖職者・市民代表(商人や地主)の三つの身

分に応じて構成されていた。ちなみに議会は社会の中の有力者によって構成されていたから、農奴は入っていないのじゃよ。貴族や聖職者は王や皇帝に逆らうことも多かったので、王は新しい新興身分である市民代表を自分の味方としてアテにしていた。**産業が盛んで、豊かな市民を持つ国では王は市民階級と手を組み、豊かな財政をバックに王権を伸ばすことができたのじゃ。**14世紀になり、上院（貴族）と下院（市民）の二院制が固まってくると地主化した騎士や市民階級が下院で大きな勢力となる。

次回予告　フランスに高まる王様の足音

フランスではカペー朝が10世紀に始まった頃は王の力はそれほど強くはなかった。なにせ王の領地はイル＝ド＝フランスと呼ばれるパリ周辺の土地しかなかったからな（テーマ58参照）。しかし12世紀後半に**フィリップ２世**があらわれると王の力もしだいに強くなってくる。きっかけとなったのは南フランスを中心に起こったキリスト教の異端運動だった。その異端の討伐が国王の力を高めることになる。

復習ポイント

ジョン王の失敗にもかかわらず、イギリス王権が強化された理由を整理してみよう。

アクティヴィティ

あなたがアヴィニョン教皇だったら、教会大分裂をどうやって避けますか。

中世教会史年表（14～15世紀）

1378年～　教会大分裂

14世紀後半　イギリスのウィクリフが教会を批判。聖書を信仰の権威とする

15世紀初め　ベーメンのフスがウィクリフの説を引き継ぎ教会を批判

1414年～　コンスタンツ公会議でローマの教皇を正統とし、フスを処刑する

イギリス史年表（11～14世紀）

1066～1154年　ノルマン朝

1154年　フランス、アンジュー伯のヘンリ2世がプランタジネット朝を始める

1215年　大憲章（マグナ=カルタ）をジョン王が認める＝イギリス憲法の始まりとなる

1265年　シモン=ド=モンフォールの乱→議会開設を王が認証→イギリス議会の起源となる

1295年　エドワード1世が「模範議会」を開く

14世紀　上院（貴族院）と下院（庶民院）からなる二院制議会の基礎が生まれる

最後の門　下の問題は大学入試問題を出典にした問題です。答えなさい。

問1　イギリス王ジョンに関する記述として誤っているものを選びなさい。すべて正しい場合は㋔を選びなさい。

㋐　教皇インノケンティウス3世と争い、破門された。

㋑　フランス王フィリップ2世と戦い、フランスに持っていた領地の大半を失った。

㋒　フランスのアンジュー伯であった父が、イギリスに入って国王となり、プランタジネット朝を開いた。

㋓　在位中にワット=タイラーの乱がおこった。

問2　イギリス上院と下院に関する次の二つの文について正誤を判断し、aとbの両方が正しければ㋐を、aが正しくbが誤っていれば㋑を、aが誤っておりbが正しければ㋒を、aとbの両方が誤っていれば㋓を選びなさい。

a　地主化した騎士が州の代表として下院の有力な勢力となった。

b　新たな課税については、上院の議決のみが必要とされた。　（南山大）

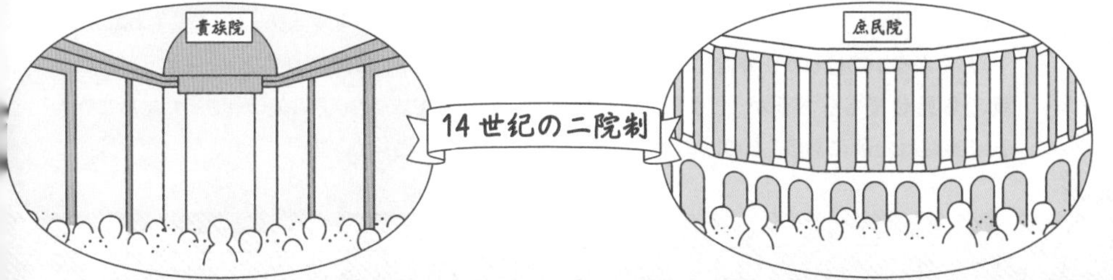

ロビン＝フッドの冒険

ある春の日、独立自営農民(ヨーマン)の息子である**ロビン＝フッド**は、王領地であるシャーウッドの森でうっかり王様の鹿を矢で撃ってしまった。当時、王様の鹿を殺した者はしばり首になる掟だった。やむを得ず逃げたロビンは、ため息をついた。

「オレはおたずね者になってしまった……」

＊

ロビン＝フッドはシャーウッドの森に逃げ込み、**森の暴れん坊**と呼ばれる盗賊たちの仲間となった。この森の暴れん坊たちは、ぜいたくな暮らしをしているノッティンガムの悪代官を襲って、まきあげた金を貧乏人に配ったりしたため民衆に人気があった。

その中でもロビン＝フッドは弓の腕前と勇気ある人柄によって仲間たちから認められるようになり、いつしか首領になっていたのである。ロビン＝フッドがリーダーになって以来、仲間も増えて森の暴れん坊たちは大活躍するようになる。**リトル＝ジョン**という力持ちの大男や、**タック**という武芸に秀でた生臭神父、**アラン＝ア＝デイル**という美男子の竪琴ひきなどは特に有名な仲間だ。

＊

ある日、人品卑しからぬ立派な騎士が顔をフードで隠しつつシャーウッドの森に入って来た。

森の暴れん坊たちはさっそくこの騎士を拉致して来たが、彼はカネを持っていなかった。残念がる仲間たちを抑え、ロビンが言った。

「カネがないのはしかたがない。では武芸の腕でも見せてもらおうか。どうだ、みんな、100歩離れた所にある、あの木の葉っぱを弓で狙ってみよう。もし射ることができない者はタック神父のげんこつをちょうだいすることになるぞ。騎士殿、貴殿の腕を拝見しよう」

いよいよ腕くらべが始まった。

さすがにロビンは弓の名手、一発で当てたが、他の連中はみんな失敗し、全員がタック神父の熊のようなげんこつを食らってしまった。

客人の騎士もよく狙ったが、残念なことにはずれてしまった。

「よっしゃァ、私のパンチをありがたく受けるがよい！」

神父のパンチがあたった瞬間、騎士のフードがはずれてしまった。

「あッ！　王様だ！　リチャード１世陛下ではありませんか！」

森の暴れん坊たちはその場で一斉に土下座した。特に王様を殴ってしまったタック神父は、冷や汗を流し大地にひれふした。痛む顔を押さえながら獅子心王は皆の前で言った。

「最近、森の暴れん坊が出没し、正義の味方を気取っていると聞いたのでわしが直接来てみたのだ。ロビンよ、お前が森に逃げ込んだ事情は聞いた。お前は犯罪者であるべき人間ではない。お前と森の暴れん坊の罪はすべて許そう。これからはわしに仕えるがよい！」

森の中に歓声が湧き起こり、王様万歳の声がこだました。

＊

ロビンはハンティンドン伯爵として活躍し、リチャード１世に従って**十字軍**にも行った。そして20年すぎた頃ロビンは再びシャーウッドの森に帰って来た。しかしロビンに待ち受けていたのは死だった。

むせび泣くリトル＝ジョンに抱えられながら、力なくロビンは最後の矢をシャーウッドの森に向かって放った。その矢の刺さった場所に今もロビンは眠っている。

解答と解説

復習ポイント の答え

ジョン王の政治は大学入試問題でも取り上げられているが、はたから見ると失敗ばかりに見える。失敗要素であっても、それを成功に変えたことが王権の強化につながっている。例えば「**会議の承認が必要**」となっても、逆に言えば「**会議の承認があれば可能**」と言えるわけだ。イギリス王エドワード1世は議会の中におけるジェントリや市民の人数を増やすことによって貴族や聖職者の力を抑え、課税をしやすくした。また議会の同意を得ることにより、王に対する反対勢力の攻撃を容易に抑えることも可能となった。

エドワード1世やフランスのフィリップ4世などの有能な王は議会を味方にして王権を支える力を作っている。

アクティヴィティ の答えの一つ

以下のような考え方はできるでしょう。

（例）

教会の分裂を防ぐには、自らの行いを正して教会の刷新に努め、信者を自分の味方にするように努力することがやはり一番である。しかし、教皇に強い信仰と力量がなければ教会の刷新は難しい。簡単な方法は**フランス王と手を結んで、王の武力で敵対勢力を始末してしまうこと**だ。しかし、このやり方は『教皇がフランス王の臣下になってしまう』ことを意味するので大変に危険である。

教皇が強い権力を持つと十字軍のように武力で敵を始末してしまいがちになる。教皇はあくまでも平和的な宗教的権威であるべきであり、武力を持った権力としてフスのような敵対者を力で押さえ込むことは、教会の未来に害悪をもたらすことになる可能性が大きい。

最後の門 の答え

問1　㊞　　問2　㋑

（解説）

たった2問ですが難しい問題です。

問1は「全部正しい」という可能性もあるので、落ち着いて判断しなければなりません。㊞のワット＝タイラーの乱は1381年に起こった反乱で、ジョン王の時代より170年近く後に起こった事件です。したがって㊞が間違いです。

問2は4種類もの答えが考えられます。aの「地主化した騎士」が議会で強い勢力となったことは本文にも述べられているとおりで正しい。bについては誤り。二院制議会の場合は上院・下院両方の承認が必要です。

百年戦争とバラ戦争
——まさしく「雨降って」王権固まる英仏

なに、百年戦争って、100年もずーっと戦ってたのっ？

いやいや、休み休みやっていたのじゃ。現代の戦争とは違い、当時の戦争はずいぶんノンビリしたものだったからのう。だから100年もかかってしまったのじゃよ。

第1幕 フランス王権の強大化 ——「異端狩り」の大義名分で勢力増大！

西ヨーロッパの中世都市が遠隔地貿易によって豊かになると、都市部を中心に新たな動きが広まるようになった。12世紀から南仏のアルビジョワ方面に極端な善悪二元論（マニ教〔テーマ6参照〕の影響じゃの）を説く**カタリ派**があらわれた。彼らは一応キリスト教徒だが、この世は地獄と考え、自殺を奨励していたと言う。そこでフランス王たちは「異端撲滅」を旗印にして南フランスに軍隊を派遣していた。これを**アルビジョワ十字軍**と呼ぶ。特に12～13世紀のフランス王**フィリップ2世**はアルビジョワ十字軍を利用して南仏に勢力を伸ばすことに成功したのじゃ。この王は第3回十字軍にも参加したが、仲間のイギリス王リチャード1世（獅子心王）とケンカを繰り返し、さらにその弟ジョン王（欠地王）と戦ってフランスの領土を奪い返したのだ。1180年に即位したフィリップ2世が1223年に亡くなった時にはフランスの領土をこんなにも広げている（→）。

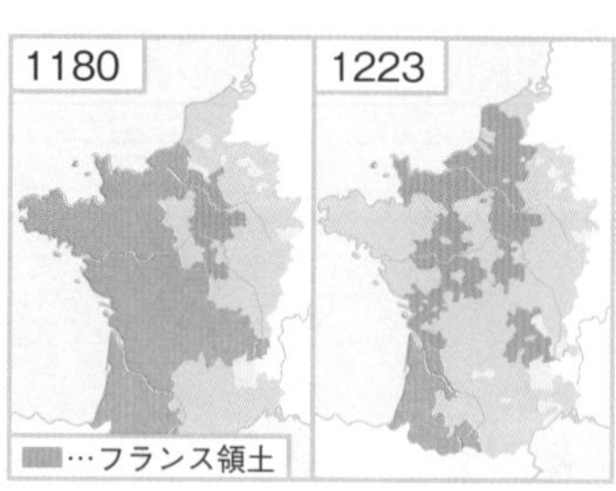

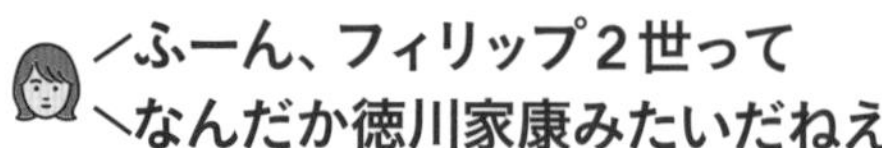

ふーん、フィリップ2世って
なんだか徳川家康みたいだねえ

13世紀の前半～中頃に**ルイ9世**が出てくるのじゃが、ルイ9世は「**聖王**」と呼ばれており、信仰が深く、第6回・第7回十字軍にも熱心に参加した（失敗には終わったが……）。ルイ9世はフィリップ2世を継いで、アルビジョワ十字軍にも軍を派遣して異端を壊滅させ、フランス王の勢力を南仏に確立した王なのじゃ。そして13世紀後半～14世紀初めにあの「**美王**」**フィリップ4世**が登場し、教会への課税で王権の強化を目指したのじゃ。フィリップ4世は教皇と争う時、身分制議会であるフランスの貴族・聖職者・市民からなる**三部会**を開き、議会を王に味方させる手はずを整えてからアナーニ事件を引き起こしているのじゃよ。ところが教皇を脅迫したバチがあたったのか、フィリップ4世は急死し、残った子孫も短命に終わりカペー朝が断絶してしまったのじゃ。

第2幕への前奏曲 百年戦争の原因——動機の本音はフワフワのアレ？

カペー朝が断絶した後、**ヴァロワ朝**がフランス王家として選ばれたが、これに物言いをつけたのが、イギリス、プランタジネット朝の王である**エドワード3世**じゃ。「おうっと、待ってくんな。わしの母親はカペー家から嫁に来たのだから、わしにはカペーの血が半分入っている。血の濃さから言えば、わしこそふさわしい」と、言っていることはごもっとも。だが実は下心があった。イギリスは毛織物が盛んな**フランドル地方**に羊毛を輸出してもうけていたのだが、フランス国王が豊かなフランドルを支配しようとしていたのじゃ。そこで王位継承にかこつけてフランドルをイギリスのものにしようとエドワード3世はたくらんだのだ。フランス人はエドワード3世の下心がわかっていたのでイギリス王の王位継承を拒否したら、ついに戦争に発展してしまった。

第2幕 百年戦争——前半は弓合戦、後半は乙女の活躍で決まる

第1ラウンド：長弓と黒太子でイケイケのイギリス軍圧勝

1339年に戦争が始まったのだが、**最初はイギリス軍の圧勝でフランスに分が悪かった**。イギリス軍有利の理由としてはまず戦術の差が挙げられるじゃろう。フランドルに近い**クレシー**で英仏両軍がぶつかった（1346年）時、長弓（ロングボウ）を主体とするイギリス軍

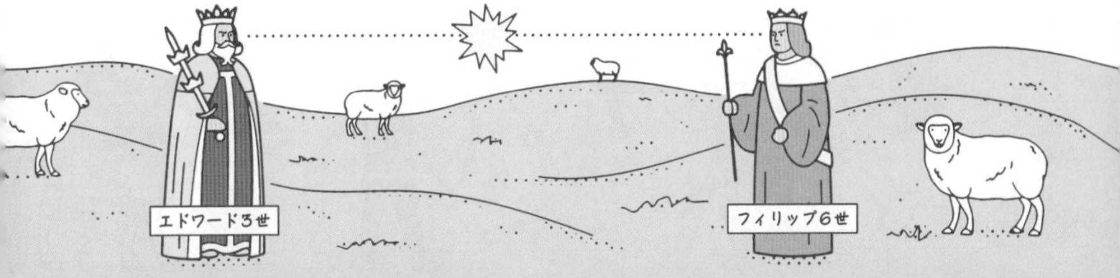

と、短い弓(クロスボウ)を主体とするフランス軍の差がはっきり出てしまったのだ。短弓は正確に狙えるが長距離では威力がない。長弓は正確さには欠けるものの長距離でも威力がある。

クレシーの戦いの絵。
左がフランス軍のクロスボウ。
右がイギリス軍の長弓

この長弓を使ったイギリス軍がフランス軍を圧倒してクレシーの戦いを制したのじゃ。しかもイギリス軍では**エドワード黒太子**が大活躍。黒い鎧を着ていたので黒太子と呼ぶのじゃが、本人もけっこうイケメンだったようだ。残念ながら父親のエドワード3世が長生きし、黒太子が短命だったため黒太子が王になることはなかった。対してフランス軍はイギリス軍に歯が立たないわ、1358年に農民どもの**ジャックリーの乱**が起こるわ、ペストが流行って人口が減ってしまうわ、と泣きっ面に蜂の状態じゃった。15世紀に入るとフランスの劣勢は決定的で、重要拠点のオルレアンを包囲されていた。ヴァロワ朝のフランス王子**シャルル**はいよいよ追い詰められていた。そこへあらわれたのが乙女、**ジャンヌ=ダルク**じゃ。

第2ラウンド：奇跡の乙女の出現でフランスの大逆転

ジャンヌ=ダルクはドンレミ村のただの農村娘で、神の啓示を受けてフランスのために立ち上がったと言う。ジャンヌはシャルルに会い、王子を独特の力で魅了してしまった。シャルルは、さっそくジャンヌを登用したところ、ジャンヌの戦場での働きは群を抜いていた。彼女の働きでパリ南方にあった**オルレアン**の町は解放され、イギリスの包囲から脱し、シャルルは**シャルル7世**として国王に即位することができた。大商人と結んで戦費を手に入れ、戦いに希望を見出すことができるようになってきたシャルルはゲンキンなもので、神がかりの巫女のようなジャンヌがうっとうしくなってしまった。失望したジャンヌは無謀な突撃のあげくイギリス軍に捕らわれ、宗教裁判にかけられたあげく、火炙りの刑で殺されてしまったのだ……。

ジャンヌ=ダルクの自筆のサイン

しかしジャンヌの死後、イギリス軍はフランス軍を破ることができなくなり、最後にはイギリス軍はカレーの町以外のすべてのフランスの領土から撤退したのじゃ。**この百年戦争の結果、それまで分裂していたフランスが王権のもとで一つにまとまったことが大きい。**

第3幕 バラ戦争――バラバラなイギリスから強力な王権が誕生

フランスとフランドルを手に入れることに失敗してしまったイギリスだが、かたや百年戦争中に自国のプランタジネット朝が断絶してしまった！　そこでエドワード3世の子孫たちが王位を目指して内乱を始めたのじゃ。この内乱を**「バラ戦争」**（1455～1485年）と呼ぶ。バラ戦争と呼ぶのは、この内乱で戦っていた**ヨーク家**が白いバラ、**ランカスター家**が赤いバラを家紋にしていたという言い伝えがあったからじゃ。そして親族を殺してまで王権を手にしたのがヨーク家の**リチャード3世**だ。シェークスピアがお芝居に書いたため、悪逆無道の王として有名になってしまったが、この悪王を滅ぼして天下を握ったのがランカスター派の**ヘンリ7世**じゃ。ヨーク家の娘と結婚し、ランカスター家とヨーク家の統合を果たしたヘンリ7世が作ったのが「テューダーローズ」と呼ばれる右の紋章（→）。このヘンリ7世が祖となったのがイギリスの**テューダー朝**だ。白バラと赤バラが組み合わさったのがテューダー朝というわけじゃ。ついつい納得してしまう言い伝えだが、どうも赤バラ＋白バラ＝テユーダーローズというのは後世の作り話のようじゃのう。しかしバラ戦争が終わっても王に反抗する貴族が相次いだので、ヘンリ8世は**星室庁裁判所**（**Court of Star Chamber**）を成立させ、貴族どもを裁いたのじゃ。ちなみに星室庁というのは「星の間」という部屋で裁判がおこなわれたことに由来する。ここで裁かれた貴族たちはすぐに星の世界に行ってしまったのじゃがのぅ……。このようにして百年戦争がフランスの王権を強めたように、**「バラ戦争」の結果、イギリスには強力な王権が成立することになる。**

第4幕 イベリア半島その①――イスラームに対する「砦」が長崎銘菓に？

いよいよイベリア半島の中世史じゃ。イベリア半島とはフランスの南にある半島で、スペインとポルトガル、アンドラがある場所だ。

イスラーム教徒はイベリア半島の南部を占領し、コルドバを都として後ウマイヤ朝（756～1031年）が栄えたが、北にあるキリスト教勢力を滅ぼすことには意欲的ではなかった。南

67

北の中間には荒地が広がり、それをくぐり抜けたとしても北部には険しい山が広がるばかり。しかも十二使徒の一人、聖ヤコブの墓がある**サンチャゴ=デ=コンポステラ**を抱えるキリスト教徒の抵抗は激しい。要するに、「苦多くして益少なし」だったのでイスラーム教徒は北部を放っておいたのじゃ。そしたらキリスト教徒の勢力が南部に向かってジワジワと広がってきてしまった。新たな土地を求めての動きだから、十字軍の一つと数えてもよいじゃろう。この動きを**国土回復運動(レコンキスタ)**と呼ぶ。

「ま、いいか」と放っておいたら、反撃を受けちゃったわけね

さて、12世紀後半までにイベリア半島北部のキリスト教勢力圏には三つの国が建てられるようになった。その三つとは西から並べると**ポルトガル・カスティリャ・アラゴン**の3か国じゃ(→)。このうち一番面積が大きく、強い勢力となったのがカスティリャじゃ。カスティリャとは元々は「砦」という意味なのだが、一変して攻める方に変わったのだな。ちなみに「カステラ」の語源はカスティリャのようじゃな。ポルトガル語で発音すると「カステラ」になるのじゃ。

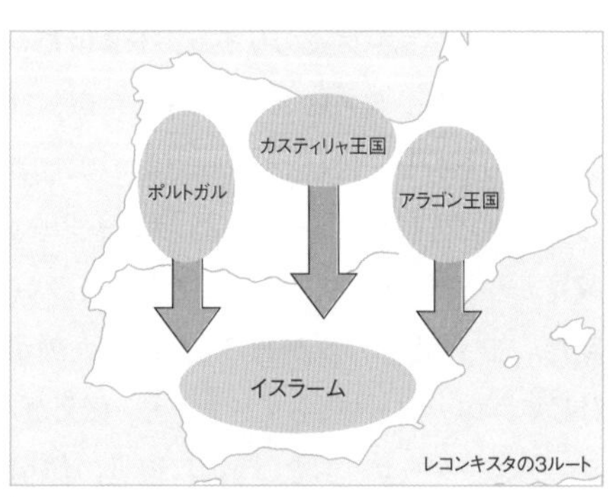

レコンキスタの3ルート

復習ポイント

「百年戦争」と「バラ戦争」は英仏の王権にどのような影響を与えたのだろうか。「貴族」という言葉をキーワードにしてまとめてみよう。

アクティヴィティ

中世の戦争は、現代の戦争とどのような点が異なるだろうか?

百年戦争・バラ戦争年表（14～15世紀）

1328年	フランスのカペー朝断絶 →イギリス王エドワード3世が王位継承権主張 →百年戦争の開始（1339～1453年）
1346年	クレシーの戦いでイギリスが長弓を使って勝利→エドワード黒太子の活躍
1399年	イギリスのプランタジネット朝断絶
1429年	ジャンヌ＝ダルクの出現と活躍
1453年	イギリスはカレー（港町）以外のフランス領土から撤退 →百年戦争でのイギリスの敗北→フランス王権の強化
1455年	ランカスター家とヨーク家が王位継承を争いバラ戦争開始（～1485年）
1485年	ヘンリ7世がイギリス王に即位し、テューダー朝を開く →バラ戦争の終了→イギリス王権の強化へ

最後の門 下の問題は大学入試問題を出典にした問題です。答えなさい。

フランスでカペー朝が断絶し、代わって（　a　）朝が成立すると、母親がカペー家出身であるイギリス国王（　b　）がフランスの王位継承権を主張し、これをきっかけとして百年戦争が始まった。（ア）戦局はイギリス側の有利に展開したが、15世紀になるとジャンヌ＝ダルクが登場し、劣勢に追い込まれていたフランス国王（　c　）を助け、（イ）イギリス軍を大敗させた。これをきっかけに形勢は徐々に逆転し、最終的にフランスは港湾都市（　d　）を除く全土を回復し、長期にわたる戦争は終結した。

戦後のイギリスでは、王位継承をめぐってバラ戦争が起こったが、この内乱を平定したヘンリ7世は、1485年に（　e　）朝を開いた。ヘンリ8世は（　f　）裁判所を成立させ王権に反抗する者を処罰し、イギリス絶対王政の基礎を築いた。

問1　文中の（　a　）～（　f　）に最も適当な語を記入せよ。

問2　下線部（ア）について、エドワード黒太子が長弓隊を率いて勝利した1346年の戦いを何というか。

問3　下線部（イ）について、ジャンヌ＝ダルクの活躍によって包囲を解かれたパリ南方ロワール川沿いの都市はどこか。

（西南学院大・改）

「裁かるるジャンヌ」

1412年ジャンヌはフランスのドンレミ村の農家の娘として生まれた。彼女は普通の田舎娘で、教養にしてもそれほど優れていたわけではない。手紙に残された自筆のサインはけっこうたどたどしい。

しかしドンレミ村がイギリス兵に略奪されたことが、彼女の社会問題への目を開かせた。フランスの運命を憂える彼女が教会で祈っていた時に、突然神の啓示が下された。

「ジャンヌよ、立ってシャルルを助け、フランスを救え」

この時、ジャンヌは神の命令に従う決心をし、歴史の中に姿をあらわすのである。

ジャンヌはまだ13歳だった。

*

シャルルに会いに来た時、鎧を身にまとっていたジャンヌは髪をひっつめた少女だった。王子はわざと家臣たちの中にまぎれ、代わって影武者が座っていたが、ジャンヌは王子を瞬時に見抜いた。群衆の中にいた王子に近寄ったジャンヌはひざまずき、そして叫んだ。

「王子よ。あなたこそフランスの王にふさわしき人。今すぐに王に即位なされませ。そしてイギリスの野望を打ち砕くのです！」

ジャンヌの力強い声に魅せられたシャルルは、何を血迷ったのかジャンヌにフランス軍の指揮権を与えてしまった。ところがジャンヌは思った以上に優れた指揮官だった。イギリス軍の包囲を受けていた**オルレアン**の町を解放し、パテーでイギリス軍を打ち破って、敵を壊滅状態に陥れた。そしてランスの町でシャルルの戴冠式が行われ、**シャルル7世**として即位させたのである。

イギリスはこの時からこの15歳にもならぬ少女を最大の敵だと認めた。そしてジャンヌを陥れるワナを作り始める。

ジャンヌはイギリス軍に取り囲まれたコンピエーニュの町を救おうとして、まんまとイギリスの捕虜となってしまった。イギリスはフランス人の司教で裏切り者のピエール＝コションをつかい、ジャンヌに異端者の烙印を押そうとした。**毎日長時間にわたる尋問と鎖にしばられた地下牢への監禁、そして裁判。**

1回だけジャンヌは拷問の恐怖に屈して神からの啓示を否定したが、次の日には雄々しく立ち直り、自分が神の啓示を受けていることを再び表明した。怒り狂ったコションはジャンヌに死刑を宣告した。

*

1431年5月30日。ルーアンの町の広場に引きずり出されたジャンヌはそまつな上着に裸足だった。町の人々の下品なヤジにおびえながら彼女は黒い火刑台を見た。そして彼女は晴れ上がった空を見上げながらつぶやいた。

「1時間もしないうちに私もあそこに……」

台にしばり付けられたジャンヌの足元に火がつけられた。肉を焼く嫌な臭いがただよう中、彼女は一声叫んだ。**「神様ー！」**

次の瞬間、猛烈な火が彼女の全身を覆った。そして彼女はむごたらしい焼けこげた肉のかたまりになっていた。それを見ていた群集からはいつしか声が消え、重苦しく恐ろしい沈黙が辺りを支配した。そしてジャンヌの死後、イギリスはもはや勝つことができなくなった。

1453年イギリスは敗北しフランスから去って行った。そしてジャンヌの死後25年してカトリック教会はジャンヌの名誉を回復した。

ジャンヌはフランスの守護聖人となり、今もフランスを守っている。

解答と解説

復習ポイント の答え

結論から言うと、百年戦争とバラ戦争は「王権の強化」に役立つ結果になった。

中世では「身分」と「血筋」が重んじられていたので、筋目さえ正しければ無能者でも外国人でも王になれた。そのため中世においては王権の実力は弱く、その逆に貴族や諸侯などの王権への対抗勢力が強い力を持っていた。しかしイギリスとフランスでは百年戦争やバラ戦争などの試練を長期間にわたって経てきたため、「イギリス」「フランス」などの国家意識が強くなり、王権が国家意識の中心として重んじられるようになった。王権は大商人と結び(フランス)、また**星室庁裁判所**を使って(イギリス)、王権に反抗する**貴族**などの勢力を弾圧し、後の絶対王政への基盤を作ることになる。

アクティヴィティ の答えの一つ

中世の戦争は東西を問わず、「常備軍」がいない戦争だった。農民から徴募した兵隊は農繁期には地元に返さなければならない。

国王や大名は「戦うだけの兵隊」を養う豊かさや税制を持っていなかったので、作戦はブツ切れになってしまうし、途中で撤退を余儀なくされた場合も多かった。兵士を戦わせることができたのは農閑期だったので、戦場では「戦う人」である**騎士や武士の存在が欠かせなかった。**

現代の戦争は「常備軍」による戦争であり、そのため軍隊の維持には多額の費用が必要となる。また現代の戦争は「**総力戦**」になる傾向があり、男性のみならず女性や子どもまで工場に動員しておこなうこともある点に特徴がある。

最後の門 の答え

問1　a　ヴァロワ　　b　エドワード3世
　　c　シャルル7世　　d　カレー
　　e　テューダー　　f　星室庁
問2　クレシーの戦い　　問3　オルレアン

(解説)

百年戦争を始めたイギリス王の名前がまぎらわしい。**エドワード3世**が正解なのだが、模範議会を始めた**エドワード1世**と間違いやすい。模範議会は1295年、百年戦争は1339年に起こったことを知っておけば多少なりとも間違いは防げる。

1339〜1453年までの百年戦争の期間中に、英仏で起こった大きな事件は以下のとおり。

1348年頃〜　ペストの大流行
1358年　ジャックリーの乱(仏)
1381年　ワット=タイラーの乱(英)
1414年〜　コンスタンツ公会議

中世のヨーロッパ諸国
——英仏以外はどこもバラバラ

カステラみたいに向こうからやってきた言葉があるみたいね。

例えば「天ぷら」もポルトガル語から来たようだ。元々はラテン語で「Tempora quadragesima」(四旬節)に食べる精進料理だったらしい。ブラジル料理店に行って、天ぷらが出てきたのには驚いたぞ。

第1幕への結婚行進曲　夫婦が握る国の運命

イベリア半島の中央に位置する**カスティリャ**と、東に位置する**アラゴン**の二つの国はお互いの国の君主同士が結婚することになった。アラゴンの王子**フェルナンド**とカスティリャの王女**イサベル**が夫婦になったのじゃが、カスティリャの面積の方が大きいのでカカア天下じゃのう。二人の結婚によってこれらの二つの国が合併し、生まれたのが**スペイン**だ。結婚によって生まれた国だから、二人の仲が国の運命を決めることになる。政略結婚だったから案の定、二人の仲は最悪で、新生国家スペインの道のりも厳しかった。

第1幕　イベリア半島その②
——時代転換の運命の年「1492年」

イベリア半島では国土回復運動(レコンキスタ)が活発で、ドクター＝アヴドゥールの故郷のコルドバも15世紀末にはキリスト教徒によって征服されてしまう。

実は**ポルトガル**は元々カスティリャに属する地域だったが12世紀に独立して王国になったのじゃ。ポルトガルは山が多く、ブドウやオリーヴ栽培、漁業などで質素に暮らしていた国だった。しかし15世紀後半の国王**ジョアン2世**の時に王権が強化され、海外進出を果たすような力を持つようになったのじゃ。このことは後に詳しく話そう。

さて新生国家**スペイン**は**1492年**にわずかに残ったイスラーム国家**ナスル朝**の都**グラ**

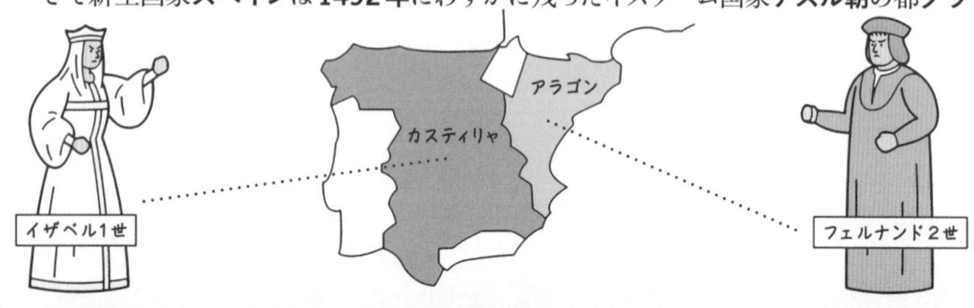

ナダを陥落させ、ナスル朝最後の王もアルハンブラ宮殿を残してアフリカに去って行ったのじゃ。ナスル朝についてはテーマ43にも書いてあるので参考にしてくれい。

それまでイベリア半島のユダヤ人はイスラーム教徒のもとでユダヤ教の伝統を守って暮らしていたのじゃが、イベリア半島に多く住んでいたユダヤ人たちも殺されるか、カトリックに強制的に改宗させられた。このカトリックになったユダヤ人は本心から改宗したわけではないので**マラーノ**(豚)と呼ばれ、迫害の対象になってしまったのじゃ。

イスラームの保護下では安全だったイベリア半島のユダヤ人は「カバラ」と呼ばれるユダヤ神秘思想を発展させることができた。そして独自の文化を築いていたが、その文化もここに断絶させられることになったのだ。右の絵はユダヤ神秘思想の「宇宙生命」と「人間」の関係を表した「生命の木」の図だが、難しいかな？

あ、これってアニメ『エヴァンゲリオン』の冒頭に出てくる木じゃない？ (→)

ほう、日本でもけっこう有名なのかな。この宗教的な自由があったオランダに移住したユダヤ人の子孫が、有名な哲学者のスピノザなのだ。そしてスペイン女王のイサベルの支援を受けた**コロンブス**が新大陸アメリカに到達したのも同じ1492年じゃ。つまり**1492年という年は「神秘主義」の中世と、「新大陸発見」の近世を分ける区切りの年となったわけじゃ。**

第2幕 神聖ローマ帝国 ——実力重視が仇となり、群雄割拠状態へ

第1場：ハプスブルク家 ——「山から川」が成功のカギ

スイスの山奥の**ハプスブルク**城に殿様がいた。だいたいスイスという所はマッターホルンのような雪山がそびえる場所で、あんな山々を毎日見ていれば住民の気性もそびえ立ってくるのかもしれぬ。スイス人は自立心が強く、13世紀から独立闘争を始めていた。そのためにハプスブルク家にとってスイスは治めづらい所だった。ハプスブルク家はスイス以外に領地を広めているうちにドナウ川の流域によい土地を見つけ、そっちの方に居着いて

しまった。それが古代ローマ人の砦があった現在の**ウィーン**じゃ。**オーストリアを本拠地としたハプスブルク家**は、ドナウ川交通の要所を利用して勢力を広げたのじゃ。ちなみに**スイスは15世紀に神聖ローマ帝国から独立を達成している。**

第2場：神聖ローマ皇帝 —— よそ見している間に国内はバラバラ

さて、神聖ローマ帝国に話を移そう。「帝国」は王国と違い血筋が重要ではない。力が重要なのだ。したがって皇帝の家系もいろいろじゃ。例えば最初の皇帝オットー1世は**ザクセン家**、「カノッサの屈辱」のハインリヒ4世は**ザリエル家**、そして十字軍に行ったフリードリヒ1世「バルバロッサ：赤ひげ」や「中世最初の近代人」フリードリヒ2世は**シュタウフェン家**だった。しかし歴代皇帝は教会統治に利用するためイタリアの支配に固執し、**イタリア政策**に熱中したため、本拠地のドイツがほったらかしになってしまった。そのため「神聖ローマ帝国」と名前は重々しくても、イギリスやフランスのような実質的な統一はできなかったのじゃ。

シュタウフェン家が断絶——と言うか反対勢力による虐殺——に終わると、神聖ローマ皇帝という「金看板」に向かって諸侯や貴族たちが殺到し、政治的な大混乱に陥ってしまった。これを**「大空位時代」**(1256～1273年)と呼ぶ。この17年間は実質的な神聖ローマ皇帝が存在していない時代で、「操り人形皇帝」がいただけじゃ。そして1273年にやっと大空位時代が終わったのだが、この時に改めて皇帝として持ち上げられたのが**ハプスブルク家**のルドルフ1世だった。もっともハプスブルク家がずーっと皇帝の位を継いだわけではない。なにしろ皇帝は家系で継ぐものではないからのう。**ルクセンブルク家**の**カール4世**が神聖ローマ皇帝であった時に混乱を少しでも解消するために**金印勅書**(1356年)を出して、皇帝選出のルールを作った(ちなみにルクセンブルク家の子孫が元首となっているのが、現在のルクセンブルクという国じゃ)。内容は「**7人の高位貴族が皇帝を選挙で選ぶことにする。この7人の貴族を選帝侯(せんていこう)と呼ぶ。7人の内訳は教会の高位聖職者が3人(マインツ・ケルン・トリーア大司教)、そして4人の大貴族(ベーメン王・ブランデンブルク辺境伯・ザクセン公・ファルツ伯)とする。この7人が選挙で決めた皇帝には逆らってはならぬ**」だ。選挙と言えばモノをいうのはカネだから、15世紀以降はうまく立ち回ったハプスブルク家が神聖ローマ皇帝の座を独占するようになった。ドイツ(神聖ローマ帝国)では**領邦**(りょうほう)と呼ばれる300もの大諸侯の領地が地方主権として力を伸ばし、また帝国都市なども力があったから、皇帝のもとで

の統一なんぞできなかった。言うなれば、ドイツはタラコやイクラのような魚の卵状態であったわけだな。

第３場：ドイツ東方植民 ―― ドイツのあぶれた人口はGo East！

ドイツのエルベ川から東にはスラヴ人やらマジャール人が住み着いていたのだが、ドイツ人たちはこの地域に植民して自分たちの土地にしてしまった。現地のスラヴ人などは追い出してしまい、ドイツ人の修道士や農民たちが移住して植民したわけだ。七選帝侯の一つである**ブランデンブルク辺境伯**の領土や、バルト海に面した**ドイツ騎士団領**も東方植民の結果できたものだ。

ちなみにバッハが「ブランデンブルク協奏曲」という名曲を作っているが、就職活動のためブランデンブルク辺境伯に捧げたことから、この名前が付いておるのじゃ。このエルベ川から東の地域では農業生産がおこなわれるようになり、西ヨーロッパの胃袋を満たすようになった。

第３幕 イタリア協奏曲 ――「ああ、あなたはなんでロミオなのっ！」

イタリアは商業都市が自治都市として栄える豊かな場所だったので、神聖ローマ皇帝をはじめとしてヨーロッパ諸国はイタリア支配を目指していた。しかしイタリアという土地は内紛や内輪もめが極端に多く、このやっかいな土地をまとめるのは至難の業だった。イタリア諸都市の内部でもお約束のように派閥が生まれ、互いに激しく争った。例えば神聖ローマ皇帝がイタリア政策のためイタリアに南下するたびに、イタリア統一の中心を教皇に求める「**教皇党**」（ゲルフ）と、皇帝に求める「**皇帝党**」（ギベリン）の争いが燃え上がったのじゃ。

ゲルフとかギベリンとか何これっ？

ドイツの城名や一族の名前がイタリア風になまってしまった言葉じゃよ。「皇帝党」の皇帝とは当然、神聖ローマ皇帝のことじゃから、ドイツが関わってしまうのじゃ。この争いは都市内での派閥抗争となり陰惨なものになってしまった。実は有名なシェークスピアの悲劇『**ロミオとジュリエット**』は当時のイタリア、ヴェローナの町を舞台にしており、ロミオの

実家モンタギュー家は皇帝党(ギベリン)でジュリエットの実家キャピュレット家は教皇党(ゲルフ)であった設定になっている。このお芝居では最初からお互いの家の人間が出会うと、街中で殺し合いをおっぱじめてしまうのじゃよ。この不毛な派閥争いによってイタリアの統一はますます難しくなってしまうのじゃ。

第4幕 中世の北欧 ——女王が支配する同盟+ムーミンのふるさと

中世初期にはヴァイキングとして人々に恐れられたノルマン人たちは、キリスト教を受容してからすっかり文明化してしまい、かつての恐ろしさは影を潜めてしまった。貿易でもハンザ同盟の商人にやられっぱなしで北海貿易の実権を奪われてしまったのじゃ。おまけに14世紀にはペストの影響で北欧諸国の王家の男系が全滅する始末。そこで1397年にデンマーク女王の**マルグレーテ**がスウェーデンとノルウェーの王位を兼ねることになった。この三つの国の同盟を**カルマル同盟**と言う。ただし三つの国の同盟は強いものではなくバラバラではあった。

また**フィンランド**の歴史じゃが、ウラル語系(ということは東のウラル山脈方面出身)のフィン人がこの地域に住み着いていた。後に「ムーミン」シリーズの作者トーヴェ=ヤンソンや大作曲家シベリウスを生んだフィンランドも、最初は非力で13世紀にスウェーデンによって吸収されてしまったのじゃ。

復習ポイント

中世のドイツと北部イタリアの分裂状態の理由を整理してみよう。

アクティヴィティ

ハプスブルク家はどのような手段で神聖ローマ帝国皇帝の地位を独占することができたのだろうか。

中世イベリア半島史年表

8〜15世紀　「国土回復運動」(レコンキスタ)
→イベリア半島南部のイスラーム教徒を圧迫

11世紀　アラゴン王国・カスティリャ王国が建国

1479年　フェルナンドとイサベルの結婚(1469年)により、アラゴンとカスティリャが合併→スペイン王国の成立
「結婚によって作られた王国は夫婦仲によって運命が決まる」

1492年　スペイン王国がグラナダを陥落させ、ナスル朝を滅ぼす
→イベリア半島からイスラーム勢力撤退

中世神聖ローマ帝国史年表

12〜13世紀　歴代神聖ローマ皇帝、イタリア政策に没頭
「外国人がイタリアを統一するのは、海を耕すことより難しい」

1254年　シュタウフェン朝断絶→大空位時代へ(1256〜1273年)

1273年　ハプスブルク家のルドルフ1世が皇帝になり、大空位時代終了

1356年　ルクセンブルク朝のカール4世が金印勅書を制定
「1〜6の数字から2と4を抜かせば金印勅書の年代になる」

15世紀〜　ハプスブルク家が神聖ローマ皇帝の位を独占

最後の門　下の問題は大学入試問題を出典にした問題です。答えなさい。

(論述問題)　ヨーロッパの中世末期は、封建社会が危機を迎えた時代であると同時に、こうした危機への対処の中から、いくつかの地域、とりわけイギリスとフランスで王権を中心として国家の統合が推進された時期でもあった。だが、中央集権化が進まなかった地域もある。同じ頃のドイツとイタリア北部の状況を、なぜそれらの地域で中央集権化が進まなかったのかに留意しながら、350字程度で説明しなさい。その際、以下の語句をそれぞれ一度は用いること。

神聖ローマ皇帝　金印勅書　領邦　ヴェネツィア　教皇

(名古屋大)

スイス建国の英雄

ウィリアム=テル

ウィリアム=テルはドイツの文豪フリードリヒ=シラーの戯曲で有名になった伝説上の人物で、スイス建国の英雄として讃えられている。

＊

13世紀のスイス。この空気の澄み切った美しい地域はハプスブルク家による支配に苦しめられていた。

スイス支配の代官として派遣されたオーストリアのゲスラー総督は残忍な人物で、スイスの人々に暴虐の限りを尽くしていた。

心ある人たちはスイスの独立を願い、密かに集まっていた。その中には愛国者として有名な猟師ウィリアム=テルもいた。

彼らの努力によりスイスのうちウーリー・シュヴィーツ・ウンターヴァルテンの三つのカントン(州)は1291年に秘密のうちに独立を誓うにいたった。しかし、これを察知したゲスラー総督は独立派の人々に厳しい弾圧をおこなっていた。

さらにゲスラー総督は人々のオーストリアへの忠誠心を試すため広場の真ん中にオーストリア人の帽子を掲げ、スイスの人々が帽子におじぎをすることを強制したのである。

＊

久しぶりに町に出てきたテルは息子を連れて広場にさしかかった。広場に掲げられている帽子を見た息子ははしゃいだ。

「お父ちゃん、見て！　変な帽子が吊るされているよ！」

テルは不愉快そうに、そっぽを向いて言った。

「そんなものを見る必要はない。行こう」

「おい！　待て！　帽子に敬礼せんとは何事だ！」。兵隊が叫んだ。

さあ町は大騒ぎになった。そこへ乗り込んで来たのは悪代官ゲスラー総督である。ゲスラーは、兵隊が捕まえている男が愛国者として名高いウィリアム=テルであることを知ると言い放った。

「テルとやら、お前は農民の分際で弓矢を振り回し、名人と言われているそうだな。もしもお前が息子の頭の上にリンゴをのせ、100歩離れた所から見事射抜くことができたらば、お前たち親子を殺すことは許してやろう。嫌だと言うならばお前たち親子は串刺しの刑だ！」

テルはゲスラーの前で土下座して、言った。

「総督様！　私を殺しても、息子の命だけはどうかお助けください！」

そこへ息子の明るい声が響いた。

「そんなヤツに頭を下げることはないよ！　お父ちゃんの弓は世界一だ！　お父ちゃんの腕だったら絶対はずさないよ！　さあ立っているから、リンゴを当てて！」

息子は100歩離れた所に立つと頭の上にリンゴを置いた。村人が息を飲み見つめる中、テルはリンゴを狙った。だが、どうしても的がしぼれない。テルは何回も手で目をこすった。

そのたびに村人が叫んだ「ああ神様！」

恐ろしい緊張が高まった。その瞬間！　ついに矢が放たれた。

テルは思わず大地に倒れた。その時に響きわたったのは村人の歓声だった。

「やった！　見事に当てたぞ！」

リンゴを持って走って来た息子をテルは強く抱きしめた。矢は見事にリンゴの真ん中を射抜いていた。ゲスラーは不愉快そうに顔をしかめ、感動した村人は言い合った。

「アルプスの山がある限り、今日のことは語り継がれるだろう」

解答と解説

復習ポイント の答え

ドイツと北部イタリアの分裂の理由には、①**国内の強力な王権の不在、②強力な分派勢力（ドイツは領邦、北部イタリアは自治都市とローマ教皇）の存在**があった。ドイツも北部イタリアも「神聖ローマ皇帝」の存在はあったものの、国を統一するほどの強い力とはならなかった。それは神聖ローマ皇帝の目標がドイツとイタリア両方の国に分裂していたからである。「最後の門」の論述もこのポイントに注目してまとめてみよう。

アクティヴィティ の答えの一つ

ハプスブルク家の勢力が拡大できたのは**婚姻による領土拡大**の戦略が大きい。娘や息子を有力貴族や王族と縁組させて勢力拡大をはかるのがハプスブルク家のお家芸となっていた（そのため厚い唇やとがったアゴなどのハプスブルク家の肉体的特徴も遺伝により王族の中にインプットされてしまった）。

またハプスブルク家は**フッガー家と仲がよく**、皇帝選挙で七選帝侯を買収する**カネを確保できた**ことが皇帝位の確保に役立っていた。

最後の門 の答え

ドイツ方面では神聖ローマ皇帝がイタリア政策に熱中したため、国内の経営がおろそかになり、諸侯の台頭を許すこととなった。シュタウフェン朝が断絶すると神聖ローマ皇帝が実質的に存在しない大空位時代に入った。その後に皇帝に即位したカール4世は1356年の金印勅書で七選帝侯によって皇帝が選挙されることを取り決めた。皇帝権の弱体化によってドイツは強大な中央集権的な権力によって統一されることがなく、300もの諸侯の支配する領邦や自治都市によって細かく分割される状況になった。また北部イタリアでは東方貿易で力を持ったヴェネツィアや毛織物業で栄えたミラノなどの自治都市が分立し、対立と抗争を繰り返した。神聖ローマ皇帝がイタリアに南下すると、各都市は皇帝党のギベリンと教皇党のゲルフに分かれて争ったため、分裂が続くことになった。（355字）

（解説）

復習ポイントを参考にして、ドイツで中央集権化が進まなかった理由については、

① 神聖ローマ皇帝のイタリア政策
② 金印勅書による皇帝選挙制
③ 領邦による分裂

の三つのポイントにフォーカスを当てて答えよう。

イタリアについては、

① ヴェネツィアなどの自治都市の分立
② ローマ教皇の存在
（→皇帝党と教皇党の争い）

にロックオンすれば、名古屋大のステージをクリアできる。

西ヨーロッパの中世文化
——宗教と学問の分かちがたい関係

ところで「中世」って何なんですかね。ピンとこないです。

16世紀の歴史家が「自分たちは『古典・古代の再生』(ルネサンス)の時代を生きているのだ。ローマ帝国が滅びてから16世紀までは、ただの『つなぎの時代』にすぎない」と決めつけたのだ。中世のイメージは「暗い、怖い、野蛮、遅れている」だが、本当にそうだったのか?

第1幕への前奏曲 中世は「野蛮」な時代?

一概に中世を野蛮と決めつけるのはわしはいかがなものかと思うぞ。たしかに、当時のローマ人たちから見ればゲルマン人の大移動のように動乱と無法の時期はあったろう。しかし、それは新しいものが生まれ出る前の陣痛ではなかっただろうか。中世には中世ならではの文化の価値と味わいがあるものじゃ。

第1幕 中世の文化の特徴——進学ならぬ神学が重要だった大学

古代ローマが滅びてしまった時、その遺産を引き継いだのは教会だった。ゲルマン人やノルマン人の「ひゃっほぅ」「うへへへ」という野卑な雄叫びがとどろく中、教会や修道院の図書館の中に古代の遺産が守られていたのだ。奇特な修道士がその古代の書物を筆写してくれたおかげで古代の息吹が現在にまで伝えられたわけだ。**中世の教会はそういうわけで古典文化の最後の基地であり砦であった**のだよ。

中世の初期には、学校は教会や修道院の中にしかなかった。当時の学問で使われる言葉はラテン語だったが、読み書きできる人は聖職者や修道士ぐらいだった。自分も字が書けなかったフランク王国の**カール大帝**はこの状況を嘆いて、**アルクイン**などの学者(ほとん

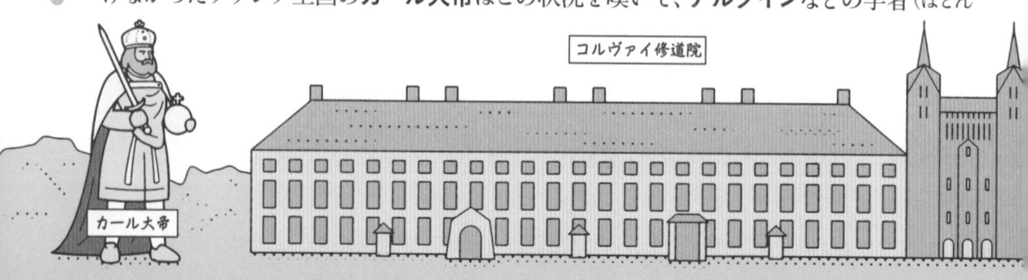

ど修道士だったが）を中心都市アーヘンに招いて優遇し、教会・修道院付きの学校をドンドン建てさせている。これを**カロリング＝ルネサンス**と呼んでいる（テーマ57のコラム参照）。その代表がコルヴァイ修道院じゃよ。

中世で優れていたことは「国境がなかった」ことだ。国境を作るのは「権力者」と「言語」と「文化」の三つなのだが、「権力者」の力が強くなく、王権も弱かった当時、「文化」と言ったら民族大移動のおかげでぐちゃぐちゃで、頼れるものと言ったら教会しかなかった。その教会はカトリックの一枚岩で、カトリック教会で用いている「言語」は**ラテン語**オンリーだったのじゃ。考えてみれば何人であってもラテン語さえ使えれば知識人として尊敬され、民族差別がなかった（ユダヤ人だけは可哀想なことじゃが例外だった）ことは現代よりすごい。

当時の教育は教会や修道院で教えられていたから、**神学**がすべての学問の中心とされていたのだ。そして神学はラテン語で教えられていたのだよ。何しろラテン語を読み書きできる人間は聖職者や修道士だけなので、皇帝や国王は聖職者を自分の家来として役人に使おうとしたのだが、「わしのしもべをどうするつもりか！」と教皇と争いになってしまった。これが「叙任権闘争」に発展してしまった（テーマ61参照）。教皇との不毛な闘争で敗北してしまった皇帝や国王はしかたなく12世紀から**大学**を作るようになった。教皇から聖職者をもぎ取るよりは、自分で役人を教育してしまった方が楽だからじゃよ。大学で重んじられたのはやはり神学で、特にパリ大学や、パリ大学にならって作られたオクスフォード大学は神学で有名だ。このように大学で教える神学のことを**スコラ学**と呼ぶ。スコラscholaとはラテン語で「学校」を指す言葉で、英語のschoolの語源になっている。大学で教えるのは神学だけではない。世俗で必要な医学や法学も教えたのだ。例えばイタリアにあるサレルノ大学は医学、ボローニャ大学は法学で有名だった。

第2幕への前奏曲　イスラームの紹介でやってきた中世「ルネサンス」

中世のヨーロッパでは学問・文化においてキリスト教世界がイスラームに対して遅れていたのは事実じゃ。12世紀になるとアリストテレスを中心とするギリシア哲学がイスラームなどから紹介されるようになり、その学問体系の見事さに驚いたヨーロッパでは学問や文芸が大いに発達するようになったのじゃ。これを**12世紀ルネサンス**と言う。アメリカの

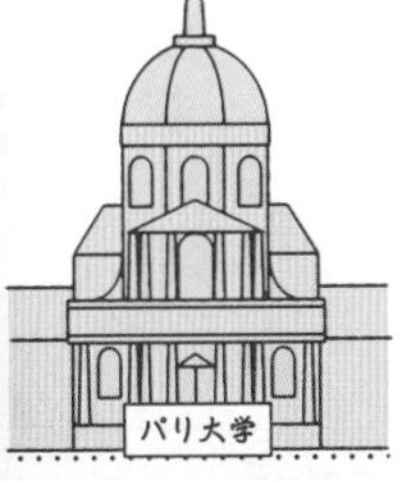

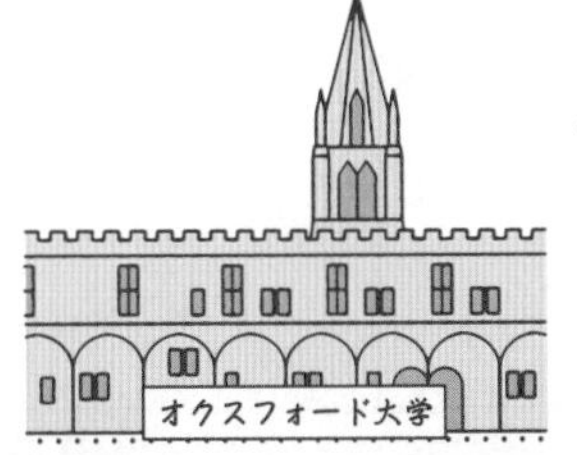

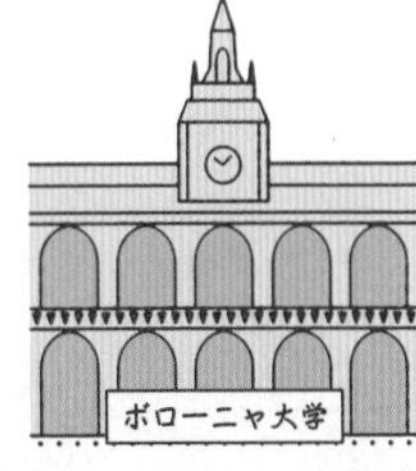

ハスキンズという学者が1920年代にとなえた言葉らしい。

「カロリング＝ルネサンス」「商業ルネサンス」の次は「12世紀ルネサンス」！　みんな「ルネサンス」が好きでござんすね！

第2幕　普遍論争の歴史――人間って何？

中世の学問分野で目立つのは「**普遍論争**」だな。「普遍」は本当に実在しているのか否かの論争じゃ。火付け役はイスラームの大哲学者であるイブン＝シーナー（アヴィケンナ）やイブン＝ルシュド（アヴェロエス）なのじゃよ。

「普遍」は「個を超えてあらゆるものに共通するもの」なのだが、それは実体化しているのか、していないのかという論争だ。例えば「瑠奈は人間だ」と言った場合は、「瑠奈個人」は存在するが、「人間」というものに実体があるのか、思考の中だけの存在なのか、ということじゃ。

この普遍論争とは「人間とは何か？」「神とは何か？」という問いかけの基礎を作ったものだから、おろそかにはできないのじゃよ。

例えばすべての物質に共通するものとして「重さがある」と考えるとその重さには物理学でいうエネルギーや重力がかかってくる。これらのものは「見えはしないのだが、確かに存在している」と言えるだろう。極端なことを言うと「**私たちに働きかけている存在はたとえ目に見えなくても信じる**」考えを**実在論**と呼び、「**私たちに働きかけている存在は目に見えないので、知性で抽象化した上で言葉（名前）や記号としてとらえておく**」考えを**唯名論**と呼ぶ。この記号を重視する唯名論の考え方は古代ギリシアのアリストテレスの哲学から影響されて生まれたもので、**科学的かつ合理的な思考方法**じゃ。

例えば「神」を普遍の代表として考えると、「信仰」が中心テーマとなり、「数式」や「記号」を普遍の代表として考えると、「理性」や「科学」が中心テーマとなる。

いやー、わははは、全然わかりませえん

では、ここで新しいヒントとして、映画『猿の惑星』の猿を考えてみよう。彼らは人かな？

いや。ありゃ人じゃない。外見が人じゃないもの

「人間」は外見で決めるものかな？　**彼らは思考できるし判断力も持っている。愛を語ることもできるしウソも言える。**つまり「人間」の要素を豊かに持っているのだ。それでも人間でないと言えるのかな？

実在論はプラトンのイデアみたいに個々の物体に先立つものをまず考える。**人間の場合なら「知性」や「魂」や「心」だ。**それがあてはまるものを「人間」と考えるのだ。厳格な「定義・公理」をまず考え、それに基づいて命題を証明する数学が実在論と少し似ているかもな。

それに対し「唯名論」の場合は個々のものからデータを抽出して、そのデータを中心に法則を作っていく。人間は「直立二足歩行をする」「知的活動をする」などのデータから人間の定義を作っていくのじゃ。そうなると「唯名論」は物理・化学と考え方が似ている。

実在論から考えれば、人間に先立つような「在るべき定義や公理」にはずれなければ彼らは人間であり、唯名論から考えれば、人間から抽出されるデータを集めて、「そこから導き出される数式や記号、DNA」に当てはまれば人間となるわけだな。

人間で一番大切な「魂」とか「ハート」って数式で抽出できるの？

お、痛いところを突いてきたの。実は唯名論では人間が持つ「愛」や「不安」という心理的な不安定要素はあぶり出しにくいのじゃ……。

ちなみに実在論の代表者は11～12世紀のカンタベリ大司教で神学者**アンセルムス**、唯名論の代表者は11～12世紀フランスの**アベラール**や13～14世紀イギリスの**ウィリアム＝オブ＝オッカム**で、この二つの考えをアリストテレス哲学を用いてキリスト教神学の枠の中でまとめようとしたのが13世紀イタリアの大神学者**トマス＝アクィナス**だ。ここで注目したいのがイギリス13世紀の**ロジャー＝ベーコン**じゃ。彼はアリストテレスやイスラーム科学から大きな影響を受け、**科学的実験を重視**したのじゃ。ちなみにここに出てくる学者たちは全員修道士だぞっ！

69

第3幕 ロマネスクとゴシック ――「ローマ風」から「野蛮風」へ

さて、中世の美術を代表するのは教会建築じゃ。大きく分けて11世紀を中心とする**ロマネスク様式**と、12世紀にあらわれる**ゴシック様式**の二つの建築様式が重要だ。大昔の教会建築様式は平たい屋根の教会が主流だったが、11世紀になるとしだいに屋根が高くなり、立派なアーチを持つ教会が建つようになった。イタリアに多いためロマネスク（ローマ風）と呼ばれる建築様式の出現なのじゃが、屋根の重さを支えるために壁は分厚くなり、窓も小さくなった。そのためロマネスク様式の教会は中が薄暗くなってしまう。12世紀に入り、新しい学問が流入するようになると、建築様式にも進歩があらわれた。今まで一重だったカマボコ型アーチを二つ組み合わせると強度がしっかりすることがわかり、高い天井を作ることができるようになった。また窓を広くして**ステンドグラス**をはめることも可能になった。北フランスで生まれたためゴシック（ゴート風「＝野蛮風」）と呼ばれた建築様式の教会は屋根が高く、壮麗で、しかも美しい光にあふれた空間となったのじゃ。ちなみにロマネスク様式の代表には**ピサ大聖堂**（「ピサの斜塔」で有名）、ゴシック様式の代表にはフランスの**ノートルダム大聖堂**やドイツの**ケルン大聖堂**などがある。文学では**騎士道物語**が中世では大いに流行った。フランスの『**ローランの歌**』、イギリスの『**アーサー王物語**』が特に有名だ。民族的叙事詩にはドイツの『**ニーベルンゲンの歌**』がある。そのような物語は**吟遊詩人**が小型ハープなどを弾きながら宮廷で歌ったものじゃ。

復習ポイント

中世文化の特徴を①言語、②教育、③建築の三つの分野でまとめてみよう。

アクティヴィティ

あなたは『鉄腕アトム』の「鉄腕アトム」や『Dr.スランプ　アラレちゃん』の「アラレちゃん」を人間として、人権を認めますか。実在論と唯名論をヒントに考えてみよう。

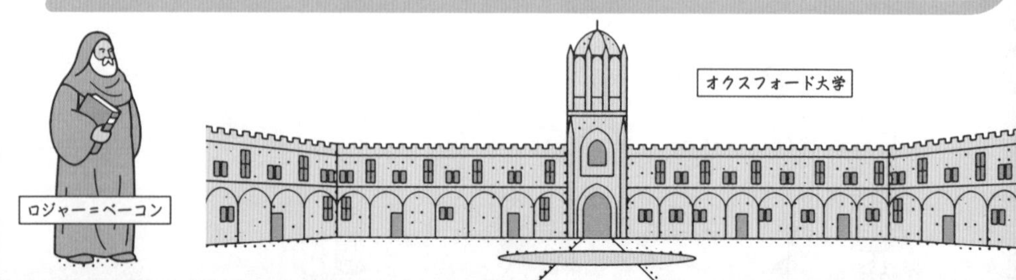

中世西ヨーロッパ文化史年表

8〜9世紀　カール大帝によるカロリング=ルネサンス

「アルファベットに小文字が発明されたのも、この時代じゃ」

11世紀　ロマネスク様式の教会建築がイタリアを中心に広まる

12世紀

① **イスラームやビザンツ帝国からギリシア哲学**（特にアリストテレス）**が西欧に流入する→「12世紀ルネサンス」の成立**

「11世紀の商業ルネサンスの土台の上に、12世紀ルネサンスの文化が広まったのじゃ。これにはイスラーム文化の力も大きい」

② **ヨーロッパに大学が成立→「スコラ学」が教えられる**

③ **ゴシック様式の教会建築がフランス・ドイツを中心に広まる**

「ゴシックとはゴート風という意味で、つまり『野蛮風』。当時はイタリアが文化の中心地で、イタリアからしたらフランスやドイツは野蛮だった」

④ **吟遊詩人が宮廷を中心に騎士道物語を歌い歩く**

「『千と千尋の神隠し』のラストの歌みたいにハープで弾いて歌うんだ」

最後の門　下の問題は大学入試問題を出典にした問題です。答えなさい。

問1　次の（　1　）〜（　5　）にあてはまる適語を下の語群から選び記号を書きなさい。

イギリスでは著名な神学者が輩出し、（　1　）をとなえた（　2　）大司教のアンセルムスは、スコラ学の父とされた。これに対立する立場が、同国の（　3　）も主張した信仰と理性を区別する唯名論である。

これらの対立的立場は、普遍論争と呼ばれる論議に発展したものの、イタリアの神学者（　4　）によって一応解決された。彼が学んだことがあるパリ大学を規範として作られた（　5　）大学はイギリス神学の中心となった。

（ア）　ジョン=ボール　　（イ）　ウィリアム=オブ=オッカム

（ウ）　カンタベリ　　（エ）　マインツ　　（オ）　ロンドン

（カ）　オクスフォード　　（キ）　実在論　　（ク）　弁神論

（ケ）　トマス=アクィナス

（関西大・改）

問2　次の（　1　）〜（　2　）にあてはまる適語を書きなさい。

パリ大学は神学の研究で名高く、イスラーム世界を経由してヨーロッパにもたらされた（　1　）の神学が、神学の発展に大きな影響を与えた。パリ大学は法学で名高い（　2　）大学とともに、ヨーロッパ最古の大学の一つとして現在にいたっている。

（学習院大・改）

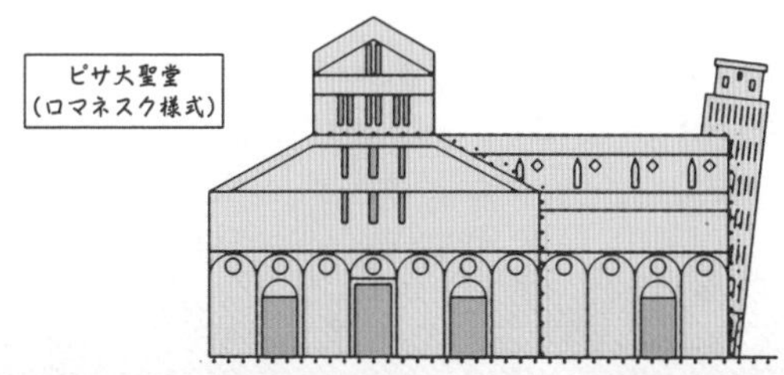

中世騎士道物語

『ローランの歌』

La Chanson de Roland

9世紀、老いたカール大帝はピレネー山脈を越え、イスラーム教徒の城を次々と落としていた。イスラームの王マルシルは悲鳴を上げた。

「嫌じゃ！　わ、わしはカールに降伏するのは嫌じゃ！」

家来が言った**「王よ。今度使者としてやって来るカールの側近を仲間にすればまだチャンスはありますっ！」**。そこでマルシル王は降伏勧告に来た使者ガヌロンに財宝を与え、欲に目がくらんだガヌロンはカール大帝を裏切った。

「マルシル王よ。老いたカールが今でも強いのは、ローランとオリヴィエという二人の勇者がいるからです。この二人さえ討ち取ってしまえばカールは二度とイベリア半島に攻め込めないでしょう。私が動いてこの二人を殿軍（しんがり）（軍の最後を守る部隊）にさせます。この二人を孤立させて、ふふふ……殺（や）ってしまいましょう！」

マルシル王の降伏という偽りの知らせを受けたカール大帝はフランスへの帰国を決める。だがガヌロンの「ローランとオリヴィエを殿軍に」という提案にふと不安を感じた。

そしてその心配は現実になる。

＊

フランス軍の最後を守り、フランスとスペインの境にあるロンスヴォー峠に立ったローランとオリヴィエの二人は信じられない光景を目にした。黒雲のようなイスラームの軍隊がロンスヴォー峠へ殺到していたのである。

「マルシル王の降伏は偽りであったか！　ガヌロンの裏切り者め！　オリヴィエ、フランスを守るために戦うぞっ！」。ローランは叫ぶと勇者の剣デュランダルを抜いた。

100万と号するイスラーム軍は2万のフランス軍に襲いかかったが、ローランとオリヴィエなどの大活躍により打ち崩すことができない。

しかし激闘の中でオリヴィエはついに深手を負って倒れた。

「む、無念だ！　ローラン、このままだとカール大帝が危ない……！」

「オリヴィエ！　私はこれから角笛で大帝に危機を知らせる！　君の無念は必ず大帝が晴らしてくれよう」。ローランは立ち上がると角笛を力強く吹いた。その角笛の音はピレネーの厳しい山々を越えていった。

オリヴィエの死を見届けたローランは最後の戦いで致命傷を受ける。心残りは名剣デュランダルが死後、敵の手に渡ってしまうことである。いっそ自分の手で折ってやろうと決意したローランはヨロヨロと立ち上がり、岩に向かってデュランダルを振り下ろした。しかしさすが名剣デュランダル。折れるどころか岩を真っ二つに叩き割ってしまった。

＊

その頃ピレネー山脈を越えつつあったカール大帝にかすかな音が聞こえてきた。「むっ、これは角笛の音……。ローランに何かあったのだ！」

「それは空耳ですよ。うへへ」

「いや、確かにこれはローランの角笛の音だ！　ガヌロン、貴様裏切ったな！　全軍ロンスヴォー峠に急いで戻るのだっ！」

ロンスヴォー峠でカール大帝が見たのは死体の山だった。怒りに燃えたフランス軍はイスラーム軍を攻撃し、ついにマルシル王を敗死させた。

夕暮れの暗いロンスヴォー峠、ついにカール大帝はデュランダルを抱いたローランの遺骸（いがい）を見つけた。その時、カール大帝は地に崩れ落ち、号泣して勇者ローランの死を嘆いたのだった。

解答と解説

復習ポイント の答え

① 中世西ヨーロッパ文化の大きな特徴は言語的には「**ラテン語中心の文化**」だった。ラテン語は古代ローマの言葉であったが、中世の教会や修道院、そして大学を通じて国際的な学問用語として伝えられていた（テーマ18参照）（中世の後期〔13世紀以降〕になると各国語がしだいに発達するようになったが、学術論文などは18世紀までラテン語で書かれるのが普通だった）。

② 中世西ヨーロッパ文化は教育的には「**神学を中心**」としていた。ペストなどにより死が当たり前の時代だった中世には、神学こそが最も重要だったのだ。そして、この神学という大きな根から哲学や科学などの巨大な枝が生まれるようになる。

③ 中世西ヨーロッパ文化の建築では、「**教会建築が重要**」となる。教会だけが王も貧民も平等に入れる場所であり、建築・美術・音楽において最高の芸術を味わうことができる場所だった。ロマネスク様式とゴシック様式の建築においては当時の最高の技術が用いられ、より壮大で崇高な表現を実現している。

アクティヴィティ の答えの一つ

この問いに絶対の正解はありません。次の二人の意見を参考にしてください。

（唯名論の立場の人）

「ロボットは人間ではない。彼らの構成要素は機械ではないか。血肉がない存在は人間として認められない。人間ではなく機械なのだから壊すのは人間の勝手だし、壊してもよいのだ。鉄腕アトムだって同じだ。データから得られる構成要素が人間と厳密に合致しない限り、ロボットに人権なんかない。妖怪も妖精も皆同じだ」

（実在論の立場の人）

「待て待て、神が与えた人間しか持っていない感情や理性を持っている場合は人間として認めてもよいのではないか。理性こそ（カントではないが）神が人間に与えた最高のものだ。対話ができ、理性に従い、その結果、最も気高い『愛』にまで行き着くことができた存在をあんたは平気で壊せるのか」

この論争を発展させてみて、あなたは「鉄腕アトム」や「アラレちゃん」を人間として、人権を認めますか？

最後の門 の答え

問1　（1）　キ　（2）　ウ　（3）　イ
　　（4）　ケ　（5）　カ

問2　（1）　アリストテレス
　　（2）　ボローニャ

（解説）

問2　古代ギリシアのアリストテレスが12世紀のヨーロッパに深い影響を与えたのは、アリストテレスの哲学があまりにも「**科学的**」だったからです。例えばアリストテレスの『ニコマコス倫理学』における事項を分類・整理する力はたしかに圧倒的です。

第8章

近世ヨーロッパの登場

強引に世界が一体化させられた瞬間

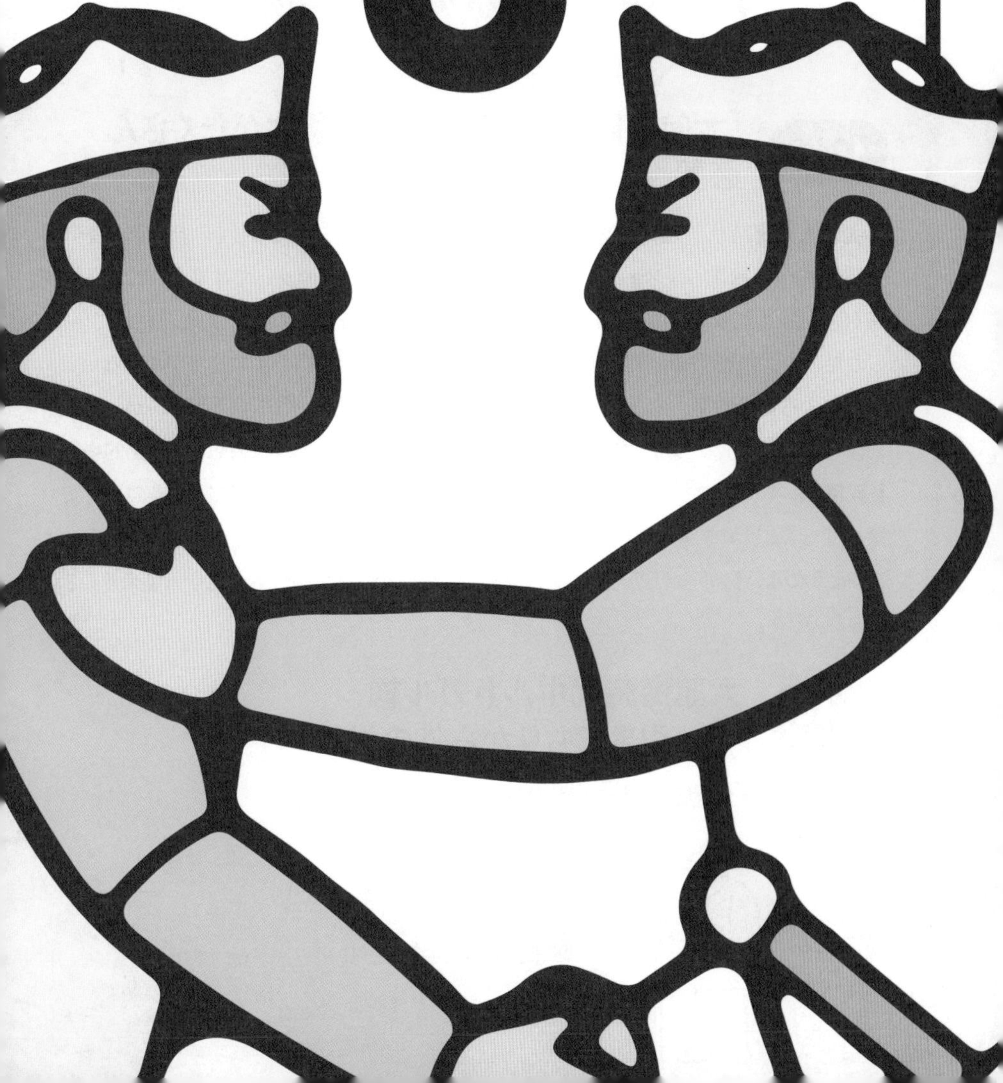

大航海時代①
——黄金欲しさの果てに新大陸到達

やっとこさ「大後悔時代」ですね。

む？　漢字がおかしいぞ！　大航海時代はヨーロッパ人には未来が切りひらかれるきっかけとなった時代だ。しかし他の世界の人々、例えばイスラーム教徒やインディオと呼ばれるネイティヴ=アメリカンたちにとっては没落の始まりなので、なかった方がよかった時代かもしれないのう。

第1幕への前奏曲　「大航海時代」が起こるには条件がたくさん必要

実は大航海時代が起こるのにはそれ相応の条件が必要だったのじゃ。まずは①**香辛料や絹織物への欲求**：コショウをはじめとするスパイスはヨーロッパでは薬としても価値が高く、商品として魅力があった。なにせ「コショウ一粒は黄金一粒と同じ」と言われていた。そのための②**技術力の開発**：羅針盤などを作る技術がなくては遠洋航海ができない。③**国王による資金投下**：国王が貿易によるもうけに関心があり、「よし、カネがかかっても船を作ろう」という遠大な企画に興味を持つ人でなければならない。最後に④**戦闘的キリスト教精神**：キリスト教を広めようとする激しい信仰心がなくては不気味な世界の果てまで探検することはできん。国土回復運動(レコンキスタ)が終わったばかりのイベリア半島にはこのような強い信仰心が燃え盛っておった。だから東の果ての日本までやって来ることができたのじゃ。

第1幕　大航海時代ポルトガル編 ——引きこもりから外の世界へ！

第1場：厳しい土地だから起こった航海への欲求

まず**ポルトガル**という国を紹介しよう。

元々はカスティリャに属していたのだが、12世紀中頃に独立した地域じゃ。鎌倉幕府成立のだいたい50年前じゃな。

ポルトガルの地理だが、国の東側の山間部は平地が少ないせまい国だ。

石ころの多い山間部では、ブドウかオリーヴでなくては栽培できない。そして西側の海沿いの地域では漁業が今でも盛んじゃ。漁師たちはアジを獲ってきては南蛮漬けにしている。

えっ、南蛮漬けって日本のものじゃなかったの？

ありゃ実は、ポルトガル料理なのじゃよ。

しかし魚とオリーヴだけでは国は豊かになれぬ。このことに気が付いて国の方向を大転換したのが15世紀の**エンリケ航海王子**(→)じゃ。

王子様って期待してたら、オッサンやんけ！

この肖像画も本物かどうかはわからんがのう……。

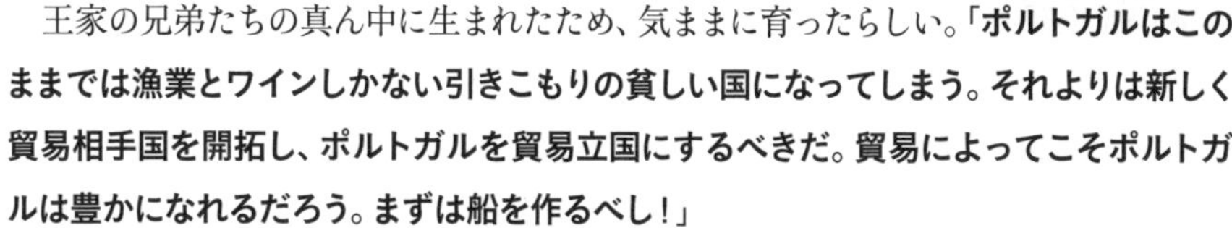

王家の兄弟たちの真ん中に生まれたため、気ままに育ったらしい。「**ポルトガルはこのままでは漁業とワインしかない引きこもりの貧しい国になってしまう。それよりは新しく貿易相手国を開拓し、ポルトガルを貿易立国にするべきだ。貿易によってこそポルトガルは豊かになれるだろう。まずは船を作るべし！**」

エンリケは宗教騎士団の騎士団長だったため、多くの資金を流用(＝盗用)できる立場にあった。アフリカにあった**セウタ**の町の攻略に成功後、彼は造船所で遠洋航海に耐え得る船を作らせ、その船団に命令してアフリカ沿岸を南に下らせ探検をさせた。マディラ諸島やカナリア諸島などを発見しつつ、ボハドル岬まで行き着くことができた。当時はここが世界の南の果てと信じられていた。「ここから南へ行くとよう、世界は巨大な滝になっていて、オラたちは船ごと地獄に堕ちてしまうだんべ」と船員たちは信じていたので、ビクビクしていた。しかしこの岬を越えても滝なんかなかったことが、新しい世界を

ひらくきっかけとなった。

第2場：嵐がポルトガルの未来をひらく

大航海時代の基礎を作ったエンリケ航海王子が1460年に亡くなった後に王になったのが**ジョアン2世**だ。この王様は諸侯や貴族勢力に分裂していたポルトガルをまとめ上げ、強い王権を築き上げておる。その際のポイントはジョアン2世が租税目的に都市の商人たちを味方に付けたことだ。そして、当時の商人たちの海外貿易の欲求に応えるべく、ジョアン2世は海外進出に積極的に取り組むようになったのだ。

1488年、ジョアン2世の命令で**バルトロメウ=ディアス**がアフリカ冒険の船旅に出たのだが、南へと突き進んでいるうちに大嵐にみまわれてしまった。翌年流されて行き着いたのがアフリカ南端の岬だった。ディアスは「この岬を越えればインドに行ける！」と喜んだが、嵐でひどい目にあった船員たちはこれ以上の航海に大反対。しかたなくあきらめて本国に戻ったディアスは王に「アフリカ南端の恐ろしい『嵐の岬』にまで着きました」と報告した。するとジョアン2世は「**その岬は必ずわがポルトガルの未来をひらいてくれよう。『嵐の岬』ではなく『喜望峰(きぼうほう)』と名付けよ**」と命令した。そのためこの岬を「**喜望峰**」(Cape of Good Hope)と呼ぶようになったのじゃ。

第3場：ピョンとアフリカを越えて、インド着地に成功したガマ

1492年。スペインの援助を受けたコロンブスがアメリカ(当時はまだインドだと思われていた)に到達したことにショックを受けたポルトガル王マヌエル1世は、航海者**ヴァスコ=ダ=ガマ**を呼び、インドへの航海を命じた。このガマのインドへの航海はコラムに書いておいたから参考にしてくれい。ガマはアフリカ回りで1498年にインド西海岸の**カリカット**に到着し、インドに海路で到達した初めての西欧人になった。このガマによって**インド航路**がひらかれたのだ。イスラームを介さず直接インドで手に入れた香辛料(スパイス)は高値で売れ、ポルトガルの都の**リスボン**は一躍、世界経済の中心地となったのじゃ。

ポルトガル艦隊は1509年に**ディウ沖海戦**で、エジプトのマムルーク朝の海軍を打ち破り、アラビア海の制海権を手に入れた。次に1510年にインド西岸の都市、**ゴア**を占領すると、1511年には**マラッカ王国**を武力で支配。そしてポルトガルは栄光のゴールである**香**

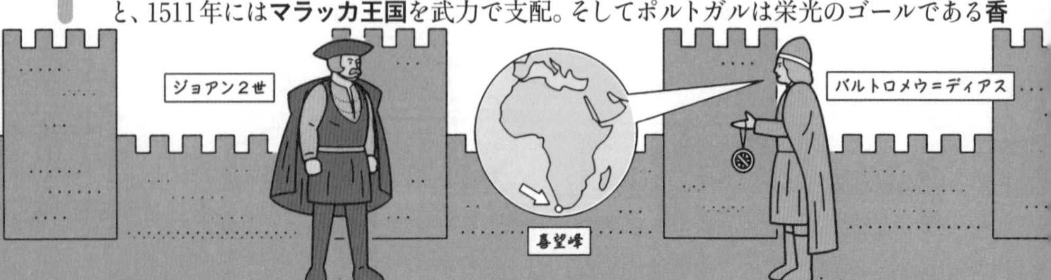

辛料の最大の生産地モルッカ諸島(インドネシアの島の一部)に1522年にたどり着いたのだ。1517年には中国の**広州**に到達し、1557年にはマカオに居住権を許された。そしてポルトガル人は1543年についに**種子島**に到着し、鉄砲を伝えたわけだ。

第2幕 大航海時代スペイン編 ——黄金への欲望が歴史を変える

ここで、ある男を紹介しようと思う。その男の名は**コロンブス**(イタリア語名はコロンボ)。イタリアのジェノヴァ生まれの船乗りだ。

妻がポルトガル人だったためカナリア諸島に住んでいたのだが、海を眺めているうちに思いついた。「フィレンツェの天文学者**トスカネリ**の説によると、この世界は球形らしい。するとこの海の西の果てにはアジアがあるはずだ。苦労してアフリカを回るより、直線で西に行った方が早くアジアに着く計算になる!」。そこでコロンブスは最初にポルトガル王ジョアン2世に援助を申し込んだが、却下をくらってしまった。普通はここで心が折れるのだが、コロンブスはめげない。英仏の王にも運動したがやはりダメ。スペイン語を覚えたコロンブスは、つてを頼って1486年にスペイン王であるフェルナンドとイサベル夫妻を訪問した。そして妻のイサベルの方がこの変な船乗りの話を真に受けてしまったのじゃ。**この時歴史が変わった。**

もっとも、コロンブスの航海が実現するまでは、夫妻を訪問してから6年もかかったのだが、ついに1492年8月にコロンブスはサンタ=マリア号など3隻の船を率いて、スペイン南部のパロス港を出発した。西へ西へと進む間、コロンブスだけが上機嫌でマルコ=ポーロの『世界の記述』(『東方見聞録』)を読み、黄金の国ジパングに着く自分を想像しては喜んでいた。しかし船員たちは不安のあまり反乱を起こしかけたほどじゃ。10月12日、一人の船員がついに島を見つけたが、この島はサンサルバドル島と名付けられた。コロンブスはホクホクしながら上陸し、十字架をおっ立てるとこの土地がスペインの領土であることを勝手に宣言した。こうしてアメリカ大陸の一部がスペインのものとなってしまったのである。そして伝説によると、コロンブスが先住民に発した最初の言葉は「黄金はどこだ?」だったらしい。黄金なんてあるわけがない。**ここはジパングではなく、アメリカという新大陸の近くにある島だったからである。**住民は温和でコロンブスたちを歓迎してくれた。コロン

ブスはこう書いている、「彼らはきっとよい使用人になってくれるだろう」。黄金がないので頭にきたコロンブスとその手下は、恩を仇で返すように、村で略奪や乱暴を働いた。その姿を神様はじっと見ていた。コロンブスは多くの先住民を「使用人」として連れ帰ったが、それだけではなく、**梅毒**という性病まで新大陸から持ち帰り、世界中に広めてしまったのじゃ。

一方、1494年、**トルデシリャス条約**によって、世界をスペインとポルトガルが分割することが決まった。

第3幕 アメリカ大陸その後 ——ともかく宣言すれば自分のものになる

コロンブスはアメリカ大陸を「発見」した人物であったが、本人は死ぬまで自分が発見した土地をアジアだと信じていたし、先住民のことを**インディオ**（**=インド人**）と平気で呼んでいた。この土地がアジアとは別の大陸であることを発表したのはフィレンツェ出身の**アメリゴ=ヴェスプッチ**という探検家で、彼の名前から**アメリカ**という名前が付いたのじゃ。

また1500年、ポルトガルの**カブラル**が嵐で漂着した場所を、やけくそで領有を宣言したところ、その場所が現在の**ブラジル**となり、ポルトガル王国の領土となってしまったのじゃ。

復習ポイント

ポルトガルとスペインの冒険者の航海ルートを白地図に描いてみよう。

アクティヴィティ

鄭和（ていわ）の南海遠征（テーマ48）のように中国にも航海技術はありました。なのに、なぜ中国は大航海時代を迎えることがなかったのでしょうか。

大航海時代①年表（ポルトガル）

15世紀前半	エンリケ航海王子によるアフリカ探検隊派遣
1481年	ジョアン2世即位（～1495年）→インド航路開拓
1488年	バルトロメウ＝ディアスが喜望峰に到達
1494年	トルデシリャス条約によって世界をスペインとポルトガルが分割する
1498年	ヴァスコ＝ダ＝ガマが喜望峰を越えて、インドの西海岸のカリカットに到達（＝インド航路の開拓）
1500年	カブラルがブラジルに漂着。ポルトガル領にする
1510年	インド西海岸の都市ゴアをポルトガルが占領
1511年	マラッカ王国をポルトガルが支配
1522年	ポルトガルが香辛料の生産地モルッカ諸島に到達
1543年	日本の種子島にポルトガル人来航→鉄砲伝来へ
1557年	ポルトガルにマカオの居住権が認められる

最後の門 下の問題は大学入試問題を出典にした問題です。答えなさい。

アジアを目指す動きを最初に本格化したのは、レコンキスタをおこない、13世紀にイスラームの支配を脱していたポルトガルであった。15世紀にはエンリケ航海王子のもとで、地理や航海術の研究を進め、北アフリカの（　ア　）占領をきっかけに、アフリカへの進出を始めた。やがて1488年には（　イ　）がアフリカ南端の喜望峰に到達し、1498年には（　ウ　）がインド西海岸の（　エ　）にいたり、インド航路を開いた。ポルトガルは1505年にはセイロン（スリランカ）島に、1510年にはインドの（　オ　）、翌年にはマラッカに進出し、これらを拠点にアジア内貿易に参入した。1557年になると（　カ　）に居住権を得て、日本と中国の間の交易にも参加した。

スペインもポルトガルに対抗してアジアを目指し、（　キ　）（都市名）出身の航海者コロンブスを支援した。彼は地理学者（　ク　）の地球球体説を基に、西回りでアジアを目指し、1492年にはカリブ海諸島に到達し、後にはアメリカ大陸にも上陸した。コロンブスは到達した場所をアジアの一部と誤解したが、彼に続く①探検家によって、そこがヨーロッパ人の知らなかった「新世界」であることが明らかになった。（中略）1500年、（　ウ　）の後を受けてインドに行こうとした（　ケ　）はやや西よりのコースをとってブラジルを発見した。

問1　（　ア　）～（　ケ　）にあてはまる語句を書きなさい。

問2　下線部①の、アメリカの地名（国名）の元となった探検家の名を書きなさい。

（同志社大・改）

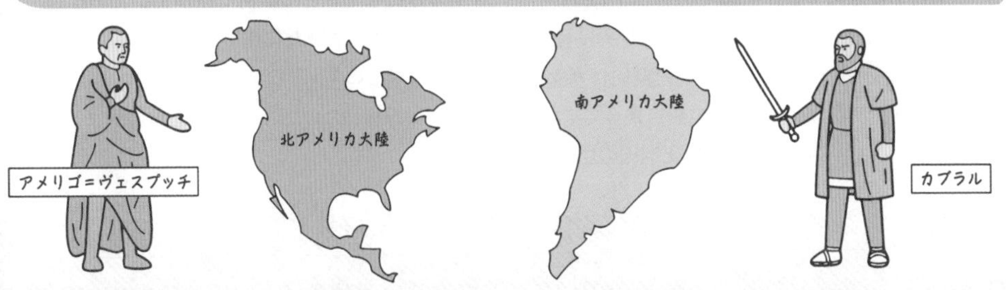

当時の航海は死刑より悲惨？ガマのインド航路開拓

1483年頃、ポルトガルの王宮に怪しげな人物がやって来た。その男は「ふふふ、西の海を突っ切ればアジアに行けますぞ」と言っていたが、当時アフリカ南端を目指していたジョアン2世はこの男の言うことをすげなく断った。後でジョアン2世はこのことを死ぬほど後悔することになる。**この男こそクリストファー＝コロンブスだったのだ。**

後に、コロンブスのアメリカ到達に焦ったジョアン2世はローマ教皇に訴えて、スペインとポルトガルの取り分を明確に決めてもらおうとした。ポルトガルの訴えを聞いたローマ教皇は1494年の**トルデシリャス条約**により西経46度30分に境界線を引き、その線より西をスペイン、その線より東をポルトガルの領土として定めた。**この西経46度30分は現在のブラジルの中心部を通っており、この地を領有したポルトガル人が現在のブラジル地域にポルトガル語を広めたのである。**

＊

ジョアン2世が1495年に死んだ後、次のポルトガル王マヌエル1世は一人の船乗りと会っていた。やたらと顔のでかいこの船乗りこそ**ヴァスコ＝ダ＝ガマ**だ。王はヴァスコ＝ダ＝ガマに言った。

「ガマ、スペインより早くインドに着け！　そのためには何でも許す！」

ガマはさっそく馬をとばすと刑務所に行き、死刑囚を解放した。大喜びの死刑囚にガマは言った。「その代わり、わしの船に乗ってインドへ行くのだ！」。これを聞いた死刑囚の中には、死刑にされた方がマシと騒ぎ始めた者もいた。当時の航海はそのぐらい危険だったのだ。

1497年、ガマの率いる船隊がポルトガルのリスボンの港を出港した。船はうっそうとしたジャングルの生い茂るアフリカ西岸沖を南下し、喜望峰を通過した。ここから先は未知の世界だ。アフリカ東岸を北上中にガマの船団はイスラーム教徒の操る帆掛け船に出会った。その後イスラーム教徒を水先案内人として雇った船団は、貿易風に乗ってインドへのルートをたどり、1498年5月に、ついにガマはインドのカレクト（現在のカリカット）の港に到着したのである。

カレクトに到着したガマはさっそく部下を引き連れて現地のヒンドゥー教徒の王に挨拶に出かけた。驚いたことに王の身の回りには金・銀の食器が置いてあり、王自身も金の縫いとりをした布をまとっていた。当時カレクトはイスラーム商人との香辛料貿易で潤っており、経済的に豊かだったのだ。

カレクトの王はガマが持って来た贈り物を「みすぼらしすぎる」という理由で受け取ろうともしなかった。しかたなくガマは持って来たヨーロッパ商品を市場に並べて売ろうとしたが、インドの商人たちやイスラーム商人たちは何も買おうとしなかった。二束三文で商品を叩き売ったガマは、その金でクローヴやフェンネルなどの香辛料を少し買って、インドを後にした。

＊

ヨーロッパへ帰って来たガマと船員たちは持ち帰ったわずかな香辛料を売ったが、その金は2年にわたる航海費用を十分にまかなっただけでなく、おつりまできた。**香辛料貿易がボロいもうけになることに最初に気が付いたのはガマと船員たちだったに違いない。**

そしてこのインド航路の開拓が、ヨーロッパの歴史を変えたのだ。

解答と解説

復習ポイント の答え

中学校でも勉強しているはずなので、資料集などを参考に復習してみよう。
特徴は①**コロンブス**：何回もカリブ海方面に行っている(略奪が目的)。②**バルトロメウ=ディアス**：喜望峰で引き返している。③**ヴァスコ=ダ=ガマ**：インドまで行っている。④**マゼラン**本人はフィリピンで死亡したが、部下は世界1周している。

アクティヴィティ の答えの一つ

中国の明王朝は、遠洋航海に十分な技術を持っていたのにもかかわらず、ヨーロッパ諸国のような大航海時代が起こりませんでした。その理由として考えられるのは①**香辛料や絹織物への欲求が強くなかった**ことです。香辛料や絹織物自体が中国で豊富にとれたり作られたりしたし、東南アジア貿易で簡単に手に入りやすかったため、もうけのために遠隔地に探検に出かける必要がなかったのです。②**技術力の開発に熱心ではなかった**ことも考えられます。羅針盤も火薬も中国が発明したものですが、実用化がより進んだのはヨーロッパが主でした。③**国王(皇帝)による資金投下がおこなわれなかった**こともあります。鄭和の時のように、朝貢(ちょうこう)貿易による「国威発揚」ならばカネを投じたものの、物産が豊富な中国は交易に熱心ではありませんでした。清王朝の時にはヨーロッパ貿易を広州(こうしゅう)1港に限定したことがその象徴です。④**宗教布教の情熱が薄かった**こともあります。多神教の中国では「十字軍」のような発想はありませんでした。清王朝の17世紀後半から、人口増加やメキシコ銀や日本銀の流入による商業の発展で華僑(かきょう)が世界に広まるようになりますが(テーマ53参照)、その時にはヨーロッパ諸国の大航海時代がすでに完了していたのです。

最後の門 の答え

問1　(ア)　セウタ
　(イ)　バルトロメウ=ディアス
　(ウ)　ヴァスコ=ダ=ガマ
　(エ)　カリカット　(オ)　ゴア
　(カ)　マカオ　(キ)　ジェノヴァ
　(ク)　トスカネリ　(ケ)　カブラル
問2　アメリゴ=ヴェスプッチ
(解説)
問1　(ア)が難しい。**セウタ**は北アフリカにある重要な港市で、エンリケ航海王子が1415年に征服し、現在はスペイン領です。大航海時代は冒険家と地理・地名が重要となるので押さえておこう。

71 大航海時代②
——強欲が生んだ新しい世界経済システム

自分の国の領土であることを宣言すれば、
その土地は自分の国の領土になるんですかっ？

今はそんなことは当然できないが、当時の大航海時代は早い者勝ちだったから、スペインやポルトガルにとってはトルデシリャス条約の分界線を守っていれば取りたい放題だった。ま、見つけたら早くツバをつけておくことじゃの。

先住民のことなんて無視もいいとこだね……。

第1幕への前奏曲　世界のレシピを変えたアメリカ大陸原産の食材

太古の氷河時代に、ユーラシアから氷河沿いにアメリカ大陸へわたって来た人々がアメリカ先住民の祖先にあたる。この人々が紀元前2000年紀頃から育ててきた食材が、**トウモロコシやジャガイモ、トマト、トウガラシ、ピーマン**などだ。トマトがなくてはイタリア料理は成り立たないし、トウガラシがなくては四川料理や韓国料理が作れないほど現在ではポピュラーな食材となっている。トウモロコシの粉から作っているのが、メキシコ料理に欠かせない主食の「トルティーヤ」。野菜や肉をトルティーヤで巻いて食べるのじゃが、実にうまい！　また、荒地でもできるイモのおかげで世界中の人々が飢饉から救われておるのじゃ。

第1幕　メソアメリカ文明 ——メソmesoとは「中間」という意味ですよ

中南米では紀元前1200年頃から、メキシコ湾のユカタン半島の西側に**オルメカ文明**が栄えるようになる。右上がオルメカ文明を代表する巨石人頭像なのだが、高さが2.85 m、

重さが10tもある。これが17体見つかっているのだが、皆顔が異なっているのには驚く。

紀元前1世紀頃から現在のメキシコシティの北に**テオティワカン文明**がおこる。文字や巨大ピラミッドで有名なのだが6世紀頃突然滅亡してしまう。滅亡の理由はわからない。そして紀元前1000年頃からユカタン半島におこったのが**マヤ文明**じゃ。階段がついた巨大ピラミッドや**マヤ文字**で有名だ。特に象形文字であるマヤ文字の解読により、マヤ文明が「二十進法」や「ゼロの概念」、正確な太陽暦を用いていたことが明らかになっておる。しかし15世紀にはマヤ文明も衰退し、代わって現在のメキシコ中央部にアステカ人がおこり、14世紀に**アステカ王国**を作ったのじゃ。彼らが湖の上の島に作った都が**テノチティトラン**で、後にスペイン人がこの湖を埋め立て、テノチティトランの上に作った町が現在のメキシコシティになっている。

第2幕 インカ帝国の成立と滅亡——「天空の城」は実在した！

南アメリカのアンデス山脈一帯には、古代から**アンデス文明**が栄えていた。紀元前1000年頃には**チャビン文化**が形成されていたことが知られている。特に有名なのは1〜8世紀に栄えた**ナスカ文明**の地上絵で、空からでなくては見られないことで有名だ。

UFOが協力したんじゃない？

インカ帝国は15世紀にはアンデス山脈を中心に南北2000 kmを支配する大帝国だった。都の**クスコ**は優れた石造建築で有名で、地震にもビクともしない造りだ。そのクスコの都の北には標高約2400 mの地点に**マチュピチュ**の町がある。

インカ帝国には文字がなかったが、その代わり**キープ**という縄の結び目を使って数を記録していた。しかし優れた南北アメリカ文明も**「鉄」と「馬」がなかった**ことが、スペインの征服者によって滅ぼされる大きな原因となってしまうのじゃ。

第3幕 征服者によるアメリカ大陸侵略 ――白人が次々と襲いかかる！

コロンブスから始まるスペインの征服者たちを**コンキスタドール**（スペイン語で「征服者」の意味）と呼ぶ。彼らは黄金目当てに古代からの貴重な南北アメリカ文明を破壊し、略奪を繰り返したのじゃ。

1497、98年にヴェネツィア人の**カボット**がイギリス王ヘンリ7世の支援のもとにジパングの黄金目当てで北アメリカを探検したのだが、ここはジパングではなかった。現在のニューファンドランドやニューイングランド沿岸まで探したが、黄金はない。しかしこの探検こそイギリスが北アメリカを領有する根拠になったのだから、まさしく黄金以上の価値があったろう。

1513年。**バルボア**というスペインの探検家が**パナマ地峡**を横断し、**ついに太平洋に到達した**。このパナマ地峡は大西洋と太平洋を結ぶ最短ルートで幅64 kmしかない。だがバルボアの本当の目的は探検よりは「黄金」であり、お宝探しのあげく略奪を繰り返したため、その乱暴狼藉ぶりがたたって最後は反逆罪で処刑されてしまった。

1519年にメキシコに上陸したスペインの軍人にして征服者**コルテス**が1521年に**アステカ王国**を滅ぼしてしまったのだが、詳しくはコラムを読んでもらいたい。あれほど強力だったアステカ王国もヨーロッパからやって来た**馬と銃と病原菌**（特に天然痘（てんねんとう））には無力だったのじゃ。

そして1532年に**ピサロ**が南アメリカの**インカ帝国**へ進撃を始める。ピサロは元々バルボアの部下で、パナマ地峡横断の時も一緒に旅をした仲間だった。この時、「南に黄金郷があるらしい」という噂を聞いたピサロは47歳の時、生涯最後のかけに出た。大借金をして兵と武器を集めて南へ冒険の旅に出たのだ。気分は「黄金か死か」じゃった。

アンデス山脈を登ったピサロはハマルカの地でインカ皇帝との面会をした。皇帝を人質にしたピサロはインカ帝国から身代金として金銀財宝を集めまくったあげく、最後には皇帝をしばり首で殺し、1533年、インカ帝国を滅ぼしてしまった。そしてインカ帝国の都、クスコに到達し、交通が不便なクスコを捨てて、海に近いリマに都を遷（うつ）したのだ。ピサロの最後もワルらしい。苦難をともにしたはずの仲間とクスコの領有権で争ったあげく、その

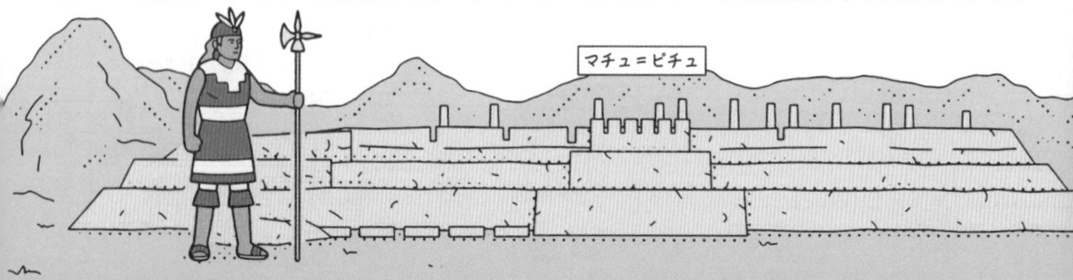

仲間の子どもらに襲われて殺されてしまったのじゃ。

第4幕 マゼランによる世界周航——主人公が殺される地獄の航海

マゼランは有名な人物だが、ポルトガル人で**マガリャンイスがポルトガル名**だ。マゼランは英語風になまった発音じゃの。船による世界1周を企てたのだが自国のポルトガルが助けてくれなかったので、隣国のスペインの援助で1519年に世界1周に出発した。南アメリカ最南端のマゼラン海峡を不屈の意思で通過したマゼランは太平洋を突っ切って**フィリピン**にようやっと到着した。ところがマゼランたちが先住民にさんざん略奪を働いたため、恨みを買ったマゼランは先住民の攻撃を受けて殺されてしまったのじゃ。だがマゼランの部下が命からがら船を率いてスペインに戻ることができたため、この航海は**最初の世界周航**となり、地球が球体であることを実際に証明することになった。その後1565年にはフィリピンがスペインの植民地となり、**マニラ**港は中国へメキシコ銀を輸出する際のスペインの拠点となった。

最終幕 スペイン支配後の中南米——カトリックと銀が世界を変えた

スペインの征服者たちは中南米を支配すると、「先住民をカトリック信者にする」という大義名分のもとでスペイン人が土地を支配し、インディオたちを奴隷化してしまった。この無残な制度を**エンコミエンダ制**と呼ぶ。この時、カトリックに改宗することを拒否した先住民は火炙(ひあぶ)りにされてしまった。このことは、スペイン人の残虐な支配に憤ったドミニコ会修道士**ラス=カサス**が書いたスペイン国王向けの報告書に載っている確かな記録だ。そしてインディオたちは南アメリカのボリビアで発見された世界最大級の**ポトシ銀山**でも酷使され、かつ白人が持つ病原菌に対して抵抗力を持たないためにその人口は激減してしまった。このため労働力不足に悩んだスペインはアフリカから連れて来た黒人奴隷を南アメリカの大農園で酷使するようになった。この大土地所有にもとづく農業経営制度を**アシエンダ（大農園）制**と言う。

そして大航海時代の到来とともに、今までは地域ごとにまとまっていた商業圏が結び付

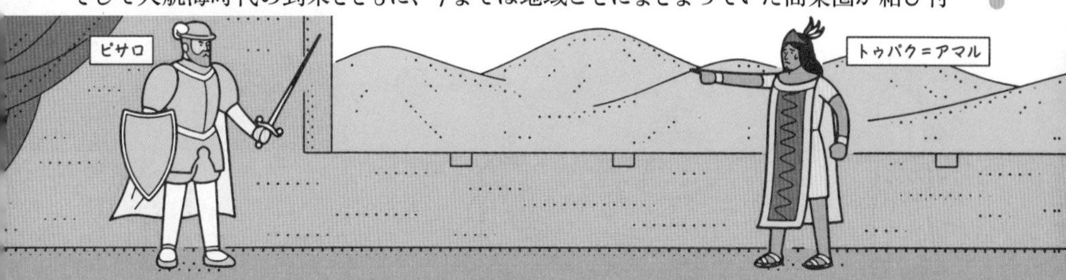

71

き、**「世界の一体化」**が実現するようになった。中南米産の食物や金属や物産が世界中に広まり、世界のいたる所に大きな影響を与えるようになったのじゃ。特にアメリカという新しい大陸を手に入れたヨーロッパには大きな変化の波が襲ってきた。

今までの地中海貿易に代わり、アメリカ大陸が貿易の中心となったことで、ヨーロッパの商業の中心が地中海からアメリカに近い大西洋に面した国々に移っていったのじゃ。このことを**商業革命**と呼ぶ。この革命でジェノヴァやヴェネツィアなどの町がすたれてしまい、代わってリスボンやロンドン、アントウェルペンなどが新たな商業の中心となるのじゃ。

またアメリカ大陸の銀が世界中に出回ったことも重要。特にメキシコの**アカプルコ**港から**ガレオン船**によってフィリピンの**マニラ**に運ばれたメキシコ銀は中国との貿易に大いに用いられ、中国の絹織物や陶磁器がスペインにもたらされた。またメキシコ銀が大量にヨーロッパに流れ込んできたことにより、銀貨の価値が安くなってしまい、急激なインフレ(物価上昇)が起こってしまった。この現象を**価格革命**と呼ぶ。今まで何百年も変わらなかった物価が上昇したことでもうけたのは商人たちじゃ。新大陸で手に入れた商品が高い値で売れるからのう。その逆に損をしたのは領主たちだ。物価が上がってしまって、とても生活ができん。そこで西ヨーロッパでは**農業よりもうかる商工業が重要になった**。その西ヨーロッパに穀物を輸出することでもうけるようになったのは東ヨーロッパの農業地域で、領主が農奴を使って直営地で穀物を作らせるシステムが一般的になった。このやり方を**農場領主制**(ドイツ語で「**グーツヘルシャフト**」)と呼ぶ。要するに穀物をむりやり作らせるために東ヨーロッパでは農奴の支配が厳しくなったのだ。

復習ポイント

代表的な「コンキスタドール」とその結果をまとめよう。

アクティヴィティ

家庭料理でアメリカ大陸が原産地の食材が使われている料理は何でしょう。

大航海時代②年表（スペイン・イギリスなど）

1492年　コロンブスがサンサルバドル島に到達＝「アメリカ発見」

1497、98年　カボット（父子）がイギリスの援助で北アメリカを探検

1513年　バルボアがパナマ地峡を横断して太平洋に到達

1519〜1522年　マゼラン（マガリャンイス）の船団による世界周航

1521年　コルテスがアステカ王国を滅ぼす

1533年　ピサロがインカ帝国を滅ぼす

1545年　南アメリカでポトシ銀山が発見される→価格革命へ

1552年　ラス＝カサスが『インディアスの破壊に関する簡潔な報告』を著す

最後の門　下の問題は大学入試問題を出典にした問題です。答えなさい。

ヨーロッパ人来航以前の南北アメリカ大陸にはユーラシアとは異なったさまざまな先住民の文化があった。中央アメリカのメキシコ湾沿岸では、紀元前1200年頃から古代文明が成立した。紀元前1世紀頃から紀元後6世紀まで、絵文字や石造りのピラミッドを残した（　1　）文明が繁栄した。また紀元前1000年頃からユカタン半島を中心に（　2　）文明が栄え、象形文字や太陽暦を用いた。メキシコ中央部にはアステカ王国が栄え、14世紀前半に湖上の島に（　3　）を建設して、これを都とした。15世紀に南米アンデスを中心に栄えたインカ帝国には、優れた石造建築や織物の技術があり、また（　4　）と呼ばれる記録・伝達手段が使われた。アステカ王国は1521年に（　5　）によって、またインカ帝国は1533年に（　6　）によって征服され、その後広大な植民地が形成された。スペイン人はカリブ海諸島を含む南北アメリカにおいて①銀山の開発や、プランテーションなどで先住民を働かせた。②先住民は、過酷な労働や新たに持ち込まれた伝染病のために人口が激減した。そのため先住民に代わる労働力として、アフリカから黒人が奴隷として導入された。

問1　（　1　）〜（　6　）にあてはまる語句を書きなさい。

問2　下線部①について、1545年に現在のボリビアにあたる地域で銀山が発見された。この銀山を何というか。答えなさい。

問3　下線部②について、先住民保護を訴え、『インディアスの破壊に関する簡潔な報告』をあらわしたスペインの聖職者の名前を答えなさい。

（早稲田大・改）

アステカ王国の破滅

1519年。メキシコ、アステカ王国の宮殿の中で、モクテスマ王は不安におののいていた。それは前日の晩に血がしたたり落ちるような赤い彗星を見たからだ。不吉な胸騒ぎを感じた王が占い師に問うたところ、これは恐ろしい大凶の前触れだと知らされたのである。

王の不安のとおり、破滅の日は刻一刻と近付いていたのだ。

＊

数日後、メキシコ湾に白い人間たちが小山のような船に乗って現れた、という報告を王は受けた。**これこそメキシコの征服者エルナン＝コルテスの上陸であった。**

アステカ人たちは征服者を防ぐべくコルテスに立ち向かったが、あっけなく撃退された。アステカ人が知らなかったものをスペイン軍は持っていたからである。それは**馬と鉄砲**だった。報告を受けた王はコルテスに金銀を贈り、どうかメキシコから去ってくれるように頼んだ。しかし金銀を見たコルテスは欲をつのらせ、逆にこの国を奪う決心を固めてしまったのだ。

アステカ王国の軍を打ち破り、首都のテノチティトランに勝ち誇りながら迫るコルテスの軍を見たモクテスマ王はついに観念した。

モクテスマ王は羽毛と宝石に飾られた衣装を身にまとい、コルテスとふるえながら会見した。いかめしい甲冑を身に着けたコルテスは、「これからは自分と一緒に寝泊まりしろ」と王に命令した。

しかし勝利に酔うコルテスにもついに試練がやってきた。

怒れるアステカ軍が反乱を起こし、都のテノチティトランにスペイン人を閉じ込めたのである。食料も乏しくなり、追い詰められたコルテスは最後の手段とばかりにモクテスマ王にアステカ軍を説得させようとした。しかし反乱軍は耳を貸さず、ついには石を投げて、王を撃ち殺してしまった。ついに極まったコルテスは夜間テノチティトランを脱出し、食料を手に入れると軍を率いて再び都を攻撃した。

この時勇敢なアステカ軍は激しく抵抗し戦ったが、最後はあっけなくやってきた。食料が尽きたことに加え、アステカ軍に疫病が流行ったのである。しかし多くのアステカ戦士が病に倒れる中でも、スペイン人たちは健康でピンピンしていた。これを見たアステカ人たちは、神が自分たちを見放したと考え、ついに降伏してしまった。

実はこれは神の助けでもなんでもなく、スペイン人はヨーロッパから持ち込まれた疫病に対する免疫があったのだ。

＊

メキシコを手に入れたコルテスは部下たちにメキシコを分け与えた。

しかし分け与えたのは土地だけではなかった。現地の人間も奴隷として分け与えてしまったのである。

インディオはヨーロッパから持ち込まれた病気と強い酒にむしばまれ、その多くが死んでしまった。またスペイン人はインディオにキリスト教を強制し、従わない住民には火炙りのような極刑をおこなっている。

このインディオに対する非人道的な虐待に憤ったのがドミニコ会修道士**ラス＝カサス**である。彼は白人のインディオに対する虐待の事実を『**インディアスの破壊に関する簡潔な報告**』という報告書に書き、スペインの蛮行が世界に知られることとなった。

解答と解説

復習ポイント の答え

スペインのコンキスタドール(征服者)の多くが富への欲求に駆られた冒険者であり、先住民への略奪と奴隷化をおこなった。

(代表的なコンキスタドール)　　(結果)

コロンブス　　…**アメリカ大陸到達**
バルボア　　…**パナマ地峡を横断して太平洋に到達**
コルテス　　…**アステカ王国を滅ぼす**
ピサロ　　…**インカ帝国を滅ぼす**

アクティヴィティ の答えの一つ

代表的な家庭料理は「**肉じゃが**」。ジャガイモはアンデス山脈が原産地で、インドネシアのジャワ島経由で日本に紹介されたため「ジャガタラ(=ジャワ)イモ」と呼ばれました。大変にポピュラーな料理なので、どの料理本にもレシピが載っています。

「**ピーマンのトウガラシひき肉詰め**」などはおかずにもつまみにもなる代表的な家庭料理ですが、ピーマンとトウガラシはアメリカ大陸が原産地。作り方は簡単で、鶏ひき肉に塩・コショウし、細かく切ったトウガラシを交ぜてフライパンで炒め、カットしたピーマンの中に入れたらでき上がり。

冬の定番、**味噌ラーメン**にはアメリカ大陸出身のトウモロコシが入っています。

最後の門 の答え

問1　(1)　テオティワカン
(2)　マヤ　　(3)　テノチティトラン
(4)　キープ　　(5)　コルテス
(6)　ピサロ
問2　ポトシ銀山　　問3　ラス=カサス

(解説)

問1　「テオティワカン」と「テノチティトラン」がゴッチャになりやすい。「テオティワカン」(ヤカンみたいな名前!)は文明の名前、「テノチティトラン」(レストランみたいな名前だ)はアステカ王国の都の名前なので、区別して覚えよう。

またメソアメリカ文明が成立した年代については、学者や研究によって解釈が異なる場合があるため、それぞれの文明が成立した位置で区別するのがわかりやすい。

メソアメリカ文明の特徴は、教科書や資料集の写真をよく見て覚えておくことが効果的。有名なナスカの地上絵やマチュ=ピチュの風景(まるで「天空の城ラピュタ」!)を見ておこう。

ルネサンス
——作品を見ないと始まらない

「ルネサンス」ってイタリア語？

いや、Renaissanceはフランス語。フランスの歴史家ミシュレが使ってから広まった言葉らしい。「古代文化の再生」という意味じゃよ。

第1幕への前奏曲　パトロンのおかげで大いに栄えるルネサンス

「ルネサンス」はイタリアやネーデルラントで早くから展開したが、「ルネサンス」とは何だろう。その特徴をいくつか挙げておこう。まずは①**都市文化の上に成立した「個性」を強調した運動であった。**田舎の村や教会のしきたりにしばられることなく、**豊かな人間性の自由と解放を求める文化運動**であった。②**お手本はギリシアやローマなどの古代文化だ。**修道院の図書館で古代の文献が、また、地下遺跡から古代の彫刻・絵画が発見されると、生命力に満ちた古代文化が14〜16世紀の人々に新鮮な感動を与えたのだ。そこで神学以外に古代文化を知るためにもギリシア語やラテン語を学ぶことが盛んになった。当時は法学・医学など各学部の基礎的な教養課程は「自由七科」と呼ばれた。つまり人間を自由にさせる学問のことだが、全部で七つある。つまり「文法・修辞学・論理学・幾何学・算術・天文学・音楽」だ。これら古代ギリシア以来の学問を学ぶことを**「人文主義」**(humanitas〔ラテン語：フマニタス〕→humanism〔英語：ヒューマニズム〕)と呼ぶ。今まで学者と言ったら修道士ばかりだったが、古典文化を専門に学ぶ学者たちが出現し、ルネサンスを支えていたのだ。1453年にビザンツ帝国が滅亡した時、多くの古典学者がイタリアに亡命したこともルネサンスのきっかけになったことは間違いない。③**しかし実際にルネサンスを表現した多くは古典語ではなく、イタリア語や英語などの各国語だった。**日常生活で使うこれらの国々の言葉こそが、人間の生き生きとした新しい息吹を伝えることができたのだ。

イタリアやネーデルラントには商業都市が多く、文化の興隆に必要な金持ちのパトロンがそろっていたことも大きい。**フィレンツェのメディチ家**のような都市の大商人たちや、ミラノ公のような都市の支配者、そしてローマ教皇が文化人や芸術家を保護していたのだ。

第1幕 文学
——恋とルネサンスは突然に

文学の分野でのルネサンスの最初の代表作品は**ダンテ**の『**神曲**』だろう。「かみきょく」じゃない。「しんきょく」と読む。この作品の成立のきっかけとなったのは、13世紀後半にダンテがフィレンツェの橋の上でベアトリーチェという女性に一目惚れしてしまったことなのだが、詳しくはコラムを見てくれ。ちなみにダンテはこの傑作をラテン語ではなくトスカナ語で書いているのだが、『神曲』のおかげでトスカナ語が現在のイタリア語の基本となったのじゃ。ダンテから少し遅れて**ペトラルカ**や**ボッカチオ**が出てくる。二人とも人文主義者(ヒューマニスト)として名が通った学者だ。ペトラルカが『叙情詩集』(『カンツォニエーレ』)、ボッカチオが『**デカメロン**』じゃ。『デカメロン』の内容はテーマ65のコラムを見てくれ。ちなみにボッカチオは若い時に書いたこのエッチな作品が大嫌いで、学者として名をなしてから、なんとかこの作品を破棄したいと願っていたそうだ。しかし後世に残ったのはこの生き生きした作品だったのじゃ。

ふーん、デカメロンってメロンパンの名前かと思っていた

さて、イタリアのフィレンツェは都市国家として栄えていたが、政治をめぐる混乱によく巻き込まれていた。そこで「どうしたらイタリアを統一して平和を与えられるか」という問題を考えた外交官・歴史家**マキァヴェリ**が登場してくる。彼が書いた『**君主論**』は見事な名文で、道徳にとらわれることのない強力な政治の必要性を訴えている。

北方のネーデルラントでは**エラスムス**が人文主義者として有名。彼自身は偉大な学者だったが、むしろジャーナリストと言った方が真実を突いている。当時のカトリック教会や聖職者、学者を徹底的にこき下ろした『**愚神礼賛**(ぐしんらいさん)』は大ウケしてヒットを飛ばし、彼がギリシア語原典から出版した聖書も話題になった。調子に乗っていたこのエラスムスが、実は宗教改革の火付け役になってしまうことになる。またイギリスの**トマス=モア**も有名な人

文主義者で、エラスムスの友人だった。モアは**『ユートピア』**という皮肉の利いた作品を書いたことで知られるが、ヘンリ8世の離婚に反対したモアは処刑されるハメになってしまった。ちなみに『愚神礼賛』も『ユートピア』もラテン語で書かれているぞ。

イギリスではボッカチオの影響を受けた**チョーサー**が14世紀末に**『カンタベリ物語』**を書いたが、これもスケベな話が多くて参ってしまう。その代わり人物表現が豊かで生き生きしているぞ。そして16世紀の後半からついに**シェークスピア**があらわれ、不滅の戯曲作品を残すことになる。チョーサーとシェークスピアこそ現代英語の基礎を作ったのじゃ。

16世紀のフランスでは人文主義者であった**ラブレー**の**『ガルガンチュアとパンタグリュエルの物語』**が代表だ。人間世界にあらわれたガルガンチュアとパンタグリュエルという巨人の親子が人文主義の教育を受けるというストーリーだ。生命力のある下品さに満ちた、大学や教会をハチャメチャに皮肉る作品で禁書処分も受けた問題の本だ。また16世紀のフランスの**モンテーニュ**の**『エセー』**(**『随想録』**)も人間存在を見つめた傑作だ。

スペインでは**セルバンテス**の**『ドン＝キホーテ』**が代表作品。え？　深夜営業の店じゃないぞ。自分を伝説の騎士とカン違いした下級貴族の冒険物語だが、ユーモアと悲哀と皮肉を持った不朽の傑作じゃ。

第2幕への前奏曲　中世とルネサンスの美術の違いは表情だ

次は美術だが、中世の絵画は皆表情が硬く、喜怒哀楽がないのが特徴じゃ。中世の人々はいつか死んで腐っていく肉体よりも、不滅の魂の方に価値を置いたのだ。だから空しい人間の肉体は生気がなく硬い表情じゃ。しかしルネサンスになると人間の表情に喜怒哀楽が浮かぶようになる。

第2幕　美術①——人間の肉体をリアルに描く。それってエロ？

そして15世紀後半にフィレンツェで花開いたルネサンス全盛期の美術の代表が、**ボッティチェリ**の**「春」**(**「プリマヴェーラ」**)(↗)だ。人物の肉体表現は柔らかく、リアルだ。一番右で花の女神にフーフーと息を吹きかけているのは西風の神ゼフィロスで、春をもたらす

神の息吹を受けた花の女神の口からは、すでに花が咲き出でている。そして次の瞬間に花の女神は春の女神に変身しているのじゃ。愛の女神ヴィーナスの祝福のもとで、3人の女神たちが踊っている。ところがよーく見ると、真ん中の女神は一番左の青年に熱いまなざしを向けているではないか。ヴィーナスの真上では目隠しをしたキューピッドが真ん中の女神に向かって危ない恋の矢を放とうとしている。この絵の全体が物語になっているのじゃよ。

女神の服がスケスケで、なんだかエッチですね

ルネサンスは人間の肉体を肯定して描いているのじゃ。それだけ人間を自由に表現している証拠なのじゃ。

第3幕 美術②――ミケランジェロは現在のマンガにも影響大！

イタリアのルネサンスは15世紀後半から16世紀にかけてフィレンツェとローマで最も栄えることになる。特に**レオナルド=ダ=ヴィンチ**と**ミケランジェロ**、**ラファエロ**の3巨匠が有名だ。中でもレオナルドはルネサンスの理想であった「**万能人**」を具体化した天才で、科学や医学にも大きな足跡を残している。そして右はミケランジェロの彫刻「瀕死の奴隷」じゃよ(→)。

これって『ジ○ジョ』立ちじゃないですか！

うむ、彼らの作品は教科書や資料集に紹介されているので、ぜひ見てもらいたい。同じ頃、文学と同じように北方のネーデルラントやドイツでも美術の分野で巨匠が出てきた。これを**北方ルネサンス**と呼ぶ。例えばフランドルで活躍した14〜15世紀の**ファン=アイク兄弟**は油絵技術を改良し、優れた作品を残している。16世紀の**ブリューゲル**が画家と

して有名。わしの故郷のドイツでは**デューラー**や**ホルバイン**が油絵や版画で傑作を残している。

最終幕 科学と技術——世界を引っくり返した男、それはコペルニクス

創意や工夫を重視するルネサンスの精神によって、中国で発明された「**火器・羅針盤・活版印刷術**」の改良と発展が進んでいる。実際に「大航海時代」は火器と羅針盤が生み出したものだし、「宗教改革」は活版印刷術によって促進されたのじゃ。この活版印刷術は中国で発明されたのだが、ヨーロッパで実用化したのはドイツのマインツで活躍した15世紀の**グーテンベルク**じゃ。なにしろアルファベットは26文字しかないので、活版印刷の普及にはうってつけだったのじゃ。

そして特に天文学の分野で大きな変動があった。15世紀ポーランドのカトリック司祭**コペルニクス**は自由七科を学ぶうちに古代ギリシア以来の天動説に疑問を持つようになり、天体観測と計算から**地動説**をついに主張するにいたったのだ。16〜17世紀にかけてイタリアでは**ガリレオ=ガリレイ**が、そしてドイツでは**ケプラー**が出て、地動説に対し物理学・天文学的な発見をおこなっている。

復習ポイント

ルネサンスの作家・画家とその代表作品をまとめてみよう。

アクティヴィティ

右の絵はルネサンスの画家ペルジーノが描いた作品です。この作品の特徴を考えてみよう。

ルネサンス年表

(文学)	14世紀初め	ダンテが『神曲』をトスカナ語で書く
	14世紀中頃	ペトラルカが『叙情詩集』(『カンツォニエーレ』)、ボッカチオが『デカメロン』を書く
	14世紀末	チョーサーが『カンタベリ物語』を書く
	16世紀前半	エラスムスが『愚神礼賛』、トマス＝モアが『ユートピア』、マキァヴェリが『君主論』を書く
	16世紀中頃	ラブレーが『ガルガンチュアとパンタグリュエルの物語』を書く
	16世紀後半	モンテーニュが『エセー』(『随想録』)を書く
	16～17世紀	シェークスピアとセルバンテスが作品を発表
(美術)	14世紀初め	イタリアのジョットがルネサンス様式の絵画を描く
	14～15世紀	(ネーデルラント)フランドルのファン＝アイク兄弟が油絵技術を改良
	15～16世紀	(イタリア)ボッティチェリ・レオナルド＝ダ＝ヴィンチ・ミケランジェロ・ラファエロらの活躍　(ドイツ)デューラーとホルバインの活躍
	16世紀中頃	(ネーデルラント)ブリューゲルの活躍

最後の門　14～16世紀のヨーロッパに関する以下の問いに答えなさい。

問1　メディチ家の拠点であり、イタリア＝ルネサンスの中心地となった都市は次のうちどれか。

①　ローマ　②　ヴェネツィア　③　ミラノ　④　フィレンツェ

問2　ルネサンスを支えた思想は、次のうちどれか。

①　古典主義　②　ロマン主義　③　人文主義　④　社会主義

問3　『君主論』の作者は、次のうちどれか。

①　マキァヴェリ　②　ペトラルカ　③　ボッカチオ　④　ブルネレスキ

問4　ミケランジェロ作でないものは、次のうちのどれか。

①　「ダヴィデ像」　②　「天地創造」　③　「最後の審判」　④　「最後の晩餐」

(名古屋学院大・改)

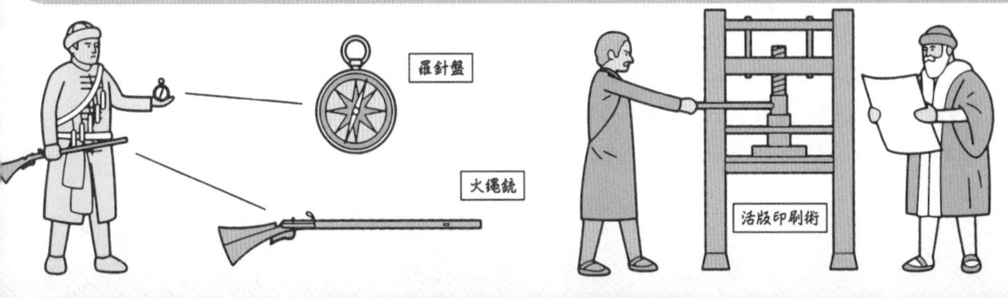

Divina Commedia
ダンテ『神曲』

ダンテは壮大な創造力と巨大な精神において世界最高の詩人の一人であり、ミケランジェロや永井豪などの多くの芸術家に強い影響を与えている。

ダンテ＝アリギエーリは1265年イタリアのトスカナ地方の中心都市フィレンツェに生まれた。彼はトスカナ人にふさわしく激情家で極端な性格の持ち主だった。ダンテは9歳の時に運命的な出会いを体験した。ベアトリーチェという裕福な市民の娘と出会ったのだ。その少女のあまりの美しさにダンテ少年は魂を奪われた。そして後にアルノ川の橋でベアトリーチェに再会したダンテは恋心を燃え上がらせる。しかしベアトリーチェは中年男と結婚させられ、難産が元で死んでしまった。激しいショックを受けたダンテはベアトリーチェの姿を『神曲』に詠い上げ、彼女は世界文学史上、不滅の存在となる。

*

青年ダンテはフィレンツェを揺るがす政治の争いに巻き込まれる。

ギベリン（皇帝派）とゲルフ（教皇派）の争いでゲルフに属したダンテは政敵によってフィレンツェから追放され、二度と帰ることは許されなかった。この追放時代に味わった苦悩はダンテの精神をより深めた。

そしてこの放浪の旅の中、北イタリアのヴェローナ（『ロミオとジュリエット』で有名な町）で『神曲』の地獄篇が書き始められる。

〈『神曲』の内容〉

中年にさしかかったダンテは人生の深い森の中で迷い、道を見失う。そこへあらわれダンテを救うのが古代ローマ時代の詩人ウェルギリウスである。ウェルギリウスに伴われ「地獄」を訪れることになったダンテは、地獄の門の上に書かれた言葉を読み、恐怖におののく。

「この門を入る者よ、一切の希望を捨てよ」

地獄をわたるダンテの前には多くの亡者が群がり、その恐ろしさは詩人の心を凍らせる。

特に飢えに負け、我が子を殺してその肉をむさぼり食うウゴリーノ伯爵や、恋人との不倫ゆえに夫に刺し殺され、地獄をさまようフランチェスカ＝ダ＝リミニの物語は圧倒的である。

暗い地獄を抜けたダンテは高い山がそびえ立つ静かな島にたどり着いた。ここが地獄と天国を結ぶ場所「煉獄（れんごく）」である。ウェルギリウスとともに山を登るダンテは罪の縛（いまし）めから解かれ、精神の安らぎを感じる。しかしウェルギリウスはさらなる天国へ昇ろうとはしなかった。

「ダンテよ。私は天国には行けない。私はキリストを知る前にすでに死んでしまっていたからだ。これからは自分の意思で動きなさい。

私に代わり、ある高貴な魂が君を天国へ連れて行ってくれるだろう」

そこへあらわれたのはベアトリーチェの祝福された魂であった。彼女はダンテの罪を清め、「天国」へとダンテを連れて行く。

そしてダンテは光の中に多くの殉教者や聖人が天使とともに神をほめ讃えるのを見た。至高天へと昇っていくダンテ。『神曲』の天国篇は星々の奏でる壮大な音響の中でついに終結する。

*

古都ラヴェンナに落ち着いたダンテは、外交官として活躍しつつ、静かなラヴェンナの環境の中で『神曲』の天国篇の完成にすべての力を注いだ。そしてこの天国篇の最後の十三歌を書き終えた時、ダンテの魂はこの世の苦痛に満ちた旅を終え、フィレンツェに赴いた帰途、病で神のもとに召されていった。

解答と解説

復習ポイント の答え

ルネサンスの「文学」は作者と作品を年表にまとめたので、参照してもらいたい。スペインのセルバンテスは**『ドン＝キホーテ』**を知っていれば大丈夫。シェークスピアは**『ハムレット』『オセロー』『マクベス』『リア王』**の**四大悲劇**を知っておこう。

ルネサンス美術についてまとめると以下の通り。

ジョット…「聖フランチェスコの生涯」
ボッティチェリ…「春」(「プリマヴェーラ」)、
「ヴィーナスの誕生」
レオナルド＝ダ＝ヴィンチ…「モナ＝リザ」
「最後の晩餐」
ミケランジェロ…「天地創造」「ピエタ」
「最後の審判」
ラファエロ…「聖母子像」「アテネの学堂」
デューラー…「四人の使徒」
ブリューゲル…「農民の踊り」

アクティヴィティ の答えの一つ

ペルジーノの「聖ペテロへの天国の鍵の授与」は、**「遠近法」(パースペクティヴ)**の技法を使っています。まず絵の背景に一つの点を打ちます。この点を中心に集中線を描き、その集中線に沿って背景を描き込むと、モノや建物が立体的に見えてきます。この技法はルネサンスの時期に確立されたものですが、現在のマンガでも当たり前のように使われています。物が歪んで描かれていると「パースが狂っている」と呼ばれるのは遠近法が正確でないことを表現しています。

最後の門 の答え

問1　④　　問2　③
問3　①　　問4　④

(解説)
問3　④の**ブルネレスキ**はフィレンツェのサンタ＝マリア大聖堂のドームを設計した建築家。この大聖堂は巨大なドームながらも華やかで、まったく重苦しさを感じさせない名建築として知られる。
問4　**「最後の晩餐」**(レオナルド＝ダ＝ヴィンチ作↓)と**「最後の審判」**(ミケランジェロ)を混同しないようにしよう。レオナルド＝ダ＝ヴィンチの「最後の晩餐」は遠近法で描かれており、絵全体の消失点はキリストの右こめかみになっている。

宗教改革①
——ルターのファイトがプロテスタントを生んだ

「ルネサンス」の次に宗教改革とは、関係あるんですかねー？

大アリだと思う。ルネサンスと宗教改革は「個人・個性の重視」という点では共通している。またルネサンスに浮かれていたカトリック教会が宗教組織として腐敗していたのは否定できないことじゃ。

入場曲 ルネサンスに導かれて宗教改革のメンバー登場です！

1513年、ローマ教皇に**レオ10世**が即位した。メディチ家出身で、典型的な人文主義者だ。当然ルネサンスが大好きで、ラファエロをはじめとしてお抱えの画家が何人もいた。彼が意欲的に取り組んだのはサン＝ピエトロ大聖堂の再建だったが、これはコラムを読んでもらおう。なにせ巨額の費用がかかるので、レオ10世は**贖宥状**（しょくゆうじょう）を発行して、大聖堂建築の資金にしようとした。

あれ、中学の時は歴史で「免罪符」と習ったけれども

いや、正式には贖宥状と言う。漢字が難しいのでちとやっかいじゃ。この証明書は、正式には「買った人の贖罪（しょくざい）（罪をあがなうための行い）を免除する証明書」なのじゃ。

第1ラウンド 贖宥状にさっそくルターが噛みついたぁっ！

贖宥状はヨーロッパ各国で売られていたのじゃが、フランスやイギリスなど王権がしっかりしている国では募金総額の4分の1が国王の懐に入ることになっていたので、トラブルは起こらなかった。ところがドイツでは皇帝は名ばかりの存在で、実際はバラバラな状

態だったから、カトリック教会は贖宥状の利益を独り占めにできた。なのでドイツは「搾れるだけ搾り取れるぞ」という意味の「**ローマの牝牛**」というひどいあだ名を付けられてしまった。しかも贖宥状を売る修道士が、「**皆さんっ！　贖宥状を買って賽銭箱の中に銭を入れれば、あら不思議、あなたのおばあちゃんの魂が天国へ飛んで行くのですよぉ！**」と買えば罪が全部なくなるように吹いて売ったので、贖宥状の効力に疑問を持つ人も出てきた。ヴィッテンベルク大学の神学教授**マルティン=ルター**もその一人だった。当時は学問上の論争をおこないたい時は大学や教会の門に論題を貼って「誰の挑戦でも受ける！」とするのが普通だったのじゃ。ところがルターが1517年10月31日に教会の扉に貼り付けた「**九十五カ条の論題**」は市民に爆発的な反応を引き起こした。論題の中心テーマが「贖宥状」販売に対する批判だったからだ。

インターバル　えー、ここでルターのプロフィール紹介です

ルターはドイツのアイスレーベンの町に1483年に生まれた。父は農家から鉱山経営に転身して成功した人物で、父も母も禁欲的なスパルタ教育を子どもに施していた。ルター自身「あんまり殴られるので両親を恨んだ」と告白したぐらいだ。まじめな勉強家だったルター少年を見た父は、この子を法律家にするべく大学に進ませようと考えた。しかし父の期待はまんまと裏切られることになる。ある時、大学の近くを歩いていたルターのそばに雷が落ちたのだ。恐怖のあまりルターは叫んでしまった。「神様！　雷から免れたら僕は修道院に入りますっ！」

厳格な修道院に入ったルターは、厳しい精進に耐え抜いて勉強に励んだ。その時、修道院の地下室にあったフスの著作を読み、激しく感動している。

周囲の推薦で、ルターはザクセン地方に新たにできたヴィッテンベルク大学の神学部の教授になったが、人口がたったの6000人しかいないこの田舎の町にルターはかなり失望した。しかしこの町こそが後にルター派の聖地となる。

第2ラウンド 両者激しい打ち合い！　観衆はルターに大声援だっ！

ルターの主張には民衆だけでなくザクセン選帝公をはじめとする領邦領主までも関心を持つようになった。この危機にローマ教皇レオ10世は教養ある紳士としてルターに手紙を送り、ルターもほだされかかった。しかし、公開討論の場でカトリック教会側が威圧的な態度をとったのがいけなかった。ルターはファイタータイプの人柄で、ケンカを喜んで買う男だった。論争の中で、ルターはアツくなってしまい、「どんなキリスト教徒も聖書を解釈する上では平等である。教皇であっても特権はあり得ない。**教会を通じてではなく、個人が神と結び付くことが重要なのだっ**」と言ってしまった。「き、貴様、教皇様の権威を否定したな」と言われたルターはしまったと思ったがもう引っ込みがつかない。

ルターは『**キリスト者の自由**』という本を出して「**福音信仰**」の考えを打ち出した。これは魂の救いは「善行」によるものではなく、キリストの福音を信じること（**福音信仰**）によってもたらされる、という考えをルターは主張したのだ。

ルターは、届いた破門状を支持者の見ている前で焼いて怪気炎を上げる始末。結局、ルターは教皇によって破門されてしまう。

騒然とするドイツの情勢を、即位したばかりのハプスブルク家の神聖ローマ皇帝**カール5世**はなんとか収めようとした。1521年、ルターを**ヴォルムス帝国議会**に召喚し、自説を撤回させようとしたのだ。周囲は止めさせようとした。「ルター博士、行ってはいけない！フスのように殺されてしまいますぞ！」。しかしルターの決意は固かった。

「いや、私は殺されようともヴォルムスに行く！　嵐から私は逃げん！」

第3ラウンド ルターの放ったアッパーで教会は分裂だっ！

ヴォルムスの町にルターが到着すると、民衆が歓呼して出迎えた。騎士たちもルターを護衛した。これを見たルターは、「殺されたとしても闘争は勝利する」と確信した。議会では皇帝カール5世の前で「お前は異端を捨て、自説を撤回する用意があるか」とラテン語で聞かれたルターは深い沈黙の後、ドイツ語で答えた。

「私はいかなる権威も受け入れません。教皇の権威も、公会議の権威もです。私は聖書と己の良心以外、何物にもしばられません。神が私を助けたまわんことを。アーメン！」決まった。**この瞬間に教会は分裂した。**

崩れ落ちるように椅子に座ったカール5世はルターを法の保護からはずすことを宣言した。ルターは馬車に乗り、ヴィッテンベルクに戻る帰路に一団の騎士に襲われた。「いよいよ最期か！」と覚悟を決めたルターだったが、騎士たちはルターに共感した**ザクセン選帝侯フリードリヒ3世**が派遣した者たちで、彼らはルターをヴァルトブルク城に送り、保護したのである。身は安全だがルターは城の中で退屈した。そこでルターが励んだのが『新約聖書』のドイツ語訳である。この翻訳は見事なもので、ルターの力強いドイツ語が現代ドイツ語の基本となった。活版印刷の普及がルターの著作を広めたのだ。

その頃城の外では大事件が起こっていた。

第4ラウンド 農民から始まりフランス・トルコも巻き込んだ大乱闘に！

なんと説教師**ミュンツァー**をリーダーとする農民たちがルターの教説を利用して**ドイツ農民戦争**をおっぱじめたのだ。農奴制の廃止を主張し、領主を襲う農民たちの姿にルターは驚き、説得しようとしたが無駄だった。「**オラたちは皆平等だっ！　それを教えてくれたのはルターせんせーじゃねえか。やったれ、やったれっ！**」と手がつけられない。最初は農民たちに同情的だったルターも愛想が尽きてしまい、「農民の殺人強盗集団に反対する」というパンフレットを書いて、農民たちを攻撃した。ルターに裏切られた農民たちは領主の軍隊に敗北し、ミュンツァーをはじめ多くが打ち首になってしまう。このドイツ農民戦争の時、ルターが諸侯の肩を持ち、農民を見捨てたことにより、ルター派は狭い勢力に限定されてしまう結果になった。実際にルター派の教会は、司教が監督するカトリック教会とは異なり、諸侯が教会を監督・運営する**領邦教会制**という制度をとったのだ。

またルター派にとっての大問題はカトリック勢力との闘争だった。これは血みどろの戦いでカトリック側の総大将、神聖ローマ皇帝カール5世はやはり強かった。ルター派諸侯が束になってもかなわない。ところが勝ち誇るカール5世が完全勝利まであと一歩の時に、フランスとオスマン帝国が乱入して立ちふさがった。フランスとはイタリアを舞台に激突し、

73

フランス国王**フランソワ1世**は打ち破られ捕虜にされてしまった。カール5世に平身低頭してやっと解放されたフランソワ1世はその恨みを晴らすべく、オスマン帝国のスルタン、**スレイマン1世**と同盟を結んだ。そしてオスマン帝国が1529年にハプスブルク家の本拠地**ウィーンを包囲**をしたのじゃ。カール5世はオスマン帝国軍の包囲を解くことができたが、ルター派諸侯も**シュマルカルデン同盟**を結んで連帯してカール5世に立ち向かい、大乱闘になってしまった。

次から次へとリングに登ってくる敵の多さにカール5世も精根尽き果て、ついに1555年に**アウクスブルクの和議**を結んでルター派諸侯の信仰選択の自由を認めるハメになった。

ついにルター派は生き残った。そしてルターの勝利は続く宗教改革へののろしとなったのだ。

この和議の特徴なのだが、諸侯だけがカトリックかルター派を選ぶことができることにある。領民たちには宗派を選ぶ自由はなく、諸侯の宗派に従うことが原則となった。ということは、領民たちは「自分の信教を変えたくなければ、自分と同じ宗派の諸侯の領地に引っ越さなくてはならない」ということになってしまったのじゃ。

ところで、プロテスタントって何？

ルター以降に成立する「ローマ教皇の権威を認めない」宗派を一括して**プロテスタント**と呼ぶ。この「プロテスタント」という言葉は、いったんはルター派に認めた信教の自由を、連戦連勝のカール5世が取り消したことに抗議(protest)したことから生まれたのじゃ。日本ではプロテスタントを「新教」と呼び、それに対してカトリックを「旧教」と呼ぶこともある。

復習ポイント

宗教改革が起こった理由を、ドイツの持つ問題を中心に考えてみよう。

アクティヴィティ

ルターは聖書を信仰の中心にしましたが、聖書中心の信仰には実は危険もあります。どのような危険でしょうか。

宗教改革年表（ルター派の動き）

1517年	ヴィッテンベルク大学神学教授ルターが贖宥状の悪癖を攻撃する「九十五カ条の論題」を発表
1521年	ルターは教皇から破門され、神聖ローマ皇帝カール5世によってヴォルムス帝国議会に呼び出されるが、自説を撤回せず
1524～1525年	ミュンツァーを指導者としてドイツ農民戦争勃発 →ルターは農民たちに味方せず、諸侯の側に回る
1529年	オスマン帝国のスレイマン1世が第1回目のウィーン包囲をおこなう
1530年	ルター派が皇帝に対抗してシュマルカルデン同盟を結ぶ
1546～1547年	シュマルカルデン戦争（皇帝VS同盟）
1555年	アウクスブルクの和議 「諸侯だけがルター派の信仰を選ぶ権利が認められたのだが、この時にはルター自身はもう亡くなっていた（1546年没）」

最後の門 下の問題は大学入試問題を出典にした問題です。答えなさい。

宗教改革の始まりは、ドイツにある（　a　）大学の神学教授であるマルティン＝ルターの行動までさかのぼる。ルターは、1517年、魂の救いが福音信仰のみによるという確信を持ち、「九十五カ条の論題」を発表した。

当時、メディチ家出身の教皇は、ドイツでも贖宥状を売り出していた。これは、神聖ローマ帝国が分裂状態にあり、組織的抵抗が弱かったために、教皇が政治的な干渉や財政上の搾取をしやすい状況にあったためである。このようなドイツの状況は（　b　）と揶揄されていた。贖宥状を販売する際、宣教師は「お金が箱の中に投げ入れられる音とともに、魂は救われる」と宣伝したが、教皇はカトリックの総本山である（　c　）大聖堂の新築費用を調達するために、教会への喜捨などの善行を積めば、その功績によって過去に犯した罪も赦されると説明していた。

1521年、ルターは教皇から破門されたものの、『新約聖書』のドイツ語訳を完成させた。民衆がキリストの教えに直接接することができるようになったのは、この完成による。この頃、農奴制の廃止や共有社会の実現などを求める（　d　）を指導して処刑されたのが、宗教改革者のミュンツァーであった。

問1　（　a　）～（　d　）にあてはまる適語を書きなさい。

問2　文中の下線部のローマ教皇の名を書きなさい。　（青山学院大・改）

サン＝ピエトロ大聖堂の物語

紀元後64年。ローマのヴァチカーヌスの丘にあった「カリグラとネロの競技場」では血に飢えた群集が叫んでいた。キリスト教徒の処刑が始まったのだ。彼らにはローマへの放火の疑いがかけられていた。

皇帝ネロの目の前で、多くのキリスト教徒が猛獣に噛み殺された。断末魔の叫び声が上がり、血の臭いが一面に立ち込めていた。その中に、キリスト教信者の頭目とみなされていた一人の初老の男が引きずり出され、競技場の中央で逆さまに十字架にかけられた。血まみれの男の死体は競技場のすぐ横にあった共同墓地にそっけなく埋められた。この男こそペテロ（イタリア語ではピエトロ）。ガリラヤの漁師でイエス＝キリストの最愛の弟子、使徒の筆頭、そして第1代目のローマ教皇である。

＊

313年。キリスト教を公認した**コンスタンティヌス帝**はペテロの墓の上に巨大な大聖堂を作ることを決心した。「カリグラとネロの競技場」は壊され、小さなペテロの墓の真上に巨大な教会が短期間に建てられた。これがコンスタンティヌス帝のバシリカ（古代様式の教会）である。壮麗なこのバシリカも時の流れとともに老朽化し、15世紀の後半には壁が剥がれたり、屋根が落ちてくるありさまであった。

この由緒あるバシリカを壊し、新しい大聖堂を建てることを最初に実行したのは16世紀初頭のローマ教皇**ユリウス2世**である。

ユリウス2世はライオンのように勇猛な教皇で、自ら鎧（よろい）を着て戦争に出かけるほどの人物であったが、芸術にも造詣が深く、ミケランジェロにシスティナ礼拝堂の天井画を描かせている。建築にはユリウス2世お気に入りの建築家**ブラマンテ**を起用した。張り切ったブラマンテは古代のバシリカを壊して、壮大なドームにするプランを設計した。しかし聖堂の中央の部分のアーチを作ったところでユリウス2世とブラマンテが相次いで亡くなり、費用が足りなくなったこともあって、大聖堂建設は中断された。

しかし、大聖堂をこのまま放っておくわけにはいかない。

メディチ家出身の教皇**レオ10世**は巨額の建設費用を贖宥状の販売でまかなうことにしたが、このことが宗教改革を呼ぶことになる。レオ10世は**ラファエロ**を登用し、大聖堂の建築をまかせるつもりだったが、ラファエロが若死にしたため、このプランは水の泡となってしまった。後の教皇パウルス3世は最終兵器としてついに**ミケランジェロ**に建築を依頼する。72歳になっていたミケランジェロは嫌がったが、最後には教皇の熱意に負けた。ミケランジェロは給料を一銭も受け取らず、この仕事に全力を傾けたが、大聖堂の完成を見ることなく89歳で没した。

＊

17世紀前半に教皇に選ばれたウルバヌス8世は、即位したその日に彫刻家でバロック美術の巨匠、**ベルニーニ**を呼び出して言った。

「お前は私と同じ時代に生まれたことを感謝するがよい。さっそく建築の勉強をするのだ。サン＝ピエトロはお前に任せよう」

ベルニーニはその生涯をかけてサン＝ピエトロ大聖堂を作り上げていった。

サン＝ピエトロ大聖堂は120年かけて、1633年についに完成した。

今、サン＝ピエトロ大聖堂は歴史を受け継ぎつつ、世界のすべての人々の訪問を受け入れている。

解答と解説

復習ポイント の答え

ドイツに宗教改革が起こった理由をまとめると、

① **ドイツは強い王権がなかったため、ローマ教皇が財政的な搾取(搾り取り)をおこないやすく、贖宥状の販売が横行したこと。**

② **ドイツにはローマ教皇の搾取に対して反感を持つ貴族が多く、神聖ローマ皇帝ですら彼らを統御できなかったこと。**

の二つの政治的・財政的な理由が大きいです。

同じ分裂状態にあってもカトリック教会によって利益が流れ込んでくるイタリアではぜいたくなルネサンスが栄え、宗教改革はわずかな例外を除いて起こりませんでした。

その一方で搾り取られる方のドイツで大きな宗教改革が起こったことから、カトリック教会への富の集中がドイツ民族の怒りと反発を買っていたことが理解できます。

アクティヴィティ の答えの一つ

聖書の文章は読む人によってさまざまに解釈できます。これは別に聖書だけでなく、すべての宗教の経典に共通していることです。「解釈において個人の自由が認められる」ということは「勝手な解釈も許される」危険をはらんでいます。これを防ぐために宗教では権威のある長や学者が経典を解釈する権利を持ち、あまりにも自分勝手な解釈や、極端な解釈を「異端」として排除してきました。

カトリック教会では教皇が聖書の解釈をおこなう権威であるため、かろうじて統一された教義を保つことができました。しかしルターが主張したように「個人による聖書の自由な解釈」を認めると、宗派の中に分裂が起こりやすくなります。そのためプロテスタント教会はさまざまな派閥に分かれてしまいました。ルター自身もこの問題に気が付き、「私の言うことだけを信じなさい」と言うようになりますが、「お前は教皇か」と強い批判を受けてしまいました。

最後の門 の答え

問1　(a)　ヴィッテンベルク
　　(b)　ローマの牝牛
　　(c)　サン=ピエトロ
　　(d)　ドイツ農民戦争

問2　レオ10世

(解説)

ルネサンス時代のローマ教皇では、宗教改革を起こすきっかけを作ってしまった**レオ10世**がやはり出題されやすい。メディチ家出身のレオ10世はレオナルド=ダ=ヴィンチ、ミケランジェロ、ラファエロの3巨匠のパトロン(保護者)であったことでも有名です。

宗教改革②
——ヘンリ8世のスケベで新たな教会が生まれる！？

え、宗教改革ってルターで終わりじゃないの！？

ルターに続いて他の国でもぞろぞろ出てきた。そしてルター派よりも強い宗派もあらわれてきた。特にスイスは宗教改革の地として重要じゃ。

ファンファーレ　ツヴィングリ、登場したと思ったら花と散る

スイスのチューリヒの町に**ツヴィングリ**という人文主義者の神父があらわれた。元々従軍司祭だったが、戦争の悲惨さを目の当たりにしてカトリックに疑いを持ち、改革を目指すようになった人物じゃ。改革を始めたのは時期的にはルターとほとんど同じ。ルターとツヴィングリの共通点は、教皇の権威や聖職者の特権を否定し、すべての人が聖書を語り教えることができるという「**万人司祭主義**」をとなえたことだ。しかしツヴィングリはルターと違い、教会の運営権を「地方自治体」に認めていた。つまりスイス風の地方自治を教会に取り入れたのだ。このやり方だと牧師は「地方公務員」になるわけだ。

「政教分離」じゃなくて「政教一致」ですね。それって

人文主義者のツヴィングリは聖書や典礼を「比喩」や「象徴」として合理的に解釈する癖がある。このためルターと1回会見したものの、すぐにケンカ別れしてしまった。1531年にカトリック勢力との戦いが起こった時に軽率にもツヴィングリは一兵卒として参加し、あっけなく戦死してしまったため、ツヴィングリの改革は徹底しなかった。しかし彼の改革は後のプロテスタントに影響を与えることになるぞ。

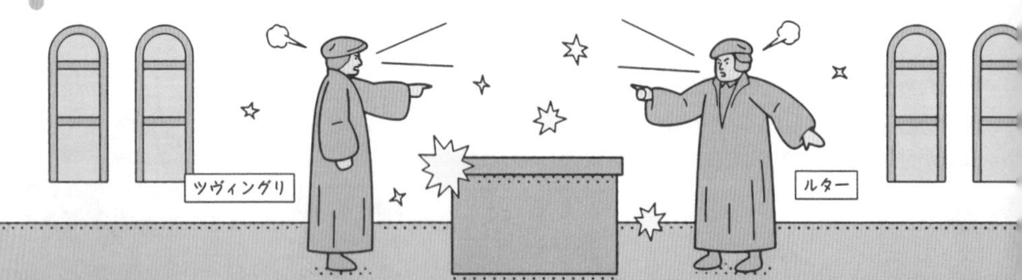

第1幕 カルヴァン――「蓄財OK」で一躍人気に

ジャン=カルヴァンはフランス人。ルターより26歳年下で、ルターが1517年に「九十五カ条の論題」を明示した時はまだ8歳じゃ。司祭になるべく大学に入り、神学や法律を学ぶうちにカトリックの教義に疑問を持ち、改革派に加わるようになった。フランスではカトリックの力が強かったので危険を感じたカルヴァンは他国へ亡命する。カルヴァンはスイスへ流れ着き、**ジュネーヴ**の町ですべて神中心の「神権政治」をおこない、この町を宗教改革の中心地にしていったのじゃ。

カルヴァンがジュネーヴにたどり着くまでの流浪の生活の中で書いたのが名著**『キリスト教綱要』**で、この本で主張したのが**予定説**だ。予定説とは「誰が救われるかどうかはすでに神は決めておられる。そしてわれわれはそれを知ることはできない」という考え方だ。

じゃあ、いくらよいことをしても無駄なわけね

そう。無駄じゃ。神はもう救う人を決めておられる。

そんだったら、私なんかダメじゃん。くそー、グレてやる!

まぁまぁ、落ち着いて。まだダメと決まったわけではないじゃろ。

カルヴァンは商業を重視し、カトリックが禁じていた「利子」を5%以内なら認めたので、カルヴァンの教義は北ヨーロッパのブルジョワジー(商工業者)にウケた。そのためカルヴァン派はイギリスでは**ピューリタン**(清教徒)、フランスでは**ユグノー**、ネーデルラントでは**ゴイセン**と呼ばれて急速に広まっていったのだ。

そしてカルヴァン派の教会は組織面でも**長老主義**で優れていた。この方法じゃが、教会の中で信仰と人望に厚い一般の信者が**長老**に選ばれ、牧師と共同で教会を運営していく制度じゃ。カトリックのように司教が教会を運営する制度や、ルター派のような諸侯や領主が教会を運営していく制度(=領邦教会制)はどうしても一般の信者と距離が開いてしまう。カルヴァン派の長老主義は自治制度が強かったスイスではピッタリと合ったのじゃ。自治と独立心の強いアメリカでもカルヴァン派の教会が広まったのはこの長老主義の影響が大きい。

74

第2幕　イギリス――ヘンリ８世と６人の妻のドロドロ劇

16世紀はじめ、イギリスでは困ったことが起こっていた。**テューダー朝の王ヘンリ８世に男の子が生まれなかったのじゃ。**妻はアラゴンからやって来たキャサリンで、女の子のメアリだけが元気に育っていた。この女の子が後の**ブラッディー＝メアリ**（血まみれのメアリ）と呼ばれた**メアリ１世**になる。もし王子が生まれなければテューダー朝は断絶し、イギリスは再び「バラ戦争」のような内乱に陥ってしまうかもしれない。それを避けるには王子が生まれてくれることが最善だが、キャサリンは何度も流産し、年齢もすでに40歳を超えていた。そこでヘンリ８世はキャサリンと離婚し、若い娘と結婚しようとたくらんだのだ。ところがカトリックでは離婚は許されておらず、離婚したければローマ教皇の許可をとる必要があった。しかしヘンリ８世は意思を押し通してキャサリンと離婚し、若いアン＝ブーリンと結婚したのじゃ。だが時の教皇はヘンリ８世の離婚を許さなかったので、頭にきたヘンリ８世は1534年に**首長法**を発布し、イングランドの教会の長をローマ教皇ではなく、イギリス国王にすることを宣言したのだ。これが**イギリス国教会**の創設となる。さっそくヘンリ８世は国内の修道院の土地を没収し、ジェントリ（郷紳）やブルジョワジーに売り払っている。カトリック教会を守るべく王に抵抗した『ユートピア』の作者トマス＝モアは死刑にされ、宗教紛争が勃発した。アン＝ブーリンは妊娠したが、産まれたのはまたもや女の子。この女の子が後にイギリス最大の女王**エリザベス１世**となるとは誰も想像しなかった。がっかりしたヘンリ８世は飽きがきたこともあり、アン＝ブーリンに姦通罪の汚名を着せて処刑してしまった。ヘンリ８世は３人目の妻としてジェーン＝シーモアと結婚する。ジェーンはヘンリ８世の念願に応えて男の子を産んでくれたが、産褥熱で死んでしまった。この男の子がエドワード６世なのだが、なんともか細くひ弱な子で、ヘンリ８世の不安の種じゃった。このエドワード６世は後にアメリカの作家マーク＝トウェインが書いた小説『王子と乞食』のモデルとなる。

ヘンリ８世は４人目の妻として、ドイツからアン＝オブ＝クレーヴズを迎えるが、お見合い前の肖像画ではすごい美人だったのに、実際の彼女はまるでピカソの絵だったので怒ったヘンリ８世はすぐに離婚した。５人目の妻キャサリン＝ハワードはデブのヘンリ８世を嫌い、若い男と浮気をしたために処刑されてしまう。最後の６人目の妻となったキャサリン

＝パーは貞淑な女性で、この妻がヘンリ8世の最期を看取ったのじゃ。

晩年のヘンリ8世は食いすぎが原因で醜く太り、さらに乱れた生活から梅毒になり、それが元で死んだと言う。ヘンリ8世はとんでもないキャラクターだったのじゃが、彼自身の離婚騒ぎがあったにせよ、**イギリス国教会**(Anglican Church)という独自の教会を作り上げたのは大きな功績であろう。イギリス国教会は儀式も組織もカトリックそっくりなのだが、長がローマ教皇でなくイギリス国王なので、プロテスタントに区分されるのじゃ。

最終幕 カトリック改革——カトリック教会の石頭軍団、欠席裁判で大勝利

さてカトリックとルター派の知識人たちは、分裂を避けるための話し合いの場が必要と考えていた。しかし知識人による相互理解の試みはいつの時代でもゴリゴリの保守派によって「生ぬるい」と批判されて踏みにじられ、徹底抗戦の道に突き進んでしまうのが常なのじゃ。最終的にカトリック教会はプロテスタントへの対抗路線を決定し、カトリック教義を明確化して、教会のモラルを回復することを目指した。この動きを**カトリック改革**と呼ぶ。

まず1545年にイタリア北部のトリエントで公会議を開くことになった。元々はルター派が教皇の力を抑えるために公会議の開催を要求していたので、場所もドイツに近い神聖ローマ帝国領の町が選ばれたのだ。だがこの公会議で主導権を握ったのがカトリックの中でもガチガチの石頭の保守派であったために、プロテスタントは出席を拒否。そのため本来は親旧両派の話し合いのはずの場だった**トリエント公会議**はカトリック側の独り舞台になってしまった。結局、この公会議は**教皇の至上権**(教皇の権威は絶対であること)**の確認**と、**教会内部の徹底的な改革・粛清**と**異端者**(つまりプロテスタント諸派)**への宗教裁判の強化**という、「保守反動の大勝利」に終わってしまった。そしてトリエント公会議以降、300年間も公会議は開かれず、カトリック教会はこの公会議の決定に従って運営されることになったのじゃ。

中でも注目すべきは**イエズス会**(ジェズイット教団)の大活躍だろう。**イグナティウス＝ロヨラ**が仲間の**フランシスコ＝ザビエル**らとともに作ったこの修道会は、全世界に積極的な布教をおこない、カトリック教会の勢力回復に多大な貢献をしたのだ。このイエズス会の働きもあり、南ドイツはカトリックの勢力圏にとどまり、プロテスタント勢力の南下が食い止

められてしまったのじゃ。特にイエズス会は日本への布教に熱心で、「鎖国」下の日本でも多くのイエズス会士が命がけで宣教していたことは遠藤周作の小説『沈黙』にも書かれている。

トリエント公会議以降、カトリックとプロテスタントの対立は深刻化し、多くの不毛な宗教戦争がヨーロッパ各地でおこなわれることになる。そして、宗教的な狂信と妄想は「**魔女狩り**」を加速させ、多くの人々が「魔女」と決めつけられて、火炙りで殺されてしまったことも歴史の事実なのじゃ。

復習ポイント

カルヴァン派の信仰の特徴を整理してみよう。

アクティヴィティ

イギリス国教会は元々ヘンリ８世の離婚問題から始まった宗派です。この宗派がイギリス人に受け入れられた理由は何でしょう。

宗教改革年表（ルター派以外のプロテスタントの動き）

1523年　ツヴィングリがスイスのチューリヒで宗教改革運動を開始→1531年にツヴィングリ戦死

1534年　イギリス国王ヘンリ8世が首長法を発布
＝「イギリス国王をイギリス国教会の首長に制定」

「これでいくらでも離婚と結婚ができるようになったわけじゃ」

1541年～　カルヴァンがスイスのジュネーヴで神権政治をおこなう

（カトリック改革）

1534年　スペインのイグナティウス＝ロヨラが修道会「イエズス会」を創設

1545～1563年　トリエント公会議によって教皇の至上権が再確認される

「話し合いのための公会議が『話し合いなんか必要じゃない』ことを確認する公会議になってしまった」

最後の門　下の問題は大学入試問題を出典にした問題です。答えなさい。

ルターについで、スイスのチューリヒでも（　A　）が贖宥状の販売を批判して、宗教改革が始まったが、（　A　）はカトリック諸州軍との戦いで戦死した。その後、『キリスト教綱要』をあらわしたカルヴァンがジュネーヴにまねかれて、改革運動が進められた。カルヴァンは人が救われるか否かはあらかじめ神の意思によって定められているという（　B　）をとなえ、人は神の救いを信じて神の掟を守り、勤勉と禁欲に努めるべきであると説いた。(1) カルヴァン派は暴君に対する抵抗権を認め、資本主義的な営利活動を肯定したので、商工業者たちに受け入れられ、商工業の盛んな西ヨーロッパへ広まっていった。

これに対しイギリスでは、国家主導のもとで宗教改革がおこなわれ、カトリック世界からの自立がはかられた。(2) 王妃キャサリンとの離婚を教皇に反対されていたヘンリ8世は、1534年に議会の協賛を得て、国王至上法（首長法）を定め、国王を最高の長とするイギリス国教会を成立させた。（中略）一方、カトリック教会の側では、1545年からトリエント（トレント）で公会議が開かれ、教皇の至上権と教義が再確認され、態勢の立て直しがはかられることになった。このようなカトリック教会内部からの改革を（　C　）と呼ぶ。

問1　（　A　）～（　C　）にあてはまる適語を書きなさい。

問2　下線部(1)に関して、カルヴァン派はイングランドではピューリタン、オランダではゴイセンと呼ばれたが、フランスでは何と呼ばれたか。

問3　下線部(2)に関して、カトリック教会と対立するヘンリ8世に反対して処刑され、また『ユートピア』の著者としても知られる人物は誰か。

（名城大・改）

戦う修道士
イグナティウス＝ロヨラ伝

イグナティウス＝ロヨラはスペインの貴族の出身である。

家柄はいいのだが肉体は貧弱・小柄で、おまけに若ハゲだった。

本人は自分の肉体に強いコンプレックスを持っており、それを埋め合わせるため少年の頃から軍人や騎士になることに憧れを持っていた。

そして実際に軍人になった。1521年フランスとスペインとの間で戦争が起こった時、彼は兵士として喜んで参加した。勇敢に前線で戦ったが、至近距離で銃を撃たれ足を負傷した。3回の手術の結果、なんとか足は切断せずに済んだ。

だが、この障がいを負った瞬間から彼の本当の人生は始まるのである。

＊

療養していたロヨラはヒマをもてあまし、退屈した。しかし病院には2冊しか本がない。それも『キリスト伝』と『聖人伝』だ。

ロヨラはさすがにうんざりした。しかし読み進めるにつれ彼は夢中になってしまう。そしてある夜、幼児キリストを抱いた聖母マリアが彼の前に姿をあらわした時、ロヨラはベッドから跳ね起きて土下座し、キリストと聖母の兵士になることを誓ったのである。回復したロヨラはその足で修道院へ向かい、俗人であることを捨て、修道士となった。

修道士となってからのロヨラの修業のすさまじさは伝説的であった。

彼は自分の肉体を石とし、どのような誘惑にも打ち勝てるように鞭(むち)打ち、断食を繰り返した。1年後ついに悟りを得たと自覚したロヨラは伝道に励んだが、いたる所で誤解され迫害された。

この体験から、ロヨラは**伝道には信仰だけでなく学問も弁舌も必要**であることを痛感したのである。

＊

37歳のロヨラは勉強することを決意、パリ大学に入学した。年をとってからの勉強は苦しかったが、うれしいことも多かった。それは友達ができたことである。友人の中にはスペイン人の**フランシスコ＝ザビエル**もいた。ロヨラと友人たちが集まってできたサークルは軍人あがりのロヨラにより「イエスの部隊」と呼ばれた。1540年にロヨラは教皇に会い、自分たちのサークルを修道会として認可してもらうことに成功した。こうして公式に認められた「**イエズス会**」は最高の鉄の規則を誇り、教皇に対する絶対の忠誠を誓う**軍隊風の修道会**となる。

特に修道士の教育には注意が払われ、迫害や試練に耐えることのできる鉄の意志と、優れた学識が育成された。イエズス会では学校教育が重視され、イエズス会の建てた学校は最高の質の高さを誇るようになった。イエズス会は海外への伝道を重視し、多くの修道士を海外に派遣した。果てしない地の果てまでもイエズス会の修道士は訪れ、キリストの教えを伝道していったのである。特に東の果ての国、日本には創設者の一人、フランシスコ＝ザビエルを派遣するほどの気合の入れ様だった。

ロヨラが1556年に死んだ時、イエズス会士の人数はすでに1000人にも達しており、彼らは進んで布教に身を捧げるカトリック教会最強の兵士となっていた。そしてイエズス会のまいた種は世界のいたる所で芽を出し、大木に育っていったのだ。

解答と解説

復習ポイント の答え

カルヴァンの教義はプロテスタントの中に位置付けられる。
そのために、「信仰は聖書を基準とする」「救いは信仰によって得られる」ことはカルヴァン派においても信仰の基盤となる。
(カトリックでは「信仰は教会によってもたらされる」。「救いは善行によってもたらされる」ことを信条とする)

カルヴァン独自の主張としては、

① 「誰が救われるかは、神がすでに予定しているため、われわれは知ることができない。よいことをしても救いにつながるかはわからない」(**予定説**)
② 「財産を蓄えることは天職に励んだ結果であるので、蓄財を認める」(カトリックでは寄付が善行となるので、蓄財は認めない)
③ 「教会の運営は牧師と長老が共同しておこなう」(長老制度)

などが挙げられます。

アクティヴィティ の答えの一つ

イギリス国王の個人的事情から始まった国教会が国民の信任を得ることができたのは、「**国王と国家・国民の利益が合致したから**」と言えるでしょう。

① 「**国王と国家の利益**」→王子が生まれなければテューダー朝が断絶してしまうかもしれず、イギリスでの内乱の危険性が高くなる。王子の誕生によって不毛な内乱を避けることができる。
② 「**国王と国民の利益**」→カトリック教会や修道院が持っていた広大な土地を没収し、ジェントリやブルジョワジーに売れば、王家は現金収入が保障され、ジェントリやブルジョワジーも土地という財産が手に入る。
③ 「**国家と国民の利益**」→「イギリス国教会」の創立は、カトリック教会の蓄財や腐敗に対し批判的だった国民の愛国心を強めることができる。

最後の門 の答え

問1 (A) ツヴィングリ (B) 予定説
(C) カトリック改革
問2 ユグノー 問3 トマス=モア
(解説)

カルヴァン派は各国で呼び方が違うので注意しよう。「ユグノー」とはドイツ語の「Eidgenossen」(アイドゲノッセン：誓いをともにする者)という言葉をフランス語読みにした発音と言われています。

ちなみにカルヴァン派はスコットランドでは「プレスビテリアン」(長老派)と呼ばれました。

主権国家の形成
——王と商人がタッグを組み、強国のでき上がり

中世の次が近世ですか。ふーん、あまりピンとこないです。

中世が「封建制」と「権威」に特徴付けられた時代であったのに対し、近世は「主権国家」と「個性の尊重」が目印になる。近世というものを知るためには、まず「主権国家」を知っておく必要があるのう。

前奏曲　宗教戦争が「主権国家」を生むまでのいきさつ

ヨーロッパの中世は、皇帝や教皇の権威のもとに、諸侯や貴族が封建関係によって民を支配する時代だった。土地や民は諸侯や貴族が所有する財産であり、それぞれの縄張りを争って小規模な小競り合いが起こっていたのじゃ。彼らは「領主裁判権」を盾にしていたので、法律も警察も実際にはないも同然だった。

こんな無法な世界に最初に変化をもたらしたのは「都市」だった。都市に住む商人たちは、富と自由を守るために国王や皇帝から自治権を認めてもらっていたことはもう知っているはず。商人階級と手を結んだ国王や皇帝は、商人から得たカネを背景に力を強めたのじゃ。

特に16～17世紀にかけてのヨーロッパは、宗教戦争の真っ最中で、互いにもんどりうって殺し合いをやっていた。戦いの経験値が積み上がることによってレベルもアップし、小銃や大砲を大量に使う現在の戦争の形ができ上がってくるのだ。この一連の動きを**軍事革命**と呼ぶ。殺し合いにカネがかかるようになると、領主や貴族程度の財力では満足に戦争もできなくなる。そこで国王や皇帝たちは中世までのような単なる「権威」だけではなく、実際に国内を軍事力でもって支配する「権力」を求めるようになった。そのためには農閑期だけ集める農民兵や傭兵では力不足であり、どうしても常に使える職業軍人（**常備軍**）が必要になってくる。また国王の手足として動かせる役人が多く必要になるので、**官僚制**を伴

主権国家

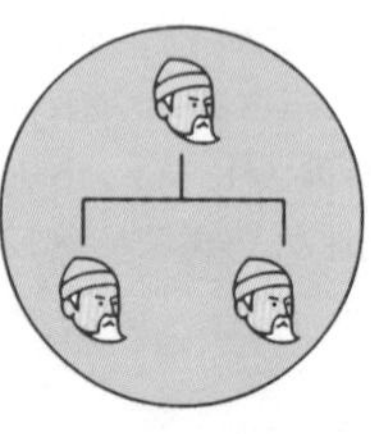

った行政組織を整えた。ただし常備軍や官僚制を維持するためには莫大なカネが必要なので、国王は積極的に商人たちを援助して国にカネがドンドン入ってくるようにはからった。この政策を**重商主義**と言うが、これは後に解説しよう。

その結果、国王は強大な経済力と軍事力を持って諸侯や貴族を圧倒して国内を統一するようになった。このような明確な国境があり、内外の勢力から干渉されずに政治を行える国家を**主権国家**と言う。そしてこの主権国家が成立し始めるのは16世紀の宗教戦争の時代からであり、戦争や混乱を避けるために主権国家同士が外交官を交換し、国際会議を開いて利害を調整しようとする国際秩序を**主権国家体制**と呼ぶのじゃ。

G7サミットの起源、みたいな感じかな

第1幕 絶対王政へ——王はカネを、商人は特権を求める

特にスペイン・フランス・イギリスでは、多くの戦争により、国王を中心とする強力な統治体制が出現した。この体制を**絶対王政**と呼ぶ。しかし王の権力が強くなっても、従来の貴族や聖職者などの階級はしぶとく生き残っており、自分たちの免税特権を手放そうとはしなかったし、商人やギルドも自治権を持ち続けたがった。なにしろ宗教戦争の真っ最中なので、王としても彼らを敵に回したくはない。そこで王は彼らに自治権や特権を認めざるを得なかった。こうして国王によって独自の権利を認められた一部の組織は**社団**と呼ばれ、中間団体として社会を統治し続けていたのじゃ。貴族・聖職者・ギルドなど社団の特権が奪われるのは、後の市民革命の勃発まで待たなければならん。

さて新大陸の「発見」やインド航路の開拓によって「世界の一体化」が実現し、ヨーロッパに商業革命が起こっていたことは覚えているかな？　近世に入ると西ヨーロッパの社会全体は商業を中心に回るようになっていた。王も重商主義によって自国の商人たちをひいきするようになったから、商人たちもやりたい放題に振る舞うようになる。その例が**問屋制**じゃ。これは商人が農民や職人に道具や材料を前貸しする制度なのだが裏がある。中世の頃の職人はモノをのんびり作って商人に納めていたのだが、商人にしたらそんなチンタラしたやり方ではもうけが増えない。そこで商人は道具や材料を職人に前貸しして、モノ

を納める期限を定めたのじゃ。つまり職人たちをノルマでしばったやり方が問屋制となる。このやり方で利益が上がった商人たちは**工場制手工業**を始めた。これは工場を建て、その中に職人や農民を労働者として集めて、分業でモノを作らせるやり方じゃ。工場の中で働かせれば労働者は怠けることができないし、最初から終わりまで一人で作らせるよりは、皆で手分けして分業で作らせた方が効率がよいのだ。工場制手工業は**マニュファクチュア**と言われるのだが、これはラテン語で「手仕事」という意味じゃ。マニュは「手」という意味。

あ、「マニキュア」ってこれからきてるの？

そう。キュアとは「ケアする」のラテン語じゃな。もうここまでくると、現代との違いは機械の有る無しだけだが、機械が発明される「産業革命」は、もう少し後の時代になるぞ。

第2幕 イタリア戦争——金持ちイタリアをめぐるフランスVS神聖ローマ帝国の戦い

さて、神聖ローマ帝国とフランスの国家同士のぶつかり合いになったのが**イタリア戦争**じゃ。イタリアには統一王朝がなく、都市国家が分裂して争っていた。しかもそれぞれの都市が東方貿易で栄えていたので経済力だけはあった。だからルネサンスもまずイタリアで始まったのだ。しかしいくらカネがあっても分裂していて弱ければ、他の強い国に狙われてしまうのは必定じゃ。イタリアを守るために主要な都市同士で助け合うことを主張していたのは唯一フィレンツェの支配者のロレンツォ＝デ＝メディチだけだった。え、誰って？　……テーマ64のコラムに出ていたから思い出してくれ。しかしアメリカ「発見」の年である1492年にロレンツォが死んでしまうと、イタリアの各都市は自分の利益のために強国を利用するようになった。最初に強国と結んだのはミラノで、自分の身を守るため1494年にシャルル8世が率いるフランス軍をイタリアに引き入れてしまった。これはまさしく羊が自分の群れの中に狼を入れてしまったのと同じだった。ついで神聖ローマ皇帝マクシミリアン1世も「フランスにイタリアを取られてたまるか」とイタリアに侵入して来た。こうしてイタリア半島はフランスのヴァロワ家とハプスブルク家の血みどろの決戦の舞台になってしまったのだ。

なんだかゴジラ対キングギドラに壊される東京みたいだねえ

栄えていたイタリア諸都市はこの戦争で荒らされてしまった。特にローマは1527年に神聖ローマ皇帝カール5世の軍によって徹底的な破壊を受けてしまった。これをイタリア語でサッコ＝ディ＝ローマ（ローマの劫略）と呼ぶのだが、この破壊によってルネサンスは息の根を止められてしまう。この破壊を予感したかのようにレオナルド＝ダ＝ヴィンチはイタリアに侵入していたフランス王フランソワ1世に招かれ、フランスに移住している。この時自分の最高傑作「モナ＝リザ」を持っていったレオナルドは1519年にフランスで死んだのじゃ。それゆえに「モナ＝リザ」は現在パリのルーヴル美術館にある。

イタリア戦争は結局、1559年の**カトー＝カンブレジ条約**によって終結する。この条約によってフランスはイタリアから撤退することになってしまったのじゃ。イタリア戦争によってハプスブルク家が治めるスペインとヴァロワ家の治めるフランスの王権は強化されたが、イタリアはそのためにひどいダメージを受けてしまったわけだ。

第3幕 ハプスブルク家の全盛期へ――DNAがヨーロッパを支配する！

主権国家の一つであるスペインだが、この国は結婚によって作られていた。しかし困ったことにフェルナンドとイサベルの夫婦は仲が悪く、子どもも女の子のフアナしか育たなかった。このフアナが精神障がいを患っていたこともありスペインの未来には暗雲が立ち込めていた。そこへオーストリアのハプスブルク家から「ウチのフィリップとフアナさんを結婚させてはいかがでしょうか」とよい縁談が持ち込まれた。フィリップはなかなかのイケメンで、フアナとの仲もよく、子どもにも恵まれた。その中でハプスブルク家の領地であったネーデルラントのヘントに生まれた長男の**カール5世**こそ、フアナの息子としてスペイン王になり、後に**カルロス1世**とも名乗るのじゃ。さて、次のページの絵を見てもらおう、ハプスブルク家勢ぞろいの絵だ。一番左のおかっぱ頭のオッサンが神聖ローマ皇帝マクシミリアン1世で、対面している若い男が息子のフィリップ。

マクシミリアン1世
（1459～1519）
フアナ（トラスタマラ家）＝フィリップ（1478～1506）
カール5世（1500～1558）
フェルディナント1世（1503～1564）

75

二人に挟まれている子どもがカール5世で、マクシミリアン1世が抱いている子どもがカール5世の弟のフェルディナント1世だ。

一番右の女の人と、その前にいる女の子は誰？

うむ。右の女性はマクシミリアン1世の妻で、早く亡くなったブルゴーニュ公女マリア。マクシミリアン1世はこの結婚でブルゴーニュ公国の領地**ネーデルラント**を併合したのじゃ。そしてその前の子どもは女の子ではなく、後のハンガリー国王となる**ラヨシュ2世**。彼のお姉さんがフェルディナント1世の妻になるのでこの絵に参加しているのだ。このラヨシュ2世は1526年の**モハーチの戦い**でオスマン帝国のスレイマン1世と戦い、若くして敗死してしまう運命になる。

カール5世は1500年生まれだったから、年齢がわかりやすい。幼い時に父を亡くしていた彼は16歳の時、母方のスペイン王となり、南北アメリカを含む海外領土までも支配した。19歳の時に祖父の神聖ローマ皇帝マクシミリアン1世が亡くなるとハプスブルク家の領地を相続した。そして皇帝の座をフランス王フランソワ1世と争ったカール5世はフッガー家の助けを借りて七選帝侯の票を買い、皇帝になることに成功。この結果、ヨーロッパだけでも地図に緑色で塗ってある地域がカール5世の領土となったのだ(↑)。

復習ポイント

「主権国家」に必要な要素を整理してみよう。

アクティヴィティ

ヨーロッパ最高の皇帝家ハプスブルクの一族に加わりたいですか？

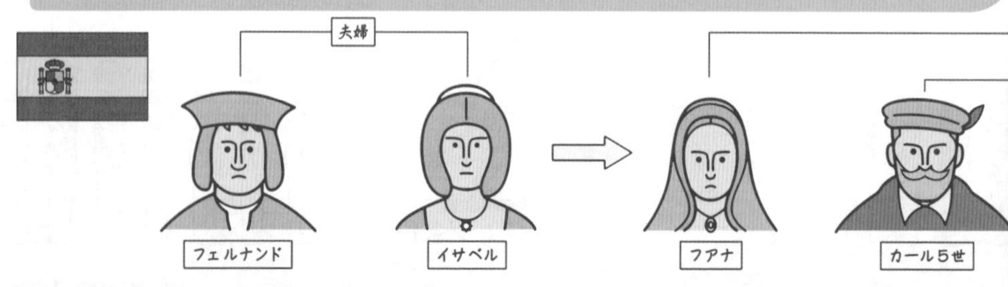

イタリア戦争年表

1494年　フランス王シャルル8世がミラノ公国の誘いに乗りイタリアに侵入→イタリア戦争の開始

「シャルル8世の目的はナポリ王国だった。と言うのもナポリ王国はスペインに奪われるまではフランスのアンジュー家が支配していた王国だったからじゃ」

1498年　ルイ12世がフランス王となり、イタリア戦争続行

1515年　フランソワ1世がフランス王となり、イタリア戦争続行

「フランソワ1世はパトロンとしてレオナルド＝ダ＝ヴィンチをフランスに招いたことでも知られているぞ」

1519年　カール5世が神聖ローマ皇帝に即位
→イタリア戦争でフランソワ1世と戦い、一時はフランソワ1世を捕虜にする

1559年　カトー＝カンブレジ条約でイタリア戦争終結

「イギリスのエリザベス1世とフランスのアンリ2世、スペインのフェリペ2世が結んだ条約。ハプスブルク家はミラノ・ナポリ・シチリア・サルデーニャを手に入れたがフランスはイタリア進出を断念した」

「骨折り損のくたびれもうけだね」

最後の門　下の問題は大学入試問題を出典にした問題です。答えなさい。

次の文中の［　イ　］～［　ハ　］に最も適当な語を語群から選びなさい。

近世ヨーロッパでは、神聖ローマ皇帝やローマ教皇という普遍的権力・権威が衰えるなかで、近代国家の原型となる主権国家が各地に形成された。その大きな契機となったのが、イタリア戦争である。この戦争は1559年の［　イ　］条約締結にいたる約半世紀にわたって継続し、時期によって対立構図は変化するものの、主にフランス王家のヴァロワ朝とハプスブルク家との対立を軸に展開した。

ハプスブルク家は15世紀後半に婚姻政策を通じて［　ロ　］を獲得し、予期せぬ展開でスペインも所領に加えることになった。更に1519年に同家出身のスペイン王［　ハ　］が神聖ローマ皇帝の地位を継承したことにより、その勢力は著しく拡大した。

イ　a・ラシュタット　　b・メルセン　　c・カトー＝カンブレジ　　d・ユトレヒト

ロ　a・ネーデルラント　　b・ジェノヴァ　　c・デンマーク　　d・ヴェネツィア

ハ　a・フェルナンド2世　　b・フェルナンド3世　　c・カルロス1世　　d・カルロス2世

（関西学院大・改）

ハプスブルク家の唇①

史上最大の皇族ハプスブルク家はスイスの地方領主が発祥であった。

15世紀になるとハプスブルク家は**オーストリア**を本拠地として、神聖ローマ帝国の皇帝の座を独占するようになった。それと同時にハプスブルク家の刻印が歴代の神聖ローマ皇帝の肖像にあらわれるようになってきた。

それは見事な**タラコ唇**としゃくれアゴの遺伝である。

＊

さて、15世紀の終わりから16世紀にかけて神聖ローマ皇帝であったマクシミリアン1世は、別名「最後の騎士」と呼ばれた皇帝だったが、彼の得意技はなんと「**政略結婚**」であった。このやり方だと、戦争なんかしなくとも領土と王冠が自動的に懐に飛び込んでくる。

そこでこんなラテン語のことわざが言われるようになった。

“Bella gerant alii, tu, felix Austria, nube”

（他国は戦争をせよ、だが幸福なオーストリアよ、お前は結婚さえしていればよい）

マクシミリアン1世は自分の息子フィリップをスペイン王国のイサベルとフェルナンドの間にできた一人娘、フアナと結婚させた。

この二人の間に生まれたのが神聖ローマ皇帝**カール5世**である。

このカール5世がなかなかの唇の持ち主であることは画家ティツィアーノが描いた肖像画でも明らかだ。

＊

マクシミリアン1世から、カール5世は莫大な領土と財産を手に入れた。まず父方のハプスブルク家からは**ドイツ、オーストリア、ネーデルラント、そして神聖ローマ皇帝の冠**を受け継いだ。また、母方のスペインからは**スペイン、ナポリ、シチリア、そして南北アメリカ**を手に入れた。こうしてカール5世は西ヨーロッパの約半分を領有するようになった。その結果、カール5世はフランス王が泣いて土下座をし、教皇が命乞いをするほどの強大な存在となった。

しかしこの絶頂期の皇帝カール5世を打ち砕いたのは、他でもないボロボロの修道服をまとったドイツ人だった。その名はルター。この修道士が起こした宗教改革により、ドイツの領主たちは皇帝に反旗をひるがえした。これがシュマルカルデン戦争である。

カール5世は軍を率い、ドイツ諸侯をやっつけたが、プロテスタントを滅ぼすことはできなかった。カール5世は屈辱的なアウクスブルクの和議を結び、ドイツ諸侯の信仰選択の自由を認めたのである。

この後、引退を決意したカール5世は弟フェルディナントにドイツ・オーストリアなどと神聖ローマ皇帝の冠を与え、息子のフェリペにスペイン・ネーデルラントと南北アメリカなどを与えた。

なぜカール5世は帝国を二分したのだろうか。カール5世はまことに仕事熱心な皇帝で、ルター派やオスマン帝国、フランスとの戦いに生涯をついやした。しかしカール5世の天才をもってしてもこれらの敵を屈服させることはできなかった。たぶん彼は帝国を二分することによって自分の後継者の負担を減らそうとしたのだろう。実際、引退式に姿をあらわしたカール5世は、実際の年齢よりもよほど老け、疲れ果てて見えたと言う。スペインの修道院で引退生活を送った老いたカール5世は、**ルターを火炙り（ひあぶり）にしなかったことを最後まで悔やんでいたと言う。**

解答と解説

復習ポイント の答え

「主権国家」は「明確な国境で囲まれた領域があり、内外の干渉を受けず政治を行える国家」のことである。絶対王政期の主権者(=国王・皇帝)は強力な軍事力と国家を支える行政組織が必要となる。それが①**常備軍**と②**官僚制**となる。そしてこれらのシステムは経済力があってこそ保たれるので、主権者は商人たちを豊かにする政策をおこなう必要があった。これが③**重商主義**となる。

主権国家は商工業が栄えていることが発展のポイントとなるので、④**問屋制**や⑤**マニュファクチュア(工場制手工業)**などのシステムが発達していることも大切である。

アクティヴィティ の答えの一つ

自由恋愛をしたければ、加わらないことをオススメする。ハプスブルク家の一族になることは「**自由恋愛はできない**」ことを意味する。なにしろ婚姻政策で領土を広げてきた一族であるから、結婚はオフィシャルな政治行為である。私事ではないので親の決めた婚姻には従わなくてはならない。かのマリ=アントワネットもハプスブルク家に生まれてしまったために、親の指示でフランスの後のルイ16世と結婚し、あげくの果てにギロチン台で首をはねられる運命になってしまった。

最後の門 の答え

イ・c　　ロ・a　　ハ・c

(解説)

イ・ヨーロッパの歴史で重要なのは「**同盟・戦争・条約**」の三つである。なにしろ「戦争」で主権国家を作り上げてきたヨーロッパなので、戦争をするための「同盟」と、戦争が終わった後の「条約」は重要だ。「同盟・戦争・条約」をしっかりマークしておけばヨーロッパ史の70%はゲットだぜ！　特に条約のほとんどは16世紀以降の主権国家の成立以降に締結されている(例外は843年のヴェルダン条約と870年のメルセン条約ぐらい)。

ハ・二つの名前を持っている王・皇帝はヨーロッパ史の中では二人しかいない。その一人が**カール5世**で、スペイン王としては**カルロス1世**と呼ぶ。カール5世は神聖ローマ皇帝としての名前であり、カルロス1世はスペイン王としての名前である。スペインはイサベルとフェルナンドの結婚によってできた国なので、できたてのホヤホヤ。カールのことをスペイン語ではカルロスと言うのだが、この名前を持つ先代がいなかったので「1世」になった。もう一人は18〜19世紀の神聖ローマ皇帝フランツ2世で、オーストリア皇帝としては、「フランツ1世」と名乗った。

オランダとイギリスの勃興
——「太陽の沈まぬ帝国」が沈む時

ところでカール5世ってどこの国の人なんですか？

むむ、難しい質問だ。支配していた地域は多いが、彼は皇帝だったからそのどの国にも属していない。生まれたのはネーデルラントのヘントなので母国語はフランス語。なんとカール5世に最後まで敵対していた国の言語だ。そして本拠地のドイツ語はまったくヘタだったらしく、「ドイツ語なんて馬に話す時の言葉だ」と平気で放言していた。

第1幕 カール5世の栄枯盛衰 ——空前の大帝国を治め切れず、分割へ

カール5世は寡黙な人物であったが、支配者としては超優秀だった。イタリア戦争でも優位を保ち、敵対するフランス王フランソワ1世を破って捕虜にしたこともあったのじゃ。こうして空前の大帝国を築いたカール5世に立ち向かったのがボロをまとった一人の修道士ルターだった。ルターが引き起こした宗教改革によってカール5世の本拠地ドイツは見事に分裂してしまう。ルター派を平らげるためにカール5世は全力を投入したが、オスマン帝国のウィーン包囲とフランスとの激戦により、ついにドイツを統一することはできなかった。1555年、アウクスブルクの和議でルター派の存続を認めるハメになったカール5世は失意のうちに皇帝からの引退を宣言したのだ。

カール5世は引退にあたり巨大なハプスブルク家の領土を二つに分け、自分の弟フェルディナント1世にドイツとオーストリア、ボヘミアそして、神聖ローマ皇帝の冠などを与えている。そして自らの子**フェリペ2世**にはスペインとナポリ、シチリア、ネーデルラントそしてスペインの植民地であった南北アメリカなどを与えたのじゃ。

なんで分割したのかな？　全部、自分の子に継がせればいいのに

理由はあると思う。ドイツ方面はカール5世にとって宗教紛争が多く、やっかいな土地だったのだろう。自分ですら治め切れなかった領域を息子に与える自信がなかったので、息子の負担を減らすべく長い間自分を支えてくれた忠実な弟フェルディナント1世にまかせようとしたのだ。こうしてハプスブルク家はフェリペ2世を祖とする**スペイン＝ハプスブルク家**と、フェルディナント1世を祖とする**オーストリア＝ハプスブルク家**に分裂した。

1556年ブリュッセルでおこなわれた引退式で老いたカール5世を助けていたのは、後にオランダ独立戦争の指導者となるネーデルラントの貴族**オラニエ公ウィレム**だった。カール5世に信頼されていたウィレムは、カール5世を尊敬し、立ち居振る舞いを真似して寡黙なところまで似せていた。

第2幕 ネクラのフェリペ2世の統治——目指せ！　世界カトリック化計画

フェリペ2世はカール5世の息子で、父からは唇とアゴは受け継いだがその他は大いに違う人物だった。ブリュッセルの父帝引退式に出席したフェリペ2世は笑顔一つ見せず、民衆に語りかけることもしなかった。孤独・陰鬱・冷酷な性格で、およそ協調性というものがなかったのがフェリペ2世であった。

フェリペ2世は狂信的と言ってもいいほどのカトリック信者で、プロテスタントなんぞ皆殺しにし、イスラーム教徒を制圧して、世界をカトリックの「楽園」にしようと本気で考えていた。そして、やろうと思えばそれができる立場にフェリペ2世はいたのだ。

当時のスペインは南北アメリカを支配し、フィリピンを植民地にしていた。さらに婚姻政策によって**ポルトガルを併合**したスペインは「**太陽の沈まぬ帝国**」と呼ばれるほどの力を持っていた。1571年には、**レパントの海戦**で地中海を支配していたオスマン帝国の艦隊を初めてスペインが打ち破った。なにせ、父のカール5世は1538年**プレヴェザの海戦**でオスマン帝国に敗れているので、雪辱戦になったわけだ。この戦いでフェリペ2世はカトリックのリーダーとしての評価を高めたのじゃ。

スペインの中央にある**マドリード**を都としたフェリペ2世は中央集権を厳格におこない、

プロテスタント、それもカルヴァン派が多いネーデルラントから父カール5世が認めていた自治権を奪った。このカトリックゴリ押しの政策に反発したネーデルラントは激しい反乱を起こした。この反乱に対してフェリペ2世は力で抑える方針を取り、**オランダ独立戦争**は血で血を洗う戦いになったのじゃ。

宗教がからむ戦争って長引くし、簡単に解決しませんねえ

そのとおりじゃ。どうも見たところ、現代でも状況は同じじゃの。

ネーデルラント側は徹底的に反抗した。この時ネーデルラント独立派のリーダーとなったのは**オラニエ公ウィレム**じゃ。そう、引退式の時カール5世を助けていたあのウィレムのこと。彼の英語名はオレンジ公ウィリアムだが、オレンジ(フランス名:オランジュ)とは南フランスの地名でウィレムの先祖が治めていた土地だったのだ。特にカルヴァン派の多い北部7州は1579年に**ユトレヒト同盟**を結び、徹底抗戦の構えを見せた。そして1581年にはついに**ネーデルラント連邦共和国**の独立を宣言するにいたった。これが**現在のオランダ**なのじゃ(南部10州はカトリック信者が多かったため、スペインの領内に残り、後の**ベルギー**となった)。

さすがのフェリペ2世も、**ゴイセン**(乞食)と呼び捨てていたネーデルラントの新教徒たちには手を焼いた。そしてオランダ独立戦争を影で支援していたのがイギリスであったと知った時に、フェリペ2世はついに激怒したのじゃ。次にイギリスの事情を見てみよう。

第3幕 テューダー朝の政治——ついにエリちゃん登場

イギリスではヘンリ8世が梅毒で死んだ後、エドワード6世が9歳で即位するが、この少年王は先天性梅毒のため虚弱であり15歳の若さで死んでしまう。瑠奈さんよりも若くして死んだ。彼が唯一残した業績は、国教会の**一般祈禱書**の制定ぐらい。こうして男系がすべて絶えてしまったテューダー朝には、もう女子しかいない。そこで女王としてヘンリ8世と最初の妻キャサリンとの間にできたメアリが**メアリ1世**(→)として即位した。このメアリ1世は離婚されたお母さんを慕(した)い、お父さんのヘンリ8世を憎んでいた。宗教はもちろんお母さんのカトリックであり、お父さんの作った国教会なんか大嫌いである。

そこで即位してから国教会を激しく迫害し、教会の主要人物を火炙（ひあぶ）りにして殺しまくった。そのためにつけられたあだ名が「ブラッディー＝メアリ」（血まみれのメアリ）だ。前ページに「血まみれのメアリ」の肖像があるが、いかがかな？

うっ！　コワ、キモッ！　ハロウィーンだね

メアリ１世はスペイン王フェリペ２世と結婚したが、子どもが生まれないままメアリ１世はおそらくがんで死に、ヘンリ８世と２番目の妻アン＝ブーリンとの間に生まれたエリザベスが次の女王となった。これが**エリザベス１世**だ。国教会の信者であるエリザベスの即位は、国民の歓迎をもって迎えられた。国教会の信者が多いイギリス国民は、メアリ１世の時代はビクビクしながら暮らしておったからのう。そこでエリザベス１世はさっそく即位した次の年の1559年に**統一法**を定め、イギリスの宗教は国教会であることを国民に示したのじゃ。また、同じ年にエリザベス１世はフランスのアンリ２世とスペインのフェリペ２世に働きかけ**カトー＝カンブレジ条約**を結び、政治力が高いことも見せつけた。母を幼くして失い、カトリックの姉ににらまれて牢獄で暮らしたこともあるエリザベス１世は、苦労しただけあってなかなかの根性と力量の持ち主だったのじゃ。

終幕　無敵艦隊の敗北 ——ハプスブルク家に訪れる「たそがれ時」

このエリザベス１世に目を付けて求婚したのがメアリ１世を亡くしたばかりのフェリペ２世だ。ハプスブルク家の求婚ははっきり言って領土目当てに決まっている。エリザベス１世はフェリペ２世の下心を見抜いたし、あんな陰気なネクラ男は嫌いだったが、きっぱり断ったらイギリスが攻撃される口実になる。そこでエリザベス１世は煮え切らない婚約話で時間を稼ぎ、その間にイギリスの工業化と近代化を急いだのだ。当時、羊毛や毛織物製品が海外によく売れたのでジェントリと呼ばれた地主（テーマ65参照）や領主たちは「農民に土地を貸して農作物を作るよりも、牧場にして羊を飼った方がもうかるぞ」と考えた。そこで自分の土地から農民を追い出し、羊を飼うために柵をめぐらして土地を囲い込んでしまったのじゃ。このような現象を**囲い込み（エンクロージャー）**と呼ぶ。囲い込みの結果、多くの小作人が都市に逃げ込んで貧困化してしまったので、人文主義者のトマス＝モアは「**羊**

76

が人間を食べている」と囲い込みを批判している。エリザベス1世は逆にこの囲い込みを利用して羊毛や毛織物を積極的に海外に輸出し、貿易でイギリスを豊かにしたのじゃ。羊毛を特に買ってくれるのは毛織物業が盛んなネーデルラント(オランダ)だったので、エリザベス1世はオランダ独立運動をひそかに援助した。

フェリペ2世は大激怒だ。結婚話が進まないと思いきや、その相手が自分の敵のネーデルラントを助けているのだから。おまけにエリザベス1世は外国船略奪をおこなう**私拿捕船**(しだほせん)(=海賊)を認め、スペイン船を襲わせていたのだからなおさらだ。怒ったフェリペ2世は必殺の大艦隊、**無敵艦隊(アルマダ)**を発進させ、イギリス侵略に向かわせたのじゃ。エリザベス1世は海賊の**ドレーク**をイギリス海軍の副司令官に任命し、イギリス艦隊は機動力を生かした海賊戦法で無敵艦隊の壊滅に成功する。無敵艦隊の敗北とともにスペインはついに傾き始めた。と、同時にイギリスはこの時、世界の大国として立ち上がり始めたのだ。エリザベス1世はイギリスを北の貧乏国から大英帝国へ育てた最初の君主じゃ。中世のような自給自足ではなく、海外への輸出に活路を見出したのだ。つまり重商主義への方針変更だ。その輸出物こそ君が今着ているセーターなどの毛織物なのだよ。

エリザベス1世は一生独身だった。思うに彼女は私事よりも公務を何よりも優先した人だと思う。彼女は言っている。「**私はイギリスと結婚したのだ**」と。しかし結婚しなかったがゆえに子どもはなく、エリザベス1世の死とともにテューダー朝は断絶してしまうことになる。

復習ポイント

スペインとオランダ・イギリスの戦争の勝敗の理由を整理しよう。

アクティヴィティ

父カール5世と息子フェリペ2世の政治的な違いは何だろう。

スペイン・イギリス・オランダ年表

1556年	カール5世の引退後、スペイン国王にフェリペ2世即位
1558年	イギリス、エリザベス1世即位
1559年	エリザベス1世、統一法を発布し、国教会を確立する
1568年	オランダ独立戦争が始まる
1571年	レパントの海戦でスペインがオスマン帝国を破る
1579年	ネーデルラント北部7州がユトレヒト同盟を結び、スペインに対し徹底抗戦を誓う 「この時ユトレヒト同盟に加わらなかった南部10州が現在のベルギーになる」
1580年	フェリペ2世、ポルトガルを併合
1581年	北部7州がネーデルラント連邦共和国の独立を宣言
1584年	オラニエ公ウィレムが暗殺される 「ウィレム以降、オラニエ家が総督の地位を継いでいる」
1588年	イギリス艦隊がスペインの無敵艦隊(アルマダ)に勝利
1598年	フェリペ2世死去

最後の門 下の問題は大学入試問題を出典にした問題です。答えなさい。

問　次のa.b.cの記述のうち、aのみ正しい場合は数字1、bのみ正しい場合は数字2、cのみ正しい場合は数字3、aのみ誤りのときは数字4、bのみ誤りのときは数字5、cのみ誤りのときは数字6、すべて正しいときは数字7、すべて誤りのときは数字8、を記入しなさい。

① 太陽の沈まぬ国　a.アメリカ大陸に広大な植民地を所有していた。
b.ヨーロッパではスペイン本国の他にオーストリアを所有していた。
c.ポルトガル王位を継承してアジア貿易を手中に収めた。

② フェリペ2世　a.レパントの海戦でオスマン帝国を破った。
b.ジュネーヴで新教徒の反乱を招いた。
c.1598年に無敵艦隊がイギリスに敗れた。

③ エリザベス1世　a.綿織物業を促進した。
b.ドレークらに私掠特許状を与えてスペインの商船を攻撃させた。
c.オランダの独立を支援した。

(同志社大・改)

ハプスブルク家の唇②

カール5世の息子の**フェリペ2世**には一つだけ強烈な情熱があった。それは世界からルター派をはじめとするプロテスタントを一人残らず根絶し、返す刀でイスラーム教徒を全滅させ、この世をカトリックの支配する「楽園」にすることだった。

フェリペ2世の「世界カトリック化計画」は最初は順調だった。

まず、1571年、レパントの海戦で地中海を支配していたオスマン帝国の艦隊をスペインが打ち破った。そしてプロテスタントを滅ぼすことを宗教的信条としていたフェリペ2世は、次にプロテスタント信者（特にカルヴァン派）が多いネーデルラント（現在のオランダ・ベルギー）で宗教的弾圧を繰り広げた。カトリック信仰を押し付けようとするフェリペ2世に住民は反発し、ついに血まみれのオランダ独立戦争が始まってしまった。

独立派のリーダーは**オラニエ公ウィレム**で、その優秀ぶりを認めたカール5世から特に目をかけられた人物である。そしてスペインの強大な軍事力にもかかわらず、ネーデルラントの住民は独立戦争を戦い抜いた。ネーデルラントのカルヴァン派は「ゴイセン」（乞食）とののしられたが、このゴイセンたちはついにスペインに打ち勝ち、ネーデルラント北部7州は1581年に独立を宣言した。これが現在のオランダである。こうしてフェリペ2世の「世界カトリック化計画」は「乞食」たちによって挫折してしまった。

＊

さて、フェリペ2世の妻メアリ1世はヘンリ8世と最初の妻キャサリンとの間に生まれた娘で、父親とは違って**狂信的な**カトリック信者だった。彼女はイギリス国内を完全にカトリック化するため、国内で大弾圧をおこない、そのため「**ブラッディー＝メアリ**」（**血まみれのメアリ**）というあだ名を付けられてしまった。フェリペ2世とメアリ1世はその暗い熱狂的な精神においてまことに似た者夫婦だった。

さて、早くに妻を失っていたフェリペ2世が後妻に考えたのが、メアリ1世の妹で次のイギリス女王となったエリザベス1世だ。ところがエリザベス1世はこんなネクラの**タラコ唇男**と結婚する気はさらさらない。しかし結婚を断ればイギリスとスペインは敵対関係になってしまうだろう。遅れた農業国イギリスでは「太陽の沈まぬ帝国」と呼ばれたスペインにはとうていかなわない。そこでエリザベス1世は結婚をエサに時間稼ぎをすることにした。エリザベス1世はフェリペ2世との婚約期間中に、大急ぎでイギリスの工業化・近代化に励み、海軍の増強をはかったのだ。

しかし、この結婚サギはさすがにフェリペ2世の見破るところとなり、怒ったフェリペ2世は**無敵艦隊**（アルマダ）をイギリスに差し向けた。

しかしイギリス人は不屈であった。イギリスは機動性を生かした海賊戦法で、油断していた無敵艦隊をついに壊滅してしまったのだ。

無敵艦隊が痛手をこうむり、「太陽の沈まぬ帝国」スペインにもついに太陽が沈む時がやってきた。「世界カトリック化計画」の夢を断念したフェリペ2世は、祈りと断食を繰り返す禁欲的生活の果てに、ついに衰弱して死んでいった。そして彼の子孫のスペイン＝ハプスブルク家も17世紀の終わりにはついに断絶してしまう。

解答と解説

復習ポイント の答え

スペインとオランダ・イギリスの戦争は「カトリック対プロテスタント」という**宗教戦争**である。スペイン王の**フェリペ２世**対オランダ総督の**オラニエ公ウィレム**＋イギリス女王の**エリザベス１世**の戦いとも言える。

それぞれの国家同士の戦いは長期戦にもつれ込むことになる。最終的にスペインが敗北してしまった理由として、宗教的信念に強く支えられたオランダ・イギリスの奮闘があった。

さらに国力の面から考えると、外見は強大な力を誇っていたスペインが内実は弱体であったことを考える必要がある。スペインは広大な植民地からの収奪にのみ頼っており、工業力が弱かった。自国内に毛織物工業を育成し、すでに工業力を高めていたオランダ・イギリスとの工業力の差が最後の明暗を分けている。

アクティヴィティ の答えの一つ

父のカール５世は、近世の中央集権的な主権国家の君主ではなかった。むしろ中世の領邦や所領を支配する皇帝だった。

そのためにバラバラな支配地を統括して治める能力が秀でていた。支配地に対し寛容な態度をとっていたことは大きな特徴である。生まれ故郷であったこともあるが、プロテスタントの多いネーデルラントに大幅な自治権を与えていたことはそのあらわれである。カール５世は帝国内を旅して回り、フランス語とスペイン語は話せたが、ドイツ語は話せなかった。つまりカール５世は人間的なつながりで支配をおこなおうとしていた。

対して**息子のフェリペ２世は、近世の主権国家の君主であった。**マドリードを中心にしたスペインから動こうとはせず、フェリペ２世自身もスペイン語以外の言語は話そうとはしなかった。宮殿に閉じこもったフェリペ２世は書類に埋もれながら遠くブラジルにまで指示を出している。フェリペ２世はスペイン中心の中央集権的な政治をおこない、スペイン本国による支配地からの収奪には厳しいものがあった。そのためネーデルラントのような宗派の異なる地域からは激しい反発を受けている。父親と違いフェリペ２世は明らかに官僚制に頼った支配をおこなおうとしていた。

最後の門 の答え

①　5　　②　1　　③　4

（解説）

なかなか難しい問題！　質問を理解するのに時間がかかる。

①ｂ：「太陽の沈まぬ国」はスペインのこと。フェリペ２世はオーストリアを支配していないことに注意（カール５世の弟を祖とするオーストリア＝ハプスブルク家が支配している）。

②b：ジュネーヴではなくネーデルラント。c：1598年でなく1588年が正解。

③a：綿織物でなく毛織物が正解。間違えやすいので気をつけよう。

東インド会社創建とユグノー戦争
――フランスが出遅れる

エリザベス1世のような女性が大活躍なのはすごいですねえ。

発展期にエリザベス1世のような優れた力量の君主を持つことができたのがイギリスの幸運だった。今回もエリザベス1世から始まるぞ。

第1幕 「東インド会社」成立 ――「一口のりまへんか、もうかりまっせ」

イギリスはエリザベス1世の指示のもと世界貿易に積極的に乗り出すようになった。1600年には**イギリス東インド会社**が生まれている。

中学の時も「東インド会社」って習ったけど、何ですかそれ？

貿易会社じゃよ。商業が発展していたイギリスやオランダでは、商人に会社を作らせて貿易をおこなわせていたのだ。

実はスペインやポルトガルの貿易は王室が独占していた。カネを出すのも王室、もうけを手にするのも王室だった。カール5世やフェリペ2世が派手に戦争できたのもアメリカ大陸からのもうけがあったからだ。しかしこの両国では商人にもうけのチャンスがなかったから、商人階級（ブルジョワジー）の発展がなかった。

逆にイギリスやオランダでは商人に貿易会社を作らせたため、商人は貿易の利益を利用できるようになったのだ。ちなみに会社の名前の「東インド」とは簡単に言うとアジアのこと。アメリカに近いカリブ海には「西インド諸島」があるが、コロンブスがこの島々にたどり着いた時、ここをアジアとカン違いしたことからこんな名前が付いてしまった。当時は世界地理も正確ではなかったから、西アジアを除き、アメリカ方面を西インド、アジア方面を

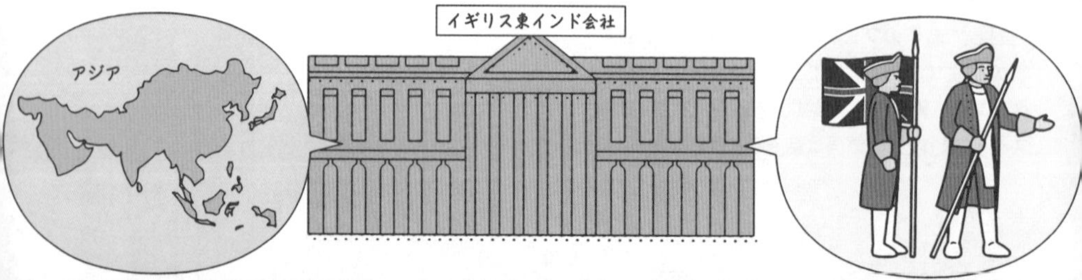

東インドと適当に呼ぶようになったわけだ。

「東インド会社」はアジア方面の貿易を独占する特権を得た会社だ。その代わり探検も調査も東インド会社がおこなう。そのため現地の住民などに襲われた時に対応できるように軍隊を持つことも許されたのじゃ。

普通、会社って軍隊を持つことは許されないよねえ

1602年に作られたオランダ東インド会社が世界最初の株式会社となる。株式会社というのは「資金を株主から調達する仕組みの会社」のこと。株主が株券を買うことで会社にお金を提供し、会社はもうけが出たらば株主に利益を分け与えるようになっている。もちろん君もお金があれば株主になれるぞっ。株式会社のよいところは、もうかった場合でも、損した場合でも責任を株主みんなで共有できることだ。損した時でも負債を一人で背負い込まなくて済むのがよい。こうして商業の発展したオランダやイギリスでは王室だけでなく、商人が貿易に「投資」できるようになったわけだ。というわけで、この「東インド会社」がオランダとイギリスの海外進出の突破口となったのじゃ。

第2幕 ユグノー戦争——憎しみへの特効薬は「赦(ゆる)し」である

あれれ、ところでフランスが出てこないですね

フランス東インド会社は1604年に創立されたが、作った王アンリ4世が1610年に亡くなり、その後長く閉鎖状態だった。実はフランスはアンリ4世が即位するまで長く宗教戦争の時代が続いていたのだ。

元々フランスは宗教改革者カルヴァンの故郷でもあったため、以前から商人を中心にカルヴァン派プロテスタント(**ユグノー**)が増えていたのだ。フランス王室ヴァロワ家はもちろんカトリックだったが、1494年からのイタリア戦争で神聖ローマ皇帝カール5世と戦っている真っ最中だったから、「敵の敵は友」とやらでプロテスタントに対しては寛容な態度をとっていた。しかし1559年のカトー=カンブレジ条約でイタリア戦争がみじめな結果に終わり、その後に国王アンリ2世が急死すると、国内の貴族が「カルヴァン派をこれ以上放っ

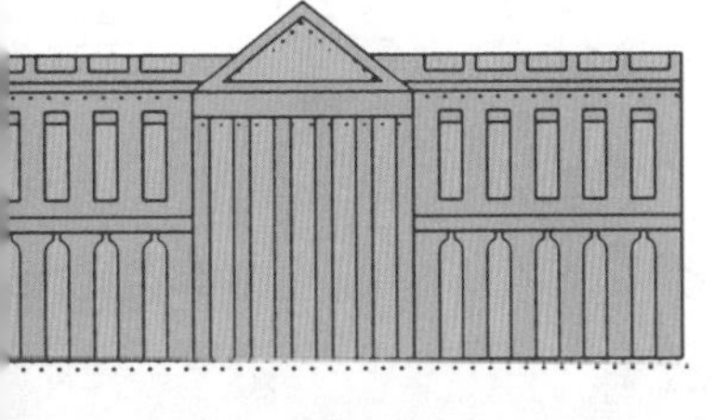

ておけん」と叫ぶようになった。屈辱のうっぷんを少数派迫害で晴らそうとしたのだ。危険な動きを止めるはずの国王シャルル9世はまだ幼く、摂政の母后カトリーヌの言いなりだ。母后**カトリーヌ**はイタリアのメディチ家の出身で見事なカトリック。貴族の有力者も集まって、さっそくプロテスタントへの大迫害をおっぱじめた。これが**ユグノー戦争**の始まりだ。カルヴァン派のことをフランスでは「ユグノー」と呼ぶ。宗教戦争の常で、1562年に始まった血みどろの戦いはいつまでも終わらなかった。ユグノーたちの親分は**ナヴァル公アンリ**で、優れたリーダーシップを持った人物だからカトリックも手を焼いた。「ええい、かくなる上は！」とカトリック派は卑劣な手段を使ってしまった。和解の象徴としてナヴァル公アンリとカトリーヌの娘の結婚を発表し、大喜びでパリに集まったユグノーの指導者たちをだまし討ちにして虐殺してしまったのだ。これを**サンバルテルミの虐殺**（1572年）と言う。

その、ナントカ公アンリも殺されたわけだねぇ

いや、彼だけは助かった。必死の命乞いでカトリックに改宗することを誓ったからだ。しかし安全を確認するとアンリはさっさと約束を撤回して戦いを継続、戦争はいよいよ泥沼状態になった。このうちカトリーヌの3人の王子はいずれも王になったが早死にしてしまい、**ヴァロワ朝は断絶してしまった**。次の王は一番血が近い者が跡を継ぐものだが、一番血縁が深かった人物がよりによってあのユグノーの親玉ナヴァル公アンリだったのだ。カトリックの市民が多いパリはアンリの即位に大反対。ところがナヴァル公アンリは歴史に残る大決断をする。「パリを手に入れられるなら、カトリック（旧教）ぐらい受けてやることにしてもよい」という言葉を述べ**アンリ4世**として王に即位し、カトリックに進んで改宗したのだ。そして1598年に**ナントの王令**（**勅令**）を発布してユグノーに信仰の自由と市民権を認めたのだ。このアンリ4世こそ**ブルボン朝**の開祖となる。この瞬間、あれほど激しかった宗教戦争が1日で見事に終結した。このことはわれわれに歴史の貴重な教訓を伝えてくれる。それは「憎しみを憎しみで滅ぼすことはできない。**憎しみを消すにはたった一つ、『赦(ゆる)し』しかない**」ことだ。

アンリ4世の残りの人生はフランスの国家統一のために捧げられた。フランス東インド会社の設立もその一つだったのだ。残念なことにアンリ4世は1610年に熱狂的なカトリック信者に暗殺されてしまう。

豊臣家が滅びる大坂夏の陣の5年前ですねー

しかしアンリ4世の政治が後のブルボン朝の興隆をもたらしたのだ。

第3幕 ルイ13世の治世 ——宰相リシュリューが非情なやり手

アンリ4世の突然の死の後、跡を継いだのが**ルイ13世**。先代のアンリ4世と次のルイ14世の影に隠れてしまい、目立たない王になってしまった。ま、このルイ13世よりは、この王様が登用した宰相の**リシュリュー**の方がよっぽど有名だから説明していこう。リシュリューは元々はカトリックの枢機卿という教皇に次ぐ権力者だったが、政治に関して恐るべき能力を持った人物だった。こいつを見出しただけでもルイ13世はほめられてよい。宰相となったリシュリューの信念は「**王権の強化**」であり、そのために王に逆らう有力貴族やユグノーを潰しにかかった。リシュリューは徹底的な冷酷さで弾圧し、大勢の反対勢力を血祭りにあげてしまったのじゃ。フランス王の権力が強まったのは彼の政治手腕によるところが実に大きい。**三部会**はルイ13世が1614年に開いただけで、後はフランス革命直前まで開かれなかったのも王権が強化されたからだ。その非情さゆえにリシュリューは、デュマが書いた小説『三銃士』では主人公ダルタニャンや三銃士に立ちふさがる、ラスボスになっているぞ。

『三銃士』は知らないけど、ルイ13世もリシュリューもダルタニャンもゲームの『モンスターストライク®』で聞いた名前だなあ

世界史を知っていればゲームのキャラクターに使えるぞ。さてリシュリューの次の信念は「**ハプスブルク家潰し**」だ。次のテーマで扱う三十年戦争ではフランス王の脅威であるハプスブルク家を攻撃しまくり、カトリックの枢機卿なのにプロテスタント側を援助したのだ。この策謀は大いに成功し、ハプスブルク家の力は三十年戦争で激減してしまう。

もう一つ、リシュリューは文化面でも**アカデミー=フランセーズ**という学術研究団体を作り、フランス文化の興隆に力を尽くしたのじゃ。

77

第4幕 ルイ14世の登場——得意のバレエで人心をつかむ

父王の死でルイ14世が国王になったのはまだ4歳の時だ。母后と、ルイ13世と同じ頃に亡くなったリシュリューの跡を継いで宰相となった**マザラン**枢機卿が実権を握ったのも無理はない。するとリシュリューに弾圧されていた貴族たちが1648年に王に反乱を起こした。これを**フロンドの乱**と言う。フロンドとは縄で作った投石器のことで、貴族や高等法院にそそのかされた民衆がこれでマザランの屋敷に石を投げ入れたのだ。一度は暴徒が王宮になだれ込んだこともあり、まだ10歳のルイ14世はベッドに隠れて難を逃れたと言う。この時、ルイ14世には貴族に対する激しい憎悪が生まれた。

フロンドの乱はなんとか制圧でき、ルイ14世も青年となるが、相変わらず政治は母后とマザランが仕切っている。うっぷんを晴らすべくルイ14世は宮中で得意なバレエを踊り、その華麗な優雅さで宮廷の人心を掌握したのである。そして1661年にマザランが死んだ後、ついに23歳のルイ14世は親政（王自らが政治をおこなうこと）を開始したのだ。ルイ14世はそれ以前の1659年に**ピレネー条約**を結び、スペイン＝ハプスブルク家の娘を后にした。この結び付きにより後にスペインがブルボン家のものとなるきっかけを作ったのじゃ。

ルイ14世も優れた政治家を持つことができた。その名は**コルベール**。市民階級出身の経済に詳しい官僚で、王立マニュファクチュア（工場制手工業に基づく工場）を建てさせ、貿易輸出の活発化を目指した。またコルベールはアンリ4世が作って以来、見捨てられていた**フランス東インド会社**を1664年に再建し、フランス海外進出の大きなきっかけを作ったのじゃ。そして財務総監に引き立てられておる。おっと、ルイ14世の続きはまたにしよう。

復習ポイント

東インド会社の長所と短所を整理してみましょう。

アクティヴィティ

宗教紛争を解決するにはどうしたらよいでしょう。

東インド会社＋フランス年表

1562年　ユグノー戦争始まる

1572年　サンバルテルミの虐殺でユグノーの指導者が殺される

1589年　ヴァロワ朝断絶
→ブルボン家のアンリ４世が即位してカトリックに改宗（ブルボン朝の成立）
アンリ４世は「ナントの王令（勅令）」を発布→ユグノー戦争終了

1600年　イギリス東インド会社創立

1602年　オランダ東インド会社創立「世界初の株式会社」

1604年　フランス東インド会社創立

1610年　アンリ４世暗殺される
→ルイ13世が即位。後にリシュリューが宰相として補佐

1643年　ルイ14世が４歳で即位。マザランが宰相として補佐

1648〜1653年　フロンドの乱。貴族と高等法院が王権に反抗

「高等法院とは、今風に言えば『最高裁判所』。法律を専攻する平民あがりの大学卒業者が多く、王令を審査できた」

1664年　フランス東インド会社がコルベールにより再建

最後の門　下の問題は大学入試問題を出典にした問題です。答えなさい。

フランス国内では、宗教改革の影響を受けてカルヴァン派とカトリックの対立が激化し、16世紀後半にはパリで（　1　）の虐殺がおこった。その後、王位についたアンリ４世は16世紀末に（　2　）を発して内乱を収めた。

17世紀に入ると、ルイ13世の時代に絶対王政の基礎が固められた。ついでルイ14世が幼少で即位し、宰相（　3　）が中央集権体制を進めた。これに対して、高等法院・貴族・民衆がフロンドの乱をおこしたが、鎮圧された。

問1　（　1　）〜（　3　）にあてはまる語句を書きなさい。

問2　下線部のアンリ４世に関する次の二つの文について正誤を判断し、aとbの両方が正しければアを、aが正しくbが誤っていればイを、aが誤っておりbが正しければウを、aとb両方が誤っていればエを書きなさい。

a. ヴァロワ朝が断絶した後、ブルボン朝を開いた。

b. ユグノーであったが、カトリックに改宗した。

（南山大・改）

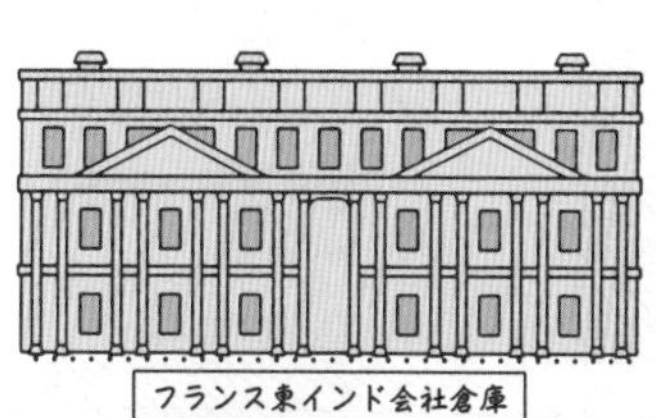

カトリーヌとノストラダムス

フランス王アンリ2世はフィレンツェのメディチ家の娘と結婚することになった。この娘が**カトリーヌ＝ド＝メディシス**である。ローマ教皇クレメンス7世はメディチ家の出身であり、フランスはこの結婚により、カトリックの後ろ盾を得ることに成功した。

カトリーヌがフランスにやって来た頃、フランスはまだ田舎国であり、ルネサンスを生んだイタリアこそヨーロッパきっての先進国であった。カトリーヌが驚いたことに、当時のフランス人は貴族や王族ですら手づかみで食事をしていた。

「んま、何てこ汚い食べ方かしら！」

カトリーヌがナイフとフォークを使って料理を優雅に食べ始めると、王を始めとするフランス人は皆恥じ入ってしまう。

このカトリーヌがフランスに伝えた料理が**アイスクリーム**や**マカロン**（これらは元々はイタリアのお菓子）である。また**コンソメスープ**の起源も彼女の宮廷サロンから生まれた料理とされている。

＊

アンリ2世が騎馬試合の事故で早死にした後、カトリーヌは息子のフランソワ2世を王にすえると、政治を牛耳るようになった。得意のカトリーヌはさっそく自分と3人の息子たちの輝かしい未来を占ってもらおうと、かの**ノストラダムス**に会った。このユダヤ系フランス人の予言者は水晶玉を見ながら不思議な四行詩を語るのだが、その詩は未来をピタリと当てると大変な評判だった。この老いた予言者にカトリーヌは言った。

「予言者よ、わらわと息子の未来を占っておくれ。オホホホ」

予言者がヒゲをなでながら述べた言葉は衝撃的だった。

「カトリーヌ様のご子息は、3人とも早死になさいます」

ノストラダムスの予言はドンピシャリ当たった。結果から言うと3人とも早死にしてしまい、**ヴァロワ朝は断絶してしまうのである。**

＊

さてカトリーヌがフランスに来て気が付いたことは、フランスにはプロテスタントのカルヴァン派が多いことだった。彼らカルヴァン派はフランスでは「**ユグノー**」と呼ばれていた。熱心なカトリック教徒であったカトリーヌにはこれが気に障る。彼女の故郷の、あの洗練されたフィレンツェの都にはこんな目障りな異端者はいなかった。

そのうちにカトリーヌはユグノーへの迫害と対立にかかわり、この争いが**ユグノー戦争**に発展する。宗教戦争の常で、憎しみが憎しみを呼び、戦争はエスカレートするばかり。

1572年8月18日に、ユグノーの指導者であるあの若者アンリ＝ド＝ナヴァル（後の**アンリ4世**）とカトリーヌの娘が結婚式を挙げることになった。この頃はカトリックとユグノーの融和を祝うためパリ市内には多くのユグノーの指導者とその家族が集まっていた。そして、8月24日、サンバルテルミの祝日の未明から虐殺が始まったのだ。カトリックの兵士たちが就寝中のユグノーたちを襲い、殺しまくった。命乞いは一切許されなかった。死体は皆セーヌ川に投げ込まれ、あまりの数の死体に広いセーヌ川の流れがつまってしまったほどだ。その晩だけで2000人から3000人ものユグノーが殺されたと言う。これが**サンバルテルミの虐殺**である。この虐殺のきっかけを作ったのがカトリーヌの意思であったことは容易に推測できる。

解答と解説

復習ポイント の答え

東インド会社は軍隊まで備えた史上空前の大会社で、現在でもそこまで巨大な会社は存在していない。探検・調査は自分たちでおこなわなければならず、未開地探検もその一環として実施されている。その代わり（**長所**）①「東インド＝アジア」貿易は独占であったため、利益が保証されていた。また②株式会社であったため資金を豊富に用意できた。その株を争って買おうとする商人階級のおかげで、東インド会社は資金が豊かな超優秀な大企業となった。後にモルッカ諸島の香辛料を手に入れたオランダ東インド会社は栄え、17世紀前半の**オランダの都市アムステルダムは世界貿易と金融の中心地となる。**しかしあまり楽をすると怠け癖も身に付いてしまうもの。

香辛料貿易に頼ったオランダ東インド会社は香辛料をヨーロッパに運びすぎたため香辛料の値段が暴落し、自分の首を絞めてしまった。またイギリス東インド会社も（**短所**）刷新がおこなわれないまま、一方的な収奪を植民地からおこなったため、後に植民地の反乱（代表例は「インド大反乱」〔シパーヒーの乱〕1857年）を招いてしまうこととなる。

アクティヴィティ の答えの一つ

宗教紛争を解決する方法は二つに一つである。まずは①**全員皆殺し**。かつて織田信長が伊勢・長島の一向一揆に、そしてルイ9世が異端のアルビジョワ派に対して用いたやり方である。禍根を残さないためには女・子どもまで殺さなければならない。だが、実際にこれができないのであったら②**話し合いによる融和**が最善である。理性的に話し合える相手であるなら、まずは互いの権利と自由を認め合うのが一番だ。そのためには偏見のない対話の姿勢が求められよう。

やってはいけないのが**宗教・宗派ごとの住み分け**。これをやってしまうと対決姿勢ばかりが強まり、紛争の火種となってしまう。一緒に住んでコミュニケーションを取り合うのが平和の始まりだ。

最後の門 の答え

問1　(1)　サンバルテルミ
　　(2)　ナントの王令（勅令）
　　(3)　マザラン
問2　ア

（解説）

問1　(1) サンバルテルミとは、キリストの12使徒の一人聖バルトロマイのこと。彼の記念日は8月24日で、その日にこの恐ろしい大虐殺が起きている。(3) 大航海時代に世界1周をしたマゼランと、フランスの宰相マザランは実によく似ている名前なので、混ざらんように。

問2　アンリ4世の業績は、①**ブルボン朝の開祖となった**、②**自らカトリックに改宗し、宗教分裂の危険を防いだ**、③**ユグノーにナントの王令（勅令）を発布し、信仰の自由と市民権を与えた**、の三つが主である。

三十年戦争と東方
——神聖ローマ帝国の死亡診断書

あらら、気が付いたら17世紀に入っていますね。

この17世紀は世界的規模で戦争が多かった時期じゃ。日本でも大坂の陣や島原・天草一揆が起こっているぞ。それには原因があってな……。

第1幕への前奏曲 「17世紀の危機」——寒さがいくさを生む

17世紀という時代は世界中の天候が不順で、寒かったのじゃ。農作物はとれず疫病が流行り、人口は増加しなくなった。その結果、社会不安も高まり、少しでも食物や領土を手に入れようとして17世紀には戦争や内乱が頻発したのじゃ。

へー、戦争ってヨーロッパ以外でもありましたっけ？

うむ、中国でも李自成の乱が起こって1644年に明王朝が滅びているのだ。この「**17世紀の危機**」の中でも最悪のものが**三十年戦争**だぞ。

第1幕 三十年戦争——ラウンドごとに対戦相手が変わるぞ！

第1ラウンド：ハプスブルク家VSベーメン新教徒

この「三十年戦争」は最初のうちは宗教戦争だったのが、最後は政治戦争になった戦いだ。元はと言ったら神聖ローマ皇帝の**フェルディナント2世**がゴリゴリのカトリックであったことが始まりじゃ。この皇帝はもちろんハプスブルク家。皇帝に即位する前のボヘミア王とハンガリー王だった頃から、ハプスブルク家の領土に住む新教徒にカトリックの信仰

を押し付け続けたため、領土の一部**ベーメン**の新教徒たちが反乱を起こしてしまったのじゃ。このベーメン地方（英語だとボヘミア地方）は現在のチェコ共和国なのだが、長くドイツ人の支配を受けていたため民族意識が旺盛だった。また宗教改革者フスの影響でローマ教皇に従わない新教徒も多く住んでいた。民族運動プラス宗教運動という形で、まずベーメンで火の手が上がったのじゃ。1618年にベーメンのプラハで貴族が王の使者を襲い、彼らを王宮の窓から投げ落とした事件が戦争の発端となった。

その使者って死んじゃったんですか？

窓の下には干し藁(わら)があったので、使者は死者にならずに済んだらしい。その使者の報告で激怒した王がベーメンに総攻撃をかけたわけだ。この時、ベーメンの新教徒を弾圧して頭角をあらわしたのが後の傭兵隊長**ヴァレンシュタイン**じゃ。

第2ラウンド：ハプスブルク家VSデンマーク

ベーメンで新教徒が皇帝軍の攻撃を受け、粉砕されていた時、同じ新教徒の国**デンマーク**が「義によって助太刀いたす」と言いながらベーメンの新教徒に味方してきた。こうして最初は国内紛争だったこの戦争がとたんに国際紛争に変わってきたのじゃ。皇帝はこのうっとうしいデンマーク軍を撃退しなければならないが、その時に活躍したのがヴァレンシュタインだった。この傭兵隊長の強いこと！　あっという間にデンマーク軍を打ちのめしてしまった。「おお、これでカトリックのわがハプスブルク家が再びヨーロッパを支配できるぞ！」。ところが皇帝の喜びも長くは続かない。新教国スウェーデンが乱入してきたのだ。

第3ラウンド：ハプスブルク家VSスウェーデン

スウェーデン軍を率いたのは**グスタフ＝アドルフ**という王様で、しかも鉄砲を効果的に使用して戦争の歴史を変えてしまったほどの名将だった。スウェーデン軍はいたる所で皇帝軍を打ち破り、不気味に南下を続けたのだ。

ヴァレンタイン、じゃなかったヴァレンシュタイン使えば？

うーん、皇帝にとってヴァレンシュタインは直々の部下ではなく、傭兵隊長だったからカネを払わなくてはならない。図に乗ったヴァレンシュタインは大幅な増額を要求、カトリック諸侯の怒りを買いクビになってしまったのだ。しかしグスタフ＝アドルフの接近に伴っ

て皇帝も背に腹は代えられず、ヴァレンシュタインを再び雇った。

こうしてヴァレンシュタインとグスタフ＝アドルフの両雄はついにリュッツェンで激突し、大激戦の末にヴァレンシュタインは敗北した。しかしスウェーデン軍は悲しみに包まれていた。王グスタフ＝アドルフが戦死してしまったのじゃ。こうしてスウェーデン軍も故国に撤退する。しかしおごれるヴァレンシュタインはこっそり敵と和平交渉をしていたため、皇帝は怒ってヴァレンシュタインを暗殺させてしまったのじゃ。こうして両雄は折り重なるように倒れたのだ。

第4ラウンド：ハプスブルク家VSフランス

やれやれ、と思う間もなく次はフランスが戦争に参加してきた。フランスはカトリック国、しかもルイ13世の宰相リシュリューはカトリックの枢機卿。ところがリシュリューは宗教よりも国益の方を優先させたのだ。狙うは「**ハプスブルク家の打倒**」。さすがにハプスブルク家も超大国の出現に苦戦し、最後には膝を屈してしまった。

第2幕 ウェストファリア条約——神聖ローマ帝国の「ご臨終」宣言

1648年、つまり戦争が始まってから30年後、**ウェストファリア条約**が結ばれた。これは世界初の国際条約と言われているもので、大変に重要なものじゃ。内容をかいつまんで言おう。まずは①**プロテスタント諸派の信仰の自由が認められた**。その中にはアウクスブルクの和議では認められていなかったカルヴァン派も含まれる。②**オランダとスイスの独立の承認**。この二つの地域は元々ハプスブルク家のものだったのだが、オランダは独立運動開始から80年後、スイスにいたっては約350年後にやっと独立を勝ち取ったのじゃ。③**フランスのアルザス・ロレーヌ地方の一部の獲得**。フランスは戦争への介入によってちゃんと得をしたわけだ。④**スウェーデンの西ポンメルン獲得**。西ポンメルンというのは北ドイツの東側のバルト海に面した地域で、バルト海の門にあたる場所だ。ここを手に入れたことでスウェーデンはバルト海の覇権を握ることになる。グスタフ＝アドルフのおかげじゃ。

そして重要なのは⑤**神聖ローマ帝国の事実上の解体**だ。それまで神聖ローマ帝国に従っていたドイツ地域の約300の領邦（りょうほう）は、この条約で内政権や外交権などの主権を認められたのだ。日本の藩と少し似ているのだが、国家全体が細かい領邦に、スジコかタラコの

ようにブツブツに分かれてしまったのだ。こうなるとフランスやイギリスが主権国家として統一される一方、神聖ローマ帝国はそうでなくとも基盤が弱かったのに、神聖ローマ帝国という枠でのドイツ統一の見込みはついになくなってしまったわけだ。結果を言えば**三十年戦争は神聖ローマ皇帝であるハプスブルク家の大敗北だった**。そこでウェストファリア条約のことを「**神聖ローマ帝国の死亡診断書**」と呼んでいる歴史家もいる。

三十年戦争の負け組はハプスブルク家であり、勝ち組は領土を手に入れたフランスとスウェーデンとなる。そして実際に大被害にあったのは戦場にされてしまったドイツ地域で、一説によるとこの三十年戦争で「ドイツの成長は100年遅れた」と言われるほどだった。その一方、ドイツの東端では新たな動きが起こっていた。

第3幕 プロイセンの勃興 ——すみっコぐらし®で難を逃れる

プロイセンという国の勢いが強くなってきたのじゃ。この国は英語ではプロシアと言うが、ドイツ語ではプロイセンと発音する。元々**ホーエンツォレルン家**の支配する**ブランデンブルク選帝侯国**(せんていこう)が**プロイセン公国**と合併して生まれた国なのじゃ。プロイセン公国は以前ドイツ騎士団領と言ったのだが、ルターの宗教改革後、騎士団長がルター派に改宗し、プロイセン公国になったのだ。その改宗した時の騎士団長がホーエンツォレルン家の者だったので、プロイセン公国も同じ一族が支配したのだ。三十年戦争が始まった1618年に「ま、どうせ同じ一族が支配しているのだからなあ」というわけで、この二つの国が合併し、プロイセンという国を作ったのだ。ドイツの東端にあったことが幸いし、三十年戦争の被害や惨禍をそれほど受けなかったことが後の発展につながるのじゃよ。あと、プロイセンの中心勢力となったのは**ユンカー**と呼ばれる地主貴族たちだ。ユンカーたちは農場や農奴を支配し、東方の**グーツヘルシャフト**(**農場領主制**)(テーマ71参照)を運営していたのだ。ホーエンツォレルン家もユンカーも同じプロテスタントであったことが、後のプロイセンの発展に貢献していると思うぞ。

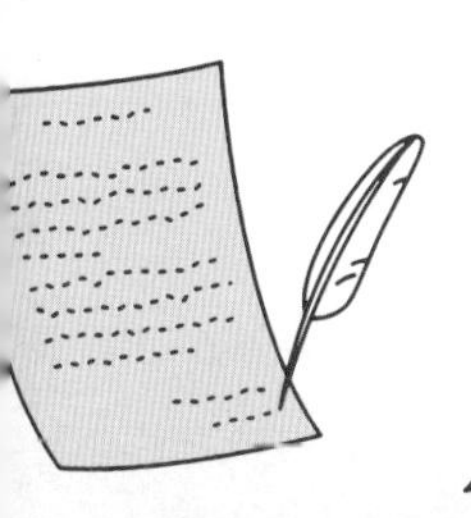

78

第4幕 ロシアの発展 ——雷のように恐ろしい「雷帝」の登場

さあて、ロシアでは1328年にイヴァン1世がモスクワ大公国をおこし、ツァーリ(皇帝)を自称したが、ほんの小さい国だったので皇帝という称号を認める国はなかった。ところがイヴァン3世の孫にあたる**イヴァン4世**(**雷帝**)が16世紀中頃に親政を開始すると、ロシアの中央集権が強化されたのじゃ。イヴァン4世はまず周囲のカザン=ハン国などのモンゴル系イスラーム国家を征服した。また、ロシアを勝手に支配していた貴族たちを力ずくで弾圧し、専制によってロシアの統一事業を成しとげ、ツァーリの称号を公に使用したのだ。

イギリスとの交易を求めていたイヴァン4世はバルト海に面していた豊かな商業都市を支配しようとしたが、ヨーロッパ諸国の力は強く、あきらめざるを得なかった。西方の支配には失敗したイヴァン4世だが、東方の**シベリア**進出には成功した。1580年代に**コサック**の首長**イェルマーク**がイヴァン4世の命じたシベリア探検と征服に成功したからだ。シベリアはウラル山脈より東にある地域で、豊かな地下資源で有名だぞ。

コサックダンスは知ってるけれど、コサックって何ですか?

コサックはトルコ語でカザークと言い、「自由な人」という意味だったという説がある。領主から逃亡してドン川やヴォルガ川のほとりに住み着いた人々じゃ。自衛のため固く団結した彼らは、ロシア正教を守り、騎馬を中心とした強い軍事力を持っていたのじゃよ。

復習ポイント

三十年戦争の経過をいくつかの段階に分けて簡単に整理してみよう。

アクティヴィティ

ヴァレンシュタイン、グスタフ=アドルフ、リシュリュー、イヴァン4世(雷帝)をシミュレーションゲームのキャラにした場合、あなたはパラメーターをどう設定しますか。(例:知性・野心・武力・冷酷さ・統率力など)

神聖ローマ帝国＋プロイセン＋ロシア年表（16〜18世紀）

1525年	ドイツ騎士団長がルター派に改宗し、プロイセン公国を作る
1547年	イヴァン４世（雷帝）が親政を始め、ツァーリを名乗ってロシアの中央集権化を進める
1618年	ブランデンブルク選帝侯国とプロイセン公国が合併→ホーエンツォレルン家が支配するプロイセンとなる
1618年	ベーメンでの新教徒の反乱（三十年戦争の開始）
1632年	スウェーデン王グスタフ＝アドルフと神聖ローマ皇帝の傭兵隊長ヴァレンシュタインの戦い（リュッツェンの戦い）→スウェーデンが勝利するも王は戦死する 「両横綱の対決では、軍配はスウェーデンに上がったが……」
1648年	ウェストファリア条約が結ばれ、三十年戦争が終結する 「ウェストファリア条約とフロンドの乱の勃発は同じ年だぞ」
1701年	プロイセンが神聖ローマ皇帝によって「王国」と認められる→「プロイセン王国」へ 「このプロイセン王国が後のドイツの母体になるのじゃ」

最後の門　下の問題は大学入試問題を出典にした問題です。答えなさい。

問1　ドイツでは、1618年にオーストリア属領の（　1　）の新教徒がハプスブルク家のカトリック信仰強制に反発したことをきっかけとして三十年戦争がおこった。この戦争はグスタフ＝アドルフ治世下の（　2　）やフランスも参戦し、しだいに旧教対新教という宗教的対立を超えた戦いとなったが、1648年の（　3　）条約で終結した。

（　1　）〜（　3　）にあてはまる語句を書きなさい。　（愛知学院大・改）

問2　ウェストファリア条約について述べた記述として最も適切なものを次の①〜④の中から一つ選びなさい。

①　神聖ローマ帝国は力を増し、ドイツ諸侯の独立性は弱まった。

②　フランスはブルターニュなどを取得して領土を広げた。

③　デンマークはバルト海の覇権を確立した。

④　スイスとオランダは独立を正式に承認された。　（明治大・改）

『イヴァン雷帝』
ИВАН ГРОЗНЫЙ

1547年、モスクワのウズベンスキー大聖堂で親政を始めた若きイヴァン4世は、皇帝の戴冠式に臨んでいた。彼は長身の体を折り曲げ冠を頂くと、振り向いて集まった会衆に、雷のような声を出して演説した。

「外国人が罰されずにこのモスクワに侵略できた時代は終わった！　そして大貴族たちが勝手に国内を支配した時代も終わった！　これからはすでに滅びたビザンツ帝国の正当な後継者である私がモスクワの支配者となるからだ！　私こそ皇帝（ツァーリ）である！」

集まった外国の使節や大使からは一斉に不満の声が上がった。

「勝手なことを！　神聖ローマ皇帝はそんなことを認めないぞ！」

するとリヴォニアの大使がずるそうな顔を歪めて言った。

「強くなれば皆が彼を皇帝として認めるだろう……だからこそ彼を、そしてロシアを強力にしてはならない……！」

すべての声を断ち切るかのようなイヴァン4世の声が響いた。

「第一のローマと、第二のローマであるコンスタンティノープルはすでに滅びた。モスクワこそ第三のローマである！」

＊

即位後、イヴァン4世（雷帝）はイスラームのカザン＝ハン国を攻め、勝利を収めた。しかしモスクワに凱旋したイヴァン4世は突然の病気に倒れた。病状は重く死を覚悟したイヴァン4世は大貴族たちを集め、虫の息で懇願した。

「た、頼む……ロシアを外国の手から守るために私の子を、次のツァーリとして認めてくれ」

しかし集まった大貴族たちは冷ややかに重病のイヴァン4世を見下し、せせら笑った。

「あんたの子をツァーリにだと……？　冗談じゃない。フフフ……、あんたが死ねば、ロシアは再びわしら大貴族のものになる。あんたには死んでもらった方が都合がいい。早く死ね」

イヴァン4世はばったりと倒れた。貴族たちは皇帝の不幸を喜びながら部屋から出ていった。しかし、イヴァン4世は生きていたのである。

死の病と戦いながら、イヴァン4世は奇跡的に全快した。そして彼は自分が死にかけた時の貴族たちの態度を忘れることはなかった。

そしてイヴァン4世は、ついに反乱をたくらむ貴族たちの**虐殺**を始める。多くの貴族は無残に殺され、貴族に味方した町々の人々も皆殺しの憂き目にあった。もうイヴァン4世は誰も信じることはできなくなった。教会の大主教までも血祭りにあげてしまったイヴァン4世の顔はすさまじい猜疑心に覆われていた。その頃イヴァン4世の妻アナスタシアが亡くなった。大貴族の残党の手によって毒殺されたのである。愛する妻を失い、その棺にすがりついて嘆くイヴァン4世のもとに、貴族たちのさらなる裏切りの知らせが次々と届く。

嘆きから立ち上がったイヴァン4世は宣誓するように棺に手を挙げて、貴族の支配のもとに分裂するロシアを統一し、ポーランドをはじめとする外国の侵入を防ぐことを亡き妻に誓った。

＊

ソ連で製作されたセルゲイ＝エイゼンシュテイン監督の映画『イヴァン雷帝・第一部』は、ソ連がナチス＝ドイツと戦っていた第二次世界大戦中の1944年に作られた映画です。

この映画は暗い作品ですが、チャップリンが「すべての歴史映画の中の最高傑作」と讃えた作品です。機会があればぜひご覧ください。

解答と解説

復習ポイント の答え

三十年戦争は最初は宗教戦争でしたが、しだいに政治戦争に変わっていくことに気をつけてください。

① 初期 旧教（ハプスブルク家）vs 新教徒（ベーメン）
↓
② 中期(1) 旧教（ハプスブルク家）vs デンマーク（新教国）
↓
③ 中期(2) 旧教（ハプスブルク家）vs スウェーデン（新教国）
↓
④ 末期 旧教国（ハプスブルク家）vs フランス（旧教国）

最初は地方の宗教反乱の鎮圧だった戦争が、三十年にも及んだのは国家、それも主権国家が戦争に参加してきたからです。そのために戦争は宗教戦争というよりも、しだいに**国家間の戦争**になってしまいました。

アクティヴィティ の答えの一つ

「MAXを100として、まあ、わしの考えでは以下のものじゃな。もちろんパラメーターの設定は君の自由じゃ」

	ヴァレンシュタイン	グスタフ＝アドルフ	リシュリュー	イヴァン4世（雷帝）
知性	35	90	99	80
野心	100	20	10	50
武力	99	99	70	30
冷酷さ	30	30	90	100
統率力	80	99	80	70
計（MAX500）	344	338	349	330

「野心のパラメーターだが、個人的な出世欲がある者や欲張りな者ほど高いぞ。わずかの差だが、総合点ではリシュリューの勝ちかのう」

最後の門 の答え

問1 (1) ベーメン (2) スウェーデン
(3) ウェストファリア

問2 ④

（解説）問2①は間違い。「神聖ローマ帝国が力を弱め、ドイツ諸侯の独立性が強まった」が正しい。
②も違う。ちなみにブルターニュ地方とはここのこと（↓）。

正解はアルザス・ロレーヌ地方の一部。
③はデンマークでなくスウェーデンが正解。
したがって④が正しい答えとなる。

イギリス革命①
──同じキリスト教でも宗派の違いが国を揺るがす

イギリスのしみんかくめい？　全然わからないですう。

それはイギリスの場合、宗教対立がからんでくるからややこしくなるのだ。当時のイギリスの宗教をよく理解することが大切じゃのう。

前奏曲　ステュアート朝誕生──タナぼたでジェームズ１世が王に

メアリ＝ステュアートというスコットランド女王がいた。大変な美人で有名じゃ。ところがメアリ＝ステュアートにはエリザベス１世が持っている高貴さがなかった。つまり女王であるよりは女だったのじゃよ。夫や愛人の言いなりになって政治を動かし、そのあげくにスコットランドから追い出され、イングランドに亡命して来たのだ。そのメアリ＝ステュアートをエリザベス１世は幽閉し、あげくの果てに処刑してしまった。さてエリザベス１世は結婚せず、子も残さず死に、テューダー朝は断絶した。そこで次の王様だが、一番血筋が近いのはスコットランド王家のステュアート家であったので、この家のジェームズ６世が**ジェームズ１世**としてイングランド王になった。これが**ステュアート朝**の始まりじゃ。このジェームズ１世のお母さんが、あのメアリ＝ステュアートだった。皮肉なことにエリザベス１世が苦労して築いたイギリスを、処刑したメアリの息子ジェームズ１世がまんまと継ぐことになったわけだ。

第１幕　ジェームズ１世──王権神授説をふりかざし、民を見下す男

さて、新しく王になったジェームズ１世だが、テューダー朝の王が持っていた気さくな

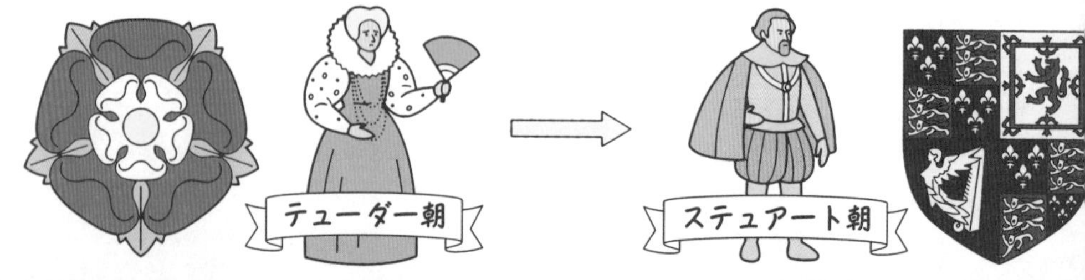

面がなく、ステュアート家に特徴的な貴族的な冷たさを多く持った人物だった。しかも、しょっぱなから**王権神授説**をとなえて、民衆を見下したので、人気はさっぱりだった。王権神授説とは「王様の権力というものは神が直接王の先祖に与えたものであるから、王は国民に責任を持たない」という考え方だ。この考えは極端な言い方をすれば「オレ様を王にしたのは神であって、お前らではない。だからオレ様はお前たちに何をしてもいいのだ」ということになる。ううむ、これでは民衆に嫌われるのも無理はない。この王権神授説を理論的にとなえたのが、次のチャールズ1世に仕えたイギリスの**フィルマー**と、ルイ14世に仕えたフランスの**ボシュエ**の二人だ。法律家エドワード＝コークは王権神授説に対し、「王権も法のもとにあります」と「**法の支配**」の原理を説いてジェームズ1世をいさめたことでも知られる。

ちなみにジェームズ1世はイギリス国教会の信者であった。本来スコットランドはカトリックの土地柄で、母のメアリ＝ステュアートもカトリックだった。だが宗教改革以降、スコットランドには「**プレスビテリアン**」(長老派)と呼ばれるカルヴァン派が急激に増えていたのだ。実はジェームズ1世は幼い時にお母さんと別れてしまい、国教会の信者の貴族に育てられたため、カトリックではなく国教会の信者となったのだ。ジェームズ1世がエリザベス1世の死後、イギリス王になれたのは、イギリス人に評判の悪いカトリックでなかったことが大きい。

第2幕 チャールズ1世——気位高いが役には立たず

ジェームズ1世の跡を継いだのが子の**チャールズ1世**。この王様の先生は王権神授説をとなえたフィルマーだったので、父王に輪をかけて気位の高い王になってしまった。議会はチャールズ1世に手を焼き、彼の専制政治を批判した**権利の請願**を1628年に可決した。「請願」だから、「やらないでね」とお願いしたのだ。しかし「お願い」を聞くような王様ではない。翌年にチャールズ1世は議会を解散すると11年間も議会を開かなかったのだ。

いやー、ガンコと言うか石頭と言うか

ま、何もなければこのまま専制政治を押し通したろうが、そうはいかない。1630年代末

にスコットランドで反乱が起きてしまったのだ。それと言うのもチャールズ1世がスコットランドに増えているカルヴァン派にイギリス国教会の制度を押し付けたからじゃ。反乱に怒った王はスコットランドに攻め込んだものの結果はボロ負け。チャールズ1世は戦費を得るため1640年4月に議会を招集したが、「お願い」を踏み付けたチャールズ1世に対し議会は大ブーイングだ。逆ギレしたチャールズ1世は議会をたった3週間で解散したので、この議会のことを歴史では**短期議会**と呼ぶ。しかし賠償金支払いのためチャールズ1世はやむを得ず同じ年の11月に再び議会を開いた。今度の議会を**長期議会**と呼ぶが、なんとこの議会は13年間も続く。これがイギリス革命の発端となってしまったのじゃ。

第3幕 クロムウェルの登場——「英雄か謀反人か、それが問題だ」

長期議会はチャールズ1世の政治をめぐって**王党派**と**議会派**に分裂し、内戦状態になった。議会派だらけのロンドンを避けてチャールズ1世は北方のヨークに避難し、巻き返しをはかった。最初は議会派が劣勢だったが、議会派の指導者に**クロムウェル**が登場すると、形勢は逆転する。さてクロムウェルだが、ジェントリの出身で敬虔な**ピューリタン**だ。

ピューリタンって何だっけ？

イギリスのカルヴァン派のことじゃよ（テーマ74参照）。勤勉で禁欲的な生活を周りが「清らかな（pure）人たち」とからかったので、puritanと呼ばれたわけじゃ。イギリス革命ではピューリタンが大きな役割を果たしたので、別名**ピューリタン革命**と呼ぶ。さて、クロムウェルはケンブリッジ大学卒業後、選ばれて議会に参加したがそこで内戦が起こってしまったのだ。この大混乱の中でクロムウェルの力量が発揮される。王の軍事力の前によたよたと負けてばかりいる議会軍を編成し直し、信仰心にあふれたピューリタンの連中を取りそろえた。気合を入れまくった自慢の**鉄騎隊**を率い、1645年にネーズビーの戦いで王党派の軍隊を撃破したのだ。チャールズ1世はスコットランドに逃げ込んだものの捕らえられ、1649年に**王は処刑されている**。この処刑の年に注意じゃ。ウェストファリア条約（1648年）の次の年にあたるわけで、この条約でイギリスがさっぱり登場してこなかったのは、実は革命が起こっていたからだ。

間奏曲

議会をめぐる党派争い ——すったもんだのあげく勝利はどの派閥に？

さあて、このイギリス（ピューリタン）革命の頃の議会の状況を見てみよう。議会は議会派が牛耳っていたが、その中でも**長老派**は穏健な保守派で、「宗教の自由さえ保証してくれれば王と妥協してもよい」と考えていた。メンバーは貴族や大商人など恵まれている階層じゃ。次の**独立派**（インディペンデンツ）は国王と妥協しないガンコな革新派だ。ヨーマンやジェントリ、商人などの中間階級が母体となっており、鉄騎隊を率いて軍の中心となっているのも独立派だ。クロムウェルはこの独立派のリーダーだった。そして**水平派**（平等派、レヴェラーズ）は議会派の中の過激派で、選挙権の平等を主張していた。中心は職人や貧民などの「持たざる者」たちだ。この三つの派閥のうち、最後に勝利したのは軍を握っていた独立派だった。クロムウェル率いる独立派は長老派を議会から追放してチャールズ1世を処刑し、イギリス史上唯一の**共和政を樹立する**。そして1649年に貧民たちの水平派も大弾圧し、議会はついに独立派が支配する場となったのだ。

第4幕

クロムウェルの独裁と死 ——後悔なんかしない航海法

議会を制圧したクロムウェルは1649〜1650年に王党派の追討を名目に**アイルランド**とスコットランドに侵略をおこなった。特にカトリック勢力の強いアイルランドでは農民から土地を奪い取り、議会の支持者や兵士たちに分配してしまった。逆らったカトリック信者は皆殺しで、そのためにアイルランドでは、クロムウェルの評判は今でも最悪じゃ。

クロムウェルはそんなことは気にせず、さらに1651年に**航海法**を発布した。これは「**貿易の時には商品の輸送手段をイギリス船か生産国の船に限定する**（**中継貿易国の船はダメ**）」という重商主義的な法律だ。

実はのう、航海法の目的は「オランダ潰し」だったのじゃ。17世紀中頃は**中継貿易**で繁栄していたオランダの全盛時代で、イギリスの貿易商人にとっては大変な脅威だった。そこでオランダの足を引っ張るために、わざと航海法でオランダ船をイギリスの港に入れないように取りはからったのじゃ。この結果、怒ったオランダはイギリスと戦争をおこなうが

79

(**イギリス=オランダ〔英蘭〕戦争**)、クロムウェルのすごみはケンカを怖がらなかったところにある。事実、この3回にわたる戦争でイギリスは概ね優勢で、世界経済の支配者に近づいたのだ。

1653年にクロムウェルは長期議会を解散してしまうと、ついに**護国卿**(ごこくきょう)に就任して全権力を握った。クロムウェルは5年間にわたり厳しい独裁政治をおこなったのだが、そのすさまじい内容はコラムを見てほしい。

1658年、ついにクロムウェルが死んだ。死因はなんとインフルエンザ。息子のリチャードが跡を継いで護国卿になったが、親父のような器量はなく1年も経たずに辞任する。イギリス国民は、この機会にさっそくフランスからチャールズ1世の息子を**チャールズ2世**として王様として迎えた。これを「**王政復古**」(1660年)と呼ぶ。

チャールズ2世は享楽的な性格だったので国民は喜んだが、長いことフランスなど大陸諸国で過ごしてきたせいか、カトリックを擁護しようとしたり、なんとなくカトリックくさいのだ。

ということで議会は**審査法**を1673年に制定した。これは「**イギリス国教会の信者のみが公職に就任できる**」という法律だ。この法律を定めることにより、王がカトリックの家来を国の要職につけることを阻止しようとしたのじゃ。この法律はなんと19世紀まで存続し、カトリックやピューリタンはイギリスの軍や官僚の要職に就任できなくなってしまった。また議会は「**王が勝手に人民を逮捕して裁判にかけることを禁止**」した**人身保護法**を1679年に制定している。この二つの法律でチャールズ2世の手足をしばるとともに、イギリスは「法の支配」の確立へ新たな道を切りひらいたわけじゃ。

復習ポイント

ステュアート朝の歴代国王の問題点を調べてまとめてみよう。

アクティヴィティ

革命の起こる条件を、イギリス革命(ピューリタン革命)を基にして考えてみよう。

イギリス革命年表（17世紀）

1603年	ジェームズ1世即位（ステュアート朝成立）
1625年	チャールズ1世即位、王権神授説を信じ、絶対王政を目指す
1628年	議会が権利の請願提出。王はこれを無視して翌年に議会を解散
1640年	スコットランドの反乱→しかたなく短期議会開催
1640年	長期議会開催→王党派と議会派の対立へ イギリス革命（ピューリタン革命）の始まり
1645年	ネーズビーの戦いでクロムウェル率いる議会派の鉄騎隊が王党派に勝利
1649年	チャールズ1世処刑＝イギリス初の「共和政」成立
1649～1650年	クロムウェルのアイルランド・スコットランド征服
1651年	航海法発布→イギリス＝オランダ（英蘭）戦争へ 「むごい後悔法、なーんちゃって」
1653年	クロムウェル長期議会を解散、護国卿就任→独裁へ
1658年	クロムウェルの死
1660年	チャールズ2世が即位（王政復古）

最後の門 下の問題は大学入試問題を出典にした問題です。答えなさい。

下の［1］～［6］に適切な語句を入れよ。

議会は1628年には国王の専制を制限するために「権利の［1］」を可決した。しかしチャールズ1世はこれに抵抗し、国王と議会の対立は先鋭化し、ついに1642年に王党派と議会派の間で内乱が勃発した。議会派は穏健な［2］派と王党派の徹底打倒を目指す独立派に分かれていた。この内戦において頭角をあらわしてきたのが独立派のクロムウェルである。彼はユニークな軍隊組織である［3］隊をひきいて王党派を殲滅し、さらに議会から［2］派を追い出した。1649年には国王チャールズ1世を処刑し、権力を掌握した。クロムウェルは権力を握ると、より徹底した社会改革を求める［4］派（平等派）を弾圧し、更にスコットランドとアイルランドに軍を進めてこれを征服した。特にアイルランドは過酷な支配に置かれ、その後のイギリス史に深刻な影を落とすことになった。

またクロムウェルは重商主義的な通商政策を推進し、オランダの経済力を削ぐために［5］法を1651年に制定した。重商主義は当時のヨーロッパの中心的な経済政策で、国家が積極的に貿易に介入して国富の増加を目指す政策である。これはフランスでは財務総監［6］の採用した政策として有名である。

（札幌大・改）

イギリス史バトル第1弾

チャールズ1世VS クロムウェル

元々ステュアート家は代々カトリックだった。

しかしジェームズ1世(当時はジェームズ6世)が1歳の時、母のメアリ＝ステュアートはイングランドに亡命してしまい、ジェームズ1世はイギリス国教会に属する貴族に育てられたのだ。

このジェームズ1世の子として生まれた**チャールズ1世**は**くそまじめ**、と言っていいほどの厳格な男であった。だいたいイギリス人は非常にユーモアを好む国民なのだが、歴代のステュアート家の王にはそのユーモア感覚がなく、さらにチャールズ1世には、政治センスが欠けていた。彼はフランス王の娘を妻に迎えたのだが、よりによってこの妻は国民が一番嫌がるカトリックであった。

チャールズ1世自身は熱心なイギリス国教会の信者であり、中産階級の商人に信者が多かったカルヴァン派(イギリスでは**ピューリタン**と呼ばれる)を迫害したため、ピューリタンたちから激しく憎まれてしまった。つまり、**やることが全部裏目に出るタイプの男**だったのである。

＊

ここでピューリタンを代表して登場してきたのが**クロムウェル**だ。

地主(ジェントリ)の家に生まれ、厳格なピューリタンとして教育を受けたクロムウェルは、チャールズ1世の弾圧に抵抗し、王に反感を持つ議会のメンバーの信頼を取り付けてチャールズ1世と戦った。この戦いはクロムウェルの勝利に終わり、捕らえられたチャールズ1世は処刑されることになった。

1649年1月30日、処刑の朝を迎えたチャールズ1世はいつもよりも暖かい下着を用意させた。不思議がる召し使いにチャールズ1世は、

「この1月の寒さだと普段着では体もふるえるだろう。それを見た民衆が私を見て『死ぬのが恐くてふるえている』と思ったのではたまらないからな。私は死ぬことなどまったく恐れていない」と言ったと言う。

処刑台に歩む姿は威厳に満ちており、処刑台で**「私こそ人民の自由と権利のために戦ってきたのだ。今日、私は朽ちやすい王冠の国から、永遠に朽ちることのない王国に旅立つ」**と民衆に向かって演説し、悠然と頭を断頭台の上に置いた。

次の瞬間、斧の重い一撃がチャールズ1世の首を切断した。

＊

王を処刑し、**護国卿**に就任して独裁者となったクロムウェルは、さっそくイギリスに自分の考えるピューリタン的「楽園」を作り始めた。

まず売春を徹底的に禁止し、酒の発売も禁止した。一切のバクチやギャンブルも死をもって禁止され、歌う歌は讃美歌のみ。日曜日の教会での礼拝は義務付けられた。すべての娯楽は禁止され、着るのが許されるのは喪服のような黒地の服のみ。息のつまるようなクロムウェルの政治に対し民衆は不満を持ったが、クロムウェルの強い性格と手腕には皆黙るしかなかった。

1658年、クロムウェルが死んだ。跡を継いだのはクロムウェルの息子のリチャードであったが、父の跡を継ぐ器ではなくさっさと辞任。禁欲的な生活に悲鳴を上げていた民衆はこのチャンスに、フランスに亡命していたチャールズ1世の息子を**チャールズ2世**として呼び戻し、王政を復活させたのである。**民衆の歓呼のうちにイギリスに上陸したチャールズ2世こそ、断頭台で処刑されたあのチャールズ1世の息子だった。**

解答と解説

復習ポイント の答え

国民と親しく交わることを好み、議会や法廷を巧みに利用する赤毛のテューダー朝の王たちにくらべ、ステュアート朝の歴代の王は①**王権神授説を権力基盤として誇示し、②そのため議会や法廷と対立することが多かった。**コラムを見てもわかるように、人間としては威厳にあふれ、立派ですらあったステュアート朝の王が革命と動乱によって力を発揮できなかったのは、③**あまりに貴族趣味で、国民、特に商工業者であるブルジョワジーの利益を考えることが少なかった**ことが大きい。

アクティヴィティ の答えの一つ

① **王権が社会の中核となる階層の「利益」を保証しないこと。**
ステュアート朝はジェントリやヨーマン、そして都市商工業者などの社会の中核となる階層の利益を確保し、広げる政策をおこなわなかった。むしろ航海法を実施したクロムウェルこそ、中核階層のための政策の実行者であった。

② **社会が新たな「自由」を求めていること。**
イギリス革命の場合の自由は信仰の自由である。社会の中核となる階層に多数存在したカルヴァン派(ピューリタン)が自由を抑圧する王権に抵抗したのは当然の動きであった。

③ **王権に対して議会という「抵抗集団」が存在していること。**
そして「内乱」が勃発すること。
議会の武器は「法の支配」という考えであった。「王も法のもとにあるべし」という議会の方針に抵抗した王は、ついに議会との内乱に突入してしまうことになる。

逆に言えば、この三つに対処できれば革命は起こらなかった。

最後の門 の答え

1 請願	2 長老	3 鉄騎
4 水平	5 航海	6 コルベール

(解説)

1 イギリス革命で「権利の○○」という用語がよく出てきます。とまどいやすいので気をつけて覚えることが大切。

2 この問題でも見られるように、ピューリタン革命時のイギリス議会の**派閥**は問われるので注意。

3 はクロムウェルが作った新しい部隊の名前。信仰心が厚く、規律に優れたこの部隊が効果的だったので、クロムウェルは議会軍を全面的に新型軍(ニューモデル軍)に編成し直しています。

4 は問題文でも「平等派」と書き添えてくれているので対処できます。

5 の「航海法」は非常によく出題されるので注意。イギリス重商主義の象徴となる法律です。

イギリス革命②
——王様よりも首相が活躍するようになるゾ

んでもって、イギリスはどうなったのかな？

これまた宗教がらみなのでやっかいだが、ここから新しい「近代」の姿が見えてくる。頑張って付いてくるんじゃぞっ。

前奏曲

ステュアート朝の王様の名前 ——有名なハンバーガーで覚えよう

チャールズ2世はスケベで有名だったが、子どもを残さなかったので亡くなった跡を継いだのは弟の**ジェームズ2世**だった。このジェームズ2世が実は問題になるのじゃ。

あのう、王様の名前がジェームズだのチャールズだのとからんできて、全然覚えられないのですが……

うむ、そこでステュアート朝最初の4人の王様の名前の覚え方を伝授してあげよう。名付けて「**ハンバーガー方式暗記法**」じゃ。マクドナルドの有名なハンバーガーの構造を思い出してくれ。バンズの間にハンバーグが2枚入っているが、上下の**バンズ**は**ジェームズ**、**ハンバーグ**は**チャールズ**として覚えてみよう。上から数えると、ちょうどステュアート朝の王の順番になるぞ。

真ん中のバンズはこりゃ何ですか？

これは**クロムウェル**じゃよ。

第1幕 名誉革命——無血の革命は「名誉」にふさわしい

イギリス(ピューリタン)革命中、大陸諸国で育ったジェームズ2世は実は隠すところのないカトリック信者だった。カトリックに反感を持つイギリス議会としては許しがたいことではあったが、ジェームズ2世には男の子がいなかったので「まあ、1代限りだからしかたないな」と議会は我慢していた。しかしこのジェームズ2世に男の子が生まれてしまった。「このままではイギリスはカトリック王朝になってしまうぞ!」ということで議会はジェームズ2世の娘メアリを呼び寄せて新しい王にしようとした。実はメアリはおじさんのチャールズ2世の配慮でプロテスタントとして育てられ、オランダに嫁いでいたのだ。その際に夫のオランダ総督ウィレム3世が「よし、わしがイギリスに行ってカトリックの連中を追っ払ってやる」と言い放ち、軍を率いてイギリスに上陸して来たのじゃ。これを知ったジェームズ2世はビビってフランスに亡命してしまったので、血を流さずに革命が達成されたことから1688年に起こったこの革命を**名誉革命**と呼ぶのだ。さて、メアリが即位する時に実は一悶着あった。夫のウィレム3世が「わしだって母親はチャールズ1世の娘だから王になる権利はあるぞ」とゴネ始めたのだ。メアリも「ダーリンも王様だといいわあ♥」と言ったので、王冠を二つ作るハメになった。そしてやっと**ウィリアム3世**と**メアリ2世**として即位と思ったら、議会が二人の王に条件をつけてきたのだ。「**お二人が次のことを認めなければ、即位を認めるわけには参りませぬ。すなわち王は課税はもちろんのこと、行政や司法、立法そして軍事に関することを議会に無断で決定してはなりません。よろしいですね!**」。認めなければ議会との戦争になってしまうので、二人は泣く泣くこの条件を認めたのだ。この条件をイギリス史では**権利の宣言**と呼び、二人が承認した後、1689年に法律にされ、**権利の章典**と呼ばれるようになった。

間奏曲 議会をめぐる党派争い——今度は「無法者」と「謀反人」の争い

さて1670年代にはイギリス議会にもトーリ党とホイッグ党という党派が誕生した。以前には議会派内部の党派を見たが、今回は議会全体の党派だから気をつけてくれ。まずト

ーリ党。ジェントリや国教会の信者が多く、**保守的**で国王の権威を重んじていた党派だ。「アイルランドの無法者」を意味する「トーリ」と呼ばれていた。アイルランドはカトリックが盛んで、国教会を制定した「首長法」や「統一法」に従わない者が多かったからだ。それに対し**ホイッグ党**はジェントリ、そして商工業者が多く、**進歩的**で議会の権威を重んじていた。カルヴァン派に寛大な党派だったことから「スコットランドの反徒（謀反人）」という意味の「ホイッグ」という名前が付けられた。スコットランドはカルヴァン派が多く、宗教反乱が起こっていたからだ。この無法者のトーリ党が今の「保守党」となり、謀反人のホイッグ党は「自由民主党」となって、近現代のイギリス史を動かす強力な政党になっていくのじゃよ。

第2幕 ハノーヴァー朝の成立 ——「ワタシ、英語ガワッカリマセーン」

メアリとウィレムはイギリス国王に同時に即位した後は、**メアリ２世**と**ウィリアム３世**と呼ばれるようになる。しかし子どもができないままメアリ２世が先に死んでしまってからはウィリアム３世が一人ぼっちの王になった。そのウィリアム３世が1702年に亡くなったので、メアリ２世の妹のアンが**アン女王**としてイギリスを統治することになる。

アン女王の時代に起こった重要な出来事と言えば、1707年の**グレートブリテン王国の成立**だ。これはスコットランドとイングランドが合併し、ブリテン島全体が一つの王国としてまとまったものだ。元々ステュアート朝はスコットランドの出身だから、イングランドもスコットランドも共通の王様をいただいて縁は深かった。しかし議会は別だったので国も分かれていたのだ。しかしスコットランドが財政難に苦しんだあげく、海外植民が盛んで財政が豊かなイングランドに合併を申し込んだので、晴れて両国は一つとなったわけだ。

このアン女王が子どもがないまま亡くなるとステュアート朝はついに断絶してしまった。さあ困った。一番血筋が近いのはジェームズ２世の子孫だが、そろいもそろってカトリックだ。「たとえカトリックでも血筋が近いのがよいぞ」という意見はトーリ党の中に多かったが、こういう意見を持っている人々を**ジャコバイト**と言う。「とんでもない！　カトリックの王だけはダメ！　絶対！」という意見はホイッグ党に多く、彼らはわざわざドイツから遠い血筋のプロテスタントを探し出してきた。それがハノーヴァー選帝侯という貴族のゲオルクだった。ゲオルクはイギリスに来て**ジョージ１世**としてイギリス国王になり、**ハノーヴァー朝**

を開くが、この王朝こそ現在のイギリス王室なのだ。第一次世界大戦中の1917年には、敵国ドイツの地名であったためウィンザー朝に改称したよ。

えっ、今のイギリス王室ってドイツ人の家系なのっ？

まあ、そのとおり。元はわしと同じドイツ人なのじゃよ。そのためジョージ1世は英語がわからず、議会の会話の内容もわからなかった。嫌気がさしたジョージ1世は、政治をホイッグ党の宰相**ウォルポール**にまかせてドイツに帰ってしまったのだ。この偶然の出来事によって、イギリスの政治は**議院内閣制（責任内閣制）**になる。え、議院内閣制（責任内閣制）の意味？　それは公共で勉強したろ？「**内閣は王ではなく、議会に対し責任を持つ**」制度のことなのだ。それまでは内閣は王に対して責任を持っていたのだが、王が英語が話せずイギリスにいないのでは、いたしかたがない。内閣は議会に対し言動の責任を持つようになり、議会にウソはつけないようになってしまったのじゃよ。こうして「**王は君臨すれども統治せず**」の言葉のように、これ以来イギリス王は歴史にあまり登場しなくなり、代わりにイギリス宰相が重要な役割を果たすようになる。

第3幕　ルイ14世の全盛期──「朕は国家なり」

さて、ところは変わってフランスじゃ。実はチャールズ2世もジェームズ2世もルイ14世の時代のフランスに亡命していたのだ。ルイ14世はカトリックの王様なので、後にイギリス王になるこの二人も大いに影響を受けている。**ルイ14世**はフランス絶対王政の全盛期の王で、高等法院を訪れた時に「**朕（ちん）は国家なり**」という太い発言をしたという伝説がある。ついに彼は1685年に**ナントの王令（勅令）を廃止**し、ユグノーたちを大迫害してフランスをカトリック一色の国にしてしまった。この時、積極的にユグノーを受け入れてくれたのは東のプロイセンで、一時はベルリンの人口の3分の1がフランスからの難民になったほどだ。

今でたとえて言うと東京の人口の3分の1ってこと？

勤勉なユグノーを受け入れたからこそプロイセン（＝後のドイツ）は発展でき、逆にフランスの商工業は衰えてしまったというわけじゃ。

さらにルイ14世はパリ郊外の**ヴェルサイユに大宮殿を建設した**。王の権力を見せつけて、貴族たちを圧倒するのが目的だった。20年以上の歳月をかけて沼地の上に建てられた**ヴェルサイユ宮殿**は、バロック建築を代表する壮大な建築物となった。

ルイ14世は戦争が大好きな王様で、そのやり方は**他国の王位継承権を主張し、受け入れられなければ戦争をふっかける**というワンパターンだった。南ネーデルラント継承戦争・ファルツ戦争が代表だが、最も有名なのが**スペイン継承戦争**だ。1700年にスペインのハプスブルク家がとうとう断絶して、ルイ14世の孫が**フェリペ5世**として即位した。ルイ14世はピレネー条約でハプスブルク家の出身の后を迎えていたからだ。ところがハプスブルク家のオーストリアやイギリスはブルボン家の強大化を恐れて反対し、スペイン継承戦争（1701～1714年）が起きた。アメリカ植民地をめぐってイギリスとフランスが激突した戦争としても知られているぞ。え、結果？　10年以上戦ったあげくフランスの敗北に終わり、ルイ14世は1713年に**ユトレヒト条約**を結ぶハメになる。この条約は①フランスとスペインが合同しないことを条件に**フェリペ5世**のスペイン王継承を認める。②その代わりイギリスはスペインから**ジブラルタル**と**ミノルカ島**を手に入れ、③イギリスはフランスからアメリカ大陸の**ハドソン湾地方**と**ニューファンドランド**、**アカディア**を手に入れるという内容だ。

まったくの骨折り損のくたびれもうけになってしまったスペイン継承戦争だが、その代わり現在のスペイン王室はルイ14世の子孫であるブルボン家が跡を継いでいるのだ。

復習ポイント

イギリス議会が歴史上、国王に突きつけた文書を確認してみよう。

アクティヴィティ

国王を中心とする強力な統治体制を絶対王政と呼びます（テーマ75参照）。ルイ14世の絶対王政の欠点とは何だと思いますか。

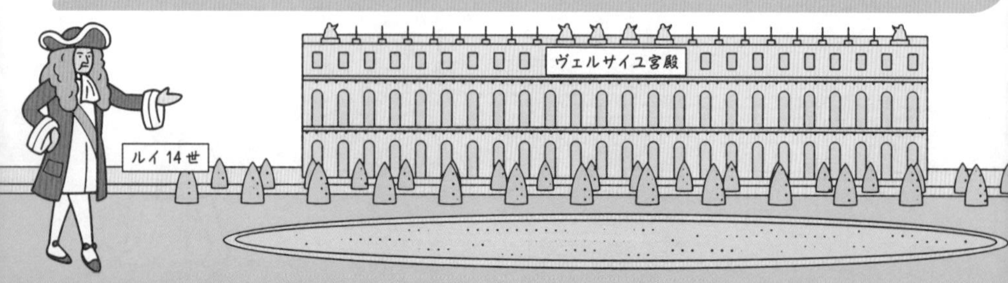

イギリス革命年表（17世紀後半〜18世紀前半）

1673年　審査法制定（国教会信者以外は公職につけない→カトリックやピューリタンの排除）

1679年　人身保護法制定→国王の法によらない逮捕・裁判を禁止

1688年　名誉革命勃発→ジェームズ2世はイギリスを脱出

「ジェームズ2世の子孫は支持者である『ジャコバイト』の助けを借りて、何度も王位復帰を狙うが議会の反撃で失敗に終わっておる」

1689年　ウィリアム3世とメアリ2世が同時にイギリス王となり、権利の章典を発布

1707年　アン女王のもとでグレートブリテン王国成立

1714年　アン女王の死でステュアート朝断絶。ジョージ1世が即位し、ハノーヴァー朝を開く

ルイ14世年表（17世紀後半〜18世紀前半）

1682年　ヴェルサイユ宮殿完成

「ヴェルサイユ宮殿にはトイレがないので、お丸で用を足したのだ」

1685年　ナントの王令（勅令）の廃止→ユグノーの多くは国外に亡命

1701〜1714年　スペイン継承戦争

1713年　ユトレヒト条約締結、翌年スペイン継承戦争終了

1715年　ルイ14世死去→ルイ15世即位へ

最後の門　下の問題は大学入試問題を出典にした問題です。答えなさい。

下の（　1　）〜（　7　）にあてはまる適切な語句を入れよ。

　クロムウェルの死後、国民の不満が高まり長老派が中心となって議会は先王の子（　1　）を王として迎えた。議会は国教を中心に政治を進めようとしたが、王は親カトリック政策をとったため、議会は（　2　）年に審査法を定めて、非国教徒が公職につくことを禁じ、（　3　）年には不当な逮捕や投獄を禁止する人身保護法を制定した。この頃議会では、王権と国教会を擁護する（　4　）と議会の権利を主張する（　5　）が生まれ、後の二大政党制のもとになった。

　次の王（　6　）もカトリックの復活をはかったため、議会が一致して、王の娘とその夫であるオランダ総督ウィレムに援助を求めた。ウィレムが軍を率いてイギリスに上陸すると、王は（　7　）（国名）に亡命し、翌年、議会が提出した「権利の宣言」を承認したウィレム夫妻はともに王位につき、権利の宣言を権利の章典として制定した。

（同志社大・改）

イギリス史バトル第２弾

ジョージ１世VS ヘンデル

大作曲家ゲオルク＝フリードリヒ＝ヘンデルは生まれ故郷のドイツを離れ、ロンドンにやって来た。ロンドンは聞きしに勝る大都会でドイツの田舎町とは大違いだ。ヘンデルは**アン女王**から温かく迎えられたが、このアン女王は男嫌いの女好きという噂が流れていた。しかしヘンデルの前ではアン女王は音楽を好む、知的な女性だった。御前演奏会は大成功に終わり、熱狂的な拍手を受けたヘンデルはこのロンドンに住みたいという希望を強く持った。

しかしヘンデルはドイツのハノーヴァー選帝侯ゲオルクの宮廷楽長としての任務がある。ドイツにしぶしぶ帰ったヘンデルは退屈な宮廷勤めをこなしていたが、思い起こすのはロンドンでの栄光の日々。「あぁ、たまんねぇー！」と、ヘンデルはハノーヴァー選帝侯ゲオルクに再びロンドン行きを頼み込み、すぐハノーヴァーに帰るという約束で許可をもらった。さっそく飛んで行ったロンドンではヘンデルの音楽は大ウケにウケ、彼は町の人々からもてはやされた。作曲の依頼は山のように殺到し、演奏会に忙殺されたヘンデルは喜びのあまりついうっかり忘れてしまった。ハノーヴァーに帰ることを。

＊

1714年、アン女王が亡くなった。自分の音楽を愛してくれたアン女王を失ったことはヘンデルにとって強いショックだった。

しかし、それ以上に強いショックがヘンデルを襲った。

なんと、以前自分の主人であったハノーヴァー選帝侯ゲオルクが次のイギリス国王になると言うのだ！　ハノーヴァーに戻るという約束を平気で破っていたヘンデルにとって、これは最悪のピンチであった。

ハノーヴァー選帝侯ゲオルクはイギリスにやって来た。これがハノーヴァー朝の始祖となる**ジョージ１世**である（「ゲオルク」を英語読みにすると「ジョージ」になる）。イギリス人が驚いたことにドイツ生まれのドイツ育ちであったジョージ1世はまったく英語が話せなかった。

「ようこそ、いらっしゃいました。国王陛下。さ、さ、こちらへ」

“…… Tut mir leid,ich kann gar nicht english verstehen. Ich weiß es nicht,was Sie gesagt hat ......”

という調子であったから、コミュニケーションが成立しない。

普通、イギリス国王は議会を聴聞するのがならわしだったが、言葉がわからないのでは聞いてもチンプンカンプンである。というわけで、ジョージ１世は議会には参加せず、政治は皆「**よきにはからえ**」で首相の**ウォルポール**にまかせ切りだった。このことによって内閣が国王でなく議会に対して責任を負う「**議院内閣制**」（**責任内閣制**）が誕生したのである。

＊

さてヘンデルである。約束破りの罪をつぐなって、王の機嫌を直さなくてはならない。そこでヘンデルは一計を案じた。

とある夏の日、テムズ川でジョージ１世一行は船遊びを楽しんでいた。その時、楽団員を乗せた一艘の船が静かに王の船に近付いて来た。そしてその船からこの世のものとは思われぬ、力強くも優美な音楽が水面に流れ出たのである。その音楽船の楽団を指揮しているのはヘンデルで、その音楽こそヘンデルが作曲した「**水上の音楽**」（‘Water Music’）だった。

音楽の力に深く心を動かされたジョージ１世がヘンデルを許したのは言うまでもない。

解答と解説

復習ポイント の答え

最初は「**大憲章**」(**マグナ=カルタ**)。1215年にジョン王に対して「大貴族と高位聖職者の許可なく課税してはならない」と要求した文書である。この文書がイギリス憲法の基盤を作ったとされている。

次に有名なのが1628年、チャールズ1世に出された「**権利の請願**」で、議会の同意のない課税、不法な逮捕をしないようにお願いした文書である。そして1689年に出された「**権利の宣言**」は議会がのちのメアリ2世とウィリアム3世に対し「王は課税・行政・司法・立法・軍事に関して議会の意思に反した行動をとってはならない」ことを宣言したものである。二人の王がこの宣言を承認した後、この宣言は法文化され「**権利の章典**」と呼ばれるようになる。「お願い」から「宣言」へと議会の態度が大きくなることに注意。

アクティヴィティ の答えの一つ

ルイ14世の絶対王政は「重商主義」(市民の商業活動を国が積極的に助ける)と「主権国家」(明確な国境を持ち内外から干渉されず政治を行う)の方針に沿っていた面ではたしかに強力であった。

だが、地域を一族の所有物として見るのは古い中世のヨーロッパ王家の考え方と変わっていない。またルイ14世は領土拡大も戦争も一族の栄光のためにおこなっており、国民や国家のための事業とはとても言えなかった。

「国民や国家のための戦争」という考えがヨーロッパで一般的になるのはフランス革命の時からであり、この時の革命軍の強さから、ヨーロッパ各国が国民国家を重視するようになった。

最後の門 の答え

(1) チャールズ2世
(2) 1673
(3) 1679
(4) トーリ党
(5) ホイッグ党
(6) ジェームズ2世
(7) フランス

(解説)

(1)〜(3)はテーマ79の復習。年代は特に私大入試によく出てきます。共通テストでも年代を直接聞くことはないのですが、年代順を聞いてきます。年代暗記法の参考書を買って、年代を覚えておくと歴史の点が20点以上はアップします。

(6)のジェームズ2世はフランスに縁が深い人なので(宗教もカトリック)、何とはなしに覚えておくと役に立ちます。

さくいん

あ

い

う

え

お

か

き

く

け

こ

さ

し

す

せ

そ

た

ち

つ

て

と

な

に

ぬ

ね

の

は

ひ

ふ

へ

み

む

め

も

や

ゆ

よ

ら

り

る

れ

ろ

わ

河原孝哲
（かわはらたかのり）

1960年生まれ。埼玉県出身。上智大学文学部史学科卒業後、上智大学大学院文学研究科史学専攻博士前期課程を修了。愛知県と茨城県の私立高校、中等教育学校で教諭として地歴・公民を教える。趣味は色々な外国語をかじること。

ものがたり世界史 古代～近代へ

著者｜河原孝哲
デザイン｜三木俊一+高見朋子（文京図案室）
イラストレーション｜八重樫王明
編集協力｜高橋賢（KEN編集工房）、大橋直文（はしプロ）、鈴木紘司（地域文化学会理事）、佐藤玲子、石川賢浄
写真提供｜ユニフォトプレス、共同通信社／ユニフォトプレス、東京大学史料編纂所、朝日新聞社／ユニフォトプレス、毎日新聞社
データ作成｜株式会社四国写研
印刷所｜株式会社リーブルテック